21 世纪电子商务专业核心课程系列教材
全国高等院校电子商务联编教材
首届全国信息化研究成果奖获奖作品

# 新编电子商务案例（第 2 版）

姚国章　编　著

北京大学出版社
PEKING UNIVERSITY PRESS

## 内 容 简 介

本书是在《新编电子商务案例》的基础上修订、扩展而成的，主要从行业的角度对电子商务的发展与应用案例进行了全面、系统的分析，基本保留了原书的体系与特色。全书共分十三章，前十二章分别是零售业、外经贸业、银行业、证券业、保险业、旅游业、民航业、汽车业、医药业、石油化工业、交通运输业和通信业等十二个行业电子商务发展的案例分析，第十三章为“电子商务综合案例”。前十二章中的每章均包括两部分内容，第一部分是该行业电子商务发展的综合分析，分别从“行业发展概况”、“行业电子商务概述”和“我国该行业电子商务发展问题讨论”等三个方面进行全方位、多角度的分析；第二部分则选择了该行业中三至四个有较强的代表性和较大影响力的电子商务发展典型案例，分别对每一个案例进行了全面、深入、细致的剖析。两个部分的有机结合能让读者完整、系统地把握行业电子商务的宏观发展和微观应用，以有助于读者提高电子商务理论分析的能力和实际应用的技能。第十三章则分别选取了六个其他行业中的综合性案例，对这些案例进行了系统、深入的分析，以便读者能举一反三，进一步提高对电子商务案例的分析与研究水平。

本书适合作为高等院校电子商务及其相关本专科专业、MBA、经济管理类专业硕士生及本科高年级学生的教材；也适合企业各部门管理人员、信息技术专业人员使用；还可作为相应层次电子商务培训班的教材。

**图书在版编目（CIP）数据**

新编电子商务案例（第2版）/姚国章编著．—北京：北京大学出版社，2008.4
（21世纪电子商务专业核心课程系列教材）
ISBN 978-7-301-07493-0

I．新… II．姚… III．电子商务—案例 IV．F713.36

中国版本图书馆CIP数据核字（2004）第052938号

**书　　　名：新编电子商务案例（第2版）**
著作责任者：姚国章　编著
责 任 编 辑：黄庆生　郑谧　周伟
标 准 书 号：ISBN 978-7-301-07493-0/TP·0762
出　版　者：北京大学出版社
地　　　址：北京市海淀区成府路205号 100871
电　　　话：邮购部62752015　发行部62750672　编辑部62765013　出版部62754962
网　　　址：http://www.pup.cn
电 子 信 箱：xxjs@pup.pku.edu.cn
印　刷　者：三河市博文印刷有限公司
发　行　者：北京大学出版社
经　销　者：新华书店
787毫米×980毫米　16开本　31.75印张　750千字
2004年6月第1版
2008年6月第2版　2018年7月第5次印刷
定　　　价：52.00元

# 前　　言

自从《电子商务案例》一书2002年1月问世至今已近6个年头，在这难忘的2000多个日日夜夜里，国际、国内的电子商务发展真可以用“一日千里”来形容，电子商务在经济发展和社会变革中所起的突出作用已经毋庸置疑。作为电子商务的教学与研究人员，笔者在感到无比欣喜的同时，更是觉得责无旁贷，希望能为我国电子商务的发展，特别是为促进我国电子商务的教学研究和人才培养作出力所能及的贡献。

在《电子商务案例》一书上篇“行业电子商务发展案例”的基础上扩展而成的《新编电子商务案例》于2004年6月出版发行，在3年多的时间里受到了广大读者的欢迎和好评，先后有200多所高校选其作为电子商务及其相关专业的教材。很多从事电子商务案例教学的老师以及关注电子商务发展的读者发来了不少热情洋溢的邮件，并向笔者提出了诸多有益的批评和建议，有的老师还因此成为了志同道合的电子商务教学研究的合作者。值得一提的是，《新编电子商务案例》一书在国家信息化专家咨询委员会历时近两年组织评选的“首届全国信息化研究成果奖”中从6000多项参评作品中脱颖而出，成为25项三等奖以上的获奖成果之一，而且是唯一的电子商务研究方面的成果。读者的信任和支持、专家的认可和鼓励，给了笔者极大的动力，热切地希望能尽己所能，为广大亲爱的读者继续奉献有特色、有价值、有借鉴意义和实践指导作用的案例教学用书。今天呈现在您面前的是新一版的《新编电子商务案例》，期待您的接纳和评判。

本书是对《新编电子商务案例》进行全面的更新和补充完善的基础上完成的，基本保留了原书的体系与特色。全书主要从行业的视角对电子商务的发展与应用案例进行了全面、系统的分析。全书共分十三章，前十二章分别是零售业、外经贸业、银行业、证券业、保险业、旅游业、民航业、汽车业、医药业、石油化工业、交通运输业和通信业等十二个行业电子商务发展的案例分析；第13章为“电子商务综合案例分析”。前十二章中的每章均包括两部分内容，第一部分是该行业电子商务发展的综合分析，分别从“行业发展概况”、“行业电子商务概述”和“我国该行业电子商务发展问题讨论”等三个方面进行全方位、多角度的分析；第二部分则选择了该行业中三至四个有较强的代表性和较大影响力的电子商务发展典型案例，分别对每一个案例进行了全面、深入、细致的剖析。两个部分的有机结合能让读者完整、系统地把握行业电子商务的宏观发展和微观应用，以有助于读者提高电子商务理论分析的能力和实际应用的技能。第13章则分别选取了6个其他行业中的综合性案例，对这些案例进行了系统、深入的分析，以便读者能举一反三，进一步提高对电子商务案例的分析与研究水平。

本书适合作为高等院校电子商务及其相关本专科专业、MBA、经济管理类专业硕士生及本科高年级学生的教材；也适合企业各部门管理人员、信息技术专业人员使用；还可作为相应层次电子商务培训班的教材。

本书由姚国章编著，林萍老师作为主要的参编人员为本书的成稿做了大量有价值的工作，特别是在案例素材的收集整理以及部分章节新增案例初稿的编写方面有着不小的贡献。邵柏庆、唐彩娣、李红敏、袁敏、孙辉、周敏、栗志亮、郭苹、刘莹、袁为国、范云一以及张萧锋等分别参与了相关章节的资料收集和初稿编写工作，唐彩娣、袁敏、李红敏还完成了全书的校阅工作。伍琳瑜老师和徐月芳虽没有参与本书的编写，但她们过去所做的工作对本书成稿仍然具有重要的意义。在此，谨向各位付出辛勤劳动的同仁致以最诚挚的谢意。

作者在编写本书的过程中，参考了大量国内外有重要价值的文献，部分已在书末进行了集中标注，在此向相关作者和媒体致以衷心的感谢。除了已标注的以外，仍有不少参考文献或由于我们的疏忽，或由于无法确定原始出处等原因而未能标注，在此也向各位不知其名的幕后英雄致以崇高的敬意。

电子商务的发展一日千里，牵涉面非常广，电子商务的案例更是层出不穷、精彩纷呈，实在无法用一本案例读物所能概括其中。虽然我们为本书的成稿付出了极大的努力，但限于作者的能力和水平，书中的缺点、错误在所难免，敬请各位读者不吝批评指正，为我们提出更多、更好的意见和建议，以便我们进一步完善和提高下一版书稿的质量和水平。

作为长期从事电子商务教学和研究工作的"老学生"，笔者一直矢志不渝地在这一充满希望和乐趣的领域里耕耘，热忱希望有更多的有志青年能在广阔的电子商务发展天地里建功立业，开创属于自己的美好未来。

姚国章（yaogz@vip.sina.com）

2008年2月10日

# 目　　录


第 1 章　零售业电子商务发展 ........ 1
1.1　零售业发展概况 ........ 1
1.1.1　世界零售业发展趋势 ........ 1
1.1.2　中国零售业发展状况 ........ 3
1.1.3　我国零售业发展面临的问题 ........ 4
1.2　零售业电子商务概述 ........ 5
1.2.1　电子商务在零售业中的应用 ........ 5
1.2.2　零售业电子商务的作用 ........ 7
1.2.3　世界零售业电子商务发展状况 ........ 7
1.3　中国零售业电子商务的发展 ........ 10
1.3.1　我国零售电子商务发展现状 ........ 10
1.3.2　我国零售业电子商务发展中存在的问题 ........ 12
1.3.3　我国零售业电子商务发展的主要策略 ........ 14
1.4　典型案例 1　沃尔玛在线零售案例 ........ 16
1.4.1　公司概况 ........ 16
1.4.2　发展背景 ........ 17
1.4.3　在线策略 ........ 18
1.4.4　案例评析 ........ 20
1.5　典型案例 2　日本 7－11 公司的电子商务发展 ........ 21
1.5.1　公司概况 ........ 21
1.5.2　发展背景 ........ 22
1.5.3　系统运行 ........ 22
1.5.4　系统功能 ........ 23
1.5.5　案例评析 ........ 24
1.6　典型案例 3　西单电子商务：老字号的新天地 ........ 24
1.6.1　公司概况 ........ 24
1.5.2　发展背景 ........ 25
1.6.3　经营模式 ........ 26
1.6.4　付款方式 ........ 28
1.6.5　配送方案 ........ 28
1.6.6　案例评析 ........ 29
1.7　典型案例 4`联华 OK 网：中国超市第一网 ........ 29
1.7.1　公司概况 ........ 29

1.7.2 发展背景 ........ 31
1.7.3 销售模式 ........ 31
1.7.4 特色服务 ........ 32
1.7.5 发展优势 ........ 33
1.7.6 案例评析 ........ 34
第 2 章 外经贸行业电子商务发展 ........ 35
2.1 外经贸行业发展概况 ........ 35
2.1.1 我国外经贸行业发展现状 ........ 35
2.1.2 我国外经贸事业的发展战略与措施 ........ 36
2.1.3 我国外经贸发展面临的挑战 ........ 37
2.2 外经贸电子商务概述 ........ 38
2.2.1 电子商务在外经贸业务中的应用 ........ 38
2.2.2 传统外经贸业务方式与电子商务方式的比较 ........ 40
2.2.3 电子商务对外经贸发展的影响 ........ 41
2.2.4 香港贸发局促进外经贸电子商务发展的措施 ........ 42
2.2.5 欧美外经贸电子商务发展 ........ 44
2.3 我国外经贸行业电子商务发展 ........ 47
2.3.1 我国外经贸行业电子商务发展状况 ........ 47
2.3.2 推进我国外经贸行业电子商务发展的主要策略 ........ 50
2.4 典型案例 1 阿里巴巴电子商务发展案例 ........ 52
2.4.1 公司概况 ........ 52
2.4.2 发展历程 ........ 52
2.4.3 网上策略 ........ 53
2.4.4 电子支付工具——支付宝 ........ 56
2.4.5 案例评析 ........ 58
2.5 典型案例 2 网上广交会 ........ 58
2.5.1 广交会概况 ........ 58
2.5.2 发展背景 ........ 59
2.5.3 业务功能 ........ 60
2.5.4 与传统广交会比较的优势 ........ 62
2.5.5 案例评析 ........ 62
2.6 典型案例 3 中化集团公司电子商务应用 ........ 63
2.6.1 公司概况 ........ 63
2.6.2 发展背景 ........ 63
2.6.3 发展目标 ........ 64
2.6.4 系统要求 ........ 64
2.6.5 系统实现 ........ 66
2.6.6 系统特点 ........ 67
2.6.7 实施效益 ........ 67

2.6.8 案例评析 ........ 67
第 3 章 银行业电子商务发展 ........ 68
3.1 银行业发展概况 ........ 68
3.1.1 我国银行业发展现状 ........ 68
3.1.2 我国银行业面临的挑战 ........ 69
3.1.3 银行业未来发展趋势 ........ 70
3.2 银行业电子商务概述 ........ 72
3.2.1 电子商务为银行业带来的新优势 ........ 72
3.2.2 网上银行的概念 ........ 74
3.2.3 网上银行与传统银行的比较 ........ 75
3.2.4 国外网上银行发展状况 ........ 75
3.2.5 国外银行业网上银行发展趋势 ........ 79
3.3 中国银行业电子商务发展 ........ 79
3.3.1 我国银行业电子商务发展状况 ........ 79
3.3.2 我国银行业电子商务发展存在的主要问题 ........ 83
3.3.3 促进我国银行业电子商务发展的对策分析 ........ 85
3.4 典型案例 1 中国金融认证中心 ........ 87
3.4.1 中国金融认证中心概况 ........ 87
3.4.2 建设背景 ........ 87
3.4.3 CA 证书体系 ........ 88
3.4.4 电子签章系统 ........ 89
3.4.5 应用领域 ........ 90
3.4.6 案例评析 ........ 96
3.5 典型案例 2 招商银行网上银行 ........ 96
3.5.1 招行概况 ........ 96
3.5.2 发展背景 ........ 97
3.5.3 一卡通业务 ........ 99
3.5.4 一网通个人业务 ........ 100
3.5.5 “一网通”网上企业银行业务 ........ 104
3.5.6 一网通新服务 ........ 106
3.5.7 案例评析 ........ 108
3.6 典型案例 3 中国工商银行网上银行 ........ 108
3.6.1 中国工商银行概况 ........ 108
3.6.2 个人银行服务——金融@家 ........ 109
3.6.3 企业网上银行服务——工行财 e 通 ........ 112
3.6.4 安全措施 ........ 114
3.6.5 呼叫中心服务 ........ 116
3.6.6 案例评析 ........ 116
第 4 章 证券行业电子商务发展 ........ 118
4.1 证券业发展概况 ........ 118

4.1.1 我国证券业发展现状 118
4.1.2 我国证券业发展面临的机遇 119
4.1.3 我国证券业发展面临的问题 120
4.1.4 我国证券经营企业未来发展方向 121
4.2 证券业电子商务概述 122
4.2.1 证券业电子商务的主要形式 122
4.2.2 证券业发展电子商务的主要优势 124
4.2.3 证券业电子商务的特点与要求 126
4.2.4 证券业电子商务对市场监管提出的挑战 126
4.2.5 国际证券业电子商务的发展状况 127
4.3 我国证券业电子商务发展 128
4.3.1 我国证券业电子商务发展历程 128
4.3.2 我国证券业电子商务发展趋势 129
4.3.3 我国证券业电子商务发展存在的主要问题 130
4.3.4 我国证券业电子商务的发展策略 132
4.4 典型案例1 华泰证券电子商务发展 135
4.4.1 公司概况 135
4.4.2 发展背景 136
4.4.3 网站功能 137
4.4.4 经营之道 142
4.4.5 案例评析 143
4.5 典型案例2 招商证券（牛网）电子商务发展 144
4.5.1 公司概况 144
4.5.2 发展背景 145
4.5.3 特色业务 147
4.5.4 “E号通”业务 149
4.5.5 服务策略 151
4.5.6 速度与安全 152
4.5.7 案例评析 152
4.6 案例3 世华财讯一站式电子商务 153
4.6.1 公司概况 153
4.6.2 系统建设 154
4.6.3 证券服务功能 156
4.6.4 案例评析 158
**第5章 保险行业电子商务发展** 159
5.1 我国保险业发展概况 159
5.1.1 我国保险业发展状况 159
5.1.2 我国保险业发展面临的机遇与挑战 161
5.1.3 我国保险业未来发展趋势 161

5.2 保险电子商务概述 ...... 162
5.2.1 保险电子商务的概念与特点 ...... 162
5.2.2 保险电子商务的主要模式 ...... 163
5.2.3 保险电子商务的价值分析 ...... 167
5.2.4 电子商务对保险业发展的新要求 ...... 168
5.2.5 国际保险业电子商务的发展 ...... 169
5.3 我国保险业电子商务发展 ...... 170
5.3.1 我国保险业电子商务的发展历程 ...... 170
5.3.2 我国保险业电子商务发展所取得的主要进展 ...... 173
5.3.3 我国保险业电子商务发展存在的问题 ...... 174
5.3.4 我国保险业电子商务发展的主要策略 ...... 175
5.4 典型案例 1 泰康人寿的网上保险 ...... 178
5.4.1 公司概况 ...... 178
5.4.2 发展背景 ...... 179
5.4.3 实施方案 ...... 180
5.4.4 网上服务 ...... 181
5.4.5 运作模式 ...... 182
5.4.6 业务转型 ...... 183
5.4.7 CA 认证 ...... 184
5.4.8 案例评析 ...... 185
5.5 典型案例 2 易保网上保险广场 ...... 186
5.5.1 公司概况 ...... 186
5.5.2 发展背景 ...... 187
5.5.3 网上保险服务 ...... 187
5.5.4 电子商务服务 ...... 192
5.5.5 案例评析 ...... 192
5.6 典型案例 3 平安保险电子商务 ...... 193
5.6.1 公司概况 ...... 193
5.6.2 发展背景 ...... 194
5.6.3 保险 E 化 ...... 194
5.6.4 网上售险 ...... 196
5.6.5 BCC 模式 ...... 197
5.6.6 CRM 策略 ...... 197
5.6.7 案例评析 ...... 199
5.7 典型案例 4 太保网电子商务 ...... 200
5.7.1 公司概况 ...... 200
5.7.2 发展背景 ...... 201
5.7.3 B to B 系统 ...... 201
5.7.4 销售支持与信息服务管理系统 ...... 202

5.7.5 网上保险服务 202
5.7.6 案例评析 203
第6章 旅游业电子商务发展 205
6.1 旅游业发展概况 205
6.1.1 世界旅游业发展状况与趋势 205
6.1.2 我国旅游业发展状况 207
6.1.3 我国旅游业发展存在的主要问题 207
6.1.4 我国旅游业发展面临的机遇与挑战 208
6.1.5 我国旅游业未来发展的主要对策 209
6.2 旅游电子商务概述 210
6.2.1 旅游业适合发展电子商务的特性 210
6.2.2 电子商务在旅游业中的应用 211
6.2.3 旅游业电子商务的主要优势 213
6.2.4 世界旅游业电子商务的发展 213
6.3 中国旅游业电子商务发展 215
6.3.1 我国旅游业电子商务发展状况 216
6.3.2 中国旅游业电子商务发展中存在的问题 220
6.3.3 我国旅游业电子商务发展策略 222
6.4 典型案例1 金旅工程公共商务网 225
6.4.1 金旅工程概况 225
6.4.2 发展背景 226
6.4.3 目的地营销系统 227
6.4.4 旅游电子商厦服务 233
6.4.5 案例评析 234
6.5 典型案例2 携程旅行网旅游电子商务 235
6.5.1 公司概况 235
6.5.2 发展背景 236
6.5.3 商旅服务 237
6.5.4 特色与优势 240
6.5.5 服务保障 240
6.5.6 案例评析 242
6.6 典型案例3 中青旅电子商务发展案例 242
6.6.1 公司概况 242
6.6.2 发展背景 243
6.6.3 网上业务 244
6.6.4 ERP实施 247
6.6.5 优化与改进 247
6.6.6 案例评析 248
第7章 民航业电子商务发展 250
7.1 民航业发展概况 250

7.1.1 中国民航业发展历程与现状 250
7.1.2 中国民航信息化发展状况 252
7.1.3 我国民航业的未来发展机遇 254
7.2 民航业电子商务概述 254
7.2.1 民航业电子商务的表现形式 254
7.2.2 电子客票的发展 256
7.2.3 国际民航业电子商务发展状况 257
7.3 中国民航业电子商务发展 259
7.3.1 中国民航业电子商务发展状况 259
7.3.2 中国民航业电子商务发展存在的问题 260
7.3.3 中国民航业电子商务的发展策略 261
7.4 典型案例 1 中国民航信天游电子商务发展 263
7.4.1 公司概况 263
7.4.2 发展背景 264
7.4.3 机票服务 264
7.4.4 销售模式 265
7.4.5 案例评析 265
7.5 典型案例 2 波音公司的电子商务战略 266
7.5.1 公司概况 266
7.5.2 发展背景 267
7.5.3 电子商务战略 268
7.5.4 在线策略 268
7.5.5 案例评析 269
7.6 典型案例 3 海航 E 网 269
7.6.1 公司概况 269
7.6.2 发展背景 271
7.6.3 组织保障 271
7.6.4 实施过程 272
7.6.5 飞行网系统 273
7.6.6 营销系统 273
7.6.7 案例评析 273
第 8 章 汽车产业电子商务发展 275
8.1 汽车产业发展概况 275
8.1.1 世界汽车产业发展状况 275
8.1.2 中国汽车产业发展状况 276
8.1.3 加入 WTO 对我国汽车产业发展的主要影响 278
8.1.4 我国汽车产业发展存在的主要问题 279
8.1.5 中国汽车产业未来发展趋势 280
8.2 汽车业电子商务概述 281
8.2.1 汽车电子商务的含义 282

8.2.2 汽车电子商务的表现形式......282
8.2.3 国际汽车业电子商务的发展......284
8.3 中国汽车业电子商务发展......286
8.3.1 中国汽车业电子商务发展状况......286
8.3.2 中国汽车业电子商务发展存在的主要问题......287
8.3.3 中国汽车业电子商务发展的主要策略......288
8.4 典型案例1 福特汽车电子商务发展......290
8.4.1 公司概况......290
8.4.2 发展背景......291
8.4.3 实现措施......292
8.4.4 经销合作......293
8.4.5 资源整合......294
8.4.6 采购优化......295
8.4.7 合作结盟......296
8.4.8 案例评析......296
8.5 典型案例2 一汽采购资源网......297
8.5.1 公司概况......297
8.5.2 发展背景......298
8.5.3 需求分析......298
8.5.4 系统组成......299
8.5.5 实施方案......301
8.5.6 实施过程......302
8.5.7 应用成效......303
8.5.8 案例评析......303
8.6 典型案例3 上海通用的客户关系管理......304
8.6.1 公司概况......304
8.6.2 发展背景......305
8.6.3 系统目标......306
8.6.4 实施过程......306
8.6.5 百车通服务......308
8.6.6 案例评析......310
**第9章 医药行业电子商务发展**......312
9.1 医药行业发展概况......312
9.1.1 我国医药行业发展状况......313
9.1.2 我国医药行业存在的主要问题......314
9.1.3 中国医药行业面临的挑战......314
9.2 医药业电子商务概述......315
9.2.1 医药业电子商务的含义......315
9.2.2 医药电子商务的价值......316
9.2.3 电子商务在医药行业中的应用......317

9.2.4 医药电子商务的实施过程......319
9.2.5 国外医药电子商务发展......319
9.3 中国医药业电子商务发展......321
9.3.1 我国医药业电子商务发展状况......321
9.3.2 我国医药业电子商务发展存在的主要问题......325
9.3.3 中国医药业电子商务发展策略......326
9.4 典型案例 1 中国金药电子商务网......327
9.4.1 公司概况......327
9.4.2 发展背景......328
9.4.3 实施方案......329
9.4.4 系统实现......330
9.4.5 实施效果......331
9.4.6 案例评析......331
9.5 典型案例 2 海虹医药电子商务发展......332
9.5.1 公司概况......332
9.5.2 发展背景......332
9.5.3 系统实现......333
9.5.4 业务特点......335
9.5.5 实现价值......336
9.5.6 案例评析......338
9.6 典型案例 3 中药通电子商务发展......338
9.6.1 公司概况......338
9.6.2 发展背景......339
9.6.3 系统功能......340
9.6.4 案例评析......342
第 10 章 石油化工行业电子商务发展......343
10.1 石化行业发展概况......343
10.1.1 国际石化行业发展概况......343
10.1.2 我国石化行业发展状况......344
10.1.3 我国石化行业发展面临的主要问题......345
10.1.4 我国石化产业发展面临的新机遇......346
10.2 石化行业电子商务发展概述......347
10.2.1 石化电子商务的概念......347
10.2.2 石化电子商务的主要表现形式......347
10.2.3 国际石化电子商务的发展......349
10.3 中国石化行业电子商务发展......350
10.3.1 我国石化行业电子商务发展状况......350
10.3.2 我国石化行业电子商务发展存在的主要问题......353
10.3.3 我国石化行业电子商务发展的主要策略......353

10.4 典型案例1 能源一号：石油天然气电子商务网 ........ 355
10.4.1 公司概况 ........ 355
10.4.2 发展背景 ........ 356
10.4.3 系统实施 ........ 357
10.4.4 业务系统 ........ 357
10.4.5 应用成效 ........ 361
10.4.6 案例评析 ........ 361
10.5 典型案例2 中石化电子商务系统 ........ 362
10.5.1 公司概况 ........ 362
10.5.2 发展背景 ........ 363
10.5.3 信息化建设部署 ........ 364
10.5.4 电子商务系统组成 ........ 365
10.5.5 系统功能 ........ 367
10.5.6 系统实现 ........ 368
10.5.7 案例评析 ........ 368
10.6 典型案例3 胜利油田物资管理电子商务应用 ........ 369
10.6.1 公司概况 ........ 369
10.6.2 发展背景 ........ 369
10.6.3 系统设计 ........ 369
10.6.4 系统功能 ........ 370
10.6.5 案例评析 ........ 372
**第11章 交通运输业电子商务发展** ........ 373
11.1 我国交通运输业发展概况 ........ 373
11.1.1 我国交通运输业发展状况 ........ 373
11.1.2 我国交通运输业面临的挑战 ........ 376
11.1.3 我国交通运输业未来发展趋势 ........ 377
11.2 交通运输业电子商务发展概述 ........ 378
11.2.1 交通运输业电子商务的概念 ........ 378
11.2.2 电子商务在交通运输行业中的应用 ........ 378
11.2.3 交通运输业电子商务的发展目标 ........ 379
11.2.4 电子商务对交通运输业发展的影响 ........ 380
11.2.5 发达国家交通运输业电子商务发展情况 ........ 380
11.3 我国交通运输业电子商务发展 ........ 383
11.3.1 我国交通运输业电子商务发展状况 ........ 383
11.3.2 我国交通运输业电子商务发展存在的问题 ........ 384
11.3.3 国家交通信息化发展规划 ........ 385
11.3.4 我国交通运输业电子商务发展策略 ........ 387
11.4 典型案例1 中远集团电子商务发展 ........ 388
11.4.1 公司概况 ........ 388

11.4.2 发展背景 ........ 389
11.4.3 技术平台 ........ 391
11.4.4 应用成效 ........ 391
11.4.5 发展战略 ........ 392
11.4.6 案例评析 ........ 393
11.5 典型案例 2 中国铁路电子商务发展 ........ 393
11.5.1 铁路概况 ........ 393
11.5.2 发展背景 ........ 395
11.5.3 发展优势 ........ 395
11.5.4 实施步骤 ........ 396
11.5.5 发展目标 ........ 396
11.5.6 应用领域 ........ 396
11.5.7 总体框架 ........ 397
11.5.8 案例评析 ........ 397
11.6 典型案例 3 广州宝供第三方物流 ........ 398
11.6.1 公司概况 ........ 398
11.6.2 发展背景 ........ 399
11.6.3 信息化建设 ........ 400
11.6.4 信息系统 ........ 401
11.6.5 实施效益 ........ 402
11.6.6 发展战略 ........ 403
11.6.7 案例评析 ........ 404
第 12 章 通信业电子商务发展 ........ 406
12.1 通信业发展概况 ........ 406
12.1.1 世界通信业发展状况与趋势 ........ 406
12.1.2 我国通信业发展状况 ........ 407
12.2 通信业电子商务概述 ........ 408
12.2.1 通信业电子商务的概念与模式 ........ 408
12.2.2 通信业电子商务的主要表现形式 ........ 409
12.2.3 国外通信业电子商务发展状况 ........ 410
12.3 我国通信业电子商务发展 ........ 411
12.3.1 我国通信业电子商务发展状况 ........ 411
12.3.2 我国通信业电子商务发展存在的问题 ........ 412
12.3.3 我国通信业电子商务发展策略 ........ 413
12.4 典型案例 1 DoCoMo 公司移动电子商务案例 ........ 414
12.4.1 公司简介 ........ 414
12.4.2 发展背景 ........ 415
12.4.3 产品开发 ........ 415
12.4.4 业务功能 ........ 416

12.4.5 服务方式 ........ 417
12.4.6 技术标准 ........ 417
12.4.7 商业模式 ........ 417
12.4.8 应用举例 ........ 418
12.4.9 发展战略 ........ 419
12.4.10 案例评析 ........ 420
12.5 典型案例2 AT&T公司BusinessDirect（商务直达）门户 ........ 421
12.5.1 公司简介 ........ 421
12.5.2 发展背景 ........ 422
12.5.3 人性化设计 ........ 422
12.5.4 业务功能 ........ 423
12.5.5 未来发展 ........ 425
12.5.6 案例评析 ........ 426
12.6 典型案例3 中国移动的“移动梦网” ........ 426
12.6.1 公司概况 ........ 426
12.6.2 发展背景 ........ 427
12.6.3 发展策略 ........ 428
12.6.4 重点业务 ........ 429
12.6.5 案例评析 ........ 434
12.7 典型案例4 中国电信“互联星空” ........ 434
12.7.1 公司概况 ........ 434
12.7.2 发展背景 ........ 435
12.7.3 发展计划 ........ 436
12.7.4 业务种类 ........ 436
12.7.5 运作机制 ........ 437
12.7.6 运行模式 ........ 437
12.7.7 服务内容 ........ 438
12.7.8 案例评析 ........ 440
**第13章 电子商务综合案例** ........ 442
13.1 中国邮政电子商务发展案例 ........ 442
13.1.1 邮政概况 ........ 442
13.1.2 发展背景 ........ 443
13.1.3 主要业务 ........ 443
13.1.4 实施内容 ........ 444
13.1.5 发展部署 ........ 445
13.1.6 案例评析 ........ 446
13.2 安徽烟草电子商务发展案例 ........ 446
13.2.1 公司概况 ........ 446
13.2.2 发展背景 ........ 447

13.2.3 系统目标 ........ 447
13.2.4 设计原则 ........ 448
13.2.5 系统方案 ........ 448
13.2.6 系统结构 ........ 450
13.2.7 系统实施 ........ 450
13.2.8 案例评析 ........ 452
13.3 中农网农业电子商务案例 ........ 452
13.3.1 公司概况 ........ 452
13.3.2 发展背景 ........ 453
13.3.3 平台架构 ........ 454
13.3.4 业务功能 ........ 455
13.3.5 速度、支付与安全 ........ 456
13.3.6 案例评析 ........ 457
13.4 沃尔玛的物流运行体系及其电子化演进案例 ........ 457
13.4.1 沃尔玛物流发展概况 ........ 457
13.4.2 沃尔玛的物流运行体系 ........ 458
13.4.3 沃尔玛物流电子化演进 ........ 461
13.4.4 案例评析 ........ 466
13.5 南京化工园电子商务发展案例 ........ 467
13.5.1 化工园概况 ........ 467
13.5.2 发展思路 ........ 468
13.5.3 服务模式 ........ 469
13.5.4 发展目标 ........ 469
13.5.5 项目定位 ........ 470
13.5.6 业务功能 ........ 470
13.5.7 实施步骤 ........ 471
13.5.8 案例评析 ........ 473
13.6 戴尔电子商务发展案例 ........ 473
13.6.1 公司概况 ........ 473
13.6.2 发展背景 ........ 475
13.6.3 经营策略 ........ 476
13.6.4 网站运营 ........ 477
13.6.5 运作流程 ........ 478
13.6.6 对供应商的整合 ........ 479
13.6.7 案例评析 ........ 480
**参考文献** ........ 482

# 第 1 章　零售业电子商务发展

零售是实现各种商品的价值和使用价值的重要途径，零售业是反映一个国家物质文明和精神文明建设成果的重要产业，也担负着促进生产、繁荣市场和满足人民生活多方面需要的重要任务。改革开放20多年来，我国的零售业一直处于高速发展时期，超市、便利店、专营店、仓储式商店、大卖场等各种零售业态从无到有，蓬勃兴起，为我国社会主义市场经济的发展起到了重要的推动作用。

众所周知，零售业是我国市场化程度最高、竞争最为激烈的行业之一。目前，全球50家最大的零售企业，绝大多数已在我国开展业务。按照我国政府关于加入 WTO 后逐步取消外国零售业进入中国的各种限制的承诺，可以预见，在未来的几年里，跨国零售巨头与我国本土零售企业将会展开空前激烈的竞争。面对国际零售巨头的竞争，中国的零售企业深感形势紧迫，压力重重，唯一的出路只能是通过创新业态、降低成本、改善服务、提高效率、扩大市场、改进供应链管理等从多方面入手，提升中国零售企业在新环境下的生存发展能力，继而培育和增强自身的核心竞争力。只有这样，才能赢得新的发展机遇，获得新的生存发展空间。

电子商务作为一种全新的业务运作方式，与零售业有着天然的联系。它在对传统零售业务运作方式带来重大挑战的同时，也为零售业的新发展提供了不可多得的机遇。对中国的零售企业来说，如何利用电子商务所提供的发展契机，提高其在供应链管理、商品销售、客户关系管理、物流配送、传统营销与网络营销的整合等方面的能力，全面提升零售企业的市场适应能力和竞争实力，以更好地适应经营环境变化的需要，已变成一项十分迫切的任务。探索零售业电子商务的发展问题，研究零售业电子商务的应用案例，不仅具有极为重要的理论价值，也具有不可低估的现实意义。

## 1.1　零售业发展概况

### 1.1.1　世界零售业发展趋势

零售业的发展可以追溯到19世纪中叶百货业的诞生，也就是所谓的“第一次零售革命”，迄今已有150多年的历史。在此期间，零售业态不断创新，新兴零售组织形式不断出现。目前，从世界范围来看，传统的百货店业态正逐渐失去昔日的辉煌，而连锁超市和大卖场等业态则开始占据主导地位。目前，进入“世界500强”的零售企业已超过50家，绝大多数为连锁超市和大卖场等业态。

随着经济全球化和信息网络化的发展，世界范围内的零售业正在经历着以下一些变化和趋势：

1. 连锁经营成主导趋势

西方发达国家的零售业经过多年的发展与变革，传统的百货零售方式正面临着越来越严峻的挑战，取而代之的连锁经营方式，特别是跨国连锁经营正以高速增长的态势成为现代零售业的主导经营方式。在当今世界零售业中位居前列的零售商，如美国的沃尔玛、法国的家乐福、荷兰的ROYALAHOLD超市集团、德国的麦德龙、美国的克罗格食品杂货连锁、日本的伊藤洋华堂等无一例外都是靠连锁经营的方式迅速发展壮大，成为国际零售业的“领头羊”。走连锁经营发展道路的大型零售企业主要依靠自身的独特的品牌优势和先进的管理方式吸收中小型零售企业加盟，实现商业资源的快速整合与重组，以增强企业的竞争力和抵御风险的能力。

2. 零售业对市场的控制能力正在上升

纵观近年来世界零售业的发展，可以看出一个明显的趋势就是零售企业对市场的控制能力正逐步增强。传统的观念认为，在整个商业流通过程中，零售业处于销售链的下游，只是被动接受制造商提供的产品，并受到制造商的种种限制。但由于科学技术的进步和社会的发展，消费者的消费行为变得更为多样化和个性化，对购买行为的主动性也大大加强，因此，制造商对消费者消费需求的把握难度加大了，而最接近消费者的零售业则相对较为容易掌握消费者瞬息万变的需求变动情况，并且其掌握信息比制造商所掌握的更准确、更及时。这样，零售商对市场的把握和控制更显得有力，在一定程度上决定着制造商的命运。电子商务、网上购物、邮购、直销等方式的兴起，更说明了这一点。

3. 零售业两极分化的趋势加剧

零售业的激烈竞争使整个行业产生了较为明显的两极分化趋势：一方面，零售业中的市场集中度正在逐步提高，少数连锁巨头控制整个零售业中的大量份额，如2007年位居世界500强之首的美国沃尔玛公司年营业收入达到了3511.39亿美元，在世界经济中的比重已非同小可；另一方面，有一部分零售企业则开始走向专业化经营，通过采用专营店的方式，提供差别化、个性化的服务，经营的品种也从过去的“大而全”向“精而专”转变。从未来的发展趋势看，巨型化和专营化是零售业发展的两种同时并存的方向。

4. 组织结构正向集中化转变

随着零售企业规模的不断扩大，跨地域、跨国经营的趋势越来越明显，随之而来的是零售企业的组织结构的集中化程度也变得越来越高。对大型零售企业来说，通过集中化管理，可以集中批量采购，以更优惠的价格进货；可以通过各分店商业设施的统一化、标准化，降低成本；可以进行统一的广告宣传、市场调研、产品开发等活动。组织结构的集中化，进一步促进了零售业的规模变得越来越巨型化，对市场、社会的影响变得越来越重要。

5. 零售业的模式不断创新

为了满足消费者新的需求，近年来出现了一种新的零售模式，即体验式消费，它是一种感受型消费，将购物与体验结合起来。目前这种模式已经在世界商业最繁荣的城市如纽约、东京和拉斯维加斯出现了，它的宗旨是在购物中娱乐，在娱乐中购物，在体验中购物，在购物中体验。这种新的模式极大地吸引了消费者的眼球，开创了零售业的新形式。

6. 零售业正向网络化迈进

近年来，电子商务的快速发展也带动了零售业与因特网的快速"联姻"，不但在零售企业之间互相通过企业内联网进行连锁经营，或者通过外联网整合供应链，而且很多零售企业已通过因特网开展 B to C（Business to Customer）的经营活动。可以看出，传统的经营方式、竞争格局都将随着零售业电子商务的发展发生很大的变化，在一定程度上可以说将引发一场零售业的革命。

### 1.1.2　中国零售业发展状况

改革开放后，我国的零售业取得了迅速的发展，目前国外已有的各种零售业态在国内都已经出现，并已逐步走向成熟，基本完成了国外零售业百余年演变与发展所走过的历程。特别是我国加入 WTO 以来，外资进入我国零售业的步伐明显加快，我国的超级市场、便利店、购物中心、连锁店、仓储式商店等业态发展迅速，和传统的百货零售业一起，形成了国内零售业"百花齐放"、"争奇斗艳"的局面。总的来说，国内零售企业在竞争过程中已经逐步培养起了良好的竞争意识，经营管理的现代化水平也在不断提高。但是，我国零售业的市场集中度还不高，市场竞争主体仍以大量规模相近的中小零售商为主。由于现有零售企业之间激烈的竞争、替代服务的大量涌现以及外来进入者的严重威胁，中国零售企业之间的竞争已发展到"过度"状态，整个零售业的资产收益率低于社会平均水平，并呈下降趋势，同时随着外资零售业的进入，国内零售企业面临这股压力，迅速扩大规模，但在经营管理上跟不上，不能不令人忧虑。

值得指出的是，在近几年国内零售业竞争越来越白热化的同时，我们也欣喜地看到，国内一批有规模、有特色的专业连锁店正在迅速崛起。在家电销售领域，通过这些年的家电销售大战，国内逐渐形成了北京国美、江苏苏宁等几大家电销售巨头，可以说，目前国内几大家电销售巨头基本控制了我国家电销售市场的半壁江山；在药品零售连锁企业中，北京同仁堂、沈阳天益、重庆和平、广州的健民、深圳的海王、广西的同济医药集团等企业也正以咄咄逼人之势改变我国传统的药品零售方式。从目前的发展情况看，一大批在市场竞争中发展壮大起来的企业正以其雄厚的实力、先进的管理和成熟的业态，成为我国零售业的一支新军，在未来零售业的发展将会起到越来越重要的作用。

分析我国零售业未来的发展趋势，可以得出以下一些结论：

（1）百货店等传统业态的发展速度将会逐步减缓，与此同时，仓储商场、超级市场、专业店等新型零售业态将会以更快的速度发展，其所占的市场份额将会比过去有较大幅度的提高；

（2）借助高科技手段的应用，无店铺销售的某些业态如电视购物、电话购物、网络购物或目录购物等将有更为迅速的发展，上门推销、邮购等将通过整顿得到规范而走上正常的发展轨道；

（3）为适应卖方市场向买方市场的根本转变，服务功能强、极大地方便消费者的销售形式，如网上销售等形式将赢得更为广阔的市场发展空间；

（4）零售业中的强强联合、强弱兼并和大范围连锁将是大势所趋，零售业的集中化程度不断提高，实力也将得到迅速提升；

（5）不少大型零售企业的经营领域逐步出现多元化的发展趋势，不再局限于原有的零售领域，还向生产加工、餐饮、娱乐、服务等领域渗透扩展，一些大型百货业股份公司甚至进入计算机、电子通讯等高科技领域；

（6）零售业信息化的发展与应用水平将会持续提高，一方面是为了适应竞争，提高企业竞争实力的需要，另一方面，也是为了提高企业供应链管理能力、客户关系管理水平和企业资源管理效率的需要。所以，零售业信息化将成为我国未来零售业发展的一个重要的方向。

### 1.1.3 我国零售业发展面临的问题

近几年来，我国的零售业正经历着深刻的变革，特别是随着我国零售市场的对外开放，一些在国际上流行的新型零售业态传入我国后迅速得到普及和发展。但是也应该看到，我国的零售业尚处于初期成长阶段，有待于进一步规范与完善。成本居高不下、效率低下、管理松散、物流滞后等均成为制约我国零售行业发展的“瓶颈”。同时，对中国零售企业来说，各自的定位也是一个重要的问题，特别是面对着日益成熟的、具有高度松散性和流动性的消费群体，消费内容的多元化、需求层次的复杂化和购买行为的理性化，都需要零售企业树立科学、整体的营销观念，研究自己的消费者，真正让消费者成为企业营销活动的中心。另外，中国零售企业还缺乏战略眼光，不能从长远性和战略性的高度上来考虑，而是在同地域、同档次、同类型的零售企业之间展开过度竞争，最终造成两败俱伤。中国零售业的对外开放和外资的进入将加剧中国零售业的市场竞争，导致零售业供过于求，总量失衡；现有的市场份额必然会随之发生变化，国内一批缺乏竞争力的零售企业将被淘汰。

入世以来，国际零售业巨头的大举进入对我国零售业市场造成巨大的冲击正在逐步显现，本土零售商的市场份额也在逐步被“蚕食”，其绝对利润和相对利润必将进一步下降，甚至出现从“微利”到“零利”、“负利”的转变，在这样的情况下，一些零售企业关门倒闭或破产重组就不可避免。

当然，WTO的“双刃剑”给我国零售业带来严峻挑战的同时，也给中国零售业提供了巨大的市场机遇。可以肯定，入世在扩大中国商品出口业务的同时，大量国外价廉质优的商品将全面进入中国消费品市场，这将会极大地补充、丰富商品市场的供应，对拉动国内需求将会起到积极的作用。同时，还将促进中国消费水平的提高，引起消费结构的新变化。此外外商还会带来全新的营销理念与科学的管理方式，在一批弱势零售企业破产倒闭的同时，另一些优势企业将在与国际著名零售集团的竞争中成长起来，不断增强国际竞争力并向国外市场扩张。

由于WTO允许全球网络公司直接拥有49%～100%的中国网络公司股份，并允许银行、运输、保险等行业大范围地开放，这将极大地刺激全球各类在线零售企业进入中国，大批具有全球战略眼光的中国零售企业也将利用网上商店开展电子商务活动。因此，在线零售业将会迎来不可多得的发展机遇。

# 1.2 零售业电子商务概述

众所周知，以亚马逊为代表的网络零售业是电子商务的最初表现形式。近十年来，零售业电子商务在世界范围内得到了迅速的发展，既给传统的零售业务运作方式带来了不可低估的冲击，又为零售业的新发展提供了重要的机会。

## 1.2.1 电子商务在零售业中的应用

电子商务与零售业的发展有着天然的联系，但早期的零售业电子商务发展主要是通过互联网进行网上销售，最近几年，电子商务在零售业中的应用变得越来越普遍，形式也变得越来越多。目前，比较典型的应用主要有以下几个方面。

### 1. 网上零售

电子商务的兴起，首先冲击的是传统零售业。因为最早从事电子商务的网站，基本上都将业务定格在“网上零售”这一领域。零售业（Retail）与电子商务（E-Commerce，或 E-Business）的结合出现了 RE-Commerce（电子零售业），传统零售业由此开始了一场数字化的革命。电子商务的兴起对传统批发商、零售商、代理商的地位产生了重大的影响，并引发了从百货商店、超级市场、连锁商店演进而来的以“网上商店”为标志的第四次零售革命。电子商务时代的到来对传统零售业的经营和交易模式提出了新的挑战，同时也带来潜力无限的商机。电子商务将与商店零售形式融为一体，从而创造出网络时代新的营销方式。

从目前来看，网上零售的经营方式主要有两种：一种是纯网络型零售企业，比如美国的亚马逊、中国的当当书店等；另一种是传统零售企业触网，将传统业务与电子商务互相整合，比如美国的沃尔玛、中国北京西单商场等。经过近几年的大浪淘沙，纯网络零售企业生存下来，得到快速发展的是少数，而且不少网络零售商也开始了从虚拟到实体的转变，如亚马逊除了建立配送中心外，也逐步建立起了自己的实体商店，另外一些则通过寻求与传统零售连锁店的联合、结盟，以弥补自身的不足。与此相反，依托传统零售企业的电子商务发展开始渐入佳境。主要原因有三个方面：一是因为传统零售商依靠其多年经营积累起来的品牌、信誉等方面的优势已拥有一大批忠诚客户，一旦这些零售商建立自己的销售网站或是与其他网站联手，必将吸引众多的网上顾客；二是网上顾客订货之后，传统的零售商可以凭借其快速、低廉的分销和送货渠道将货物尽快送到顾客家中；三是网上零售的成本优势可以增强传统零售企业的竞争力，并为客户带来更多的实惠。总的来说，无论是对网络零售商还是对传统零售商来说，网上零售必将成为零售业务的一种重要的实现形式，为企业、为客户创造出更多的价值。

### 2. 电子采购

对零售企业来说，主要的利润来源在于进货与销售之间的差价，所以降低商品的进货价格以及节约采购过程的开支，对提高零售企业的经济效益意义重大。在传统方式下，由于进货、整理、清点等都离不开人工的参与，不但效率低，而且成本不易控制。利用互联网进行电子采购（e-procurement），由于采购过程中的信息流都可以通过网络以电子方式传送，资金流也可部分或全部通过网络实现转移，不仅可以大大提高采购过程的效率，还可以十分有效地降低采购过程中的各项开支，对提高零售企业的经济效益和市场竞争力都有很大的好处。

IBM 公司的研究表明：

- 超过80%的零售商收入花在了采购商品及服务上；
- 采购节省1美元，相当于增加销售5美元以上；
- 降低进货成本10%，相当于利润增加50%；
- 管理和处理单个购货单，成本可能会超过100美元；
- 80%的采购订单通常仅占总货款的20%；
- 随意采购或不按合同间接采购，通常要完全按照零售价付款，一般相当于所有间接支出的30%到45%。

对零售商来说，实现电子采购的优势主要可以体现在：

- 通过消除手工纸张处理环节，同时授权员工在控制的参数范围内采购，从而降低成本、提高生产率；
- 通过提供易用的工具，自动执行采购标准和商业规则，加强合约采购；
- 开发报告功能，实现支出、业绩和交易费用的合并存档，用于渠道开拓、合同谈判和供应商关系管理等；
- 通过整理采购进程，缩短采购周期和工作量。

根据国外的调查，大型零售企业实现电子采购后，产生的经济效益是十分明显的，比如：

- 平均交易费用从107美元下降到30美元；
- 采购周期从7.3天降到2天；
- 生成订单的平均成本从35美元下降到不足1美元；
- 直接进货成本从60美元下降到5美元；
- 专业采购人员从29名减少到2名。

从中可以看出，电子采购对大型零售企业来说，某种程度上可以说它的实际意义超过了网上销售，是零售企业电子商务应用的一项重要内容。

### 3. 电子化供应链管理

电子化供应链管理（electronic-Supply Chain Mamagement）是通过网络把供应商、生产商、分销商、零售商等在一条供应链上的所有节点企业都整合在一起，使得其中的物流、信息流和资金流得到有机的集成，从而使商品以最快的速度、最低的成本、最优的服务送达到消费者手中。零售业电子化供应链管理涵盖了计划、招商、采购、销售、存储、对账、支付等各个环节，它通过互联网将供应商、经销商、运输商、银行以及最终消费者紧密地联系起来，使供应链上的企业能对自身的业务流程进行优化组合，以提升企业的竞争力。

从未来的发展趋势来看，零售企业之间的竞争将逐步过渡到供应链与供应链之间的竞争，谁的供应链反应快、效率高、成本低，谁就将在竞争中取胜。如果零售企业不能与其供应链上的企业进行有效合作，不能形成供应链管理，零售企业的竞争力将会变得十分脆弱，既无法适应激烈的竞争，也很难满足日益加剧的客户需求变化的要求。因此，实现电子化供应链管理是零售企业发展到一定阶段的必然要求，而且相关的技术也日趋成熟，实施起来也变得相对较为容易了。

### 1.2.2　零售业电子商务的作用

零售企业发展电子商务对企业的生存与发展所起的作用是十分明显的，主要表现在以下几个方面：

1. 有助于提高企业的盈利能力，增强企业的竞争力

提高零售企业的盈利能力，增强企业的竞争力是零售企业开展电子商务的最根本的目的，也是零售业电子商务所体现出来的最主要的优势。零售企业无论是在通过互联网进行网上销售，还是进行电子采购，或者进行电子化供应链管理都有助于企业提高盈利能力，更好地参与市场竞争，进一步提高服务客户的能力。

2. 有效降低库存成本

传统零售商难以有效预测市场的变化，只能根据经验或库存情况进行商品预订，然后再进行销售。但在实施电子商务后，可行的销售模式是零售商先获取订单，然后再提供商品，这样就没有或者大大减少了库存压力，甚至于完全不需要销售经营场所。因此，电子商务既可以有效地降低零售企业的库存水平，又可以大大节省库存方面的开支。

3. 有利于提高服务的效率和质量

零售企业可以利用网站向客户提供完善的多媒体信息服务，比如产品三维模型、移动影像资料、声音、文字等多方面信息，有助于消费者充分地了解产品的各种信息，以作出更好的购买决策。与此同时，消费者可以通过网络随时随地预订各种商品，方便零售商组织货源或告知生产商实现定制生产。因此，网络在零售业中的应用会使厂商与顾客的关系更加密切，进一步提高零售服务的效率与质量。

4. 有助于进行客户管理

零售业面对的客户范围极为广泛，流动性大，变动性强，传统零售商很难做到对其每一个客户的信息进行科学管理或跟踪，比如客户对什么商品感兴趣，购买行为是怎样的，购买者经常购买什么类型的商品，购买者的教育程度怎样等等都很难准确把握，就算是获取了这些资料，也很难对其进行分析、挖掘，从而得出有用的信息，进而为购买者提供符合个性化需求的商品。但在实施电子商务后，只需通过一些相关软件，就可以轻松地做到这一点，使客户关系管理的水平大大提高，服务客户的能力和水平也会显著增强。

### 1.2.3　世界零售业电子商务发展状况

零售业是受电子商务冲击最早的一个行业，零售业电子商务的发展轨迹和电子商务本

身的发展如出一辙，曾经的潮起潮落让我们体验到了电子商务发展的变幻莫测。目前，从世界范围来看，零售业电子商务的发展可以说已经进入一个理性回归期，发展的速度虽然不及早几年迅猛，但发展的质量和水平比过去有了很大的提高。

1. 美国

在美国，经历了最初的辉煌后，零售业电子商务发展目前已进入了一个平台整合期：传统零售业和纯网络零售企业开始互相融合。据报道，美国绝大多数的大中型零售公司已建立了自己的网站，其中大部分公司利用其网站销售其产品；而纯网络零售商，由于股价下跌、经营前景和盈利模式大受质疑、投资人要求获利的压力等因素的影响，不少已放弃经营，有的开始寻求与传统零售连锁店结盟。美国全国零售商联合会认为，美国的网上零售业已经度过了最困难的阶段，网上需求和赢利都展现出良好前景。

据美国零售联合会的报告称，2006年美国电子商务销售额（不包括旅游业务）达到了1465亿美元，比上一年增长了29%。其中服装和计算机产品最为热门。美国互联网研究机构 COMSCORE 的报告称，美国网上零售额占全部零售额的比例将在5年之内由目前的2.7%升至4.7%。

国际著名的市场调查公司尼尔森公司的分析家 Robert Leathern 表示："在线销售所占的百分比和店内销售还是相当小的，但是无论如何，呈一个实在的上升趋势。"

2. 欧洲

欧洲零售业电子商务总体起步较美国晚，一开始就面临着美国富有经验的网络零售商的竞争，曾经是欧洲最大的在线零售商的 boo.com 已经在2000年的电子商务低潮中宣布破产。但是，这些并不足以阻挡欧洲零售业电子商务前进的步伐。eMarketer 预测欧洲电子商务交易金额在未来三年内将有每年600亿美元的增长。eMarketer 公司进行的研究显示，受欧洲网民数量增加以及他们越来越多地在互联网上购买各种杂货和飞机票的影响，在经过数年的低速发展后，欧洲的电子商务已经开始加速。

欧洲的在线零售商发现，在网站高成本投入的情况下，只能获得普通的收入回报。结果是大量只做在线零售的商家业绩不佳，而传统的零售公司掌握着88%的欧洲在线零售市场。根据 Forrester 对19家.com 公司和11家传统零售商的调查发现，欧洲的在线零售商试图通过从其他欧洲国家的消费者身上做生意，以及建立和改善同供应商的关系来保持竞争力。而传统的公司却大力开办商业网站来为现有的客户服务，尽量利用"水泥"+"鼠标"模式得到更多更好的供应商，争取更多的客户。

根据尼尔森公司的调查，瑞典是欧洲各国利用因特网购物最活跃的国家，瑞典每四个人当中就有一人曾通过网络购物。在瑞典的所有网站中，销售录音带和 CD 的 www.ginza.se（参见图1-1）最受欢迎，其次为拍卖网站 www.qxi.se，销售小玩意的网站 www.blocket.se 和销售书籍、录音带的网站 www.bol.se 则分别居三、四名。瑞典人上网购物热情高也带动了该国电子商务网站的发展。家用电器零售网站 Netonnet 认为，传统家电零售业者加入网络销售的行列将更能带动消费者网上购物的热潮。

图1-1　ginza.se 网站主页

3. 亚洲

在亚洲，零售业电子商务发展较快的国家当数日本和韩国。在日本，电子商务被政府和私人机构推到了显要位置，早在1996年，日本成立了电子商务促进委员会，简称 ECOM，有251家公司或机构参加了该组织。此后，ECOM 在诸如电子授权认证和电子预付款或“ECOM 现金”协议等领域制订了规划和模型协议。这个授权认证规则得到了美国国家标准和技术研究院（NIST）及 OECD 的高度评价，并被指定为共同的全球规划的主要基础。1997年10月，由富士通、日立和 NEC 等公司联合成立了日本认证服务有限公司，以提供颁发电子认证的服务。在零售业电子商务方面，以7－11公司为代表的日本零售企业充分利用互联网与传统零售网点相结合的优势，取得了比较大的成功，在亚太地区零售业电子商务交易额中占有较高的比例。日本是世界上手机普及率最高和应用最为广泛的国家之一，基于手机的移动电子商务取得了快速的发展。2005年，日本通过手机上网销售的产品金额达到1500亿日元，而通过手机上网完成的包括股票交易等在内的服务费用已达880亿日元。日本总务省的数据显示，2005年日本手机电子商务交易额达4074亿日元，2006年超过了5000亿日元。日本电子商务的另一个重要趋势就是在线银行和网上投资市场的出现。2006年8月，日本四大网络银行——日本网银（Japan Net Bank）、索尼银行（Sony Bank）、eBank 和七行（Seven Bank）正式运营。同时，许多证券公司开始为这些投资者提供在线交易平台。

韩国同样是电子商务发展最快的亚洲国家之一。据韩国国家统计局的报告，韩国的电子商务交易额持续增长，2003年至2005年交易额的增幅分别为32.3%、33.8%和13.9%。2006年韩国电子商务交易额比上一年增长了15.4%，并首次突破400万亿韩元（约合4231亿美元）大关，比2002年猛增了1.3倍。2006年，韩国企业间的电子商务交易额增加了14.7%，达到

366.2万亿韩元；企业与政府间的电子商务交易额增加了18.6%，达到34.4万亿韩元；企业与个人之间的电子商务交易额增加了15.3%，达到9.1万亿韩元；个人之间的电子商务交易额增加了66.9%，约为3.8万亿韩元。

## 1.3 中国零售业电子商务的发展

在我国，零售业电子商务的发展同样是作为电子商务的最初表现形式出现的，以8848.net为代表的网络零售商曾在我国电子商务发展史上留下了难忘的一页。经过多年的发展与探索，我国零售业电子商务的发展逐渐步入正常的发展轨道，为我国零售业的健康、持续、快速的发展发挥了重要的作用。

### 1.3.1 我国零售电子商务发展现状

我国零售业电子商务开始于20世纪90年代中后期，在1999年前后曾达到高峰，当时以电子商务网站为表现形式的网络零售商不胜枚举。到2000年上半年，随着美国 NASDAQ 股市中网络股泡沫的逐渐破灭，我国的网络零售业随之进入低潮，大量的零售型电子商务网站也逐渐消失在人们的视野中。从2002年开始，我国零售业电子商务经过一段时间的低迷和盘整后，逐渐进入一个新的发展时期。总的来说，我国当前零售业电子商务的发展状况可以概括成以下几个方面：

1. 零售型电子商务网站渐入佳境

在电子商务概念炒作进入高潮的时期，我国涌现了一大批纯网络型的零售企业，这些企业往往在短时间内依靠先进的网络技术，建立起功能比较完善的零售型电子商务网站，就“轰轰烈烈”地开展零售业务了，但由于定位不准、支付和物流配送等相关服务跟不上，一段时间后因为只有“电子”，没有“商务”，无法维持企业的日常运转，只好悄悄地关门歇业。但其中有少部分纯网络型零售企业，在数年的发展中开始渐渐找到自己的业务方向，取得了很大的成功。比如由民营的科文公司、美国老虎基金、美国 IDG 集团、卢森堡剑桥集团、亚洲创业投资基金（原名软银中国创业基金）共同投资的当当网，成立于1999年11月，经过近十年的快速发展，销售额连年迅猛递增，成为中国网上购物第一店。当当网提供繁多的商品、优惠的价格、快捷的搜索、灵活的付款方式、迅速的送货服务，通过不断提升各种网络功能，保持并扩大在全球中文书刊、音像以及百货等网上零售业务上的领先地位。图1-2为当当网主页。

除当当网外，国内还有数量越来越多的运作得比较成功的纯网络型零售企业。金山卓越网是其中的佼佼者。该网站是由金山软件公司和联想共同投资组建的，于2000年5月正式开通。三、四年来，金山卓越网以“精选品种、全库存销售”为主要的经营模式，重点销售音像、图书、软件、游戏、礼品等文化产品，取得了理想的经营业绩。

图1-2　当当网主页

2004年9月，世界网上零售巨头美国亚马逊公司斥资约7,500万美元收购了卓越网，开始了中西合璧的电子商务发展历程。2007年4月，卓越网的公司名称即日起正式更名为“卓越亚马逊”，并宣布，卓越所有订单都将免收送货费，还新推出了“我的卓越网”服务，它能根据顾客的购物和浏览纪录向他们提供个性化消费建议。下图为“我的卓越网”页面。

图1-3　“我的卓越网”页面

可以说，经历过风雨、经受过考验的纯网络型零售企业开始走出电子商务的冬天，正迎来阳光明媚的春天。

2. 大型传统零售企业开始成为电子商务的主角

近年来，在零售业电子商务发展过程中，不少大型传统零售企业开始正式成为电子商务发展的主角，这些企业凭借网络型公司无法比拟的供应商、销售渠道、品牌和客户等资源优势，通过网络技术的嫁接，迅速成为电子商务的受益者。其中中国零售业20强之一的北京西单百货商场建成的IGO5网站、无锡商业大厦集团建成的“东方百业网”（参见下图）都是作为传统零售企业的网上商店，能向消费者提供家用电器、饮料食品、医疗保健、视听通讯、旅游休闲、图书影像、软件等数万种商品，成为店面销售的重要补充。另外，比如传统的大型书店北京图书大厦和上海书城各自开通的网上书店，同样成为了全国各地读者网上购书的重要渠道。

当然，从目前的发展情况来看，传统的大型零售企业开展电子商务较为成功的还只是少数，但可以肯定，这已经成为一种趋势，将来会有越来越多的传统零售企业会走上电子商务发展的道路。

图1-4 “东方百业网”主页

3. 消费者对零售电子商务的认同程度越来越高，需求越来越成熟

零售业电子商务的发展没有消费者的认同是不可想象的。这几年，随着我国上网人数的迅速增加，网上支付、物流配送等相关服务的逐步完善，消费者对网上购物的兴趣比过去有了很大的提高，对网上销售的认同程度也有了很大的上升，为零售业电子商务的发展创造了良好的发展氛围。目前，很多上网者已经习惯在网上购买图书、唱片、礼品、软件等商品，有较多数量的消费者还喜欢直接在网上进行信用卡支付，以节省时间，省去不少麻烦。有一些成人用品的网站由于较好地保护了消费者的隐私，避免了消费者在商店购物时的尴尬，受到很多成年网友的欢迎。

在我国，尽管由于各种原因，目前参与网上购物消费者的比例和消费能力与美国等发达国家相比还存在不小的差距，但这是一个渐进的过程。从未来的发展趋势看，网上消费的需求必将逐渐成熟，网上消费的比例也肯定会越来越高。

### 1.3.2 我国零售业电子商务发展中存在的问题

我国零售业电子商务在近几年取得了较快的发展，但与国外的先进水平相比，以及我国零售业自身发展的实际需要相比，还存在着很大的差距。在前些年电子商务发展的热潮中，许多零售企业匆忙上网，建起了网上零售站点，但是由于购物人数有限，宣传力度不足，消费者响应程度不高等原因，大部分网站只是流于形式，根本谈不上销售收入或销售利润，经营情况不尽如人意。概括起来，我国零售业电子商务发展中存在的问题主要有以下几个方面。

1. 零售企业对电子商务的认识不足

虽然国内的各种媒体在这几年都对电子商务进行了详尽的宣传、介绍，但许多零售企业在电子商务的具体实施过程中，仍然存在着许多认识上的问题，比如说，认为电子商务就是网上购物；电子商务系统就是企业网站等等，不一而足。因此，大多数零售企业未能充分利用电子商务来服务于企业的管理和商务的需要，以降低成本、增强盈利、提高企业竞争力。实际上，电子商务涉及企业经营管理的方方面面，对供应商关系、内部流转关系、零售顾客关系等各方面都有着重要的影响，必须以全面的观点看待电子商务的发展。另外，零售业电子商务的发展还存在着一个如何看待与传统零售业的关系问题。传统零售业发展经历了一、二百年的时间，它的操作模式和经营方法都已被消费者认可和接受，但电子商务的发展仅有十几年的时间，人们对它的接受程度还非常有限，人们的消费习惯很难在短时间之内发生根本的改变。由此可见，要使零售业电子商务有比较大的发展，还需要一个比较漫长的过程。

2. 零售企业信息化的发展水平

对于我国数量众多的零售企业来说，未来的经营管理活动越来越离不开现代信息技术的支撑，无论是参与市场竞争，还是满足客户需求，都离不开信息技术的应用。但我国零售企业整体信息化的发展与应用水平还比较低，在零售业电子商务发展的过程中，这一劣势将会表现得更加明显。目前国内大部分具有规模的零售企业已经建立起自己的管理信息系统，但基本只是一个简单的内部进销存管理系统，存在着严重的“信息孤岛”现象。与客户和供应商的信息交互几乎是空白，使得企业信息的价值没有被充分挖掘和利用。所以，要加快零售业电子商务的发展，必须从优化和完善零售企业的信息化入手，否则很难使电子商务的实际价值得到真正体现。

3. 配送和支付滞后

配送和支付是目前大多数从事零售电子商务的企业所面临的共同问题。如何在提高配送时效和控制配送成本之间寻找一个平衡点，始终困扰着很多开展零售电子商务业务的企业。尽管有个别企业打出了让消费者满意的“一小时送货”的口号，但无论从配送成本还是实际运作都是有很大困难的。另外，支付也是个难题，网络安全一直是个敏感的问题，这个问题不解决好，始终会给客户进行网上支付带来心理障碍。

4. 网上销售的商品还有待优化

电子商务不能像传统零售业那样包罗万象，譬如对储存条件要求高的物品就不太适合拿到网上去销售。网络最大的特性在于信息交互，如果一个产品的信息相对比较简单，网络的作用就很有限。而在使用上比较复杂，产品价值和科技含量比较高，专业性比较强的产品则比较适合在网上销售，对那些日常生活用品，人们对它已经很熟悉，传统的销售网络又非常丰富，显然不适合在网上销售，至少目前这阶段不适合。所以，从目前来看，网上销售的商品结构还需要进一步优化。

5. 零售电子商务的经营管理能力有待提高

零售电子商务作为一种零售业务新的实现方式，存在着很多新的问题，比如虚拟市场客户的消费心理、定价规则、商品组合、竞争机制等都有待进一步的摸索和探讨。目前，不少开展电子商务的零售企业往往只依靠一些计算机专业人员来开展业务，显然这种注重“电子”，忽视“商务”的做法，很难取得理想的效果。

从目前零售企业开展电子商务业务的具体内容来看，基本还停留在网上零售阶段，有关利用网络实现对供应商的管理、对客户关系的管理还基本处于空白阶段，在电子化供应链管理方面还处于起步阶段。可见，我国零售业电子商务的发展还有很长的路要走，面对的困难和面临的挑战还有很多，需要我们锐意进取、大胆探索。

### 1.3.3 我国零售业电子商务发展的主要策略

对中国的零售业而言，面对入世以后日益加剧的市场竞争，零售企业要在新形势下求得更好的生存和更大的发展，加快现代信息技术的发展，通过实施电子商务等手段提高企业的经营管理能力，增强企业适应市场和参与竞争的能力，是一条重要的出路。具体来说，可以采取的策略主要有以下几个方面。

1. 转变观念，从切实做好企业信息化建设入手

零售业电子商务的发展，首先必须转变观念，要彻底改变传统零售业和电子商务不相容的思想，必须充分思考如何利用网络技术对传统零售业的升级改造，以提高效率、降低成本、增加收益，更好地服务于客户，增强企业的竞争力；其次，还要改变“电子商务就是建网站”的简单想法，要切切实实抓好企业的信息化建设。在零售业微利时代，沃尔玛认为“赢利来自信息系统”，对中国零售企业来说同样是适用的，因为没有完善的 POS 系统、EOS、商业管理信息系统等作为基础，零售业电子商务发展必然会流于形式，只能成为聋子的耳朵——摆设而已。

2. 逐步提高电子化供应链管理的能力

目前，我国流通领域的市场集中度还比较低，中间环节繁多，零售业务的流程冗长且复杂。这在很大程度上阻碍了零售企业的发展壮大。通过实现电子化供应链管理，优化零售企业内部计划、采购、销售和存储等各个环节，将与企业业务有关的所有市场参与者如供应商、经销商、物流运输商、往来银行以及最终消费者通过网络有机地整合在一起，以提高业务运作效率，降低经营成本，必将有助于零售企业竞争力的提高。电子化供应链管理的实施可以更好地使业务伙伴之间做到信息共享和资源的共同开发利用，以提高企业对市场的反应速度和对客户需求的满足程度。探索电子化供应链管理的发展与应用将是众多零售企业及其合作伙伴在未来发展中共同面临的任务。

3. 充分发挥连锁经营和电子商务的整合优势

目前，我国零售行业的平均利润率已降到了历史最低点，十分不利于零售企业的进一步发展，也不利于与国际零售商的竞争。要改变这种状况，必须进行经营理念创新，树立零售企业之间“竞争合作求发展”的新思路，改变以降价为主要手段的竞争方式，逐步找到有利于共同发展的新途径。零售业是规模效应十分明显的行业，连锁经营是零售企业发展壮大的必由之路。因此，在零售行业要加强不同企业之间的联合、兼并，形成跨地区的连锁经营企业，并通过电子商务加强企业内部的经营管理，提高经营管理水平。可以说，连锁经营和电子商务是今后零售业发展的两个基本趋势，充分发挥两者的整合优势将会大大提升零售企业的竞争实力。

4. 逐步利用客户关系管理，提高顾客满意度

无论是传统零售企业开展电子商务业务，还是纯网络型零售企业的网上经营，都要面对千千万万的客户，要让他们满意并成为忠诚的客户，就必须实施客户关系管理。客户关系管理是实施电子商务整体战略的一个重要组成部分，它的目的是通过网络和计算机技术的应用，使客户关系回报（ROCR——Return on Customer Relationship）最大化，使企业和客户共同受益。客户关系管理在零售企业的全面应用，将会对零售企业的决策支持和智能分析提供重要的依据，可以有效分析企业市场活动的回报，挖掘企业产品的市场卖点，确定企业的主打产品，进一步明确客户需求，并为他们提供更多更好的个性化服务，最大限度地提高他们对企业的忠诚度。

5. 充分利用信息技术，提高企业经营管理水平

我国零售企业长期来一直被看作劳动密集型企业，忽视了信息技术的应用和经营管理水平的提高，导致企业的竞争力低下。电子商务的发展会促使企业充分利用信息技术，提高经营管理水平，增强企业的竞争力。比如采用网络进行集中采购管理，必然会提高采购环节的透明度，降低采购成本；又比如利用统一的财务管理软件，直接控制所有的收入和费用支出，并能随时对毛利等指标进行监控，这必然会降低企业的经营风险，提高经济效益。信息技术在企业经营管理活动中的应用水平很大程度上反映了这个企业的市场适应能力和竞争实力，切不可等闲视之。

6. 利用全社会力量，进一步完善支付和物流配送系统

零售业电子商务的有序、快速的发展，离不开完善的支付和物流配送系统的支持。对零售企业来说，要解决这两个问题，依靠自己的力量显然是力所不能及的，所以必须依靠社会力量共同来推动。

网上支付问题需要由银行和 CA（Certificate Authority）认证中心共同来解决，目前总的来说，网上支付的安全性、兼容性和方便性等方面比过去有了很大的提高，但其中一个重要的问题是客户对网上支付还心存疑虑，这不利于零售电子商务的深层次发展。对这个问题，需要依靠加强宣传、采用鼓励措施等方式来解决，只有让客户亲自体验到网上支付的快捷、安全与方便之后，才能真正让网上支付普及开来。

“物流”是零售电子商务业务实现的“基本流”，如何提高物流配送的效率和水平，降

低物流配送的成本，是每一个准备发展电子商务业务的零售企业都必须考虑的问题。零售电子商务的物流具有品种多、批量小、批次多、地域分布分散等特点，相对来说，物流组织的难度比较大，依靠零售企业自身的能力来解决显然是不经济的，也是不可取的。最主要的办法还得依靠专业的第三方物流提供商来解决，当然，如何加强与第三方物流提供商的合作、怎样选择最优的物流配送路径、又怎样在物流组织过程中实现与物流服务提供商的“双赢”，这些实际问题还需要零售企业深入思考，大胆探索。

# 1.4 典型案例1 沃尔玛在线零售案例

## 1.4.1 公司概况

总部位于美国的沃尔玛（Wal-Mart）公司是全球最大的零售商，由美国零售业的传奇人物山姆•沃尔顿先生于1962年在阿肯色州成立。经过40多年的发展，沃尔玛公司已经成为美国最大的私人雇主和世界上最大的连锁零售商。目前，沃尔玛在全球开设了近6,800家商场，员工总数180多万人，分布在全球14个国家。每周光临沃尔玛的顾客1.75亿人次。美国《财富》杂志公布2007年度世界500强公司排行榜中，2006年被挤下第一名的零售巨人沃尔玛夺回了全球最大公司的位置，销售收入为3511.39亿美元。

沃尔玛公司的创始人山姆·沃顿最初在美国阿肯色州班顿威尔镇开办了店名“5-10美分”的廉价商店，当时只是一家名不见经传的小企业。1962年沃尔玛公司开办了第一家连锁商店，1970年建立起第一家配送中心，走上了快速发展之路。20世纪90年代初期，沃尔玛逐步发展成为第一大零售商，并开始了向境外扩张的步伐。

沃尔玛在全球的业务类型主要有四种，即沃尔玛购物广场、山姆会员商店、沃尔玛商店和沃尔玛社区店，其中尤以沃尔玛购物广场和山姆会员商店的数量占绝大多数。购物广场以“规模大、品种多、服务周到”见长，通过大规模销售，购物广场的顾客们可从每件商品中体验到“天天平价”，从蔬果到洗衣粉，无一例外。山姆会员商店就像是会员们的采购代理，以“会员特惠价格”向公司和个人提供超值的名牌商品。山姆会员商店以“大包装、低利润”的经营方式，使顾客可享受低廉的仓储价格。除了物美价廉、品种齐全的名牌商品之外，山姆会员商店还提供各种款式的食品，包括海鲜、蔬果、面点及其他食品种类，此外，会员还可享受本地某些餐厅和休闲娱乐场所的折扣。

沃尔玛于1996年进入中国，在深圳开设了第一家沃尔玛购物广场和山姆会员商店，经过十余年的发展，目前已经在包括北京、上海、天津、重庆、南京、深圳等30多个城市开设了66家商场，包括沃尔玛购物广场、山姆会员商店、沃尔玛社区店三种业态，其中沃尔玛购物广场61家、山姆会员商店3家，社区店2家。目前，沃尔玛中国销售的产品中本地产品达到95%以上，并已与近2万家中国供应商建立了合作关系。沃尔玛一贯视供应商为合作伙伴，与供应商共同发展。此外，沃尔玛每年直接采购中国商品出口金额约为90亿美元，估计间接采购金额也超过90亿美元。随着中国零售业的进一步开放，沃尔玛在中国的发展将进入极其迅猛的时期。

图1-5为沃尔玛公司主页。

图1-5　沃尔玛公司主页

## 1.4.2　发展背景

在速度制胜的年代，谁能快速推出产品，谁就能抢先占领市场，赢得顾客。在传统企业中，整个生产周期和流通周期都拖得很长，这不仅意味着无法迅速响应市场，而且意味着整个周期内资源被大量占用。而利用现代信息技术提高企业经营管理的效率和水平，促进电子商务的发展，不但可以解决快速满足市场需求和降低经营成本的问题，而且可以大大提高客户的满意度和忠诚度，从而有效地提高企业的盈利能力和竞争实力。近20年来，作为世界零售业“霸主”的沃尔玛在信息技术应用于商业活动方面进行了不懈的探索，堪称传统企业“e 化”的成功典范。

早在20世纪70年代末，沃尔玛就建立起了计算机配售体系，从计算机开出订单到商品上柜，比竞争对手平均快3天，节省成本2.5%以上，在减少库存并保持货架充实率方面也显著领先于其他零售商。沃尔玛公司的计算机控制中心是一座外貌形同体育馆的庞然大物，规模在美国仅次于美国国防部的五角大楼，甚至超过了联邦航天局。该系统与4000多家供货商实现计算机联网。如果顾客在沃尔玛购买了一件商品，店员通过扫描商品上的条形码，信息就可以立即通过沃尔玛的信息系统向该商品制造商的信息系统自动订货，并在该制造商的信息系统上生成生产计划或调整、安排供货，两天后，完全相同的一件商品又会补充到沃尔玛的货架上。沃尔玛甚至利用自己掌握市场的优势，迫使像劳斯莱斯这样的大型汽车制造公司实现与沃尔玛同步的计算机管理，以做到“即时销售、即时生产”，大大压缩了产品的时间成本。同时，全球数千个店铺的销售、订货、库存情况也可以随时从该系统中调出查阅。

沃尔玛公司还专门投入4亿美元的巨资委托美国休斯公司发射了一颗商用卫星，用于全球店铺的信息传送与运输车辆的定位及联络。公司的运输卡车全部装备了卫星定位系统，每辆车在什么位置、装载什么货物、目的地是什么地方，总部一目了然，可以合理安排运量和路程，以避免浪费、降低成本、提高效率，最大限度地发挥运输潜力。在美国国内，沃尔玛共有近3万个大型集装箱挂车，5500辆大型货运卡车，24小时昼夜不间断作业，每年的运输总量达到77.5亿箱，总行程高达6.5亿公里。可以想象，要合理调度如此大规模的商品采购、库存、物流和销售管理，没有现代信息技术的支撑是根本不可能的。

### 1.4.3 在线策略

在汹涌而来的网络经济大潮中，沃尔玛——这一传统企业的“航空母舰”似乎显得有些措手不及，当亚马逊等网络零售商迅速崛起时，沃尔玛很快认识到互联网带给传统的零售企业的机遇与挑战，并开始仔细研究网络竞争者的特性，然后制定了一系列有针对性的计划，尤其是计划建立一个从牙刷到电器无所不包的销售网站，来与它实力雄厚的配送系统相匹配。目前沃尔玛的新型交互式网站已正式开通，据美国著名的经济杂志《商业周刊》的网络专家分析，这一网站使沃尔玛相当于新建了25个大型的商场，同时也使消费者网上购物的选择范围扩大了将近两倍。

作为传统零售业的“巨擘”，沃尔玛拥有众多的分支机构、完善的配送系统、低廉的价格优势、忠心耿耿的客户群体以及十分完备的信息管理体系，这些无可匹敌的优势，在沃尔玛的网上业务中也得到了充分的体现。

沃尔玛公司在开展在线零售业务方面采取了以下五个方面的重要策略，使其迅速成为在线零售业的新“霸主”。

#### 1. 方便快捷的海量商品选择

在沃尔玛网站，公司提供了超过75万种的商品和服务的品种，这是任何一家实体的沃尔玛商店都无法全部提供的。而沃尔玛网站凭借互联网的信息存储优势，为客户提供了几乎无所不包的各种商品和服务，以弥补实体商店由于经营场地、业务人员等方面的不足。尽管网站提供的商品和服务的数量十分惊人，但网站提供了极其细化的分类（参见图1-6），客户既可按类进行逐项搜索，也可直接通过关键词检索，只要花费极少的时间即可从找到数十万种条目中找到自己所需要的东西，方便快捷真可谓“妙不可言”。

图1-6 沃尔玛网站商品与服务的分类

### 2. “天天平价”的价格优势

“天天平价”（Every Day Low Prices）是沃尔玛公司赢得万千客户信赖的关键因素之一。沃尔玛在网站上提供商品和服务同样坚持“天天平价”的经营宗旨，让参与网上购物的客户同样可在网上订购到在沃尔玛各门店销售的各类价廉物美的商品和服务。在商品的物流配送方面，沃尔玛同样利用遍布各地的各类门店的优势，竭尽全力地为客户提供方便、快捷、低成本物流配送服务，设身处地地让客户得到更多的便利与实惠。

### 3. 丰富详尽的购物信息服务

网上购物因为消费者不能和商家的服务人员面对面的接触，如果在购买过程中遇到各种问题就很难得到及时、准确的答复，不少消费者因此而对网上购物敬而远之。沃尔玛公司充分考虑到了客户在购物过程对商品和服务各种相关信息咨询的需求，并花了极大的功夫为客户提供极为丰富和详尽的有关商品和服务的各种信息。以在沃尔玛网站销售的数码相机为例，网站介绍了数码相机的各种基本知识，比如对数码相机象素高低的介绍：190万以下较好；200～290万更好；300万以上最佳（参见图1-7）。网站对不同象素的数码相机的性能作了深入细致的比较，让准备购买数码相机的客户一目了然地看出适合自己需求的象素标准。这样的信息服务对客户来说是极其必要的，也是对促成客户的购买极为有效的。所以，沃尔玛公司把为客户提供全面周到的信息服务作为赢得网上客户信赖的重要手段，并取得了理想的效果。

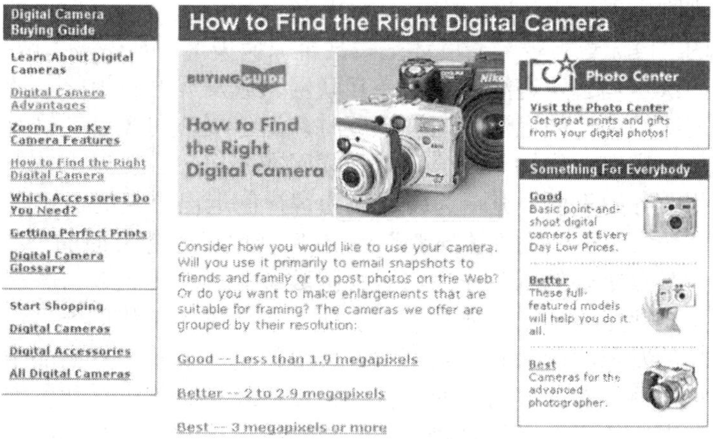


图1-7　数码相机信息服务页面

### 4. “不满意退货”消除顾客的后顾之忧

在网上购物，很多客户担心收到的货物发生质量问题或者不合自己要求时不好找商家解决，会给自己带来很多麻烦。沃尔玛公司充分考虑到了客户在这方面的忧虑，并把“最大限度地让客户满意”的经营原则同样应用到网上零售业务。沃尔玛公司规定：客户如果在沃尔玛网站购买的任何商品不满意，即可通过以下两种方式进行退换货：一是带上所购商品和相关单据直接到当地的沃尔玛商店的客户服务中心办理；二是直接寄送到沃尔玛网上商店的退换货中心免费办理退换货手续。由于制定了方便灵活的退换货政策，在沃尔玛网站购物的客户完全没有必要为在网上商店购买到不称心的商品而烦恼。

5. 严密的安全与隐私保护政策

在网上购物的客户几乎都有对网上交易的安全性以及个人隐私权的保护问题产生担心，因为网上购物时，客户既要在网上输入电话、地址、职业、收入等基本个人信息，而且还要提供诸如银行帐号、取款密码等敏感信息，一旦泄露会给个人带来极大的烦恼和重大的损失。沃尔玛公司高度重视网上交易的安全性，并为客户的个人信息安全制定出了严密的保护政策，使在沃尔玛网站购物的客户不再需要为安全和隐私等问题而担心。

沃尔玛公司认为，客户的个人信息安全对沃尔玛公司来说是极端重要的。不管在什么样的情况下，沃尔玛公司绝不会向第三方出售或出租任何有关客户的个人信息。沃尔玛公司为客户的全部信息保密，并只用于客户许可的商业活动。

在网上购物的安全方面，沃尔玛网站应用了先进的安全套接层技术（Secure Sockets Layer；SSL），保证客户在向网站提交相关信息之前进行高强度的加密处理。

在身份认证和网上支付方面，沃尔玛网站采用了维萨卡认证技术（Verified by Visa；VbV），这一技术由银行对持卡人的身份和信用进行验证，并保证只有合法的维萨卡的持有人才能在网上下订单。采用这种方法，既有效保证了网上交易订单的真实性和安全性，也对直接用维萨卡进行网上支付带来了极大的便利。

### 1.4.4 案例评析

当电子商务刚刚出现，亚马逊、雅虎、AOL等公司迅速成为互联网的宠儿时，沃尔玛这样传统零售业的“巨无霸”曾经一度迷茫，甚至惊慌失措，唯恐被“网络经济”所淘汰。经过几年的摸索，沃尔玛公司逐渐找到了在互联网领域发展的新思路。特别是在2000年以后，当单纯的“网络经济”的泡沫逐渐被挤破时，沃尔玛公司凭借其雄厚的实力、丰富的经验和遍布全球的门店资源优势，充分发挥互联网在零售业务发展中的作用，使在线零售迅速成为传统零售业务的重要补充，为公司、为客户创造出重大的价值。

沃尔玛是全球传统零售业的“领导者”，它在发展电子商务方面的一举一动，无疑对世界各国的零售企业具有重要的示范作用。对我国数量众多的传统零售企业来说，在面临加入 WTO 和电子商务迅速发展的双重压力下，学习和借鉴沃尔玛的发展经验具有尤为重要的意义。从沃尔玛的发展案例来看，我们大致可以得出以下几个方面的结论：第一，传统的零售企业必须把发展“在线零售”业务作为在网络经济时代生存和发展的重要内容，因为这既是客户消费方式改变的必然趋势，也是零售业竞争发展的必然结果，如果意识不到这一点，传统的零售业发展必然会遇到越来越多的挑战和困难；第二，“在线零售”本质还是零售，丰富的商品选择、富有吸引力的价格、内容广泛的信息服务、方便可靠的退换货保证以及严密的安全与隐私权的保护，既是传统零售业务的成功之道，也是在线零售业务取胜的不二法门，每一个有志于开拓在线零售业务的传统零售企业必须牢牢把握这些最基本的经营要诀；第三，互联网是传统零售企业更好地服务客户、提高企业经营管理水平、增强企业竞争力的十分重要的工具，但它的作用的发挥程度与客户的要求、零售商品的特点、公司的网络应用能力紧密相关，需要零售企业积极思考，大胆实践，逐渐探索出一条符合客户需要、对企业有益、代表未来零售业前进方向的互联网发展之道。

沃尔玛——传统零售业的王者，同样是在线零售业的“睡狮”，当它醒来的时候，整个网络零售业将为之震撼。面对越来越激烈的市场竞争以及越来越成熟的网络市场，中国的零售业也该到觉醒的时候了。

# 1.5　典型案例 2　日本 7－11 公司的电子商务发展

## 1.5.1　公司概况

世界著名、日本最大的连锁零售企业——日本 7－11 公司最初诞生在美国。早在 1927 年，“便利店”这种经营模式刚刚在美国出现时，美国德州达拉斯成立了一家名为“南大陆制冰公司”的冰块销售门店，主要业务是零售冰品、牛奶、鸡蛋。到了 1946 年，该公司推出了当时便利服务的“创举”，将营业时间延长为早上 7 点至晚上 11 点，自此，“7－11”这一在当今世界具有极高知名度的品牌应允而生。到 20 世纪 60 年代，黑咖啡、三明治、热炸面包等方便食品进入千家万户，便利店也随之迅速地成为零售业的一种重要业态，为广大消费者所接受。美国 7－11 公司也因此而赢得了快速的发展，先后购并了数十家公司，迅速地成为全美第一大便利店公司。

日本 7－11 公司是美国 7－11 公司向海外扩张的产物，日本第一家 7－11 门店诞生在 1974 年 5 月，并在当年迅速发展到 15 家。随着日本经济的快速增长，日本的零售和流通迎来了新的发展时期，为 7－11 连锁零售业务的发展提供了广阔的空间。在 20 世纪 80 年代，7－11 公司在日本赢得迅猛发展的同时，美国本部的业务因为便利店竞争的加剧以及郊外大型购物中心和折扣店的涌现而遇到了前所未有的挑战。1987 年美国 7－11 公司的总部为了摆脱困境，将特许契约抵押给租赁公司，1989 年又不得不将夏威夷和加拿大的分公司转让给日本的 7－11 公司。1992 年日本 7－11 公司正式“当家作主”，成为 7－11 公司的总部。目前，日本 7－11 公司的业务已遍及全球四大洲二十多个国家及地区，共设立 23000 多个零售点，每日为近 3000 万的顾客服务。在中国，日本 7－11 公司已有多年的经营历史，已开设有多家门店。随着中国零售业的进一步开放以及经济的快速发展，日本 7－11 计划在 2008 年之前在中国开设 700～800 家连锁店。

图 1-8 为 7－11 公司主页。

图1-8　日本7－11公司主页

### 1.5.2 发展背景

日本7—11公司的快速发展与其对信息技术的高度重视和科学应用是密切相关的。早在20世纪80年代中期，7—11公司就在全球范围内率先使用能够监控顾客购买行为的POS（Point of Sales，时点销售管理）系统，以取代老式的现金出纳机，开创了便利店经营的先河。到1992年，公司总部正式在日本成立时，7—11已经对公司内部的信息管理系统进行了总共4次的升级与改造，这在当时的大型零售经营企业中是不多见的。

1995年前后，随着公司业务的快速发展以及管理复杂性的不断提高，7—11公司意识到必须建设专门的管理系统以适应业务的迅猛发展。这一称作“综合信息网络管理系统”的项目是由7—11公司自行设计的，硬件由世界著名的电子消费品专业制造商日本NEC公司提供。考虑到自行开发合适的软件难度很大，7—11把基于Windows的定制系统最终交给微软公司来开发。到1996年，日本7—11公司的所有便利店，总部和供应商公司的大约61000部电脑全部安装了微软公司为其定制的软件。1998年，这项耗资达600亿日元（约合4.9亿美元）的专用系统基本建成，一条直通微软公司西雅图总部的专线为这一业务系统提供实时的技术支持，软件备份经常监视和自动记录系统出错的信息，如果系统出错多于两次，就会自动向当地的维修部门发出警报。

目前，日本7—11公司的所有便利店都装有卫星天线，用于各种业务数据的传输。卫星天线比电缆费用低，而且这对于许多位于乡村地区的便利店来说是唯一的选择。因为日本很多地区经常发生地震，卫星天线比电话线多了一层保护，并能将东京和大阪的主机隔离开来，对保障数据的安全具有重要的作用。

日本7—11公司这一耗资巨大的业务系统把所有的供应商、便利店、员工甚至银行联接在一起，对提高公司的业务管理水平、降低业务经营成本，进而提高公司适应市场的能力，增强企业的竞争力起到了极为重要的作用，为大型零售企业的发展树立了成功的典范。

### 1.5.3 系统运行

日本7—11公司的综合信息网络管理系统利用卫星通信和计算机网络将加盟店、生产厂家、供应商、工厂生产线、配送中心和总部连接在一起，构筑起了世界上最大规模的信息网络。这个网络包括店铺信息系统、7—11地区事务所、配送中心、厂家和7—11总部信息系统等各类子系统，其中店铺信息系统就有POS收银机、ST扫描仪、SC店铺计算机和GOT图形化订购终端等设备组成。

这一系统的具体运作过程如下：店铺信息系统通过卫星通信接受总部发出的商品信息，以此为基础提出需求预测以进行商品订货，并将店铺的POS数据和订货销售数据传给总部，同时将销售的票据传给7—11公司地区事务所，这里为加盟店提供会计记账服务，总部对收集到的POS数据和订货、销售、会计数据进行处理，然后将处理后的订货和会计数据传给厂家和共同配送中心，配送中心将商品及时送到各家店铺。另外，总部将处理后得到的易于使用的各种商品信息，由专用线路送到卫星中心，卫星中心将这些信息发送给各家店铺（各店铺顶部都设有多媒体信息接收器）。如此信息的循环和交互形成了7—11的综合信息网络系统。

日本7—11公司的综合信息网络管理系统已成为公司业务运作的“数字神经”系统，成为了公司各项业务运作的核心载体。

### 1.5.4　系统功能

日本 7－11 公司的综合信息网络管理系统对公司的业务发展所起的作用是十分明显的。通过这个信息网，加盟店可以快速准确地掌握销售动向，进行精确的订货，而总部则可以将其用于产品开发。此外，信息网络还根据会计数据，准确、快速地处理店铺、厂家、供应商、总部之间的结算。现在，信息系统也已经成为 7－11 物流系统的基础。总的说来，这一系统具有四个方面的功能：

1. 监控客户的需求情况

顾客需求变化越大，对购物的要求也就越高。这一系统能对客户的购买行为进行动态的分析，能够对客户的需求进行预测。日本 7－11 公司认为，竞争的本质就是变化，公司需要根据顾客需求来指导生产，而不是把生产出来的产品推销给顾客。在这样的环境中，战场就在商店，即生意和顾客最频繁接触的地方。这一系统在监控客户的需求情况方面无疑起着非同小可的作用。

2. 经营过程的动态分析

7－11 公司可以使用销售数据和软件改善企业的质量控制、产品定价和产品开发等工作。有了综合信息网络管理系统后，7－11 公司可以一天三次收集所有商店的销售信息，并在 20 分钟内分析完毕，这就可使 7－11 公司更快分辨出哪些商品或包装吸引顾客，以便进行调整。以致 7－11 公司的合作伙伴这样评价这一系统产生的实际效果："7－11 公司的销售和产品开发的能力是令人生畏的，它感受新趋势并研制出高质量产品的能力远远高出其他的制造商。"现在，7－11 公司正利用这些技能来增加有更高利润的自有品牌产品的开发。

3. 预测每年的市场趋势

顾客的需求越来越捉摸不定，产品生命周期普遍缩短已成为新的市场趋势。盒装午饭、饭团和三明治几乎构成了一家便利店一日销售额的一半曾是一种普遍的现象，但这种潮流持续的时间却非常短。7－11 公司宣称它可以与潮流保持同步的部分原因在于它一直关心天气的变化。来自数百个私人气象中心报告，每天 5 次到达所有的商店，而且每份报告都会将今天与昨天的气温进行比较，每一个中心覆盖 20 公里半径内的地区。这在日本是非常有用的，因为日本特殊的气候条件可使相距 40 公里远的小镇，气温能够相差 5 度。

4. 提高供应链管理的效率

供应链管理效率的高低已成为影响零售企业竞争力强弱的重要因素。有了这一系统后，日本 7－11 公司的订单流动大大加快了，早上 10 点钟订货，下午 4 点取货，订单的电子处理过程不超过 7 分钟。这些货物被送往专为 7－11 公司服务的 230 家配送中心。运货的卡车司机都携带着有条形码的卡片，当他们到达运货点就可以将卡片放在商店的计算机扫描。如果某位司机总是因故迟到，调度员就会考察其行走的路线或者增加其他的卡车以减轻其运载数量。同样，7－11 公司还利用这套系统帮助供应商和制造商控制他们的补货。

随着公司业务的不断拓展，这一系统的功能也在得到不断的扩展，特别是这几年在利用互联网进行采购以及进行网上销售等方面有了很多的探索，进一步丰富了这一系统的功能。

### 1.5.5 案例评析

从信息技术的应用状况来看，7－11 公司不但是日本零售企业中信息化程度最高、自动化业务处理能力最强的公司，而且在国际上也同样处于领先优势。该公司按照自身的业务需求开发的综合网络信息管理系统通过其发达的信息系统，借助于卫星通信，能对客户的需求进行全过程的监控，能对经营过程进行动态分析，能较为准确地预测每年市场发展变化的趋势，并在提高供应链管理效率上起到重要的作用，这些都是众多零售企业梦寐以求的，但也决非能在短时间内轻而易举地实现的。

日本 7－11 公司之所以能建立起这样一套耗资巨大、功能先进、技术复杂、应用周期长（预计可使用 15 年）的管理系统，与公司对信息化的高度认识以及追求信息化的实际效果是分不开的。可以说，综合信息网络管理系统现在已成为日本 7－11 公司核心竞争力的重要体现，在推动企业的快速发展方面起到了十分重要的作用。

日本 7－11 公司电子商务的基础应用主要是在公司的内部管理中应用计算机网络技术，即通过构建企业的内联网（Intranet）形成一个连接公司总部和各加盟店、生产厂家、供应商、工厂生产线、配送中心的一个巨大的信息网络，实现了高效、敏捷、低成本的电子化供应链管理体系，这一点是非常值得我国的零售企业学习借鉴的。作为国际零售业的巨头之一，日本 7－11 公司当然不会对网上在线销售、在线采购无动于衷。目前，该公司的网上销售网站也已正式开通，提供了多种商品和服务的网上销售，特别是书籍、CD 唱片、音乐会门票以及旅游预订等销售业务已取得了良好的业绩。

日本经济长时间的低迷，给 7－11 公司带来了困难与压力，同时也给 7－11 公司创造了“利用信息技术提高盈利能力和增强企业竞争力”的内在动力。可以肯定的是，中国的零售市场是日本 7－11 公司重点开发的海外市场之一。中国的零售企业必须尽早做好准备，“师夷长技以制夷”，只有踏踏实实地探索、实实在在地应用，才能为自己赢得新的生存发展空间。

## 1.6 典型案例 3 西单电子商务：老字号的新天地

### 1.6.1 公司概况

始建于 1930 年的北京西单商场是名扬海内外的老字号企业，至今已有 70 多年的历史。1993 年商场改制为北京市西单商场股份有限公司，1996 年 7 月在上海证券交易所正式挂牌上市。目前，西单商场已成为以购物为主、集餐饮、娱乐、休闲于一体的多功能的综合性大厦。多年来，西单商场坚持“品牌化、专业化、规模化”的经营特色，坚持“中档商品为主、高档商品兼备，小商品齐全”的市场定位，满足社会不同阶层和消费档次需求，取得了令人瞩目的成绩，经济效益始终居于同行业前列。

北京西单电子商务有限公司是由北京市西单商场股份有限公司和北京西单友谊集团共同投资组建的。公司在吸收原有西单商场电子商务业务的基础上，致力于建设一个面向消费者个人、消费品厂商和工商企业的互联网商业企业。公司是目前国内有影响的、在大型国有商业企业平台基础上建设的综合性的、先进的互联网商业企业，同时也成长为国内经营规模最大、经营品种最全、经营数量最多的综合性电子商务网站之一。

图1-9为西单电子商务有限公司主页。

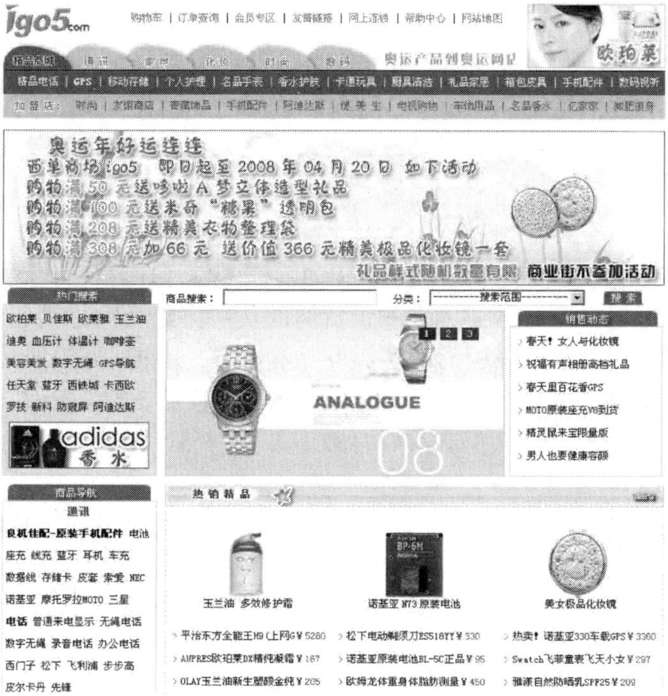


图1-9　西单电子商务公司主页

## 1.5.2　发展背景

作为一家老牌的大型国有百货经营性企业，西单商场一贯注重传统商业和现代化科技手段的结合。早在1998年，“电子商务”在国内还仅仅是一个时髦的概念时，西单商场就组织专门的人员成立了电子商务开发小组，并在全国范围内率先推出了第一家以传统的大型百货商场为背景电子商务网站——www.xdsc.com.cn（西单商场网上购物网站），为国内大型百货商场涉足电子商务业务作出了有益的探索。

2001年10月，北京市西单商场股份有限公司和北京西单友谊集团以自己宝贵的品牌资源、全方位的商业资源，在综合引进外来人才、新型营销理念和管理方式的基础上，共同投资组建北京西单电子商务有限责任公司（igo5网站，www.igo5.com），进一步探索和推动传统商业与电子商务结合的新模式。

2002年10月19日，北京西单电子商务有限责任公司注册成立；12月12日 igo5网站正式投入运营，主要开展网上零售、为企业提供网上营销平台、为商业企业提供电子商务和企业信息化管理方案等综合性电子商务业务和技术服务。

目前，西单 igo5 网站以其产品定位独特、发展基础牢靠、业务资源丰厚在电子商务行业中独树一帜。在秉承传统行业求真务实、注重服务品质的同时，积极按照电子商务行业的特点，发展 igo5 品牌。为保证 igo5 客户的服务质量，公司支付平台实现了支持包括客户直接到西单商场提货并付款、货到付款 COD、邮局汇款、银行卡、信用卡、预付款等在内的 50 多种网上网下支付和商品配送手段，并利用成熟的互联网技术全面实现了为电子商务服务的第三方商品物流配送运作体系。

### 1.6.3 经营模式

西单电子商务公司的 igo5网站是公司基于互联网及相关技术开展零售、服务、技术开发的平台，零售店面经营方式分为两种：自营精品店和品牌加盟店。

#### 1. 自营商场方式

自营商场方式即由西单电子商务公司自己组织货源、自己销售，这种方式主要依托西单商场丰富的商品经营资源和数量庞大的供货商的优势，结合网上销售的特点，向网上消费者提供种类繁多、价格富有吸引力的各类商品和服务。目前，在 igo5网站自营商场经营的商品种类有通讯器材、摄影摄像器材、时尚家电、化妆品、数码产品、婴儿用品、礼品、体育用品、休闲玩具等十几个大类产品，有数十万种商品，俨然是一个包罗万象的网上大卖场。图1-10为数码 IT 首页。

因为自营商场是由西单电子商务公司自行管理和经营的，所以销售的商品品种十分丰富，以数码相机为例，各类高档的国际知名品牌几乎都有销售，这是一般性的网络型电子商务公司所难以企及的。值得称道的是，在每一种产品的基本信息介绍方面，igo5网站真可谓下足了功夫。以在网站上销售的一种“索尼 S700”数码相机为例，网站不仅列出了与这款相机有关的各种参数，而且还提供了这款相机的外观图片（参见图1-11），让消费者对这款相机有了全方位的了解。从提供商品信息的角度来看，网上销售一定程度上可以比在商店销售做得更好，特别是在提供各种专业信息方面，网络的优势是十分明显的，关键是网上销售的经营者是否下决心花大功夫去做。可以说，igo5网站很重视这方面的细节，而且已经取得了很好的效果。

图1-10 数码 IT 首页

图1-11　数码相机介绍页面

2. 品牌加盟模式

品牌加盟店主要为商户提供销售平台和服务规范，客户入驻数量已达到180多家，经营种类包括礼品、保健品、书刊、音像、食品、旅游、汽车用品、日用百货、成人用品、特色商品等等。图1-12为加盟的首饰店主页。

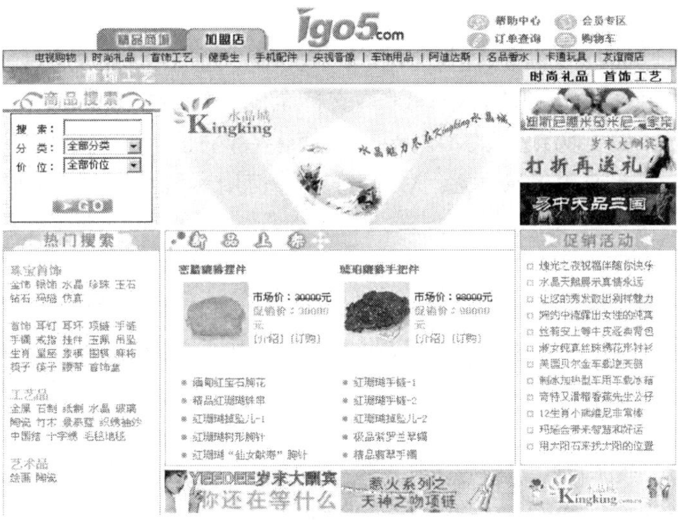


图1-12　igo5网站加盟首饰店首页

igo5网站的共营商业街由入驻商家在 igo5网站集中展示其自有商品的信息，并由 igo5网站代商家对消费者进行确认购买及收款等技术服务，最终由商家直接进行商品配送、承担商品质量保证责任。应当说，igo5网上商业街为广大渴望实现网上销售的商家提供了功能完善的网上交易场所，并为它们提供了一系列的技术支持，使这些商家能集中精力专注于“商务”，而不必为“电子”烦神。

为了加强对入驻商家的管理，保护消费者的合法权利，igo5网站对加盟的商家规定了三个方面的条件：（1）拥有销售商品和提供服务所需的工商营业执照、授权书、有关经营/制造/服务许可证、资质证明等证明文件；（2）认同电子商务的发展方向和igo5商务模式，迫切希望通过电子商务提升企业的竞争力；（3）保证提供优质的产品、服务和可靠的配送服务体系。

共营商业街尽管由加盟商家独立经营，但igo5网站为加盟商家提供了风格统一、设计精美、检索方便的销售页面，既使igo5的自营商店和共营商业街两种经营方式得到和谐的统一，又为网上消费者带来了方便快捷和美的享受。

### 1.6.4 付款方式

网上商场的付款方式对商家和客户来说都是十分关心的。目前，igo5网站提供了四种主要的付款方式的选择，任一网上消费者都可选用其中的一种。

#### 1. 货到付款

对客户来说，“货到付款”方式是一种无风险的货款支付方式，igo5网站委托专业的物流配送公司负责送货上门、货到付款的服务。目前，该网站在北京市的东城、西城、崇文、宣武、海淀、朝阳、丰台、石景山等八城区开通了货到付款的业务，其他地区的也将在条件成熟时逐步开通。

#### 2. 在线支付

在线支付是通过银行卡实现网上支付的，是一种方便快捷的货款支付方式，也是电子商务业务首选的支付方式。目前，igo5网站支持全国范围内已开通网上支付业务的各类信用卡实现网上支付。如招商银行的一网通、工商银行的牡丹卡、光大银行的阳光卡等都可直接在网上支付。国际通用的VISA、MASTER等信用卡同样可以在网上支付。

#### 3. 邮局汇款

邮局汇款是一种传统的、也是常用的付款方式，适合于边远地区以及不能应用信用卡付款的消费者使用。igo5网站的邮局汇款业务主要用来收取小额的货款。

#### 4. 银行汇款

银行汇款适合集团购物，支付金额比较高的业务。igo5网站提供的银行汇款业务为集团用户带来了很大的方便，深受这些用户的欢迎。

以上四种付款方式构成了完整的付款方式的组合，为网上购物的消费者解决了付款的后顾之忧。

### 1.6.5 配送方案

物流配送是实现网上销售全过程的重要环节，配送的效率、成本也是影响网上交易业务量的重要因素。igo5网站提供了各种可行的配送方案，主要有：

（1）客户自提。客户在网上下了订单后，网站的业务人员会通知需要自提商品的客户直接到商场规定的地点提取货物。

（2）送货上门。在北京市的八城区，igo5网站委托专门的配送公司提供送货上门的服务，方便客户收取所订购的商品。

（3）EMS 特快专递。对那些在八城区以外的北京客户需要迅速收取商品的客户，网站提供了 EMS 特快专递服务。

（4）中国邮政快递包裹。对在北京八城区以外的国内客户，网站提供了中国邮政的快递包裹业务，这些客户能在较短的时间内收到自己所订购的商品。

（5）中国邮政普通邮寄。这是一种北京以外的客户最常用的配送方式，配送费用较为经济，安全性也有保障，缺点是时间较长一些。

（6）港澳台与海外专递。对港澳台以及海外其他国家的客户，网站委托国际快递公司以及相关的运输服务机构提供配送服务。

（7）网上共营商业街的配送。网上共营商业街的配送由入驻商家为客户提供，配送范围及配送费用各不相同，在商品的详细介绍页面及商品的订购过程中都有相应说明。

### 1.6.6 案例评析

作为北京地区的商业“领头羊”以及全国有影响的大型百货零售企业，西单商场在电子商务发展方面的种种探索无疑对国内零售业电子商务的发展具有重要的借鉴意义。西单商场是我国最早开展电子商务业务的大型零售企业，经过多年的探索，已经积累了较为丰富的零售业电子商务的发展经验，为我国零售业电子商务的发展作出了积极的贡献。

由于众所周知的原因，国内网上零售业务只能说还处于起步阶段，还有很长的路要走，西单商场也不例外。但值得我们欣慰的是，西单商场在带动传统零售业转型的道路上已经迈出了重要的一步，成为了国内“新经济”与“传统商业”完美结合的典范。从 igo5网站的发展思路、经营理念以及运作模式等几个方面来看，与沃尔玛等国际零售业巨头的差距已经越来越小，发挥的作用也将会越来越大。

西单商场电子商务的建设者们在看到成绩的同时，也更加感受到自己肩上所承担的压力和责任。作为上市公司的重要业务部门，他们自己制定的目标是：充分挖掘传统商业资源和品牌优势，向零售行业技术领域输出品牌管理和技术服务，最终通过电子商务技术，整合传统商业企业仓储、物流、配送、供应链等资源，建设高度电子商务化的信息流、物流、资金流“三流合一”的现代化商业企业。

我们有理由相信，作为国内零售业电子商务的先驱，西单商场在引领我国零售业电子商务发展方面将会起到更加重要的作用。

## 1.7 典型案例4 联华 OK 网：中国超市第一网

### 1.7.1 公司概况

上海联华超市股份有限公司是全国最大的连锁超市企业之一，截止到2006年底，联华超市的总门店数目已经达到3,716家（不包括本公司联营公司经营的门店），遍布全国20个省份及直辖市，继续保持国内最大的零售连锁超市公司的行业领先地位，连续十年成为以营业额计中国最大的快速消费品连锁零售企业。联华超市于2003年6月以H股形式在香港联合交易所有限公司（联交所）上市，是首家于联交所上市的中国零售连锁超市公司。联华超市及其附属公司经营大型综合超市、超级市场及便利店三大主要零售业态，照顾了广大消费者的不同需要：三大业态分别透过“世纪联华”、“联华超市”、“快客便利”品牌不断扩张。近年来，“联华超市”、“快客便利”连续获得中国连锁经营协会特许委员会评定的“中国优秀特许品牌”之一。

成立于2000年7月的上海联华电子商务有限公司是由联华超市股份有限公司控股、上实联合和友谊股份两大上市公司以及沪上 IT 知名企业共同投资5000万元建立起来的电子商务公司，专门从事网络零售、批发、网上广告、信息中介和计算机软硬件经营等业务，它旨在依托联华超市的实体网点、采购系统、配送网络等优势，借助先进的经营理念，开展对消费者个人和企业的网上 B to C、B to B（Business to Business）业务及相关的网络广告等业务，为广大客户提供安全、方便、快捷、优惠的网络服务。

2002年5月以来，联华电子商务公司在联华超市、世纪联华、快客便利等联华各业态的有力配合下，在联华全系统范围内正式启动 OK 会员制项目，并将会员制的服务进一步应用到百联集团、上海移动和其他各类消费服务领域，实现了 OK 会员“一卡在手，千店通用，通积通兑，抵付现金”的强大功能，建成了 okcard.cn 会员网和 wap.okcard.cn 手机网，为 OK 会员提供了各类优惠和服务的便利。截止2006年底，OK 会员数累计达到1000万，公司主营业务收入突破13亿元。图1-13为“联华 OK 网”主页。

图1-13 联华 OK 网主页

### 1.7.2　发展背景

上海是全国零售业发展最成熟，也是竞争最激烈的地区，全国销售规模最大的连锁零售企业前几名的都分布在上海，除了排名第一的上海联华以外，还有位居前列的上海华联集团有限公司和上海农工商超市有限公司。作为中国改革开放的前沿阵地，上海又是国际零售业巨头竞相争取的战略要地，家乐福、麦德龙、百安居、欧倍德等早已抢滩上海，上海成为了国际、国内零售业巨头“兵家必争之地”。

作为拥有1300万人口，经济科技位居前列的全国最大的工商业城市，上海是国内互联网发展和应用最为发达的城市之一。根据近年来的统计，上海市的上网人群在人口所占的比重在全国处于领先的水平，上网人数的绝对数在全国各省市中名列前茅。良好的互联网发展环境为零售业开展电子商务创造了理想的条件。联华集团正是在既面临着竞争，又面临着机遇的条件下，走上了电子商务的发展道路。

联华 OK 网成立于互联网发展处于高潮阶段的2000年，当时社会各界对电子商务的发展寄予了很大的期望，联华 OK 网同样肩负着投资者对它的盈利的渴望。网站开通运行的数年中，正是互联网发展产生裂变的时期，昔日曾经辉煌一时的电子商务网站不少都已经随风而逝了，而联华 OK 网经过网络风暴的洗礼，逐渐成长为国内 B to C 电子商务的佼佼者，不但为联华超市股份有限公司的发展注入了强劲的动力，而且为我国超市企业发展和应用电子商务作出了重要的探索。

### 1.7.3　销售模式

联华 OK 网通过 www.lhok.com 网站和96801电话购物系统，为广大消费者构筑起了一个安全、方便、快捷的网络服务平台。目前，网上销售的各类商品的品种数达数万种，涉及百姓家庭日常生活的方方面面，为广大消费者提供了质优、物美、价廉和可供性广且丰富多样的商品，受到了消费者的欢迎。公司还充分利用互联网的特色，根据广大顾客的消费需要和市场需求，推出了以通讯产品、数码产品、家电等非超市类商品的经营，取得了良好的经营效果。联华 OK 网的销售模式可分为以下四种类型：

1. 标准门店销售模式

标准门店销售是联华 OK 网最为常见的模式。联华 OK 网最终选择了上百家门店作为联华电子商务的配送点，主要销售超市中的一般生活用品、食品等。如果客户通过网络或热线电话成功下单，订单的数据首先会传送到联华电商总部的数据库中，然后由数据库分配到那家离顾客地理最为接近的门店，由门店送货员将货物送到客户手中。门店在完成配送后，凭顾客的签收单与联华电商分成。

联华 OK 网通过门店销售的货物可利用门店现成的库存，就近送货，可实现低成本运作。对客户，对联华 OK 网来说都有重要的意义。

2. 联华电子商务总部直接销售

由于门店销售配送的商品一般金额不大，因此并不是联华电子商务的主要利润来源。在网上经营手机、笔记本电脑等产品是联华电子商务网站利润的重要来源。这部分商品通常由联华电子商务公司直接向厂商拿货，顾客通过网站成功下单后，订单数据直接到达联华电子商务数据库。联华电子商务便直接从总部或者厂商那里调货进行配送，其利润完全属于联华电商。2002年联华电子商务公司通过联华 OK 网销售的各类手机达2万多台，为联华电子商务盈利作出了重要的贡献。

3. 卡类产品网上销售

由联华电子商务公司直接销售的产品还包括手机充值卡、上网卡、游戏卡等各类卡类产品，这些卡通过网上支付的方式销售成本最低。目前，各类充值卡基本都是由客户直接在网上订购，通过网上支付后，直接在网上传递密码，不再需要进行实物的配送，既可降低营销的成本，又可为客户带来极大的方便。

目前，联华 OK 网可以支持招商银行、工商银行、建设银行等众多银行卡的网上支付。另外，联华电子商务在网上支付方面还开通了联华会员积点支付。采用这种支付方式的顾客只要先通过“网上银行转付中心”将自己银行卡内的金额转换成联华会员积点，在付款结帐时选择积点支付即可。

4. 品牌专卖店合作销售模式

为了让客户在网站上订购到各种知名品牌的产品，联华电子商务公司与众多品牌专卖点进行了成功的合作。在联华 OK 网上，可以订购的品牌产品包括蛋糕、鲜花、钢琴、名表等。图1-14为世界著名的雀巢咖啡在联华 OK 网上的销售网页。

图1-14 联华 OK 网上的雀巢专卖点销售网页

客户在联华 OK 网的品牌专卖点下了订单后，这些订单直接传送到联华电子商务的数据库，工作人员再把这些订单通过网络转到各个供应厂商，由他们自行分配订单，并进行送货。成交后，凭顾客的核对单数据，联华电子商务公司收取一部分手续费。

### 1.7.4 特色服务

为了最大限度地方便客户，联华 OK 网推出了与众不同的特色服务，主要有：

（1）在线服务。联华 OK 网与银行紧密合作，发挥银行卡或信用卡“一卡多用”功能的同时，利用自行研究开发的 C to C（Customer to Customer）的应用程序，对网上结算支付的模式进行了成功的探索，为客户提供了更多的便利。

（2）在线储值支付服务。为方便顾客结算和“团体购买、分散配送”，公司采用先储值后消费、在线支付等无现金交易的方式，充分利用电子商务和计算机网络的优势，服务用户、方便消费。

（3）异地服务。联华 OK 网采取甲地付款、乙地送货或顾客选店送货等服务方式，方便更多的、不同层次用户的需要。

（4）会员制服务。互联网为进一步密切超市与客户之间的关系创造了理想的条件，联华电子商务公司采用会员制的方式对客户进行专门的管理，并为他们提供更有针对性、更富个性化的服务。客户成为联华电子商务公司的正式会员后，除了可以享受网站特别会员折扣价格以及网站特快3小时后免费送货上门的特别服务外，还可享受到其他一系列的服务。这一做法得到了广大会员的支持与欢迎，也为超市更好地服务客户起到了重要的作用。

目前，已经正式成为联华 OK 网正式会员的客户数已达上百万，这些客户信息已成为了公司极为宝贵的经营资源，对联华超市业务的发展和电子商务的运作都有重大的意义。

### 1.7.5　发展优势

与其他电子商务公司不同的是，联华电子商务公司在发展电子商务时一直把发挥自身的各种优势作为一项重要内容，以致在国际、国内电子商务发展处于低潮时依旧能生机勃勃，蒸蒸日上。这些优势主要表现在：

1. 依托完备的实体超市网络

联华超市有数千家遍布各地的门店网络、全国一流的智能化物流中心、生鲜加工中心、覆盖全国的采购体系、信息中心和门店之间完备的计算机网络系统，面对每天数十万人次的庞大顾客群体，能很好地解决制约电子商务发展的市场需求和实体网络不足的瓶颈，为联华电子商务的发展提供了坚实的基础。

2. 品种和价格优势

依托联华超市多年来形成的良好的商品集中采购体系，联华 OK 网经营的商品，无论在品种数量上，还是在价格上都具有明显的优势。联华超市有大规模的采购体系和物流配送系统，商品基本上都是从生产商直接采购，既有数量上、品种上的规模优势，又有极大的价格优势，多数商品都比同类电子商务公司便宜，使消费者最终获益。

3. 良好的信誉优势

联华电子商务公司销售的实物商品的物流配送主要由通过遍布全市的联华门店提供和完成，对许多顾客来说，联华超市已是身边的老朋友，自然能对联华 OK 网“爱屋及乌”。当然，联华 OK 网提供的优质商品和热情周到服务，进一步强化了联华电子商务非凡的信誉。

4. 先进的技术优势

联华 OK 网在技术上有许多特色与创新，尤其是在系统流程、后台业务管理以及与超市业务结合的实用性等方面，具有突出的专业优势，实现了业务流程的全自动化。系统采用先进的三层式结构配置，选用适宜网络的Sun系列高档服务器；通过Web、Email和数据服务器托管方式，经专线和同步复制服务器与公司主机数据同步；系统采用Solaris操作系统和大型数据库系统，并采用先进的防火墙系统，确保系统高效安全运行；为了向客户提供快捷送货服务，公司还专门开发了门店配送优化调度系统。联华超市强大的信息系统为联华OK网提供了资源和技术上的支持，保证系统稳定、可靠运行。

5. 强大的智力支持优势

联华电子商务公司拥有一支技术支持和开发队伍，同时和上海多家信息技术公司有广泛的技术协作关系。为保证技术上、管理上的领先性，公司又从上海几所著名高校聘请了计算机网络、电子商务和管理方面的著名专家、学者组成公司的顾问班子，为公司提供强大的智力支持。

### 1.7.6 案例评析

与北京西单电子商务公司一样，联华电子商务公司是国内较早成立以大型超市为背景的专业电子商务公司。作为国内第一大商业零售企业的专门电子商务网站，联华OK网站从一开通就以准确的市场定位、清晰的发展思路、丰富的网上销售商品、低成本的物流方案以及全方位的服务等优势切入零售业电子商务领域，也正因为对电子商务有深刻认识，才使得联华OK网在近几年电子商务网站大浪淘沙中得以生存，并得到快速的发展。

联华电子商务公司在多年的发展经营过程中，始终坚持“立足联华、依托联华”的经营宗旨，充分发挥联华的品牌、信誉、货源、门店、服务等各种资源优势，并把这些优势与互联网的特点高度融合起来，使两者相得益彰，互动发展，可以说是一种极其有益的成功探索。

值得指出的是，联华电子商务公司在电子商务业务的发展过程中，并没有局限在联华超市固有的经营范围之内，而是充分考虑到互联网在销售通讯产品、电脑产品和卡类产品中的独特优势，把这些业务做深、做好，创造出了实实在在的效益，这一点是值得其他相关企业学习借鉴的。

联华电子商务公司最初的投资额高达5000万元，实际上在后来的业务经营中，这一数字远远超过了联华OK网业务运作的实际需要。运行数年后，联华电子商务公司实际用于网站运行的各项费用还不到投资额的五分之一。这一点充分说明，真正的电子商务不应该是一掷千金的“烧钱”游戏，而应该是低成本、高效益的经营手段。如果在电子商务业务活动中抛开了“商务为本，效益为先”的经营思想，必将误入歧途。

由于国内网络经营环境以及其他各个方面的限制，联华电子商务要取得更大的成功，还有很长的路要走。但联华人毕竟已经起步了，只要意志坚定，目标明确，措施得力，一定会迎来更加灿烂辉煌的明天。

# 第 2 章　外经贸行业电子商务发展

在世界经济全球化快速推进的今天，外经贸行业的发展对一个国家或地区的经济增长、市场繁荣、就业增加、科技和文化的进步起着极为重要的作用，常常被人称作国民经济与社会发展的“发动机”和“助推器”。中国加入 WTO 后，我国的外经贸活动变得越来越频繁，也越来越凸现其在我国国民经济与社会发展中的战略地位和作用。如何增强我国企业和产品参与国际市场的竞争力，促进我国外经贸行业的持续、快速、健康、稳定的发展，已成为我国各级政府机构和众多外经贸企业共同面临的一项重要任务。

随着电子商务的发展，传统的外经贸活动在管理方式、经营方式、业务流程等各方面都将产生深刻的变化，影响重大而意义深远。中国的外经贸企业如何面对加入 WTO 和电子商务发展所带来的双重冲击，怎样化“压力”为“动力”，如何变“挑战”为“机遇”，这不仅关系到外经贸企业自身的前途和命运，还关系到我国国民经济发展的大局。所以，讨论外经贸电子商务的发展，对于学习和研究电子商务意义重大，而且对于促进我国经济与社会的发展同样具有不可低估的作用。

## 2.1　外经贸行业发展概况

改革开放 20 多年来，我国的外经贸事业取得了快速的发展，中国已成为在国际上有影响的世界贸易大国。加入 WTO 以来，我国的外经贸事业又迎来了新的发展时期，既有极为难得的发展机遇，又有不可低估的各种挑战，需要我们认真思考，深入探索。

### 2.1.1　我国外经贸行业发展现状

在计划经济时期，我国对外贸易实行严格的专营制度，绝大多数企业没有对外贸易权，我国的外经贸事业发展受到了很大的制约。随着我国改革开放的不断深入，这一专营制度开始被逐步打破。自 1999 年国家取消对非公有制经济从事外贸经营的限制以来，目前全国已有 4 万多家私营企业获得进出口经营权。正是由于外经贸主体的多元化发展，我国的进出口交易额在国内经济持续高速发展的前提下，20 多年来一直以远高于 GDP 增长的速度高速增长。表 2-1 是我国近年来进出口总额统计及增长幅度。

从下表可以看出，我国的外经贸事业在近年来取得了很大的发展，2007 年进出口贸易总额已超过 2 万亿美元，各项指标都位居世界前列，已成为名副其实的世界贸易大国。

自从 2001 年 12 月 11 日中国成功加入世界贸易组织以来，中国外经贸事业的发展又进入了一个新的阶段。作为一个负责任的贸易大国，中国政府以认真负责的态度，全面履行承诺，表现在以下几个方面：

表2-1 进出口总额统计表

单位：亿美元

| 年份 | 进出口总额 | 与上年比增长幅度 | 世界排名（第） |
|---|---|---|---|
| 2001 | 5097.68 | 7.5% | 6 |
| 2002 | 6207.85 | 21.8% | 5 |
| 2003 | 8512.1 | 37.1% | 4 |
| 2004 | 11547.4 | 35.7% | 3 |
| 2005 | 14221.2 | 23.2% | 3 |
| 2006 | 17606.9 | 23.8% | 3 |
| 2007 | 21738.34 | 23.5% | – |

资料来源：商务部统计资料

（1）在货物贸易领域，中国大幅降低了进口关税，取消了各种非关税措施；

（2）在服务贸易领域，中国政府根据承诺在一些服务贸易部门颁布了新的外资进入的法规和条例，并在开放服务业市场方面采取了大量的实际行动；

（3）在与贸易有关的知识产权领域，中国在知识产权保护立法方面已完全符合世贸组织的要求；

（4）在投资领域，中国完成了对外商直接投资的基本法律及实施细则的修订，修订和公布了新的《外商投资产业指导目录》。

为履行承诺，中国政府部门已清理了与外经贸有关的法律法规2000多件。目前，中央和地方政府正在抓紧进行行政审批制度改革，加快政府职能转变。中国在履行承诺方面所做的大量工作，得到了世贸组织成员的普遍肯定。

根据我国加入世贸组织的承诺，从入世后的3年内，所有中外企业都将给予贸易权，可以从事进出口贸易，外贸将不再是特权。为此，在2003年3月10日召开的十届全国人大一次会议上通过了国务院机构改革方案，设立商务部，外经贸部和国家经贸委不再保留。商务部主管国内外贸易和国际经济合作。商务部的设立，顺应了这一趋势，体现了将内外贸合并的市场经济发展的要求，有利于继续加强流通管理体制的改革，必将促进国内外统一市场的尽快形成，并将促进我国的对外贸易继续迅速发展，同时还有利于我国更好地履行加入世贸组织的承诺，并更好地利用国内国际两个市场、两种资源，发展我们的经济。

当前，中国政治稳定，经济持续较快增长，市场潜力巨大，产业配套能力较强，劳动力素质高、成本低，对外商的吸引力不断增大，国际制造业特别是以信息技术为代表的技术含量较高的制造业，向中国转移的势头继续加快，新的贸易增长点正在不断形成。随着外经贸经营权的加速放开，各类经营主体的进一步激活，特别是民营企业的进出口活力进一步得到释放，关税税率进一步下调，非关税措施逐步减少等等，这些有利因素的相互作用，撇开人民币升值，美元贬值等外汇币场影响，长远来看，我国外经贸发展必将会出现蒸蒸日上的喜人景象。

### 2.1.2 我国外经贸事业的发展战略与措施

作为国民经济整体发展战略的重要部分，我国外经贸发展的总体战略是：要以国际市场为导向，以提高出口商品的国际竞争力和充分发挥比较优势为核心，以国内产业结构升级和技术进步为基础，以市场多元化和拓展海外市场为目标，有效发挥对外贸易对国民经济的支撑和带动作用，实现跨世纪对外贸易的适度、高效增长。为实现这一战略目标，我国已经和将要采取的具体措施包括：

（1）实施结构升级带动战略，提高出口产品竞争实力。这一措施主要包括：努力培育国内具有较强国际竞争力的主导产业，形成出口产品的竞争优势；加快高新技术产业和资金密集型机电产业的发展，为出口提供更多高附加值产品，以相对较少的出口量创造较多的外贸收益。

（2）实施加工贸易升级战略，增强结构优化带动作用。这一措施主要包括：由以往劳动密集型为绝对主导逐步向劳动密集与技术、资金密集型产业并重的方向发展；延长加工贸易的加工链条，使加工贸易与本地经济的产业关联程度趋向紧密；传统产业加工贸易向广大的中西部地区转移，沿海地区加工贸易则重点放在优化升级上；培育技术先进、规模领先的大项目，发挥加工贸易的规模经济优势。

（3）实施多元开拓市场战略，努力扩大出口市场容量。这一措施主要包括：改变出口市场过于集中的状况，逐步实现以新兴市场为重点，以周边国家贸易为支撑、发达国家和发展中国家市场合理分布的市场结构。

（4）实施海外投资带动战略，积极开辟新的国际市场。这一措施主要包括：加强中国和非洲、南亚、东欧、中南美洲等地区各国在经济上的互补性，并促进技术与资源的互换和互补；将中国成熟产业的技术和产品转移出去，利用当地的资源发展加工贸易，带动国内原材料、零部件和半成品的出口，同时带动国内技术和机械设备的出口；将发展海外投资作为结构调整的一个重要出路，缓解国内结构性矛盾。

（5）实施体制改革推进战略，保证发展目标顺利实现。这一措施主要包括：通过政府机构改革、政府职能转变以及外经贸体制的进一步理顺等一系列措施，积极推动我国的外经贸事业的健康、快速发展，保证各项战略目标的顺利实现。

### 2.1.3　我国外经贸发展面临的挑战

我国的外经贸事业所取得的成绩令人鼓舞，发展前景也让人振奋，但是面临的挑战也是不可忽视的。总的说来，我国外经贸发展面临的挑战表现在以下几个方面：

（1）目标宏伟，任务艰巨。党的十六大报告明确提出，本世纪头 20 年中国要实现全面建设小康社会，2020 年国内生产总值比 2000 年翻两番的奋斗目标。要实现这一奋斗目标，外经贸所肩负的任务是十分重大的。由于对外经济贸易活动不仅受国内经济情况的影响，同时还要受国际经济形势、特别是经济全球化发展变化的影响和制约，不能不考虑到各种可变因素和世界政治、经济发展的大势。为此，中国的各类企业和相关政府部门必须充分发挥自己的各种优势，努力奋斗，加强与世界各国、特别是与发展中国家的经贸合作，促进共同发展。

（2）国际贸易保护主义对中国构成威胁。尽管中国已正式成为世界贸易组织的成员国，但仍然不得不面对各种形式的国际贸易保护主义。目前，国际上以技术标准、检验检疫措施、知识产权保护、环保和劳工标准等为主要手段的技术性贸易壁垒有增无减，在相当程度上对中国的外经贸发展构成了威胁。虽然这在中国外贸进出口总额中所占比例并不大，但如果任其发展，除经济损失外，还将对中国出口商品的声誉造成不良影响。

（3）经营方式仍较单一，“三多三少”现象较为严重。我国对外贸易经营方式的多样化程度不高，经营方式显得比较单一，存在较为严重的“三多三少”现象，即加工贸易多，一般贸易少；有形商品贸易多，无形商品（服务商品）贸易少；技术含量低的商品贸易多，技术含量高的商品贸易少。“三多三少”现象的存在，极大地制约了我国对外贸易的进一步发展。

（4）我国传统的贸易方式面临越来越大的冲击。目前，进出口贸易的主要方式已体现为产业内贸易和集团内贸易。国际贸易与全球化企业在世界范围内配置资源的经营活动联系在一起，形成企业内部产、供、销国际一体化经营网络。而我国的外经贸企业基本没有自己的产业基地，实行的基本是传统的“买断制”和“收购制”的经营模式，这种经营模式一方面很难融入国际化的网络，另一方面随着我国外贸经营权的放开，其他所有制的外贸经营企业和工贸联营企业的不断涌现，将受到越来越严峻的挑战。

（5）我国外经贸企业实力弱，国际竞争力弱。与国际上巨型跨国公司和综合商社相比，我国现有的外经贸企业规模普遍偏小，除了少数国家级大外贸公司如中化集团、中国粮油进出口公司等以外，省级外贸公司规模偏小是一个普遍现象，十分不利于参与国际竞争。另外，由于外经贸企业采用了“买断制”和“收购制”经营模式，决定了其不可能拥有自己名牌的商品，所以中国的许多出口商品在国际市场上往往成了“低档货”的代名词，不是因为其品质差，而是因为其缺乏有影响力的品牌。

（6）人才结构不合理，复合型人才奇缺。当今的外经贸活动对人才的素质提出了新的要求，既要懂得外经贸业务的运作，又要熟练地使用外语，更要具有较高的计算机应用能力。因为现代外经贸活动越来越离不开计算机、互联网，特别是电子商务已成为外经贸业务的主要实现方式，在这种背景下，原来的一些外贸业务人员如果不及时充电，提高计算机应用能力，就很难适应业务发展的要求。而目前国内真正具有外贸业务、外语与计算机应用能力“三合一”的高素质、复合型人才可谓凤毛麟角，这在很大程度上影响了外经贸企业的持续快速的发展。

## 2.2 外经贸电子商务概述

外经贸电子商务主要是指企业通过利用电子商务运作的各种手段开展外经贸活动。外经贸电子商务是电子商务活动最初、也是最重要的应用之一，近年来取得了很大的进展。目前，美国各大贸易公司已经基本不再通过传统的纸质媒体进行交易，而是直接在网上公布供应与需求计划，换句话说，美国的外经贸业务正逐步拒绝非电子化的贸易方式。而且，美国大多数从事外经贸业务的采购商对国内外的供应商都提出了新的要求：建立 Intranet 并加入采购商供应链，用电子方式接收和处理订单及发票；根据采购商在网上发布的货物需求信息及时供货，并采用电子方式与银行的交易系统联网；与采购商实现网上交易。由此可见，外经贸电子商务正成为国际经贸未来的一种趋势，是外经贸发展史上一场不小的革命。

### 2.2.1 电子商务在外经贸业务中的应用

传统的外经贸活动，每一笔交易涉及的主体一般包括买方、卖方、银行、保险、运输、税务、海关、商检等部门，环节众多，业务运作过程十分复杂，周期长，效率低，越来越不适应当今国际贸易业务快速发展的需要。电子商务通过互联网的应用将交易涉及的各方集成在一起，把其中部分或全部的业务处理过程转移到网上。与传统的国际贸易方式相对应，电子商务在国际贸易中的应用包括以下一些方面：

（1）物色贸易伙伴。物色贸易伙伴是开展外经贸业务的前提。由于进出口业务一般以大宗的贸易居多，所以单价的细微差别就意味着一笔巨额的费用，在传统的方式下，无论是买方还是卖方，为了寻找合适的贸易伙伴，必须付出极高的代价。比如一个国际采购商为了获得一个国家某种商品的最低价格，可能需要业务员跑遍这个国家的大部分地区。而利用电子商务方式物色贸易伙伴，既可以节省大量的人力、物力的投入，而且还不受时间、空间的限制。一方面，企业可以通过建立自己的网站或借助有关外经贸电子商务平台向全球范围内的潜在客户提供有关产品和服务的供求信息，吸引相关客户开展业务；另一方面，企业可以主动上网搜索各种经贸信息，寻找到理想的贸易伙伴。

随着电子商务的发展，在一定程度上已经削弱了传统的“广交会”、“哈交会”的作用，代之而起的是出现在互联网上的永不落幕的世界商品交易会。国内的进出口企业足不出户就可以找到国外的贸易伙伴；国外的客户也可轻而易举地物色到最理想的中国进出口企业。网络的出现大大提高了国际贸易各方物色贸易伙伴的效率，也显著节省了国际贸易中的交易费用。

（2）咨询、洽谈。咨询、洽谈是每一笔国际贸易业务的必经程序，也是交易能否成功的关键环节。在传统方式下，咨询、洽谈一般是由交易双方经过信函、传真的多次接洽后，再选择某一确定的时间和地点，双方当面进行。但由于时间和空间的限制，咨询、洽谈的过程既漫长又不经济，特别是因为受时差和距离的限制，双方的交往总存在这样或那样的不便。尽管电话和传真在其中起着十分重要的作用，但是高额的通信费用和信息的不完整性已难以适应业务活动的需要。

因特网不仅具有便捷、低成本的通讯功能，而且具有高效、大容量的信息处理能力，在国际商务的咨询、洽谈活动中也具有十分重要的功能。买卖双方可借助电子邮件、新闻组和实时的讨论组了解市场和商品信息，洽谈交易事务，如有进一步的需求，还可用网上的白板会议来交流即时的图形信息。通过因特网进行咨询和洽谈可以跨越传统国际贸易商洽方式的限制，提供多种方便的异地交流方式。

（3）网上订购与支付。电子商务可借助网站中的邮件交互传递网上的订购，并可通过银行和信用卡公司的参与实现网上支付。网上订购通常在产品介绍中提供十分友好的订购交互格式框，当客户填完订购单后，系统会用确认交易信息单来保证订购信息的收悉，订购信息也可采用加密的方法使客户和商家的商业信息不致泄露。外经贸业务的网上支付对可以直接通过因特网传递交付的产品，如软件、音像、咨询服务等无形产品交易来说更为便利，既可节省很多人员的开销，又可有效压缩各种业务处理费用。并且随着网络安全技术的不断发展，网上支付在外经贸业务中的优势将会表现得越来越明显。

（4）交易管理。外经贸业务活动牵涉到政府的多个职能部门以及金融、保险、运输等众多配套服务机构，对外经贸交易的管理包括有关市场法规、税收征管、报关、交易纠纷仲裁等多个环节。在传统的外经贸管理活动中，外经贸企业必须单独与各相关单位打交道，必然要花费大量的人力、物力，并且要占用大量的时间。电子商务使外经贸的交易管理做到无纸化、网络化，使从事进出口业务的企业可直接通过互联网办理与银行、保险、税务、运输各方有关的电子票据和电子单证，完成部分或全部的结算以及索赔等工作，有效节省了交易过程的时间和费用。

## 2.2.2 传统外经贸业务方式与电子商务方式的比较

在传统的条件下，开展外经贸业务因为牵涉到复杂的程序、繁琐的单证和分散的业务处理流程，因此无论是业务处理的效率，还是业务处理的成本，都已经无法适应现代外经贸业务高效率、低成本、快速度的要求。图2-1是在传统的贸易方式下的外经贸业务流程图。

在电子商务条件下，从事外经贸业务的买卖双方直接通过网络实现信息的交互，资金的流转，从根本上突破了传统外经贸活动中的时空条件的限制，使得外经贸业务变得更加方便、快捷、高效，而且大大降低包括差旅成本、通信成本在内的各项业务费用，充分体现出互联网在外经贸业务运作过程中的效率与成本优势。图2-2是在电子商务贸易方式下的外经贸业务流程图。

从图2-1和图2-2的对比可以看出，电子商务在外经贸业务发展中所起的作用是十分明显的，主要表现在以下几个方面：

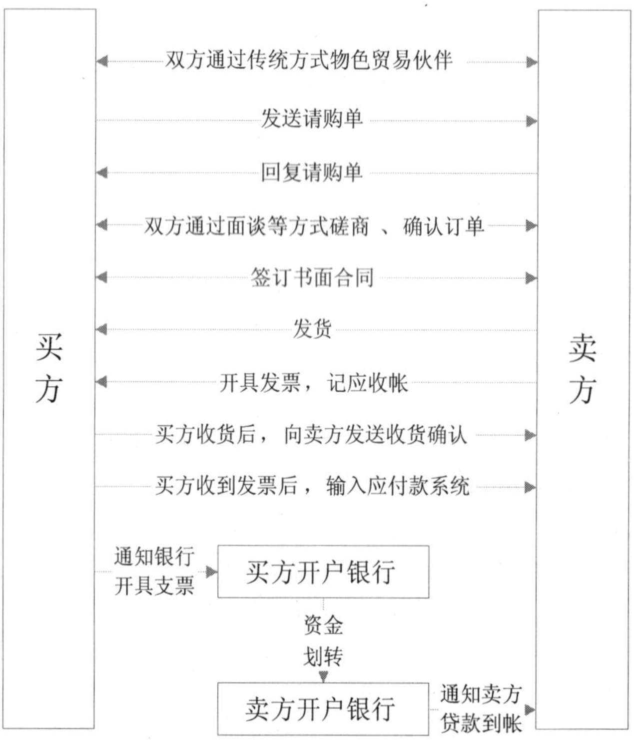


**图2-1 传统贸易方式下的外经贸业务流程图**

（1）大大促进了交易双方的直接交易。在传统的贸易方式下，由于交易双方分布在世界各个角落，为了彼此能达成交易，交易双方只能通过在国外设立生产、销售的分支机构或委托国外代理商开拓国外市场，或者参加各种代价昂贵的展览会等形式增加接触与沟通。而在电子商务条件下，交易双方通过网络可以进行跨越时空的交流与磋商，有关企业和产品的信息在网上以数字化的方式在买卖双方之间得到了更快捷、更低成本的传递，大大节省了国际经贸活动中最为重要的时间和费用的成本，对提高我国外经贸企业更好地参与国际竞争，增强国际竞争力有着十分重要的意义。

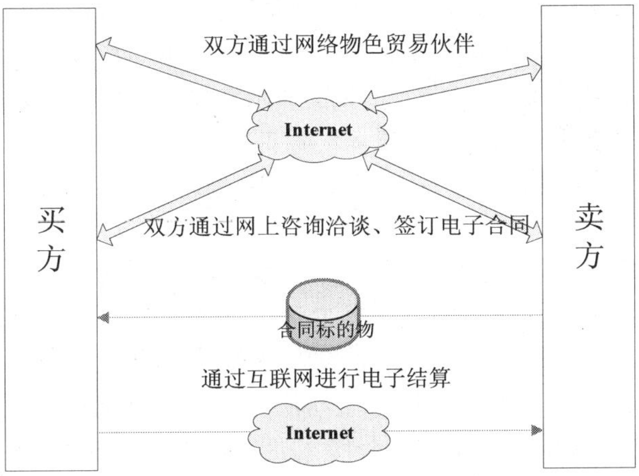


**图 2-2　电子商务方式下的外经贸业务流程图**

（2）有利于中小企业走向国际市场。电子商务为中小企业开拓国际市场创造了良好条件，因为通过互联网络的信息资源共享，中小企业不仅能获得在传统的贸易方式下自身无力收集的市场信息，而且可以像大企业一样利用互联网低成本地拓展国际业务，在国际市场上找到客户和合作伙伴，使得中小企业在我国加入 WTO 后，真正实现“走出去”的发展战略成为可能。

（3）有力推进企业信息化的深层次发展。外经贸电子商务的发展要求最大限度地减少了人工干预，使得人工输入可能产生的误差减少到最低程度，同时外经贸业务处理过程中产生的各种信息变成了通过网络传递的“比特”，必然要求参与外经贸活动企业把深层次推进企业信息化建设作为一项根本性的任务来抓。否则，远离信息化的企业必然会遭到“网络 WTO”的无情淘汰，最终成为网络经济的“牺牲品”。

### 2.2.3　电子商务对外经贸发展的影响

电子商务的出现，不仅仅改变了外经贸业务的运作方式，更重要的是，它对外经贸的发展产生了不可低估的影响，主要表现在以下几个方面：

（1）传统的进出口中间商的地位将发生动摇。在传统的外经贸管理体制下，进出口中间商作为外经贸业务的主要组织者，依靠政府政策或凭借自身的业务渠道，垄断着外经贸业务信息，生产厂商和进口产品的零售商以及最终用户由于信息不对称不得不形成委托——代理关系，在进出口业务中处于从属地位。而电子商务这种运作方式突破了传统的外经贸业务以单向物流为主的运作格局，通过互联网的作用实现了“四流一体”，即以物流为依托，资金流为形式，信息流为核心，商流为主体的全新战略，为生产厂商和进口商品的零售商以及最终用户的直接接触提供了可能，传统的进出口中间商的职能一定程度上被互联网所取代。因此，我们可以预见，互联网在不久的将来，在配置国际市场的商品、技术和服务等资源的流向方面将会起到越来越重要的作用，传统的贸易中间商、代理商和专业进出口公司的地位将会逐步发生动摇，一场意义深远的外经贸体制的变革已经悄悄来临。

（2）外经贸活动主体和客体的多样化趋势越来越明显。随着外经贸电子商务的不断发展，参与外经贸业务的主体会不断增加，原有的进出口业务中间商在一定时间内仍将继续存在，但过去依靠进出口中间商开展业务的生产厂商和进口产品的零售商以及最终客户将逐渐成为外经贸业务活动的主体，另外，很多掌握外经贸经营信息的个人也将逐渐登上国际经贸舞台，成为外经贸业务的新生力量。

与外经贸活动主体多样化相对应的是，外经贸业务的客体也将变得越来越丰富多彩，在传统的货物贸易继续发展的同时，大量的技术贸易、知识产权贸易、服务贸易将会取得更快的发展，特别是那些可以直接通过互联网实现的服务贸易，如金融、广告、会计、设计、法律咨询、技术方案、管理顾问、数据处理、文化、教育、医疗、娱乐等信息化的服务产品，将会像雨后春笋一样不断地出现，交易的范围和交易的金额都会有很大的提高。

（3）外经贸企业之间的竞争方式将出现新的变化。电子商务发展的不断深入对外经贸企业的生存与发展将会带来重要的影响，外经贸企业之间的竞争将变得越来越激烈，与此同时，外经贸企业的竞争方式也将出现新的变化。第一，外经贸企业过去依靠政府政策垄断外经贸业务经营权的好日子将一去不复返，与之相应的垄断利润也将随之消失；第二，过去强调规模大小、实力强弱的竞争观也将面临新的挑战，越来越多的外经贸企业将意识到，在电子商务快速发展的背景下，企业之间的竞争不再是“大鱼吃小鱼”，而变成了“快鱼吃慢鱼”，谁对市场与客户的需求反应快、服务好，谁就能够抢得市场先机；第三，合作与结盟将变得越来越重要，在过去，外经贸企业主要是以外经贸业务中间商的角色参与经营，而随着电子商务的兴起，中间商的地位岌岌可危，外经贸企业只有加强合作与结盟，向上下游的业务领域渗透，完善各项服务，才能赢得新的发展。

（4）传统的外经贸法律法规亟待完善。外经贸电子商务的快速发展对传统的法律法规提出了严峻的挑战，因为现行的许多贸易法律、法规是基于传统的有纸贸易而制定的，而电子商务的无纸化、网络化、数字化的特点与现行的法律产生了矛盾，如关于证据的问题、关于书面形式的要求、关于签字与认证的要求、关于通过网络订立合同的有效性及合同成立的时间与地点等问题如何解决成了一项迫切的任务。世界贸易组织、联合国贸发机构以及美国等发达国家在这方面已作了大量的探索，而我国还相对较为落后，一定程度上将会影响到外经贸电子商务的有序、快速地发展。

### 2.2.4 香港贸发局促进外经贸电子商务发展的措施

中国香港特区是世界著名的国际贸易中心，也是大陆外经贸业务的重要转口基地。香港特区政府中的贸易发展局专门负责拓展香港在全球的贸易，为进出口企业提供贸易信息服务，促进外经贸电子商务发展是其重要的职能。作为政府外经贸管理与服务部门，香港贸发局把为外经贸企业提供全方位的贸易信息服务作为推进外经贸电子商务发展的核心环节。具体的做法包括以下几个方面：

#### 1. 贸易信息的搜集

贸发局提供的贸易信息可分成五大类：

（1）宏观经济环境信息：这类信息主要由贸发局研究部负责搜集，通常是研究人员在报刊杂志、国际互联网上获得有关信息，有的时候还需要通过海外办事处进行进一步的调查；

（2）贸易规则信息：这类信息则通过贸发局在美国、欧盟等地专聘的海外顾问，以及贸发局研究部与海外办事处一起进行搜集整理；

（3）行业发展信息：这类信息包括某国家或地区某行业的生产及销售情况等，主要由海外办事处负责提供，重要的行业发展信息则由研究部到某国家或地区对某行业进行较为深入的调查研究；

（4）产品信息：这类信息一般由研究部从互联网上取得，海外办事处也要将具体产品的需求、流行款式等信息提供给总部；

（5）公司及企业信息：外国公司及企业方面的信息主要是从购买外国的企业名录类的图书、光盘等渠道获取，香港本地公司及企业的信息则由贸发局自己搜集。

### 2. 贸易信息的加工

贸发局总部设有数据加工处理中心，负责把从各方面搜集到的信息进行筛选、分类等加工，以提高信息的使用价值。信息加工由专门人员根据特定的目标进行，计算机人员则负责提供技术支持。

### 3. 贸易信息咨询服务

香港贸发局通过多种方式提供贸易信息咨询服务，主要有以下几种：

（1）出版各类商贸刊物。包括：反映市场信息的刊物，如《国际市场简讯》、《商情快讯》、《中国商情快讯》等；贸发局的研究报告，如《商贸指南》、《贸易前哨》等；为中小企业提供各类信息的《中小企业通讯》；面向世界各地进口商的产品杂志、行业指南和工商名录等等。

（2）建立商贸图书馆。贸发局设有商贸图书馆，供工商企业查询拓展海外市场所需的参考资料。图书馆收藏图书、期刊及简报资料，按中国贸易、新兴市场、商贸指南、各地关税等主题分类，并有专人为用户提供协助。图书馆内的电子资讯中心，提供从全球取得的数据光碟。图书馆内还建有一个专为时装设计行业而设的时装图书馆。

（3）提供贸易咨询服务。贸发局建立了全亚洲最具规模的商贸联系资料库，并提供 24 小时电脑化商贸咨询服务。由于贸发局与设在全球 34 个国家和地区的 51 个办事处联网，客户可以通过电话、电子邮件或传真，通过任一办事处即可获得其提供的贸易咨询服务。

（4）提供“贸发灵”网上服务。“贸发灵”是网上商贸咨询服务，主要为香港公司提供，用户可按国家或地区、行业性质、产品或服务等分类，快速搜寻业务伙伴的资料，包括联络方法、背景及品牌详情，用户还可利用“交易广场”刊登或浏览各类商业信息，推销或采购产品，提供网上服务、寻求投资及合作伙伴。

（5）建立贸发局网址。贸发局将大量信息放在自己的网页上供浏览，信息包括香港及内地的经济状况、海外市场信息、各地贸易政策变动、贸发局推广活动的最新消息及各种主要商贸刊物的电子版本等。

图 2-3 为香港贸发局英文版主页。

图 2-3 香港贸发局英文版主页

4. 贸易信息服务的建设和营运

香港贸发局为企业提供的信息服务，特别是一些基础性和公共性的信息服务，基本上是免费或只是象征性收费。由于贸易信息搜集与服务是贸发局贸易拓展职能的一部分，因此，贸易信息服务体系在贸发局中不是独立的部分，其建设和营运经费也列入贸发局的正常预算。贸发局的经费有两个来源，一是政府从进出口报关费中的拨款；二是贸发局主办各项推广活动及活动所提供服务的收费，这部分收入约占贸发局经费来源的 70%以上。举办展览会是贸发局自筹经费的主要方式，有些信息服务也是收费的，按用户浏览信息的详尽程度收取不等的费用。另外，商贸出版物也专设部门销售，以取得一定的业务收入。

为了更好地发挥贸发局在促进外经贸电子商务发展中的作用，提高在外经贸信息方面的采集、加工与服务的能力，贸发局近年来又投入巨资电脑网络建设，而且还委托专门的电脑公司提供技术支持，包括网络建设、软件开发、硬件维护及技术升级等。

香港贸发局在为企业提供外经贸信息服务，促进外经贸电子商务服务方面的成功经验，值得大陆的政府外经贸管理与服务部门学习借鉴。

## 2.2.5 欧美外经贸电子商务发展

欧美国家对外贸易发展历来占据世界贸易的较大份额，为了抓住高科技给贸易带来的便利，各国都积极采取措施促进外贸电子商务的发展。

1. Commerce One 网站

Commerce One 位于美国加利福尼亚州的 Pleasanton，是专为企业提供全球电子商务解决方案的领航者。通过 Commerce One 的产品、门户和服务可以访问世界各地的市场，任何人可以在任何时间、任何地方购买任何其他人的产品。Commerce One Global Trading Web 是全世界最大的 B to B 交易社区。Global Trading Web 由多个开放的电子商务市场组成，可为世界各地的买方公司、供应商和服务提供商带来前所未有的贸易机会。通过 Commerce One 与 SAPMarkets 结成的“梦之队”联盟，各种规模、各种行业的企业和社区可以通过互联网进行有效的商务合作。图 2-4 为 Commerce One 公司主页（www.commerceone.com）。

图 2-4　Commerce One 公司主页

通过行业领先的 XML 技术，Commerce One 能够让信息从用户桌面直接传递至供应商的后台办公室中。作为全球领先的解决方案供应商，Commerce One 提供的电子商务解决方案涉及多个领域：

（1）门户解决方案。Commerce One Market Site 门户解决方案提供了建设门户网站的所有必要的产品、组件和服务，为创建门户网站提供了较好的条件。

（2）电子采购解决方案。对于经常进行大量采购的公司，Commerce One 提供了目前市场上领先的电子采购解决方案。通过 Commerce One 电子采购解决方案（由 Commerce One 的 BuySite 电子采购应用方案和 Commerce One MarketSite 全球贸易门户路径组成），从询价到支付这一完整采购环节可以实现自动化。据称，采用 BuySite，公司可以节省 70%的交易成本和 5%～15%的生产成本，而且采购周期可以降低 70%之多。

（3）直接材料解决方案。对于那些希望减少在材料上花费，并提高供应环节效率的公司，Commerce One 提供直接材料解决方案，这将能够实现整体资源配置、协同规划、实时交易管理，以及对跨整个供应环节服务的支持。此外，Commerce One 还提供一系列服务，包括就解决方案进行规划、执行、培训和技术支持等等。

2. Verticalnet 网站

美国著名的 Verticalnet.com 是一个以企业对企业为主体所构建的网站，Verticalnet.com 成立于 1995 年，1998 年挂牌上市。Verticalnet 的网络经营目标主要有三个，一是建立社群，使其在不同的产业中，能够快速有效率的帮助企业主形成交易及相关信息的交流；二是内容信息的提供，包括相关产品新闻信息及提供工作机会；三是透过网络进行电子商务交易，促进企业有效率的降低成本，增加产品的销售。这些商业目标成为了 Verticalnet 经营的准则，Verticalnet 主要的工作就是评估在买方及卖方之间的不同关系，并且加以区隔，针对不同的区隔强调其中的交易价值，其经营宗旨就是为企业买卖创造一个可以达成互利互惠的交易平台，使得买卖成为贸易的伙伴。Verticalnet 目前所整合的产业类别包括有高科技产品产业、环保、通讯、食品、包装、制造、加工、金属、医疗保健等。Verticalnet 所提供的交易平台对企业来说确实有很大的帮助。买方可以通过这种机制得到更可靠的信息，而且在网络上可选择范围也会增加。卖方也能接触到更大层面的买方，Verticalnet 就是利用网络的优势为企业提供整合的水平服务通道。Verticalnet 网站主页如图 2-5 所示。

另外，Verticalnet 的站点，如 Industry Deals.com、LabX.com 和 Professional Store.com，可以在各个社区之间提供横向拍卖、目录、书店、职业中心和其他电子商务功能。Verticalnet 的 NECX Exchange 为电子组件业提供了一个交易所。Verticalnet 采用了 Tradeum 技术和战略联合，致力于提供全面、连续的电子商务解决方案。

Verticalnet International 保持了公司在创建全球互联网 B to B 市场方面的领先地位，在世界范围内提供产品和服务，并和那些具有良好本地形象和丰富专业技能的公司结成了伙伴关系，为进一步拓展国际业务创造了良好的条件。

BravoSolution
Italcementi Group
+
Verticalnet

Overview
Visit BravoSolution
Visit BravoSolution US

**BravoSolution and Verticalnet merge to expand global capabilities and deliver solutions innovation**

BravoSolution acquired Verticalnet on January 25, 2007 bringing together the powerful combination of BravoSolution's supply management leadership and impressive growth in Europe with Verticalnet抯 market-leading supply management platform. As a result, multi-national organizations now have a powerful new resource at their hands; the ability to leverage leading solutions from an organization with local teams in Europe, Asia, and North America.

This powerful combination will yield a leader in the supply management space. The combined BravoSolution team will offer support from over 300 team members in 11 offices worldwide. Verticalnet will immediately take on the name BravoSolution US, however, we will continue to serve customers from both companies with the products, team members, and superior solutions to which they are accustomed. There are currently no plans to discontinue our commitment to either the Verticalnet or BravoSolution toolkits, thus ensuring that our customers will be able to continue to use and expand upon the product suites they have so carefully selected.

*"We are extremely pleased to have completed this transaction, and look forward to a bright future for BravoSolution US and our customers. Verticalnet抯 longstanding reputation for solution excellence and customer focus has historically been offset by concerns relating to our financial condition. This combination with BravoSolution eliminates those financial concerns, and thus offers customers and prospects a truly market leading supply management offering with rock-solid financial backing."*

***- Nathanael V. Lentz, President of BravoSolution US***

*"The entire BravoSolution team is excited to welcome Verticalnet to our organization. The new BravoSolution US brings an important set of customers, functionality, and talented team members to our organization. Our expanded global capabilities leave us well positioned to lead the marketplace in our ability to deliver comprehensive supply management solutions to the multinational organization."*

***- Federico Vitaletti, CEO of BravoSolution***

2000 - 2007 BRAVOSOLUTION S.p.A.

图 2-5 Verticalnet 网站主页

## 2.3　我国外经贸行业电子商务发展

在大踏步迈向国际外经贸大国和强国的进程中，我国各级政府和外经贸系统的众多企业都已充分地认识到，加快外经贸电子商务发展是一项十分重要和紧迫的任务。近年来，外经贸行业作为我国电子商务发展的重要领域，在政府和企业的共同努力下，取得的成绩是值得肯定的，但存在的困难和问题也颇为复杂，需要我们深入思考，积极探索。

### 2.3.1　我国外经贸行业电子商务发展状况

我国外经贸行业电子商务的发展状况可以从以下几个方面进行认识：

1. 政府高度重视，发展基础良好

为推进现代信息技术在我国外经贸领域中的发展与应用，提高国家对外经贸活动的现代化管理水平和服务水平，强化我国企业参与国际竞争的能力，我国政府早在 20 世纪 90 年代初期就实施了声势浩大的“金关工程”——即利用计算机网络技术实现对外经济贸易和相关领域的标准化、规范化、科学化和网络化管理的国家信息化重点工程。这一工程目前已完成了骨干网、政府管理应用体系、进出口配额许可证管理系统、出口配额电子招标系统、加工贸易计算机审批系统、进出口贸易统计系统、国际电子商务网标准和安全系统的建设，为电子商务在我国外经贸领域中的应用创造了条件。到目前为止，中国出口退税、出口收汇等计算机应用系统工程已经建成，进出口许可证的网上申领、商检原产地证 EDI（Electronic Data Interchange）方式申领、全国出口商品招标和加工贸易项目网上申报审批等都已实现。另外，由标准化体系、安全体系、政府管理应用体系和外经贸信息体系组成的政府级电子商务发展体系也已基本形成，中国国际电子商务工程已完成并实现了一批重要外经贸业务的全国联网管理。原国家外经贸部在中国国际电子商务网上还建立起了一批重要的外经贸信息库，并通过中国国际电子商务网，帮助各级政府和企业实现信息共享，为外经贸电子商务的发展打下了坚实的基础。

2. 指导思想科学，发展目标明确

我国政府为外经贸信息化的发展确立了基本的指导思想，即要在国家关于信息化建设总方针的指导下，适应经济全球化、信息化迅猛发展和我国加入世贸组织的新形势，以提高外经贸管理水平和增强我国企业国际竞争力为目标，以推进政府管理和服务职能电子化、开发利用国际经贸信息资源和推广国际电子商务为中心内容，立足应用，着眼发展，务实创新，服务企业，全面推动外经贸信息化建设，保障 21 世纪外经贸事业持续发展。外经贸电子商务作为外经贸信息化的核心内容，已成为我国外经贸事业发展中的重要内容，是我国政府和外经贸企业发展的一项重要任务。我国已经出台的有关外经贸电子商务发展的主要目标包括：

（1）按照国家的总体部署，实现外经贸领域政府管理和服务、企业开展对外经贸业务的电子化、网络化；

（2）鼓励、推动各类从事外经贸业务的企业上网开展外经贸电子商务，实现我国对外贸易方式的重大转变；

（3）确立外经贸信息资源开发和应用的重要地位，加快建设一批外经贸领域大型数据库；

（4）基本建立和逐步完善适应我国国情和国际贸易发展趋势的外经贸信息服务体系，提供全面、及时、准确的信息，增强我国企业在国际市场上的竞争力，提高各级政府外经贸主管部门的决策效率和水平；

（5）增强我国外经贸信息化发展的网络基础，完善外经贸专用网的建设和管理，与有关专用网和互联网互通互联，实现资源共享；

（6）把中国国际经济贸易互联网建成遍及全国、服务一流、具有较强市场竞争力的经济贸易网；

（7）建立与外经贸信息化发展相配套的法规、标准、安全体系；

（8）建立一支适应我国外经贸信息化建设需要的人才队伍。

按照国家部署，到2010年，外经贸电子商务将成为我国对外经济贸易的重要方式，并将成为推动我国外经贸发展的重要力量；外经贸信息资源将得到充分开发，外经贸信息服务体系将基本建成；中国国际经济贸易互联网等信息网络建设将与国民经济和外经贸发展相适应；将形成一支高素质的外经贸电子商务管理和技术人才队伍；外经贸电子商务相关的政策、法规和标准将会比较完善，将会形成既符合中国国情又与国际接轨的中国外经贸电子商务发展体系。

### 3. 外经贸电子商务网站开始发挥越来越重要的作用

外经贸电子商务网站因其良好的运营环境和强大的交易功能已成为我国进出口企业开拓国际市场的首选平台。目前，国内很多中小型进出口企业已经从一些专业的电子商务网站得益，在网站上发布贸易信息、寻求合作机会、进行网上磋商交易等。与此同时，一些大型进出口企业虽然有自己的企业网站，但仍然与专业的电子商务网站合作，以期更好地开拓国际市场。中国国际电子商务网、中国出口商品网、阿里巴巴等网站已成为我国进出口行业重要的电子商务网站。这些典型的B to B网站的共同特点是：通过网络平台解决了信息通道不畅的问题，使生产商更容易找到销售商，也让销售商更容易找到生产商。在某种程度上可以说，这类平台已成为永不落幕的网上国际经贸大市场。

目前，国内国际贸易电子商务网站在竞争实力和未来潜力方面已分化为几个不同的层次，其中在行业发展中已经起到较大作用的网站包括阿里巴巴、中国国际电子商务网等，从未来的发展趋势看，外经贸行业的电子商务网站将进一步走向集中。

### 4. 外经贸电子商务发展成功的企业越来越多

在政府政策的引导下，近年来，越来越多的外经贸企业开始走上电子商务发展道路，既有国家级的外经贸企业如中国化工进出口总公司，又有省级的外经贸企业如江苏弘业国际集团，更多的是那些名不见经传的中小型外经贸企业，通过自己扎扎实实的应用，实实在在的探索，逐步找到了适合自己的外经贸电子商务发展道路。

江苏弘业（Holly）国际集团作为国内有影响的以工艺品出口为主业的大型外经贸企业，为了促进公司电子商务的快速发展，还专门成立了江苏爱涛电子商务有限公司，在网上树立“爱涛（ARTALL）”的品牌，取得了理想的效果。图2-6为江苏弘业爱涛网（www.artall.com）

的主页。

实际上类似江苏弘业这样做法的外经贸企业还有不少，这些企业通过专门的人力、财力和物力的投入，使得电子商务发展有了更充分的保障，在拓展国际市场、增强国际竞争力方面变得更加得心应手。值得指出的是，随着外经贸专营权的逐步放开，一些新取得进出口经营权的工商企业更加注意到，在客户资源、业务渠道、外经贸业务经验都比较欠缺的情况下，加快电子商务的发展具有尤为重要的意义。所以，从今后的发展情况来看，这些企业将成为外经贸电子商务发展的一支重要力量。

图 2-6　爱涛网主页

5. 公共商务信息服务体系建设稳步发展

公共商务信息服务以政府为主导，以中小企业为主要服务对象，以提供公共商务信息产品为手段，是适应经济全球化和我国加入世贸组织后的新形势、承载我国商务主管部门职能转变、体现公共财政原则的贸易与投资促进措施，对贯彻落实科学发展观，实施商务工作的重大发展战略，推动我国企业全面参与国际竞争与合作，进而促进产业结构调整有着重大的现实意义。

经过多年的发展，我国公共商务服务体系无论从广度和深度上，公共信息服务体系建设都大大向前推进了一步。但作为一个庞大的体系，它的建设并不是一帆风顺，还存在着许多问题，如公共商务信息服务体系建设缺乏总体规划，《对外贸易法》的相关规定缺乏配套措施，信息化基础设施建设滞后，影响了商务信息服务工作的推广，信息服务内容配置不合理，无法满足商务工作的需要，公共信息服务发展不平衡，尚未形成纵横交错、合理完善的信息服务网络等等。因此，商务部在公共信息服务体系“十一五”规划中提出以下几个方面的任务：

（1）进一步办好商务部网站。充分发挥政府网站在公共商务信息服务中的数据集成和门户作，推进政务公开和网上办事，利用信息化手段服务于公众。丰富网站内容，完善网站体系，办好商务培训网，充分利用现代网络技术，开辟远程培训平台，解决各地特别是偏远落后地区商务机构和商务人员在师资、场所、经费以及培训时空上的限制和困难。

（2）继续做好综合数据库建设。做好中国商品、世界买家和全国商品流通数据库的数据完善、更新和维护工作，新建全球法规、世界经济等综合性数据库。

（3）进一步办好“地方商务之窗”。按照“统一建设、分级管理、各自维护、同步发布”的原则，加强地方商务之窗的使用培训，不断完善栏目设置，争取“十一五”期间所有地方商务之窗都能正常维护运行并产生良好效果。

（4）做好公共信息资源的推广使用。通过网站、报纸、光盘、推介会、服务热线等方式，加大公共信息服务产品的推广使用力度。在有条件的特派员办事处，试办公共商务信息服务中心。继续办好《中国省市商务概览》。

（5）积极开展国际合作与交流，推动中外信息交流和互换。进一步办好中外合作网站，利用多双边交流和磋商，建立与其他国家/地区政府间的信息交换机制，推动政府间信息资源的互换共享，增加信息渠道的可靠性和稳定性。

### 2.3.2 推进我国外经贸行业电子商务发展的主要策略

外经贸电子商务的发展是一项复杂的系统工程，需要政府和企业的共同努力。政府主要在制定外经贸电子商务发展的政策法规、提供外经贸公共信息服务、为电子商务发展创造良好的环境等各方面入手，这里不再赘述。下面主要从外经贸企业和即将走向国际市场的其他工商企业的角度探讨电子商务的发展策略。

（1）转变观念，提高认识，积极把握电子商务发展主动权。与发达国家相比，目前我国外经贸行业电子商务的发展还显得相对落后，总体来说，还处于发展的初级阶段。一个重要的原因是不少开展外经贸业务的企业对电子商务缺乏正确的认识，认为电子商务还为时过早，发展条件还不成熟。在传统的业务运作方式还没有危及到企业的生存的条件下，这些企业缺乏实施外经贸电子商务发展的外在压力和内部动力，一定程度上显得有些不合时宜。因此，对中国的企业来说，及时转变观念，提高对电子商务的认识，是把握电子商务发展主动权的前提。

应该注意到的是，在电子商务发展领域，“先入为主、赢家通吃”的现象十分明显，谁先抢占电子商务的商机，谁就能占居主动。我国企业必须对此有高度认识，加快电子商务的发展步伐，尽早在国际市场赢得新的竞争优势。

（2）充分整合现有资源，有计划、有步骤地推进电子商务发展。目前，从国内外外经贸电子商务实施的现状看，主要有两种方式：一是有实力的大公司，特别是跨国公司凭借其雄厚的实力和良好的信誉，能把整个业务运作过程完整地移植到互联网上，并向其他企业包括中小企业开放它的网络渠道。如美国通用、福特、克莱斯勒三大汽车公司共同组建的网上采购系统，由这套系统负责从全球数十万家零部件供应商处订购零部件；二是利用新兴的外经贸电子商务平台开展电子商务，这种方式为中小企业利用电子商务开拓国际市场提供了便捷的途径。

在我国，目前还没有真正意义上的跨国公司，因此利用阿里巴巴等著名的外经贸电子商务平台在较长的时间内无疑具有重要的意义。中国的进出口企业应充分利用现有资源，从应用国际贸易电子商务平台开始，有计划、有步骤地推进电子商务的发展。

整合现有资源开展电子商务，一方面要提高电子商务平台提供商的外经贸配套服务的能力，尽量为不具有国际贸易经验和能力的企业提供全过程的服务；另一方面，要尽快提高进出口企业的信息化应用水平，实现企业网站与电子商务平台的有效对接，同时还应处理好传统渠道与电子商务的关系，使两者相得益彰。

（2）加强产销联合，有效控制出口商品货源。随着互联网在外经贸行业应用的逐渐普及，供需双方的直接联系将会变得越来越容易，而且拥有自营进出口权的企业将会越来越多，这样使得传统的依靠信息和经营权垄断生存的中介型外贸企业遭受到极为严峻的挑战。因此，传统的中介型外贸企业必须尽早考虑转型，充分利用自己熟悉外贸经营、拥有大量客户的先天优势，加强与生产企业的联合，增强对出口货源的控制能力。

对那些有实力的外经贸企业可以考虑采取兼并、收购等资本运营的形式，直接参与外经贸出口商品的生产经营，使外经贸企业成为产销结合的新型企业，增强国际市场的竞争力。同时也可考虑采取联合入股的方式，与其他生产企业共同组建新企业，以期做到优势互补、利益共享。

（4）充分利用网络提升客户关系管理水平。客户关系管理在国际贸易活动中具有重要的作用，因为外经贸企业的每一笔业务，都是建立在良好的客户关系基础之上的。好的客户关系管理能帮助外经贸企业把握市场机会，不仅有助于现有产品和服务的贸易，而且还能够根据客户特定的需求为他们量身定做，最大限度地满足客户的需要，从而赢得客户的忠诚。

实施电子商务后，外经贸企业可以借助计算机网络建立各种数据库，以极低的成本建立与客户长期的、紧密的、一对一的联系，更好地为客户服务，提高客户满意度。建立各种客户数据库是提高客户关系管理水平的基本前提，客户数据库的内容除了一些常规的电子邮件、网址等客户数据外，还应包括客户历史上购买产品的询价、报价的情况，客户对产品的需求和不满的意见或者建议等信息。

可以肯定，充分利用客户数据库，及时为客户提供全方位的网上服务是客户关系管理成功的关键。外经贸企业应根据每一个客户的特殊需求，为客户提供个性化的、专业化的、全方位的网上服务，让客户更加满意。

（5）加快外经贸电子商务专业人才的培养。外经贸电子商务的发展是一项新鲜事物，它的发展成效和水平很大程度上取决于专业人才的能力和素质。从全国范围来看，懂得外经贸业务运作和电子商务应用的专业人才数量还很少，一定程度上制约了外经贸电子商务的发展。外经贸企业一方面要通过“送出去”的方式把有较好基础的专业人才送到高等院校进行重点培养，另一方面要通过“请进来”的方式引进新型的电子商务专业人才，让他们尽早能在外经贸第一线建功立业。

外经贸电子商务专业人才的培养是一个长期的过程，不可能一蹴而就，需要外经贸企业从待遇、发展机会、感情交流等多方面入手，为高素质、高层次、复合型的专业人才创造理想条件。

（6）有计划、有步骤地推进外经贸电子商务的有序发展。无论是发展基础好、规模大、实力强的大型、特大型外经贸企业，还是刚刚踏上外经贸发展之路的中小型企业，都应该认识到电子商务是国际外经贸业务发展的基本方向和趋势，要早作准备，务实行动，有计划、有步骤地有序推进，既要防止不切实际的急躁冒进，也要抵制不思进取的停滞不前。在具体的发展过程中，要考虑到中国的国情，结合企业的实际，考虑到以下三个方面的问题：

正确处理电子商务与传统商务的问题。从现阶段来看，传统的商务运作模式还是处于重要的地位，不可能一下子完全为电子商务模式所取代，外经贸企业应正确处理好传统商务与电子商务之间的关系，使两者协调发展，相得益彰；

不要盲目求快、求先进。电子商务的发展当然需要先进的信息技术，但简单地追求技术的先进，追求“一步到位”，往往会适得其反，欲速而不达，这一点也需要发展外经贸电子商务的企业引起注意；

外经贸电子商务的发展必须因时、因地、因物制宜，不能追求单一的模式，既不要盲目照搬国外企业的发展模式，也不要被IT企业牵着鼻子走，要考虑到企业的发展阶段和实际需要，脚踏实地、实实在在地发展，争取达到理想的发展效果。

勿庸置疑，电子商务的出现为外经贸事业的发展提供了强劲的动力，电子商务将会逐渐成为未来外经贸业务运作的主要方式。随着电子商务技术的不断完善和理论研究的日渐深入，其在推动世界经济发展中所起的作用也会越来越重要。我国传统的外经贸企业以及大量有志于开展外经贸业务的企业应对此有正确认识。特别是面对中国加入WTO的国内外市场环境，中国企业更应把发展电子商务作为提高企业国际市场竞争力、融入经济全球化潮流的一项重要举措。

## 2.4 典型案例1 阿里巴巴电子商务发展案例

### 2.4.1 公司概况

阿里巴巴是全球B to B电子商务的著名品牌，是目前全球最大的商务交流社区和网上交易市场，曾两次被哈佛大学商学院选为MBA案例，在美国学术界掀起研究热潮，两次被美国权威财经杂志《福布斯》选为全球最佳B to B站点之一，多次被相关机构评为全球最受欢迎的B to B网站、中国商务类优秀网站、中国百家优秀网站、中国最佳贸易网，被国内外媒体、硅谷和国外风险投资家誉为与Yahoo，Amazon，eBay，AOL比肩的五大互联网商务流派代表之一。其创始人、首席执行官马云也被著名的“世界经济论坛”选为“未来领袖”、被美国亚洲商业协会选为“商业领袖”，并曾多次应邀为全球著名高等学府麻省理工学院、沃顿商学院、哈佛大学讲学，是50年来第一位成为《福布斯》封面人物的中国企业家。

### 2.4.2 发展历程

对于中国最大的电子商务企业，阿里巴巴的发家史是很传奇的：

（1）融资发展阶段。1993年3月10日马云在杭州开始创业；当年10月，阿里巴巴引入包括高盛、富达投资和新加坡政府科技发展基金、Invest AB等在内的首期500万美金天使基金；2000年1月，日本软银（SOFTBANK）向阿里巴巴注资2000万美元；2002年2月，阿里巴巴进行第三轮融资，日本亚洲投资公司注资500万美元；2004年2月17日，阿里巴巴宣布又获得8200万美元的战略投资，这是中国互联网迄今为止最大的一笔私募基金，投资者包括软银、富达、Granite Global Ventures和TDF风险豆子有限公司等四家公司。其中软银投资6000万美元，被认为阿里巴巴最大投资机构投资者。

（2）成熟阶段。阿里巴巴逐渐发展成为全球最大的 B to B 电子商务网站。其产品诚信通和中国供应商成为中国小型企业交易的帮手。

（3）进军 C to C 市场。阿里巴巴旗下淘宝网也发展起来，用免费政策打平 e-bay，迅速占领中国 C to C 电子商务市场。

（4）进军第三方支付市场。阿里巴巴在发展淘宝网时，也开始涉足第三方支付，支付宝成为淘宝的捆绑产品，迅速在中国第三方支付窜红，但是却理智地摆脱淘宝，成为一个独立的企业，隶属阿里巴巴旗下，不仅为淘宝服务，还积极参加中国大范围的支付交易。

（5）不断完善阶段。在发展淘宝时，建立了即时通信工具——淘宝旺旺，为淘宝所有的客户服务。

（6）进军搜索引擎市场。2005 年 8 月 11，阿里巴巴全面收购雅虎中国，将搜索引擎也纳入自己的囊下。

（7）加速扩张阶段。2007 年 11 月 6 日，阿里巴巴在香港联合交易所上市，阿里巴巴上市融资额 15 亿美元加上当天执行超额配股的部分，实际融资额达到 16.9 亿美元，超过当年 Google 股票上市首日募集的 16.7 亿美元，创下全球互联网融资额新的纪录。

## 2.4.3　网上策略

阿里巴巴的网上策略主要包括以下几个方面：

### 1. 本土化的网站建设方式

针对不同国家采用当地的语言，简易可读，这种便利性和亲和力将各国市场有机地融为一体。阿里巴巴已经建立运作四个相互关联的网站：英文的国际网站（http://www.alibaba.com，参见图 2-7）面向全球商人提供专业服务；简体中文的中国网站（http://china.aliaba.com，参见图 2-8）主要为中国大陆市场服务；全球性的繁体中文网站（http://chinese.alibaba.com）则为台湾、香港、东南亚及遍及全球的华商服务。而且即将推出针对当地市场的日文、欧洲语言和南美网站。这些网站相互链接，内容相互交融，为会员提供一个整合一体的国际贸易平台，汇集全球 178 个国家（地区）的商业信息和个性化的商人社区。

图 2-7　Alibaba　国际网站

图 2-8 Alibaba 中国网站

2. 大量市场供求信息的汇聚

阿里巴巴在充分调研企业需求的基础上，将企业登录汇聚的信息整合分类，形成网站独具特色的栏目，使企业用户获得有效的信息和服务。阿里巴巴主要信息服务栏目包括：

（1）产品展示：按产品分类陈列展示阿里巴巴会员的各类图文并茂的产品信息库，用户可以通过搜索寻找贸易伙伴，了解公司详细资讯；

（2）行业资讯：按各类行业分类发布最新动态信息，会员还可以分类订阅最新信息，直接通过电子邮件接收；

（3）价格行情：按行业提供企业最新报价和市场价格动态信息；

（4）商业服务：航运、外币转换、信用调查、保险、税务和贸易代理等咨询和服务。这些栏目为用户提供了充满现代商业气息，丰富实用的信息，构成了网上交易市场的主体；

（5）商业机会：有 32 个行业 700 多个产品分类的商业机会供查阅，通常提供大约 50 万供求信息；

（6）发布信息：选择恰当的类别发布会员的买、卖和合作等商业信息；

（7）每日最新：每天 1000 条左右来自全球范围的最新供求信息；

（8）商情特快：会员可以分类订阅每天新增的供求信息，直接通过电子邮件接受；

（9）公司全库：公司网站大全，目前已经汇聚 4 万多家公司网页。可以通过搜索寻找贸易伙伴，了解公司详细资讯。会员也可以免费申请自己的公司加入到阿里巴巴“公司全库”中，并链接到公司全库的相关类目中方便会员有机会了解公司全貌；

（10）公司链接：会员可以通过免费申请，把公司网站链接到阿里巴巴“公司全库”；

（11）样品浏览：按分类陈列展示阿里巴巴会员的各类图文并茂的样品信息库；

（12）样品编辑：会员可建立和编辑自己的私人样品房，每个样品房均拥有独立网址。免费放置并展示样品图文信息的网络空间；

（13）以商会友：商人俱乐部。在这里会员交流行业见解，谈天说地。其中咖啡时间为会员每天提供新话题，为会员分析网上营销应如何去做；

（14）中国人才热线：提供人才供求和招聘信息个人资料。

3. 免费会员制

在起步阶段，网站放低会员准入门槛，以免费会员制吸引企业登录平台注册用户，从而汇聚商流，活跃市场，会员在浏览信息的同时也带来了源源不断的信息流和创造无限商机。阿里巴巴会员多数为中小企业，免费会员制是吸引中小企业的最主要因素。在市场竞争将日趋复杂激烈的情况下，中小企业当然不肯错过这个成本低廉的机遇，利用网上市场来抓住企业商机，每天登记成为阿里巴巴的商人会员超过 1500 名。大大小小的企业活跃于网上市场，反过来为阿里巴巴带来了各类供需，壮大了网上交易平台。阿里巴巴每月页面浏览量超过 4500 万，信息库存买卖类商业机会信息达 50 万条，每天新增买卖信息超过 3000 条，每月有超过 30 万个询盘，平均每条买卖信息会得到四个反馈。

4. 为会员提供专业的服务

阿里巴巴为会员提供的专业服务主要包括：

（1）免费享受封面推荐：阿里巴巴每天选择一些供求信息刊登在网站主封面作特别推荐，而这部分信息必定是在会员提交的信息当中选取的；

（2）简化发布信息步骤：一旦注册了会员，以后每次发布信息时，很多固定信息会自动显示，让您一劳永逸；

（3）免费《商情特快》：会员可以分类选择订阅每天新增的供求信息，直接通过电子邮件接受，高效省时；商情特快是阿里巴巴网站为注册会员提供的一项免费的信息服务。为了提高效率、节省用户的时间，阿里巴巴将把每天新增加的商业机会信息在当天通过电子邮件直接发送给需要此类信息的会员。商情特快和网站信息同步分为 32 大行业的 700 多个产品分类，会员可以根据自己的需要选择某几类订阅；

（4）优先发布信息：阿里巴巴承诺会员提交的正确信息在 24 小时之内予以发布，让会员轻松把握稍纵即逝的商业机会；

（5）免费建立样品房：会员可以通过网络在阿里巴巴建立自己私人的“样品房”，展示产品的图文信息，并拥有简易的网址域名；

（6）免费公司链接：阿里巴巴的会员可以免费把公司主页链接到阿里巴巴的公司全库中。

5. 增值服务

阿里巴巴通过增值服务为会员提供了优越的市场服务，增值服务一方面加强了这个网上交易市场的服务项目功能，另一方面又使网站能有多种方式实现直接赢利。尽管目前阿里巴巴不向会员收费，但据马云介绍，阿里巴巴网站目前是赢利的。

阿里巴巴的赢利栏目主要是：中国供应商、委托设计公司网站、网上推广项目、诚信通和贸易通。中国供应商是通过阿里巴巴的交易信息平台，给中国的商家提供来自国际买家的特别询盘。客户可以委托阿里巴巴做一次性的投资建设公司网站，这个项目主要是阿里巴巴帮助企业建立拥有独立域名网站，并且与阿里巴巴链接。网上推广项目，是由邮件广告、旗帜广告、文字链接和模块广告组成。邮件广告由网站每天向商人发送的最新商情特快邮件插播商家的广告；文字链接将广告置于文字链接中。新推出的诚信通项目能帮助用户了解潜在客户的资信状况，找到真正的网上贸易伙伴；进行权威资信机构的认证，确认会员公司的合法性和联络人的业务身份；展现公司的证书和荣誉，用业务伙伴的好评成为公司实力的最好证明。贸易通是阿里巴巴网站新推出的一项服务，它的功能主要有以下几项：与百万商人安全、可靠地进行即时网上沟通、互动；结识、管理自己的商业伙伴，开展一对一的网上营销；强大的商务搜索引擎，搜尽天下商机；“服务热线”为诚信通会员即时解答网络贸易疑问，方便享受高质量的网上客户服务。其界面有点类似于常用的聊天工具QQ，非常友好且使用简单。

6. 搜索引擎优化战略

阿里巴巴是国内最早进行搜索引擎优化的电子商务网站，到目前为止也是网站优化总体状况最好的大型BtoB电子商务网站之一。阿里巴巴的搜索引擎优化水平远远高于行业平均水平。

阿里巴巴中国站（china.alibaba.com）被google收录的中文网页数量2006年8月份数据为5320000，不仅从被收录的网页数量上来说，要远远高于当时同类网站的平均水平，更重要的是，阿里巴巴的网页质量比较高，潜在用户更容易通过搜索引擎检索发现发布在阿里巴巴网站的商业信息，从而为用户带来更多的商业机会，阿里巴巴也因此获得更大的网站访问量和更多的用户。

在进行相关研究时发现到这样一个现象，将多个行业的产品作为关键词在google等主流搜索引擎检索，甚至是很生冷的产品名称，阿里巴巴的商业信息网页内容都会出现在搜索结果前面，这就意味着，通过搜索引擎，潜在用户可以发现阿里巴巴网站上企业发布的供求信息，也就是说阿里巴巴充分利用了搜索引擎营销策略为用户直接带来价值，在这方面，比其他同类网站是远远超前的。这就是阿里巴巴的搜索引擎优化水平较高的表现。从具体表现形式来说，阿里巴巴网站在保证尽可能多的网页被搜索引擎收录的基础上，还做到让每个被收录网页在搜索引擎中都有良好的表现。

阿里巴巴之所以能做到较高质量的搜索引擎优化水平，主要方法包括:网站栏目结构层次合理、网站分类信息合理、将动态网页做静态化处理、每个网页均有独立标题、并且网页标题中含有有效的关键词、合理安排网页内容信息量及有效关键词设计等，另外，每个网页还有专门设计的META标签，这些工作对增加搜索引擎友好性是非常重要的。

### 2.4.4 电子支付工具——支付宝

网络交易中支付的安全与便捷一直是电子商务安全、稳步、快速发展的一个关键因素，阿里巴巴网站及时从用户角度出发，率先在国内推出了第三方支付保障工具——支付宝。

（1）发展背景。支付宝是淘宝网在2004年与工商银行、建设银行、农业银行和招商银行联手推出的安全支付工具，并且和VISA战略结盟，任何一张有VISA标志的银行卡都支持支付宝。为淘宝用户提供一个操作平台，实际支付通过合作银行完成，类似电子钱包，保管、支付，但不付利息。用户在支付宝支付时选择任一银行卡支付通道后立即进入银行网关，银行卡资料全部在银行网关加密页面上填写，无论是支付平台还是网站都无法看到或了解到任何银行卡资料。用户输入卡资料提交过程全部采用国际通用的SSL或SET及数字证书进行加密传输，安全性由银行全面提供支持和保护，各银行网上支付系统完全可以确保网上支付的安全。

（2）服务便利性。阿里巴巴打出了“全额赔付”的口号，对于使用“支付宝”而受骗遭受损失的用户，支付宝将全部赔偿其损失。买家先把货款支付给支付宝，收货满意后才付钱给卖家，安全放心。

有了支付宝后，买家不必跑银行汇款，直接在网上进行网上支付即可，非常方便简单。如果买家没有“支付宝账户”或“支付宝账户”中余额不足以支付货款，可以选择其中一种网上银行，点击“立即付款”即可。付款成功后，即时到账，卖家可以立刻发货，快速高效。而且利用支付宝进行网上支付，交易手续费全免。

支付宝规定“支付宝账户”中的资金，将不会用于用户指定的用途以外的任何用途；如果用户在“支付宝账户”中的资金来源是合理合法的，那么除非本人的指示或者生效法律文书的指示，用户的“支付宝账户”中的资金将是不可逆转的。（其中一个作用是如果资金已经进入用户的“支付宝账户”，买家将不能向支付宝申请退款）。

支付宝还提供了简单实用的“支付宝按钮”：用户通过使用“商家工具”中的“支付宝按钮管理”可以让所有的网络交易都支持“支付宝交易”，只要创建 HTML 网页代码形式的“支付宝交易按钮”或者“支付宝交易链接”，就可以将商品信息添加在其他网站的网页、电子邮件、聊天窗口中，以实现“支付宝交易”。系统还提供“开发集成”接口，通过开发程序，可以让用户的网站全面支持支付宝。

（3）安全措施。“支付宝网站”（www.alipay.com，参见图 2-9）采用了先进的 128 位 SSL 加密技术（参照国内银行网站的普遍做法），确保用户在支付宝页面上输入的任何信息可以安全传送到支付宝，而不用担心有人会通过网络窃取用户的敏感信息。为了提升支付宝账号的安全性，支付宝公司推出支付宝安全控件，在 SSL 加密传输基础上对用户的关键信息进行再次的复杂加密，并可以有效防止木马程序截取键盘记录。

图 2-9　支付宝主页

“支付宝账户”有两个密码，一个是登录密码，用于登录账户，查看账目等一般性操作；另一个是支付密码，凡是牵涉到资金流转的过程，都需要使用支付密码。同时，同一天内系统只允许密码输入出错两次，第三次密码输入出错，系统将自动锁定该账户，三个小时后才会自动解除锁定。

“支付宝账户”设置有密码保护问题。在用注册邮箱找回“支付宝账户”密码时，如果密码保护问题及答案错误，将无法找回密码。减少了邮箱被盗从而泄漏“支付宝账户”密码的危险的可能性。

“支付宝账户”提现时，系统将检查登记的银行账户姓名是否与认证姓名一致，否则不予提现。

“支付宝账户”设置手机短信通知功能。在有修改密码、使用支付宝账户余额付款、“申请提现”、“取回密码”、更新登记的银行账号、修改Email地址等操作的时候，用户会收到手机短信通知。如果收到的操作提示短信非用户本人的操作，可以及时检查账户并联系支付宝，以保护账户安全。

“支付宝安全中心”设有“关闭/开启支付宝账户余额支付功能”。点击“关闭”按钮（默认开启）后，如果没有手机收到的校验码，是无法开启的。

### 2.4.5 案例评析

利用现代互联网技术，阿里巴巴建立了一个全球最大的网上交易市场，使得全球的企业在一个交易平台上相互接触，极大地缩短了他们之间的距离。这使得国内一些中小企业获得了与外国企业合作的机会，改变了以往的外贸业务运作方式。从阿里巴巴的商业模式可以看出，真正开放的、内容具有本土化特色、信息全球性并且协同性强的网上交易市场具有蓬勃而又强大的生命力。阿里巴巴的成功主要在于它开创了全新的BtoB电子商务模式，这是实实在在的经营方式。从阿里巴巴的成功，我们可以得到一些有益的启示：

（1）搞电子商务不要急于赚钱。花足够的时间来建立一个贸易平台会减少日后贸易量大增时产生的缺陷。这就相当于在引水之前先修好渠道，否则引来水之后渠道过窄或有漏洞，就会大大减少水的流量。

（2）电子商务更应注意交易前的阶段。有一个错误的观念，人们一谈到电子商务就认为那只是网上交易。电子商务未必一定要实现交易，可以在交易前做得更好，特别是在商务信息的交流和沟通方面更是如此。阿里巴巴网站的会员可以通过网上的简单操作在站点上建立自己的私人“样品房”。这对正式的网上交易是必不可少的，真所谓兵马未动、粮草先行。

（3）信息时代的电子商务应放眼全球。地球村的出现使一个现代的网络公司很难有明显的国界。在人才的选用上，要充分利用东方人独特的判断以及西方人在人才、资本、市场上的智慧，最大限度地做到优势互补，资源整合。

阿里巴巴是中国BtoB电子商务发展的一面旗帜，担当着引领着中国电子商务走向纵深发展的重任，随着在香港主板市场上市融资的完成，必定会迎来新的发展机遇。

## 2.5 典型案例2 网上广交会

### 2.5.1 广交会概况

“广交会”即“中国出口商品交易会”创办于1957年春季，每年春秋两季在广州举办，迄今已经历 50 余个春秋，是中国目前历史最长、层次最高、规模最大、商品种类最全、到会客商最多、成交效果最好的综合性国际贸易盛会。半个世纪以来，广交会以“服务中国外贸出口”为己任，以“洽谈成交”为中心，客商云集，参展和成交的规模不断扩大，洽谈业务范围日趋广泛，知名度不断提高，已成为我国以洽谈出口业务为主的多功能、综合性的对外经济贸易活动重要场合，被誉为“国际贸易的盛会、友好合作的纽带”，成为中国发展对外贸易的重要渠道和展示中国社会主义市场经济建设成就的重要窗口。

目前，广交会的展场面积已达 350，000 平方米，摊位数量超过 18，000 个，参展商品种类超过 10 万种，覆盖机电、纺织、轻工、食品土畜、五矿化工、医药保健等六大行业，其中高技术、高附加值的名优新特产品已占相当的比重。近年来，广交会的参会人数和成交金额都有较大的上升。图 2-10 为中国进出口商品交易会（广交会）官方网站主页。

图 2-10 广交会主页

## 2.5.2 发展背景

20 世纪 90 年代中期以来，随着以互联网为核心的现代信息技术在进出口贸易业务中的广泛应用，电子商务作为一种新的贸易方式逐渐受到了国内外客商的高度重视。为了充分发挥广交会这一中国目前规模最大、商品种类最为齐全、层次最高的综合性国际贸易盛会的优势，为国内外客商提供全方位、高水平的信息服务和贸易支持，国家外经贸主管部门早在 1996 年 9 月第 80 届广交会上就开创性地举办了首届“网上广交会”，为广大参会客商搭起了基于互联网的“贸易之桥”。七、八年来，“网上广交会”从无到有，逐步发展壮大，现已成为广交会的重要补充和延伸，一定程度上拓展了广交会的功能，进一步提升了广交会的成效，为国内外客商，特别是为国内数量众多的中小企业参与国际贸易提供了极为有效的平台。

“网上广交会”目前由商务部中国国际电子商务中心（CIECC）承办，CIECC 主要负责“网上广交会”总体策划、技术支持和服务。“网上广交会”重点突出对参展企业和参展商品的介绍，为参展企业与国内外客商提供网上贸易信息服务。同时，“网上广交会”突破现场参展的场地限制，跨越洽谈互访的时空障碍，以丰富、及时、准确、权威的专业信息提供周到服务，为广大企业开辟出一条可靠、便捷、灵活、经济的参展渠道，为不能参加现场广交会的企业提供网上参与广交会的机会，现已成为世界了解中国出口企业及商品信息的重要窗口，被外商盛赞为“永不落幕的交易会”。

## 2.5.3　业务功能

“网上广交会”主要是通过中国出口商品交易会专门网站（e.Cantonfair.org.cn 参见图 2-11）实现的。“网上广交会”重点突出对参展企业和参展商品的介绍，为参展企业与国内外客商提供网上服务。同时，“网上广交会”打破时空界限，不受场馆、会期等条件的限制，为不能参加现场广交会的企业提供网上参与广交会的机会，为了方便更多不便于上网的企业，“网上广交会”将短信网址运用于客户服务领域。通过发送“网上广交会”到 91600，企业可询问年度各参展会信息及入会信息等。短信网址的应用，不但强化了“网上广交会”的“永不落幕”，还实现了随时随地无线沟通。

图 2-11　网上广交会主页

网上广交会的主要功能包括以下几个方面：

### 1. 贸易信息服务

利用互联网提供全方位的贸易信息服务是“网上广交会”的最重要的功能。目前，“网上广交会”不但拥有全国最大、最权威的外经贸企业信息库，而且还提供 10,000 余种参展商品的网上查询，为广大客商提供了全面、准确的贸易信息检索服务。“网上广交会”以三维动态和平面两种方式进行商品展示，并开设可视洽谈系统，使贸易双方可以在网上“面谈”，成为广交会面对面业务洽谈的一种重要的补充。“网上广交会”还配有功能强大的邮件列表服务器，在讨论中心一经注册，系统就会按客商选定的递送内容（“所有邮件”、“每日摘要”、“每日索引”三项选一），向客商指定邮箱中及时寄送广交会各类信息，使客商足不出户即能全面了解广交会的各种情况。

### 2. 新闻与法规服务

“网上广交会”的新闻栏目为客商提供了国际、国内外经贸界的最新动态，并以行业为类别使客商充分了解客商所在行业同盟的发展与政策态势。另外，还专设有“广交会”专栏，提供广交会改革与发展的最新举措以及广交会现场的第一手动态信息，为客商更好地把握商机提供服务。

“网上广交会”为国内外客商提供了详尽的“外经贸政策法规”服务，使参展客商能对各类外经贸法规有全面的把握，以避免不必要的贸易纠纷，保障外经贸活动的有序进行。

### 3. 外经贸电子商务平台服务

为了方便国内外客商直接通过网站平台达成交易，“网上广交会”推出了一个为中外客商提供一站式全程贸易服务的电子商务交易平台——外经贸电子商务服务平台。这一平台包括交易前、交易中和交易后三个阶段的服务：客商可先从商品展示区中查询目标，通过可视系统，双方可以随时进行实时洽谈；利用电子地图的导航功能，客商可迅速找到厂商的交通位置；服务平台可全程管理贸易双方的合同与订单；物流配送服务可以通过全球货物追踪系统，让交易伙伴随时查看货物的行踪。

### 4. 自助网站生成服务

“网上广交会”为帮助更多中国企业通过这一重要的外经贸业务平台更好地参与国际经贸活动，把握进出口商机，推出了“自助网站生成”服务，需要建设独立网站的企业只要购买一个专门的帐号（无需购买、安装任何软硬件），就可以进行登陆操作，自行维护账号、用户名及密码，管理网站新产品发布，实现向客户发送邮件通知等功能。“网上广交会”为自助上网企业提供多层次网络安全保障，并以企业进行国际贸易的链条为原型，提供完整的网上交易功能，另外还提供全球物流跟踪服务。这一业务集“内容管理、营销助手和业务工具”为一体，为众多企业提供了全面的进出口业务电子商务服务，受到了企业的支持与欢迎。“网上广交会”自助网站服务提供了以下几个方面的功能：

（1）方便、实用的网上业务工具。包括：报价单工具（可以自动生成、发送符合外贸行业特点的报价单）；网站访问统计、商品访问统计工具（有效测量营销活动的实际效果，找出最受关注的产品，集中企业资源去创造最大的利润）；支持异地办公，实现跨地域的业务运作。

（2）主动营销的强力助手。包括：邮件群发工具（可以向潜在用户群高效、低成本地发送营销信息）；主动获取客户需求与反馈的网上调查工具（可以实现热销产品推荐、新品自动通知等功能，适合产品售前/售后自助服务）。

（3）专业、安全的产品展示平台。包括：支持任意复杂企业产品分类；支持一个产品带多幅图片以及附带多种格式的电子文档；随意设定客户的浏览权限，网站内容不能被随意下载、复制，防止恶意抄袭；专业的网络安全、数据库维护。

（4）高效、低成本的互联网通信平台。系统集成了IP电话、IP传真、手机短信等通信工具，降低企业与客户的联络成本。

### 2.5.4 与传统广交会比较的优势

作为声势浩大、作用突出的广交会一种新的业务运作方式，“网上广交会”充分利用互联网的优势，打破了时空界限，为不能参加现场广交会的国内外客商提供了一个理想的业务运作平台。与传统的广交会相比，“网上广交会”的优势是较为明显的，可用表2-2进行比较说明。

表2-2 网上广交会与传统广交会的比较

| 比较项目 | 传统广交会 | 网上广交会 |
|---|---|---|
| 参会费用 | 数万元不等 | 4000－7000元 |
| 参展期限 | 6天 | 半年一期 |
| 到访客商 | 数万人/天（展会期间） | 数十万人次/天 |
| 客商范围 | 参会客商 | 全球上网客商 |
| 洽谈方式 | 面对面洽谈 | 网上洽谈 |

从以上的比较可以看出，持续时间长、参展费用低、辐射范围广和信息内容丰富是“网上广交会”的突出优势，是传统广交会所不具有的，这些优势对那些实力有限，但有志于开展进出口业务的广大中小企业具有尤为重要的意义。

### 2.5.5 案例评析

利用以互联网为核心的现代信息技术，积极探索广交会新的办会形式，不断丰富大会的功能和服务领域，使之成为更具时代特色和更具国际影响力的盛会，是建设和发展“网上广交会”的初衷。多年来，在主办方和社会各界的共同努力下，“网上广交会”凭借它有效的政府管理、真实的企业介绍、优质的产品信息、先进的网络技术，以及强有力的政府权威推介，已经发展成为国际客商对华贸易的首选网络平台，为我国的外经贸事业发展做出了积极的贡献，特别是在推动我国企业更好地适应“入世”以后的经营环境，加快国际化的发展步伐起到了重要的推动作用。

“网上广交会”从1996年首次开通运营至今，已经开办了十多届，不但以丰富、及时、准确、权威的专业信息和周到、热情、完善、便捷的商业服务在海内外树立起重要的影响，而且为探索外经贸业务电子商务的发展积累了丰富的经验，为中国的外经贸企业加快电子商务的发展与应用作出了榜样。当然，我们也应看到，由于对电子商务认识的差异，以及国内外客商对电子商务应用能力的不同，“网上广交会”对不同客商所起的作用也各有千秋。但可以肯定，随着外经贸业务与电子商务发展的日渐融合，“网上广交会”的作用和地位必然会进一步显现，从中受益的国内外客商也会大幅度上升。有朝一日，“网上广交会”必将和传统的广交会一起，成为驱动中国外经贸事业发展的两个重要的“车轮”。

## 2.6　典型案例 3　中化集团公司电子商务应用

### 2.6.1　公司概况

中国中化集团公司（中文简称“中化集团”，英文简称“SINOCHEM”）成立于 1950 年，是国务院国资委监管的国有重要骨干企业，前身为中国化工进出口总公司。中化集团是中国最早进入《财富》全球 500 强排行榜的企业集团之一，2007 年第 17 次入围，名列第 299 位。

中化集团主业包括：石油、化肥、化工产品贸易、分销及物流，原油、燃料油、天然橡胶期货；境外油气资源勘探开发，石油炼制，化学矿采选，化肥和化工品生产；酒店、房地产开发经营。公司为中国四大国家石油公司之一，是中国最大的化肥进口商和磷复肥生产商，也是中国重要的化工产品营销服务商。“中化”（SINOCHEM）品牌为中国驰名商标，并在全球业界享有良好声誉。

中化集团在海外建立了欧洲、美洲、亚洲、香港四大集团，以遍及全球的营销网络为国内外客户提供优质产品和便捷的营销服务。公司在香港和上海分别拥有“中化化肥”（股票代码：0297）、“方兴地产”（股票代码：0817）和“中化国际”（股票代码：600500）三家上市企业。

1998 年以来，中化集团根据新的形势发展要求，大力推行管理改革和市场化发展战略，积极探索由传统国有外贸企业向以市场为导向的营销服务企业的转型，通过创新经营模式和向传统优势贸易业务的上下游延伸，在石油、化肥、化工三大核心领域逐步形成了集资源、研发、生产、物流和营销于一体、全球协同运作的产业价值链，在金融和酒店地产领域也取得了长足进步，进一步拓宽了企业发展空间，使企业经营业绩持续快速增长，核心竞争能力和立足市场的可持续发展能力不断增强。

中化集团的未来发展将以能源、农业投入品和化工产业为核心，以营销服务能力为基础，继续向相关产业的上下游和国内外延伸，逐步形成资源控制、技术研发、市场营销和金融服务相互支撑的产业价值链和相关产业群，建成具有较强市场竞争力和影响力的综合性国际企业集团，为国家能源安全、农业安全和化工产业发展持续做出贡献。

### 2.6.2　发展背景

作为中国进出口行业中最大的跨国集团公司，中化公司除了在北京的中化大厦总部外，还在全国各地拥有许多二级子公司和投资公司，并且在海外许多国家建立了办事机构。中化的企业信息化建设一直在我国进出口行业处于领先优势，中化总公司内部目前已经实现了网络办公自动化，而且使各个子公司和总公司之间也建立了畅通的网络联结。其中的电子商务及办公自动化系统，不仅有效地管理了各种数据，进行无纸化办公，更合理地分配了工作流程，为中化公司实现完全意义上的电子商务目标奠定了基础。

和所有企业一样，中化公司的信息化起步也是从“理顺一本账，做好三张表”的财务系统入手的。20世纪90年代初期，中化就开始着手开发自己的财务管理系统（基于foxbase）。财务系统规范化后，中化接着开发出了进口业务管理系统和出口业务管理系统。进口业务管理系统主要包括国家外汇额度的管理和计划批文管理、进口合同和到货通知等管理查询，出口业务管理系统主要是保证金和信用证、采购销售合同及各种单据的管理，这两块分开的业务通过接口与财务系统进行链接。随着中化进出口业务和机构的不断扩大和调整，传统的管理方式越来越跟不上形势的发展，为了降低经营风险，增加盈利的安全性，中化的企业内部管理系统急需在一个新的平台上重新启动。1999年初，为了更好地启动平台，中化特请国际著名的麦肯锡咨询公司对中化的内部资源进行重组咨询。经过全面的分析和考察，麦肯锡提交了中化企业管理流程（包括风险控制、交易审批等）的咨询报告。根据麦肯锡提交的咨询报告，中化实施了BPR（业务流程重组），在企业运作流程中增加了风险控制点，每个控制点的控制内容和责任人都落实到位，责任明确，并由此成立了风险管理部。

为了加快公司的信息化发展，中化公司进行了多年的市场调研，寻找能够符合中化网络信息化要求的完善的解决方案，通过比较当时市场上的一些软件，公司最终选定IBM公司的Lotus Notes/Domino作为办公自动化和Intranet基础平台。经过数年的开发和实施过程，最终成功地建立起了中化电子商务应用系统和办公自动化服务系统，该系统连同中化的楼宇自动化管理系统、信息网络化传输系统，已经成为中国企业信息化发展的成功典范。

### 2.6.3 发展目标

中化作为一个从事化工产品的对外贸易的国际性大公司，面对日益激烈的国内外竞争，充分认识到企业信息化建设在企业发展中的重要性。公司在设计电子商务实施方案时考虑到三个方面的发展目标：

（1）适应来自外部的竞争压力。因为国际市场风云变幻，竞争对手越来越强，以及客户提出的越来越高的服务要求等，这一切都要求中化公司以更先进的手段、更强大的实力面对国际市场。

（2）适应企业内部自身发展的需要。中化公司规模大、业务范围广、机构分散、管理环节多，这就要求公司在提高效益、降低经营管理成本方面要有更多更好的办法。

（3）降低来自市场的各种风险。中化公司所经营的大宗商品种类繁多，客户类型多种多样，存在着市场风险。因此，对公司来说，防范、控制经营风险显得十分必要。

基于以上几点，公司在选择系统方案的时候，不仅充分考虑到中化的实际情况、业务和办公的需求，而且要兼顾到当前的计算机技术及其未来的发展趋势，使办公自动化管理、信息网络化和电子商务协调发展、稳步推进。

### 2.6.4 系统要求

在设计系统方案过程中，中化公司认识到电子商务系统的开发必须符合以下八个方面的要求：

（1）保护原有投资。客户机/服务器数据库的应用系统是中化公司成功开发的财务管理和进出口业务管理系统，为公司的管理曾经起到了非常大的作用。公司希望能够将这一系统平滑地过渡到 Intranet 浏览器/Web 应用服务器/数据库三层体系结构，在保护原有投资的基础上，将原有业务系统同电子商务系统相结合，使系统具有更好的连续性和开放性。中化公司认为，随着需求的不断变化、技术的不断进步、条件的不断成熟、环境的不断改善，公司从过去比较封闭、局限的应用系统走向了更为广阔、更为开放的电子商务，这一自然演变过程既要有继承，也要有进步；既要保护原有投资，也要提高应用水平。

（2）加强协同工作和商务处理的能力。电子邮件是实现中化内部员工之间信息通信的先进手段，不仅如此，通过网络实现内部协同工作更是提高生产力的必要手段。因此，公司需要新系统不但具有实现办公流程自动化的功能，而且还需要实现网上商务处理的过程，即通过互联网运作企业的整个业务流程。要达到这一目标，必须加强协同工作和商务处理的能力。中化公司认为，电子商务公式可以表示成：EB＝Web＋IT，其中的 Web 不仅仅是一个服务器，而应该是一个交互式的 Web 应用，Web 上的应用要与企业内部的 IT 所执行的工作流有机地整合，使之流畅、完整地执行商务处理。与此同时，应确保 Web 与后台数据库的连接，不仅使得 Web 和数据库都能动态地反映即时信息，而且要保证数据的一致性。

（3）同时考虑 Intranet 和 Internet 的应用。全面采用 Internet 标准是大势所趋，技术的发展和商业的需要都注定了这一趋势的必然。但由于中化公司计算机系统内保存了大量极为重要的业务、财务信息，这些信息一旦被破坏或被窃取将会给公司带来无法承受的损失，所以必须考虑建立 Intranet 保护数据的安全。而接入 Internet 是为了开放的目的：作为一个国际性的大公司，接入 Internet 有利于方便地进行国际交流，创造新商机，也是实现电子商务的必要条件。

（4）对多种流行客户端的支持。公司内部员工可以在局域网上通过群件客户端访问服务器，远程的分公司和办事处、外出工作人员也可以通过 Internet 访问到企业的 Intranet 服务器，收发邮件和进行业务处理。因此，系统应该支持流行的客户端的访问，如 Netscape、IE、Lotus Notes 客户端等，这样才具有灵活的访问方式和实现网上订货、网上交易的能力。

（5）异地办公和移动办公的支持。公司所构建的办公自动化和电子商务系统所服务的不再是办公大楼的局域网，而是覆盖全球的 Intranet。因此，企业内部人员不管身处何地都应能快捷而方便地参与交易流程，不管企业有多少异地分支机构，都能整体地、协调地进行业务的同步运作，实现集团公司的财务、业务的控制。

（6）应用系统的整体性、一致性和安全性。电子商务作为企业的应用系统，所涉及功能模块多、流程复杂。因此，要求它在设计思想、界面风格、处理方式、数据存取等方面具有整体性和一致性。Internet 的开放性同时带来了安全问题，特别是网上交易的安全性更显重要。目前，公司在网络传输方面，完全支持 SSL3.0；在数据访问方面，则充分利用了数据库的安全控制机制。

（7）跨平台支持。中化公司建立的局域网是一个以 ATM（异步传输模式）为主干，以太网连接到桌面的网络，主服务器采用了 IBM 公司 AS/400、RS/6000，另外还有 Windows NT 服务器，所以需要软件具有跨平台的特性，可以运行在 OS/400，Windows NT 等操作系统上，便于公司内部整体实施和连接数据库系统。

（8）使用人员的培训。新的技术应用必然涉及到员工对新的软件掌握以及对新的经营管理思想的理解。所以，软件的易用性、售后服务和培训就非常重要。不仅如此，软件的开发功能和开发的难易程度也会影响到系统实现的功能。

出于以上八个因素的考虑，公司选择了 Lotus 公司的 Notes/Domino 作为办公自动化信息系统和 Intranet 系统的平台，开发出了适合外贸企业走向信息管理与经营成功之路的系统——EB-express。

### 2.6.5 系统实现

EB-express 是一个面向商品流通领域的企业级计算机应用解决方案，它是集团财务管理、业务管理、办公事务管理、Internet 等应用合理整合的系统，它不仅规范和完善了企业内部的业务流程、操作模式、管理模式，而且利用 Internet 的覆盖能力，提供了实施网上交易的能力和环境，实现了与世界范围内客户的广泛交流与合作。EB-express 系统有效地实现了 Web+IT 的整合，提供了实施网上交易的能力和环境。可以说，EB-express 是一个适于商品流通领域企业建立定制 OA 系统的模版。图 2-12 是中化公司 EB-express 系统的体系结构示意图。

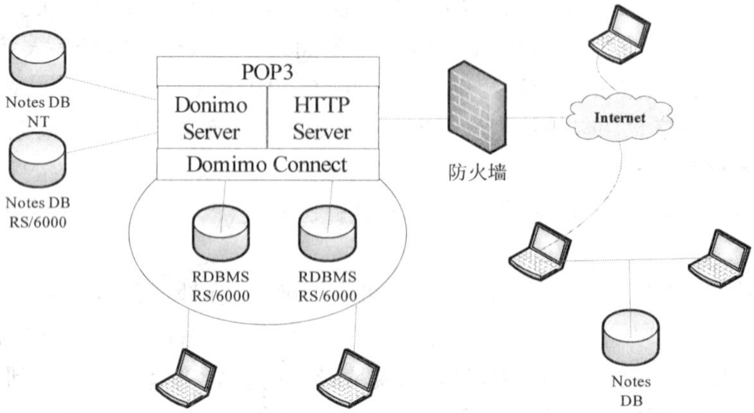


图 2-12 EB-express 系统体系结构示意图

如上图所示，我们可以看到：EB-express 是一个以 Domino 为核心的系统，通过 Domino 的 HTTP 服务器和 SMTP/MTA、POP3、IMAP4 等协议，让 Internet 上的客户可以简便地访问本系统；使得用户既可以通过 Notes 客户端，也可以通过普通浏览器来访问企业资源。Domino 所继承的 Notes 的工作流处理功能在系统中继续发挥着强大的效能，开发方充分利用它对 HTML、JAVA 的支持，以及 Notes 的强大可开发能力，精心开发了适于企业全球运作的工作流处理模块，成功地实现了企业业务的全球运作和管理。为了全面集成企业的 IT，开发方利用 Domino.Connect 建立了 Notes 数据库以及 Web 应用与 RDBMS 的无缝连接，Domino 与后台数据库是通过 ODBC 连接，因此后台数据库可以是所有目前市面流行的关系型数据库。EB-express 整个系统简洁合理，可维护性好、可伸缩性强，体现了传统的编程技术、站点设计、图形设计以及内容撰写等多方面技能。

EB-express 系统包含通用办公系统、综合查询系统与网上交易系统等三个子系统：

（1）通用办公系统：包括企业的电子邮件、Internet 应用、Web 站点的建立与管理，收发文、档案、人事、会议、计划与执行、固定资产、工作联系和信息发布等事务性方面的管理；

（2）综合查询系统包括 Domino / Notes 本身数据的查询和关系数据库（RDBMS）数据查询及数据的图形化，如财务系统数据、业务系统数据等；

（3）网上交易系统包括网上订货、询价、报价、确认记录、客户档案和商品档案等，其数据的来源和处理也是跨越各种数据平台的。

### 2.6.6　系统特点

中化的 EB-express 系统主要具有以下特点：

（1）采用了开放的系统平台和开发平台设计合理，对不同的应用环境和应用需求都具有良好的可扩展性和适应能力；

（2）实现了浏览器/Web 服务器/数据库三级体系结构，通过 Web 应用与 IT 应用的有机整合，初步实现了电子商务的概念；

（3）充分发挥了 Domino 和 RDBMS 各自的优势，并实现了 Notes 数据库与 RDBMS 的无缝连接；

（4）功能完备，使企业决策者可以全面、整体地把握企业运营状态和趋势。

### 2.6.7　实施效益

概括而言，实施电子商务为中化公司带来的效益表现在以下几个方面：

（1）为公司员工提供了更方便、更有效的办公手段，扩展了办公室的范围，加快了信息传递速度，提高了工作效率，降低了经营成本；

（2）电子商务的实施不仅使得这种全球性的业务运作成为可能，而且节约了通信费用，加快了业务进程；

（3）公司员工不管身处何地，随时可以“设身处地”地参与公司的业务过程；

（4）不再出现由于业务主管出差在外而迫使业务进程暂停的尴尬局面。

### 2.6.8　案例评析

中化公司是中国进出口行业的“巨无霸”型企业，实施电子商务有着十分强烈的内在需求。中化公司的 EB-express 系统充分利用了 Internet 的覆盖能力和连通能力，实现了公司的集团管理。系统实施后，总公司决策层可以方便地“挖掘”各个层次的数据进行分析决策，从而加强了集团的财务管理、业务管理和风险控制能力。EB-express 不仅为中化公司提供了良好的内部管理功能，同时也为客户提供了更加友好、更加高效的服务。中化公司是一个服务性企业，提高对客户的服务质量是公司生存和发展的关键。可以说，加快电子商务的应用与发展是中化这个国际性的企业增强国际竞争力的重要举措。

EB-express 系统实施带来的良好的网上服务不但提高了公司的竞争能力、拓展了对外贸易渠道，而且对于企业的 IT 部门来说，电子商务系统极大地减少了客户端的维护工作量，IT 人员可以致力于完善企业的核心应用，从而为企业管理提供更加有效的 IT 服务。

# 第 3 章　银行业电子商务发展

现代金融业包括银行、证券、保险、信托、投资、理财等业务，其中前三者在当今金融业发展中占有主体地位，而银行业务由于牵涉面广、业务量大、关联性强等原因，在现代经济生活中担任金融枢纽的作用，是现代金融业的核心业务。近年来，随着我国的经济的良好运行，银行业在国民经济中的地位日益突出，对国民经济的发展起到了"稳定器"和"推进器"的作用。

在世界经济全球化和信息网络化的大潮中，现代银行业正面临着一场前所未有的变革，银行业务的运作方式、市场格局和竞争规则都将发生一系列新的变化。20 世纪 80 年代以来，我国的银行业沐浴着改革开放的东风，伴随着社会主义市场经济发展的步伐，取得了令人瞩目的成就。伴随着科学技术的进步、社会的发展以及客户需求的变化，国际、国内银行业正在快速地向电子商务发展转型，并已取得了重大的进展，为我们学习和探讨银行业的电子商务发展问题积累了丰富的素材和大量有价值的案例。



## 3.1　银行业发展概况

银行作为以货币为主要经营对象，以存款、贷款、汇兑和储蓄等为主要业务的经营机构，已有比较长的历史，在当今的经济生活中扮演着十分重要的角色。我国的银行业随着国民经济的快速发展不断成长壮大，成为支撑国民经济有序运营的基本力量。当然，入世以后，我国银行业面临的问题也变得越来越复杂。

### 3.1.1　我国银行业发展现状

经过建国以后 50 多年，特别是改革开放 20 多年的快速发展，我国的银行体系已经变得相对成熟和完善。根据中国银监会公布的统计数字显示，2006 年末，我国共有银行业金融机构法人机构 17,164 个。这些银行业金融机构法人机构包括中国工商银行、中国农业银行、中国银行、中国建设银行、交通银行 5 家大型商业银行，国家开发银行、中国进出口银行、中国农业发展银行 3 家政策性银行，12 家股份制商业银行，266 家城市商业银行及城市信用社，16,877 家农村信用社（含农村合作银行、农村商业银行），1 家邮政储蓄银行。全国银行业金融机构营业网点共 197,560 个。5 家大型商业银行营业网点 68,180 个，其中，中国农业银行营业网点 24,672 个；政策性银行营业网点 2,188 个，其中，中国农业发展银行营业网点 2,057 个；股份制商业银行营业网点 3,696 个；城市商业银行及城市信用社营业网点 7,187 个；农村信用社（含农村合作银行、农村商业银行）营业网点 80,692 个；邮政储蓄营业网点 3 个。在县及县以下农村地区，银行业金融机构网点共有 111,302 个，占全国机构网点总量的 57%，平均每个县（市、旗）分布银行业金融机构网点 55.4 个，每个镇（乡）分布银行业金融机构网点 3.69 个。全国尚有 3,302 个镇（乡）未设任何银行业机构营业网点。拥有一家营业网点的县 2 个、乡镇 8,213 个。

截至 2006 年末，我国银行业金融机构境内本外币资产总额达到 43.9 万亿元，其中国有商业银行资产总额达 22.5 万亿元；股份制商业银行资产总额为 7.14 万亿元；城市商业银行资产总额为 2.59 万亿元；其他类金融机构资产总额 11.68 万亿元。在 2007 年《财富》全球最大 500 家企业排名中，入选的我国的银行企业参见下表：

表 3-1　入选世界 500 强的中国银行企业

| 银行名称 | 排名 | 年营业收入（亿美元） |
|---|---|---|
| 中国工商银行 | 170 | 368.32 |
| 中国银行 | 215 | 307.50 |
| 中国建设银行 | 230 | 285.32 |
| 中国农业银行 | 277 | 244.75 |

根据中国人民银行提供的数字显示，到 2006 年底，中国借记卡发卡量达 10.8 亿张，占银行卡发卡量的 95.6%；信用卡发卡量近 5,000 万张，占银行卡发卡量的 4.4%，其消费支付功能已初步显现。数据显示，2006 年全国银行卡支付的消费交易额为 1.89 万亿元，占社会消费品零售总额的比重达到 17%，比 2001 年增加了 8 倍多。全国可以受理银行卡的特约商户达到 52.1 万家，POS 机 81.8 万台，ATM 机 10.4 万台。央行报告指出，中国将力争到 2008 年实现年营业额在 100 万元以上的商户受理银行卡比例达到 60%以上，年营业额在 100 万元以下的商户受理银行卡比例达到 25%以上，全国大中城市持卡消费额占社会消费品零售总额比例达到 30%左右，重点商务区和商业街区、星级饭店、重点旅游景区要全部可以受理银行卡，全国中小城市持卡消费额占社会消费品零售总额比例达到 10%左右。

### 3.1.2　我国银行业面临的挑战

近年来，我国银行业通过抓住机遇，锐意进取，加快发展，取得了令人可喜的成绩，但也应该看到，我国银行与外资银行相比存在的差距仍然是十分明显的，主要表现在公司治理结构方面、资产质量方面、资本金与盈利能力方面以及创新能力方面的差距。按照我国加入 WTO 的承诺，2006 年 12 月已放开对外资银行的限制，中国银行业对外资全面开放，我国银行业只有在遵循国际银行业的通行惯例，借鉴国际先进银行的管理模式，大力进行全面综合的改革，大力提高银行业的核心竞争力，才能在新一轮发展中赢得先机。

从目前进入中国内地的外资银行所采取的竞争策略来看，主要包括以下几个方面：

（1）突出自己的核心业务，参与全方位竞争。目前，外资银行采用的主要业务战略可分成四类：第一类是以美国花旗银行为代表的外资银行，专注于公司业务、零售业务和银行卡业务全面拓展；第二类是以德意志银行为代表的外资银行，重点发展公司业务和资产管理；第三类主要突出发展零售业务，如东亚银行等；第四类主要为母行的全球客户在中国拓展业务服务，侧重代理业务、国际结算业务如……。从未来的发展趋势来看，外资银行涉足的领域将越来越广阔，对中资银行的领地可谓“无孔不入”。

（2）扬长避短，突出自身的竞争优势。外资银行进入中国的最大的弱势是网点少，客户基础薄弱。因此，外资银行必然会花大力气，重点开放网上银行业务，并把现金管理、银团贷款、项目融资、贸易融资等业务做深做强，充分发挥金融产品创新和高品质服务的优势，与中资银行开展有力搏击。

（3）以发展高端客户为突破口，逐步拓展市场。外资银行凭借自身的实力、丰富的国际经验和卓越的服务，在开发包括外商独资企业、中外合资企业、上市公司以及中高收入人群市场在内的高端客户市场方面有独特的竞争力。所以，中资银行与外资银行在争夺优质客户资源方面难免出现白热化的趋势。

（4）加强合作与结盟，加快资源整合。近年来，一些外资银行开始通过与商业银行和股份制商业银行进行入资合作的方式，迅速占领银行业制高点，必然会加剧银行业之间的竞争。

可以肯定，我国银行业面临的形势是十分严峻的，承受的压力与挑战是不可低估的。但换个角度来看，我国银行业如果能化压力为动力、变挑战为机遇，励精图治，奋起直追，必将会大大加快我国银行业的国际化、市场化、现代化的发展步伐。

### 3.1.3 银行业未来发展趋势

信息技术和信息产业的迅猛发展，导致运输和通讯成本的大幅度下降，从而推动国际贸易、跨国投资和国际金融业的迅速发展，把世界经济紧密联系在一起，进一步加快经济全球化的进程。伴随着经济全球化的发展和电子商务在各行各业的广泛应用，银行业未来的发展趋势可概括为以下几点。

#### 1. 经营网络化

银行业是应用信息技术最早，也是应用层次最高的行业之一。目前，国内外的银行业务处理基本实现了用计算机系统取代传统的手工操作，以电子化方式自动处理日常业务。但因出于安全性等因素考虑，银行业长期以来都是以建立专用增值网络、运行专有系统为基础，这样必然会导致软件维护困难、外部接口复杂的结局，从而难以适应世界高度开放和融合的需求。互联网由于其开放、廉价和快捷的特点，为银行业务中信息流和资金流的传递提供了理想的载体，利用网络开展银行业务正成为当今银行业发展的一个重要的趋势。

为适应经营网络化的趋势，银行业不但必须加快自身的技术更新和网络化建设步伐，从偏重于增设分支机构转变到大力拓展家庭银行、自助银行、网络银行等新兴业务上来，同时还必须通过业务流程重组，实现银行业内部的网络化管理，以降低经营成本，提高服务效率和服务质量，增强银行的竞争力。

#### 2. 网点虚拟化

随着银行业电子商务的发展，传统银行营业机构的地位将会不断削弱，逐渐向数字化、无形化、虚拟化转变。因为银行业务中的存贷款业务、中间业务、投资银行业务和衍生品交易业务本身就是高度数字化的，不存在真实商品交易中不可缺少的物流配送环节，所以金融机构虚拟化产生的经济效益比其他行业明显得多。

网上银行没有固定的经营网点，银行的员工数量也大大少于其他银行，而客户可在任何时候（Anytime）、任何地方（Anywhere）、以任何方式（Anyhow）通过互联网办理银行业务。可以预见，银行业务运作将逐步向虚拟化、智能化发展，不再单纯依靠增设物理网点扩展业务，而只需连入互联网的终端即可将金融业务延展到世界的任何一个角落。同时，金融机构的员工结构也将发生巨大的变化，柜面具体操作人员的比重将大大下降，产品设计人员、分析人员、管理人员、客户经理将成为银行业从业人员结构的主体。

3. 服务全能化

最近几年，国际金融形势发生了重大的变化，银行、证券、保险三业出现了互相渗透共同发展的趋势。由于金融业的客户多希望能够在一家金融服务机构中享受到所有的服务，而不是先向 A 银行办理存款，再找 B 证券公司买卖股票，然后再到 C 保险公司投人寿保险。因此，为客户提供满足其特定需求和更加完善的全能服务已经成为衡量金融企业竞争力的重要因素。对银行业来说，要考虑把信用卡、外汇、保险、共同基金、债券以及汽车、房屋贷款等业务集成经营，形成新型的“金融超市”。服务全能化可使银行能够利用优势互补的联动效应，更好地进行资产组合选择，优化资产负债结构，实现资产多元化，并依靠中间业务增加盈利；与此同时，服务全能化可向客户提供一站式全面金融服务，节省服务客户的时间，提高客户服务水平。

4. 业务创新化

在网络经济环境下，对市场环境的应变速度、响应速度已成为银行业竞争的重要因素，同时，银行业还必须不断创新，以满足来自各行各业的客户不断变化的需求，适应经济与社会的快速发展。网络客户对银行产品和服务的个性化需求和期望值比较高，这就迫使银行企业必须打破传统的批量化和标准化经营理念，从客户需求出发，为客户提供量身定做的个性化金融产品和金融服务。为实现这一转变，银行必须将客户关系管理放在重要位置，完善客户数据处理系统，了解、分析、预测、引导甚至创造客户需求，为客户提供创新服务，从而获取更高的金融服务附加价值。

从银行业的内部竞争看，也需要推出各种方便、快捷和实用的服务产品，只有这样，才能降低成本，赢得客户。现代银行面临的是资本、技术和管理水平等全方位的竞争，各家银行都不断推出新的服务手段，如电话银行、网络银行等。实践证明，网络银行由于采用了开放技术和软件，极大地降低了开发费用和维护费用，而且能够提供较其他方式更生动、灵活、多种多样的服务，有效地提高了银行的服务质量。

随着电子商务的发展，与银行业相关的创新业务有：

（1）安全电子交易系统服务；

（2）企业和个人的理财管理；

（3）委托投资管理；

（4）网络外汇交易与管理；

（5）电子（数字）货币管理；

（6）金融评估和认证服务；

（7）金融安全服务等。

创新是银行业活力的源泉，特别在金融服务竞争日趋激烈，科技进步日新月异的今天，创新成为银行业除了安全、信誉之外的第三个生存要素。传统银行要在充分应用网络技术的基础上，重新构造业务体系，充分利用新技术发展、金融自由化和全球化为银行业带来的新业务机会，不断开发服务品种。

为更好地适应客户需求的变化，提高业务创新能力，银行业要以网络为业务发展平台，以银行服务为核心，构筑辐射保险、证券和基金等金融服务领域的“金融超市”，为客户提供一站式的全方位服务。这就要求银行以互联网和数据仓库为基础，密切跟踪客户需求，实现联机分析处理和决策，提升服务质量，以增强企业的竞争实力。

## 3.2 银行业电子商务概述

银行是以货币经营为主业的企业，它的利润主要来源于存贷款利差，而这一利差又来自于货币不同的时间价值，所以，我们表面上看银行业务流动的是货币，实质是大量与业务活动紧密相关的数字信息，特别是随着支付电子化的快速发展，银行越来越像一台高速运转的处理客户金融信息的机器，换句话说，银行业务的资金流某种程度上可以说已经演变成信息流，或者说，资金流与信息流已经高度融合，密不可分。正如比尔·盖茨所言“传统银行将成为21世纪行将灭绝的恐龙”，这充分说明，银行的电子化、网络化对银行的未来发展起着生死攸关的作用。

### 3.2.1 电子商务为银行业带来的新优势

毫无疑问，银行业是最适合开展电子商务的行业之一。与传统的银行业务运作方式相比，电子商务为银行业带来了许多新的优势。

（1）显著降低经营成本。传统银行的成本支出主要包括开办营业网点的固定资产投入、管理成本和每笔业务的交易成本。开办一家传统银行的分支机构，需要数额较大的原始资金投入，包括黄金地段价格不菲的地产投入，电脑、保险设施等必要设备，维持分支机构正常运作必需的员工和管理者的工资，以及正常的运营费用等。而网络银行无论从开办费还是运营费方面都具有明显的成本优势。根据国外的调查，银行通过各种服务手段完成每笔交易所花费的费用情况如表3-2所示。

**表3-2 不同服务手段银行业务每笔交易费用比较**

单位：次

| 营业柜台点 | 电话银行 | ATM | PC | Internet |
|---|---|---|---|---|
| 1.07美元 | 0.54美元 | 0.27美元 | 0.15美元 | 0.01美元 |

从表3-2可以看出，在Internet方式下的网络银行的交易成本是极低的，可以体现出明显的成本优势。由于经营成本的下降，使得网络银行有条件提供较高的存款利息和较低的贷款利息来吸引客户，与客户共赢。

（2）有效提高交易效率。传统的银行业务多限于在专用网络、专用系统中处理日常业务，尚未形成包括电子计算机、数据库、网络通讯和电子自动化金融工具和商业结算工具联网组成的、完整的电子金融业务处理系统。记账、转账、审核和储存等一系列的业务处理过程仍然离不开人工参与，信息流和资金流在传递过程中仍然有所阻断，从而导致效率不高，错误发生率大。利用电子商务开展银行业务，交易双方可采用标准化、电子化的方式来传递各种业务单据、票据、信用证、银行卡等信息，不但大大节省了交易的处理时间，而且还能有效防止和减少各种数据重复录入时可能导致的各种错误，对提高交易效率的作用十分明显。同时，业务信息的处理也可以全天候、不间断进行，完全不受时间的限制。

以美国银行的住房抵押贷款业务为例，过去的处理流程是：抵押贷款的申请人先填制一份贷款申请书，银行将它输入到计算机系统，然后由 8 个不同部门的信用分析专家、担保人等分别依次审议。如果此项贷款获得批准，就出具各项手续，最后转到其他服务机构，如保险、公证等单位，由这些单位依次提供一系列服务，整个过程需要 17 天。在电子商务环境下，银行将原来依次审批方式改为协同并行工作，新的流程如下：首先，由贷款人自己在计算机上输入贷款申请书，并由软件自动检查输入内容的正确性与完整性；然后，申请人通过联网方式与银行的计算机系统连通，并将申请表输入银行的计算机系统，进入审批流程；审批过程由各部门专家组成的一个小组并行工作；批准后，将此业务转交给另一个专家组，并行完成保险、公证等服务。最终此项业务过程缩短为不到 2 天，而且更新后的业务不仅便于处理，还方便了贷款人随时随地联网查询此笔贷款有关的费用、业务运作状态等信息。由于业务运作方式的改变，业务处理的效率大大提高。

（3）开发优质客户群体。众所周知，银行业的大部分盈利来自于少部分的客户，而占多数的客户往往只带来很少的利润，却消耗着大量的服务开支，即所谓 20%的客户带来 80%的利润（俗称“80/20 法则”）。而互联网正像一个过滤器，能将银行的优质客户逐一挑选出来——这些客户一般具有这样的特征：受过良好的教育，是创造社会财富的主力军，收入明显高于社会平均水平，同时消费观念新潮、消费能力较强，是一个充满希望的客户群体，能为银行业带来丰厚的利润。抓住这些优质客户，将是银行业提高效益的重要手段之一。

根据美国有关机构的研究，发现在线银行客户通常使用 3.2 个银行产品，而普通客户平均使用 2 个；在线客户家庭年收入超过 6.67 万美元，普通客户平均年收入为 4.2 万美元。因此，对每一家银行企业来说，如果忽视网络市场客户的开发，无疑放弃了自己的未来。

（4）有助于提高客户的满意度和忠诚度。对银行来说，要请进一个“新客户”和保住一个“老客户”之间所需耗费的费用差异是十分惊人的，而电子商务有助于银行与客户之间维持良好而持久的关系，进一步提高服务质量。

随着社会流动性的不断上升，在通常情况下，迁出的住户会关闭原住地的银行、证券等账户，而在新住地开设新的银行、证券等账户，也就是说，对于其原住地的银行机构来说，每年都有数量不小的老客户以这种方式流失掉，实在是一笔不小的损失。而对于迁移的客户来说，又必须去熟悉一个新的金融机构及其业务内容、服务方式等，必然会增加他的时间和精力的投入。网络银行则完全可以改变这种状况，搬家后的客户仍能够方便地通过互联网在新迁入地通过计算机继续在原银行办理业务，这样就扩大了银行的服务区域，提高了客户的满意度和忠诚度。

（5）提供个性化定制金融服务。随着银行业竞争的加剧，银行服务方式、银行服务内容不断丰富，可很少有银行的服务产品是独家专有的，银行产品趋同性正变得越来越快。在这种情况下，银行要使自己在众多的竞争性产品和服务中脱颖而出，就必须细分市场，进行一对一的个性化营销，为客户提供鲜明的个性化定制服务。

对于传统金融服务业来说，针对全体客户开展一对一的个性化定制金融服务几乎是不可能的，无论是财力、还是人力都无法实现。但在电子商务环境下，金融机构可以结合客户关系管理，通过数据挖掘等技术，针对每一个客户的具体财务状况和要求，实现个性化定制金融服务，不但十分容易，而且成本也大大下降。

### 3.2.2 网上银行的概念

银行业电子商务最重要的应用莫过于近几年逐渐兴起的网上银行了，它正在成为世界银行业发展的一种新的潮流，也将成为未来银行业竞争的主要领域。简单地说，“网上银行”（E-Bank）是指利用网络技术，通过互联网向客户提供开户、销户、查询、对账、行内转账、跨行转账、信贷、网上证券交易、投资理财等全方位金融产品及服务的虚拟银行。它一方面代表实体银行作为电子商务的交易主体直接参与电子商务的业务；另一方面它提供电子商务环境下的支付、结算等各项功能，更好地为电子商务交易活动提供资金支持。

目前，国际上网上银行主要有两类，一类是没有实体分支机构或自己的 ATM 的纯网络银行，这类银行一般只有一个办公地址，既无分支机构，也没营业网点，几乎所有业务都是通过网上的专门的站点进行；另一类是传统银行通过收购或自行开发而开设的网络银行，通常将原有的封闭性银行专用网络系统与 Internet 联网，提供账户余额查询、资金划拨等功能，网上的站点相当于实体银行的一个分支机构或营业部，既为其他非网上分支机构提供辅助服务，也单独开展业务。

应该指出的是，并不是拥有一个网址和主页的银行就是一家网络银行。全美最大的100家银行均拥有自己的网址和主页，但是其中早些年只有 24 家被《在线银行报告》（Online Banking Report）列为“真正的网络银行”，因为只有在这些银行的网站上客户才可以查询账户信息、划拨资金款项和支付账单；而其他的银行网站只是提供银行的历史资料、业务情况等，没有提供网络银行业务，所以不能称其为网上银行。美国最著名的网上银行咨询公司高莫斯（Gomez）要求网上银行至少提供以下五种业务中的一种以上才具有进入网络银行评价体系的资格：网上支票账户、网上支票异地结算、网上货币数据传输、网上互动服务和网上个人信贷。

目前，国内外网上银行提供的服务可归纳为如表 3-3 所示的几类。

**表 3-3 网上业务种类表**

| 序号 | 业务种类 | 描 述 |
|---|---|---|
| 1 | 基本网上银行业务 | 商业银行提供的基本网上服务包括：在线查询账户余额、交易记录、下载数据、转账和网上支付等 |
| 2 | 网上投资 | 由于金融服务市场发达，可以投资的金融产品种类众多，国外的网上银行一般提供包括股票、期权、共同基金投资等多种金融产品服务 |
| 3 | 网上购物 | 商业银行的网上银行设立的网上购物协助服务，大大方便了客户网上购物，为客户在相同的服务品种上提供了优质的金融服务或相关的信息服务，加强了商业银行在传统竞争领域的竞争优势 |
| 4 | 个人理财助理 | 个人理财助理是国外网上银行重点发展的一个服务品种。各大银行将传统银行业务中的理财助理转移到网上进行，通过网络为客户提供理财的各种解决方案，提供咨询建议，或者提供金融服务技术的援助，从而极大地扩大了商业银行的服务范围，并降低了相关的服务成本 |

（续表）

| 序号 | 业务种类 | 描 述 |
|---|---|---|
| 5 | 企业银行 | 企业银行服务是网上银行服务中最重要的部分之一。其服务品种比个人客户的服务品种更多，也更为复杂，对相关技术的要求也更高，所以能够为企业提供网上银行服务是传统银行实力的象征之一，一般中小网上银行或纯网上银行只能部分提供，甚至完全不能提供这方面的服务；<br>企业网上银行服务一般包括账户余额查询、交易记录查询、总账户与分账户管理、转帐、在线支付各种费用、透支保护、储蓄账户与支票账户资金自动划拨、商业信用卡等服务。此外，还包括投资服务等。部分网上银行还为企业提供网上贷款业务 |
| 6 | 其他金融服务 | 除了银行服务外，大商业银行的网上银行均通过自身或与其他金融服务网站联合的方式，为客户提供多种金融服务产品，如保险、抵押和按揭等，以扩大网上银行的服务范围 |

网上银行作为传统银行业务在网络经济时代的一种新的实现形式，正在悄悄地引发一场意义深远的金融业革命，为人类社会的经济活动注入了新的活力。

### 3.2.3 网上银行与传统银行的比较

与传统的银行相比，网上银行的特点和优势是很明显的，表现在：

（1）没有分支机构，经营成本低廉。网上银行不必设立任何分支机构，其触角就可以通过互联网伸向世界的每一个角落。相比于传统银行而言，网上银行的经营、管理成本均可大大降低。当然，网上银行作为虚拟银行，需要有与实体接触的界面，如 ATM 机、POS 机等。

（2）业务发展迅速。因为网上银行可以全天候运作，方便客户随时随地通过网络获得金融服务，而且成本低廉等，这对银行和客户都有着重要的价值，所以网上银行一出现就受到社会各界的欢迎，在全世界取得了快速的发展。

（3）推动金融非中介化进程。由于网络技术、网络经济的发展，使得信息传递成本大为降低，银行和客户之间的信息不对称状况正在逐步消除。与此同时，随着金融市场上交易成本的降低和交易品种的不断丰富，传统商业银行的信息优势正在消失，传统商业银行的生存和发展面临越来越严峻的挑战，以互联网为信息载体的网上银行则迎来了快速的发展，有力地推动了金融非中介化的进程。

（4）降低银行服务成本，提高服务质量。对传统银行来说，有了网上银行人们就可以直接得到支付、转账等银行服务，而且网上银行能够比电话银行、ATM 等服务终端提供更生动、灵活、多样的服务，在降低服务成本的同时，服务质量有了显著的提高。与营业网点相比，网上银行提供的服务更加标准化、规范化，避免了由于个人情绪及业务水平不同而带来的服务质量的差别，对提高客户的满意度大有裨益。

（5）降低银行软硬件开发和维护费用。网上银行客户端采用的是公共浏览器软件，而不需要银行去维护、升级，这样可以大大节省银行的客户维护费用，并可以专心于服务内容和服务产品的开发。网上银行客户使用的是公共 Internet 网络资源，银行避免了建立专用客户网络所带来的成本及维护费用，这一项费用的下降，使得网上银行的成本优势得到更好的体现。

### 3.2.4 国外网上银行发展状况

近年来，网络技术的飞速发展，不仅使电子商务成为 21 世纪信息产业新的增长点，而且为交易环节中起关键作用的银行业的发展带来千载难逢的机遇和挑战。网上银行已成为国际银行业未来发展的必然趋势。

首先，随着网络技术的飞速发展，银行的各种电子设备十分完备。银行业务的推动也已逐渐演变成营运作业电子化、客户理财电子化的趋势。一项研究调查显示，未来数年，银行投资科技方面的费用，每年将以20%的速度增长。作为第一生产力的科技技术将成为银行赖以生存的重要条件。

其次，随着互联网的发展，网络银行已日趋普及。银行客户可通过互联网进行电话理财、证券及外汇交易等基本金融服务。网上银行的发展已不仅是一种全新的金融业务、金融产品的发展，而且更是一种全新的运作模式、全新的思想观念，是对传统银行业务运作模式的彻底改变。

再次，积极开拓网络银行业务，通过网络平台为投资者提供全方位、多样化的金融服务，以拓展非利息收入已成为国际银行业的主要盈利目标。传统的银行业在运作模式上，主要依靠中介作用获取存贷息差。但近年来金融业竞争的加剧已经严重限制了银行业的息差收入。为此，必须拓展新的运作模式以应对金融业优胜劣汰的竞争格局。

综上所述，国际金融的发展使传统商业银行出现金融非中介化（脱媒）的趋势，但混业经营的放开与网上银行的发展显然给国际商业银行注入了新的活力、新的发展空间和发展理念，并为新世纪带来一个全新的国际金融业发展蓝图，但同时，也为国际金融带来不可预估的变数。国际商业银行的超大规模并购虽然加剧了商业银行的集中度，能够在一定程度上降低市场的波动性，但随之带来的规模性风险同样不可忽视。这种“恐龙”般的金融巨头，连同与金融市场日趋紧密的融合联系，加之遍布全球的各金融领域科技资讯的瞬间传递，任何意外的风险都可能是全球性的，给整个世界经济产生巨大的冲击。即使如此，这也正是国际金融发展的不可变更的必然趋势。

世界上第一家网上银行——安全第一网络银行（Security First Network Bank，SFNB）诞生于1995年11月18日，迄今已有近十年的历史。这家完全依靠网络空间进行业务运作的网上银行从一开张就广受瞩目，并从此掀开了传统银行步入互联网的崭新的一页。SFNB以先进的技术、可靠的安全保证以及客户可在任何时候（Anytime）、任何地方（Anywhere）、以任何方式（Anyhow）获得银行服务的显著特色，不但受到了客户的欢迎，而且还得到传统银行的追捧，以至在1998年的时候，加拿大规模最大、盈利较好的跨国银行——加拿大皇家银行（Royal Bank of Canada）投入2000万美金的巨资将其收入囊中，收购的目的不仅在于扩大其在美国的业务和市场份额，而且更重要的是希望利用直接收购的方法将加拿大皇家银行这一传统银行的“巨无霸”伸到一个新兴的、飞速发展的领域。SFNB被收购后，改名为“RBC Centura”。目前，RBC Centura已成为加拿大皇家银行服务美国市场的重要渠道，直接通过网络向美国的客户提供了包括存款账户、投资与共同基金（investments and mutual funds）、理财顾问（financial advice）、信用卡、商务与个人贷款、保险、住房和商业按揭（residential and commercial mortgages）在内的全方位的网上金融服务。图3-1为RBC Centura的主页。

继SFNB之后，世界上陆续产生了有一定影响的网上银行。如世界排名第一位的美国花旗银行，就在SFNB之后开通了网上银行服务，向客户提供各类网上服务。图3-2为花旗银行主页。

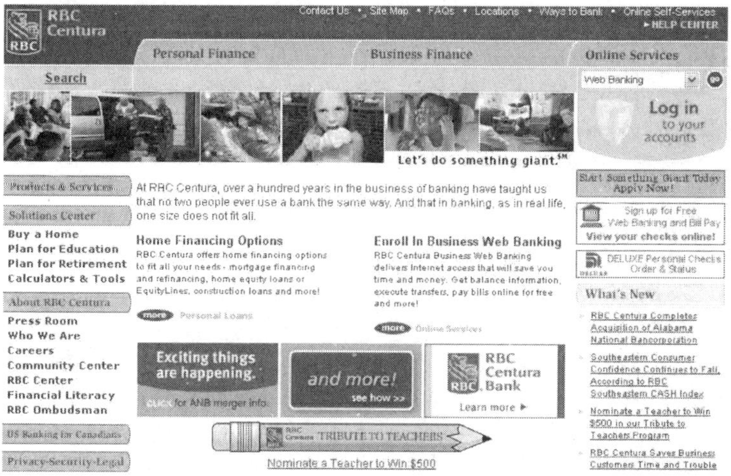


图 3-1　RBC Centura 主页

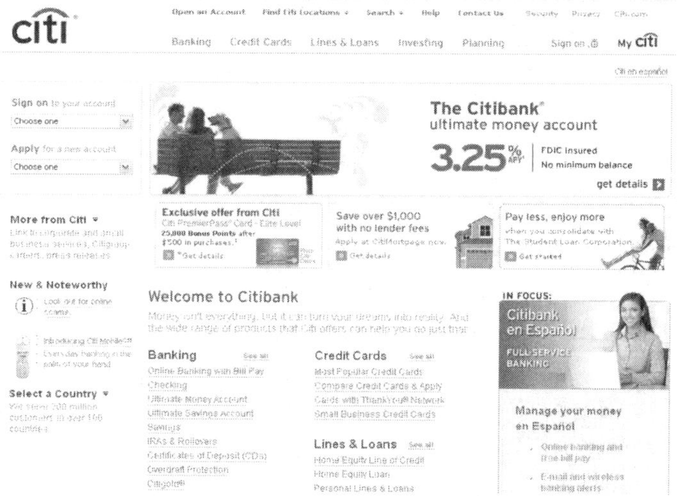


图 3-2　花旗银行主页（http://www.citi.com）

瑞士 SEB 银行和荷兰银行则通过网上银行进行跨国收购；澳大利亚和新西兰也有多家银行提供网上金融交易；新加坡政府同样竭力推动网上银行的快速发展，鼓励厂商和个人应用网上银行业务。可以说，近十年来，网上银行在世界范围内进入了一个新的发展高潮。

目前，世界上有影响的网上银行越来越多，在此介绍有代表性的两家：美国的 Wells Fargo 银行和德国的 ING-Diba 银行。

Wells Fargo（富国银行）是美国的一家综合性的银行金融机构，提供包括银行、保险、投资、按揭以及消费金融等各类金融业务。在 2007 年 6 月底，该行的资产总额达 5400 亿美元，雇员总数达 15.8 万人，在全球有 6,000 多个分支机构，在《财富》杂志世界最盈利的公司位居第 19 名。Wells Fargo 是美国较早开展网上银行业务的大型传统银行，经过多年的发展，取得了极为可观的效益。对 Wells Fargo 来说，网上银行不仅节约了营业成本，更重要的是带来新增收入和客户。Wells Fargo 认为，客户需要的是一个多渠道、全方位的服务网络，互联网已成为银行服务体系中不可分割的一部分。因此，该行竭力推动网上银行的发展，提供了包括账户管理、投资服务、保险和贷款等各个方面的网上金融服务，并充分利用网络技术实现有效的客户关系管理，特别是对客户总数的仅占2%的贵宾客户提供特别的关注与服务，使互联网成为提升客户服务能力和水平的重要手段。图3-3为Wells Fargo主页。

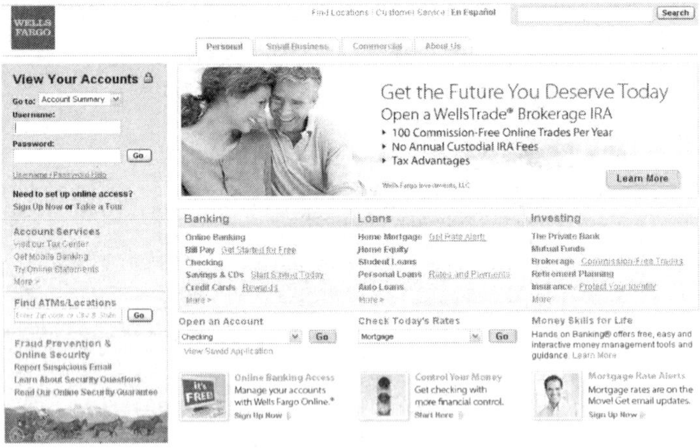


图3-3　Wells Fargo主页（https://www.wellsfargo.com）

德国最大的网络银行ING-Diba是荷兰银行业巨头国际集团（ING）在德国的子公司，该银行在德国没有分支机构，完全依靠网络和电话开拓市场。2006年该行资产总额达到649亿欧元，在德国的客户数超过580万。在德国银行的排名中，该行名列第27位，规模超过了很多传统银行。客户在该行网络银行开设的个人账户，不仅可以用于存取款，还可以直接用于买卖股票等金融证券，进行在线投资，还提供免费的各种在线投资咨询。由于其在经营成本上的显著优势，该行已在德国市场推出一系列个人客户优惠服务，比如该行从2007年10月开始，在德国市场上提供免费转账服务，客户使用该行发行的Visa信用卡，能够在世界范围内约100万个自动取款机上免费提取现金。这一举措引发了德国乃至全球银行业新一轮个人业务市场竞争热潮。图3-4为ING-Diba银行主页。

图3-4　ING-Diba银行主页（https://www.ing-diba.de）

### 3.2.5 国外银行业网上银行发展趋势

从目前国外银行业发展网上银行的趋势来看，可以看出三种不同的发展战略：

（1）一些规模大、实力强的大型传统银行，基本采用收购比较成功的纯网络银行或者通过自己的投资专门组建网上银行机构，使网上银行成为传统银行业务的一种新的、重要的组成部分，以起到更好地服务客户、降低成本，进而提升竞争力中的作用。

（2）那些规模较小、实力较弱，以吸引小额消费性存款，并向消费者发放小额商业性贷款的社区型银行则把发展网上银行看成是弥补网点不足、银行职员较少和服务范围较小等缺陷的一种措施，通过网上银行为客户提供更多、更好的服务，一方面是为了适应客户的需要，另一方面是为了更好地参与竞争。

（3）单纯依靠互联网开展业务的纯网上银行则开始向两个方向转变，一是追求特色化的服务，突出自己在某一业务领域的竞争力，并通过互联网强化这方面的优势；二是开始向全业务转变，主要通过与其他传统银行的合作、结盟的方式，提升银行服务的能力，更好地满足客户的需要。

## 3.3 中国银行业电子商务发展

随着信息通信技术的快速发展，我国电话、手机和网民数量迅速增长，这为网上银行快速发展提供了重要客户基础。而网上银行能为这些用户提供 3A 服务，使用户在任何时候（Anytime）、任何地方（Anywhere）、任何方式（Anyway）享受到银行的全方位 24 小时的服务，突破了时间、空间的限制，为用户提供了极大的方便和快捷，大大节约生活和工作成本，深刻改变着人们的生活方式。近年来我国网上银行发展速度很快，取得的成效也十分显著，为我国银行业更好地参与国际竞争，满足我国经济与社会快速发展的需要打下了良好的基础。但是我们也应看到，我国银行业电子商务发展还只能算作初级阶段，存在的问题还很多，需要我们深入地思考、理性地探索。

### 3.3.1 我国银行业电子商务发展状况

随着国内各银行网上银行业务的大范围推广，中国网上银行用户规模发展迅猛。2005 年中国网上银行用户规模为 3500 万户，2006 年该规模已经增长为 7100 万户，年增长率为 103%。著名研究机构 iResearch 预测，未来几年中国网上银行用户规模将继续扩大，2010 年该规模将达到 2.17 亿户。

随着电子商务的日益发展以及网上银行用户群体的不断增加，中国网上银行的交易额也保持快速增长。2005 年中国网上银行的交易额为 71.6 万亿元，2006 年该交易额增长为 93.4 万亿元，年增长率达到 30%。未来几年中国网上银行交易额规模将继续扩大，2010 年该规模将会达到 200 万亿元。

在我国，随着互联网的普及以及网络金融的发展，越来越多的网民开始尝试使用网上银行服务，调查显示，有近 90%的网民使用过网上银行服务。网民使用网上银行服务的原因也各有不同。

分析我国银行业电子商务发展的状况，主要表现为以下几个方面：

1. 起步相对较晚，但发展迅速，成效显著

我国银行业电子商务发展的标志应该是1996年招商银行率先在全国推出了网上金融服务业务：一网通——网上支付，向客户提供包括公司银行业务和个人银行业务在内的各种网上金融服务，办理信息查询、银企对账、代发工资、定向转账、网上购物等业务，继储蓄通存通兑、消费终端全国联网之后，1999年9月又推出支付业务的全国联网。数年来招商银行一直在引领我国银行业电子商务发展的潮流。

紧随招商银行之后，中国银行于1997年在网上建立了自己的网页，1998年开始提供网上银行服务，1998年3月6日完成了中国第一笔通过互联网实现的电子交易业务。中国银行的网上银行与其100多万张长城信用卡相结合，依靠其雄厚的资金实力，推出了“支付网上行”。1999年6月，中国银行率先在国有银行中推动网络银行系列产品，该行的个人客户只要拥有一张长城借记卡，再从网上下载中行提供的电子钱包软件，就可以在网上进行各种操作，包括在网上开展查询、转账、支付和结算业务。1997年10月，工商银行在互联网上建立银行主页，向外界宣传工商银行的金融服务业务，为网络用户提供业务指南。2000年元旦前，中国工商银行开通了北京、上海、天津、广州等部分地区网络银行的对公业务，为对公业务的网络化作出了新的尝试。中国建设银行总行于1999年8月正式推出网络银行业务，建行北京分行不仅推出了个人银行卡服务，还开通了网上个人理财业务。2001年，建行又开通了网上个人外汇买卖、证券保证金自动转帐等业务。

目前，我国已开通的网上银行都是传统银行投资开办的，由于政策等多方面的原因，尚没有一家是纯网络银行。总体来说，我国银行业电子商务发展虽起步相对较晚，但发展迅速，所取得的成效是十分明显的。2006年底，由中国金融认证中心（简称CFCA）与金融时报社对2006年网上银行发展进行了综合评选，结果如下：

（1）中国最佳网上银行奖：中国工商银行；

（2）中国网上银行业务发展奖：中国建设银行、中国农业银行；

（3）中国网上银行功能创新奖：兴业银行、上海浦东发展银行、华夏银行；

（4）中国网上银行客户服务奖：中国民生银行、中信银行；

（5）中国网上银行风险防范奖：交行银行、深圳发展银行；

（6）中国网上银行客户体验奖：光大银行；

（7）中国网上银行客户转化奖：广东发展银行。

2. 产业结构链结构需要进一步完善

目前网上银行在我国还处于行业发展的初级阶段，面临着监管、安全、信用体制以及用户认知等各种因素的制约。中央银行和银行业监督机构在我国网上银行产业链结构中，中央银行和银行监督管理委员会主要负责网上银行相关法律法规的制定和监督实施，为中国网上银行业的健康发展保驾护航。金融认证中心专门负责为电子商务的各种认证需求提供数字证书服务，为参与网上银行的各方提供信息安全保障，建立彼此信任的机制，实现互联网上电子交易的保密性、真实性、完整性和不可否认性。各大商业银行在网上银行产业链结构中处于核心地位，是网上银行业务的发起者和实施者，中国网上银行业务的发展离不开各大商业银行的不断开拓与创新。第三方支付平台主要面向支付应用层企业和较小的支付服务提供商

提供支付服务，它为商家或个人提供网上在线交易支付接口，作为商家、银行和消费者之间的桥梁。图 3-5 为我国网上银行产业链结构示意图。

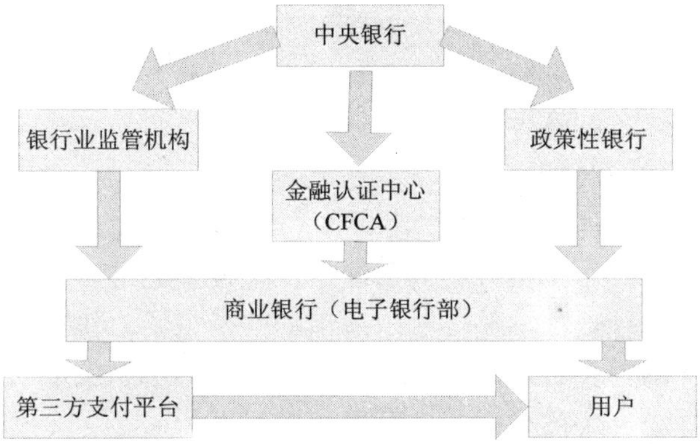


**图 3-5　中国网络银行产业链结构示意图**

由于网上银行在我国发展时间相对较短，产业链中的各种关系尚未完全理顺，产业链中的各个成员单位也没有完全对应起自己应该承担的角色，因此还有待进一步的规范和完善。

3. 政策法规逐步完善，网上银行有序推进

为了有效防范网上银行业务的经营风险，加强对网上银行的监管，保护银行客户的合法权益，中国人民银行先后于 2001 年 7 月 9 日正式发布了《网上银行业务管理暂行办法》，2005 年 11 月 10 日发布了《电子银行业务管理办法》。2006 年 3 月 1 日开始实行的《电子银行业务管理办法》规定，金融机构开办电子银行业务，应当具备下列条件：

（1）金融机构的经营活动正常，建立了较为完善的风险管理体系和内部控制制度，在申请开办电子银行业务的前一年内，金融机构的主要信息管理系统和业务处理系统没有发生过重大事故；

（2）制定了电子银行业务的总体发展战略、发展规划和电子银行安全策略，建立了电子银行业务风险管理的组织体系和制度体系；

（3）按照电子银行业务发展规划和安全策略，建立了电子银行业务运营的基础设施和系统，并对相关设施和系统进行了必要的安全检测和业务测试；

（4）对电子银行业务风险管理情况和业务运营设施与系统等，进行了符合监管要求的安全评估；

（5）建立了明确的电子银行业务管理部门，配备了合格的管理人员和技术人员；中国银监会要求的其他条件。

在风险管理方面，《电子银行业务管理办法》提出了具体和明确的要求，具体包括：

（1）金融机构应当将电子银行业务风险管理纳入本机构风险管理的总体框架之中，并应根据电子银行业务的运营特点，建立健全电子银行风险管理体系和电子银行安全、稳健运营的内部控制体系。

（2）金融机构的电子银行风险管理体系和内部控制体系应当具有清晰的管理架构、完善的规章制度和严格的内部授权控制机制，能够对电子银行业务面临的战略风险、运营风

险、法律风险、声誉风险、信用风险、市场风险等实施有效的识别、评估、监测和控制。

（3）金融机构针对传统业务风险制定的审慎性风险管理原则和措施等，同样适用于电子银行业务，但金融机构应根据电子银行业务环境和运行方式的变化，对原有风险管理制度、规则和程序进行必要的和适当的修正。

（4）金融机构的董事会和高级管理层应根据本机构的总体发展战略和实际经营情况，制订电子银行发展战略和可行的经营投资战略，对电子银行的经营进行持续性的综合效益分析，科学评估电子银行业务对金融机构总体风险的影响。

（5）在制定电子银行发展战略时，金融机构应加强电子银行业务的知识产权保护工作。

（6）金融机构应当针对电子银行不同系统、风险设施、信息和其他资源的重要性及其对电子银行安全的影响进行评估分类，制定适当的安全策略，建立健全风险控制程序和安全操作规程，采取相应的安全管理措施。对各类安全控制措施应定期检查、测试，并根据实际情况适时调整，保证安全措施的持续有效和及时更新。

（7）金融机构应当保障电子银行运营设施设备，以及安全控制设施设备的安全，对电子银行的重要设施设备和数据，采取适当的保护措施。

（8）金融机构应采用适当的加密技术和措施，保证电子交易数据传输的安全性与保密性，以及所传输交易数据的完整性、真实性和不可否认性。

（9）金融机构应当与客户签订电子银行服务协议或合同，明确双方的权利与义务。在电子银行服务协议中，金融机构应向客户充分揭示利用电子银行进行交易可能面临的风险，金融机构已经采取的风险控制措施和客户应采取的风险控制措施，以及相关风险的责任承担。

（10）金融机构应采取适当的措施和采用适当的技术，识别与验证使用电子银行服务客户的真实、有效身份，并应依照与客户签订的有关协议对客户作业权限、资金转移或交易限额等实施有效管理。

（11）金融机构应当建立相应的机制，搜索、监测和处理假冒或有意设置类似于金融机构的电话、网站和短信号码等信息骗取客户资料的活动。

（12）金融机构应尽可能使用统一的电子银行服务电话、域名、短信号码等，并应在与客户签订的协议中明确客户启动电子银行业务的合法途径、意外事件的处理办法，以及联系方式等。

（13）金融机构应建立电子银行入侵侦测与入侵保护系统，实时监控电子银行的运行情况，定期对电子银行系统进行漏洞扫描，并建立对非法入侵的甄别、处理和报告机制。

（14）金融机构开展电子银行业务，需要对客户信息和交易信息等使用电子签名或电子认证时，应遵照国家有关法律法规的规定。

（15）金融机构应定期评估可供客户使用的电子银行资源充足情况，采取必要的措施保障线路接入通畅，保证客户对电子银行服务的可用性。

（16）金融机构应制定电子银行业务连续性计划，保证电子银行业务的连续正常运营。

（17）金融机构应制定电子银行应急计划和事故处理预案，并定期对这些计划和预案进行测试，以管理、控制和减少意外事件造成的危害。

（18）金融机构应定期对电子银行关键设备和系统进行检测，并详细记录检测情况。

（19）金融机构应明确电子银行管理、运营等各个环节的主要权限、职责和相互监督方式，有效隔离电子银行应用系统、验证系统、业务处理系统和数据库管理系统之间的风险。

（20）金融机构应建立健全电子银行业务的内部审计制度，定期对电子银行业务进行审计。

（21）金融机构应采取适当的方法和技术，记录并妥善保存电子银行业务数据，电子银行业务数据的保存期限应符合法律法规的有关要求。

（22）金融机构应采取适当措施，保证电子银行业务符合相关法律法规对客户信息和隐私保护的规定。

（23）金融机构应针对电子银行业务发展与管理的实际情况，制订多层次的培训计划，对电子银行管理人员和业务人员进行持续培训。

由上可见，我国在网上银行监管方面已经具备了一定的政策法规基础，为进一步健康快速发展提供了保障。

### 3.3.2　我国银行业电子商务发展存在的主要问题

我国银行业电子商务发展历史相对比较短，虽然取得了很大的成绩，但存在的问题和困难还很多。概括起来，主要有以下几个方面：

#### 1. 发展环境问题

银行业的电子商务发展与社会宏观环境、信息化发展水平以及公众的认识都有极大的联系。总体来说，我国目前银行业电子商务的发展环境还没有完全成熟，具体表现在这样几点：

（1）公众对银行业电子商务的认识还没有到位。因为银行业电子商务最重要的应用是资金流通过互联网来实现，这种无纸化的交易目前还没有受到公众的普遍认可，公众对这种交易方式的安全性、可靠性存在疑虑，一定程度上影响了网上银行业务的快速发展；

（2）企业信息化发展水平还相对滞后。目前国内企业信息化的总体水平还比较低，对资金的网上流转和结算等方面的需求还不太强烈；

（3）我国的信用等级体系尚待健全。我国至今还没有建立完善的社会信用体系，在电子商务交易的网上支付、资金的网上转移方面还缺乏应有的信用体系的支持。

#### 2. 网上银行业务功能开发问题

与传统银行相比，网络银行突破了时空局限，实现了全天候的业务运作，银行与客户的联系方式变得更加直接与紧密，银行的交易成本也大幅度降低。然而网络银行的发展离不开实体银行的依托，没有实体银行的业务支撑，网上银行的发展存在着诸多现实困难。但网上银行的发展必须充分考虑网络客户的需求，结合互联网的特点，开发一些有特色、有优势的业务项目。而从我国网上银行现有的发展水平来看，较为明显的不足是目前网上银行的业务功能还比较单一，除了招商银行的网上银行业务项目较为丰富外，大部分网上银行业务只是一些传统银行业务在网上的简单移植，基本局限在账务查询、转账、代交费、银证转账、为集团客户进行内部资金调拨等有限的几项业务。所以，如何实现网上银行的业务创新，为网上银行客户提供更多、更好的服务还需要做大量的工作。

#### 3. 法律问题

银行业电子商务的发展引出的法律问题较为复杂，因为交易方式的无纸化和网络化，使得传统的纸质凭证不再存在，面对面的交流转变为跨越时空的“人机交流”，当出现系统故障或者误操作以及其他各种意外情况时，调查取证、纠纷的处理等各方面的问题将变得很难处理，由于缺乏相关的法律，问题出现后涉及的责任认定、承担、仲裁结果的执行等复杂的法律关系目前都难以解决。而且，网上银行业务处理的涉及面比较广，简单的一笔资金网上划转业务，牵涉到客户本身、双方银行机构、系统运营商、通讯线路提供商、软件设计者、计算机设备厂商等众多相关者，因此，一旦出现纠纷，责任的认定、问题的解决会变得很复杂。

目前，我国除了已经出台的《网上银行业务管理暂行办法》和《电子银行业务管理办法》外，还没有与网上银行相关的专门法律，很大程度上对银行业电子商务的发展产生了阻碍。

#### 4. 安全问题

毫无疑问，安全是银行电子商务发展的“重中之重”，来不得半点的疏忽和差错。网上银行面临的安全问题错综复杂，主要集中在以下几个方面：

（1）防止数据被窃：由于互联网是一个开放的网络，客户的个人信息、信用卡账号和密码等重要信息有可能在传输过程中被窃；

（2）避免系统被攻击：网上银行的业务系统必须连接到互联网上才能开展业务，一定程度上增加了系统被攻击的风险，必须采取有效的措施予以防范；

（3）用户身份验证：为了防止伪造、假冒的行为，金融机构需要建立可信的验证机构，通过数字签名等方式进行确认；

（4）保护数据完整性：为保证接收的数据在传输过程中未被人改过，必须通过数据加密、数字签名和校验方式进行识别；

（5）保证系统的可靠性：网上业务是全天候运作的，不能出现停顿，要求系统有较高的稳定性和可靠性；

（6）保持一定的灵活性：银行业电子商务的应用是逐步深化的，新的业务会不断推出，必然要求系统保持一定的灵活性。

（7）在银行电子商务安全方面，世界各国均采用了各种有效的措施予以防范，但“道高一尺，魔高一丈”，新的安全问题仍在不断产生。在我国，网上银行的安全问题相对控制得比较好，但社会公众对此还有不小的顾虑。

#### 5. 风险问题

与传统银行业务相比，网上银行业务的风险明显增大。在我国，已经开办网上银行业务的银行中，都存在着不同程度的风险，表现在：

（1）规章制度不规范，在明确银行、客户和商户责任方面还缺乏成熟的做法；

（2）相关银行基本没有建立网上银行风险准备金，以应付网上银行业务出现问题可能给银行带来的风险；

（3）对如何处理好网络银行系统与现有银行业务系统之间的整合问题，显得有些被动；

（4）各行未考虑业务仲裁机构，没有章程对出现纠纷的事项进行明确规定；

（5）尽管采取了很多先进的措施，但网络安全的隐患仍然存在。

当然，风险问题对传统银行业务来说也是随时存在的，但对防范网上银行的风险我们还缺乏相应的经验。

#### 6. 专门人才问题

银行业发展电子商务是一项新的工作，面临着许多严峻的挑战。对大多数银行来说，缺乏懂技术、会业务、善经营的高层次复合型人才是一个很现实的问题。由于电子商务发展历史不长，需要牵涉到技术和管理问题较为复杂，银行业依靠自身的人力资源显得有些力不从心，而高等院校、科研机构在人才培养方面又明显滞后于社会的需要，一定程度上造成了银行电子商务专业人才的脱节。

所以，对我国不少银行来说，缺的不是资金，也不是先进的设备和技术，最关键的应该是会驾驭现代信息技术的高素质人才。

### 3.3.3 促进我国银行业电子商务发展的对策分析

促进我国银行业电子商务快速、有序的发展，既是银行业提高盈利和市场适应能力，增强竞争力的现实需要，也是推进我国国民经济与社会信息化的有效举措，特别是对加快我国电子商务的发展有着重要的作用。具体的对策主要有以下几个方面：

#### 1. 创造银行业电子商务发展的有利环境

银行业电子商务的发展有赖于我国经济与社会环境的逐步完善与成熟，这是一个牵涉到全社会方方面面的系统工程，各大银行作为银行业电子商务发展的主体，理所当然地应该承担起“吹鼓手”的作用，应用多种形式和方法普及和推广银行电子商务的基本知识，降低银行业电子商务的应用门槛，采取有效的激励措施，鼓励社会公众参与网上银行等业务的应用，为银行业电子商务的发展营造出有利的环境。

政府作为银行业电子商务发展的有力推动者，同样应该组织相应的人员与机构规划我国银行业电子商务的发展框架，制定相应的标准与规范，加强对企业经营活动的信用监控，为银行业电子商务的快速发展扫除各种障碍。

#### 2. 加快银行业电子商务的研究，促进网上银行业务的创新

从世界范围来看，银行业电子商务的发展也不过不足十年的时间，目前也只能算是发展的初级阶段。但我们应该清醒地看到，以网上银行业务为主要内容的银行业电子商务将会逐渐成为银行业生存与发展的基本方式，不管我们的银行愿不愿意，这是市场的呼唤、竞争的必然选择。所以，我国的银行业必须未雨绸缪，加强银行业电子商务的发展研究，吸收和借鉴欧美等发达国家的成功经验，结合中国的实际，大胆探索适合我国经济与社会发展环境需要的银行业电子商务发展道路。

网上银行业务的创新是一个长期与复杂的过程，充满着机遇与风险，但只要是符合客户利益的，对银行发展有利的业务就要坚决地尝试。比如利用互联网建立起科学完整的客户关系管理系统（CRM，Customer Relationship Management），通过应用数据挖掘系统实现交叉销售，建立起满足不同收入阶层需要的理财服务体系等新业务都值得银行业发展与应用。

#### 3. 尽快完善法律法规，为银行电子商务发展保驾护航

目前，我国还缺乏一系列支持和保护银行业电子商务发展的相关法律，比如《电子银行法》等均未正式出台，法律滞后实际需要的情况已经十分明显，所以，出台相应的法律、

法规也已成为推动银行业电子商务有序发展的一项迫切任务。

国家有关部门既要鼓励和支持商业银行的业务创新，避免限制性的政策或立法，又要规范和引导我国的商业银行有序开展网上银行业务，并鼓励部分商业银行开展不同形式的业务创新，促进国银行业电子商务的快速、健康发展。

4. 采取得力措施，保障银行业电子商务的安全

在银行业安全电子商务方面有很多成功的国际经验可以借鉴，我国银行业之间应加强合作和交流，共同开发新型有效的网上银行业务的安全措施，防止非法用户侵入银行主机系统和数据库，保障系统的稳定和商业数据库的安全。

值得注意的是，在网络安全方面，“人祸”往往甚于“天灾”，防范“人祸”注意应通过完善规章制度，加强教育，提高处罚力度等方式来实现。因此，必须逐步完善网络安全的规范，加强网络系统安全的监察管理，以确保银行业电子商务的安全。

5. 加强监管，防范风险

银行业电子商务发展的风险是客观存在的，只有通过加强监管，才能有效地减少风险。目前，国内外对网上银行监管形成的普遍的共识包括四个方面：

（1）网上银行的出现虽然改变了传统银行业务的实现方式，但是银行监管的基本准则并没有因此而改变，资本充足率、流动性及适当的管理层要求同样适用于网络银行的监管；

（2）监管者不能因风险的存在而限制或阻碍网上银行的发展，而应在促进良性市场竞争机制发展的同时，保证客户通过网上银行能获得质量最好、价格最优的银行服务；

（3）监管者应保持监管的透明度和一致性，同时要保证开展网上银行业务的金融机构提供的信息是真实、公正及准确的；

（4）监管者之间应加强银行监管合作，做到信息共享；

（5）有效的监管是保证银行业电子商务发展的重要条件，只有加强监管，才能促使银行业电子商务快速、有序发展。

6. 重视高素质专业人才的培养，促进银行业电子商务可持续发展

加快适应我国银行业电子商务的发展的高素质专业人才培养已成为当务之急，银行业必须尽快建立起科学完善的人才培养机制，采取多种形式、多种渠道、多种层次的方式培育出较多数量的紧缺人才。

在人才培养方面，除了传统的“引进来”、“送出去”、“联合培养”等方式以外，一定要注意充分发挥互联网在人才培养中的突出作用，开发适合银行业电子商务发展需要的电子课件，强化基于互联网的交流与沟通，增强实战训练，这样对造就一支适应银行业电子商务发展要求的高素质队伍会起到事半功倍的效果。

总而言之，面对扑面而来的网络经济的冲击，传统银行业正承受着生死存亡的压力。有人说，“新经济就像一台压路机，如果不想被它碾碎，就必须成为压路机的一部分”。银行业更是如此，传统银行业必须进行战略调整，转变经营理念，变革经营模式，再造组织体系，重组业务流程，将电子商务确定为发展战略的重点，抢占未来竞争的制高点。否则，传统银行业必将成为网络时代的“恐龙”，迟早会遭遇灭绝的命运。

# 3.4　典型案例 1　中国金融认证中心

## 3.4.1　中国金融认证中心概况

中国金融认证中心（China Financial Certification Authority，英文简称 CFCA，即银联金融认证中心有限公司）是经中国人民银行和国家信息安全管理机构批准成立的国家级权威的安全认证机构，是重要的国家金融信息安全基础设施之一。CFCA 是由中国人民银行牵头，联合中国工商银行、中国银行、中国农业银行、中国建设银行、交通银行、招商银行、中信实业银行、华夏银行、广东发展银行、深圳发展银行、光大银行、民生银行等十二家商业银行参加建设，由银行卡信息交换总中心承建。图 3-6 为中国金融认证中心主页。

图 3-6　中国金融认证中心主页

## 3.4.2　建设背景

为了保证互联网上电子交易的安全性（保密性、真实完整性和不可否认性），防范交易及支付过程中的欺诈行为，除了在信息传输过程中采用更强的加密算法等措施之外，还必须在网上建立一种信任及信任验证机制，使交易及支付各方能够确认其他各方的身份，这就要求参加电子商务的各方必须有一个可以被验证的身份标识，即数字证书。数字证书是各类实体（个人/持卡人、企业/商户、银行/网关等）在网上进行信息交流及商务活动的身份证明，在电子交易的各个环节，交易的各方都需验证对方数字证书的有效性，从而解决相互间的信任问题。

中国金融认证中心作为一个权威的、可信赖的、公正的第三方信任机构，专门负责为金融业的各种认证需求提供证书服务，包括电子商务、网上银行、支付系统和管理信息系统等，为参与网上交易的各方提供安全的基础，建立彼此信任的机制，并且在中国电子商务发展中，组织并参与有关网上交易规则的制定，以及确立相应的技术标准等。

中国金融认证中心于 2000 年 6 月 29 日正式挂牌成立，是经中国人民银行和国家信息安全管理机构批准成立的国家级权威的安全认证机构，是重要的国家金融信息安全基础设施之一，也是《中华人民共和国电子签名法》颁布后，国内首批获得电子认证服务许可的 CA 之一。

中国金融认证中心采用的国产化 PKI/CA（公钥基础设施/证书授权中心）系统始建于 2003 年，被列入国家 863 计划，得到了中国人民银行、国家科技部、国家密码管理局和中国银联的高度重视和支持。2005 年 5 月，该系统正式通过国家科技部 863 项目验收，并开始大规模应用。专家评价，CFCA 国产化 PKI/CA 系统是我国银行业信息安全基础设施的一项重大技术成果，完全可以满足未来我国金融行业大容量用户和快速发展的业务需求，对于提升我国金融信息安全保障能力具有重要意义。

### 3.4.3 CA 证书体系

#### 1. CA 证书体系结构

CA 是认证中心的英文 Certification Authority 的缩写。它为电子商务环境中各个实体颁发数字证书，以证明各实体身份的真实性，并负责在交易中检验和管理证书；它是电子商务和网上银行交易的权威性、可信赖性及公正性的第三方机构。中国金融 CA 建立了 SET CA 及 Non-SET CA 两大体系。Non-SET CA 体系亦称 PKI CA 系统。其宗旨是向各种用户颁发不同种类的数字证书，以金融行业的可信赖性及权威性支持中国电子商务的应用、网上银行业务的应用及其他安全管理业务的应用。

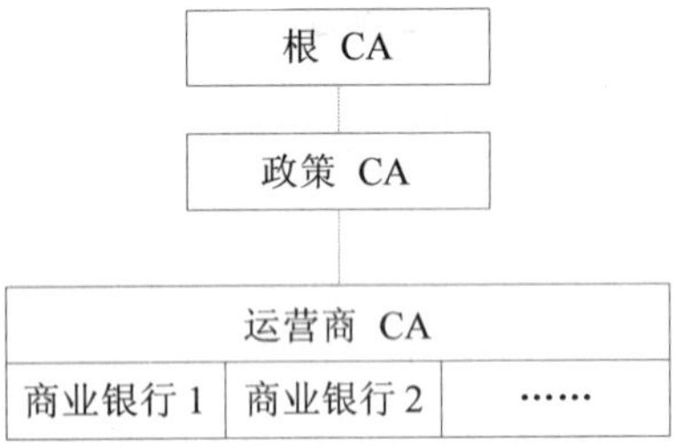


图 3-7 Non-SET -CA 系统分为三层结构

Non-SET 对于业务应用的范围没有严格的定义，它结合电子商务具体的、实际的应用，根据每个应用的风险程度不同分为低风险值和高风险值这两类证书（即个人/普通证书和高级/企业级证书），Non-SET 系统分为两部分。Non-SET-CA 系统分为三层结构，第一层为根 CA，第二层为政策 CA，第三层为运营 CA。Non-SET-CA，系统架构图如图 3-7 所示。

#### 2. 技术优势

CFCA 的 Non-SET CA，是基于 PKI（Public Keg Infrastructure，公钥基础设施）机制建立的，在当前是具有世界领先水平的 CA 系统。它的优势在于：

（1）CFCA 的 Non-SET CA 系统是引入当今世界先进水平的加拿大 Entrust 公司的产品。Entrust 公司具有十五年的 PKI 开发经验，经过激烈竞争，是目前世界仅存的三家实力雄厚的 CA 公司（Entrust、Verisign、Baltimore）之一，CFCA 采用的 Entrust 公司的高级/企业级证书是目前世界领先的工具；

（2）高级/企业级证书具有双密钥机制，具有数字签名和加解密两对密钥；

（3）在浏览器与服务器间实现双方认证，提高身份认证的安全性，为访问控制提供了可能；

（4）增强了浏览器与服务器之间数据传输加密强度，由原本 40 位对称算法加密提高到了 128 位，并且提供了改变算法的函数库；

（5）具有数字签名功能，实现了传送者对信息的签名，提高了抗否认性；

（6）浏览器与客户代理之间、服务器与服务器代理之间采用 HTTP 连接，而两个代理之间的通信采用了 SPKM（简单公钥机制），实现了浏览器服务器与代理之间的无缝连接，提高了数据传输的安全性。SPKM 协议现已成为国际标准；

（7）客户端、服务器端实现自动在线 CRL 查询。CRL 是证书作废列表，为了减少交易或传输的风险，在交易之前，系统能自动查询各自的证书是否上了作废的黑名单，如果证书已无效，则系统自动拒绝交易，以保证交易的安全性；

（8）签字公钥可自动置于目录服务器中，实现用户自动检索；

（9）完整的证书管理功能。提供证书的有效期管理、密钥更新管理等功能；

（10）存储历史文档，支持全程的审计功能。对每次交易，传输都留有记录，特别是历次数据签名都存有历史文档，以备审计查询；

（11）提供时间戳功能。在数据签名或加信息等操作时，使用时间服务，以保证所有用户的时间一致；

（12）证书除存放在机器硬盘、随身软盘而外，也可存放于 IC 卡（CPU 卡）中，以保证证书的本身的安全性。

### 3.4.4 电子签章系统

CFCA 安全电子印章签章系统是一个基于互联网的、为广大安全电子印章用户提供电子签章活动的一个公共安全服务平台。通过平台可以实现对不同格式的电子文档在持章人间组织发起签章、多方实时同步在线签章、签章日志档案查询、安全电子印章数字证书查询、签章文件真伪验证、发文和收文时间认证等功能。

使用 CFCA 安全电子印章是用户实现电子文档电子签名、电子签章、电子文件安全传送及打印转换为纸质签章文件的最佳解决方案，用户可以在 CFCA 安全电子印章申购系统中提交安全电子印章申请表，并向所在地的授权受理点递交身份证明材料，待核准递交材料准确无误后将数字证书和印章信息等储存于一个获得国家密码办认证的 ESEAL 中。用户将 ESEAL 插入您计算机的 USB 接口经过经办人收讫、持章人启用操作后即可在系统中使用安全电子印章。用户不需要可观的投资也无需系统维护人员；只要拥有 CFCA 安全电子印章即可享有与其他持章人实现电子签章的需求。

CFCA 安全电子印章签章系统具有以下主要功能：

（1）编制签章流程。组织签章的发起人可以通过系统的编制签章流程功能完成各种类似于物理形态下的各种签章活动。各项签章或电子签名活动进行时的签章或签名的文件，系统都是以当事人公钥加密的密文形式通过加密通道传输的，除当事人外第三方无法解密破译。同时系统将会向被邀请的相关持章人发出电子邮件，通知其完成相关的操作。

（2）签章流程收藏功能。持章人编制的某个签章流程如果是经常需要用到的，可以添加到签章流程收藏夹中保存，以后可以直接使用。也可以编制一个自己不参与签章活动的流程发送给指定人收藏。

（3）常用印章列表功能。为了使用户方便查找经常使用的印章，系统设置了常用印章列表用来存放印章，并可以分组管理。用户在编制签章流程时直接从常用印章列表选入参与签章，还可以选全组印章分别参与或全组中任一个印章参与的形式完成签章活动。

当 CFCA 安全电子印章签章系统对签章电子文件做出签章生效时间认证服务的同时，在被签章电子文件第一页的右下方将生成一个基于 PDF417 的二维条码，主要用于签章电子文件被打印后的纸质签章文件的真伪和是否被篡改的识别。

（4）电子套打功能。电子套打是指在一个预先设置图文的电子纸张上再次电子虚拟打印生成签章前的电子文档。该功能主要用于电子营业执照，电子组织机构代码证，毕业文凭等电子证照的签发、亮证和验证。

（5）文件插入功能。文件插入是指在已打开的签章专用格式文档的某一页前、后或该页中插入文件并生成签章前的电子文档。该功能主要用于申请、申报、审批等文件中的证明材料的插入，如身份证、照片、营业执照、组织机构代码证等的复印件，最后电子签章上报。文件插入可以在签章前由发起人实施也可以在签章过程中由参与签章人分别实施，这个功能大大增强了政务和商务签章应用的实用性和更接近于传统签章文件编辑的相似性。

（6）附件插入功能。附件插入是指在签章专用格式文件的编辑过程中还可以根据需要插入原文件格式不变的附件并在签章同时对插入的附件进行电子签名，也就是说签章文件的附件具备完整性和不可否认性。附件插入可以在签章前由发起人进行也可以在签章过程中由参与签章人分别进行，这个功能大大增强了政务和商务签章应用的实用性，更使电子签章文件具备与传统签章文件编辑时的文件袋和公文袋及其封口和启封功能。

### 3.4.5 应用领域

CFCA 类认证产品的应用领域主要包括：

1. 网上银行

网上银行业务是指商业银行将其传统的柜台业务拓展到 Internet 上，用户访问其 Web Server 进行在线的实现查询、转账、汇款、开户等业务。用户对其发出的指令用其签名私钥进行签名，银行校验签名，并且保存此次签名，从而使银行用户所发出的指令具有不可抵赖性，签名及校验的过程保证了用户指令的真实性和完整性；用户发出的交易内容用指定银行的公钥进行加密，银行用银行私钥才能解密，此环节保证了银行指令信息的私密性。这样在整个交易的过程中确保了网上信息安全。作为银行界共建的第三方专业认证机构，CFCA 支付类证书独有的“金融特色”，能够全面支持国内十余家银行 B to B、B to C 网银业务，最大程度地方便证书使用者进行网上安全转账支付活动。图 3-8 为网上银行应用示意图。

2. 网上证券

网上证券交易可分为网上炒股和网上银证转账，网上炒股是股民和证券公司之间发生的两方交易。网上银证转账是指股民通过 Internet 将资金在银行股民账户和证券公司账户之间划入或划出，是涉及到股民、证券公司、银行的三方交易。股民在使用证书进行网上交易时，对其网上交易指令也要进行加密和签名，以确保交易数据的有效性、机密性、完整性和不可抵赖性。网上证券交易对交易的实时性和方便性要求比较高，应用 CFCA 证书可以较好地解决安全和效率之间的矛盾。图 3-9 为网上证券应用示意图。

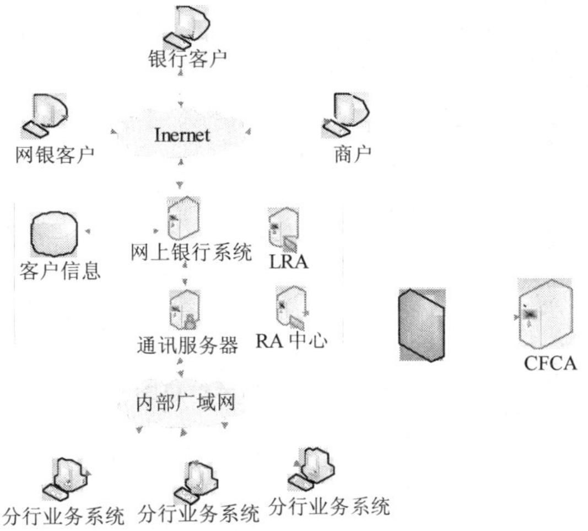


图 3-8　网上银行应用示意图

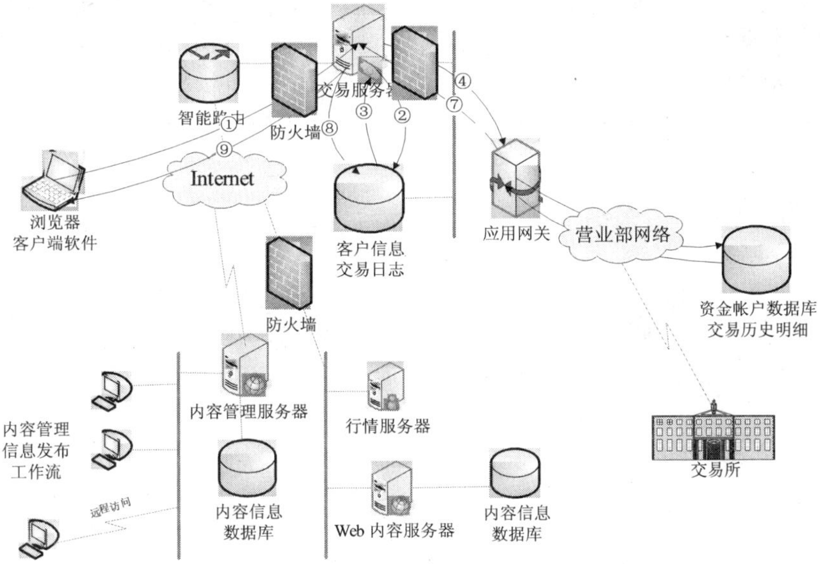


图 3-9　网上证券应用示意图

3. 时间戳服务

对于成功的电子商务应用，要求参与交易各方不能否认其行为。这其中需要在经过数字签名的交易上打上一个可信赖的时间戳，从而解决一系列的实际和法律问题。由于用户桌面时间很容易改变，由该时间产生的时间戳不可信赖，因此需要一个权威第三方来提供可信赖的且不可抵赖的时间戳服务。CFCA 作为一个权威的、可信赖的、公正的第三方，其时间戳服务就是将经过 CA 签名的一个可信赖的日期和时间与特定电子数据绑定在一起，为服务器端和客户端应用提供可信的时间证明。图 3-10 为时间戳服务示意图。

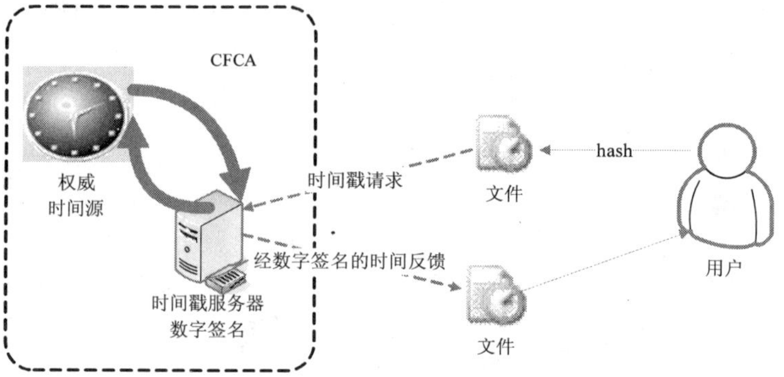


图 3-10 时间戳服务示意图

4. RA 托管方案

专门针对证书发放量有限，不适宜建 RA 系统的机构用户（主要是城市商业银行、农村信用社、基金管理公司、财务管理公司、中小型券商、大型企业集团），CFCA 推出了 RA 托管服务。其中，RA 服务器设立在 CFCA，由 CFCA 负责维护；LRA 建在机构用户并由机构用户进行管理。机构用户只需设立 LRA 就可实现证书申请、审批和管理的功能，不需要再开发 RA 并购买相应的硬件服务器，不但减小了用户整体开发量和应用成本，同时也减轻了机构用户的维护压力。目前该方案已经成功应用于武汉商业银行等多家商业银行的网银系统中。

图 3-11 为 RA 托管方案示意图。

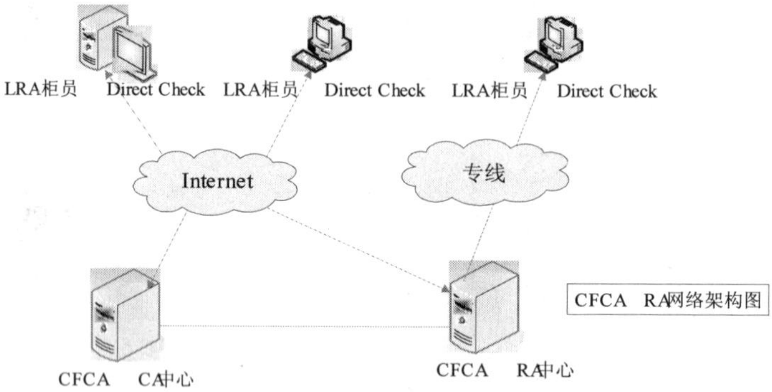


图 3-11 RA 托管方案示意图

5. 基于数字签名的安全 Email、安全文档管理系统

CFCA Entelligence 是基于 PKI（公钥基础设施）和数字证书认证技术（CA），专门针对电子邮件办公系统和文件系统管理提供的安全桌面应用工具套件。用于在 PKI 应用产品与 PKI 系统之间建立安全联络，可方便地在 Microsoft Windows 中做邮件、附件、文件的加/解密、时间戳、验证和签名等工作，支持信息传输的真实性、完整性、不可否认性。用户端无需任何干预，即可透明地实现对邮件、文件的安全访问及阅读权限控制。系统同时

支持以下通讯软件：Microsoft Exchange/Outlook、Qualcomm、Eudora Pro 和 Lotus Notes。图 3-12 为安全电子邮件系统结构示意图。

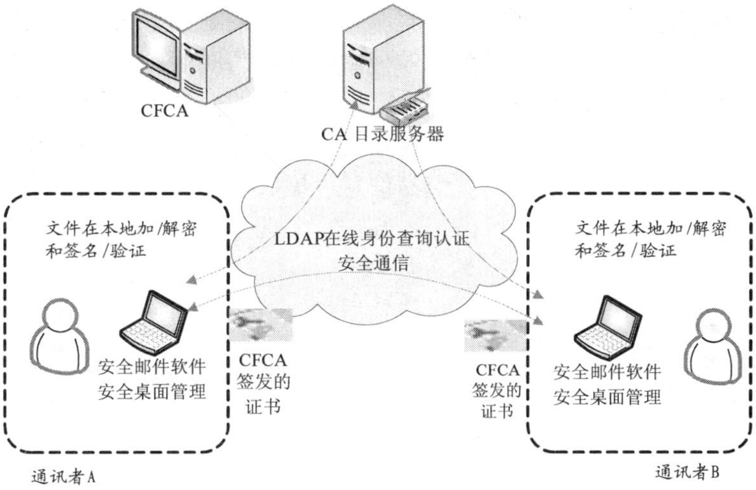


图 3-12　安全电子邮件系统结构示意图

6. 安全移动商务

CFCA 手机证书支持无线 PKI，提供基于 WAP（无线应用协议）和短信息 2 种方式手机证书，实现在移动商务中的身份验证、信息加密、数字签名，确保使用者能在任何地点、任何时间方便、及时、交互地安全地接入信息与服务。移动用户以短信息的形式将请求及指令发往移动运营商，移动运营商将信息转换，使用 TCP/IP 协议发往移动商务平台，由该平台转发对应的应用服务提供商，采用证书机制能够验证移动用户、移动设备的身份、认证经加密发往各服务器的信息。图 3-13 为手机证书工作示意图。

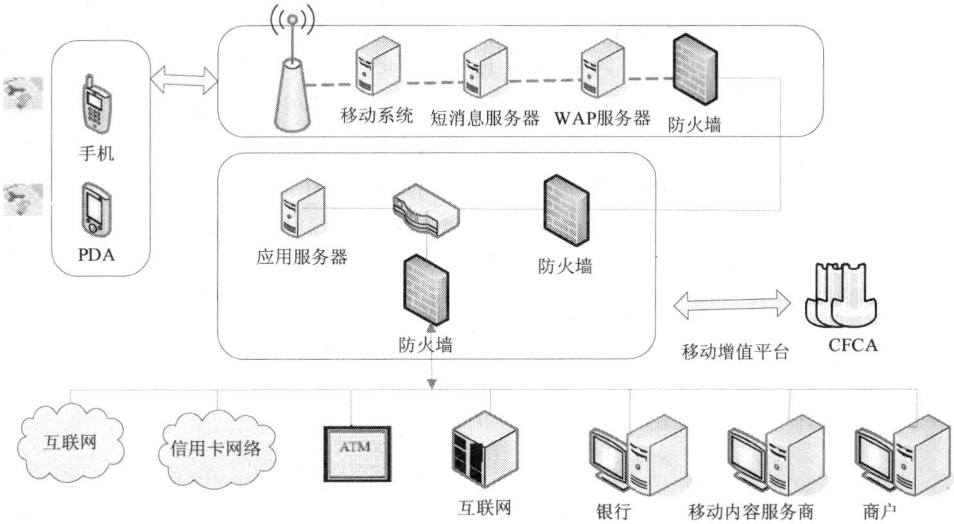


图 3-13　手机证书工作示意图

7. 网上企业购销

网上企业购销业务是指企业将设备、原材料的采购、产品的销售通过 Internet 进行，在以下的交易过程中：供货方和购货方之间、购货方和交易平台之间、交易平台和银行之间均需要双向的身份认证；订单、发票、各种声明要作为商业机密，要进行数字签名、加密保护，以防篡改、抵赖行为发生。在交易过程中不同的交易支付指令发给不同的对象，银行不能知道企业交易信息，交易平台不能知道支付信息，这些通过采用不同对象的公钥加密来保证。交易平台为交易双方提供交易信息，撮合交易，对交易过程进行监督，最大限度避免交易欺诈，为日后纠纷提供公正评判。3-14 为网上企业购销示意图。

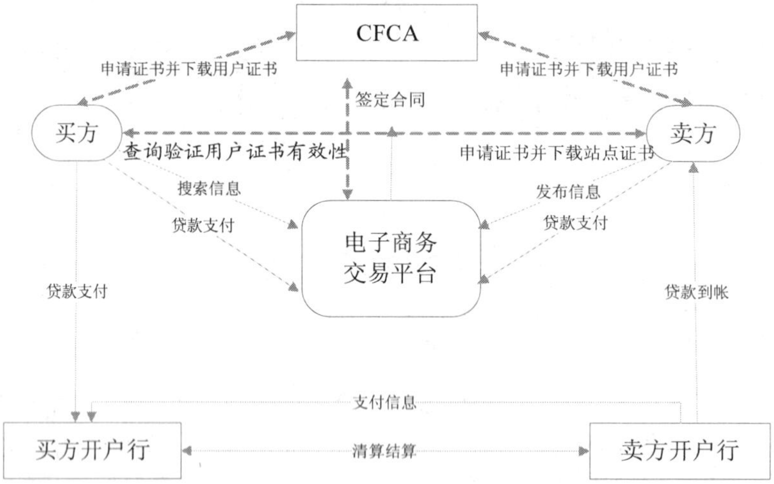


图 3-14 网上企业购销示意图

8. 网上申报纳税

网上申报及网上缴税是指纳税人通过税务机关在因特网上的窗口（Web 站点）完成纳税申报、税款的缴纳以及其他网上服务也是其中一种重要的应用。从业务结构上分为几大块，纳税人客户端、税务相关系统、商业银行以及国库，各个部分相对来说比较独立。由于涉及网上支付，必须依赖于证书系统（CA）来有效地解决网络数据传输中的真实性、完整性、私密性和不可否认性。作为能够全面支持国内银行 B to B、B to C 业务的唯一一家中立第三方认证机构，CFCA 所提交的仲裁依据具有公正性和权威性。因此在采用证书系统来完成对网上纳税申报和缴税的身份认证及敏感信息的加解密处理方面，CFCA 具有独特的优势。图 3-15 为网上申报缴税示意图。

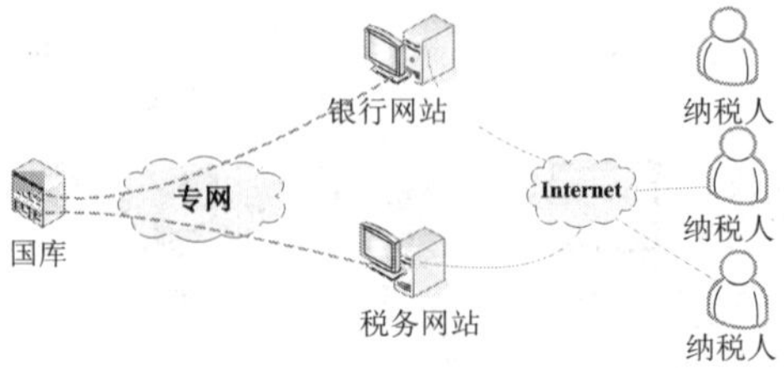


图 3-15 网上申报缴税示意图

### 9. 企业级 VPN 部署

VPN 是 Virtual Private Network 的缩写，即虚拟专用网。VPN 证书用于解决分总部/分支机构、漫游/家中用户办公、广域网安全连接（身份验证、签名），VPN 模式与传统专线和电话网拨号连接模式相比，具有更高的经济性、灵活性、开放性。VPN 主要应用包括：

（1）远程接入：可以让远程用户在需要时接入企业网络资源。

（2）分支机构办公：在远距离的办公室间建立持久的 VPN 连接。（有时称之为门到门的连接）

（3）广域网：让业务伙伴可以接入共同的资源。

图 3-16 为 VPN 应用示意图。

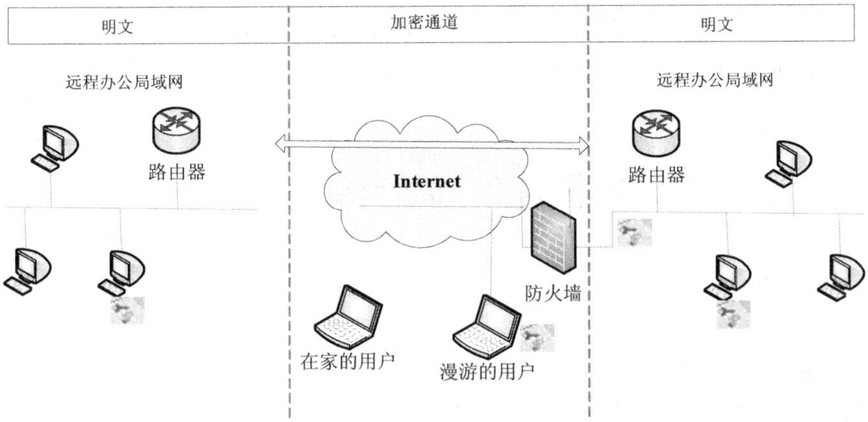


图 3-16　VPN 应用示意图

### 10. TruePass——基于 SSL 零客户端 Web 安全解决方案

TruePass 是 CFCA 新推出的一套保障网上信息安全传递的完整解决方案。用户无论何时何地只要利用可以上 Internet 的设备连通网络就可以进行安全交易。用户端无需安装任何客户端软件，只要输入用户名和密码就可以轻松实现身份认证、数字签名、信息加密等功能。客户端的加密签名等操作都是通过临时下载的一个 Java applet（Java 小应用程序）来自动实现的，历史数据信息在网上交易完成后全部从系统清除。图 3-17 为基于 SSL 零客户端 Web 安全解决方案示意图。

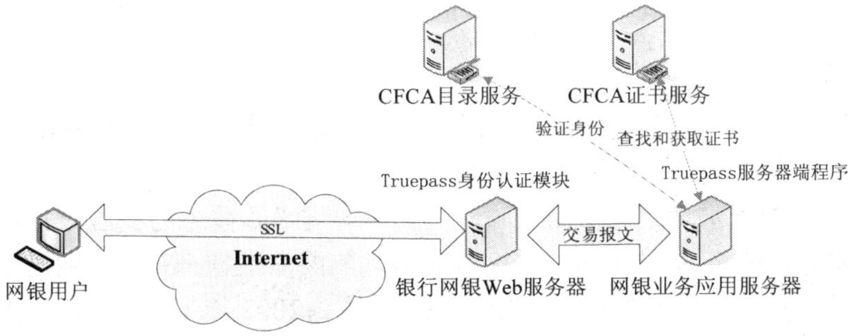


图 3-17　基于 SSL 零客户端 Web 安全解决方案

### 3.4.6 案例评析

CFCA 作为权威、公正的第三方安全认证机构，通过发放数字证书为网上银行、电子商务、电子政务提供安全认证服务：确保网上信息传递双方身份的真实性、信息的保密性和完整性以及网上交易的不可否认性。

CFCA 采用国际主流的 PKI 技术，提供适用于企业、个人、Web 站点、VPN、安全 E-mail、手机应用等在内的十多种证书和各种信息安全服务，确保网上银行、网上证券、网上保险、网上税务、电子商务、电子政务、企业集团等的信息安全。为确保业务的可持续性，满足国家法律法规、国际认证要求，CFCA 建立了高水准的异地灾难备份系统。

CFCA 是按照现代企业制度建立起来的，采用国际标准管理体制的市场化运作企业，通过了 ISO9000 质量管理体系认证，对我国广泛开展的电子商务活动特别是网上支付起着巨大的推动作用。安全为本、服务至上的 CFCA 将竭诚致力于为各界用户提供具有世界一流水平的安全认证服务，全力推动中国电子商务的蓬勃发展。

## 3.5 典型案例 2 招商银行网上银行

### 3.5.1 招行概况

招商银行成立于 1987 年 4 月 8 日，是我国第一家完全由企业法人持股的股份制商业银行，总行设在深圳。自成立以来，招商银行先后进行了四次增资扩股，并于 2002 年 3 月成功发行了 15 亿普通股，4 月 9 日在上海证券交易所挂牌（股票代码：600036），是国内第一家采用国际会计标准上市的公司。2006 年 9 月 22 日，招商银行（3968.HK）在香港联合交易所正式挂牌上市，引起国内外广泛关注。目前，招商银行总资产超过 1 万亿元。在英国《银行家》杂志发布的中国银行业 100 强最新排行榜中，按照一级资本排序，招商银行位居第六。

经过 20 年的发展，招商银行已发展成为了一家具有一定规模与实力的全国性商业银行，初步形成了辐射全国、面向海外的机构体系和业务网络。在境内外权威媒体和有关机构组织的各类调查评选中，招商银行获得中国本土最佳银行、中国最佳零售银行、中国最受尊敬企业、中国最具价值上市公司、中国最佳雇主等多项殊荣，是中国银行业中公认的最具品牌影响力的银行之一。

招商银行坚持“科技兴行”的发展战略，立足于市场和客户需求，充分发挥拥有全行统一的电子化平台的巨大优势，率先开发了一系列高技术含量的金融产品与金融服务，打造了“一卡通”、“一网通”、“金葵花理财”、“点金理财”、国际标准双币信用卡、“财富账户”等知名金融品牌，树立了技术领先型银行的社会形象。

招商银行于 1995 年 7 月推出的银行卡——“一卡通”，被誉为我国银行业在个人理财方面的一个创举。1999 年 9 月在国内首家全面启动的网上银行——“一网通”，无论是技术性能还是业务量在国内同业中都始终处于领先地位。2002 年 12 月，招商银行在国内率先推出一卡双币国际标准信用卡，在国内双币信用卡市场上目前占据超过三分之一的市场份额，在中国内地信用卡行业中具有领先优势。图 3-18 为招商银行主页。

图 3-18 招商银行主页

## 3.5.2 发展背景

招商银行是我国银行业的“后起之秀”，与工行、建行、中行、交行、农行等主要的国有大型商业银行相比，无论是经营历史、营业规模、网点建设、客户基础等各方面都无法相提并论。招行成立之初，面对银行业的竞争格局，可以说，招行根本不是竞争对手。如何在那样的环境下进行“突围”是当时管理层面临的极为严峻的问题，好在当时国内金融业的服务意识还比较薄弱，更方便大众的金融服务模式还没有出现，这一市场机会为招行后来快速的发展提供了极为难得的机遇。

招商银行成立之初是一家以对公业务为主的商业银行，个人储蓄只占银行业务的很少部分。20 世纪 90 年代初，国内经济的快速发展使银行业对公业务风险逐步加大、呆账率逐渐升高，国内银行业对公业务的发展均受到了极为严峻的挑战；而在国际金融界，银行业当时正在发生巨大的变化，电子网络和信息技术在银行领域获得充分重视并被得到广泛运用，新业务、新产品和技术创新不断涌现，成为银行业开辟新市场、寻找新客户和新的利润增长点的有利条件。

1992 年，时逢国际银行业的创新浪潮，招商银行敏锐地意识到作为一家中小型商业银行，必须以建立现代企业制度和金融创新作为发展的目标，明确以“科技兴行”为银行发展的战略思想，以“统一管理、统一规划、统一需求、统一系统”为原则，高起点和高标准建立银行业务电子化处理系统，并同时以储蓄业务为突破口，制定了“依托科技创新业务，创立品牌进入大市场”的储蓄发展思路。1993 年，招商银行首先在深圳地区实现储蓄通存通兑，1995 年 2 月成立了针对个人银行业务的个人银行部，开始全面进军国内的个人银行业务市场。1994 年，招商银行开始对国内沿袭使用了上百年的存单、存折方式展开了深入的市场调查和论证，调查的结果是，消费者需要一种更加小巧、灵活、安全、方便的储蓄形式。1995 年，以统一的银行业务电子化处理系统为基础、招行向社会大众推出基于客户号管理的、以真实姓名开户、集本外币、定活期、多储种、多币种和多功能于一身的个人综合理财工具——“一卡通”，以先进的电脑处理替代了几十年来传统的储蓄方式。

招商银行是国内银行业第一家采取先进的客户号管理方式的银行，对储户的账号实行全面的覆盖和系统管理，将客户在银行的所有资金包括本外币、定活期，甚至信用卡全部归类为同一个号，而原来意义上的账号则由这同一个客户号派生出来，类似于建立起完全的个人理财基本账户。这不仅是一种形式上的变革，更重要的是体现了一种一切从客户利益出发，客户成为主体的观念上的革命，不仅使储蓄业务从单一型、分散型向综合型、系统化处理的转变，而且实现了单纯储蓄业务向个人理财综合服务的质的飞跃。

1996年6月，得益于统一的电子系统架构，“一卡通”实现了国内银行业其他银行想做但一直未能实现的储蓄全国通存通兑。这一步的实现，迅速使招行的科技含量走到了全国前列。1996年下半年开始，招行每天新增储蓄额数以百万计，发卡量开始以几何级数增长，高科技应用于银行业务开始显现巨大效益。

“一卡通”的推出，使招商银行在个人银行业务方面的科技含量走在了国内银行业的前列，更重要的是，“一卡通”的推出，开创了国内同业借记卡的先河，推动了国内沿袭多年的储蓄服务方式一场革命，带动了老百姓持卡消费观念的转变，并带动了其他商业银行在借记卡方面的开发和发行；同时，“一卡通”也以其独具的魅力迅速成为国内银行业金融创新的一道亮丽风景，被同业誉为我国银行业在个人理财方面的一个创举，其品牌形象为越来越多的客户所认同，成为了中国著名的金融品牌。

“一卡通”全国通存通兑网在1996年建成后所取得的初步成功，使招行认识到利用技术领先来争取客户和占领市场的优势，并致力于在服务效率上产生质的提高。当时，国内银行业的市场化已经开始，不少银行都开始注重服务质量，微笑服务、上门服务、限时服务等等成为银行业竞争的法宝，银行产品和服务的同质性使银行之间的竞争越来越激烈。与此同时，招行许多基于在本质上提高服务效率的业务开始受到物理网点发展速度的制约，如“一卡通”实现全国联网后，客户在许多小的城市还找不到招行的营业网点和ATM机。为了解决这些问题，招商银行在借鉴国外银行经验建立电话银行服务等技术空间的同时，也开始利用互联网技术在开发金融业务产品方面进行大胆的探索，为自己创造一个更大优势的技术领先的全新天地。

1997年4月，招商银行开始进行基于互联网的业务模型探讨，将互联网与自己在电子化特别是在内部信息顺畅流动的优势相结合，推出了自己的网站——“一网通”，将“一卡通”的账务查询功能以及银企对账和股票信息查询搬上了互联网，由此开始了“E-Bank”在中国的发展探索。1999年9月，招商银行在北京召开新闻发布会，开始全启动“网上银行”，包括网上企业银行、网上个人银行、网上证券、网上商城、网上支付组成的较为完善的网络银行服务体系。2000年8月，“网上企业银行”3.0版推出，增添了定活期存款互转、协定存款查询、实时电子汇兑、信用管理等多项国内网上银行独有的在线理财功能，实现了企业与招行电子汇兑系统的无缝对接，率先在国内银行业中实现了系统内资金的瞬间达帐，并推出了首创的“网上信用证”功能，即信用证的申请、开立和传递及查询打印来证等所有业务流程均可以在网上完成，这是国内银行对公业务领域内的一项重大创新举措，开创了银行运用高新技术进行金融服务创新的新篇章，实现了国内传统银行业务网络化到真正意义的“网上银行”的质的飞跃。与此同时，“一网通”网上个人银行和网上商城业务发展迅速，在传统网上个人银行基础上推出的网上个人银行专业版，采取严密的 X.509 标准数字证书体系，运用数字签名技术和基于证书的强加密通讯管道，确保客户身份认证和数据传输安全，实现同城转账或异地汇款，完成大额网上支付，账户查询、挂失以及密码修改等操作，使社会公众足不出户即可完成银行账户查询、转账、缴费、网上支付等多项金融理财。

经过多年的快速发展，“一网通”在国内网上银行领域始终占据着领先地位，它使招商银行在一定程度上摆脱了网点较少对规模发展的制约，为招商银行在网络经济时代实现传统银行业务与网上银行业务的有机结合，进一步加快发展步伐奠定了坚实的基础。

### 3.5.3　一卡通业务

“一卡通”作为高科技含量的理财工具，使传统的、单纯的个人储蓄向创新的、综合的个人理财转变，曾被誉为“中国储蓄业务领域的革命性产品”。如今，招商银行在个人理财服务方面已构建起柜台通存通兑网、ATM 机全国通兑网、POS 机全国消费网以及网上银行四大个人理财综合服务网络，为“一卡通”向客户提供更加优质的理财服务打下了坚实的基础。“一卡通”在适应人们对银行服务更高要求的同时，也在改变着人们传统的理财方式和消费观念，并极大地影响着国内其他银行借记卡的发展。目前，招商银行“一卡通”的业务功能主要有：

（1）一卡多户
（2）通存通兑
（3）约定转存
（4）自动转存
（5）自助转账
（6）商户消费
（7）自动柜员机提款
（8）代理业务
（9）自助存款机
（10）查询服务
（11）电话银行
（12）手机银行
（13）网上支付
（14）银证转账
（15）银基通
（16）外汇买卖
（17）自助贷款
（18）自助缴费
（19）IP 电话及长话功能
（20）神州行手机充值服务
（21）网上个人银行专业版

（22）网上个人银行大众版等。

作为高效、便捷的个人理财工具，招商银行“一卡通”无疑是目前国内银行业中应用功能最多、使用量最大、最受用户欢迎的银行卡，为我国金融业的电子化发展起到了重要的推动作用。

### 3.5.4 一网通个人业务

自1998年推出的“一网通”业务是招商银行在银行电子化建设方面开始走向国际水平的重要标志，也是确立招商银行在国内网上银行领跑者地位的主要表现。经过数年的快速发展，“一网通”在国内网上银行领域始终占据着领先地位，目前国内已经开通电子支付的电子商务网站95%以上都接受“一网通”作为支付工具。“一网通”业务的快速发展使招商银行在一定程度上摆脱了网点较少对规模发展的制约，为招商银行在网络经济时代实现传统银行业务与网上银行业务的有机结合，进一步加快发展步伐奠定了坚实的基础。

作为国内领先的网上银行业务实现方式，“一网通”业务主要分成“一网通大众版”和“一网通专业版”两类。在此分别作简要的介绍。

1. 一网通大众版

一网通大众版是招商银行开发的基于互联网平台的网上个人银行理财软件。客户只要凭在招商银行开立的银行卡或普通存折账户，通过网上个人银行大众版即可办理如下个人银行业务：查询账户余额和交易、转账、修改密码等，另外客户还可以通过其申请网上支付卡、自助充值和缴费、投资国债、申请个人消费贷款等。

一网通大众版的服务特色主要包括两个方面：一是方便，所有招商银行客户均可自动享有此项服务，无须办理申请手续，而且招商银行网站每天24小时不间断服务，可以满足客户时时刻刻的需要；二是安全，因为招商银行网站获得了世界最权威的Verisign公司的安全认证，数据传输采用先进的多重加密技术，所有数据均经过加密在网上传输，安全可靠，并且客户端电脑上不存储个人账户信息和交易信息，防止了他人窃取。方便和安全是招商银行之所以广受欢迎的根本原因。

一网通大众版的功能包括以下几个方面：

招商银行银行卡和存折的综合理财业务，包括：

（1）查询（查询账户余额、当天交易和历史交易，查询信用卡的最近四个月的账单明细，查询信用卡账户的本期应缴金额、本期最低还款额、逾期最低还款额、上期缴款日期、上期缴款金额等信息）；

（2）转账（“一卡通”内定活期互转、“一卡通”和网上支付卡互转，“一卡通”与存折之间互转，“一卡通”转信用卡缴款，银证转账，通知存款转账；

（3）挂失（“一卡通”、存折遗失后，可作暂时冻结账户处理，5日内到开户行办理书面挂失手续即可）；

（4）修改密码（可进行账户查询密码和取款密码的修改）；

（5）财务分析：结合账户历史数据提供理财分析；

（6）网上缴费：用“一卡通”缴纳手机费、固定电话费和社区智能卡费等费用；

（7）网上支付卡申请：客户申请“一卡通”网上支付卡，即时申请，即时开通；

（8）支付卡理财：可查询网上支付账户余额和历史交易、可查询网上购物订单及具有转账和修改密码功能；

（9）国债投资：用“一卡通”查询国债信息、购买国债；

（10）神州行充值：用“一卡通”为神州行手机充值，可申请、取消和查询该功能；

（11）申请个人消费贷款：客户可在线申请个人住房按揭贷款、个人汽车消费贷款、凭证式国债质押贷款和个人储蓄存款质押贷款。

图 3-19 为“一网通大众版”业务处理页面。

**图 3-19 大众版业务处理页面**

2. 一网通专业版

“一网通专业版”是招商银行基于互联网平台开发的专业的网上个人银行理财软件，该软件建立在严格的客户身份认证基础上，对参与交易的客户发放证书，交易时验证证书。招商银行一卡通的持有者只要到招商银行的营业网点填写“个人数字证书申请表”，即可通过互联网使用网上个人银行专业版进行资金调拨、全面理财，以实现各种更为复杂、对安全性要求更高的业务。一网通专业版的业务功能包括以下各个方面：

（1）基本业务。基本业务提供网上银行基本和常用的功能，使用其中的自助缴费功能，用户可以向招行特约收费单位自助交纳各类费用。具体包括：

① 一卡通账户查询

② 一卡通交易查询

③ 一卡通定期交易查询

④ 一卡通定活互转

⑤ 一卡通通知存款转账

⑥ 一卡通自助缴费

⑦ 一卡通挂失

⑧ 修改一卡通密码

（2）信用卡。信用卡提供基本和常用的信用卡业务功能。具体包括：

① 信用卡应缴款查询

② 信用卡未出账单查询

③ 信用卡历史账单查询

④ 信用卡对账

⑤ 信用卡网上支付交易查询

⑥ 信用卡积分查询

⑦ 信用卡额度调整
⑧ 信用卡自动还款设置
⑨ 信用卡购汇功能设置
⑩ 修改本期购汇金额
⑪ 信用卡缴款
⑫ 信用卡修改查询密码
⑬ 修改/设置预借现金密码
⑭ 信用卡毁损补发

（3）转账汇款。使用转账汇款功能，用户可向国内任何地区的任何银行账户汇款。例如：北京地区的招行持卡人可向北京市中国银行同城转账，也可以向西藏拉萨工商银行异地汇款。具体包括以下几种类型：

① 本人招行账户互转
② 招行同城转账
③ 招行异地汇款
④ 跨行异地汇款
⑤ 跨行同城转账
⑥ 批量转账汇款数据编辑
⑦ 批量转账汇款
⑧ 查询转账汇款记录
⑨ 收款方信息管理

（4）易贷通。使用易贷通中的自助贷款功能，可以把存在一卡通内的定期本外币储蓄存款作质押，向招行申请贷款，贷款资金随时申请随时获得。具体包括：

① 申请贷款
② 申请展期
③ 债务转化
④ 归还贷款
⑤ 查询贷款情况
⑥ 查询贷款额度
⑦ 住房贷款
⑧ 汽车贷款
⑨ 贷款查询
⑩ 查询业务（逾期）情况
⑪ 试算（等额还款方式）
⑫ 试算（等额本金还款方式）
⑬ 试算（等额递增还款方式）
⑭ 试算（等额递减还款方式）

（5）投资通/外汇买卖。外汇买卖业务是指个人客户委托银行把一种可自由兑换的外币兑换成另一种可自由兑换的外币，招商银行在接受客户委托后，即参照国际金融市场行情制定相应汇率予以办理。具体包括：

① 行情
② 交易及查询
③ 外汇专户转账
④ 外汇交易密码修改和重置
⑤ 外汇交易锁定

（6）投资通/国债买卖。凭证式国债的投资风险极低，可获得较好的投资收益，因此凭证式国债是个人理财的优秀投资品种。具体包括：

① 查询国债信息
② 购买国债
③ 提前兑付国债

（7）投资通/股票基金。股票基金业务提供了股票基金的买卖交易、资金账户的管理以及个性化的定制等服务。具体包括：

① 银基通
② 银证通
③ 银证转账
④ 一卡通证券交易

（8）电子商务。使用其中的网上支付功能，可以通过专业版实现网上购物或实时付款结算。具体包括：

① 网上支付
② 网上商城
③ 网上支付卡转账
④ 修改支付卡密码
⑤ 查询网上支付卡卡号
⑥ 查询网上支付记录

（9）理财计划。理财计划提供了对财务事件事先规划的功能。客户可以通过理财计划指定未来的提醒事件，设定未来的付款，以及管理债权、债务。具体包括：

① 理财记事簿
② 付款计划
③ 债权债务管理

（10）财务分析。根据客户在“交易查询”功能中手工补充的详细交易信息，如交易类别等，以及手工增加的他行账户交易信息，自动为客户产生各种财务分析图表，为客户提供全面的个性化财务分析。具体包括：

① 支出分配图
② 支出明细报表
③ 收入分配图
④ 收入明细报表
⑤ 现金流量图
⑥ 收支对比图

（11）功能申请。一卡通的某些重要功能需要先申请才能使用，客户可以在此申请开通某功能或修改已申请功能。具体包括：

① 网上支付卡

② 一卡通网上支付

③ 一卡通缴费

④ 一卡通转账

⑤ 汇款

⑥ 外汇实盘买卖

⑦ 神州行电话充值

“一网通专业版”的服务特色体现在以下几个方面：一是安全可靠，系统采取严密的 X.509 标准数字证书体系，通过国家安全认证，运用数字签名技术和基于证书的强加密通讯管道，确保客户身份认证和数据传输以及密码输入的安全；二是功能强大，系统实行“一户多卡”管理，方便客户进行家庭理财，还提供了个性化的功能和提示，以及各种网上个人银行业务服务；三是方便快捷，招商银行 24 小时网上服务，跨越时空，省时省力，账务管理一目了然，只需打开计算机，所有交易明细尽收眼底，同城转账或异地汇款，无需事先指定账户，资金调拨方便快捷，网上商户遍布全国，实时支付快捷便利；四是安装智能化，采用智能化安装引导，用户只要到招行的任一营业部提出申请，然后登录招行网站，即可按照系统提示完成专业版的安装工作；五是信息丰富，专业版可提供银行利率、外汇汇率等信息的查询，配备详细的功能介绍、使用指南、帮助文件及演示程序，帮助客户了解系统各项功能。

图 3-20 为个人自助异地汇款业务的操作界面示意图。

招商银行“一网通专业版”的推出可以说为个人银行业务的发展带来了革命性的变革，应有尽有的服务功能，方便快捷的自助处理，为客户，也为银行自己创造了无可比拟的价值。

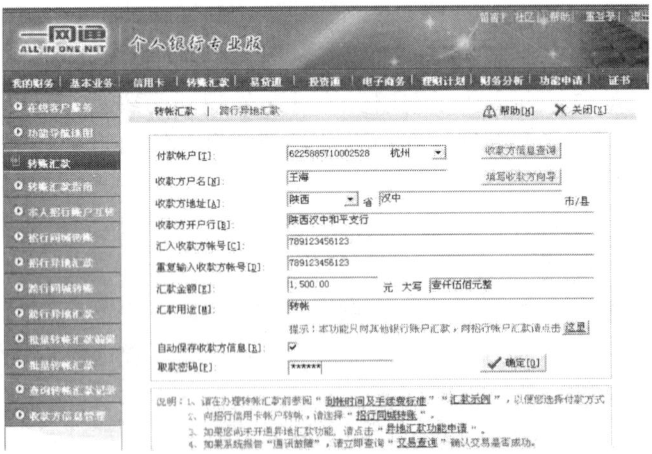


图 3-20 “一网通专业版”个人自助异地汇款业务的操作界面示意图

## 3.5.5 “一网通”网上企业银行业务

“一网通”网上企业银行业务是招商银行“一网通”网上银行业务的重要组成部分，它是通过 Internet 或其他公用信息网，将客户的电脑终端连接至银行主机，实现将银行服务直接送到客户办公室、家中或出差地点的银行对公服务系统，使客户足不出户就可以享受到招商银行的服务。

招商银行“一网通”企业银行业务将传统银行服务和现代新型银行服务结合起来，利用完善的高科技手段，保证使用的安全性和便利性，实现了包括账务查询、内部转账、对外支付、代发工资、信用管理、集团支付、定活期存款互转、B to B 电子商务、银行信息通知在内的各项企业银行业务功能，涵盖并延伸了现有的对公银行业务。无论是中小型企业还是大型集团公司，网上企业银行都可以使企业随时掌握自己的财务状况，轻松处理大量的支付、发工资业务等。

为满足不同企业的需要，网上企业银行目前提供了“通用版”和“商务版”两个版本，“通用版”采用浏览器方式使用，主要提供企业银行的系统管理功能和基本业务功能，适合中小型企业对财务资金管理的需求；“商务版”采用客户端应用程序方式使用，在提供企业银行的系统管理功能、基本业务功能的基础上，还提供其他增强功能，适合大中型企业对财务资金管理的需求。

网上企业银行的基本功能包括以下几个方面：

（1）账务查询：包括账户余额明细，账户当天、历史交易明细查询，收付款方信息查询以及协定存款明细等信息。集团公司还可根据协议查看子公司的账务信息，方便财务监控。

（2）内部转账：用于在招商银行开户的本单位账户之间的资金划拨。

（3）对外支付：用于向在招行或他行开户的其他企业付款。

（4）代发工资：用于向本单位员工发放工资。

（5）银行信息通知：银行通过该系统将信息通知特定客户。如定期存款到期通知、贷款到期通知、开办新业务通知、利率变动通知及相关账务信息等。

（6）金融信息查询：提供实时证券行情、利率、汇率、国际金融信息等丰富多样的金融信息。

网上企业银行的增强功能主要包括以下几个方面：

（1）集团支付：实现集团公司对多个同城子公司账户资金收付的统筹管理，由银行后台通过子公司账户和集团公司结算中心账户之间的关联关系自动进行账务处理，提高集团公司资金的使用效率。

（2）信用管理：查询在招商银行信贷管理系统内的信用情况以及借款借据的当前状态和历史交易。集团公司根据协议可查询各地子公司在招商银行的信用情况。

（3）定活期存款互转：将活期存款账户中暂时闲置的资金转为定期存款；对未办理存款证实书的企业，可随时将定期存款转为活期存款，包括提前支取（部分、全部）、到期支取。

（4）集团公司/总公司对子公司收付两条线的管理：对于实行资金集中式管理的公司，集团公司/总公司可以根据协议实现分支机构货款向总部的迅速回笼和集中，也可以集中向分支机构支付各种费用。

（5）网上信用证：向客户提供网上申请开立国内信用证和网上查询打印来证功能，实现了 B to B 电子商务的在线结算支付，疏通了电子商务的瓶颈。目前已开通了招商银行系统内的信用证结算业务，即开证行、通知行、议付行均为招商银行各网点，适用于人民币业务。

网上企业银行业务的申请流程如图 3-21 所示。

“一网通”网上企业银行业务的推出，受到了国内企业的欢迎。目前，已有数万家企业开始应用这一系统，取得了较为理想的应用效果。

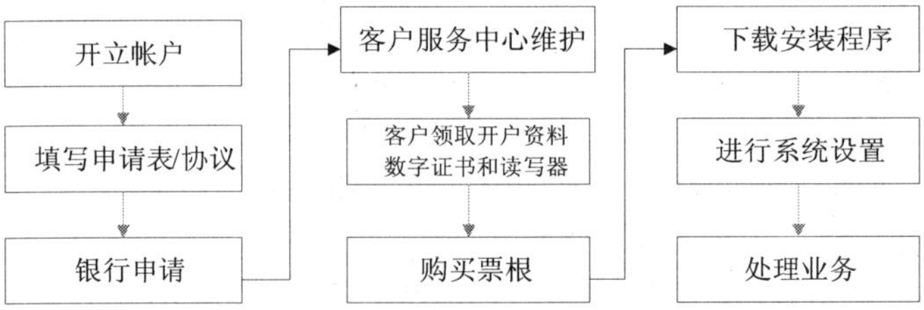


图 3-21　网上企业银行业务的申请流程示意图

### 3.5.6　一网通新服务

（1）一网通商城。“一网通 • 商城”是国内最早由商业银行提供的电子商务购物服务平台，是招商银行大力倡导网络生活新观念、新方式，是引导电子商务潮流的重要力作之一。“一网通 • 商城”的主要参与者是招商银行网上特约商户和招商银行银行卡客户，招商银行通过网上支付系统为网上商户和客户提供支付结算服务。“一网通 • 商城”进驻了来自全国 40 多个城市的近千家网上商户，服务区域遍布全国，服务类别囊括网上购物和网上汇款、网上保险、网上预定、网上拍卖、网上募捐、网上教育、网上医疗、网上冲印和信息咨询 10 大类。商城中的商户包括具有专业的特色单一的网上商铺网站和大型的集聚众多商铺的知名电子商务门户网站。客户通过商城链接可直达各大商户网站，也可通过搜索引擎直接搜索想要寻找的商品。

“一网通 •商城”提供的招商银行网上支付服务安全、便捷，招商银行一卡通持卡人（并已开通网上支付功能）可以到“一网通 • 商城”任意商家通过“一网通支付”功能进行支付结算，真正做到足不出户，即时完成交易，尽享时尚、高效的网上购物体验。“一网通 •商城”提供的网上支付商户服务系统，提供强大的商户管理功能。商户可以进行网上支付结帐、查询定单和退款等操作。“一网通 • 商城”为特约商户提供网址链接、广告平台和商户推介等服务，成为网上特约商户的交叉营销平台。

图 3-22 为“一网通”商城的百宝箱。

图 3-22　一网通商城百宝箱

（2）一网通财富账户。招商银行联合一流的证券公司和基金管理公司为客户提供打包定制的专业研究资讯服务，同时定期组织各类理财类活动，创造客户与证券分析师、基金经理等理财专家的见面和交流机会，为客户提供更多专业支持，帮助客户更好把握投资机会。财富账户可以将资金和投资集中到一个账户管理，只要一个账户即可方便、清楚、高效的管理个人全部资产。通过财富账户，可以统一管理和调拨资金，方便安排各项生活支出，同时让资金获得更高的回报。通过财富账户，可直接投资股票、基金和外汇买卖。

招商银行首家推出智能理财新工具——财富账户“溢财通”，时刻关注账户的财富溢出增值，流动自如，安全方便，向客户提供的自动申购、T+1 日赎回与自动融资的配套服务，在不影响资金使用的前提下，帮助客户实现账户闲置资金的最大化增值。

图 3-23 为一网通财富账户。

图 3-23　一网通财富账户

（3）一网通外汇。一网通外汇主要为客户提供外汇买卖的服务，包括外汇行情、汇市新闻、外汇评论、区域经济、综合财经、外汇知识和外汇交易等栏目，为客户进行理性投资提供参考。参见图 3-24。

图 3-24 “一网通”外汇首页

### 3.5.7 案例评析

招商银行虽然是中国银行业的后来者，但它在不长的经营时间内，始终走“科技兴行”的发展道路，通过加快“电子化、信息化和网络化”的发展步伐，成为中国网络银行的“领跑者”。招行的发展经验值得中国银行业学习借鉴，招行的发展成就也使我们更加清晰地看到了银行业电子商务发展的方向和趋势，并对银行业电子商务发展的美好前景更加充满信心和希望。

在20余年的发展历程中，招行的发展经验确实可圈可点，“一卡通”的推出使公众理财直接进入到“个性化、多样化和自动化”时代，成为“中国金融电子化中的一座里程碑”；“一网通”、“大众版”和“企业版”的成功应用把中国银行业迅速推进到了“网络银行”发展的新时代，不但为中国银行业的发展注入了强劲的活力，也为中国银行业更好地与国际接轨，迎接国际金融业的挑战作出了重要的探索。

从招商银行的发展案例可以看出，银行业电子商务必须牢牢坚持“以客户的需求为中心”，“以银行的业务为本”，最大限度地应用以互联网为核心的信息技术，帮助客户更方便、更快捷、更低成本、更自主性地处理各类银行业务，真正实现银行与客户的“双赢”。

作为中国网络银行的“领头羊”，招商银行已经取得了令人鼓舞的成绩，但技术进步和客户需求的变化是无止境的，招商银行要在竞争纷繁的世界银行业占有一席之地还有很长的路要走。

## 3.6 典型案例3　中国工商银行网上银行

### 3.6.1 中国工商银行概况

中国工商银行成立于1984年，是中国最大的商业银行，在中国拥有领先的市场地位，优质的客户基础，多元的业务结构，强劲的创新能力和市场竞争力，以及卓越的品牌价值。2006年，中国工商银行通过16,997家境内机构，98家境外分支机构和遍布全球的1,326家代理行，向超过241万公司银行客户和1.7亿个人客户提供广泛的金融产品和服务。2006年10月27日，中国工商银行股份有限公司（简称中国工商银行）首开先河，A+H（A股和H股）同步发行上市成功，创下了全球资本市场有史以来发行规模最大等多项纪录，被国际媒体和金融业誉为“世纪招股”。公开发行上市标志着中国工商银行完成了从国有独资商业银行到股份制商业银行，再到国际公众持股公司的历史性跨越。

中国工商银行拥有自助银行、电话银行、手机银行和网上银行构成的电子银行立体服务体系。网上银行个人客户、企业客户、电话银行个人客户均居同业首位。中国工商银行是国内最大的电子商务在线支付服务提供商。2005年推出网上银行专业版银企互联、通用缴费等多项新产品和“工行财e通”与“U盾”证书等品牌，实现了网上银行本异地账户的统一管理。电话银行率先在国内推出全国电话银行异地漫游以及香港与内地的互动漫游服务，建立了南、北两大电话银行托管系统，全行一体化电话银行范围扩展到26家。

截至2006年底，工行已累计发展个人网上银行客户2325万户，企业网上银行客户60

万户。2006 年当年工行通过电子银行渠道办理的业务交易额达到了 45 万亿元。与此同时，中国工商银行门户网站(www.icbc.com.cn)的日均浏览量也由 2005 年的 236 万次上升到 2006 年的 982 万次，增幅超过 3 倍。网上银行已经成为工行为客户提供金融服务的综合平台。2002 年，中国工行银行获得英国《银行家》杂志“全球最佳银行网站”奖。2003 年～2006 年，在美国《环球金融》评选中，中国工商银行连续 4 年荣获中国“最佳个人网上银行”和“亚洲最佳投资管理企业网上银行”两项大奖。其中工行的个人网上银行被评选为 2006 年度“中国最佳个人网上银行”，这是工行继 2003 年以来连续第四次获得此项殊荣，而企业网上银行则荣获了“亚洲最佳投资管理企业网上银行”称号，这是国内商业银行首次获此殊荣。

图 3-25 为中国工商银行主页。

图 3-25　中国工商银行网站首页

## 3.6.2　个人银行服务——金融@家

### 1.　“金融@家”概况

“金融@家”是中国工商银行推出的个人网上银行品牌。经过几年的快速发展，“金融@家”个人网上银行已成为国内个人网上银行的首选品牌之一。根据中国金融认证中心（CFCA）的一项调查结果显示，现有网上银行用户有 52.4%愿意选择使用“金融@家”个人网上银行，潜在的网上银行用户选择“金融@家”的比例高达 69.9%。目前，“金融@家”客户已经达到 2325 万户。

中国工商银行将凭借强大的科技实力，广泛的服务网点，优异的服务品质，持续的创新能力，进一步提高电子银行服务质量，让更多的客户舒适、放心、满意地使用“金融@家”提供的卓越服务。除了少量现金的支付还需要去银行以外，“金融@家”已经具备了金融网点的全部服务。客户只需轻点鼠标，业务瞬时轻松完成，告别跑银行的奔波之苦和排队等候的劳顿之忧，大大提高了银行业务处理的效率和水平。图 3-26 为个人银行服务——

金融@家服务界面。

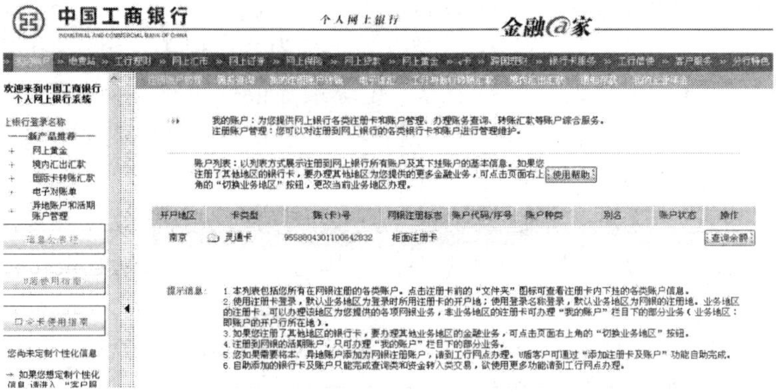


图 3-26 金融@家服务界面

2. 业务功能

网上银行“金融@家”在安全性、方便性和业务功能上有较大的突破，服务功能包括“我的账户”、“缴费站”、“个人理财”、“网上汇市”、“网上证券”、“网上保险”、“网上贷款”、“工行信使”等12类、58项，客户可以享受的特色服务有：24小时的无限制额任意转账、汇款，实时跨行支付，灵活、方便的各类缴费，专业化的外汇、证券和保险信息及交易服务，账务、财经等信息的通知提醒等。新版的工行网上银行在操作上非常简便易行，一般的用户只需登录工商银行的网站，点击左侧的“个人网上银行登录”，然后输入存折或者银行卡的账号和密码就可以办理各项金融业务了。如果用户有多个工行账户，还可以将其统一在一个页面下，从而更好地管理自己的资金账户。

（1）我的账户。我的账户指客户利用网上银行对本人网上注册的所有账户进行集中管理。实现了以下功能：

① 账务信息查询，包括账户余额、当日明细、历史明细、缴费明细、网上购物明细、基本信息等查询；

② 账户转帐，支持个人注册账户之间资金划转或向工行他人账户转帐，如果是理财金账户客户，还可将多个转账信息编辑成一个数据文件，实现批量转账功能；

③ 行内汇款和跨行汇款，资金划转一点即发，使得向个人或单位账户汇款更加容易；账户管理，账户别名维护使账户信息更加一目了然，此外有证书客户可以在线自助添加注册卡，或在理财金账户\灵通卡下添加下挂子账户。

（2）缴费站。通过缴费站，客户可以足不出户地缴纳各类费用，无需排队等候，免去奔波银行之苦：

① 在线缴费，客户可以轻松缴纳手机费、固定话费等多种费用；

② 代缴学费，如果用户是在读的学生，可通过此功能向与工行签定协议的全国各个学校缴纳学费、住宿费等费用；

③ 委托代扣，客户可以在线签定自动扣缴个人费用的协议，实现个人应缴费用的自动扣收。

（3）B to C。随着电子商务的迅速发展，各类网上商店、网上商城逐渐增多。为满足客户网上购物后在线支付购货款的需要，工行推出了 B to C 在线支付服务。凡工行个人网上银行注册客户均可通过持有的牡丹信用卡、商务卡、贷记卡、灵通卡和理财金账户卡享受在工行所有的特约网站上消费支付，资金实时扣账，扣款结果信息立即反馈等服务。

（4）网上汇市。全球汇市 24 小时此起彼伏，日新月异。网上汇市将满足用户日益强烈的外汇投资理财需求，使用户不受时间地点限制，实时参与全球外汇市场交易。

（5）网上证券。股市变幻莫测，机会稍纵即逝。拥有“金融@家”网上证券，用户大可以“任尔东西南北风，我自岿然不动”。该功能不仅具有券商交易系统的快捷性，更将银行服务、证券服务合成一体，实现客户多种账户理财的一体化管理。各种证券信息丰富，操作简单、直观，各种交易随时在线自助办理，更准确、更及时。

（6）网上保险。除了在营业网点开展代理保险业务外，工行还将一些价格低廉、核保简单的保险品种通过网上银行进行代理销售。保险品种目前包括太平人寿保险有限公司的太平航空意外伤害保险和太平交通意外伤害保险。

（7）网上贷款。在线办理个人质押贷款，操作简单、经济实惠。申请成功后可立即用款，24 小时均可办理；全部手续几分钟即可完成；可随时查询贷款信息。适用于有短期临时资金需求的客户，可帮用户避免定期存款提前支取的利息损失，同时用户也不需增付任何费用（贷款利息除外）。

（8）个人理财。为实现客户财富不断增值的需要，使客户能够随时随地掌控自身财富，“个人理财”为用户提供各类独具特色理财服务，包括理财方案设计、理财业务申请、各类理财协议的签订、金融信息的定制和服务预约等。

（9）银行卡服务。传统方式申请办理银行卡，至少需亲自往返当地银行发卡中心两次。为节约用户的宝贵时间，“金融@家”专门开设了银行卡配套服务功能。用户在网上提交申请后，待审批合格，只需到工行发卡机构一次，就可领卡。同时，还可以在线享受到更多的银行卡服务。

（10）工行信使。通过工行信使功能，用户可以随意选取自己关心的信息类型，系统通过手机短信或电子邮件及时将用户选择的信息发送给用户，使用户随时随地掌控各种财经信息。

（11）境内汇出汇款。使用网上银行，用户足不出户就可以通过“境内汇出汇款”和“境内汇出汇款查询”两个功能，向大陆以外地区银行开户的个人进行外汇汇款，并可查询外汇汇款交易的详细信息及银行处理结果。

（12）人民币黄金买卖。人民币黄金买卖业务是工行继美元账户黄金买卖业务之后，新推出的一项全新的理财服务，用户可以直接用人民币完成对黄金（克）的即时交易、委托交易等各项投资。通过工行网上银行、电话银行，足不出户就可以在交易时间内办理黄金账户管理、黄金即时/委托交易、账务查询等业务。通过人民币账户黄金买卖业务，用户可以直接使用人民币进行黄金投资，突破了美元账户黄金买卖中对外币资金的限制，为用户拓宽了投资渠道。

（13）客户服务。“金融@家”本着“以客户为中心”的经营理念，采用简便快捷的服务平台，为客户提供了个性化、人性化的综合类金融服务，使客户在使用网上银行时更加随心所欲、得心应手。

（14）存折版。网上银行存折版为所有工行普通活期存折客户提供了无门槛的网上在线服务。存折客户无需注册，只需要输入存折账号和密码，就可享受账户查询和在线缴费等服务。

### 3.6.3 企业网上银行服务——工行财 e 通

“工行财 e 通”是中国工商银行推出的企业网上银行品牌。“工行财 e 通”与工行电子银行品牌——“金融 e 通道”和个人网上银行品牌——“金融@家”一脉相承。“财”与“e”相连，“财”因“e”而生，完美寓意了工行企业网上银行功能强大、操作简单、服务优质、应用广泛的特点。中国工商银行在 2000 年 2 月正式推出企业网上银行服务，一直秉承以客户为中心的服务宗旨，企业网上银行产品不断创新，操作便捷，已经发展成为集跨地区本外币账户管理、收付款、票据管理、集团理财和投资理财等十大类服务在内，全方位、一体化的资金管理平台，深受客户青睐。目前，“工行财 e 通”企业客户已经突破 50 万户。下图 3-27 为“工行财 e 通”首页。

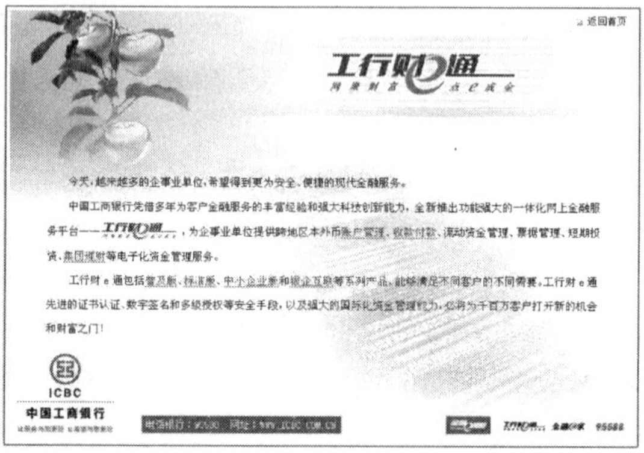


图 3-27 “工行财 e 通”首页

“工行财 e 通”的业务功能主要包括：

1. 网上信用证业务

企业网上银行信用证业务是为企业网上银行客户提供的通过企业网上银行自助进行进口信用证开证与修改申请、进口信用证查询、出口信用证查询等业务，为各类型的专业外贸企业、具有进出口经营权的集团客户和一般客户提供专向服务。在过去，客户必须在柜面才能够办理信用证业务。

工行推出的网上信用证业务实现了网上受理和操作，超越了物理空间障碍，将银行信用证业务前台终端延伸到客户端，使信用证开立申请与修改申请无需受制于纸质文件的传递，同时每位客户可定义自身专有的信用证样本，一次录入，日后只需少量改动，大大减少重复劳动。客户可实时查询信用证的办理进程，随时掌握信用证处理信息，从而建立了以客户为中心的信用证实时跟踪查询系统，改变了以往银行单证处理信息与客户隔离的局面，为客户建立了有效的自主跟踪查询渠道。同时无论本地和外地分支机构，只需授权同意，集团客户总部即可查询分支机构进口信用证项下和出口信用证项下的所有证、单交易及交易信息（报文、面函、回单），使集团客户能全面掌握集团内信用证业务情况。

2. 账户明细查询功能

企业用户可以使用工商银行企业网上银行账户明细查询（今日明细查询、历史明细查询功能）查询本部以及分支机构所有已注册人民币以及外币账户的今日明细和历史明细，并可以将查询结果进行下载和打印，还可以将查询结果通过 Email 发给其他需要的人。

工商银行为用户提供 7×24 全天候账户明细查询功能，通过企业网上银行账户明细查询、打印功能，使用户不但可以轻松了解公司所有银行账户的交易情况，同时还可以通过下载功能将所有账户的交易信息下载到用户的计算机上，并通过中国工商银行客户端工具软件随时进行浏览。账户明细查询功能可以查询到某一笔交易的详细信息，包括交易用途、借贷信息、交易发生额、交易发生时间、对方账号、对方单位名称，使用户可以随时了解企业每一笔交易的详细情况，同时还提供了电子回单功能。

3. 批量扣企业

批量扣企业是为企业网上银行客户提供的通过企业网上银行主动收取授权企业各类应缴费用的一项功能。主要适用于：

（1）对外提供公用事业服务或需经常向多家企业客户收取服务费用的企业客户，如煤气公司、自来水厂、邮政局、电信局、社保中心、电力公司等；

（2）工行正在采用柜面的同城特约委托收款、托收无承付方式或正在申请通过以上方式收取公用事业费的企事业单位；

（3）有代收需求的企业（如保险公司），可以取代传统的批量扣划业务；

（4）有跨地区集中收取费用需求的企业。

此项服务充分利用工行的网点资源与网络优势，可进行全国范围的收款。7×24 都可根据收费企业网上提交的电子收款指令文件，主动扣收缴费客户资金，自动转入收费企业指定账户，为收费企业提供了快速、安全归集资金的手段，加快了企业资金回笼速度，缩短了收款周期，可将应收款迅速转化为账内营运资金，有效提高了企业的资金使用效率。通过网上收款服务，可以免除收费企业打印大量“同城特约委托收款”凭证，大大减少了收费企业的工作量，有效防范操作风险。企业通过收款服务按预定的收款周期收取缴费客户应缴费用，实现真正的在线收费，大大提高资金运作的自主性，全面提高财务管理水平，优化企业的业务流程。对于缴费客户，只需签署一个协议，提供一个缴费账号，只要缴费账户保持足够的余额，今后就无需再为缴费耗费任何人力。

4. 网上汇款

网上银行汇款是对公企业客户通过企业网上银行向收款人付款的一种结算方式。为企业提供了集团内或集团外同城及异地汇款功能，支持向工行或其他银行汇款。

网上汇款为客户提供多种支付模式，客户可根据内部管理需要，统一设计对外转出或定向汇款的支付模式，实时反馈付款处理结果，资金划转实时高效，通过设计的安全授权和控制方案，实现财务管理上的各种要求。采用网上汇款方便的指令处理方式和领先的结算网络将使用户的业务如虎添翼。

5. 集团理财

集团理财是工行通过网上银行为集团客户提供的集团内部资金上收、下拨与平调等业务。“集团理财”功能，满足了客户在时间和空间上的集约化现金管理需要，能够帮助企业在全国范围内迅速回笼各地分支机构资金，从而可以大大提高企业资金使用效率、节约财务成本，达到监控各分公司资金运作情况、整个集团资金统一调度管理的目的。

6. 代签汇票

网上代理签发银行汇票是指其他商业银行（代理行）使用中国工商银行的银行汇票凭证、汇票专用章和专用机具，通过工行网上银行为其开户单位或个人签发工商银行汇票，并由中国工商银行所有通汇网点兑付的服务。适宜向有支付结算代理需求的银行同业客户即股份制商业银行、政策性银行、地方性商业银行、农村信用合作社、外资银行等银行同业客户。它具有申办手续简单，内控风险低、业务处理快等优势。

### 3.6.4 安全措施

工行网上银行始终把客户的资金安全放在首要位置。目前，国内外网上银行普遍采用的安全技术是基于“登录号+登录密码”身份认证和 SSL 信息加密技术，并在业务上严格控制网上交易的金额。然而，随着网上银行业务的不断发展，个人客户数量、交易量不断增长，网上银行个人客户群呈现出不同层次，一部分客户适应现有的网上银行交易金额控制的额度，而越来越多的客户则需要在网上进行更大金额的交易。而现有的个人网上银行密码机制已不能适应上述灵活控制的要求。为满足客户的不同需求，实现差别服务，使网上银行得到更加快速、稳健的发展，工行率先在国内采取了两项独有的安全技术：安全客户端和客户证书，使个人网上银行达到企业级安全级别。

为了确保客户在进行资金交易时的安全，工行特别采用了使用有物理介质的个人证书，建立基于公钥（PKI）技术的个人证书认证体系。在技术方面，通过个人证书认证和数字签名技术，对客户的网上交易实施身份认证，并且可以签署各种业务服务协议，确保了交易和协议的唯一、完整和不可否认。

个人证书支持两种类型的存储介质：一是以 USBKey 为存储介质（主推）；二是以理财金账户卡（IC 卡）为存储介质。这两种存储介质在安全级别上是一样的，所不同的只是信息存储介质不同，USBKey 可以直接插入有 USB 接口的计算机中就可以使用，而理财金账户卡证书需要有专用读卡器才可以使用，两者都是在介质内产生密钥，私钥不能出存储介质。

网上银行的技术安全包括了网络安全和交易安全两个方面。网络安全确保工行网站的安全可靠，交易安全确保客户通过网上银行进行交易的资金安全。

1. 网络安全

网络安全涉及系统安全、网络运行安全等。系统安全实际上指的是主机和服务器的安全，主要包括反病毒、系统安全检测、入侵检测（监控）和审计分析；网络运行安全就是指要具备必须的针对突发事件的应急措施，如数据的备份和恢复等等。工商银行为保障网上银行的网络安全性，采取了一系列措施，包括：

（1）与 Internet 安全隔离：第一道防火墙。在 Internet 与网上银行服务器之间设置了第一道防火墙，以有效地防止对网上银行服务器的非法入侵，并且防火墙上有完整的信息审计记录，辅以完善的人为监控，可以最大限度地保证网络级的安全，有效地实现内外网的隔离与访问控制，保护网上银行服务器的安全。

（2）与内网安全隔离：第二道防火墙。为了进一步保证工商银行的网络安全，在门户网站服务器和工行内部网络（应用服务器）之间设置了第二道防火墙，以确保内部网络的万无一失。第二道防火墙与入口的第一道防火墙采用的是不同厂商的产品，设置不同的安全策略，使黑客即使攻破第一道防火墙，也无法轻易攻破第二道防火墙而进入工行内部网络。

（3）网络安全检测。定期对网络系统进行安全性分析，及时发现并修正存在的弱点和漏洞。网上银行系统采用国际先进的网络安全检测软件，该软件能够 24 小时监控到系统所有的服务活动，并能根据监控模版配置作出相应的反应。利用该扫描系统分别在防火墙内部和外部有针对性地对服务器操作系统进行扫描，能有效地发现并修正系统可能存在的弱点和漏洞，对网上银行网络系统进行安全性分析，建议补救措施和安全策略，达到增强网络安全性的目的。工行还邀请了国际知名的咨询公司——安永公司对工行网上银行安全性进行了深入的分析和评估，以确保工行网上银行安全性达到国际先进水平。

（4）审计与监控。审计是记录用户使用计算机网络系统进行所有活动的过程，它是提高安全性的重要工具。它不仅能够识别谁访问了系统，还能指出系统正被怎样地使用。同时，系统事件的记录能够更迅速和系统地识别问题，并且它是后面阶段事故处理的重要依据。另外，通过对安全事件的不断收集与积累并且加以分析，有选择性地对其中的某些站点或用户进行审计跟踪，以便对发现或可能产生的破坏性行为提供有力的证据。为此，网上银行系统除使用一般的网管软件和系统监控管理系统外，还充分使用目前较为成熟的网络监控设备或实时入侵检测设备，以便对进出各级局域网的常见操作进行实时检查、监控、报警和阻断，从而防止针对网络的攻击与犯罪行为。

2. 交易安全

在确保网络安全的同时，网上银行还采取了一系列确保网上交易安全的安全措施，包括采用我国权威的 CA 认证中心——中国金融认证中心（CFCA）提供的、目前最为严密的 1024 位证书认证和 128 位 SSL 加密的公钥证书安全体系等等，以确保客户资金安全。

（1）客户身份认证。使用个人证书的客户必须持有证书才能进行敏感交易。证书存放在 USBKey 或 IC 卡中，其公、私密钥长度为 1024 位，利用证书来验证客户身份，以确保该客户为工行真正客户，防止非法用户的非法使用。

（2）信息加密传输。网上银行所有账户信息、转账指令等敏感信息都采取 128 位 SSL 通道加密方式传送。例如在 B to C 交易中，为保证客户、商城和银行三方交易信息的机密性及完整性，网上银行通过 128 位的 SSL 通道保证客户确认的支付信息、商城给银行的交易信息，以及银行给商城（包括收款方）的信息都是加密传输的，并且用信息摘要技术保证完整性校验。

网络黑客对网上银行个人用户的攻击手段通常为在客户计算机上安装黑客程序，黑客程序可以在用户没有察觉的情况下截获用户的键盘操作并发送给黑客，这样黑客就可以得到用户的网上银行用户名和密码。为了确保客户密码不被黑客截取，工行与微软合作，专门研究开发了安全客户端软件解决方案。通过使用微软公司设计的 ActiveX 控件输入密码，控件利用 Windows 的底层函数在黑客程序之前截取键盘事件，这样黑客程序就无法获得用户的密码。

（3）数字签名。利用 USBKey 和 IC 卡证书建立的基于公钥（PKI）技术的证书认证体系，在个人客户进行大额转账、自助添加注册卡下挂卡等重要交易的时候都会加入客户的电子签名，由于电子签名是由客户证书中的私钥生成的，别人不可能仿制，因此可以有效地防止非法用户的使用。

（4）交易审计。网上银行系统对于客户的每一笔交易都会按照机密性和完整性的要求，对其信息进行记录，以作为交易的审计备案。

（5）客户信息加密存放。客户的网上银行使用的密码，都经过不可逆加密算法存放在数据库中，即使黑客侵入数据库系统，得到密码字段，也无法破译原密码。

### 3.6.5 呼叫中心服务

随着银行业内竞争的日趋激烈，各大商业银行纷纷以客户需求为中心，推出各项新业务。在这其中，呼叫中心系统作为银行提高自身服务水平、满足客户需求的最重要的途径之一，已越来越多地受到各大商业银行的高度重视。借助呼叫中心系统，银行客户可以通过电话、传真和计算机等多种方式，向客服中心提出服务申请和交易申请，能够通过客服中心的 IVR（交互式语音应答系统）或者人工座席（银行的业务代表），分别获得自动语音/传真服务或人工服务，并可完成一定的交易操作。

中国工商银行 95588 客户服务中心成立于 2000 年 7 月，历经了多年的建设与发展，目前已经拥有 500 个座席席位，400 余名业务代表，日均电话呼入量超过 15 万通。作为国内领先的银行业呼叫中心之一，95588 一直秉承“全心全意为客户服务”的宗旨，为客户打造多渠道、个性化、一站式的电话银行服务体系。

这一系统实现了 7×24 的全天候服务，通过全国统一的客服号码，可为每一个工商银行客户提供集呼入、呼出、传真、Email 和网上客服等各种服务渠道为一体的全方位现代金融服务，服务范围涵盖：业务咨询、信息查询、客户投诉、账户挂失、业务操作、产品营销及客户关怀等各个方面，以准确、及时、优质的服务建立了极高的市场知名度和美誉度。

95588 在提高客户服务水平的同时，也不断致力于自身运营管理水平的提升——率先引入数字化管理理念，通过创建绩效管理体系、加强现场监控、完善质控管理等一系列先进科学的管理手段，开创精细化管理新模式，在提升服务质量和客户满意度的同时，提高员工工作效率，降低运营成本，实现高水平的集约化运营，确立了工商银行客户服务水平的领先地位。

### 3.6.6 案例评析

中国工商银行金融电子化水平在同业居领先地位，电子化网点覆盖率达 98% 以上。在长期的电子化建设经验积累的基础上，借鉴现代商业银行的成功经验，该行实施了全行性的数据集中工程，同时积极进行新一代综合业务系统的更新换代，加快发展以网上银行为代表的电子银行业务，建立了以全国三级网络为依托的网上银行系统，通过互联网实现账务查询和管理、资金汇划、网上支付、银证转账和外汇买卖等功能，逐步建立了新型技术体系，加快了银行业务创新的步伐，实现对业务经营的集约化管理，大大缩短了与国外现代商业银行在电子化建设方面的差距，使工行的电子化水平保持在国内各家商业银行领先水平。

“金融@家”为广大客户提供的是一种多层次、全方位、个性化和高度安全的在线个人金融服务。其独树一帜的优势在于：功能强大的一体化服务，集银行、投资和理财服务于一体，无论何时何地，客户都可以享受到工行网上金融服务。中国工商银行与微软等国际知名公司合作，共同开发并应用了达到企业安全级别的网上身份认证和智能芯片（USBKey，IC）信息加密技术，令网上金融服务更加安全可靠，客户即使在网上进行大额资金转账和汇款，亦可高枕无忧。无论拥有存折、灵通卡，还是拥有贷记卡、信用卡、商务卡、理财金账户卡，客户都可以享受到工行“金融@家”的服务。客户无须办理任何手续，就可直接上网查询存折账户信息或缴纳各种费用，为客户提供了极大的方便，也创造出了显著的价值。

重视科学技术的运用是工行走在全国前列的重要因素。数据集中工程、全功能银行系统和数据仓库三大科技项目，是工商银行搭建国际先进水平金融信息技术平台的基础。2002 年 10 月完成的数据集中工程，是我国金融系统数据集中的开创性工程。工程完成后，全行所有经营数据集中于北京、上海两个数据中心，使业务处理效率与稳定性有了可靠保障。2005 年，工商银行以强化客户服务和经营管理信息化为核心，实施数据集中、数据中心整合等一系列工程，推广和优化全功能银行系统，成为国内首家完成全行数据和信息处理集约化，拥有统一、标准和规范的核心业务应用平台的大型商业银行。与此同时，工行通过先进的信息技术引领金融服务产品不断创新，成功地开发了法人和个人客户信贷管理系统，成为国内首家具有自动信贷控制体系的银行。此外，工行自主研发了个人理财、国际结算和外汇汇款等优势产品，不断完善现金管理和银行卡等高端业务系统。

在最近几年，工行不断优化网上银行、电话银行、手机银行等各类自助服务渠道，推出各类创新型的软硬件产品，在实际应用中发挥出显著的成效。工商银行已向国家知识产权局提交专利申请 33 项，USBkey 数字证书等 9 个项目获得了国家知识产权局授予的实用新型专利。

毫无疑问，工商银行是我国银行业的“航空母舰”，客户分布的广泛性和业务运作的复杂性，是其他任何一家银行所能比拟的。面对各种错综复杂的挑战，工商银行以加快电子银行的发展和应用作为突破口，使其成为改善客户服务、提升业务运营效率和降低运行成本的利器，取得了卓越的成效，为我国银行业的健康、快速和有序的发展探索出了一条成功的道路，值得我们学习、研究和借鉴。

# 第 4 章　证券行业电子商务发展

作为社会经济发展的“晴雨表”和资本市场的“起搏器”，证券业在世界各国的国民经济发展和社会进步中都有着重要的地位。中国证券市场从上海证券交易所于 1990 年 12 月 19 日正式开业算起，伴随着我国改革开放的步伐和经济高速发展的车轮，已经走过了十多年的风雨历程，取得了举世瞩目的成就，为中国综合国力的增强和国际竞争力的提升作出了不可磨灭的贡献。经历了十多年的风风雨雨和起起落落，年轻的中国证券业正变得越来越强壮、对中国经济和社会的发展正在发挥越来越显著的影响力。

与银行业相类似，证券业是最适合发展电子商务的行业之一。以数字信息流动为主要形式的证券交易业务与互联网有着天然的联系，加快证券业电子商务的发展对我国证券业的健康、持续、快速的发展有着非同寻常的意义。证券业在我国虽是一个相对年轻的行业，而证券业电子商务的发展已经取得了快速的发展，为我国证券业的健康、快速和持续的发展奠定了良好的基础。分析和研究证券业电子商务的发展问题，真可谓适逢其时，意义深远。

## 4.1　证券业发展概况

与世界证券业 100 多年的发展历史相比，中国的证券业 10 多年的发展历程实在短得不可同日而语。而且，中国的证券业是在我国社会主义市场经济体制逐步完善过程中发展起来的。从我国证券业的发展现状看，成绩是喜人的，存在的问题是显而易见的，当然，发展前景也是十分令人乐观的。

### 4.1.1　我国证券业发展现状

我国证券业发展的历史虽然较短，但取得的成就确实是有目共睹的。根据中国证监会的统计，到 2007 年 9 月底，中国境内上市公司已超过 1500 家，市值达 25 万亿元人民币，超过 GDP。随着工商银行、中国银行、北京银行等大型企业的上市，市场结构也发生了变化，截至目前，市值排前 50 名的上市公司市值已占 A 股总的比重达 60%，比三年前提高 20 个百分点。目前，基金、证券公司、保险、QFII（合格境外机构投资者）等机构投资者持有 A 股流通市值比重达到了 44%，比 2004 年提高了 25 个百分点。统计显示，基金是中国资本市场最主要的机构投资者，占 A 股流通市值的 31%左右，此外，政策调整使保险资金成为资本市场日益重要的投资者（中国保监会允许保险资金直接投资股市的比例由原来的不超过上年末总资产的 5%提高到 10%），QFII 投资总额度也提高至 300 亿美元。

从以上统计分析可以看出，我国证券业发展所取得的成就是巨大的，对我国国民经济与社会发展所作出的贡献也是功不可没的。具体表现在以下几点：

（1）证券市场有力地推动了国有企业改革与发展，进一步完善了国有企业的经营机制。

目前，沪深两地的上市公司中 90%是国有企业，520 户国家重点企业已有 2/3 在沪深两地上市，大大加快了国有企业股权多元化的步伐，对转变国有企业的经营机制起着十分重要的作用。

（2）证券市场的发展对促进投融资体制的改革意义重大。证券市场为企业打开了新的融资通道，而且市场调节资源配置的力度加大，对推进社会主义市场经济体制的完善起到了重要的作用。

（3）上市公司已开始成为国民经济的中流砥柱。我国已上市的企业基本都是各行各业的骨干力量，促进这些企业的快速发展有利于社会资源向优势企业集中，有益于国民经济健康稳定发展。

（4）为社会公众开辟了新的投资通道。股市已成为广大公众十分重要的投资渠道，一定程度上化解了银行高储蓄的风险，对加强上市公司的监督也有益处。

（5）上市公司为我国经济渐进式改革积累了有益的经验。依靠证券市场加强制度建设与转换经营机制等各方面的经验，为加快我国经济渐进式改革积累了成功的经验，也创造了有利的条件。

从未来的发展趋势看，我国将建立四个层次的资本市场架构，即：积极培育蓝筹股市场；大力发展中小企业板；积极研究、适时推出创业板市场；整合代办股份转让系统，探索和完善统一监管下的股份转让制度。中国的证券市场经历了十多年的风雨历程，到目前为止还远不够成熟，前面的道路虽然充满着艰辛和坎坷，但作为中国经济与社会发展的支撑力量，发展前景不可限量。

### 4.1.2 我国证券业发展面临的机遇

从长远来看，我国证券业面临着各个方面的发展机遇，主要表现在以下一些方面：

（1）全面建设小康社会需要大量的资金投入，居民储蓄的大幅增长以及社会保障体系的建立和完善，催生证券市场投资渠道的不断成熟；

（2）逐步完善的社会主义市场经济，要求通过集中统一的证券市场打破要素市场分割，实现资源的跨行业、跨地区、跨产业优化配置；

（3）证券市场的直接融资不但有利于我国企业降低融资成本，而且还有利于优化金融资源配置，分散金融体系的风险；

（4）国有企业的深化改革有赖于证券市场的规范与完善，国有大中型企业产权多元化的改革必须依靠证券市场来实现；

（5）积极的财政政策要带动民间投资，稳健的货币政策需要关注证券资产价格和证券市场的流动性需求，证券市场是促进宏观经济稳定有序发展的重要力量；

（6）中央提出振兴东北老工业基地等战略决策，必然需要证券市场发挥直接融资、资源整合等多方面的作用，为我国证券市场快速发展注入了新的活力。

（7）入世加快了我国企业通过国际资本市场融资的步伐，从而为我国券商提供了新的市场机遇；

（8）地方保护和行政垄断等体制的逐步瓦解，为大量存量资产的流动创造了巨大的需求，需要证券市场发挥重要作用；

（9）外资的引入使得国内大型券商在成立控股集团公司、上市融资和与国外券商合资的方面面临难得的机遇，可以大大加快我国证券业国际化进程；

（10）国际、国内证券市场的逐步融合，可以缩短我国证券市场与国际证券市场的差距，对推动我国证券业的健康、规范发展有着重要的作用。

（11）我国宏观调控加快市场化步伐，证券市场对有关政策工具的反应更加灵敏，更有利于证券监管机构的宏观调控，例如利率杠杆，我国政府用利率杠杆刺激投资的行为将更加有现可循，更加易于操作。

### 4.1.3 我国证券业发展面临的问题

我国的证券市场是在经济体制转轨过程中发展起来的新兴市场，在看到成绩的同时，我们也应看到面临的问题也是错综复杂的，主要表现在以下一些方面：

（1）券商业务单一，创新能力不足。我国的证券公司业务机构雷同现象十分严重，主要集中在一级市场的承销业务、二级市场的经纪业务和自营业务上，经营收入也基本局限在承销、经纪和自营三大传统业务上，其他的新业务如资产管理、并购重组、衍生工具、资产证券化、财务顾问、创业基金等现代投资银行业务由于体制和政策的限制而未能得到大力的开展。而国外的证券公司基本上已经突破了传统业务的局限，已发展到涵盖证券承销发行、证券交易、财务顾问、债券融资业务以及衍生产品等多方面的业务，其中衍生工具的创新更是层出不穷。以2007年以前的美林证券为例，该公司的净收入主要由佣金、主要交易、承销、战略顾问、资产管理和组合服务收入、净利息收入构成。相比之下，差别显而易见。由于券商业务的高度雷同，造成了我国证券经纪业务的白热化，传统的以提供交易通道为主的盈利模式也已完全被颠覆，众多证券公司处境艰难，寻求大的发展心有余而力不足。

（2）证券内部管理机制不健全，企业管理水平相对较为落后。总体来说，我国证券业的从业人员整体素质是很高的，集中了国内一大批顶尖的财经类精英人才，但是作为一个年轻的行业，我国证券业的经营管理水平与国外证券公司相比，差距也是十分明显的，特别是在资产管理、营业部管理、人员和资金分布、风险控制及信息共享等方面都存在着较大的差距，在证券公司自身的制度建设、科学决策机制、风险防范机制、竞争机制、激励机制、服务机制等各个方面都有待完善和加强。

面对入世后国际证券经营商的进入，我国的证券公司还面临着一个优秀人才流失的问题，因为国内证券公司在待遇、发展空间、个人成长机会等方面同样不能与国际著名的证券公司相提并论。

（3）上市公司市场化程度低，发展问题复杂。目前，在我国沪深两地的上市企业中，普遍存在的问题是公司股份全流通的比例还较低。在这种情况下，股票市场所反映出来的上市公司的股票价格与其真实的价格存在很大的偏差，一定程度上影响了证券市场在资源优化配置中的作用。目前，我国已经上市的企业绝大部分是原有的国有企业，由于国有企业在证券市场的进入与退出机制没有真正建立起来，所以，国有企业“优不胜、劣不汰”的现象不可能在短时间内消失。

因为受我国国情的限制，我国上市公司在法人治理结构建设和现代企业制度的规范性等方面还存在着很大的不足，大多数上市公司的股权结构中，国有股占有主导地位，国有股股东“垄断”上市公司经营行为的现象十分突出，股东代表大会的权力不能充分发挥，对上市公司发展的负面影响不可低估。

（4）证券交易不规范现象明显，中小股东利益受损。在我国的证券交易业务的发展过程中，内幕交易的现象还一定程度上存在，上市公司与庄家联手操纵股价的事情屡禁不止。

上市公司的一些经营决策，如资产重组、股权置换、投资项目的变更以及主营方向的转变，在很大程度上都成了配合庄家拉升股价和出货的内幕信息，成为股市兴风作浪的“重磅炮弹”。

另外，我国数以亿计的证券投资者绝大多数都是中小散户，他们实际上是股票交易的“弱势群体”。当上市公司出现只圈钱不改制、随意变更投资项目、投资论证不充分、不等价交换大股东资产以及内幕交易等现象，上市公司的中小“股东”一般只能发发牢骚而已，实在忍无可忍时，只能“以脚投票”，以低价把股票抛掉。

总的来说，如果在对上市公司的监管不能充分到位，中小股东利益不能得到有效保护的情况下，我国证券业要得到健康、有序、快速的发展是不太现实的。

### 4.1.4 我国证券经营企业未来发展方向

证券经营企业是我国证券业发展的主体，也是承载我国证券业振兴辉煌的基本力量。面对行业发展的现状，以及国际证券业的挑战，存在的压力与困难是不言而喻的，但发展前景也是很令人乐观的。总的来说，我国证券经营企业未来的发展方向主要包括以下几个方面：

（1）规模大型化。从我国现有证券企业的规模和实力来看，一方面无法适应我国国民经济持续快速发展的需要，另一方面也不可能与以资金、实例、规模见长的国际证券经营企业竞争。所以，加快证券行业自身的兼并、重组，在比较短的时间内建立起一批有国际竞争力的大型证券公司，实现规模化经营将是证券业发展的一项重要任务。比较可行的办法是通过增资扩股或发行债券以及上市融资的方式，扩大资本金来源、改善股权结构，使少数实力较强的券商脱颖而出，迅速扩大规模，获得超常规发展，成为中国证券业的主力军，为我国证券业的发展起到中流砥柱的作用。

（2）交易电子化。加快证券业电子商务的发展，实现证券交易的电子化既是证券企业提高经营效率和经济效益的需要，也是证券市场和广大证券业务的参与者的现实需求，更是参与国际证券业竞争的重要手段。对我国证券业来说，发展电子商务不能解决千头万绪的复杂问题，但如果证券企业不能抓住电子商务带来的发展机遇，必然会酿成大错，丧失未来发展的主动权。所以，证券交易的电子化已成为我国证券业未来发展的一个重要趋势。

（3）业务多元化。我国证券业现有的业务发展局限将会逐步受到国际市场的冲击，相关的政策也会变得越来越松动。所以，我国的证券企业应该早作准备，充分借鉴和吸收国外证券企业的成功经验，在业务多元化方面迈出新的步伐。除了继续做好承销、经纪和自营三大传统业务外，尽快在资产证券化、兼并收购、私募发行、风险投资、衍生工具和创业基金等领域找到新的业务发展机会，成为能够提供满足资本市场需要的全方位业务的证券经营企业。

（4）服务专业化。服务已成为证券经营企业参与市场竞争的重要手段，在与国外券商的竞争中，国内券商的最大优势是便于提供专业、优异的服务。因为国内证券经营企业一方面熟悉国情，与客户拥有共同的文化背景，存在客观的联系，有提供专业化、人性化服务的条件，另一方面，国内证券经营企业在提供更多、更好的服务方面的成本要比国外同行低。当然，在如何拓宽服务内容、提升服务品质、创造服务效益等方面，还有很多的问题需要探讨，需要我国证券经营企业不断地加以改进和发展。

（5）品种多样化。目前中国证券市场品种主要集中在股票（A、B股）、债券上，未来市场随着创新机制的完善，与股票和债券相关的新品种及其衍生产品将不断丰富市场，资产证券化品种也将以各种形式出现。中小企业板的品种正在完善过程中，创业板的推出必将为投资者提供更多的投资选择。

（6）融资多元化。长期以来，我国企业在证券市场融资的主要方式为股票融资，但从未来发展趋势上看，其融资渠道将更为广泛。从国务院证券市场发展规划来看，企业通过发行债券融资的方式将会顺利实施，并且在债券的市场品种上将增加。过去上市融资一直以来是国有企业的“专利”，从未来市场发展来看，特别是随着中小企业板及未来创业板市场的推出，将为更多民营企业、中小型公司上市创造宽松的条件，企业融资多元化趋势将会非常明显。

## 4.2 证券业电子商务概述

简单地说，证券业电子商务就是指在证券活动的各个环节，如信息收集、发布、交易、资金存取、清算、交割等一系列过程中，利用计算机网络技术，以实现证券业务的各项功能，达到提高业务处理效率、降低业务成本、改善客户服务水平和能力的目的。近年来，证券业电子商务在国内外取得了较大的发展。

### 4.2.1 证券业电子商务的主要形式

证券业电子商务的表现形式十分丰富，几乎可以涵盖经纪业务、投资银行业务、研究咨询业务、理财业务等证券业务的各个方面。目前，开展得比较好、影响面比较大的主要是网上证券交易和各种增值服务。

#### 1. 网上证券交易

网上证券交易即通过互联网实现证券的交易过程。对参与证券买卖的股民来说，通过互联网，不但可以查看到股市动态行情、国际经济分析、政府政策分析、企业经营管理分析、证券板块分析等与证券交易相关的各类资讯，而且可以通过互联网进行委托买、卖、撤单、新股自动申购等各项操作，从中获得的价值是十分明显的；对证券经营企业来说，通过互联网实现证券交易，可以有效降低证券业务的运作成本，克服由于营业网点不足所带来的各种局限。

在美国，证券网上交易可分成三种模式：

（1）E-Trade模式：这种模式完全以网络方式提供纯虚拟的投资与服务，其特点就是用尽可能低的折扣吸引对价格在意而对服务要求不高的自助投资者。应用这种模式开展电子商务的公司并没有有形的营业网点存在，通常是由IT背景的网络型企业进入证券经纪市场发展起来的。

（2）Schwab（嘉信理财）模式：这种模式同时为投资者提供网上交易、电话交易及柜台交易等多种交易手段，投资者可自己选择所需要的服务形式。采用这种模式的主要是那些已有一定经纪基础的折扣券商。

（3）Merrill Lynch（美林证券）模式：美林证券是全球著名的证券公司，凭借公司多年积累下来的专业化客户经纪队伍与庞大的市场研究力量，成为了全球证券业的佼佼者。与美林证券一样，不少传统的老牌大型证券公司，因为不愿自食已有的业务来发展网上交易而陷入极为被动的境地，在客户大量流失之后才宣布全面进入网上交易。由于这类券商网点众多、客户基础良好、又能提供全方位的服务，发展电子商务有特别的资源优势。它们主要利用网络技术手段对原有业务进行必要的重组，为客户提供基于互联网的全面系统的专业服务，以适应市场的变化与客户的新需求。

国内证券经营企业在开展网上交易业务方面，也可分为两种模式：

（1）财经网站+证券公司营业部模式：即由网络公司为主导，通过搭建交易平台与不同证券公司营业部合作，营业部通过网络公司的平台，向客户提供投资资讯，而证券公司则以经纪人的身份在后台为客户提供网上交易的通道。如和讯、证券之星等是通过这种方式为客户提供资讯服务的。

（2）券商网站+券商自身营业部模式：即证券公司自行开发自己的网上证券交易网站，并通过证券公司的部分或全部营业部连接到该平台进行网上交易，客户通过营业部的网站直接进行证券交易活动。华泰证券、泰阳证券、海通证券等一批国内有影响的证券公司都是通过这种方式开展电子商务的。

由于我国曾经规定只有具有证券承销资格的经济实体才具有从事网上证券交易资格，所以前一种模式由于不能开展网上证券交易业务，只能通过提供网上交易之外的服务来获得业务收入。从目前的情况来看，后一种模式成了国内证券业电子商务的主要表现方式。

值得注意的是，目前已有不少证券公司发现，单独依靠自己的力量建设专门的网上交易系统，提供证券资讯，不仅投入巨大，效果也很难保证，而且各大券商网站所提供的财经信息大同小异，存在重复雷同的问题，造成了人力、物力资源的巨大浪费。所以，有一些券商希望通过合作结盟的方式，希望能从网站重复建设的竞争中解脱出来，而致力于更高层次的金融工具和服务的创新。从未来的发展趋势看，证券电子商务在加剧证券业竞争的同时，也会促进证券公司的合作与结盟。

### 2. 证券增值服务

对证券交易者而言，他们最关心的是如何快捷地进行交易、方便地获得有关证券市场的大盘走势、股票行情、财经信息、企业基本情况等实时信息，并渴望得到专业化、个性化的投资咨询服务。由于网上交易具有良好的实时性和交互性，实现个性化股市信息、股票定制等服务变得越来越容易，因此通过互联网面向股民提供证券增值服务有了理想的发展基础。

基于互联网的证券增值服务从内容上可分为一般财经信息服务、信息研究服务、专业咨询服务及投资理财顾问服务等。一般财经信息服务基本都由网站免费发布，其他几种服务或需要缴费获得，或由证券公司向网上交易注册客户专门提供，基本都是有偿的。

证券增值服务从提供方式上来分，可分为主动服务、互动服务和个性化服务等。关于证券交易的互动服务比较受股民的欢迎，具体包括证券投资操作事务、证券投资提示服务、证券投资心理咨询、证券投资法律咨询、个股咨询等。与传统的证券业务咨询相比，网上证券咨询不必要求咨询双方面对面进行，而且咨询的受众数量可以显著扩大，咨询的信息量也可大大增加。随着股民参与证券增值服务的数量不断增加，证券增值服务的内容与形式也在不断的发展变化之中。

除了以上两种主要的证券电子商务形式外，不少证券类网站和证券公司还通过互联网向客户提供相关的外汇、期货等方面的辅助投资服务，还有一些证券投资顾问与外汇交易所、期货交易所的专业人士通过互联网结盟，共同为相关的投资者提供跨行业的组合投资分析，帮助客户更好地规避风险、取得更多的投资回报。

总的来说，证券业电子商务以证券的网上交易为核心，辅之以各种形式的增值服务，为广大客户提供基于互联网的证券业务服务。

### 4.2.2 证券业发展电子商务的主要优势

证券业发展电子商务的优势十分明显，具体表现在以下一些方面：

（1）行业特点适于实现电子商务。证券业的客户十分分散，而且整个业务流程完全无需物流配送，由于具有这两个特点，因此证券业非常适合应用互联网这一高效率、低成本的网络载体实现业务运作。对客户来说，证券电子商务使得证券交易不再受时间和空间的限制，能够实现远程交易，可以节省更多的时间和费用，作用也十分明显。另一方面，无论是在国内，还是在国外，证券业的信息基础设施体系明显优于其他行业，是一个大量应用现代高科技信息技术的行业，如国际先进的交易主机系统、数字卫星通信系统、成交撮合系统和数据清算软件等都在证券行业有广泛的应用，为证券业开展电子商务带来了先天的条件。

（2）有利于提高证券交易的效率。计算机处理能力的增强提高了证券交易的撮合效率，网络传输能力的提高加快了信息的交换效率，因此证券市场对信息反应的灵敏度有了很大的提高。网络的普及使更多的人能够在网络中互通信息，共享资源，股民可以在家里或办公室里获取和交流与证券相关的信息，可以通过网络进行和完成整个证券交易，证券买卖变得更为方便快捷，证券交易的效率有了根本的提高。此外，网络还使证券发行工作大大简化，投资者认购效率有效提高，为证券业的发展带来了一场不小的革命。

（3）有利于扩大证券市场交易范围。交易所建成的“卫星证券通信网络”，使得在国内的任何一个地方都可利用该网络实时接收两个交易所和行情等交易信息，全国范围内的证券交易市场随即形成。而随着越来越多的电脑用户连入网络，全球信息共享正成为现实。无论用户身处何地，只要拥有电脑和电话，就可以通过互联网获取所需信息。投资者在任何时间、任何地点均可通过互联网络进行投资，就算出差到世界各地，客户仍然可以每天通过互联网在网上查询股市信息、进行交易等，这在过去是难以想象的。互联网使得证券交易的时间和空间范围骤然扩大，为证券业的发展提供了广阔的发展空间。

（4）显著降低证券业务成本。互联网在证券市场中的运用，减少了证券市场的中间环节、简化了操作流程，从而降低了各种费用。传统的门市证券发行将为网络发行所代替，传统的通过证券商交易将由虚拟的网络市场来进行，证券交易清算速度也将大大提高，这些都极大地降低了证券交易成本。互联网还可以降低信息交换成本，提高市场监管效率。由于网络加速了资金周转，增加了交易数量，各种费用的相对成本不断下降，从而带来规模经济效益。

（5）有利于实现证券发行与交易方式的创新。传统的证券发行是由证券商负责，证券商利用自己或别人的营业网点，等待投资者上门认购。尽管认购方式有很多种，如抽签方式、银行存款方式等，但不管哪种方式，都需要承担较高的销售成本，而且销售效率也极为低下，还难以保证销售发行的公平性。我国自沪、深两地交易所相继利用传统封闭交易网络系统后，投资者在一级市场上的证券购买方式发生了显著的变化，任何一个投资者都可以利用证券部开设的交易账户，申购国内任何地方经批准发行的证券。但由于没有全面采用联网管理方式，我国的证券发行还只是一种传统的网络发行方式。利用互联网进行证券发行可以不利用传统的承销商或代理商，而只经过有关会计师事务所、律师事务所对将要上市的证券进行审核，即可上网供投资者自由选择购买。除了证券发行的网络化外，证券交易的网络化也正在快速推进，通过互联网实现的证券交易比例正在迅速上升。

（6）推动证券市场全球化进程。互联网克服时差障碍，使证券交易每周 7 天，每天 24 小时不间断进行成为可能，而且它不仅能使某一交易系统的交易时间不间断，还能将全球众多交易系统连成一体，如设在纽约、东京、巴黎、伦敦和上海的交易系统将会平等进入市场，供投资者任意选择。电子银行的出现使资金转移瞬间完成，大大增加了投资选择范围和投资机会。互联网正在改变原有场内市场和场外市场的含义，证券发行、交易与清算已不再局限于一时一地，正催生出一个全球化、自由化的证券市场。随着全球性互联网络的不断延伸和发展，全球网上标准的建立，功能齐备的国际性的网上证券市场将会应运而生。

（7）促进证券经纪经营理念的变化。未来的证券公司靠富丽堂皇的营业大厅吸引客户、靠铺摊设点扩张规模的经营方式已显得有些不足，相反应当依托最新的证券电子化成果，积极为客户提供投资咨询、代客理财、资产管理、网上经纪等金融服务，努力建立和扩展庞大的客户群体将成为其主营目标。实力机构可以依托有形网络的优势提高网上交易额，造成与有形网点争夺客户的局面，使客户量向网上转移，传统营业部的交易量下降，收入减少。因为互联网的在线交易多了，证券营业部的数量、经营面积、计算机 LAN（局域网）工作站数量、证券营业部工作人员数量都将减少，高层次的证券经纪投资顾问人员将增加。网上信息资源的丰富、专业，将使传统的经纪人受到一定的冲击，没有深入研究、高深专业知识的经纪人将会被淘汰。随着证券电子商务化程度的进一步深化，证券电子交易场所中“虚拟证券营业部”的出现，将迫使证券从业人士的服务方式和内容都作出重大调整。因为在网上交易模式上交易席位已经具备“无形席位”的全部特征，导致投资者有可能越过券商直接入市，在这种趋势下，交易者对券商的依赖则可能更多的是技术支持、信息咨询等服务而不是代理。

（8）推动证券营销方式的革新。未来的证券公司的市场营销将不再依赖于经纪营销人员的四面出击，而将集中更多的精力用于网络经纪营销。通过网络了解客户的要求，并根据客户的需求确定经纪营销的策略和方式，再将自己的优势和能够提供的经纪服务通过网络反馈给客户，从而达到宣传、推销自己的目的。随着信息技术的高速发展，证券经营完全可以借助各种高效的通讯介质、技术与手段走向新的高度。更多的证券投资者将可以不再受地域的限制而自由地投向他们所欣赏和信赖的且可以指导他们在证券投资上带来回报的券商；换言之，能很好地给投资者提供投资指导并为其带来较好收益的公司会受到越来越多投资者青睐；反之，则势必“门庭冷落车马稀”。同时随着投资者对于个性化服务的要求不断增强，经纪人制度、投资理财服务等新业务也将成熟并大幅扩展客户面；开展证券电子商务可使投资者与经纪人方便地进行交流，让经纪人更快捷地为所经纪的客户提供更为专业、个性化的投资指导。

### 4.2.3 证券业电子商务的特点与要求

以网上交易为核心的证券业电子商务为投资人提供了高效、稳定、便捷、实用的证券投资交易通道及个性化的投资理财服务。它的特征可以概括为以下几点：

（1）运营管理模式上不再以营业部为业务核心，相关的证券委托业务、客户数据库将全部整合到一个中心业务平台上，由中心统一负责证券交易业务的处理；

（2）委托交易的方式，不再以现场交易为主，而是以网上委托为主，同时包括电话委托及各种无线通信方式的委托交易；

（3）通过与银行业务系统的联网，实现资金跨地区实时划拨；

（4）交易席位的无形化，使得投资者可以直接越过券商进行交易，代理交易的券商的地位必然会逐步削弱，交易者对券商的依赖更多的将是技术支持、信息咨询等服务，而不再是传统的业务代理；

（5）证券市场的地域概念明显弱化，国际国内的证券市场将逐步走向融合。

与其他行业发展电子商务有明显的不同，证券业电子商务的发展必须满足以下几个方面的要求：

（1）安全性：安全性是证券交易的首要要求，无论是资金流动的安全，还是客户信息的保护，都必须做到万无一失，否则证券网上交易就会出现难以想象的后果；

（2）时效性：证券交易的一个显著特点是交易机会的瞬时性，这就要求电子商务交易系统必须保证极高的时效性，任何延误与滞后都会给客户判断带来错觉，甚至失误，导致不应有的损失；

（3）可靠性：证券网上交易中的任何微小的差错都会出现很大的差错，因此证券电子商务系统的可靠性要求也是相当高的，必须防范来自病毒、外部攻击、误操作等带来的各种风险，提高系统的可靠性；

（4）专业性：证券电子商务系统是专门为投资者提供交易服务的，投资者必须得到专业、适合个人业务需要的各种具有针对性的服务；

（5）快速响应能力：证券行情瞬息万变，下单的时间过长会严重影响客户交易过程，降低交易质量，影响客户满意度。

### 4.2.4 证券业电子商务对市场监管提出的挑战

证券电子商务在为证券业带来革命性变化的同时，也给证券市场的监管提出了严峻的挑战。在证券交易体系中，交易清算网络是通过计算机和卫星等通信网络进行的，网络内部任一环节出问题都可能影响到系统的安全运行，如电脑故障、电缆中断等都将导致整个系统瘫痪。系统的安全性和可靠性如果无法完全保障，那就意味着风险的增加。一旦系统局部受损，受影响范围就不仅是一个市场、一个地区，而是整个市场、全国市场，甚至全球市场，这意味着数以千万计的投资者将受到风险的冲击，国家和国际政治经济局势的稳定都将受到影响。在股票市场中，信息的快速传播使股价对外部事件的反应更灵敏，在特定环境下会加剧市场波动。

证券业电子商务的发展要求监管层必须采用新的监管手段和技术去监管市场和进行决策。目前各国证券市场所用通信设备和计算机系统都非常先进，证券市场中各类投资银行家，如证券商、证券分析师、基金经理及并购专家等，几乎每时每刻都在使用和跟踪各种信息系统，利用先进的通讯技术获取经济情报。在这样的情况下，监管部门必须拥有同样先进的硬件设备和信息系统以增强对市场监管的力度。

为了加强对证券电了商务交易的监管，美国证券交易委员会（SEC）一直密切注视着互联网市场的变化，并行使着保护投资人的职责。为此，SEC 采取了三方面的措施：一是对使用互联网进行指导；二是建立电子申报系统；三是反互联网上的欺诈行为。香港证监会也组织专门人员监管证券电子商务的运作，若发现有可能是欺诈事件或是经纪人的不法行为，便会深入调查。我国政府也已就网上证券交易的监管发布了一些具体的办法，先后出台了《网上证券委托暂行管理办法》、《证券公司网上委托业务核准程序》等，一定程度上为证券业电子商务的发展起到了保驾护航的作用。

### 4.2.5　国际证券业电子商务的发展状况

从世界范围来看，证券业是电子商务发展速度最快、应用效果最好的行业之一。在美国等发达国家已基本普及网上证券交易，网上交易已成为证券交易的主要方式。作为世界上最大的证券市场所在地的美国，自 1995 年嘉信理财（Schwab）公司推出世界上第一个网络证券在线交易服务以来，证券信息环境、运作模式、竞争格局已经发生了巨大的变化，股票的发行模式、交易模式、清算模式也与过去大不一样，网上证券交易已被证券公司和广大投资者所接受，证券业的发展进入到了一个全新的阶段。

在欧洲，证券业电子商务的发展虽然比不上美国，但发展势头也很好。在英国，因为由嘉信理财等美国证券公司的带动，证券业电子商务的进展很快；德国、法国、意大利等国家的证券公司近年来纷纷效仿美国公司的做法，投入巨资用于证券电子商务的系统开发和市场开拓，总的来说取得了比较大的成效。

在亚洲，证券业电子商务发展比较快的国家和地区主要有日本、韩国、中国香港和中国台湾等。在日本，在网上交易监管方面取得了不少有益的探索。日本的监管当局吸收了来自证券公司和科研院所等方面的金融、法律等方面的专家，组成“金融服务业电子商务的进展与行政监督研究会”，专门就日本证券等金融服务业电子商务的进展与行政监督展开研究。研究的内容包括向客户提供书面信息的电子化、利用电子手段公开企业信息、销售和促销时的商品说明和信息提供、网上交易的纠纷处理、关于跨境交易的对策等。相关的研究为日本证券业电子商务的有序发展提供了良好的保障。

韩国作为亚洲新兴工业化国家，在经历过 1997 年的亚洲金融危机后，近几年经济又开始快速复苏，在证券业电子商务方面走在了亚洲的前列。韩国证券业电子商务的发展主体都是那些由原有的传统大型综合类证券公司为中心成长起来的，具有雄厚的业务发展基础，这些大型券商充分利用互联网的服务客户、提高效率、降低成本的优势，为证券公司和客户带来了“双赢”。近年来，韩国网上证券的业务量以 200%～300%的年增长率提升，成为世界证券业电子商务发展的“领头羊”之一。

中国香港特区是世界著名的国际金融中心，在证券业电子商务发展方面自然不甘落后。香港证监会先后发表了多项咨询文件和调查报告，发布了《有关监管证券及期货的网上交易咨询文件》，对网上证券交易的监管政策和运作规范提出了详细的建议，其主要内容就是如何保障投资者的利益，同时对网上交易系统的运作加以规范。目前，香港证券业电子商务的发展也已进入快速成长期。我国台湾省的证券监管机构也是从强化对网上证券交易的监管入手，推动证券业电子商务的有序发展。台湾证券交易所于先后出台和修订了《营业细则》、《证券经纪商使用网际网络等电子化交易型态制作买卖委托记录之处理流程》、《证券经纪商受托契约准则》及《证券商营业处所场地及设备标准》等规则，使得网上证券交易发展更加规范、更加健康有序。

总之，证券业电子商务在世界范围内已进入一个快速成长期，正逐步成为证券业发展的基本形式。

## 4.3 我国证券业电子商务发展

与发达国家相比，我国证券业电子商务的发展历史较短，总体水平相对滞后，但取得的进展很大，目前的发展势头很好，当然，存在的问题也很明显，需要我们认真思考，积极地去探索。

### 4.3.1 我国证券业电子商务发展历程

我国证券业电子商务发展的历史虽然不长，但也可分成五个阶段来考察：

第一阶段：1996 年到 1997 年底。这是我国电子商务发展的萌芽阶段，证券电子商务在这一时期已经有一定的表现。那时一些网络公司开始涉足证券业务，利用网站向投资者提供简单的行情和相关分析。由于技术的限制以及投资者上网的比例比较低，这一阶段的网上业务的功能比较简单，实际影响也不大。

第二阶段：1998 年 3 月至 1999 年 5 月。在这一阶段，我国互联网的发展进入了一个新的快速增长期，证券业应用互联网的条件和环境得到了很大的改善，相关的软件开发和系统功能都有了明显的进步。在这一时期，网上交易大都采用单营业部的模式，即各个营业部互不相关，尚未形成体系。由于在这一时期，发生了著名的“5·19”和“2·14”行情，一些采用了网上交易的证券公司抓住了这难得的机遇，取得了很大的经济效益，华泰证券等公司在电子商务发展中获益匪浅，成为其他证券公司效仿的对象。这一阶段，我国证券业电子商务发展有了实质性的发展，为后续的进一步发展打下了基础。

第三阶段：1999 年 6 月至 2000 年 5 月。这一时期由于系统普遍采用了 Web 技术，客户只需要一个标准的浏览器就可以进行行情浏览和股票交易，大大方便了投资者的操作，系统的安全性也有了很大的提高，网上交易的模式也由前一阶段的单营业部模式发展为总部转发模式，即由总部集中处理客户信息后再转发到营业部进行单独处理。由于在这个阶段，全世界互联网和电子商务的发展进入了高潮期，国内的投资者对证券业电子商务的发展有了更多的关注和参与，证券业电子商务的发展环境进一步成熟。

第四阶段：2000 年 6 月至 2001 年 6 月。在此期间，中国证监会表示积极支持网上证券交易的发展，并要求证券公司对发展网上交易给予充分的重视。在这一政策的指引下，证券业电子商务的发展进入了快车道，众多未开通网上交易的证券公司也纷纷投入到网上交易的竞争中来，已开通网上交易的证券公司则开始进行大规模的扩容和升级。在这一阶段，证券业与 IT 企业的融合，共同开展证券业电子商务的情况也较普遍，如联想集团宣布以 2.759 亿港元的有形资产入股赢时通，占赢时通股权的 40%，成为其单一最大股东。广东证券收购盛润 Stock2000 网站，成为中国首例证券公司与民营证券网络媒体之间的购并案，使广东证券在短时间内拥有了完整的网上交易技术平台、完整的在线资讯系统和财经专业服务团队，成了我国证券公司开展电子商务的后来居上者。

第五阶段：2001 年 7 月至今。由于连续长周期的证券市场的低迷，使得证券交易的人气大大缩水，一些证券公司出于削减成本、降低开支、服务投资者的考虑，继续把推进证券业电子商务的发展作为走出困境的重要举措。当然，这一时期证券业电子商务的发展环境也是今非昔比，投资者上网的比例大大上升，希望通过互联网实现网上证券交易的需求也比过去任何时候都要强烈。在这一新阶段，需求的牵引为我国证券业电子商务发展注入了强劲的动力，对证券公司来说，已经不再是要不要发展的问题，而是要考虑怎样发展才能更好地满足客户的需要并符合自身利益的问题了。

回顾过去走过的不平凡的发展历程，可以发现我国证券业电子商务发展所取得的成绩也是非常明显的。在发展初期，由于采用了超前、创新的电脑网络交易模式，使得中国证券业得到了超常的发展。早在 1998 年，我国就已经全部实现投资者、证券商、证券交易所、证券登记公司、银行、上市公司之间的认购、委托、报单、撮合、行情、成交回报、交割、清算、结算全联网自动交易，上海证券交易所在全世界第一个实现了全电子化的网络交易；深圳证券交易所也早就实现了全自动、无纸化的证券交易。

良好的发展环境和基础条件，结合我国证券市场发展的巨大潜力和国民经济的持续、稳定、快速发展的宏观形势，可以肯定地说，我国证券业电子商务发展前景十分广阔。

### 4.3.2　我国证券业电子商务发展趋势

经过五个阶段的积累，我国证券业电子商务的发展进入了一个新的时期。目前，国内几乎所有较大的经纪券商都开办了独立的证券交易网站，个别券商下属营业部也有自己的网站，有些券商的网上交易额已经达到总成交金额的三分之一，甚至更高。可以说，证券业电子商务已经深入人心，成了我国证券业发展的重要组成部分。

我国证券业电子商务的未来发展，华泰证券经过综合研究后，概括出了八个方面的趋势：

（1）网上证券交易将成为未来证券业竞争焦点。入世后，已经有不少外资证券公司、商业银行、IT 公司等进入中国证券市场参与竞争，竞争的白热化、利润的平均化成为必然。银行、IT 公司的进入和证券交易佣金的放开，一定会促使更多的券商花更大的精力来拓展网上证券交易，一些小规模的券商会借助网上证券交易求得发展，对大中券商带来更大的挑战，从而推动证券业的竞争进一步升级。随着网上证券的快速发展，新一轮证券业的重组必将出现。大中型券商完全有可能兼并、收购一些在网上证券交易方面做得比较出色的中小券商，以弥补自身在网上证券交易方面的不足，更好地拓展网上证券交易业务。与此同时，那些在网上证券交易领域具有核心竞争力的中小券商将会成为青睐的对象。

（2）网上证券交易发展速度会逐步趋缓随着网上证券交易的发展，其增长速度会逐步趋于平缓。可以肯定，在网上证券交易发展到一定阶段后，网上证券交易所占比例的增长会趋于相对停滞状态。这是由我国的国情所决定的，在比较长的时期内，网上证券交易只是证券交易的方式之一，不可能完全替代其他交易方式。

（3）传统营业网点发生变化，“鼠标加水泥”成为趋势。世界各国和地区证券业的实践和经验表明，网上与网下相结合拓展网上证券交易的方式，要优于完全依赖互联网来拓展网上证券交易这一方式。有形的营业网点仍然相当重要，但有形网点的形式将会出现调整，规模逐步缩小，人员趋于减少，功能也将发生转变。

（4）利益协调难度大，传统券商面临挑战。网上证券交易突破了空间的限制，因此对于传统券商来说，随着网上证券交易的发展，公司在不同地区的营业网点之间，公司设立的“虚拟营业部”与原先的营业网点之间会在同一地区展开直接的竞争。如何协调相互之间的利益，将成为传统券商所面临的一大难题。

（5）佣金浮动触发价格战，价格战终将转向服务竞争。目前我国网上证券交易处于发展初期，券商吸引客户的主要手段就是价格竞争。在网上证券交易发展到一定阶段后，券商吸引客户的手段将会转向服务竞争。对于券商来说，在服务方面赢得明显的优势是相当不易的。拥有别人所没有的，或者是比别人做得稍好一点，券商才会在竞争中占据优势。

（6）下单、交易工具多元化，新的交易方式会有大发展。仅以手机为例，券商将会为客户提供手机下单等多元化的交易工具。这一点，大陆券商完全可以凭借国内十分普及的手机用户的优势，有可能走在美国、日本、香港等发达国家和地区的前面。

（7）策略联盟越来越多，共同分享市场成长。寻求策略联盟是券商在开展网上证券交易方面所普遍采取的做法。与此同时，一些试图涉足网上证券交易业务的商业网站、信息资讯服务公司、信息技术公司、商业银行、保险公司以及电信公司等同样希望与券商开展合作，以分享网上证券交易发展所带来的丰厚利益。

（8）对客户加以细分，采取不同的定位和策略。不同的客户有着不同的偏好和需求，针对投资者的不同偏好和需求，对客户进行细分，然后“量身定做”，采取不同的策略和定位以吸引和留住这些客户，将会成为越来越多券商的选择。

### 4.3.3 我国证券业电子商务发展存在的主要问题

我国证券业电子商务在数年的发展历程中已经取得了令人鼓舞的成就，目前的发展势头也很好，但与发达国家的先进水平以及我国证券业的发展要求还存在着很大的差距，存在的问题也颇为复杂，主要表现在以下几个方面。

#### 1. 发展环境有待进一步改善

不可否认，证券电子商务的发展环境在最近几年已经有了很大的改观，但要大规模、快速度地推进证券业电子商务的实施，目前的发展环境还不够成熟，主要体现在以下几点：

（1）我国上网人口的比例不断上升，但总体来说还是比较低，基本集中在大城市和东部沿海地区，上网人群中18～25岁之间，其中缺乏投资能力的年轻人占了较高的比例；

（2）在我国过亿的证券投资者中，中小散户占了绝大多数，投资者队伍的整体素质参差不齐，能够对证券电子商务有较高的认识并能专业应用的比例还很低；

（3）上网带宽、上网速度、上网资费等网络应用的基本问题仍在一定程度上影响投资者参与证券电子商务的积极性；

（4）网络安全事关网上资金的流转，在投资者心目中还是一个不小的心理障碍，因为担心资金账户被盗、个人信息被泄露而不敢参与证券电子商务交易的投资者还占有不小的比例；

（5）证券投资的主体还没有发生转变，基金管理者、证券经纪人、投资银行管理者等一些国外证券市场的投资主体在我们国家还没有真正形成，交易规模过小，交易过程散乱等现象还较为明显；

（6）由于证券业电子商务的发展环境还处于不断成熟之中，因此，我国证券业电子商务的发展也只能逐步推进。

### 2. 交易政策不利于网上证券业务的发展

按照国家对证券交易的相关规定，我国证券交易实行的是固定佣金制度，国家对佣金比例有严格的规定，不允许证券公司以任何方式降低或变相降低交易成本，投资者很难从网上交易中获得直接利益，相反却要承担网上交易所带来的相对比较昂贵的上网费用。在这样的政策背景下，投资者参与网上证券交易的热情受到很大的打击，证券公司希望通过网上交易的方式与投资者分享成本降低所带来的收益，但因为政策的限制只能退避三舍。这种情况与韩国大相径庭，韩国证券业电子商务的大发展很重要的原因是得益于交易费用的下降，为投资者真正带来了实惠，使得交易双方共同受益。而我国目前的证券交易政策一定程度上捆住了证券公司的手脚，使它们在发展证券电子商务方面显得心有余而力不足。

### 3. 相关法律滞后于证券业电子商务的发展需要

根据发达国家的发展经验以及我国香港、台湾地区的实践，证券业电子商务的发展过程中必然会出现大量与传统交易不一致的新问题，必须有较为完善的法律与其相配套，才能保证其健康、有序地发展。我国目前尚无电子商务方面的相关法律，数字签名法等专门法律也未正式出台，使得证券业电子商务某种程度上还处在“无法可依”的状态。虽然我国已经出台了《网上证券委托暂行管理办法》，但由于政策的滞后和有关法律法规的不健全，许多证券营业部对证券业电子商务还存在不小的顾虑，而且有关网上交易者的资格审查、网上交易的技术标准、网上交易的市场监管等都还没有一个明确规定和标准，致使不少证券公司在开展电子商务业务时显得有些手足无措。

### 4. 证券业电子商务的监管还没有到位

以网上证券交易为核心的证券业电子商务由于牵涉面广、技术复杂，对经济与社会发展的影响大，因此加强监管是十分必要的。但是，到目前为止，我国还没有建立起一个适应网上证券交易特点的、比较完善的监管体系，因为在新的监管体系中，不仅监管的组织结构、参与部门应该有别于传统的证券监管体系，而且监管工具和手段也会明显不同，这样的监管体系是证券业电子商务发展必不可少的。另外，在证券网上交易的安全、网上交易的市场监管等很多方面都还没有操作性比较强的具体措施，不但会影响到我国证券业电子商务的有序发展，也会较大程度上妨碍到我国证券业迈向国际化的进程。

### 5. 安全隐患制约证券业电子商务的发展

目前制约着证券行业电子商务的一些瓶颈依然存在着，信息安全问题其中包括网络安全问题、网上支付问题、国家政策、法律的限制等等也成为影响整个证券行业电子商务业务发展的基础，只有在保障信息安全的基础上，电子商务才有可能在证券业真正发展下去。许多网上委托业务还处在摸索阶段，同时有关网上交易者的资格审查、网上交易的技术标准及技术体制、网上交易的市场监管等都还没有一个明确的规定，这些都使投资者对网上交易望而却步，极大地制约了证券电子商务的发展速度。另外，在证券公司方面，一些证券公司的网络安全意识较为淡薄，在网络信息系统的用户管理上疏忽大意，用户名和密码就存在被窃取的危险。随着证券业的业务创新，电话委托业务如火如荼，网上证券交易如日方升，而这些都要以证券网络更加开放为前提，势必对证券网络的安全性提出更加严峻的考验。许多流行的股票分析系统要求给用户分配比较大的权限才能进行交易，这无形中又增加了不安全的因素。

从上可以看出，我国证券业电子商务总体势头是好的，但存在的问题和困难也是要积极面对的。

### 4.3.4　我国证券业电子商务的发展策略

加快电子商务发展已成为我国证券业走出困境，实现健康、快速、稳定发展的重要途径。证券业电子商务的发展是一项系统工程，需要政府、证券经营企业、投资者和社会各界共同的努力。在具体的发展策略上，以下几点可作参考。

#### 1. 为证券业电子商务发展创造良好的发展环境

证券电子商务发展环境的改善是一个长期的过程，政府应该发挥主导作用，证券经营企业也应积极主动配合。主要应从以下几方面入手：

（1）逐步完善网络基础设施，降低网络资费，鼓励投资者应用电子商务方式参与证券交易；

（2）国家应从政策上引导证券企业与IT厂商的合作与结盟，统一规划，分工协作，提高网上交易的时效性、安全性和稳定性，并为证券企业开展电子商务提供技术支持和应用服务；

（3）证券公司应加大宣传力度，为投资者进行各种形式的培训与辅导，让更多的投资者充分了解证券电子商务的优越性，更方便、更快捷地参与网上证券交易并从中获益；

（4）在网络安全方面，政府监管部门必须从规范网络安全的标准和制度入手，为网络安全提供政策保障，并应协调全国网络安全产品的研究与开发，提高网络安全的针对性和有效性，避免重复建设，减少不必要的浪费。证券企业应加强同行业的交流与合作，不断提高网络安全的技术与管理水平；

（5）切实保障投资者的合法权益。消除投资者对证券电子商务的疑虑，必须把保护投资者的利益作为根本出发点，证券经营企业应保证网上信息服务的真实性和时效性，保护投资者的资金和个人信息的安全，加强与银行机构的合作，方便银行与证券机构之间信息的共享，实现资金的安全、快速的转移。

#### 2. 尽快完成证券交易佣金制度改革

证券交易佣金制度是证券电子商务发展不得不迈过去的一个“坎”，不能不予以正确对待。从证券公司的角度来说，适当降低网上证券交易的佣金，可以迅速扩大网上证券交易的用户量，随着用户量的上升必然会带来平均交易成本的下降，使网上证券交易进入一个良性循环的状态；对证券投资者来说，网上交易佣金的下调，必然会大大提高参与网上交易的积极性。所以，无论是国外的发展经验，还是我国的实际国情，传统的证券交易佣金制度的改革已经到了非改不可的时候了。当然，佣金制度的改革不一定要一步到位，可以逐步摸索，争取在国家、券商、投资者三者之间找到最佳的平衡点。

### 3. 逐步完善证券业电子商务发展的相关法律

我国现有的针对证券业电子商务发展的法律法规基本都是框架性的，不能解决证券业电子商务发展过程中出现的众多复杂问题，因此必须尽快出台操作性更强、更具体的法规条文，完善各项技术和制度规范，保证网上交易安全可靠，为发展我国证券业电子商务发展提供必要的法律保障。

美国是世界上证券业电子商务法律法规最为完备的国家，自 20 世纪 90 年代中期以来，美国政府出台了一系列相关的法律，主要包括：

（1）网络免税法案（Internet Tax Freedom Act）；
（2）网络公平法案（Net Fair Act of 1998）；
（3）电子隐私权法案（Electronic Privacy Bill of Right Act of 1998）；
（4）儿童网上隐私保护法案（Children's Online Privacy Protection Act of 1998）；
（5）纳税人互联网帮助法案（Taxpayers Internet Assistance Act of 1998）；
（6）电子信箱保护法案（Electronic Mail-box Protection Act of 1997）；
（7）电子信箱使用者保护法案（E-mail User Protection Act of 1998）；
（8）互联网上禁赌法案（Internet Gambling Prohibition Act of 1998）；
（9）数字签名和电子印鉴法（Digital Signature and Electronic Authentication Law of 1998）等。

这些法律法规可为我国制定证券业电子商务的相关法律法规提供借鉴，学习美国的经验，一定程度上可以加快我国证券业电子商务法律制度完善的进程。

### 4. 加强监管，促进证券业电子商务有序发展

对证券业电子商务发展的监管是必不可少的，在我国显得尤其重要。当然，监管必须科学、有度，绝不能因为强调监管的重要而扼杀证券电子商务发展的活力和个性。在具体的监管措施上，可从以下几方面入手：

（1）尽量完善相应的监管体系，做到监管有章可循，有法可依；
（2）明确界定合理的监管范围，该监管的一定要管好，不该监管的不能盲目监管；
（3）根据互联网技术的发展趋势，要求券商及时提高网络运行的安全性、稳定性和可靠性；
（4）应教育和引导投资者正确认识网上证券委托可能存在的风险；
（5）要坚决打击利用互联网进行证券犯罪的活动。

只要监管得法、松紧有度，我国证券业电子商务的发展必定能取得事半功倍的效果。

### 5. 证券公司应成为证券业电子商务发展的有力推动者

毫无疑问，证券公司是证券业电子商务的发展的主体，也是证券业电子商务的主要受益者。从目前的情况来看，我国各证券公司对电子商务的认识还有不小的差距，发展水平

也参差不齐，与国外的先进水平以及投资者的要求还有不小的差距。对证券公司来说，加快电子商务的发展与应用已经是不需要争论的问题了，关键是如何以比较小的投入取得比较好的成效，能最大限度地发挥其在服务投资者，提高企业经营效率和经济效益中的作用。当然，对我国的广大券商来说，面对现实的经营环境，发展电子商务肯定会有一段很长的路要走，但不管前路多么艰险、多么曲折，都必须坚定不移地走下去。

6. 加强安全措施，确保证券电子商务交易安全

总体来看，由于信息技术的全面使用和证券电子商务化程度的不断提高，证券市场将从有形市场向无形市场过渡，投资者直接入市交易的可能性将大大增加。集风险监控、资金清算、决策支持、系统备份等关键功能于一体的、安全可靠的中央数据中心，以及由于应用IT技术，拓展网上交易等新型业务模式带来的一系列信息安全保障措施，将成为未来证券电子商务发展的基础。证券公司不仅要建立安全，易于管理与维护的信息系统，还要建立完善的安全管理规范，搭建安全级别较高的电子商务平台，另外还要关心新技术对安全带来的影响，其中建立CA认证系统就是一个方向，在加强技术提高安全性的同时，还要同完善的管理相结合，技术才能保证证券行业计算机系统安全、可靠的运转。

7. 提高客户个性化服务水平

信息服务，特别是证券行业的专业信息服务，是证券公司实施电子商务最核心竞争力。优质的信息服务，不但为客户提供了有价值的服务，还能引导与促进客户的消费行为，提高证券业务的交易质量。而个性化服务，是最为高效的信息服务方式，也体现世界电子商务的发展趋势。我们所处的时代是信息时代，信息的巨大价值已经得到了认可和实现，信息的价值体现在信息的及时性、准确性、全面性与代表性。信息经过合理的组织、加工处理、发布可以提供价值，或者说带来附加价值，而证券行业是最能体现信息附加价值的行业。然而由于信息海量，有些信息并没有真正发挥价值，对于客户而言只是垃圾信息，作为信息消费者一方的客户，他们所感兴趣的是对他们投资的参考价值的有用的信息，因而如何对行业信息进行有效地分类处理，向客户提供有价值的服务，就成为券商发挥信息优势的关键所在。客户与信息永远是评判服务系统中最重要的因素，提供个性化服务的关键就在于对客户类型进行有效的分类以及对信息资源的细分，针对不同类型的客户，提供相应感兴趣的信息，将个性化的服务融入电子商务战略中，以此作为一种吸引客户、保留客户的手段。

8. 加强公司内部管理的信息化

在为客户提供高技术含量的解决方案的同时，还要完善券商内部信息化体系的建设。无论是业务内部的资金调度、账务对账、财务核算、统计汇总还是管理性质的财务管理、人事管理等，都应该纳入信息化的轨道上，各功能模式之间要求做到无缝集成，信息化建设要落实在到每个部门、每个成员乃到每个功能模块之中。

总而言之，我国证券业电子商务的发展已经起步，发展前景广阔，存在的问题也颇为复杂，这些问题的解决有赖于我们认真地思考，积极地探索，勇敢地实践。

# 4.4　典型案例 1　华泰证券电子商务发展

## 4.4.1　公司概况

华泰证券有限责任公司前身为江苏省证券公司，1990 年经中国人民银行批准设立，1991 年 5 月 26 日在南京正式开业，注册资本 1,000 万元，经过 5 次增资扩股，目前华泰证券注册资本为 22 亿元。1999 年公司更名为华泰证券有限责任公司，是中国证监会首批批准的综合类券商之一。自成立以来，华泰证券一贯秉承“高效、诚信、稳健、创新”的核心价值观，严格管理、审慎经营、规范运作，形成证券经纪业务、投资银行业务、资产管理业务、固定收益证券业务为基本架构的较为完善的业务体系以及研究咨询、信息技术、市场营销和风险管理等强有力的业务支持体系，逐步从地方性券商发展成为全国较大规模的综合类券商，证券交易量、净资产收益率等项业务指标连续多年居全国券商前列。十多年来，华泰证券始终保持稳定持续发展势头，经受住了证券市场风风雨雨的考验。在证券市场快速发展时，华泰证券能够抓住机遇，加快发展；在证券市场面临艰难环境时，也能够克服困难，保持稳定增长，避免了大起大落。

华泰证券在上海设有地区总部，在北京、深圳设有办事处，在全国大中城市设有近 50 家营业网点，在南京、上海、北京、深圳设有投资银行业务机构。目前，华泰证券员工逾千人。其中，大学本科以上的员工占员工总数的 53%，90%以上的员工通过了证券从业资格考试，居全国券商领先水平。

华泰证券在发展过程中资产质量一直保持良好的状态。华泰证券是中国证监会机构监管部首次披露的没有挪用客户交易结算资金、净资本符合要求的证券公司之一，经中国诚信证券评估有限公司按国际评级标准测评，华泰证券信用等级为 AA+级。

图 4-1 为华泰证券网站主页。

图 4-1　华泰证券网站主页

### 4.4.2 发展背景

华泰证券成立以来，一直致力于利用现代信息技术提升公司服务客户的能力，进而提高公司适应市场、更好地参与市场竞争的能力。1994 年，华泰证券是国内第一家开通深圳双向通讯的券商；1995 年，华泰证券以其雄厚的技术实力独立研制出远程超级终端系统，并获得了国家专利，在证券业引起轰动；1996 年，华泰证券首家开通了上海无形席位。

华泰证券是国内较早介入网上证券交易业务的券商之一，近年来在促进中国证券业电子商务发展方面作出了重要的探索。1998 年 6 月，华泰证券扬州营业部率先开通网上交易，1998 年 12 月 28 日，华泰证券网上交易系统全面开通。网站开通以来，华泰证券的网上交易业务取得了快速的发展，成为中国网上证券交易的“领头羊”。

1999 年华泰证券网上交易取得初步发展，当年公司网上股票交易量占公司股票总交易量的比例已达 6.3%。

2000 年华泰证券网上股票交易量突破了 212 亿元，网上股票交易量占公司股票交易总量的比例达到 12.5%。

2000 年 1 月，华泰证券有限责任公司揭牌暨乔迁华泰证券大厦庆典仪式在南京举行。同年 1 月，公司经中国人民银行批准成为全国银行间债券市场成员。4 月，公司全面开通“华泰证券网上综合服务系统”。11 月，在《证券时报》主办的最受股（网）民喜爱的“中国优秀证券网站”评选中，“华泰证券网”名列榜首。

2001 年 5 月，经中国证监会批准获得开展网上证券委托业务资格。9 月，在证券时报主办的第二届“中国优秀证券网站”评选活动中，蝉联“券商类证券网站”榜首，同时名列“最佳投资顾问网站”榜首。

2002 年 4 月 22 日，经中国证监会批准，公司注册资本增至人民币 22 亿元。9 月，获得由《证券时报》主办的第三届最受股（网）民喜爱的“中国优秀证券网站”评选第一名，实现三连冠，同时还获得了“最佳证券网站 CEO 奖”和“最佳营销成就网站”等两个单项奖。该年公司单个营业部股票、基金成交额在全国券商中名列第三，主承销家数（并）列全国第三名，首发项目完成家数（并）列全国第二名，首发项目主承销金额列全国第八名，配股项目主承销金额列全国第四名。

2002 年华泰证券网上交易开户数 28 万户，网上交易量达 314.22 亿元，占公司总交易量的 30.76%。

2003 年 6 月，推出了“综合客户服务管理(CRM)系统”。10 月，开通了全国统一电话服务号（4008888168）。12 月，首次组织代销易方达策略成长基金，创造了券商代销非关联基金销售量之最，被市场誉为“华泰奇迹”。

2003 年，华泰证券的网上交易比例有了进一步的上升，特别是在“非典”肆虐期间，多家营业部的网上交易比例达到 50～60%，网上交易的业务总量比去年同期有显著上升。

2004 年，据深圳证券交易所对全国 126 家证券公司经营指标排名，华泰证券公司总资产位居第 8 位，净资产和净资本均位居第 3 位。

2005 年 3 月，经中国证券业协会从事相关创新活动证券公司评审委员会第四次会议评审通过，华泰证券获得创新试点资格。

经过多年的努力，华泰证券网已得到了广大投资者的普遍认同，知名度日益提升。2000 年

10 月，华泰证券网第一次大规模改版，推出了一批深受投资者喜爱的品牌栏目。2002 年 7 月，华泰证券网再次全面改版，同时推出网上交易系统专业版和 Web 网上委托系统。

目前，华泰证券网注册网民达 30 万，首页总点击数每天 12 万次以上，网站总点击数每天 600～800 万次，"专家门诊"客户每天提问量在 800 个以上。"个股点评"、"实时速递"、"专家门诊"、"投资者学院"、"华泰 e 友"等已经成为华泰证券网的品牌栏目和特色服务，深受投资者的喜爱。近期，华泰证券向社会推出了基于网站的"华泰证券综合服务系统"，在强调社会化、大众化服务的同时，突出个性化、深层次、全方位的服务。

### 4.4.3　网站功能

深受广大股民欢迎的华泰证券网站以其完善的功能、丰富的内容、体贴的服务等鲜明的特色在我国证券业界占据重要地位。目前，经过数次改版的华泰证券网一共分为 8 个一级栏目，77 个二级栏目，100 多个三级栏目和众多的底层内容栏目和功能操作栏目，完全按照目前国际流行的网站实用化、信息化、智能工具化、知识化、社区化和互动性的要求设计。华泰证券网上交易系统不仅安全、可靠、快捷，而且具有强大的辅助分析功能，成为股民重要的决策分析工具。

作为一个以证券交易为主要服务功能的综合性财经网站，华泰证券网在以下几个方面具有明显的优势和特色：

1. 提供超大容量的证券信息资讯服务

华泰证券网站在为客户提供各种财经信息方面真可用"包罗万象"来概括，公司的专业人员每天提供大量实用性很强、专业水平很高的各种有用信息为广大股民服务。在华泰证券现有的财经信息数据库里，海内外的新闻报道、个股专栏、金融保险、债券专栏、行业动态、宏观研究、市场综述等各种信息应有尽有。这是一个十分宏大的信息资源宝库，对客户以及社会各界有着极为重要的价值。

图 4-2 为华泰证券网站"资讯中心"首页。

图 4-2　华泰证券网站"资讯中心"首页

作为一家证券公司的网站，尽管在提供财经资讯方面已经做得无可挑剔，但这只是华泰证券网站一部分，比这更全面、更丰富、更便于检索的信息当是沪深两地上市的“个股”信息的查询。在华泰证券网，有关“个股”的信息包括了这家上市公司从改制情况到股本结构、从每股收益到历年分红、从调研报告到网友评论，只要是与这家上市公司相关的信息应有尽有。当然这只股票的“实时走势”、“日线”、“周线”、“月线”，以及“MACD趋向指标”、“DMI趋向指标”、“BRAR能量指标”、“CR能量指标”、“VR能量指标”、“OBV量价指标”、“ASI量价指标”等20种个股的评价指标无一例外地都能在网站上十分方便地得到。对股民来说，困难的已经不再是缺少决策信息，而是如何更好地利用信息的问题了。

图4-3为沪深两市第一高价股“中国船舶”的行情走势图。

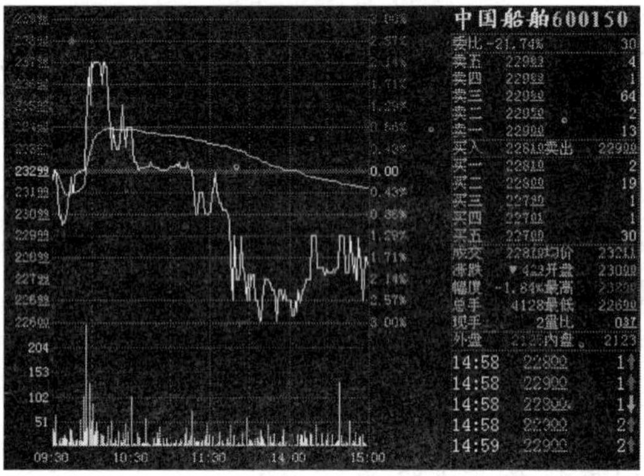


图4-3 华泰证券网站“中国船舶”行情走势图

另外，随着基金、债券、B股市场的快速增长，客户在这方面的信息需求也呈现爆炸式的增长，华泰证券网都能全面及时地提供这方面的新闻信息和研究报告。其下的一级栏目“咨询中心”中就包括“开放式基金专栏”、“封闭式基金专栏”以及“债券专栏”。图4-4为华泰证券网站提供的专门的“债券专栏”的首页，各种有关债券的信息“一网打尽”，为投资者提供全方位的信息支持。

图4-4 华泰证券网站“债券专栏”栏目首页

2. 个性化、人性化的专业服务

证券电子商务不仅仅是一种证券交易的方式和手段，更重要的是它应为投资者提供及时、丰富的资讯服务和信息支持，同时满足投资者个性化、人性化服务的需要。华泰证券公司凭借强大的专家资源优势为广大股民提供基本面、政策面、技术面的全面分析，除了从多层次、多角度提供全面丰富的证券财经信息和个股信息外，还专门推出了极富特色的专项服务，具体包括：

（1）专家在线。由公司数十名专家为客户提供全天候的在线服务，向客户提供专业、快速、全面的投资指导。目前，“专家在线”日均回复数千问以上，受到广大股民的大力支持和欢迎。图 4-5 为“专家在线在线”互动页面。

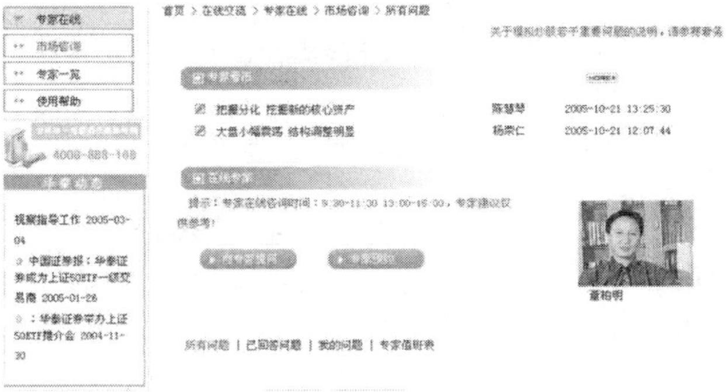


图 4-5　华泰证券网站“专家在线”互动页面

（2）个股专栏。该栏目由华泰证券公司数十位证券分析师长期跟踪沪深两市所有个股，并根据当天的市场行情，对沪深两市所有个股进行逐一点评，供投资者查阅和参考。目前，这一栏目的日访问量达数十万人次，受到投资者的普遍关注。图 4-6 为“个股专栏”的页面。

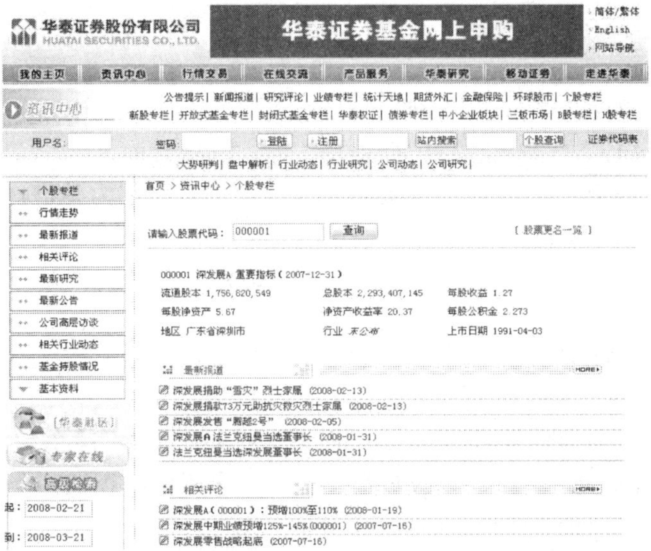


图 4-6　华泰证券网站“个股专栏”页面

（3）网上演播。华泰公司为客户提供股市行情分析网上直播室以及其他有关证券分析的视频音频点播，让客户更方便、更直观的获取所需的信息。

（4）模拟炒股。华泰公司为广大用户提供网上模拟炒股，让顾客先在模拟中学习，再真正入市，防止股民因误操作而造成不必要的损失，受到广大股民的一致好评。华泰公司举办的2005年第一届“华泰证券杯”网上虚拟大赛使更多的人了解了证券投资，尤其是在高校造成了极大的影响，也让更多的人认识了华泰证券公司。

（5）我的主页。华泰公司在第三次改版后推出了“我的主页”这一新栏目该栏目包括“我的证券”、“我的咨询”、“我的营业部”以及“我的留言”等。个性化及人性化的设计让股民可以更好的管理自己的证券投资。图4-7为华泰证券网“我的主页”首页。

**图4-7　华泰证券网“我的主页”首页**

3. 方便、便捷的网上交易

实现网上交易是证券电子商务网站的核心职能，华泰证券网也不例外。作为有多年经营历史，交易量在全国名列前茅的证券网站，华泰证券网的网上交易业务自然有其明显的特色，主要表现在：

（1）功能全面：网站已全面开通网上交易通买、通卖、通查询业务功能，客户可选择任何一家营业部的网上交易委托主站进行委托下单、信息查询；

（2）行情稳定、快速：23个网上交易行情主站之间自动互为备份，客户绝无行情中断之忧；

（3）在线服务：系统依托华泰证券网，充分挖掘网上资源，为客户提供强大的在线服务。

（4）批量委托：系统提供批量买卖、批量撤单、预埋单和组合排序、汇总查询等功能以及更适合机构、大户基于总量控制的操作模式；

（5）独具特色的日K线和历史分时走势图查询：系统最多可同时设置、显示5根日K线指标，客户可按需要随时调整、修改参数，而且客户还可以查询到个股、大盘指数的历史分时走势图；

（6）完善的查询打印功能：客户可以查询资金余额、持仓情况、股票市值、资金明细、成交明细、交割单、新股配号等，查询结果可以打印保存；

（7）个人理财功能：提供浮动盈亏计算、买卖预警提示等。

图 4-8 为华泰证券网上交易流程图。

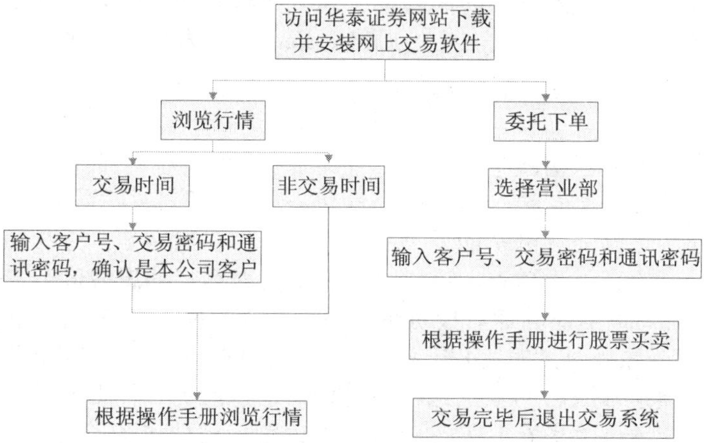


图 4-8　华泰证券网上交易流程图

4. 稳定可靠的安全保障

安全保障是网上交易首先要解决的问题，华泰证券对此当然毫不含糊。华泰证券在开通网上交易前，用了近半年的时间，成立了由安全问题研究人员参加的专家小组，对网上交易的安全问题进行了充分的研究、论证，制定了网上交易安全策略。这一周密、细致的安全策略为华泰证券网上交易业务的发展立下了汗马功劳。具体包括以下几个方面：

（1）采用串、并口隔离技术、保证公司局域网的安全。串、并口通讯使用的是专用协议，而不是通用的 TCP/IP 协议，外界无法访问券商的局域网，这是华泰证券安全策略中最有效的措施之一。

（2）使用 SSL128 位强加密算法，确保委托数据的安全，防止数据在传输过程中被截获、修改。目前，该算法已通过国家安全权威机构的认证。

（3）所有和委托有关的程序全部在华泰证券的营业场所内运行，电信局方面只运行与行情有关的程序。

（4）采用身份认证和数字签名支持第三方 CA 认证体系，确保网上委托身份识别的安全性。

（5）网上交易系统和公司交易系统相互独立，有明确的接口，访问华泰证券交易系统的接口转换程序由公司编制，源代码由公司保管。

目前，证券行业对计算机网络系统的依赖性已经远远超出了其他行业，比如银行和电信，因为证券网络不但不能有任何的中断，股民甚至不能容忍类似掉网、黑屏、堵单等等“小问题”。在很多营业部，网络的速度和稳定性已成为营业部业务发展的最大障碍，快速、稳定和安全的网络，是营业部扩展业务的基础。同时，证券营业部的网络系统越来越复杂，它涉及到多家厂商的网络设备、操作系统，而且还包括与证券相关的各种应用软件。另外，不断更新的网络技术也被应用到证券营业部，并采用了高性能的服务器和高可靠性的结构来提高交易系统的可靠性和可用性，它的分离结构彻底隔离前台和后台，从真正意义上提高后台交易网络的安全性。

### 4.4.4 经营之道

作为我国最有影响、最为成功的证券电子商务网站之一，华泰证券之所以能取得如此骄人的业绩，自然有其过人的经营之道。归纳起来，主要有以下几个方面：

#### 1. 真正坚持“以客户为中心”的服务理念

华泰证券在多年的经营实践中认识到，经纪业务的竞争，不仅仅是价格的竞争，更重要的是服务和品牌的竞争。营造一对一的个性化、差别化服务模式，才是创建券商核心竞争力之所在。因此，华泰证券网站的发展不仅仅在于提供给客户一个投资工具，还在于满足客户对人性化设计的高层次需求，这样才有利于培养客户的忠诚度，最终留住客户。

认识到这一点后，华泰证券针对投资者的不同特点，对客户进行深层次细分，然后“量身定做、量体裁衣”。如针对浏览客户，提供丰富的市场公开信息和财经要闻等；针对注册客户，则提供包括模拟炒股、网上论坛在内的理财信息服务；而对于核心客户，通过限制访问级别、或者直接通过“华泰 E 友”信箱，把内部投资建议和研究成果提供给他们。另外，华泰证券网还设置市场跟踪研究栏目，由公司的研究专家剖析市场热点和大盘走势，并提供深度的背景分析，投资者可根据自身需求，找到各种信息。如实时速递栏目是由研究人员根据当日沪深两市的盘中特点，即时分析盘中热点、个股表现、大盘变化等二级市场用户所关心的内容，为投资者的投资决策提供建议；个股追踪栏目是在对上市公司基本面分析的基础上，通过长期跟踪，并结合市场表现，向客户评说热门股、推荐潜力股。这些栏目均由华泰证券的数十位专业研究人员直接参与和提供，既赢得了客户的信任，又树立了良好的服务品牌，为其取得优秀的经营业绩起到了重要的作用。

#### 2. 完善的交易管理

华泰证券在重视网上交易技术和安全的同时，对网上交易管理的重要性有独到的认识。在网上交易业务正式开办之前，公司成立了以分管总裁牵头的网上交易领导小组和工作小组，制定了网上交易管理办法，明确了网上交易技术管理和业务管理要求。华泰证券为了保证网上交易业务的有序开展还出台了一系列的措施：

（1）营业部要开通网上交易，必须提出申请，经总部批准后方可开通；

（2）为了保证信息内容的合法、合规、合理，华泰证券制定了通过互联网发布信息的管理办法，确定了信息采集、整理、审查、发送的规范化流程，明确了人员分工和职责；

（3）为了最大限度地降低网上交易的风险，确保网上交易系统安全、可靠地运行，公司制定了网上交易系统故障的应急方案和风险控制方案；

（4）为了确保大行情来临时不产生堵塞、拥挤现象，华泰证券提倡设备的高投入和超前性，以南京为例，行情服务器采用市场上最高档次之一的服务器，可容纳数万人的并发访问量；

（5）公司经纪业务管理总部对营业部网上证券交易的开展情况进行检查和督促，并建立起有效的奖惩制度。

可以说，完善的交易管理制度为公司网上交易业务的发展提供了有力的保障，不但实现了网上交易的安全性、可靠性和有效性，而且也因此赢得了客户的信赖和支持。

3. 积极的推介

华泰证券网上交易的发展与公司采取的积极有效的推介措施是分不开的。公司在认真分析不少同行盲目宣传而不成功的案例后，把推介的重点放在股民当中，以发展网上交易客户为重点，因而取得了理想的效果。

为了做好证券网上交易的推介工作，公司对员工进行了深入的网上证券交易业务的培训，要求营业部员工不仅要能做好常规性工作，还要熟练掌握最基本的电脑网络知识与公司网上交易业务的操作，并拥有一定的营销能力和投资咨询能力。各营业部还组织专门的网上交易推广小组，利用休息日到相关企业、小区、农村乡镇进行网上证券交易的推广。与此同时，公司还要求加强对网上交易客户的售前、售中、售后的服务，即售前的宣传与推介、售中的安装及使用指导、售后遇到问题及时解决等，这受到广大投资者的欢迎。

华泰证券还通过各种新闻媒体向投资者积极推介公司的网上证券交易，取得了良好的宣传效果。《上海证券报》、《证券时报》等新闻媒体对华泰证券的网上证券交易作了全面、深入的报道，使投资者更好地了解了华泰证券的网上交易业务，对华泰证券网上交易业务的发展起到了推波助澜的作用。

4. 全方位、深层次的合作

积极与银行、电信等服务商进行全方位、深层次的战略合作，在华泰证券的业务发展中起着不可低估的作用。华泰证券的合作经验也充分说明，证券电子商务作为一项牵涉面很广的新业务，只有加强与业务伙伴的合作，才能真正实现“双赢”。

华泰证券注意到，在没有设立营业网点的地区开展网上证券交易，客户必然遇到开户、资金划转等方面的障碍，这就必须通过与银行的紧密合作来解决。这种合作，对于银行而言，通过开展代理开户和资金存转等相关业务，可以获得中介费和利息差等收益；对于证券公司来说，银行的介入可以很好地解决客户异地开户和资金存转等制约网上证券交易发展的“瓶颈”。为此，华泰证券就与多家银行签订了合作协议，以“银证通”方式消除客户的账户开户、资金存取等障碍，为网上证券交易的拓展创造了便利的条件。

电信服务商是网上证券业务的重要合作伙伴，华泰证券与中国电信本着友好合作、互惠互利、优势互补、共同发展的原则，结成了战略合作关系，创造一切条件和便利，实现全方位合作。通过合作，华泰证券在固网短信、互联网“上网包月”、“新视通”业务、“一码通”业务、广域网组网等领域走在了全国券商的前列，为投资者提供了包括账户管理、证券交易委托、交易信息查询、通知定制、证券资讯信息定制等端到端的综合性服务。

华泰证券除了与银行和电信企业的广泛合作外，还与各类资讯信息公司、投资咨询公司、门户网站以及众多财经网站也有各种形式的合作。这些合作不但为客户带来了更多的便利，创造了更大的价值，也对公司竞争力的提升起到了促进作用。

### 4.4.5 案例评析

华泰证券是我国证券业电子商务发展中的“排头兵”，在多年经营探索的实践中积累了丰富而又宝贵的经验，值得我国众多证券经营企业学习、效仿。

在我国长达数年的证券市场的低迷中，许多中小券商面临着前所未有的生存压力，收入减少、效益滑坡、股民流失、市场前景悲观等一系列难题成了不得不面对的现实。作为已经具有较大规模和实力，并具有良好客户基础的华泰证券，在面对困难时没有消极悲观，而是积极利用先进的互联网技术，实实在在地应用，一步一个脚印地发展，逐步建立起了国内一流、国际先进的证券电子商务业务系统，并以卓越的服务、超大容量的资讯、可靠的安全保障等方面的优势，取得了理想的经济效益和全面的社会效益。

华泰证券公司的发展经验可进一步概括为：

（1）公司上下高度重视，积极行动，强占市场制高点，做到领先一步；

（2）先进的技术保障，保证了网上交易的安全性、可靠性和有效性；

（3）强大的资讯服务，及时为投资者提供及时、丰富和个性化的咨询服务；

（4）积极的、全方位的推介让投资者充分了解网上证券交易的优越性；

（5）积极与银行、电信及数据服务商进行全方位的战略合作。

这些看似简单的道理，只有真正落到实处，才能充分发挥出难以估量的作用。

经过数年的蓄势待发以后，当前中国证券市场进入了新的时期，华泰证券也迈开了新的发展步伐。面对国内外变化的新形势，华泰证券将充分利用电子商务这一引领证券业腾飞的新翅膀，为赢得新的发展机遇而展翅翱翔。

## 4.5 典型案例2 招商证券（牛网）电子商务发展

### 4.5.1 公司概况

招商证券股份有限公司（简称“招商证券”）创建于1991年，是在招商银行证券业务部的基础上发展壮大起来的。公司成立十多年来，经过了三次大的历史性飞跃：1994年4月，招商银行证券业务部改制为具有独立法人资格的招商银行的全资子公司——招银证券公司，注册资本1.5亿人民币，实现了第一次飞跃；1998年10月，公司成为首家经中国证监会批准改制增资的证券公司，并更名为“国通证券有限责任公司”，实现了第二次飞跃；2000年公司资本金增至22亿元人民币，并被中国证监会核准为综合类券商，2001年，公司完成了股份制改造，资本金增为24亿元，2002年7月，为谋求国际化之路，公司更名为“招商证券股份有限公司”，实现了第三次飞跃。目前，公司的资本实力已列行业前三甲，注册资本32.27亿元，员工总人数1,200人，在全国25个城市开设了52家营业部和2家证券服务部。

业务范围包括为投资者提供证券代理买卖、证券发行与承销、收购兼并、资产重组、财务顾问、资产管理、投资咨询等证券投、融资全方位服务，是我国证券交易所第一批会员、第一批经核准的综合类券商、第一批主承销商、全国银行间同业拆借市场第一批成员以及第一批具有自营、网上交易和资产管理业务资格的券商，2004年12月，公司率先在业内获得创新试点券商资格。

公司以“敦行致远”为核心价值观，以风险控制为前提，扎实建好技术支持平台和业务开发平台，力争通过卓有成效的服务创新、产品创新、技术创新，推动中国证券市场的进步。创业十余年，公司坚持合规、守法经营，构建稳健的业务组合，促使公司长期健康、稳定持续地发展，树立起了“规范经营、创新发展、高速成长”的市场形象。

公司拥有全面的证券投、融资服务能力。投资银行在港口、交通运输、生物医药、房地产领域具有明显的竞争优势，经纪业务以技术领先的电子化交易为特色，市场占有率稳步增长，“基金宝”、“现金牛”等集合资产管理产品的创新，奠定了券商资产管理业务的领先地位；研发业务以量化研究为基础，在港口、交通运输、基建、能源、地产、生物医药等领域处于领先水平，综合实力名列同业前茅。

公司拥有技术领先、安全高效的证券交易平台。公司现有柜台委托、电话委托、网上交易、移动证券等全方位覆盖的交易手段，在业内率先实现了“全国通买通卖”、“24 小时委托”等功能，推动了市场的发展。2004 年，公司完成了客户资产独立存管系统建设，推出了第一个全国范围的大集中交易系统，实现了券商交易、清算、财务管理、中心数据库和风险控制五大系统的集中，为客户打造了更加安全、高效的证券交易平台。

招商证券拥有完善的客户服务渠道。公司先后推出了牛网、牛卡、E 号通等基于现代通讯技术的客户服务渠道，在国内 25 个大中城市设有 52 家营业部和 2 家证券服务部，在京、沪、深等地设有直销中心，与国有四大商业银行和 30 多家地方商业银行开展了银证合作。招商证券“牛网”（www.newone.com.cn，参见图 4-9），是我国最早的证券网站之一，也是目前国内证券业界影响较大、经营效果较好、受股民欢迎程度较高的网站。“牛网”在 2000－2004 年举办的“最受股（网）民喜爱的‘中国优秀证券网站’评选”中连续五届获得“最佳券商网站”称号，并先后获得“最佳论坛网站”、“最佳个性化服务网站”、“最佳投资顾问网站”等奖项。2005 年，公司收购了招商证券（香港）有限公司，成为首家经主管机关批准设立海外分支机构的券商，搭建起了国际化发展的平台。招商证券以客户需求为导向，按私人客户、机构客户、理财客户的不同服务需求重构客户服务体系，客户服务的专业化、个性化优势更加突出。2005 年招商牛网闯入三甲获得第六届“最佳券商网站”第三名，2006 年获得第七届“最佳券商网站”第二名。

图 4-9 牛网主页

## 4.5.2 发展背景

作为一家有成长活力、有创新精神、致力于国际化发展的“新锐”型证券公司，招商证券一直把促进电子化技术的应用与发展作为公司提升服务客户的能力和增强竞争实力的重要措施。多年来，在证券业务信息化的发展、证券电子商务的应用等方面在我国证券业中处于领先水平。

早在1997年，公司就与招商银行合作，在业内率先推出了“一卡通证券保证金转账”业务，在国内开了“银证一体化”的先河。1999年，公司推出了中国证券业第一张多功能卡——招商证券“牛卡”，实现了各营业部之间证券的通买通卖、24小时电话委托咨询、多家银证自助转账等功能。2000年2月25日，招商证券正式推出了支持网上交易的证券专业网站——“牛网”。2000年7月，招商证券牛网通过国家信息安全测评认证中心的评审，2001年2月，招商证券牛网获得中国证监会核准，成为首批拥有网上交易资格的券商网站之一。同年7月，公司又推出了业内第一个多媒体客户服务中心——证券“e号通”业务。9月，“牛网”在吸收国际证券网站先进经验的基础上大胆创新，在我国证券网站中率先推出Web版网上交易系统，实现了网上交易与咨询服务的高度整合，开创了网上交易的新途径。

2002年，我国证券业界面对相对低迷的市场环境，纷纷把网站建设和网上交易作为低成本扩张的重要手段和客户服务的重要渠道。面对激烈的竞争环境，招商证券“牛网”坚持“技术领先”和“业务创新”并举，加强资源整合，在信息源头、服务渠道建设上下工夫，先后进行了两次重大升级改版，2002年5月，招商证券牛网实施了当年的第一次改版，推出了全新的专家在线咨询系统、VIP客户邮箱，完善了Web版网上交易系统，同时推出了网上交易钻石版V5.2版，丰富和完善了网上证券服务内容，探索出了一条证券网站服务有形化、现实化的新路子。2002年10月，招商证券牛网成功实施了当年的第二次升级改版，推出了新版牛网和牛网营业厅。新增了“营业部之窗”、“证券论坛”、“社区”、“模拟投资”等栏目，完善了网上路演系统，开办了一批由名家主笔的个人专栏，建立起了涵盖基金定购、国债买卖在内的交叉销售平台，使网上交易客户通过牛网即可以享受与现场客户一样的服务。2002年12月，招商证券牛网再次对网上交易专业版进行升级，推出了针对一般客户的“网上股票交易分析系统钻石版V6.0版”和针对核心客户的“网上股票交易分析系统VIP版”，致力于为一般客户提供标准化服务，对高端客户提供增值服务。该系统实行“高起点设计”，吸收了国内外证券交易软件的优势，拥有10大创新功能、25项标准功能，预设了100多种技术指标，具有超强的理财功能，再次展示了招商证券技术创新的能力。2003年至2005年，招商证券牛网举行了四届模拟炒股大赛，总计有近三万人参与了比赛。通过模拟炒股大赛，牛网拉近了和招商证券客户、牛网用户之间的距离。2005年5月，招商证券牛网第三次对“牛网”进行了全面升级，升级后的“牛网”将给客户带来一个网上交易、获得全方位信息以及咨询在线专家等功能为一体的全新互动体验。不断的升级改版，丰富和完善了网上证券服务的内容，探索出了一条赋有自身特色的证券网站新路子，成为我国证券业电子商务发展的“领跑者”之一。

今日的招商证券牛网既是宣传公司业务的平台，又是客户服务的渠道，更是投资者与投资顾问之间沟通的桥梁。招商证券牛网的主要功能包括提供网上交易通道、综合理财服务、理财产品推介、个性化研究报告服务、专家在线咨询和咨询服务。招商证券牛网在国内首创方便灵活操作界面、强大全方位的一页式网上理财服务，这将使招商证券牛网再次成为我国证券网站中的翘楚。

### 4.5.3　特色业务

招商证券“牛网”在数年的建设和发展中，形成了一系列功能先进、特色鲜明、深受广大投资者欢迎的服务项目，主要有：

（1）“牛网”营业厅。“牛网”营业厅是我国证券业内首创的虚拟证券营业部，它集传统营业部的所有功能，完全模拟证券营业部现场交易环境，集资讯咨询、社区交流、资金划转、行情交易于一体，实现了证券交易、服务全过程的完美结合。“牛网”营业厅的设计始终贯穿“零起点设计、零专业术语、零业务障碍”的理念，页面设计采用活泼的游戏界面，配合生动的引导词，帮助客户了解网上交易各环节的知识，即使无上网经验的客户也可以通过“牛网”营业厅在 10～30 分钟内掌握网上交易技术，帮助没有上网经验的客户克服网上交易的技术“瓶颈”，是客户网上交易自我培训的好渠道。图 4-10 为“牛网”营业厅首页。

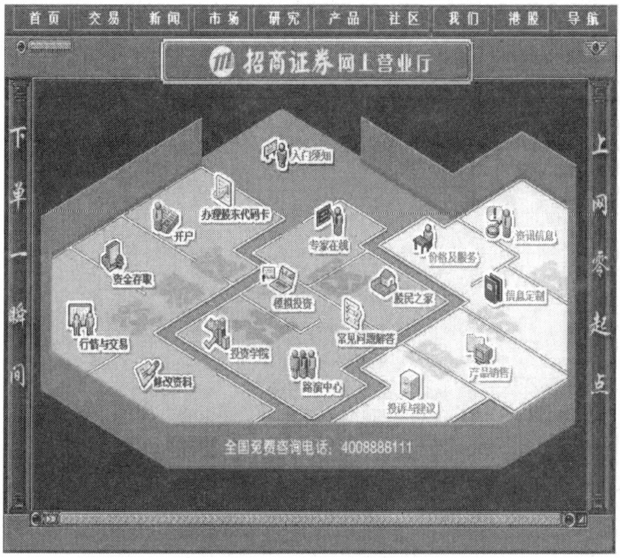


图 4-10　“牛网”营业厅首页

（2）专家在线。“牛网”的“专家在线”是国内券商第一家推出的在线咨询栏目，后来成为其他券商网站效仿的对象。目前，“牛网”“专家在线”有一百多位专家轮流值班，在线回答股民提出的各类问题，日均回复客户问题数达 800 条，成为广大股民投资理财的重要决策信息渠道。图 4-11 为“牛网”专家在线的页面。

（3）网上交易快速通道。“牛网”的网上交易快速通道是国内第一套纯 Web 版的网上交易系统，适合办公室及无专用电脑的投资者使用。该系统功能全面、使用方便，只要在系统的一个页面下即可完成各种常规操作。同时，该系统采取了先进的技术措施，使得局域网用户不受代理和防火墙的限制。这一系统可供一般及专业投资者使用，无须下载相关软件。因此，对于临时性下单或借用别人电脑及出差的人员，也特别方便。目前，这一系统的单个服务器并发量达到 5000 人，雄踞国内第一，有效地保证使客户的交易及时处理。图 4-12 为“网上交易快速通道”的登录页面。

图 4-11 “牛网”专家在线页面

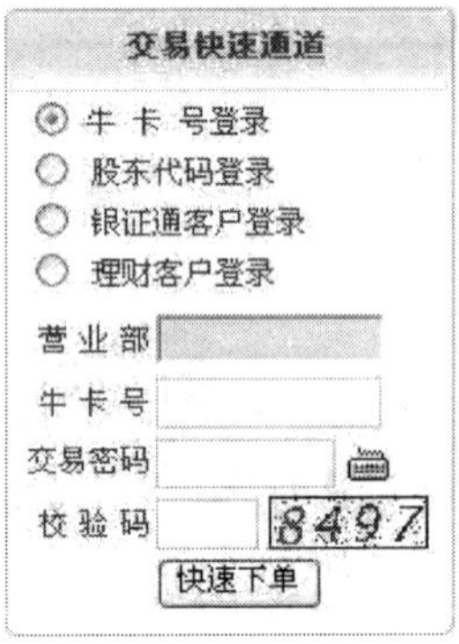


图 4-12 “网上交易快速通道”登录页面

（4）网上交易专业版。招商证券在证券业内首推3个网上交易专业版，全面满足投资者个性化需求。初级版适合于网上交易初学者及电脑硬件级别较低者；中级版拥有十大分析工具、25项重要投资理财功能，适合于较专业投资者；高级版（VIP）功能更强大，通道更快捷，目前主要对托管资产在15万元以上的客户开放。牛网网上交易专业版系统层次丰富，客户可进行多种选择，是为客户提供个性化服务的重要内容。

（5）“E号通”服务。“E号通”是招商证券在国内证券业首家推出的多媒体客户服务中心，这是招商证券在业内独创的，为客户提供短信息定制、邮件定制、专家坐席、热线咨询等理财服务的新的渠道。“E号通”服务以服务非现场客户为主要对象，但现场客户和非经纪客户也可以享受到它周到、细致的服务。“E号通”服务方便贴身，是“牛网”十分具有竞争力的产品。

（6）核心客户及 VIP 邮箱。招商证券提供的“核心客户及 VIP 邮箱”服务是连接核心客户、机构投资者与券商研究机构进行业务沟通的桥梁。它以实力雄厚的招商证券研发中心作支撑，为核心客户及 VIP 提供高水平、专业化、个性化的服务。由于这项服务贴近市场、紧扣市场热点，对投资行为有较大帮助，因此对提高重要客户的满意度和忠诚度起到了不小的作用。

（7）客户关系管理系统。功能强大、互动式的招商证券客户关系管理（CRM）系统是公司为网上交易客户提供更完善、更先进的网上交易手段和更准确、更丰富的证券交易咨询服务的重要手段，它将成为招商证券客户关系管理平台重要的数据来源和服务窗口，使招商证券服务客户的能力和水平进入一个全新的阶段。

### 4.5.4 “E 号通”业务

招商证券推出的“E 号通”业务（电话接入号为 95565，4008888111 和 0755-26951111）是一个全国性的集中式、智能化、多功能、多媒体的客户服务平台。这项业务集热线咨询、信息定制、自助服务、电话委托、投诉受理、预约服务六大功能于一身，为客户带来极大的便利。它以服务非现场客户为主要对象，为客户构筑起方便畅通的联系渠道，向客户提供独树一帜的个性信息定制，并具备强大的呼入、呼出服务以及全国投诉集中处理等功能，推出后受到了众多客户的好评。具体地说，“E 号通”业务主要具有以下几个方面的特色功能：

#### 1. 热线咨询

热线咨询（人工咨询）是“E号通”的基本功能。如果客户在投资过程中遇到各种疑难问题，比如联不上网怎么办？不能委托怎么办？某某股票今天为什么停牌？今天有什么新股申购等等，都可以拨通“E号通”的接入电话，选择人工服务，就可以与“E号通”的服务专员进行通话，获得专业人员细致周到的高水平服务。

#### 2. 信息定制

在科技日新月异的今天，人们的投资方式逐渐发生变化，越来越多的投资者愿意离开营业部而通过网络进行投资活动，部分投资者则习惯于用手机等移动通讯设备操作股票。“E 号通”推出的“个性信息定制”就是顺应这一潮流而向投资者推出的量身定做的特色服务。

E 号通提供的“个性信息定制”的方法有：

（1）网上定制：客户自行在“牛网”网上交易快速通道系统中直接勾选所需的服务即可即时开通；

（2）柜台书面：客户可直接到全国招商证券的营业部柜台索取空白表，填回好交回柜台工作人员，即可快速开通；

（3）人工电话：客户可拨打“E 号通”的“热线咨询”电话，接通“E 号通”服务专员后，说明想定制个性信息定制，进行必要的身份验证后，服务即可在隔日开通。

“E 号通”个性信息定制的优势与特点包括：

（1）营业部或银证通客户均可享受服务；
（2）中国移动和中国联通手机客户均可开通；
（3）手机短信无须更换STK（用户识别应用发展工具）卡；
（4）资讯与持仓证券关联，量身定做；
（5）免收任何费用；
（6）无须亲自上营业部办理；
（7）即时开通，方便迅速。

### 3. 声讯点播

声讯点播指投资者通过电话委托系统，通过身份验证后，通过自助操作，选取所需的服务。E号通提供的“声讯点播”包括：

（1）电话股评点播：客户想知道当天最新的公司公告和特别提示、想知道当天的财经要闻、想问股评专家当天的大盘和个股走势，只要接通“E号通”电话，获得“当日特别提示”、“当天大盘分析”、“市场要闻分析”、“新股申购提示”、“风险股提示”、“中线潜力股”和“招商客服留言”等7项服务的电话语音服务。

（2）综合传真服务：客户如果想知道明细以及全面的交易信息等内容，即可通过传真获得相应的服务。目前，招商证券开通的“综合传真服务”包括：传真对账单、传真资金和股票余额、传真分时曲线、传真历史K线、传真公告信息、传真个股资料、传真电话委托使用指南等。

### 4. 电话委托

招商证券已经实现了电话证券业务全国漫游服务，无论客户身在何处，均可拨打就近城市的电话委托，进行查询、买卖等各种电话证券服务，招商证券将这项领先于国内证券业的功能称为“电话通买通卖”业务，目前已在全国20余个大中城市开通，客户根据电话语音提示操作，即可实现24小时委托、银证转账、资金股票查询、行情对账单查询、密码修改等各项证券服务。

### 5. 投诉建议

“E号通”是招商证券全国服务投诉的集中处理中心。客户可以通过人工电话口述、电话留言、Email以及网上投诉等方式，对公司所有业务与服务提出投诉或建议。客服中心负责对客户的投诉与建议进行集中处理、分发给相应部门并进行督办，将结果第一时间反馈给客户。

### 6. 预约服务

客户如对开户、业务洽谈等方面有具体的要求，只要通过电话口述、留言、Email、“牛网”网上预约等四种方式预约特定的时间，由招商证券所属各营业部、服务部以及银行卡业务点的客户服务人员提供上门开户、电脑维护、面洽业务等各类服务。图4-13为“网上预约开户”页面。

图 4-13　“网上预约开户”页面

### 4.5.5　服务策略

招商证券认为，证券交易服务只有起点没有终点，网络时代的证券交易服务更是只有第一，没有唯一。招商证券“牛网”为了更好地适应客户的需要，在网站内容建设上求新、求快，在咨询服务上求准、求真，在系统功能上求稳、求全，目标是成为国内一流、最具影响力的专业证券交易网站。具体的服务策略有：

（1）推行“战略客户”制度。战略客户制度是招商证券实行全方位、立体化服务策略的基础。多年来，公司选择了一部分成长性好、经营作风稳健、发展潜力大的公司作为战略客户，签订长期合作协议，对战略客户提供重点服务。推行战略客户制度，旨在建立长期战略伙伴关系，共同开拓资本市场，取得“双赢”效果。

（2）做强、做深“资讯服务”。招商证券历来十分重视为客户提供高水平的“资讯服务”，“牛网”提供的公开市场信息都是严格按照“时效性、显著性、接近性”等因素进行排列，使用户对当天重要市场信息一览无余。目前，“牛网”每日编发《招商测市》、《招商晨会报告》等综合性市场研究报告，及时动态编发《公告股解读》、《开盘导视》、《午间观察》、《风险股警示》、《黑马搜索》、《今日盘点》等盘中评论栏目，不定期编发《招商证券研究》等涉及宏观经济、行业、上市公司最新研究报告。此外，还开办了《众说纷纭》、《营业部人气》及一批个人专栏，帮助投资者从多个角度看市场。在各营业部还分别拥有钱龙系统、宏汇系统、大智慧系统、通达信系统等证券分析系统。在此基础上，招商证券还要继续把做强、做深“资讯服务”作为一项重要使命，包括每月每季度定期出版有关宏观经济与政策、行业与公司、市场与信息的研究刊物，针对不同课题发表专题研究，为客户提供专业权威的研究资料，为客户提供更专业、更丰富的资讯服务。

（3）造就行业专家，提供精专投资理财服务。招商证券着力培养专家型的投资银行队伍，希望通过专家型的服务为企业提供深层次、切实可行的操作方案和发展思路。目前，招商证券已在交通运输、医药、IT、电力自动化和农业深加工等行业拥有了一批经验丰富的项目人员和研究人员，他们都与相应行业专家、政府相关部门以及投资商建立起了密切的关系，随时为企业提供专业服务，满足客户多方位的要求。另外，招商证券旗下目前管理着大量客户的委托资金，凭借丰富的理财经验和良好的市场声誉，招商证券将最大限度地帮助客户有效地实现资产的保值和增值。

### 4.5.6 速度与安全

在证券电子商务的发展过程中，招商证券充分认识到“速度和安全”是重中之重。为此，招商证券在实现“通买通卖”的基础上，采用了先进的数据流量均衡技术，确保了网上交易的速度与营业部交易速度同步。后又根据客户交易流量进行动态跟踪，合理增加证券行情系统的镜像站点。随着网上证券交易业务的发展和电信托管服务费用的不断下降，招商证券还会不断增加新的行情系统和网站镜像站点，为客户提供更加优质的服务。

在保证交易安全方面，招商证券采取技术防范和制度建设并重的策略。在技术上，针对网上证券的各种设备，如网站信息服务器、行情服务器、交易服务器，根据其重要性采用不同的加密等级和技术。对于提供信息服务的网站，主要采用国内外最先进的防火墙技术，并不断升级；对于最关键的交易服务器，则采用特别通道隔离技术，并采用了自定义的加密算法。与此同时，招商证券坚持自主开发通信和交易软件，提高关键系统的保密性。在业务上，招商证券十分重视制度建设和管理流程监控。目前，招商证券的机房设计和施工都达到了国内先进水平。而且招商证券还作为理事单位加入了我国计算机安全协会，进一步加强了与计算机安全机关的合作和交流，为证券电子商务的发展筑起“铜墙铁壁”。

### 4.5.7 案例评析

近几年来，由于受各种因素的影响，我国的证券行业发展遇到了不小的困难，券商之间的竞争变得空前的激烈。在新的市场环境下，每一个券商都一方面希望能迅速扩大规模，以得到快速的发展，从而增强公司适应市场的能力和参与竞争的实力。另一方面，又面临着收入减少、利润下降的现实，可以说，大多数证券公司正处于“两难”境地。在这种背景下，简单地依靠增加营业部进行规模扩张，提高对客户的影响力已经显得步伐缓慢且成本过高。网上证券交易可以利用网络交互和不受时空限制的特性，延伸营业部的证券交易服务，如同银行利用网上银行服务延伸银行储蓄所的服务。这一点已被越来越多的券商所认同。招商证券无疑是我国证券业电子商务发展的领先应用者，并用创新的实践和大胆的探索，向世人证明：证券业电子商务绝不是“泡沫”，而是经济、社会发展与科技进步的必然结果，也是广大客户参与证券交易业务的现实需要，更是券商自身生存与发展的必由之路。

招商证券在网上证券业务的发展中之所以能取得令人鼓舞的成绩，原因是多方面的，第一，公司的决策层高度重视网上证券业务的发展，敢于将公司的资源在网络平台上进行整合，使总部和各地营业部多种资源形成互动，保证了网上证券业务的有序发展；第二，技术平台的超前规划为网上交易和服务创新提供了强大的技术支持，无论是方便、实用的“牛网营业厅”，还是功能全面、性能卓越的“E 号通”业务，无不处处体现着招商证券人的创新观念和服务意识；第三，重视证券网站的实用性，踏踏实实塑造“牛网”的品牌，不是一味地追求网站的高点击率，而是强调网站的专业性，关注证券交易的成交量和客户的服务需求，使“牛网”在服务客户、促成交易方面发挥突出作用，是其成功的重要原因。总之，以客户为中心，坚持技术领先和服务创新并举，坚持专业化的发展方向，努力为网络用户提供高水平的服务，创建一个高效率的平台，是招商证券“牛网”发展的出发点和成功的秘诀。

追求无止境，服务无终点，面临着新的机遇与挑战的招商证券又开始了新的征程。2003 年，招商证券重点建设了覆盖全公司各项业务的客户关系管理系统，同时还开展了交叉销售平台、产品制作平台和 IT 技术平台等四大业务支持平台的建设，同时还推出了“股神通”等新业务，为公司的发展注入了新的活力。我们期待作为中国证券业电子商务发展“领头羊”的招商证券，凭借“牛网”的竞争优势在未来的发展中更“牛”、更“旺”。

## 4.6　案例 3　世华财讯一站式电子商务

### 4.6.1　公司概况

北京世华国际金融信息有限公司创建于 1993 年，是中国数码信息有限公司（香港交易所上市公司）旗下控股公司，为国内金融财经信息领域中历史最悠久且规模最大的财经信息供应商。注册资本 1.3 亿人民币，以北京为中心，在全国拥有包括上海、大连、广州、深圳、成都、香港等 20 个分支机构和办事处，共同组成了完善的营销和售后服务网络，公司拥有 400 位专业人士透过遍布全国的服务网络为客户提供不间断的优质财经资讯。世华财讯为国内专业投资者、经济管理者与企业决策人士提供的财经资讯服务包括实时与历史财经信息、数据、行情与专业客观的分析研究等，内容覆盖中国及环球期货、债券、股票与外汇市场以及国内主要行业的资讯。公司结合尖端技术的应用，成为了中国最全面的财经资讯平台，不仅可以使投资者与决策者放眼国内经济趋势，而且对拓展中国及全球财经发展趋势的视野、引领中国财经资讯市场发展并与国际接轨有着不可低估的作用和意义。

由于累积了超过十年的提供专业财经信息服务的经验，世华财讯能提供全面、深入、系统的财经信息，拥有的客户包括银行、期货经纪公司、证券经纪公司、基金管理公司、个人投资者、企业、高校以及政府机构等，是国内投资者与企业高管进行投资决策、行业趋势预测与分析、了解国际市场、提高国际竞争力的重要信息供应商。

图 4-14 为世华财讯主页。

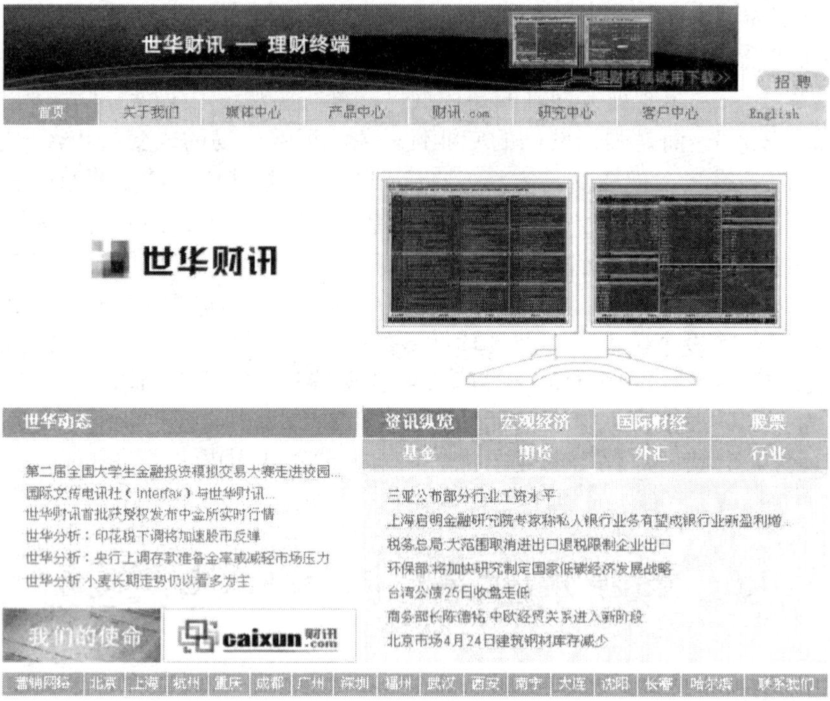


图 4-14　世华财讯主页

## 4.6.2　系统建设

为了建设“一站式”证券电子商务系统，世纪财讯选择了中软公司作为系统开发商。

### 1. 建设原则

系统在设计与开发过程中主要体现八项原则：

（1）紧密结合业务需求；

（2）高度支持并发处理；

（3）数据动态实时发布；

（4）全局实施安全保证；

（5）立体的数据分析能力；

（6）系统平台高可靠性；

（7）完全个性化访问服务；

（8）WAP 与 Web 一体化方案。

### 2. 系统结构

为保证安全性系统采用多层防火墙机制。采用路由方式和分布式技术，多层次进行负载均衡以保证系统承受压力冲击的能力。应用 EJB 的封装性达到业务逻辑运行与设备无关，可以在多台设备上启动同样的进程，系统扩展能力强。图 4-15 为这一系统的架构图。

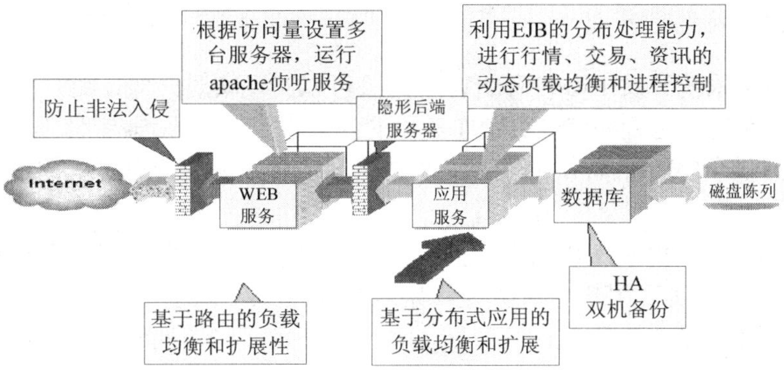


图 4-15 系统架构图

一站式的电子商务系统是要求能将同一信息以 HTML、WML、PDA 等多种格式在 Internet 上进行发布的网站，让用户可以随时随地用手机或其他智能终端来访问网站。而智能的“统一网站”会记录用户留下的脚印，跟踪分析用户的习惯，以提供用户最需要的服务。构建统一网站需要为信息的内部表示找到一个统一的方法，XML 和 XSL 的组合将数据与数据的表示分离开，又将文字和文字表示的语意分离开，这有力地支持了信息的知识表达和信息的多用化形式表现。由于网站信息的内部表示采用 XML 和 XSL 的统一方法，因此网站能将同一信息以 HTML、WML、PDA 等多种格式在 Internet 上进行发布，用户可以随时随地用手机或其他智能终端来访问网站。系统的设计要求包括：

（1）WAP 支持：对 WAP 手机的访问“统一网站”提供了两种定制手段，界面定制和服务定制，让用户自己选择或直接生成需要的浏览方式，用户只需用浏览器访问相关网站的配置工具。

（2）PDA 支持：与 WAP 手机叫好不叫座的市场状况相比，PDA 在如今的商务活动中已渐入角色，它比 WAP 手机在功能上更为强大，XSL 可使 XML 转换为各种 PDA 格式。

（3）个性化服务：“一站式”方案将其归为通过个人空间订阅个人信息的内容个性化，对“专家咨询”、“模拟交易”等服务进行客户化定制的行为个性化，色调、布局风格等方面的形式个性化以及个性化 Email 四种。

（4）服务插件：将所有的服务做成 JAVA BEAN 组件，通过生成向导将所需服务配以相应的 JSP 模板，再在自定义菜单中建立 JSP 连接。

（5）可配置的数据支持：为了使具体的数据库操作与功能逻辑分离，系统利用一个中间取数据过程把数据库操作和处理取得的数据分离，取数据过程通过读取描述数据库的信息(.xml 文件)来正确地访问数据库，当数据库的结构改变时，用户只需改变描述信息，就可以适应新的需要。

（6）高性能的数据库连接：系统采用数据库连接池技术，把数据库的连接进行专门处理，并采用后台线程建立连接的机制，可以使数据库的访问达到最佳状态。

（7）高效灵活的应用逻辑：系统对具体的应用进行了深度抽象，并且采用统一的数据库数据传输结构和统一的顶层接口，使应用逻辑有很强的灵活性。此外，在应用层中，利用对象缓冲和超时刷新管理，即可使访问数据库的次数大大减少，又不会耗费太大的系统内存资源。

3. WAP 接入功能

中软Web应用系统开发中心自有的WAP网关可以实现实时升级，用户可得到迅速而方便的升级服务。系统可运行在UNIX或NT多种平台上，稳定可靠、兼容性强。选用ORACLE应用服务器，提供全JAVA的解决方案，三层结构与多种数据库都有良好的接口，保护用户原有投资。

WAP 网关与 WAP SERVER 结合，实现手机主叫识别，根据用户的手机号码提供个性化服务及身份认证。实现用户手机类型识别，自动匹配不同型号的手机屏幕显示。中软 Web 应用系统开发中心具有丰富的证券网上系统的开发经验，能够建立 WAP 与 Web 紧密结合的一体化解决方案，提供方便的 Web 方式的 WAP 远程系统维护和用户自维护。

4. 移动财讯通

从互联网到无线增值产品，世华财讯掌握无线增值服务突破性增长的趋势，将其终端产品系列、互联网服务与无线服务进一步融合，结合多平台无缝隙的管理模式为其机构客户提供财经资讯服务，并且更进一步地为这些客户的客户提供服务。

世华财讯 100 多人的资讯与分析队伍将为移动财讯通提供 130 种产品单元的资讯与数据。世华财讯新推出的无线财经资讯产品，使每个机构都可以量身为用户/客户定制或点播信息内容，利用世华财讯提供的资讯内容，自行设计向用户手机及时发布。丰富的内容包括 24 小时即时外汇资讯、经济数据、实时行情、预警、投资建议、群发信息等。无线服务还为机构提供管理平台，使机构可以对其短信服务进行分级管理，用户可逐次向下授权，得到授权的客户经理在权限范围内进行用户管理和产品分配。

图 4-16 为查价、K 线图、分时图在 NOKIA 7110 手机上的展示页面。

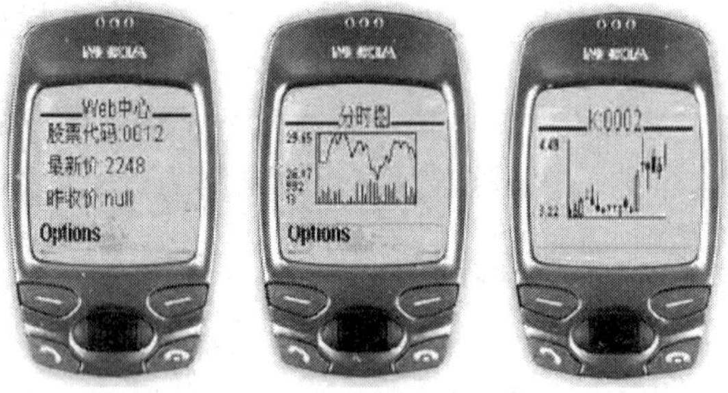


图 4-16 移动财讯通示意图

## 4.6.3 证券服务功能

随着证券市场政策的调整以及制度的创新，新的市场结构和运行机制为市场创新发展奠定了坚实的基础。世华财讯顺应以市场化为导向的资本市场改革方向，随着多层次市场体系的建立，结合多种投融资和风险管理渠道的资本市场体系的需求，提供崭新的资讯产品服务。世华财讯为证券投资机构与研究机构、理财客户经理、个人投资者制定投资策略及风险管理策略提供专业资讯平台，实现财富目标。

1. 为证券机构提供的服务

世华财讯为证券机构投资者与高级分析师推出的资讯分析终端产品可以提供国内与国际证券行业政策解读、深沪港大盘与个股实时行情数据、影响市场的重要信息、即时的市场评论、上市公司公告、公司动态、公司评级、行业趋势、A+H 股比较分析、境外上市的中国公司焦点动态、最新深沪港上市公司资料，同时提供基金、权证、债券行情数据与分析。

世华财讯紧跟上市公司债券、标准化资产证券化产品等固定收益类产品的创新发展，提供多种投融资和风险管理相关的资讯分析；提供金融、能源化工、房地产、汽车、金属等十四大行业的动态快讯与专家分析；同时提供汇市、金属、农产品与能源期货、金融衍生品等投资市场动态与分析。

世华财讯的数据中心透过严谨的采集与专业审核制度，实时更新上市公司数据库，使投资者与决策者及时掌握涵盖深沪交易所上市公司的最新资料以及完整的历史资料与数据。

2. 为理财专家提供的服务

世华财讯为证券机构的投资理财客户经理和理财师提供的金融资讯分析终端产品包括：提供及时的基金、债券、股票、期货、金融衍生品等投资市场快讯，宏观经济以及金融、能源化工、房地产、汽车、金属等十四大行业的最新动态及趋势分析，同时提供沪深上市公司数据库，使投资与决策者及时掌握最新数据，可供查询完整的历史资料与数据并进行分析。帮助理财师为大、中资金量客户投资者提供专业的咨询服务，掌握最新市场与行业动态，指引客户合理规划个人的投资和消费，制定储蓄规划、投资规划与风险控制相结合的理财策略，更加有效地运用资金。主要服务内容包括：

（1）财经股市：国际财经、内地财经、产业经济、证券市场要闻、港台专递、评论分析、世华分析；

（2）沪深股市：股市要闻、内地个股、大盘、上海市场（沪 A、沪 B）、深圳市场（深 A、深 B）、中小企业板、基金（封闭基金、开放基金、交易型开放式指数基金）、债券（国债、企业债券）、权证、行业板块（各行业分类）、地域板块（各地域类）、A+H 对比、板块指数（上海市场、深圳市场、中证指数）；

（3）香港市场：港台专递、港台指数、香港个股、香港全部、港以主板、红筹股、国企 H 股、创业板、行业板块（公共事业、综合企业、工业板业、地产板块、金融板块、酒店板块）、指数成份股（恒生指数、红筹指数、国企指数）、香港认股证、台资港股、试验证券、互惠基金、香港债券、H+A 对比、港股指数；

（4）股指期货：香港市场综述、恒生指数期货、恒生小型指数期货、H 股指数期货、新华 25 指数期货等；

（5）国际相关：国际财经、国际股票、国际指数、商品市场、外汇市场。

3. 为证券投资者提供的服务

世华财讯为大众证券投资者提供基础证券资讯分析终端产品包括：提供深沪港大盘与

个股实时行情数据、影响市场的重要信息、即时的市场评论、上市公司公告、公司动态、公司评级、行业趋势、A+H股比较分析、境外上市的中国公司焦点动态、最新深沪港上市公司数据库基本资料查询分析，同时提供基金、权证、债券行情数据与分析。

4. 上市公司数据库

世华财讯的数据中心透过严谨的采集与专业审核制度，实时更新上市公司数据库，使投资与决策者及时掌握涵盖深沪交易所上市公司的最新资料与完整的历史数据；包括定期公告（年报、中报、季报），临时公告、主要财务数据、行业分析、公司分析、公司治理等；是重视上市公司基本面分析的监管机构、咨询机构、企业高管、投资决策者、投资者关系等部门、证券分析师、证券投资者等，必须掌握的资讯分析工具。授权金融工程研发、投资咨询机构、媒体、学术研究单位等各类专业机构应用。

### 4.6.4 案例评析

世华财讯作为一家综合性财经服务网站，能够站在比一般券商更高的角度为客户提供包括证券、银行、期货等在内的综合金融信息服务，不论对于企业还是个人来说，都是一个不可多得的理财顾问，而且也探索出了证券业电子商务发展的一种新模式。概括起来，它的发展经验有这样几个方面：

（1）世华财讯清晰地认识到综合证券电子商务发展的本质，注重提高服务的基础——高标准的电子商务业务系统。为此公司选择了有丰富电子商务系统建设经验的中软公司作为合作伙伴，共同研制和开发适合自身业务需要的电子商务系统，取得了很好的效果。

（2）世华财讯从客户的需要出发，以方便客户的应用为己任，开发出了“移动财讯通”等业务，将移动商务与证券电子商务完美结合，为客户、同时也为自身创造出了不可低估的价值。

（3）世华财讯既注重服务的整合性，又兼顾客户需求的多样性。与普通的证券公司网站不同，世华财讯意识到客户的投资渠道的全面性，将银行、证券、期货、外汇等多种金融服务信息综合到一个平台上，并为不同的客户提供了个性化的软件，在提供整合性服务的同时，较好地满足了客户需求的多样性和差异性。

作为财经资讯服务的专业提供商，世华财讯经过多年的发展，逐步探索出了一条有着美好发展前景的发展道路，在促进金融资讯业健康发展的同时，也为电子商务的发展注入了新的活力。

# 第5章　保险行业电子商务发展

“保险”是人类社会发展与进步的产物，“保险业”是关系到各行各业健康稳定发展、与人民群众生命财产安全关系十分密切的重要产业，在世界各国都具有不可替代的作用和地位。在我国，保险业的发展历史相对较短，但发展速度非常快，特别是自改革开放以来，伴随着我国国民经济的持续、快速、稳定的发展，我国保险业发展驶入快车道。

当然，作为世界最有潜力的保险市场之一，我国在加入WTO后，已成为国际保险巨头竞相争夺的焦点。根据中国入世承诺，自2003年12月11日起，我国允许外资财产险公司经营除法定保险业务以外的全部非寿险业务；列入保险业对外开放的城市除成都、重庆、北京、天津、苏州、上海、广州、深圳、大连、佛山、东莞、江门及海口外，新增了福州、厦门、宁波、沈阳和武汉，总数达到18个。面对新的发展形势，对我国相对比较弱小的保险企业来说，遇到的困难与压力是双重的，一方面是自身业务和客户群的不断壮大对现有的保险业务经营模式提出了严峻的挑战；另一方面是不得不与实力雄厚、经验丰富的外资保险业同台竞技。

如何在较短的时间内，提高市场适应能力，增强参与国内外市场竞争的实力，已成为我国各大保险公司共同面临的一项紧迫任务。与银行、证券业相类似，保险业同样是最适合电子商务发展的产业之一，电子商务对提高保险业务的运作效率，提高保险企业的经济效益，改善客户服务的能力和水平，进而提高企业的市场适应能力和竞争实力等方面将发挥十分重要的作用。对我国保险企业来说，加快保险电子商务的发展与应用，不再是一种可有可无的选择，而是一项不能不正确对待，又必须做深、做实、做好的战略任务。学习和研究保险业电子商务的发展，对推进我国保险业电子商务的健康、有序的发展必将起到有力的推动作用。

## 5.1　我国保险业发展概况

与发达国家的保险业发展相比，我国保险业发展的历史相对较短，产业规模也相对较小，但我国保险业的发展速度很快，改革开放以来，我国保险业保持了年均30%以上的增长速度，取得了令人瞩目的成就。在最近几年，我国保险业发展进入新的发展阶段，既有不可多得的历史机遇，又有来自各方面的挑战，需要我们理性思考，正确应对。

### 5.1.1　我国保险业发展状况

简单地说，保险是指参与保险的个人或组织按期向保险公司缴纳相应费用，当发生灾害或遭受损失时，由保险公司按预定保险数额赔偿的一种经济活动。保险就像一个蓄水池，在平时进行点滴积累，需要时就可以直接取用。可以说，没有人希望危险或灾难的发生，但每个人都应为可能发生的危险或灾难做防范和准备。保险，就是人们化解经济危险和损失的灭火器、降落伞和备用胎。改革开放以来，我国的保险产业由小到大，取得了快速的发展。

“十五”期间，特别是党的十六大以来，我国保险业改革发展取得了举世瞩目的成就。业务持续快速增长，保险业务收入年均增长超过25%，是我国国民经济中发展最快的行业之一。保险功能作用不断增强，全国保险业“十五”期间共赔款和给付4286亿元，是“九五”时期的1.6倍，在经济补偿方面发挥了积极作用。2005年底保险资金运用余额达14092.7亿元，比2000年底增长了4.6倍，成为货币市场和资本市场的重要力量，有力支持了国民经济建设和经济体制改革。保险业大力开展“三农”、养老、健康和责任保险业务，拓展企业年金市场，积极参与社会管理，促进了社会保障体系的完善。在经济和社会发展进程中，保险业较好地发挥了经济“助推器”和社会“稳定器”的作用，促进了社会和谐，影响不断扩大。

国有保险公司完成重组改制，中国人保、中国人寿和中国平安先后在境外成功上市，为金融企业改革探索了新的道路。保险公司市场化经营理念明显增强，经营机制进一步转换。外资和民营资本进入保险业，股权结构趋于多元化，公司治理结构初步建立。保险资金管理体制改革成效显著，资金运用向集中化管理、专业化运作方向迈进。完成了《保险法》第一次修订，颁布实施了与之相配套的法规规章，国家相关支持政策相继出台，市场运行环境不断优化。保险业市场化、专业化和法制化程度不断提高。市场体系逐步完善，初步形成了国有控股（集团）公司、股份制公司、外资公司等多种形式、多种所有制成份并存，公平竞争、共同发展的市场格局。一批农业保险公司、养老保险公司、健康保险公司、汽车保险公司、相互制保险公司和保险资产管理公司相继设立，专业性保险机构从无到有，再保险市场主体数量逐步增加，中介市场发展迅速。寿险新型产品、银行保险等迅速发展，产品种类不断丰富，电话销售、网上保险等新的服务方式不断涌现。目前，我国保险业进入全面对外开放的新时期，中外资公司平等竞争、共同发展，国内保险业通过学习借鉴外资公司的先进经营理念和经营技术，提升了服务水平和竞争能力。

保险行业风险防范意识逐步提高，初步形成了以偿付能力监管、公司治理结构监管和市场行为监管为支柱的保险监管体系框架，构筑了以公司内控为基础、以偿付能力监管为核心、以现场检查为重要手段、以资金运用监管为关键环节、以保险保障基金为屏障的五道风险防线。

2006年全年共有9家新的保险公司开业，保险公司达到98家；共有367家新的专业中介机构开业，专业中介机构达到2,110家；新增4家保险资产管理公司和1家保险资金运用中心，资产管理公司达到9家。2006年，我国财产险业四个主要险种——车险、企财险、货运险和责任险保费收入合计1,377.96亿元，同比增长24.9%，占财产险保费收入的91.3%。人身保险实现保费4,132.01亿元，同比增长11.67%，在总保费中占比73.24%。其中，寿险保费收入3,592.64亿元，同比增长10.65%；健康险保费收入376.9亿元，同比增长20.86%；意外险保费收入162.47亿元，同比增长14.89%。截至到2006年底，共有15个国家和地区的47家外资保险机构在华设立了127个营业性机构，133家外资保险机构设立了195家代表处。外资公司保费收入259.2亿元，比入世前增长6.8倍；占全国市场份额4.59%，较入世前提高了3.01个百分点。可以预见，随着我国经济和社会的快速发展，以及人民生活水平的不断提高，保险业必将迎来越来越美好的发展契机。

近年来，我国保险业保持了快速发展的良好势头，为国民经济发展和社会进步作出了应有的贡献。全国各保险公司在日趋激烈的市场竞争中得到了锻炼和发展，经营管理水平逐步提高，竞争能力不断增强。总的来说，当前我国保险业发展出现了欣欣向荣的良好局面。

### 5.1.2　我国保险业发展面临的机遇与挑战

国民经济的快速发展和加入 WTO 的宏观环境，我国保险业既面临着各种良好的发展机遇，又不得不面对发展过程中出现的各种挑战。

发展机遇主要包括以下一些方面：

（1）随着生活水平的改善，人民群众的保险意识不断提高，为保险业的发展创造了极其广阔的市场环境；

（2）入世将有力地推动我国养老、医疗、教育等各项制度改革的进一步深化，激发更多的保险需求；

（3）国家要求进一步扩大内需，保险业的发展拥有比较宽松的政策环境；

（4）社会主义市场经济体制的逐步确立和各项改革的不断深化，为保险业的发展提供了理想的发展空间；

（5）外资保险公司的进入，不仅有利于保险市场的培育，也便于中国保险企业更加直接地学习借鉴国外先进的经验和技术，更快地提高我国保险企业竞争和发展能力；

（6）社会保障体制的改革，人口老龄化和家庭小型化，需要商业性养老、医疗保险等作为社会保险的重要补充；

（7）国有企业和国有资产管理体制改革的不断深化，非公有制经济的快速发展，保险已成为企业改革与发展的重要保障；

（8）经济结构的战略性调整，西部大开发以及东北老工业基地的振兴等战略措施的实施，带动了基础设施建设等各项事业的蓬勃发展，要求保险业提供相应的保险保障；

（9）加入 WTO 后，我国的对外贸易和国际投资必将迅猛增加，从而带动我国国际保险业务的快速增长。

从挑战方面来看，主要包括：

（1）我国保险业整体规模还比较小，在国民经济中的比重低，不但无法与规模实力强大的外资保险企业竞争，而且无法与我国经济发展、社会进步和人民生活水平的提高相适应；

（2）现有的保险产品结构比较单一，不能适应人民群众日益上升的多样化的保险需求；

（3）保险服务不到位，欺诈误导和恶性竞争等违法违规问题依然存在，市场秩序有待进一步规范，诚信建设亟待加强；

（4）不少保险公司风险防范意识不强，内部管理与业务的快速发展不相适应；

（5）高素质的保险专业人才缺乏，加上外资企业的竞争，中资保险企业的市场拓展能力和发展后劲严重不足；

（6）由于受保险经营体制的影响，在参与国内外竞争过程中必然受到多方面的影响。

### 5.1.3　我国保险业未来发展趋势

我国保险业经过多年的积累，已经打下了较为坚实的发展基础，未来的发展趋势可以概括为以下几个方面：

（1）我国国民经济的持续、快速的增长，社会的全面进步和人民生活水平的不断提高，我国保险业将以明显高于GDP的增长幅度高速增长；

（2）保险市场的进一步开发，将使我国保险业走向国际化的步伐明显加快，我国保险企业的市场适应能力和竞争实力将会得到明显提升；

（3）保险投资渠道的逐步多元化，为保险企业创造更多的盈利机会，保险企业的盈利能力将会明显增长；

（4）随着保险监管的进一步到位，我国保险企业间的无序的市场竞争将逐步被规范的市场竞争所取代，为保险公司保持稳定的利润增长以及充足的偿付能力创造更好的条件；

（5）保险企业间的兼并、收购现象将会变得越来越常见，一些有竞争实力的保险企业将会通过这种方式获得快速发展壮大；

（6）作为分散风险的重要屏障，再保险主体必定在中国市场上不断得到加强，原保险业务将更加紧密地依存于再保险业务，与此同时，再保险业务也将逐步告别垄断，获得新的发展；

（7）随着保险地域的不断开放，中外保险公司的不断增多，养老、医疗、教育、住房、责任等保险新产品将会快速推向市场；

（8）保险营销方式将渐次出现多样化的趋势，保险电子商务的发展将迎来新的发展机遇，成为未来保险业务发展新的亮点；

（9）保险业务将趋向于专业化，随着我国保险体制改革的深化，出口信用保险和农业保险等政策性保险业务将从商业保险公司中分离出来，由国家成立专门的政策性保险公司。

## 5.2 保险电子商务概述

作为金融产业的基本组成部分，保险是一种无形的服务产品，它不需要物流，业务运作的核心是信息流，是十分适合电子商务方式运作的业务。所以，随着互联网应用的快速发展，保险电子商务也随之迅速兴起。从未来的发展趋势看，保险电子商务必将成为保险业务运作的基本方式之一。

### 5.2.1 保险电子商务的概念与特点

简单地说，保险电子商务就是指保险公司或保险中介机构利用计算机和网络技术实现保险业务的运作，如通过互联网买卖保险产品和提供保险服务等。完整意义上的保险电子商务是实现保险信息咨询、保险计划书设计、投保、缴费、核保、承保、保单信息查询、保全变更、续期缴费、理赔和给付等保险全过程的网络化，也就是说，真正的保险电子商务是要通过网络实现投保、核保、理赔、给付的全过程，完全免除传统的人工程序。它的具体程序包括以下几个步骤：

（1）保险客户浏览保险公司的网站，选择适合自己的产品和服务项目，填写投保意向书，确定后提交；

（2）通过银行电子商务系统实现保费网上支付，保费自动转入保险公司，保单正式生效；

（3）经核保后，保险公司同意承保，并向客户确认，则保险合同正式订立；

（4）保险客户可利用网上售后服务系统，对整个签订合同、划交保费过程进行查询；

（5）保险客户出险后，直接通过互联网向保险公司提出索赔；

（6）保险公司核实后，通过银行电子商务系统向客户支付赔偿金。

一般来说，保险电子商务的参与方包括保险客户、保险公司、保险中介机构、银行和认证中心等，不同的险种还涉及到与其相关的各类业务部门，如交通车辆险与政府交通管理部门相关；寿险则与医院联系密切。可以说，保险电子商务牵涉面很广，利用互联网实现相关部门的信息传递与交互，对保险业务的高效运作有着不可比拟的优势。

与传统的保险业务运作方式相比，保险电子商务具有以下几个方面的特点：

（1）网络化：保险业务涉及的各方通过互联网实现保险业务的运作，网络成为开展保险业务的基本平台；

（2）电子化：保险业务运作过程中产生的各种信息都通过电子化的方式进行流转和传递，传统的大量纸面单证和合同文本等传递都通过电子化的方式实现，客户与保险公司之间的资金往来也通过网络来划转；

（3）直接化：传统的保险业务往往需要通过保险中介机构参与进行，而保险电子商务使得保险公司和保险客户之间通过网络进行直接的交流与沟通；

（4）个性化：保险公司通过互联网可以实现高效的客户关系管理，为客户提供更富个性化的专业产品和服务；

（5）多样化：对保险客户来说，保险电子商务为他们提供了更多的保险产品和服务的选择，对提高客户的满意度大有帮助；

（6）透明化：保险电子商务的发展使得保险公司提供的产品和服务更加透明，保险公司之间的竞争也会因此而变得更加激烈；

（7）虚拟化：保险电子商务不再需要具体的建筑物和地址，只需要申请一个网址,建立一个服务器，并与相关交易机构进行连接，就可以通过因特网进行交易，它没有现实的纸币或者金属货币，一切金融往来都是以数字化在网络上进行的；

（8）时效化：网络使得保险公司可以随时准确、迅速、简洁地为客户提供所需的资料，客户也可以方便、快捷地访问保险公司的客户服务系统，获得所需信息，而且，当保险公司有新产品推出时，保险人可以用公告牌、电子邮件等方式向全球发布电子广告，有效地解决了报纸、印刷型宣传小册子时效性差的毛病。

### 5.2.2　保险电子商务的主要模式

瑞士再保险公司（Swiss Re）出版的 Sigma 杂志关于保险电子商务的专题中，把保险电子商务模式归纳为以下六种：保险公司网页或网站模式（单个保险公司的主页或网站）、产品网站模式（金融和保险产品的综合性标准网站）、信息集合中心模式（网上保险经纪人）、网上风险市场模式（与商业伙伴分担大型风险）、分类销售网站模式（通过不同主题网站销售保险）和反向拍卖模式（拍卖保险需求）。经过数年的发展，目前国内外比较常见的保险电子商务模式主要有以下几种：

#### 1. 保险公司网站模式

保险公司网站是一种典型 B to C 电子商务模式，是由保险公司开设的网上店铺，旨在宣传公司产品，提供联系方式，拓展公司销售渠道。这种商务模式的优点是：（1）宣传公司及产品，树立公司及产品形象，提高公司知名度。（2）提供产品销售渠道。有些保险公司还允许客户在网上购买保单，从而拓展了销售渠道，扩大了销售规模，降低销售成本。像欧洲的丰泰保险公司和美国的 Progressive 保险公司就属此类，Progressive 公司甚至还提供了竞争对手的一些情况及数据，以方便顾客。（3）管理客户资料。保险公司通过电子商务对客户资料进行管理，有利于保险公司同客户进行有效、迅速、明确的沟通，赢得了更多的忠诚客户：有利于保险公司经常检查保险标的风险状况、风险因素，以及对风险损失程度进行预测；有利于对客户防灾情况的检查，及时提出整改建议，督促保户改善防灾环境条件，减少保险公司的赔付。（4）提供增值服务。如 AnnuityNet 保险公司的网站提供了指数连结年金保险，公司协助客户决定选择哪种基金进行投资。由于在保险期间内，客户可以修改转换不同的基金，因此能够使客户永远处于一个决策过程中。同时，只要保单处于有效期，客户还可以通过互联网直接影响保单，如改变地址、保单免赔额或一些控制风险的数据，还可以通过互联网提出索赔，追踪理赔进度。

这是最初出现也是目前国内最常见的保险电子商务模式，保险公司通过建设自己的网站向客户介绍本公司的保险产品和服务，并提供与保险业务相关的各种信息。这种模式的主要目的是保险公司要通过网络宣传和介绍自己的公司和产品，树立良好的市场形象，尽管不少网站已经开通了网上交易业务，但真正的目的并不是为了追求网上交易的业务量。图 5-1 为新华保险公司网站的首页。

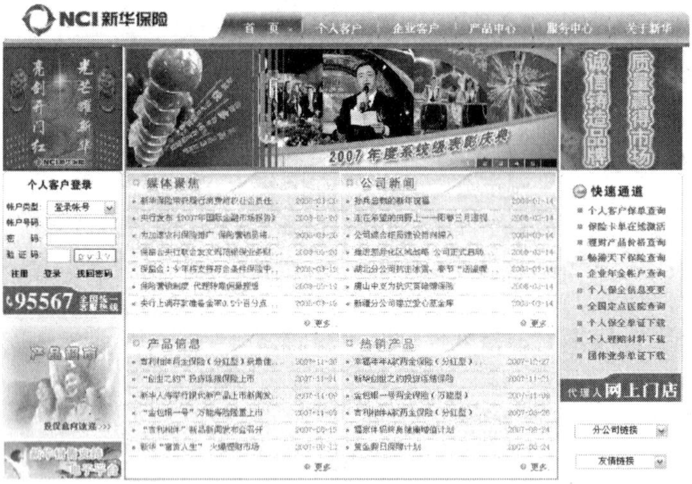


图 5-1　新华保险公司网站首页

2. 保险产品网站模式

保险产品网站模式是指保险公司建立起独立的电子商务平台，实现保险产品的网上销售以及为客户提供电子化服务等功能。这种模式是保险公司提供的产品和服务一目了然，便于客户直接通过互联网与公司进行沟通和业务联系。它的缺点也很明显，因为是一家保险公司单独建设和运营的，客户的参与面相对较小，运作成本也相对较高。所以，这种模式比较适合那些规模和实力比较强，客户数量比较多的大型保险公司运作。图 5-2 为中国人保财险电子商务平台。

图 5-2　中国人保财险电子商务平台

3. 网上保险经纪人模式

网上保险经纪人模式一般由保险经纪人公司等非保险公司类机构创办，网站提供较为丰富的各家保险公司的产品与价格，在这个平台上各家保险公司、保险中介机构、保险相关机构都可以采用网上门店的形式来设立自己个性化的专卖柜台，保险客户可以进行充分的比较与选择，网站主要利用自己的人才、技术或政策优势为客户设计量身定做的保险方案，制定合理的风险管理计划，协助客户投保，为客户解答保险过程中的疑难问题，甚至协助索赔。这种模式有点类似于网上保险超市，众多保险人和顾客在这个超市中相互接触，让保险人能发现合适的顾客，让投保人能找到自己所需的险种。这种模式做到了以顾客为中心，使顾客选择权最大化。

4. 网上风险市场模式

网上风险市场模式是一种较为特别的保险电子商务模式，一般由专门的机构在网上扮演保险公司，再保险公司和其他大型实业公司之间经纪人的角色，为它们穿针引线，把各方之间的风险以保险和再保险的方式交换和转移出去，有点类似于保险公司之间的交易中介。这类模式专业程度相对较高，经营较为困难，国内还很少见，国外也不是太多。

5. 专业服务模式

专业服务模式是一种专门为网上保险业务提供相关服务的电子商务模式，采用这种模式的企业既不在网上销售保险产品，也不做具体的保险业务，它主要为开展保险电子商务的保险公司或保险经纪公司提供某种重要的服务。如在后面典型案例中介绍的易保网就是专门为保险电子商务提供技术支持的网站，采用的就是这类专业服务模式。

6. 反向拍卖模式

反向拍卖模式是指那些有特定的保险需求，或者保险采购额比较大的机构和个人通过专门的保险网站向保险公司发布求购信息，保险公司通过竞标的方式参与保险业务的交易。这是一种较为典型的B to C电子商务交易方式，因为由投保人主动发布保险需求，所以投保人在交易过程中处于较为主动的地位，可以购买到更为合适、价格和服务更优的保险产品，特别是政府机构、大型企事业单位购买大额保险时，这种方式最合适。目前，国内这种模式还只是刚刚兴起，但今后一定会有比较快的发展。

7. 网上金融超市

网上金融超市模式与保险公司网站相似，给顾客提供了一个交易场所。在这个交易场所里，顾客可以享受到集储蓄、信贷、结算、投资、保险等多功能于一身的“一条龙”服务。网上金融超市与保险公司网站的关系，就好比传统超市和专卖店的关系。网上金融超市与保险公司网站相比，具有以下优点：（1）有利于提高知名度。保险公司网站在培养消费者的品牌忠诚性、实现网上销售方面比较困难。首先，保单的购买不是经常性的；其次，如果客户需要花费相当多的时间去熟悉每一个网站，那么网上销售对他们的吸引力就会下降。因此，最适合在网上营销的产品是那些能够吸引到固定数目访问者的产品。许多包括所有金融产品的网上金融超市正是利用了这一点，为金融和保险产品提供了标准化的网站，目的是为了提高自己的知名度，成为网上金融和保险产品的标志。（2）有利于实现范围经济。国内目前已有了这类网站的雏形，如和讯网，首页设立了股市、外汇、期货、保险、地产等栏目，人们在进行投资组合时很有可能利用这个机会访问“和讯保险天地”来选择保险产品。图5-3为和讯网“保险”频道首页。

图5-3 和讯网“保险”频道首页

保险电子商务模式并不是固定的，它会随着技术的发展、社会的进步和客户需求的变化而不断推陈出新，需要我们认真总结和摸索。

### 5.2.3 保险电子商务的价值分析

保险电子商务的发展对保险公司和保险客户双方来说都将产生十分可观的价值，出现“双赢”的结果。

1. 电子商务为保险公司创造的价值

对保险公司来说，电子商务产生的价值主要表现在以下几个方面：

（1）降低经营成本。电子商务可以直接减少保险销售成本，通过互联网实现的业务流程的自动化可以显著减少管理成本和理赔成本。根据国外的研究，网络将导致整个保险价值链降低成本 60%以上，特别是销售和客户领域成本更会大幅度下降；经营财产和意外保险、健康和人寿保险的保险公司通过电子商务方式向客户出售保单或提供服务，将比通过电话或代理人出售保单节省一半以上的费用。

（2）提高保险业务运作效率。通过网络向客户提供许多服务信息，例如保险代理人资料、保险条款介绍、保费估算方法等，可以大大减少客户服务中心的业务量，不仅节省了时间，而且节省了大量人力和物力，使保险公司将主要精力投入理赔及复杂个案的处理之中，显著提高保险业务的运作效率。

（3）加强与客户的互动和沟通。保险电子商务可以通过互联网实现互动式客户服务，一旦投保人的数据进入业务系统，数据分类及数据分析即可自动完成，保险公司既可通过网络主动获取客户的各种需求，又可通过网络实现交流沟通，为客户提供高质量的服务。

（4）有利于拓展业务范围。由于网络突破了时空的界限，有助于保险公司对潜在需求进行深层把握，有利于创新险种、拓展业务，提高经营效益。比如说，由于网络安全问题成为网络经济发展的最大障碍，国外一些保险专门推出了网络安全保险业务，受到客户欢迎。

（5）有利于提高公司管理效益。电子商务将动摇保险公司传统的组织架构，使建立新的内部监控结构和组织形式成为必要。网络技术的发展使管理者有可能对保险业务的进展实施监控，随时掌握企业的风险状况，为管理者经营决策提供及时准确的信息，从而给管理创新及工作流程的改造提供了必备条件。保险公司的组织架构将逐渐由传统的金字塔型向以客户为中心的灵活扁平型转变，原有各业务部门之间的“知识壁垒”被打破，取而代之的是建立统一、全面、不断更新的企业内部“知识库”来支持业务拓展，公司培训也将由侧重外勤销售队伍销售技能的提高，逐步过渡到重视内、外勤人员各项技能的全面提高及增强客户关系管理能力和服务水平。电子商务将使保险公司内部管控结构和组织形式发生重大改变，管理效益显著提高。

（6）有利于公司的发展规划。保险公司可以在网上了解到更多的保险技术、保险资本和保险人才等信息，形成完善的保险要素的结合，使保险产品具有更强的竞争力。

2. 电子商务为保险客户创造的价值

保险电子商务为保险客户创造的价值也是显而易见的，主要表现在以下几个方面：

（1）增加选择范围。保险电子商务以客户的需要为中心，客户可随时上网查询，获取大量的保险信息，“货比十家、百家”地进行自主选择，改变了过去信息少、选择被动的局面。

（2）享受全天候服务。网上投保无时间和空间限制，投保人可在任何地方、任何时候获得网上保险服务。

（3）享受个性化服务。网络使过去的规范化服务转向个性化服务，可以最大限度地满足投保人对必要信息和投保条件的个性化需求。

（4）有利于保护投保人的个人隐私。网上投保可以排除中介环节不可避免的知悉或有意无意地侵犯投保人的隐私。

（5）获得更多的价格优惠。由于电子商务使保险业务的运作成本下降，保险公司必然会与客户分享成本降低带来的好处，让客户得到更多的实惠。

3. 保险电子商务对保险监管的挑战

电子商务增加了保险行为的透明度，为保险监管提供了便利。与此同时，电子商务使保险公司之间的竞争更加激烈和复杂，也相应增加了保险监管的难度。电子商务技术的发展和保险商品的非物流性，使得保险行业的新进入者不必花费巨资和时间，就可以进行传统销售方式下的营业网络建设和代理网点培训管理。随着我国保险产品的不断创新，其金融兼容性越来越大，如许多保险产品，不仅可以通过银行进行销售，而且出现银行卡式保单，甚至还可能发展为保单证券化，分业监管的难度和复杂程度不断提高。美国于1999年通过新银行法《金融服务现代化法案》，终止了历时多年的银行、证券公司和保险公司的分业经营，出现了像花旗集团那样的"金融超级市场"。西方主要国家相继进行保险管理制度的创新，为保险公司开拓了更大的市场空间和服务领域。所以，保险监管机构要不断熟悉保险电子商务竞争，支持网上保险商务并对其实行有效的监管，及时制订相应的规则。这些都对保险监管提出了更高的要求。

### 5.2.4 电子商务对保险业发展的新要求

保险电子商务的发展对保险业务的运作以及保险公司的经营管理活动产生了深远的影响，对保险业的发展提出了不少新的要求，主要包括以下三个方面。

（1）转变经营思想。首先，保险电子商务改变了传统意义上单纯以机构网点多少，地理位置便利为主导的保险业务经营模式，要求保险公司把经营策略提高到全国乃至全球的战略高度，促使保险公司认识到网络客户的超国界性。保险电子商务带给保险业和客户最大的好处就是能够便捷、低成本地进入全球市场，客户只要通过网络就可以足不出户地获得各种保险服务，购买保险的方式也从过去消极接受保险营销员的硬性推销转变为按需投保、在线投保、实时成交。其次，保险企业要认识到，保险电子商务并不是传统保险向互联网的简单移植，保险企业必须充分利用电子商务发展的契机，提高经营管理水平和服务水平，切实增强企业的竞争力。

（2）创新保险业竞争规则。基于互联网的电子商务赋予保险业一种全新的营销方式，加快我国保险业走向国际化的步伐，并将重新构建市场竞争规则。从未来的发展趋势来看，所有保险公司无论实力雄厚还是规模较小，在网络上都基本处于同一起跑线上，交易的低成本和进入的低门槛，使大的保险公司和中小保险公司拥有了参与保险电子商务的均等机会，中小保险公司也可以从原先主要被大保险公司占有或垄断的市场中发现新的机会，使自己迅速发展壮大。与此同时，保险电子商务使得跨国经营不再是大保险公司的专利，中小型保险公司同样可以通过互联网在国际市场有所作为，这为我国保险企业与资金、技术、管理都占优势的国外保险企业进行竞争提供了契机。我国的保险企业应该抓紧时机，以先进的技术和经营模式武装自己，大力发展保险电子商务，尽力开拓国内外市场。

（3）转变服务模式。对保险公司而言，采用电子商务，可直接在网上销售保险产品，可提供全天候的全球营销服务，客户无论什么时间，身处何地，只要能够上网，即可办理各种保险业务。可以说，保险电子商务十分有助于保险公司为那些在传统服务模式下想投保却因投保不方便而未投保的潜在客户提供更好的服务，比如，通过网络以快速、简便的方式提供保险市场信息、保险产品信息，并以良好的交互性，向顾客提供自助式服务、家庭理财和无实体保险服务等，这些服务不但可以提高保险客户的满意度和忠诚度，对保险公司的发展也极为有益。所以，保险电子商务促使保险经营企业不断地探索利用网络改进服务的技术与方法，使电子化服务成为满足客户需要的有力武器。

### 5.2.5　国际保险业电子商务的发展

从国际范围来看，发达国家在保险电子商务发展方面历史相对较长，应用较为成熟，取得的成效也较为显著。近年美国、日本、西欧等发达国家和地区的保险业迅速加大对互联网的运用力度，许多知名的保险公司纷纷通过在互联网上设立站点或主页开展宣传、咨询、营销和客户服务等，率先抢占网上市场。同时，互联网还被用于公司内部的经营管理，决策人员利用互联网进行资料收集、统计分析、业务培训、流程改造、管理分析等等，许多保险公司将发展互联网业务作为公司战略规划的重要组成部分。全球最大的保险及资产管理公司之一的法国安盛集团，1996 年就在德国试行了网上直销，2000 年 7 月，日本还出现了首家完全通过互联网推销保险业务的保险公司。世界第二大再保险公司瑞士再保险公司则宣布，电子商务帮助该公司平均每年节省 7.5 亿瑞士法郎。由于电子商务已经开始动摇国际承保市场的整个流程，英国劳合社、国际承保协会和劳合社保险经纪人协会最新提出了激进的改革方案，明确规定在保费和理赔的会计方法和其他的各个流程上应该考虑到电子商务的运用。

美国凭借其网络用户数量、互联网普及率等方面的优势以及其规模宏大、发展成熟的保险市场，当之无愧地成为世界保险业电子商务发展的领先者。在美国，目前几乎所有的保险公司都已开展了各种形式的电子商务活动，保险客户参与保险电子商务的客户也与日俱增。美国的第三方保险电子商务网站于上世纪 90 年代中期开始出现，到 90 年代末期经历了第一次发展高潮，众多第三方电子商务网站如雨后春笋般涌现。美国的第三方保险电子商务主要盈利模式有两种：一种是“获取线索”模式。这些网站以获取消费者的姓名、电话和地址等信息为目的，把这些信息作为保险销售的线索提供给专业的保险公司或者传统的保险销售机构或人员。另一种模式则是通过直接出售保险产品而获取来自保险公司的佣金收入。为了吸引消费者，第三方保险电子商务网站一般都会为消费者提供程度不等的价格折扣；同时还提供许多附加服务，帮助消费者了解自己的需求。目前，美国第三方保险电子商务的业务量也仅占保险业总业务量的很小一部分，它的功能还远未得到有效的发挥，市场发展潜力还很大。2005 年美国总保费收入 11,429.12 亿美元，占全球总保费的 33.36%，其中寿险收入5,170.74亿美元，非寿险收入6,258.38亿美元。如此庞大的市场为保险电子商务的发展提供了巨大的发展空间。考虑到美国巨大的保险市场，在线购买保险比例微小的提高都会带来巨大的商机。而且美国拥有成熟的保险中介市场，消费者对中介的接受程度比较高，这为第三方保险电子商务的发展提供了很好的基础。同时美国保险消费者受教育水平都比较高，许多人能够通过自己的能力独立进行在线保险产品的购买，可以预见未来几年保险电子商务仍会有很大的发展。

与美国相比，欧洲国家在电子商务发展方面相对滞后，但欧洲国家不少大的保险公司希望在电子商务走在世界前列。英国皇家太阳联合保险公司、法国国家人寿、英国保诚集团等著名保险公司已在较短的时间内成为国际保险电子商务发展的领先者。目前，不少欧洲国家的保险公司通过电子商务实现的交易额已占到较高的比例，为客户也为公司的发展带来了实实在在的利益。

亚洲国家中日本在保险业电子商务的发展中是较为领先的。1999年7月，日本出现了首家完全通过互联网销售保险业务的保险公司，这家名为.aflac的网络保险公司由总部位于美国的AFLAC公司和日本电信共同投资设立和管理，主要的定位对象是40岁以下的网络客户，网民可以直接通过互联网向网站投保或获取保险信息、利用在线计算器计算保险金。在此之后，日本的各大保险公司都相继推出了保险电子商务网站，当前保险业电子商务的发展势头十分看好。

尽管世界各国由于国情不同，在保险业电子商务发展方面差异很大，但总的来说，保险业电子商务发展速度很快，发展势头也不可逆转。据国外研究资料表明，在未来10年有超过30%的商业保险业务和近4成的个人保险业务是由电子商务方式来实现的。在我国，保险电子商务客户群的总量在扩大，网络保险的春天指日可待，建立基于开发网络保险产品的电子商务销售渠道必将成为保险公司具有良好效益的业务增长模式。

## 5.3 我国保险业电子商务发展

我国保险业电子商务伴随着保险产业的快速发展，在近几年取得了很大的进展。但与发达国家的先进水平相比，存在的差距是显而易见的。加快保险业电子商务的发展与应用，不但对我国还处于幼年期的保险产业健康、快速、持续的发展意义重大，而且对我国国民经济的快速发展、人民生活水平的提高以及社会的全面进步同样会起到重要的推动作用。

### 5.3.1 我国保险业电子商务的发展历程

我国保险业经过近30年的发展，已经取得了巨大的成就，保险市场有了广泛的拓展，保险业已经成为国家经济生活中的一个重要组成部分。但是，我国保险业的发展才刚刚起步，保险业的经营与管理，和世界发达国家的先进水平相比还有差距；除此之外，2004年12月11日起，我国按照入世时的承诺，对外资保险企业全面开放市场，保险业的竞争日趋激烈。我国保险公司为了在市场竞争中立于不败之地，纷纷投入大量的财力、物力和人力去发展电子商务这一新的商务模式，将电子商务引入到我国的保险业中去。但与发达国家相比，电子商务在我国保险业中的应用还处于刚刚起步阶段。我国的网上保险业务还只能处于传统保险业务的补充地位，真正意义上的网上保险还需要一定的发展过程。

我国第一家保险网站是在 1997 年，由中国保险学会和北京维信投资顾问有限公司共同发起成立的——中国保险信息网①(www.china-insurance.com，参见图 5-4)，这是中国最早的保险行业第三方网站。同年 11 月 28 日，由中国保险信息网为新华人寿公司促成的国内第一份网上保险单，标志着我国保险业才刚刚迈入网络的大门。此后，中国保险网在主管部门、行业组织、保险公司和业内外人士的大力支持下，一直是国内规模最大、内容最丰富、最具权威性和影响力的保险行业综合网站，点击率始终为国内同类网站第一名，成为中国保险行业的电子信息窗口以及保险业内各方面的网上交流渠道，为推动国内保险业信息化发展做出了积极的贡献。

**图 5-4　中国保险网主页**

2000 年 8 月 15 日，太平洋保险电子商务网站(www.cpic.com.cn)，建成标志着中国保险业第一个贯通全国、连接全球的保险网络诞生，这是太平洋保险公司面对激烈的竞争市场致力于保险电子商务建设的一项重大举措。2001 年 3 月，太平洋保险北京分公司与朗络开始合作，开通了“网神”，推出了 30 余个险种，开始了真正意义上的保险网上营销。当月保费达到 99 万元，让业界看到了保险业网上营销的巨大魅力。

而国内其他保险公司纷纷开设自己的电子商务网站，进行网络营销的积极探索，保险电子商务的网络营销渠道功能逐步显现。2000 年 8 月 18 日，中国第一家以保险为核心的，融证券、信托、银行、资产管理、企业年金等多元金融业务为一体的紧密、高效、多元的综合金融服务集团——中国平安保险（集团）股份有限公司，正式启用一站式综合理财网站 PA18(www.pa18.com)，平安大步进入保险电子商务。以平安门店服务中心、平安电话中心、互联网中心组成的 3A 服务体系的运行标志着平安的客户服务向国际水平迈进，其强有力的个性化功能开创了国内先河。9 月 22 日，泰康人寿保险股份有限公司独家投资建设的大型保险电子商务网站——“泰康在线”（www.taikang.com）全面开通，这算得上是国内第一家由

① 于 2000 年 7 月 1 日正式更名为“中国保险网”。

寿险公司投资建设的、真正实现在线投保的网站，也是国内首家通过保险类CA认证的网站。

与此同时，由非保险公司(主要是网络公司)搭起的保险网站也风起云涌，目前影响最大的是一家由中国人寿、平安、太平洋、友邦等十几家保险公司协助建立、由上海易保科技有限公司开发并运营的易保网(www.ebao.com)。通过易保网广场，客户可以客观比较各家保险公司的养老、医疗、意外、理财险等保险产品，可以通过网上招标获得量身定制的个性化保险方案。易保网还提供理财、投保、理赔等常识以及提供车辆保险、家庭财产险等网上直销专业服务。而保险公司、保险中介、保险相关机构都可以在这个平台上设立个性化的专卖区，客户只需要在一个网站浏览就可以完成对十几家国内大型保险公司的保险咨询，特别是其推出的保险需求评估工具，如同在线计算器，客户只要在网页上输入个人需求，服务器就能自动的列出各家保险网页，通过信用卡完成保费支付。从这里，我们可以看到，易保网上保险广场致力于为保险买、卖双方及保险相关机构和行业提供一个中立、客观的网上交流、交易的公用平台；帮助客户轻松了解、比较、购买保险；帮助保险公司和保险代理人通过网络新渠道开发客户资源、提高工作效率、提升服务质量；帮助保险相关服务机构和行业降低服务成本，提高服务质量。

从目前的情况看，国内主要的保险公司都已开通了自己的专业网站，大部分网站都具有一定电子商务业务的功能，但总体来说，业务发展情况不甚理想。随着保险业的不断开放，国外一些著名的保险公司开始进入中国市场，这些公司把电子商务作为开拓中国保险市场的重要手段。如美国友邦保险公司已通过电子商务方式在中国的上海、苏州、北京、深圳和广州开展业务，取得了很大的成功。图5-5为友邦中国公司的主页。

**图5-5　友邦中国公司主页**

从我国已经开通的保险电子商务网站的经营活动分析，我国保险电子商务经营的险种已经涵盖了人寿保险、财产保险、意外伤害保险、旅游交通保险等100多个险种。保险客户不仅可以在网上投保，而且还可以实时核保和认证，并能进行网上在线支付，不少网站已开展保险代理等业务，保险电子商务的各种模式正在逐步出现。除了中国人保电子商务系统规模较大外，其他还有不少有影响的电子商务网站。比如，太平洋保险网站是我国保险业第一个贯通全国、联结全球的保险网络系统，目前已经开通的网上投保险种包括世纪行人身意外伤害保险、安居理财综合保险、安居综合保险、机动车辆综合险、国内货物运输保险、进出口货物运输保险等十余个，成为我国保险电子商务领域的佼佼者。

最近，保险业也出现了移动商务的模式，主要为客户提供如下服务：移动客服系统，这是客户在整个解决方案中能够直接感受的部分，通过该系统可以支持各种形式的短信服务，以实现客户需求的各类上、下行短信服务。系统提供的上下行服务的项目包括：新单祝贺、续期交费通知、续保银行划账不成功通知、催缴费通知、保单失效告知、保单永久失效告知、代理人生日祝福、晋升查询（警告、降级、晋升、除名等）、佣金查询、短信群发、服务定制与取消、新险种介绍、所属客户保单资料查询等等。如 E 行销系统，该行销系统包括：客户关系管理、业务信息查询、业务状态提醒、投保方案书、利益演示及理财规划等功能。该系统功能可实现客户资源的档案管理、工作日志管理、客户资源的系统分析、个人活动量分析及业务分析等；客户、保单、佣金等信息的综合查询功能；客户生日、客户缴费等事件提醒功能；强大的短信群发功能；灵活方便的邮件转发功能等。另外该系统还提供投保方案书生成、险种管理、轻松理财等，极大地提高了代理人展业效率。目前，在保险行业中移动商务应用主要是 B to C 的商务模型。根据保险企业的现实需求为保险企业客户提供随时随地的购买保单的移动平台。该系统分为手机保单激活、手机投保与手机支付等模块。

### 5.3.2　我国保险业电子商务发展所取得的主要进展

总体来看，保险业电子商务建设取得的成绩是显著的，主要体现在以下方面：

（1）信息化建设的整体规划不断加强。大部分保险公司依托企业发展战略，借鉴国内外信息化建设的成功经验，引进信息化咨询服务，加强了对信息化建设的整体规划，制订了企业信息化的发展蓝图，推动了保险信息化的稳步进行。

（2）信息化建设的投入不断加大。据不完全统计，2005 年保险业信息化资金投入已达 35.5 亿元，占全国保险业务收入的 0.72%，其中软件、运维和服务费用占比有所增加，信息化投资结构进一步改善。人员投入有所增加，中国人保、中国人寿、中国太平洋、中国平安等在总、分公司层面都建立了较强的信息化工作队伍。在今后几年，这方面的投入必将会水涨船高，建设成效也将会越来越好。

（3）业务运营平台的改造和优化逐步深入。这推进了业务平台的统一化，逐步消除各地区各自为政和系统平台的不一致，加强了业务系统的标准化，促进了业务系统间的信息共享和联机处理，逐步解决业务系统互不支持、信息割裂、信息不能共享的问题。同时，保险投资管理信息化建设取得初步成效。

（4）保险公司数据大集中稳步推进。绝大部分保险公司实现了业务、财务数据处理的全国集中，部分公司完成了业务数据的省级集中或实现了省级业务处理的集中。此外，保险业在稳步推进数据大集中的同时，也加强了对数据质量的控制和数据资产的利用。

（5）客户服务信息系统平台建设不断加强。各保险公司不同层次地建立了各自的客户服务系统平台。中国人保、中国人寿、中国太平洋、中国平安、新华人寿以及泰康人寿等公司都建立了全国统一的客户服务系统并开展咨询、投诉、报案、客户回访、挂失以及电话投保等工作，不同程度地实现了业务系统与客户服务系统的数据共享和联机处理。

（6）保险监管信息化建设取得成效。保险监管机构加强了内外网络的规划改造，建立了办公自动化系统、内网信息平台和门户网站，有效地提高了办公效率和质量；推动了上海、北京车险信息平台的建设；建成了中国保险统计信息系统，初步构建了保险监管机构的统计信息共享平台；研发了保险现场稽核系统，进一步丰富了保险监管手段，为保险现场和非现场监管体系建设打下了坚实基础。

（7）保险信息安全保障体系初步建立。各保险公司不断完善信息安全管理的各项制度、规定，积极开展信息安全教育培训和宣传，加快信息安全基础设施建设。超过50%的公司开展了灾难演习或制订了灾难演习工作计划，中国平安建立了上海数据备份中心，部分公司正在建设异地灾备中心或计划建设异地灾备中心。

### 5.3.3 我国保险业电子商务发展存在的问题

现阶段，我国保险业电子商务发展存在的主要问题有以下几个方面：

（1）对保险电子商务的认识还没有完全到位。保险电子商务在我国已经走过了多年的发展历程，但到目前为止，无论是保险公司还是保险客户对它的认识都没有真正到位。在不少保险公司看来，保险电子商务投入大，经营回报状况不太理想，所以在推进保险电子商务发展方面缺乏一定的积极性；在保险客户看来，保险产品不比标准化的产品，一手交钱一手交货就可完成交易，保险业务的特殊性要求比较高，必须与保险业务人员反复磋商后才能真正成交，但目前电子商务系统在人性化服务、个性化方案设计等方面还存在不小的差距，所以在一定程度上还心存疑虑。由于认识的不到位，对保险电子商务的有序、快速发展起到了比较大的阻碍作用。

（2）互联网硬件环境的制约。近些年我国的信息网络系统发展虽快，但从电子商务的要求看，保险电子商务工程涉及银行、电信等多个行业，无论是网络技术、资费水平、通信速度等方面都存在较大差距，而这种配套的系统工程的完善需要较长时间，无疑将影响网络的继续扩大和已上网用户得到的服务质量的提高。电子商务发展也取决于信息终端设备的普及程度，如电话、个人计算机、移动电话的普及率等。此外，中国的东部、西部、中部地区的发展还极不平衡，中、西部信息终端设备的相对匮乏，也成为这一地区发展保险电子商务的极大障碍。

（3）保险电子商务的集成化程度还不高。前已述及，完整意义上的保险电子商务牵涉面非常广，除了保险公司和承包人以外，还包括保险经纪公司、银行、工商、税务、医院、政府相关职能部门、保险监管机构等，这是一个非常复杂的系统，在现阶段是不太容易把这么多相关的部门和人员通过互联网整合在一起的，也就是说，要实现完整的电子商务还有很长的路要走。这种不完全的电子商务运作，对客户和保险公司带来的价值也是有限的，在一定程度上影响了保险电子商务的市场需求。

（4）保险行业信息化整体水平还比较低。在保险业务高速发展的同时，中国保险行业在信息化方面的投入和建设尚处于初期阶段。这表现在：第一，信息化滞后于业务发展。目前，我国保险行业的发展虽呈现蓬勃发展的趋势，但是信息技术的发展相对于业务发展，处于一种相对滞后的阶段。保险业信息化建设只能满足所谓自动化的需求，还无法真正做到对业务发展起到支撑的作用。比如，信息技术基础架构的建设尚未完善、新一代核心应用系统，特别是核保和赔付等有关的业务流程处于相对滞后的阶段。另外，国内保险公司在信息技术建设上的投入，大多数也是在基础设施建设上。相对一些新的业务增长点上的投入不多。即便对于基础建设来说，目前以省、地市为中心的信息基础架构，也不是建立在符合现在及未来业务发展特点基础上的架构。

（5）安全保障还不健全。保险电子商务活动自然需要比较可靠的安全措施作为基本保障，但目前还存在不小的问题。与银行、证券电子商务相类似，保险电子商务同样牵涉到网上资金的转移以及个人隐私的保护等问题，因此网络安全和信息安全事关保险电子商务的成败。目前，无论是技术，还是管理，安全问题还是会在一定程度上继续存在，对保险电子商务发展不利。作为一个安全的保险电子商务系统，首先必须具有一个安全、可靠的通信网络，以保证交易信息安全、迅速地传递；其次必须保证数据库服务器绝对安全，防止黑客闯入网络盗取信息。

（6）金融电子化支付手段的制约。保险电子商务的营运需要有快速、高效的电子化支付与结算的配合。目前我国金融服务的水平和电子化程度不高，保险电子商务通常是“网上投保申请，网下核保、出单与付款”。网上支付因安全和法律问题存在制约，还没有完全得到解决。网上支付手段仍然匮乏，现有的支付方式又过于复杂，缺乏跨平台支付的兼容性和通用性，应用领域狭窄。改变现有的支付方式，实现真正的网上支付，既是我国保险电子商务发展的重要环节，也是我国改造金融市场的迫切需要。

（7）法律与标准的制约。保险业电子商务的发展，对传统的保险与商贸法律提出了挑战。传统上的保险合同必须由书面订立，通过手写签名或印章来辨别身份。但在网络中，由于大量运用电子签名，有形合同的法律规定很难适用网上无形的合同，而无形的网上合同如何确定权利和义务，尚待进一步明确规定。目前我国的信息化政策，特别是发展电子商务有关的政策还不够明朗，相应的标准、法律、法规很不健全，跨部门、跨地区的协调存在较大问题。法律极有必要为“数字市场”建立基本的游戏规则。此外，我国还应在保险业电子商务应用方面制订相应的标准与规范，以避免保险电子系统与其他电子商务系统相互因沟通困难而浪费大量的时间与财力。

在我国，保险行业还是一种比较特殊的产业，各大保险公司的营销活动基本都依靠“人海战术”。因此，全行业的信息化装备、从业人员的信息技术应用能力与保险电子商务的发展要求还存在比较大的差距，再加上不少保险公司的管理人员和营销业务人员担心计算机和互联网的应用对自己的业务构成威胁，在心里多少有些抵触情绪，这样也在某种程度上对保险电子商务的发展和应用带来不利影响。另外，保险产品营销是一项流动性比较大的业务，如果要推广电子商务，势必要求保险业务人员装备笔记本电脑等 IT 设备，这不管对保险公司，还是对保险业务人员来说，都是一笔不小的投入，在现阶段，要全面展开也是不太现实的。

当然，保险电子商务发展过程中存在这些问题是局部的，也是阶段性的，它们会随着保险电子商务自身的发展、需求的拉动和竞争的加剧，得到逐步的克服与改善。

### 5.3.4 我国保险业电子商务发展的主要策略

我国保险业电子商务的发展虽然取得了一定的进展，但存在的问题和困难还很多，需要政府相关部门、保险经营企业、保险客户和社会各界共同的努力。主要的策略包括以下几个方面：

（1）转变观念，提高认识，加快保险电子商务的发展步伐。在当今信息时代，掌握最新技术和管理方法的企业将处于竞争的有利位置，反之将会落伍直至被淘汰。观念落后、认识不到位是制约我国保险企业进入互联网络的最大障碍。所以，推进我国保险业电子商务的发展应从转变观念，提高认识入手，从而加快保险电子商务的发展步伐。我国保险企业应冲破传统思想和习惯势力的羁绊，从发展战略的高度出发，对保险电子商务加以重视和研究，从现在开始实施抢先占领市场的战略，依靠电子商务等信息技术迅速提高保险企业的管理水平，在新经济时代创造保险企业新的竞争优势。在保险电子商务技术不完善的情况下，电子商务解决不了的问题可先由传统商务的老办法解决，同时在二者的结合中逐步扩大电子商务的比重，积极推进电子商务进程。从"一把手"开始，从上到下都应对电子商务发展有紧迫感，把它看作提升企业经济效益和竞争实力的重要举措，制定科学、合理的电子商务发展规划，把电子商务的发展作为企业战略调整和业务转型的重要组成部分；对社会公众来说，认识和接受保险电子商务有一个相对比较长的过程，既需要政府有关部门做大量的宣传、推广工作，也需要保险经营企业、保险从业人员作深入细致的示范、解释工作，让普通老百姓能够更好地了解保险电子商务的发展，积极、主动地参与保险电子商务业务的运作。

（2）加强联合，促进协调，为保险电子商务发展营造理想的发展环境。保险电子商务由于牵涉面广，影响面大，无论是保险公司、保险经纪公司，还是银行、医院、政府监管部门，都应该加强联合，促进协调，从大局出发，克服本位主义，共同为保险电子商务发展营造理想的发展环境。首先，政府管理部门应创造电子商务的政策、规范、法规、法律等法治环境，特别是要保证网上交易的安全性和可靠性，加快建立和完善权威机构承担的安全认证（CA）机制及系统。其次，现阶段我国保险公司可与国内的ISP、ICP、ASP等网络服务商携起手来，联手开发。此外，还可与国内的银行和其他行业企业结成战略合作伙伴关系，利用他们的资源开展保险电子商务，在专业化经营的同时，共同发展，实现保险公司与合作伙伴和消费者多赢的局面。在经过一段时间联合发展的基础上，再根据电子商务的发展和保险企业的实际情况，逐步建立真正的电子商务平台，探索有自身特色的电子商务解决方案。除此以外，还要加强宣传教育，普及电子商务知识，扩大面向大众的电子商务宣传。由于保险当事人之间的人为因素与深刻复杂的利益关系，保险电子商务仅仅依靠网上运作还难以支撑网络保险，如何实现网上核保与网上理赔及支付、如何禁止和惩处利用电子商务进行保险欺诈的行为等，在我国仍有很长的一段路要走，它既需要技术、资金、管理、人才等方面的支持，也需要社会公德意识与法制意识的不断强化。可以预见，随着我国社会保障体制的不断完善，社保信息化的快速推进，这种基于互联网的联合将会变得越来越重要，相关各方应早作准备，务实行动，在技术、标准、规范、管理以及信息资源共享等方面争取有更大的突破。

（3）加强信息化基础设施建设，为保险业电子商务发展提供扎实的基础。保险行业信息化发展基础差，信息化应用层次低，我国数以百万计的保险从业人员信息技术应用能力不高，信息化装备条件较差，这是一个不容回避的现实，也是短时间内无法彻底改变的一个困难问题。作为保险经营企业，应当紧跟保险公司集团化发展趋势，充分运用先进的信息网络和通信技术，加强信息资源的利用和共享，逐步实现信息资源的有效配置。推进信息网络的改造和优化，构建具有高可靠性、高稳定性、可扩展性、高安全性、易管理的高性能的基础网络架构。建立完善的网络安全和管理系统，加强对网络资源的有效管理、监控和维护，保障网络系统的稳定可靠运行。切实加强数据中心的规划与建设，积极启动并推进灾备中心等基础环境建设，形成企业发展战略的有效支撑，为保险业务发展和信息化建设提供坚实的基础保障。

（4）促进保险业自身的信息化发展进程。根据竞争环境和客户需求的变化，充分利用先进的信息技术对传统业务流程进行优化和再造，不断完善并深化信息技术在承保、理赔、再保以及防灾等环节的应用，加快业务系统的整合与改造，积极推动远程理赔等新的服务方式，建立以客户为中心的业务系统平台。加快财务系统的改造与优化，加强偿付能力指标体系的应用，强化精算对业务、财务的支持与约束，推进财务系统与业务系统的整合，努力做到业务、财务的协同，基本实现资金流、信息流与业务流的有机整合。拓宽并完善保险信息化应用，完善保险投资管理信息化建设，不断提高系统可稽性，强化授权管理及预警机制，进一步提高资金运用的风险管控能力。充分运用现代信息技术，提高保险产品的科技含量，加快信息化在营销渠道开拓与整合、再保险等方面的应用，建立功能强大、技术先进的综合客户服务平台。建立并完善客户关系管理信息系统，加大客户信息资源的开发利用，提高客户服务、市场营销以及产品开发的水平，增强公司差异化竞争的能力。提高公司内控管理的科技含量，逐步将各类单证管理纳入信息化范畴，积极推进信息化在风险管理、决策支持等方面的应用，充分发挥信息化在提高公司经营管理和决策水平方面的作用。深化信息化在业务流程整合、再造等方面的应用，推进企业资源规划系统建设，逐步实现信息化由内部业务处理和数据管理为主向全面优化企业资源配置转变。整合业务、财务及管理等各类数据资源，合理解决历史数据的清理问题，完善保险基础数据建设，制订科学的数据集中方案，建立高效、统一的数据平台。树立“数据是资产”的理念，不断提高数据的质量，开展数据模型的研究，充分利用数据仓库及数据挖掘的先进技术，加强数据分析，深入挖掘保险数据资产的潜在价值，为科学设计保险产品，加强核保核赔风险控制，改善经营管理决策，促进保险创新发展提供重要依据。

（5）大力培养保险电子商务专门人才。电子商务可以说是一项全新的、具有革命意义的技术进步，网上保险营销对传统经营模式提出了人才、管理、技术、法律等方面的挑战，而目前我国的保险从业人员整体素质有待提高。在互联网这个虚拟世界中，如果没有较高的综合专业水平与计算机水平，难以适应高科技发展的要求。同时，保险企业的电子商务离不开保险企业核心业务的支持，离不开保险企业管理模式和业务流程的再造。随着我国保险企业走向国际化、标准化、市场化、开放化的发展道路，保险企业员工必须学习电子商务，掌握电子商务运作方法，增强运用电子商务处理保险业务和管理企业的能力。保险公司应下大力气在年轻一代中培养既懂电子商务技术，又有保险业务知识的跨领域专门人才，这种新型人才很容易会成为未来保险企业的领导型人才。

（6）加强保险监管，建立信息安全体系，加快法律、法规和标准的建设，为保险电子商务发展保驾护航。稳步推进包括偿付能力监管、资金运用监管、条款费率监管、保险机构管理、从业人员管理、市场分析与决策支持以及现场稽查等在内的保险监管信息系统体系建设，建立保险监管基础信息库，不断丰富并完善保险监管手段和工具，加强对保险市场的有效监管并提供决策支持。进一步加强信息安全基础设施的建设，推进保险信息系统灾难恢复工作，积极开展信息安全风险评估，健全信息安全监控体系和通报机制，完善信息安全管理架构，建立信息安全标准规范，逐步构建完善的信息安全保障体系，实现信息安全保障与信息化建设同步和协调发展。同时，保险电子商务发展过程中引出的法律问题颇为复杂，很多都是新问题，与现有的法律、法规和标准都有很大的出入。所以，一方面应对现有的法律、法规和标准进行必要的修订，另一方面，要针对保险电子商务的发展，出台诸如《保险电子商务条例》等专门法规，使保险电子商务发展有法可依，有章可循。在保险电子商务的监管、安全认证机制方面，也应尽快完善相应的法律法规，只有这样，才能更好地为保险电子商务的发展起到保驾护航的作用。

总之，我国保险业电子商务的发展已经起步，并已取得了令人可喜的进展，但与我国国民经济和社会发展的要求，与人民群众快速增长的物质和文化生活的需要，以及与国际先进水平的比较，还有很大的差距，必须加快发展，迎头赶上，为保险业自身的发展和壮大，也为中华民族的振兴发挥出更大的作用。

## 5.4　典型案例1　泰康人寿的网上保险

### 5.4.1　公司概况

泰康人寿保险股份有限公司是1996年8月22日经中国人民银行总行批准成立的全国性、股份制人寿保险公司，公司总部设在北京。泰康人寿实力雄厚，由中国对外贸易运输(集团)总公司、中国嘉德国际拍卖有限公司等16家国有大中型企业发起组建。2000年11月，泰康人寿全面完成经国务院同意、保监会批准的外资募股工作。目前，泰康人寿共有21家股东，其中外资股东包括瑞士丰泰人寿保险公司、新政泰达投资有限公司和日本软库银行集团等著名国际金融企业。2004年泰康人寿成功发行13亿元次级债券，为高速和可持续发展提供了资本保障，有效增强了泰康人寿的资本实力和偿付能力。截至2006年底，泰康人寿资产总额为867.20亿元，当年保费突破200亿元，累计为1300万客户提供保险服务。

泰康人寿成立以来始终坚持“不求最大，但求最好”稳健经营的发展方针和“专业化、规范化、国际化”的发展战略，借鉴国内外寿险公司的先进管理经验，注重金融风险防范。2001年，泰康人寿在保险业内率先采用国际惯例进行信用评级，三年内从AA级跃居AAA-信用等级，是国内第一家获得AAA-级信用等级的寿险公司；2005年11月，泰康人寿荣获“中国企业客户关怀80强”和“最佳客户管理应用奖”；2004～2006年，泰康人寿连续荣登中国企业500强；2006年1月，泰康人寿荣获“最佳社会公益奖”；2006年10月，泰康人寿荣获世界生产力大会“世界市场中国行业十大品牌”；2006年12月，“泰康新生活广场”荣获中国客户关怀大会颁发的第一届“中国十大服务品牌”殊荣；2007年1月27日，泰康人寿荣获最受信赖的寿险公司称号，其“爱家之约”荣获中国市场优秀寿险产品奖。

泰康人寿制定并实施“以经济区域为范围，以集中、高效的组织体制为依托，以中心城市为支点，辐射周边，分设管理”的区域管理战略和三步走的机构发展方针，基本形成了全国性的经营网络。

由泰康人寿投资建设的大型保险电子商务网站“泰康在线（www.taikang.com，参见图5-6）”是国内首家通过保险类 CA 认证、真正在线投保的网站，是以在线保险、保户服务、代理人支持等功能为核心，融保险知识普及、保险信息传播、保险法律咨询、保险代理人展业服务为一体的、全方位的信息交流平台，也是实现了在线咨询、投保、查询、保全、续期、理赔和投诉等保险全过程服务的保险电子商务网站。2004 年，泰康人寿发行 13 亿次级债券，成为国内保险业首家发行次级债券的企业并且入选由《互联网周刊》主办的“2004 中国商业网站 100 强”，本次入选的企业类网站共有 20 家，其中不乏微软、中国移动、戴尔、联想等大型公司。泰康在线的入选是保险电子商务发展的重大转折，它标志着保险业改变了在 IT 领域落后的局面。图 5-6 为泰康在线的主页。

图 5-6　泰康在线主页

## 5.4.2　发展背景

早在 1996 年，泰康人寿保险股份有限公司刚成立时，公司领导层就认识到，作为一个新成立的以寿险为主要业务的新型保险公司，必须充分利用现代信息技术提高保险业务的处理效率和水平，以增进客户的满意度和忠诚度。当互联网开始在全球范围内受到广泛关注的时候，泰康人寿敏感地意识到，发展保险业电子商务的重要性，因为电子商务可使客户不用出门，直接在家上网便能进行保险咨询、保费支付，甚至理赔给付，这对任何一位保户来说都是非常方便的事情。而对于泰康人寿而言，公司认为，利用先进的电子技术发展保险行业电子商务，可以改造传统的业务模式，全面改善企业管理，提高企业的生产服务能力和效率，提升企业的整体素质，必将为泰康人寿的各项工作开拓更广阔的发展空间。

经过调查研究，泰康人寿在合作伙伴的参与下为公司电子商务的发展制定了三个阶段的发展规划：

（1）第一阶段，建立电子商务平台，建立泰康在线品牌。

（2）第二阶段，加强内部平台基础功能，实现客户关系管理。完善客户个性化技术，建立数据仓库和完整的内部网管理信息系统，在此基础上建立有效的客户关系管理体系。

（3）第三阶段，横向扩展业务领域，形成行业甚至跨行业的商务平台。依靠良好的品牌效应和高服务质量的电子商务平台，将已经成功的电子商务模式推广到整个行业中来，使泰康成为行业中的电子商务门户。

2000年10月，是由泰康人寿投资建立，以泰康人寿的保险业务为依托的大型保险电子商务网站——泰康在线正式开通。它的业务定位是，能够在网上实现在线投保、网上保户服务和代理人展业支持等功能为核心，融保险知识普及、保险信息传播、保险法律咨询等服务为一体大型保险电子商务网站，这也是泰康对网上保险功能的理解。

泰康在线在我国保险电子商务发展领域创下了数个第一：

（1）国内第一家真正实现在线咨询、投保、查询、保全、续期、理赔和投诉等保险全过程服务的保险网站；

（2）国内第一家具有保险CA认证功能的网站；

（3）国内第一家全面实现网上代理人服务（如：业务查询、人员管理和展业辅导等）的保险网站。

泰康在线的开通，无疑为我国保险电子商务的发展起到了“领头羊”的作用。

### 5.4.3 实施方案

泰康人寿的电子商务的实施主要是由北京蓬天信息系统有限公司（Prient Corporate）负责进行的。蓬天公司是美国SilverStream公司的总代理和应用服务提供商。而SilverStream公司是为大规模因特网、电子交易、B to B业务、企业门户和Intranet等领域的应用提供全面解决方案的领导厂商，在全球有数千家客户。SilverStream的电子商务平台由以下几部分组成：SilverStream应用服务器、SilverStream电子门户解决方案、SilverStream xCommerce（B to B的集成性服务器）。同时，SilverStream还建立了一个包括咨询、培训和技术支持的全面的服务体系。根据泰康人寿与蓬天公司的反复研究与协商，最终确定了泰康人寿电子商务系统的基本实施方案。这一方案包括：

（1）在Web和Application应用实现端，采用SilverStream的应用服务器，SilverStream电子门户，Brio企业服务器作为前端服务应用；

（2）后端与Oracle8i数据库进行数据通信，并配合CA中心，对所有需要数字加密认证的业务流进行数字签名认证；

（3）在开发和管理业务运营端，采用SilverStream Application Designer，Brio Designer对业务逻辑应用进行开发，后端Oracle8i数据库作为工作组级的支持，并且通过数据清洗复制技术与传统业务的数据库Informix进行数据交换，并向应用程序的数据库一端进行数据同步复制；

（4）业务数据的交换以TCP/IP一层进行交换，应用业务一级以HTTP一层进行交换。

这些应用软件共同构成泰康在线电子商务平台的软件应用系统平台。方案实施后，整个系统不仅解决了系统的泰康在线前台交易和网上服务流程的应用，更实现了保险业务后台工作流的应用，并实现与泰康人保后端遗留系统（Informix 数据库系统）结合，保证了信息供应链在企业内外的贯通和充分利用，实现了泰康人寿前后端系统的完整整合。

### 5.4.4　网上服务

作为国内专业化的大型网上保险业电子商务平台，泰康在线实现了从网上展业、咨询投保到保费支付、保单保全，理赔给付，以及内部的代理人管理等从交易到服务再到管理的完整的网上保险业务，成为真正意义上的保险业电子商务平台。泰康在线的网上服务针对不同的服务受众提供个性化服务，包括个人客户、团体客户、代理人专区、团体营销支持和企业年金专区等栏目：

1. 个人客户服务

个人客户栏目针对个人消费者提供了全面的贴心服务。具体包括：

（1）在线投保：提供了个人生活中最关注的旅游、意外事故、医疗和终生人寿等不同的保险计划供客户选择；

（2）产品博览：包括分红型、保障型、养老型、投资型、健康型等保险品种，并针对少年儿童提供了涵盖教育、创业、意外事故、医疗等领域的少儿险，2005 年泰康创新性提出了“爱家之约”，一张保单保全家“爱家之约”突破了传统寿险中以“个人”为投保单位的陈式，它是以家庭为投保单位，以家庭经济支柱为投保人，家庭所有成员均可成为被保险人的保险，可以满足全家人的保障需求，大大简化了投保手续，也方便保险单的后期管理；

（3）客户服务：包括保单查询/验真，可以进行网上投保保单查询、电子保单验真和传统业务保单查询；

（4）网上缴付续期保费服务，只要拥有建设银行的银行卡或工商银行的银行卡（须开通网上支付功能），就可以通过泰康在线缴付续期保费，了解续期缴费或办理续期缴费相关事宜；传统保单的在线变更功能以及理赔咨询服务。

为了给广大客户提供个性化的客户服务，泰康人寿还推出了“泰康新生活贵宾”俱乐部。这是泰康人寿在系统内建立的以会员形式为贵宾客户提供公司差异化、个性化服务的一个非经营性亲情组织，集中服务高端客户，服务内容包括“健康、救援、出行、消费优惠”等领域，并率先推出“副卡”，使会员的家人同样有机会享受到俱乐部的热情服务，体现了泰康人寿一贯倡导的“爱家”观念。

2. 团体客户

泰康人寿一直致力于成为专业的员工福利计划供应商，采用“顾问式”的方法，和企业客户紧密合作、共同策划，提供企业年金和养老金，帮助客户实现在人力资源方面的发展战略。

3. 团体保险营销支持

这是专门针对团体保险在职的客户经理、内勤人员提供的行销支持系统，主要包括销售工具——使销售变得更容易；客户经理手册——全面的专业知识使使用者成为“顾问型”

的销售人才；市场热点追踪——及时了解团险市场的最新发展变化；案例分析——分享其他伙伴的成功经验。

4. 企业年金和养老保险

主要提供产品与计划管理、政策法规查询、市场最新动态、养老金知识库和常见问题的咨询，客户可以通过网站直接了解企业年金和养老保险的办理知识。

### 5.4.5 运作模式

作为国内最大的保险电子商务专业网站之一，泰康在线在业务的发展过程中认识到：网上保险并不是简单地将传统保险产品嫁接到网上，而是要根据上网保险人群的需求以及在线的特点设计产品结构，只有那些保费低、无需核保、手续简单的个别险种才适宜搬到网上。更重要的是，网上销售不能与传统的渠道发生冲突。所以，泰康在线的目标是我国数量越来越多的网民，为他们提供各类保险信息，方便他们在网上办理各种保险事务。与此同时，泰康在线的重要功能还在于保险的售后服务或客户服务，比如保费的续交、保权的维护、保单的维护，这是现有的第三方网站无法完成的，因为它需要很全、很深的客户数据来保障。明确了发展思路后，泰康在线确定了两种业务运作的模式：

1. 保险业务处理过程的电子化

泰康在线首要的运作模式是要做到“在网上解决保险的全过程”，使保险全过程实现电子化。目前，泰康的销售已经实现了保单电子化，这在国内是领先的。泰康在线的目标是要推出大批适合网上销售的保险产品。

另外，泰康的批单也已经实现了电子化。在传统的方式下，保权的修改是一件很复杂的事情，现在，泰康用户要修改自己的地址，在任何时间都可以在网上自己进行修改，这对改进客户服务质量效果非常明显。泰康的目的就是要做真正的基于网络的全过程的保险服务。

2. 保险服务提供商

泰康在线另外一个运作模式就是通过电子商务为传统的保险业务提供支持，如对保险代理人的支持，对售后服务的支持等，成为一个卓越的保险服务提供商。

在这两个模式之中，泰康又严格地区别两种模式和渠道，这就是“网上不做网下的业务”，只是搜集信息，帮助它推销和服务，不去和传统业务抢客户。比如人寿保险更适合做传统的，泰康在线就绝不动它。在网上，泰康在线只做适合网上的产品。

目前，泰康在线已在网上推出了一系列适合在网上销售的保险产品，比如：

（1）亿顺旅行保险计划：这是针对市场需求推出的全新的旅行保障计划，包含吉顺、常顺、康顺、至顺四个子系列。吉顺的保障范围是意外保障，康顺的保障范围是意外和紧急救援保障，常顺的保障范围是一年期的意外保障，至顺的保障范围是意外、紧急救援、紧急门诊和牙科门诊保障。客户可以根据自己的保障需求，随意选择这四个子系列中的一个。买了这几种保险的客户，在国内外任何地方出了问题，只要打一个救助电话，当地的有关机构都会给予投保人及时的救助，因为泰康已经和国内外的救援组织签订了合作协议。

泰康的实践证明，这类保险非常适合在网上销售，很受客户的欢迎。

（2）亿顺交通工具意外保障计划：分别为短期出差出游、以火车作为主要交通工具，中间换乘公汽、地铁或出租车的商务或自助游人士，短期出差出游、以飞机作为主要交通工具、中间换乘大巴或出租车的商务或自助游人士，以及一年中经常出差、出游的商务人士设计了三种交通工具意外保障方案，提供意外伤害身故和残疾保障。

（3）亿顺航空意外保障计划：适用人群为经常乘坐飞机的公务、商务人士，保费为 99 元，保险金额为 110 万元，保险期间为一年，保障内容包括提供搭乘民航飞机时在民航飞机内遭受意外交通事故而导致的身故保障、残疾保障和烧伤保障等。

图 5-7 为亿顺航空意外保障计划在线投保页面：

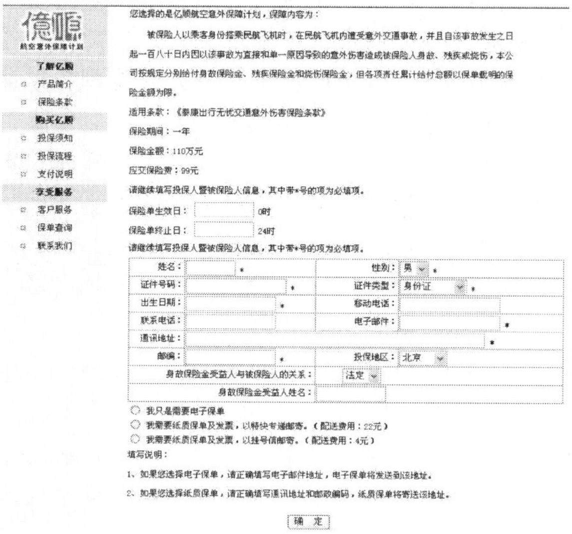


图 5-7　亿顺航空意外保障计划在线投保页面

从目前的情况来看，泰康在线在网上销售的保险品种还不多，而且多是一些相对较为简单的险种，但随着网络的发展和保户需求的不断成熟，将来更复杂的险种必然会在网上进行销售，而且到一定阶段，越是复杂产品会越适合网上销售。泰康在线的目标是通过金融产品和经营模式的创新，不断拓展网上保险的新天地。

## 5.4.6　业务转型

泰康在线不同于纯粹的保险网站，它是泰康人寿整体战略的一部分，在某种意义上可以看作是泰康人寿实现公司专业化、规范化和国际化发展的加速器。泰康在线的成功运行对带动公司的业务转型方面所起的作用是不可忽视的，具体包括以下几个方面：

（1）渠道转型。在传统的条件下，人寿保险的销售渠道主要由代理人和代理机构两部分组成，代理人就是个体销售人员，也是最主要的销售渠道；代理机构以兼业代理为主，如旅游公司和银行机构等。泰康在线开通后，为泰康人寿开拓市场带来了新的销售渠道。网上保险减少了销售渠道中的许多环节，使保险产品的销售过程得到简化，能够提供更加快捷、及时的服务。而且，网上销售保险较传统的做法在信息传递上更加透明，而且传递起来也更加迅速和方便，客户可在更大的范围内以更灵活的方式进行业务的处理，这对提高客户的满意度和忠诚度是显而易见的，对公司的发展是极为有利的。

泰康在线的推出对改变泰康人寿与代理机构的合作方式也产生了新的变化，合作双方都希望将各自的用户资源和机构资源进行整合，提供更加完善、更加符合用户需求的服务，从而改变传统的代理机构为业务上的合作伙伴。目前，泰康人寿已与中信实业银行等多家银行进行深层次的合作，在共同拓展网上金融业务方面进行了各种有益的尝试。

（2）业务流程转型。传统的保险业务是需要依靠纸质单证实现业务运作的，而网上保险是必须通过电子化的单证进行业务处理的。泰康在线既在国内领先地推出了保险电子化单证，又推出了与电子单证相呼应的网上认证中心，为保户和代理人进行网上身份认证，解决了网上安全和身份识别问题。使用电子保单后可节省许多传统业务操作环节，为公司和客户带来的价值是十分明显的。以保户地址变更为例，按照传统的做法，一是通过代理人完成，二是保户自己到公司办理，三是通过邮寄的方法办理。以通过代理人完成为例，代理人要先到保户处拿到授权委托书和地址变更申请表，再到保险公司修改数据，然后代理人还要将变更批单送回到保户那里，整个过程才算完成，费时费力让客户和代理人都难以忍受。而通过网络，客户可以直接在网上修改变更后的电话和地址，省去了许多中间环节，降低了运作成本，提高了效率和数据的准确程度，对公司和客户都带来了极大的好处。

业务流程的转型，使传统保险业务的运作方式产生了新的变革，在业务运作的成本、效率、质量、服务等各个方面都取得了可喜的进步。

（3）服务转型。保险产品的特殊性决定了保险业务对服务的要求非常高，而保险业务人员由于各种原因在提供保险服务时都存在着一定的局限性，并且服务效率和服务成本也很难有明显的优势。网上保险突破了时间和空间的限制，可以更好地满足客户各方面的服务需求，对提高服务的效率、质量和水平都有不小的作用，而且在降低服务成本方面同样意义重大。

泰康在线利用与客户服务中心互动的方式，向客户提供专业化、人性化的服务，自然受到保户的欢迎与支持。

（4）保险产品转型。在传统的条件下，保险产品的设计受到渠道成本、销售模式和群体特征等因素制约，无法做到产品个性化，即使向客户提供了个性化的方案，同样由于业务运作成本、与客户的交流沟通方式等限制，很难带来实际的价值。而有了网上保险的渠道后，保险公司为客户制定更富个性化、更加贴近客户需求的保险产品提供了极大的便利。

泰康在线在为客户制定个性化的保险产品方面已取得了一定的经验，比如通过在网上制作电子贺卡的方式让客户自行设计保单，这样的业务很受客户的欢迎。以后这样的业务会越来越多，效果也会越来越好。

### 5.4.7 CA认证

泰康在线是我国保险领域首家采用CA（Certificate Authority）技术的保险公司。所谓CA是指使用该技术的机构，运用网络加密、电子签名以及公开密钥等电子技术手段，对网上交易主体的电子身份进行审核、认证，颁发电子证书，使其证书获得可信性、权威性的信用，从而保证网络交易的可靠性。通俗来讲，就是由认证中心为每一位客户颁发一张唯一的、带有客户个人信息的“电子身份证”。泰康在线与中国金融认证中心(CFCA)一样采用的是 Entrust PKI 综合安全平台，是目前世界上电子商务领域最先进、最完善、最成熟的 CA 认证技术。它与 CFCA 不同的是信息搜集的内容和方式不同，因为银行的安全问题实际上只是一个交易的安全问题，但是保险业却涉及到更加复杂的信息识别问题，它对客户个人信息的准确性、合法性有更严格的要求，其认证体系要求更为深入、审慎。所以，在某种程度上可以说，泰康人寿的 CA 认证体系在我国金融领域处于领先水平。泰康在线 CA 系统的技术特点包括以下几个方面：

（1）可靠的密钥技术。泰康在线 CA 系统采用了加密、数字签名的公开密钥技术，特别是用于网上支付的 PKI CA 技术建立起了对密钥和证书进行管理的综合安全平台。这一技术充分保证了电子商务的安全性，以技术方式有效地解决了互联网交易可能存在的非法访问、非法篡改、假冒伪造、拒绝服务、抵赖等安全问题，满足了电子商务关于数据机密性、访问控制、可信的身份鉴别、数据完整性、抗抵赖等方面的安全需求，可以完全保证客户信息、网络交易、电子商务网络系统的安全，使保户在参与网上保险时摆脱了后顾之忧。

（2）电子证书方便业务管理。客户在泰康在线取得电子证书后，便具有了在网上进行交易的毋庸置疑的合法身份，可以以电子签名的方式签署具有法律意义的契约（电子合同），并依法享有合同约定的民事权利、履行合同约定的民事义务；其在网上完成的民事法律行为具有严格的法律意义，签约双方必须严格履行所签订的契约，其相关权益受到国家法律的保护。

（3）功能丰富的理财服务。CA 认证还凭借其客观性、中立性、权威性的特点，拓展了客户的信用评价，使获得认证的每一位客户都取得了不同程度的金融信用，客户可借此金融信用充分享有网上全方位、丰富的金融理财服务。例如，取得“泰康在线”证书的客户，即可在与“泰康在线”建立合作关系的中信实业银行等金融机构直接进行保费续交等网上银行业务，不再需要另行认证，可以为客户带来更多的方便。

除此之外，由于保险业务要求承担更大的人身信息识别的风险，因此，泰康在线 CA 认证还具有客户信息更客观、更全面、更权威的优点。

采用 CA 认证以后，泰康在线网站已可以向客户提供安全、可靠、高效的保险销售服务，实现真正意义的在线保险。CA 认证无疑将成为泰康在线在众多保险电子商务网站中的一个重要亮点，为公司的发展作出重要的贡献。

### 5.4.8 案例评析

发展保险电子商务对泰康人寿这样一家发展历史不长，规模和实力相对较小的保险公司而言，既是一次十分难得的机遇，又是一场极为严峻的考验。泰康人寿是国内较早对发展电子商务有深刻认识的保险公司，公司高层把发展电子商务作为增强企业参与国际、国内竞争实力的战略举措，并通过切实有效的行动，在电子商务发展方面取得了卓有成效的成绩。泰康在线是我国保险行业具有领先性和创新性的电子商务网站，它的成功主要原因有三个方面：

第一，运用网络技术改造传统保险产业，提升保险业务的竞争力是泰康在线发展电子商务业务的基本出发点。但泰康在线绝不是对原有的传统保险产品进行简单的 e 化，也不是简单地停留在一个“公司网站”的层次，而是定位在一个独立发展的“网上保险公司”，这一点使它与泰康人寿形成了优势互补的发展格局，使得网上、网下业务同步推进，协调发展。

第二，泰康在线的运作模式是“在网上解决保险业务的全过程”，并通过积极有效的金融产品创新，推出了一系列适合网上销售的保险产品，对那些适合传统方式销售的保险产品，泰康在线通过网络为其提供增值服务，帮助其提供竞争力。由此可见，泰康在线发展保险电子商务的思路是十分清晰的，方法也是切合实际的，实践证明，这样的做法也是切实可行的。

第三，泰康在线在安全防范上采用了世界上最先进的 Entrust PKI 综合安全平台，为保险电子商务的深层次发展打下了坚实的基础。作为我国保险行业第一个 CA 中心，泰康在线为我国保险 CA 中心的发展与应用作出了重要的探索。

我国加入 WTO 后，保险业务国内市场国际化、国际竞争国内化的态势已经十分明显，我国民族保险业正在经历着一场前所未有的考验。以“专业化、规范化、国际化”为发展战略的泰康人寿任重而道远，必将在保险电子商务发展方面步子迈得更快、路程走得更远，为我国民族保险业的发展作出更大的贡献。

## 5.5 典型案例2 易保网上保险广场

### 5.5.1 公司概况

易保网上保险广场是权威的中立保险网站。客户可以客观比较各家保险公司的养老、医疗、意外、理财险等保险产品；可以通过网上招标获得量身定制的个性化保险方案。提供理财、投保、理赔等常识。提供车辆保险、家庭财产险等网上直销专业服务。上海易保科技有限公司（简称“易保”）成立于 2000 年 1 月，由具备国内外企业管理丰富经验、精通网络、熟悉保险行业的专业人士创建，致力于为保险业提供全方位的电子商务解决方案的专业型企业。作为一家面向保险行业的互联网技术和应用服务提供商，易保开发、维护的“易保网上保险广场”（www.ebao.com，参见图 5-8）是将保险购买者、保险公司和中介、以及相关服务提供商联接起来进行无缝交流、交易的电子商务平台；同时，易保的专业技术研发、服务队伍为保险公司、保险经纪代理公司提供个性化的业务处理系统、销售支持系统、决策支持系统等关键信息系统的方案设计、技术实施部署和日常维护服务，帮助保险行业各方轻松利用互联网技术全面提升竞争力，迅速提高经营管理效率、降低成本、提高客户满意度。易保公司本身不是一个网上的保险公司，也不是任何形式的保险中介，它是一个帮助保险公司、保险中介及保险相关机构和相关行业充分利用互联网技术，更好地开展销售和服务的网上技术平台的提供者。

建设“易保网上保险广场”的目的是在建立和维护一个中立的网上保险商城和提供保险电子商务咨询及技术服务，根据保险公司、保险中介的各自电子商务需求，提供从战略规划、方案设计到实施和维护的全套解决方案服务。“易保网上保险广场”是目前国内保险行业中有特色、有影响、有规模的网上保险商场，对我国保险电子商务的发展起到了积极的推动作用。

图 5-8 “易保网上保险广场”主页

## 5.5.2 发展背景

在建设“易保网上保险广场”之前，易保公司的负责人看到了保险行业的特殊性，一是保险行业对信息的需求强度高，有关保险业务的各方都需要进行及时、丰富的信息交流与沟通；二是保险业务的牵涉面比银行、证券业务要广得多，比如汽车保险的理赔，牵涉到修理厂，牵涉到卖零部件的商家，牵涉到客户，牵涉到保险公司，还有可能牵涉到另外一家保险公司，因为撞车的另一方可能找的是另外一家保险公司。考虑到这样两个方面的特点，利用互联网构建“第三方保险网站”来实现保险业务的整合，是具有十分明显的优势的。基于这样的认识，“易保网上保险广场”的发展思路应运而生。

“易保网上保险广场”是一个中立的网上保险商城，保险公司、保险中介、保险相关机构和行业可以以“网上门店”的形式来设立自己个性化的专卖区，参与保险电子商务的业务运作。与一般保险网站不同的是，“易保网上保险广场”自行开发的寿险代理人办公系统、保险需求分析系统和在线销售系统等电子商务应用系统，可以让客户通过网站上的自测题检验评估自己的保险需求，寻求专家咨询，对比保险产品，选择保险公司和业务员，买保险从被动变为主动；保险代理人可以生成自己个性化的网上专场店，向顾客介绍自己背景和推荐优秀的方案，还可运用易保的专业工具来收取大量客户购买需求、管理客户资料、设计方案。易保还可根据保险公司、保险中介自己的独立电子商务需求，提供从战略规划、方案设计、到实施和维护的全套解决方案服务。

## 5.5.3 网上保险服务

易保网上保险广场致力于为保险买、卖双方及保险相关机构和行业提供一个中立、客观的网上交流、交易的公用平台。针对不同的客户群，“易保网上保险广场”提供了各种具有个性化的保险服务：

1. 个人客户

个人客户可以使用易保的专业保险需求评估工具系列来客观了解测算自己的保险需求；可以通过寿险产品导购来详细了解比较各保险公司相近产品的特点；可以通过车险、家财险直销平台来了解、比较各公司产品并进行网上定购；可以通过网上招标形式来公开征集适合自己的保险建议书；可以使用业务员搜索来找到最适合自己的资深保险业务员。

易保精心设计了一系列国内领先的、针对个人客户的在线工具，使个人客户从投保分析到产品选购等环节中获得专业、全面的服务。主要有：

（1）投保方案竞标：保险客户只要在网站匿名发布个人保险需求信息，各家保险公司的资深代理人即可通过网络为客户设计个性化的保险方案，让客户充分比较自由选择。

（2）产品比较导购：经过易保业务人员专业整理后，各大保险公司琳琅满目的产品特点在“易保保险网站”一目了然、生动直观地展示给客户，方便客户的比较与选择。

（3）家财/车险网上投保：便捷的网上平台使客户可以充分了解，自行比较、选购各种家庭财产险与机动车辆险产品。网站可以帮助客户分析需求，计算保费，让客户轻松下单。

（4）需求评估：客户只需轻松点击易保需求评估工具，即可获得从初步到精确、从综合到分险种的需求分析。与此同时，客户也可以参考不同保险公司的保险套餐，或者请保险公司代理人代为分析，享受个性化的专业服务。

（5）我的易保：这是一个在线综合管理保险的个性化工具，可以管理个人保单信息、保险方案招标及代理人信息，免除保单丢失或忘记交费期等问题。

（6）客户反馈：这一功能是帮助客户找代理人买保险，客户可以直接通过网站找到合适的代理人办理相关的保险事宜。

图5-9为易保个人客户主页。

图5-9 易保个人客户主页

2. 保险业务员

保险业务员可以以应用服务（ASP）形式租用易保代理人网上办公室（eBao Agent Office），成为易保“e代理人俱乐部”成员。会员可以轻松开设网上个人保险门店、参加客户建议书竞标，以拓展高质量准客户，还可以使用易保独特的万能建议书系统、客户管理等工具，帮助保险业务员提高工作效率、提升专业技能和形象。易保开发的“保险代理人网上办公系统”，具有丰富的功能和特色，受到保险代理人的欢迎。这一系统的主要功能有：

（1）网上门店：保险业务员可在“易保网上保险广场”开设个人的网上门店，拥有个人二级域名（user.eBao.com），布置个性化的保险橱窗，以展示个人特长，展现独特的个人形象，以吸引客户投保。

（2）方案竞标：在“易保保险广场”提供了数量众多的客户保险需求，保险代理人只需轻点鼠标，使用易保的网上方案设计工具或上传已有的建议书，即可为准客户设计方案，开拓优质准客户新资源。

（3）建议书设计：这一系统具有保费自动计算、保障利益自动叠加、投保规则提示、各种模板选择等功能，可让保险代理人得到高质量的建议书设计指导。

（4）保险需求评估：保险业务员可使用易保专业工具为客户作保险需求分析，使客户拓展、管理效率提高，专业性大大提升。

（5）DM（Direct Marketing，直接营销）营销：“易保网上保险广场”提供了针对保险的专业电子贺卡与信函，包括访前推介、访后促成、节日问候、生日祝福、理赔慰问等各类专业贺卡与信函，可以充分发挥的优势。

（6）客户管理：保险业务员只要一次性资料输入，即可实现客户管理的自动化——客户生日、保单周年日等重要日期自动提醒，系统化记录营销日程，记录客户拜访情况及个人特征，提高营销效率。

图 5-10 为易保保险业务员主页。

**图 5-10　易保保险业务员主页**

3. 企业客户

易保从企业面临的问题出发，推出了一系列国内领先的在线工具，企业客户可以使用易保网提供的企业风险评估工具来客观了解自身保险需求，可以通过保险常识、产品导购、保险公司网上门店来了解保险基本知识，各保险公司产品特点，保险理赔程序，并可直接向保险公司征集企业保险方案。目前，面向企业客户提供的服务主要有：

（1）保险常识：以生动活泼的方式向企业客户提供丰富的保险基本常识、通俗的保险产品介绍、齐全的保险相关政策法规简介，帮助企业客户更好地理解保险业务的方方面面。

（2）需求评估：帮助企业更好地了解自身的保险需求，制定科学合理的保险方案。

（3）理赔顾问：网站提供了详尽的理赔流程介绍和理赔单证说明，指导企业客户实现保险理赔。

（4）保险大家谈：关于保险的想法，在保险中遇到的问题，企业客户都可在 BBS 论坛畅所欲言，发表心得。

（5）专家咨询：易保专门安排相关的保险专家进行网上“坐堂”服务，为企业客户提供咨询服务。

图 5-11 为易保企业客户主页。

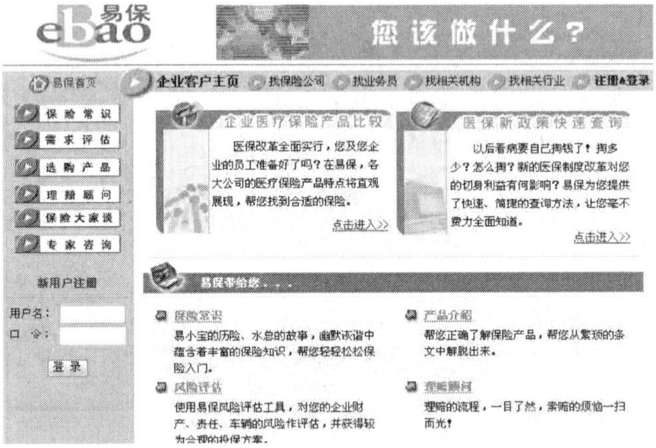


**图 5-11　易保企业客户主页**

4. 保险公司

保险公司从业人员可以通过“易保网上保险广场”轻松了解保险动态、政策法规、关键数据的专业信息；可以通过设立网上门店而迅速实现电子商务功能，直接同客户交流、服务客户、销售保险产品；可以租用易保“车险定损”平台（eBao AutoClaim）、“车险销售渠道管理”平台（eBao AutoChannel）等一系列应用服务（ASP）来提高关键业务的工作效率及管理控制水平。易保公司还针对保险业的近期发展状况和需求，开发出了一系列实用、功能强大的互联网软件，以租用服务或技术转让等形式向保险公司提供服务。目前，易保面向保险公司提供的产品与服务主要有：

（1）寿险代理人网上办公系统：包括个性化门店、客户招标竞标平台、万能建议书生成系统、网上展业夹制作工具、客户资料管理工具等。

（2）保险需求分析系统：针对个人客户的软件包，包括综合保险需求分析以及养老险、医疗险、意外险、定期寿险及车险等单个产品的模块，可供客户或代理人使用；针对企业用户的软件包，包括不同类型企业的综合风险和企业车辆风险评估工具等。

（3）网上销售系统：这一系统包括车险和家财险两个模块，从需求分析、保费自动计算到投保的完整流程都可通过这一系统实现。

（4）网上车险理赔管理系统：包括定损员、查勘员、修理厂、各层级管理人员的模块，可减少客户等待时间，降低运营成本，提高决策的集中度、透明度和标准化程度。

（5）车险销售渠道综合管理系统：支持保险公司实时地对代理公司、业务员直销、网上销售、电话销售等渠道进行综合管理，实时核保，提高信息的及时性、完整性。

以上产品和服务项目，保险公司客户可以根据自身的实际需求，以应用服务形式租用或技术转让形式购买，易保则根据客户的软硬件及业务特定需求进行调整，并负责与现有系统的集成、培训支持等售后服务。

图 5-12 为易保保险公司主页。

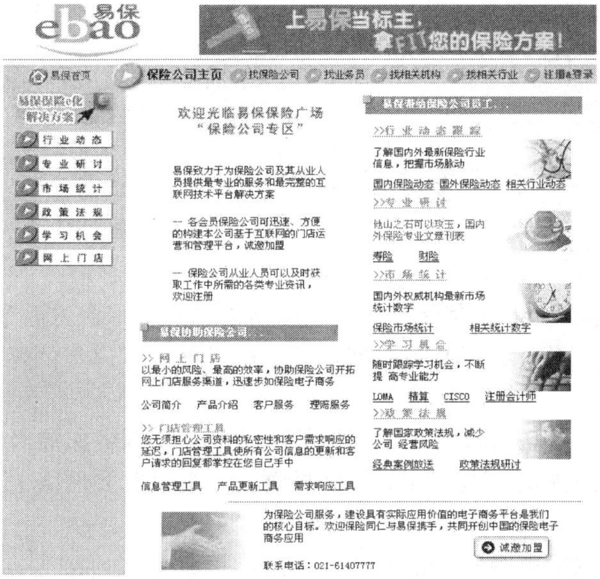


**图 5-12　易保保险公司客户主页**

5. 保险相关机构和保险相关行业

保险相关机构包括保险管理机构和协会、专业媒体、研究机构等，保险相关行业如汽车修理公司、医院等机构，它们既可通过“易保网上保险广场”这一平台直接向目标客户宣传自己、提升形象、服务客户，又可租用易保“车险定损”、“车险销售渠道管理”等应用服务同保险公司进行业务系统的网上无缝联结。目前，易保面向保险相关机构和保险相关行业的提供的产品与服务有：

（1）网上门店：在“易保网上保险广场”开设的门店可以帮助客户 24 小时展示业务，及时了解市场信息，把握业界动态，迅速响应保险客户的需求。

（2）个性化网上服务：根据相关机构和行业的特定服务需求，易保可以量体裁衣地设计、开发、维护其个性化的网上服务功能，直接通过网络向目标客户提供服务。

（3）专业资料库：无论保险公司，研究人士还是对保险有兴趣的个人客户都可以在易保日渐丰富的中国保险专业资料库中搜索到保险相关资料与数据，为更好地开展保险业务提供专业信息支持。

图 5-13 为易保保险相关机构和保险相关行业客户主页。

**图 5-13　易保保险相关机构和保险相关行业客户主页**

## 5.5.4　电子商务服务

易保在设计、实施、维护针对保险行业的网络电子商务平台方面具有丰富的实际经验，加之其对保险和相关金融服务行业的深刻理解，可以根据客户具体要求提供个性化的电子商务项目服务，服务内容包括：

（1）保险电子商务战略咨询：利用易保的第一手电子商务拓展经验及管理团队的资深战略咨询背景，为客户提供从电子商务战略规划、方案设计到网络平台实施和维护的一站式服务；

（2）网站开发：保险类网站的设计、开发与维护服务；

（3）网站托管：保险及相关客户的网站虚拟主机托管服务；

（4）保险应用软件开发：利用易保一流的软件队伍，根据客户的具体要求开发各类网络应用软件，并完成实施，提供专业的售后服务。

## 5.5.5　案例评析

易保科技有限公司是随着电子商务的发展新成长起来的企业，“易保网上保险广场”是一家中立的网上保险商城，旨在为保险公司、保险中介机构、保险业务员、保险相关机构和保险相关行业与需要投保的个人和企业客户建立起一个电子化的桥梁，为各方提供专业的服务与支持。作为一种新的保险业电子商务发展模式，它的出现对促进我国保险事业的发展具有积极的意义。

易保不是一个网上的保险公司，也不是任何形式的保险中介，它是一个帮助保险公司、保险中介及保险相关机构和相关行业充分利用互联网技术，更好地开展销售和服务的网上技术平台提供者。易保并不直接参与保险交易，而只是一个网络平台，能够提供不同保险公司、不同险种的资料，从而使顾客方便快捷地比较保险公司或选择险种。因此，从本质上讲它更象是一家软件公司，是为保险业提供在线应用软件和全方位的电子商务解决方案的技术公司，它是以“保险行业的技术服务提供者”的角色参与到保险电子商务中去的，这几年的发展也说明，这样的定位是有其市场基础的，是对保险业的发展能起到推动作用的。

当然，“易保网上保险广场”作为一种新生事物，要得到保险参与各方的高度认同，还有很长的路要走，但我们有理由相信，作为新经济产物的易保公司一定会迎来更广阔的发展天地，为我国保险业电子商务的发展探索出更加有效的道路。

## 5.6　典型案例 3　平安保险电子商务

### 5.6.1　公司概况

中国平安保险（集团）股份有限公司（简称“平安保险”）的前身是成立于 1988 年的深圳平安保险公司，1992 年更名为“中国平安保险公司”。1997 年 1 月更名为“中国平安保险股份有限公司”。2003 年 2 月，经国务院批准，公司完成分业重组，更名为现名。集团控股设立中国平安人寿保险股份有限公司、中国平安财产保险股份有限公司、中国平安保险海外（控股）公司、平安信托投资公司，平安信托投资公司依法参股平安证券有限责任公司，使平安形成了以保险为主，融证券、信托、投资和海外业务为一体的紧密、高效、多元的集团控股经营架构。平安是中国首家股份制保险公司，也是中国第一家有外资参股的全国性保险公司。十多年来，平安的各项业务快速成长。从保费收入来衡量，平安寿险为中国第二大寿险公司，平安产险为中国第三大产险公司。

平安吸收了中国优秀传统文化和西方现代管理思想的精华，形成了广为外界赞誉的企业文化。平安的企业使命是：对客户负责，服务至上，诚信保障；对员工负责，生涯规划，安家乐业；对股东负责，资产增值，稳定回报；对社会负责，回馈社会，建设国家。平安倡导以“价值最大化”为导向，以“追求卓越”为过程，做品德高尚和有价值的人，公司形成了“诚实、信任、进取、成就”的个人价值观，和“团结、活力、学习、创新”的团队价值观。平安为员工描绘的远景和抱负是：成为中国企业改革的先锋和金融服务业学习的楷模，建设国际一流的综合金融服务集团。

平安努力以良好的服务塑造品牌，积极为客户提供保单以外的各种附加价值服务。公司首家推出了海外急难援助服务，首创了客户服务节，首发了平安保户卡、银行联名卡。平安致力于构建高科技的服务平台，为客户提供专业化的产品和服务。平安以电话中心和互联网为核心，依托门店服务中心和专业直销业务员，构建具有统一品牌管理系统和服务界面的平安 3A 服务体系，使客户无论何时（Anytime）、无论何地（Anywhere）、无论以何种方式（Anyway），都可以享受到平安保险公司的满意服务。图 5-14 平安集团“PA18”网站保险业务主页。

图 5-14 平安集团“PA18”网站保险业务主页

## 5.6.2 发展背景

面对我国加入 WTO 后的保险市场环境，平安保险的领导层清醒地认识到，短时期内，国内保险公司在资本、人才、经验等方面还很难与国外同行相抗衡，而由“保险＋电子商务”组成的服务则是国内保险公司与国外保险公司竞争的有力武器。平安保险认为，互联网给保险业务发展带来的最大机会是在销售渠道和服务两个方面，通过发展保险电子商务可以帮助公司降低成本、理顺流程，为客户、员工和保险业带来新的价值。所以，在经过一段时间的调研和分析后，平安保险在 2000 年适时地作出了大力发展电子商务的战略决策，投入巨资构建以互联网中心（PA18）和电话呼叫中心（95511）为科技平台的服务网络，为客户提供专业化的产品和服务。

平安保险发展保险电子商务业务的出发点包括三个方面：一是支持和推动传统保险业务的 E 化，构建一个与代理商、代理人开展保险业务处理的平台；二是支持公司的业务员开拓业务，主要是针对公司 20 多万名保险业务人员的销售；三是实现网上直销，积极发展基于互联网的保险业务，开辟新的业务增长点，为客户和公司创造更多、更好的价值。

按照平安保险的部署，平安电子商务的发展，要实现“天网”、“地网”和“人网”的“三网合一”的目标，即通过互联网这一“天网”向客户提供全天候、跨地域、全方位的服务，通过电话呼叫中心这一“地网”向客户提供人性化、专业化的服务，通过平安庞大的业务员队伍构成的“人网”向客户提供面对面、亲情化的服务，形成统一的品牌管理系统、共同的客户资源、一致的客户服务界面和完整的产品功能整合，形成功能全面、服务卓越、运作高效的立体化金融服务网络，成为中国金融业实现信息化、走向现代化、迈向国际化的“先驱”。

## 5.6.3 保险 E 化

积极利用互联网技术实现传统保险业务的“E 化”转型，以进一步理顺保险企业的业务流程，优化保险业务的管理，提高保险业务的处理效率，降低保险业务的运作成本，增强保险客户的满意度和忠诚度，是平安保险发展电子商务的根本出发点，也是平安保险孜孜以求的目标。为此，平安开始了艰难而漫长的“E 化”之旅。

（1）完善公司内部网建设。平安公司的管理层深刻地认识到，作为一个规模庞大、机构众多、经营领域广泛、客户数量众多、成长速度较快的大型保险公司，要提高公司的管理水平和运作效率，必须从构建一个功能完善、稳定可靠、运作高效的内部网络入手，以形成公司发展的“数字神经系统”。因此，平安在早期制定出了高开放性、高扩展性、高可靠性的信息化建设策略，确立了各地营业网点与总部直连的内部网方案，并投入了大量的资金进行内部网建设，采用了 HP 主机系统、HP 存储系统、Oracle 数据库和财务软件系统。

平安保险的内部网系统建成后，整个公司处于集中管理的模式之下，避免了分散经营所造成的管理风险和资金风险，为公司业务的高效、协调运作打下了坚实的基础。

（2）数据集中管理。利用公司内部网实现全国范围内的数据集中管理，既是公司业务发展的现实需要，也是市场竞争、客户需求发展的新的趋势。为此，平安保险首先实现了财务数据的集中管理，使公司总部能对各个分公司、经营网点的财务数据全部实现实时传递，公司的总经理可以随时查询每个分公司和经营网点最新的财务动向，以进一步优化企业的经营决策和业务发展；其次，全国范围内的业务数据大集中也已基本完成，使公司能对全国范围内的业务进行统一协调和管理；另外，平安保险还通过构建互联网和电话业务集成的客户服务系统，实现客户关系的集中管理。

数据大集中是平安保险业务“E 化”转型的必经之路，为其各项业务的发展起到了重要的作用。

（3）应用系统的开发。在应用系统的开发方面，平安保险有比较好的基础，因为平安公司既拥有一支熟悉保险业务运作的、总数达数百人的专业计算机开发人才队伍，又有每年上十亿元人民币的专项资金的投入，所以，平安保险在保险业务“E 化”发展有着丰富的经验和强劲的实力，公司开发的寿险管理系统等项目取得了理想的效果。

拥有一支熟悉保险业务运作的 IT 专业人员队伍是平安保险实现“E 化”转型、开拓网上保险业务的有力保障，使平安公司的信息化发展水平走在了同行的前列。

为了成功实现“E 化”转型，平安保险在内部网建设、数据集中、统一应用系统等方面的基础上，还从机构设制、销售渠道、产品设计、业务组合等各个角度进行了调整与优化，取得了较为明显的成效。

实现传统的保险业务“E 化”后，平安保险的业务运作效率和水平有了显著的提高。以平安推出的网上货运保险为例，网上货运保险推出以后，通过因特网系统，代理人直接上网，连到公司的业务后台，实现了远程在线核保。原来要几个小时的事，如今只要区区几分钟即能完成。在线货运保险业务推出后，业务员节省了大量时间，同时也为客户带来了极大的好处。类似的业务模式已经被运用到了车险、银行保险等其他险种。

在寿险业务的“E 化”方面，平安保险也对传统销售模式的各个环节提供了基于互联网的技术支持。如 PA18 网站为业务员提供个人主页，设计了客户选择业务员的通道，这既为业务员开发客户提供了一个新的渠道，也为业务员树立个人品牌提供了一个窗口。PA18 还为业务员提供与展业相关的各类动态信息，包括公司的相关资料，所有保险产品信息，财经动态等等，节约了业务员的时间和精力。此外，网站还开发了一系列支持业务员展业的工具，如保险建议书系统，各种理财计算器，业务员个人管理信息系统等，最大限度地为业务人员更好地开展业务提供支持和保障。

目前，平安保险为进一步推动传统保险业务“E 化”转型，已计划逐步为业务员配备笔记本电脑、PDA、WAP 手机等移动信息设备，在为保险业务人员和保险客户获益的同时，也给传统保险业务的运作方式带来一场不小的革命。

### 5.6.4 网上售险

利用互联网实时性和互动性的特点，通过互联网销售保险产品，为保险客户提供更加方便、快捷，更富个性化和专业化的服务，是平安保险公司发展保险电子商务业务的一个重要目的。网上售险的好处是不言而喻的：对客户来说，他们可以随时随地把想要投保的资料输到网页上，不用担心资料收不到，也不用担心信息不清楚而需要与承保人员核对资料，同时，客户随时可上网查询投保资料，以免有漏保情况发生；对平安保险来说，可以根据客户的资料设计承保方案，可以帮助客户进行保费测算，也可以让客户通过在线沟通与平安的资深保险专家联系，量身定做个性化的保险方案。

尽管网上售险的优势十分明显，但平安公司并没有简单地把一些传统险种放在网上销售。平安在制定网上销售品种前曾经在许多的亚洲的保险网站上调查，发现许多网站都是在打价格战，与传统保险企业卖同样的产品，但价格低。平安本身有传统的保险业务，不可能将所有的险种都放到网上销售，如医疗险需要面对面的沟通，在网站上直接销售显然效果不佳，所以网站直销产品与传统产品不能重复，要做创新产品，等网上创新产品积累到一定规模后再考虑推广。

平安在网上推出的是“旅行意外险”（参见图 5-15），主要面向那些经常出差、旅游的人士，包括了旅行中乘坐各种交通工具的保险，可以让客户直接在网上投保。在这种纯粹的网上销售模式下，保险设计、核保、支付等每个销售环节都可以由客户通过互联网轻松完成，这是与传统的业务模式完全不同的一种新的渠道，它大大降低了保险成本，提高了投保效率，方便了客户购买。

图 5-15 旅行意外险在线投保页面

在网上售险取得基本成功的基础上，平安保险下一步将有更多的适合网上销售的险种推出，为需要保险的客户提供新的购买渠道和更多的选择。与此同时，平安遍布各地的分公司也正在探索门店配合网上业务的需求，适时帮助客户进行辅助性工作，并着力发展新客户，使平安真正做到“天地人”三网合一，实现网上、网下同时进行的立体营销。

### 5.6.5　BCC 模式

众所周知，代理机构和业务员是保险产品两个主要的销售渠道。为了提高效率、降低成本，促进机构及代理人的业务发展，从而带动公司整体业务的增长，平安保险充分利用互联网技术对传统的交易操作流程作了改革与创新，在国内率先开创了一种崭新的 BCC(Business to Channel to Customer，即公司—代理商—最终客户)商业模式。

简单地说，BCC 模式通过网络构建起连接平安保险公司、保险代理商和最终客户的业务平台，代理机构安装由平安开发的应用软件，客户保险的申请、保单的填写在代理机构完成，代理机构再通过 PA18 进行网上核保的操作，最终在几分钟内完成保险业务的处理。而采用传统的方式需要多个流程的人工传递，反复确认，通常需要 1 个月的时间才能完成一次销售。两者比较，速度、效率、成本等各个方面具有无可比拟的优势。

BCC 模式推出后，为客户办理进出口货物保险带来了极大的便利。因为在进出口贸易中，对货物保险单开具的时间要求尽量短。同时，货物保险单又是海关检查中不可缺少的一种单证，海关对保单内容的准确性要求极高，连标点符号、空格距离都必须丝毫不差。因为这个原因，在过去，保险代理机构经常会被客户抱怨办理速度慢，影响了贸易合同，甚至因填写错误而遭到客户极度的不满。使用 BCC 的网上保险模式后，不但保单录入速度大大加快，而且保单的信息可以让客户同时浏览，如果出现错误可以马上修改，整个流程得到了极大的简化，所产生的效果十分明显。

平安推出 BCC 模式后，保险销售供应链上的一些代理商很感兴趣，这类的合作也在有序开展，比如建立了银保通业务平台，银保通是平安与银行进行电子商务的一个平台，银行利用平安的平台卖保险产品，平安利用银行遍布各地的网点加强销售，可以说是一种优势互补、互惠互利的“双赢”之举。

“业务员天地”是业务员的网上办公室，业务员可以在上面查询自己的业绩，为客户做计划书，以及业务员之间的经验交流，现在平安的一些业务员已经习惯使用笔记本电脑上网做业务，通过一段时间的使用，以前业务员只能销售一个单一的保险产品，通过网上可以为客户设计一整套家庭理财式的保险方案，为客户家庭中的每一个成员量身定做保险方案。“业务员天地”还提供了丰富的保险知识库，帮助业务员为客户设计各种保险方案，保险业务员的工作能力和业务处理效率都得到了显著的提高。

### 5.6.6　CRM 策略

实施客户关系管理策略是平安保险加快发展的重要策略。2002 年底，平安经分业后正式划分为平安财产保险和平安人寿保险两个公司，分别推进各自的 CRM 应用。目前，已经推行的客户关系管理系统包括“个人 CRM”、“车险一体化 CRM”以及“Call Center”系统等。

1. 个人 CRM

个人 CRM 主要是针对寿险业务推出的，又称作“金领保险行销”。平安寿险业务在快速增长中暴露出很多问题，如新从业人员多因保险产品的复杂性而发生展业困难，由于缺少完整系统，不少老客户信息维护与业务台账混乱，管理信息反馈缓慢，不能及时进行策略调整。为解决这些难题，平安寿险开发了这一系统，帮助寿险业务人员更好地拓展业务服务。

个人 CRM 系统集成了寿险业务人员应用最广泛的客户维护、保险资料、台账等功能，业务人员设定的业务量每日可自动分解目标，系统可每天自动统计业绩进度，上传公司数据中心，另外还可利用该系统在第一时间下载最新保险产品等。这一系统的运行为业务人员带来了很大的帮助，对调动他们的积极性和主动性大有裨益。

2. 车险一体化 CRM

为克服客户资料收集等的难题，平安财险北京分公司选用了 TurboCRM 系统对其车辆保险业务进行一体化管理。TurboCRM 公司为其量身制定了解决方案和实施计划，包括建立统一的客户信息数据库、以客户为中心的营销模式及新的业务流程等。实施 TurboCRM 系统后，平安财险业务中实现了以下功能：

（1）统一客户信息：针对同一客户的相关信息，如客户的基础信息、历次联络记录、投保险种、索赔记录等在一个平台上统一管理；

（2）提供任意查询方式：只要输入客户唯一标识（如车牌号、保单号），就能够搜索到客户全部记录，同时还支持通过输入任意条件查询客户信息；

（3）实现业务管理：系统将服务划分为任务、任务提醒、阶段进程等层次，管理人员可随时察看任务执行状态，监控未完成的任务；

（4）提供多种分析手段：系统可以帮助管理者从不同角度对业务进行综合分析，以便及时采取有效的应对措施。

3. Call Center 系统

平安保险北京分公司的 Call Center 系统是国内首家保险业客服中心的成功典范，在为保险客户提供专业化、人性化服务方面起到了很大的作用，对于提高平安保险的企业形象，增强客户对平安保险公司的满意度也起到了良好的作用。该系统的功能主要包括：

（1）语音信息查询功能：用户拨号呼入系统后，按照系统的提示，进行按键操作，便可提取系统存储的公司简介、客户服务、条款简介等项语音信息；

（2）传真信息查询功能：利用系统提供的传真信息查询功能，有传真机的用户可在接听语音信息过程中，随时按“0”键，便可用传真机接收所听语音信息的详细文字资料，与各条款简介对应的是各种详尽的合同条款文本；

（3）续期数据库查询功能：通过对续期数据库的查询，客户可查到保单的交费情况，及其续期服务联系人、联系电话；

（4）业务员数据库查询功能：系统提供的业务员数据库查询功能，可供客户在业务员推广保险服务业务时，识别该业务员的真实身份，还可对该业务员的信息变动情况进行查询；

（5）语音留言功能：利用系统提供的语音留言功能，客户可随时呼入本系统，向公司提出各种寿险服务要求，公司指定专人，负责在两个工作日内作出回应；

（6）留言提取功能：公司指派的操作员，可对系统保存的客户留言，按年月日小时，分成一小时一个时间段，进行听留言处理。同时，系统对每次听留言操作，做如下记录：操作员代码/留言种类/留言时间段/取留言键操作起始时间/取留言操作时长，以便让公司对客户留言的处理工作有监控手段，真正做到对客户负责。

图 5-16 为该系统的结构示意图。

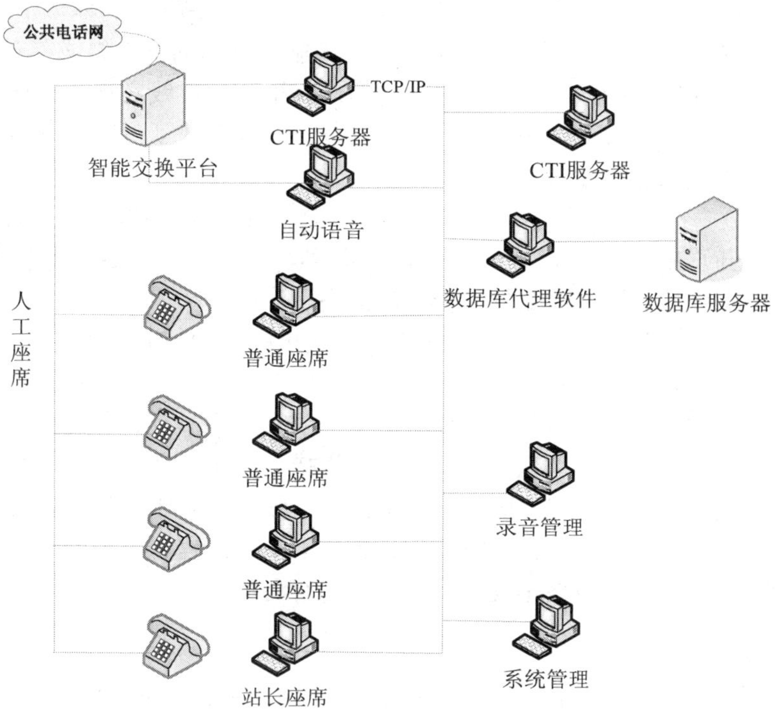


图 5-16　Call Center 系统结构示意图

### 5.6.7　案例评析

平安保险是我国保险业界“大腕”级企业，其对保险业电子商务的理解，以及发展和应用的实践，对我国保险业电子商务的发展无疑起着不可低估的作用。平安保险认为，保险业已进入服务营销的时代，服务在某种程度上比资本实力和人才更重要，这将是国内保险企业挑战外资保险公司的突破口；在未来的竞争中，只有利用更多、更好的服务才能够留住客户，才能同强大的竞争对手相抗衡；在同等的价格上能够提供更多、更好的增值服务是核心竞争力的重要体现；原有的成本结构必须改变，人均产能必须提高。基于这样的认识，平安保险开始了卓有成效的电子商务发展之路。

平安在电子商务领域的尝试为业务发展创造了非凡的价值，也为公司今后的发展注入了强劲的动力。总结起来，平安的发展经验主要有以下几个方面：

第一，保险电子商务的发展必须要依托于传统业务，并整合传统业务的优势，才能拥有更加广阔的发展空间和充分的市场机会。平安保险以公司强大的寿险、产险等传统业务为基础，依托遍布全国的分支机构、综合金融门店服务中心和数十万专业直销业务员队伍，辅以具备专业素质的全国统一电话中心，充分整合平安营销、服务等各方面的优势资源，不仅成为传统业务的辅助工具和新渠道，更为传统业务带来了新的发展机会。

第二，充分发挥互联网的优势，牢牢坚持“以客户为本”的原则，最大限度满足客户的需求。平安保险从客户的需求出发，设计和开发出了多种适合网上销售的新险种，为客户提供个性化的服务，真正做到了“客户要的，就是我们要做的”，体现了“网络以人为本”的网络经营思想，使 PA18 成为平安集团 3A 客户服务体系的核心组成部分，开发出了包括寿险、产险、银行代理业务等各种国内领先的交易平台，在线实现了投保、核保、缴费、保单查询及更改、理赔报案等保险服务的全过程，真正实现了保险的网络化，为保险电子商务的发展指明了前进的方向。

第三，充分发挥中间销售渠道的作用，开创全新的商业模式。PA18 利用先进安全的网络技术，开发出了 BCC 商业模式，并推出了货运险网上交易、“银保通”、车险机构版等一系列网上交易系统，支持代理业务，极大地提高了业务效率，降低了业务成本，促进了公司和代理机构的共同业务发展。“业务员天地”提供的各种展业辅助工具、客户服务工具、业务管理工具、个人理财工具等，对提高业务员的业务能力，为客户提供更加全面的综合金融理财服务，满足客户更高层次的金融服务需求起到了举足轻重的作用。

第四，加强合作与结盟是公司发展的战略举措。多年来，平安保险积极与各业务支持单位结成商业战略联盟，如与中国银行、中国工商银行、中国建设银行、中国农业银行、招商银行等多家商业银行签订合作协议，完善网上支付流程，支持网上保险销售业务，为保险业务的全面电子化和网络化发展创造了极为有利的条件。

## 5.7 典型案例 4 太保网电子商务

### 5.7.1 公司概况

中国太平洋保险（集团）股份有限公司是按照产、寿险分业经营的要求，于 1991 年 4 月在中国太平洋保险公司的基础上组建而成的保险投资控股集团公司，公司总部设在上海。公司确立“诚信天下，稳健一生”的企业核心价值观，坚持稳健经营，以效益为中心，努力为经济的发展和社会稳定提供风险保障。公司在国内投资控股专业经营非寿险业务的中国太平洋财产保险股份有限公司和专业经营人寿险业务的中国太平洋人寿保险股份有限公司。目前，这两个公司在国内共设有近 6,000 个营业机构，拥有比较完善的保险服务网络。公司在美国设有中国太平洋（美国）服务公司，在香港设有中国太平洋保险（香港）有限公司，在伦敦和纽约设有代表处。公司与荷兰国际集团合资设有太平洋安泰人寿保险有限公司。

图 5-17 为太平洋保险公司太保网主页。

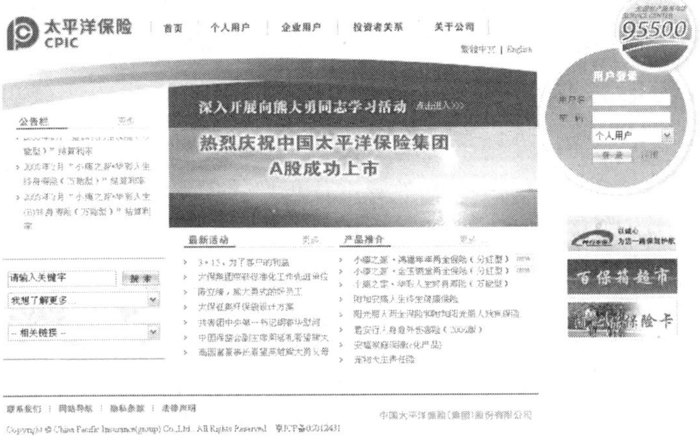


图 5-17　太保网主页

## 5.7.2　发展背景

“太保网”于 2000 年 8 月 16 日正式开通，这是太保公司全面开展网络销售和网上服务的公司整体网站，它的开通标志着“中国保险业第一个贯通全国、联接全球的保险网络系统”的诞生。太平洋保险公司首次“触网”，并由此拉开了建设保险电子商务的序幕。

2001 年 4 月，太保网站经过全新改版，具备了保险电子商务的基本功能，并以“太保网”作为网站标识，开始了定位于以销售为核心的实践运作。虽然太保网电子商务始于网站，但又不仅仅局限于网站本身，在产寿险分业经营的情况下，太保网全面推进电子商务基础设施建设，打造出一系列由集团集中统一管理、由产寿险公司分别使用的网络销售服务平台，包括 B to C 销售服务系统、B to B 销售服务系统、营销员销售支持与管理系统和信息服务沟通系统。

2006 年 8 月，太保新版网上支付平台建设完成，网上支付已经可以覆盖 20 多家银行发行的各类银行卡；电子保单项目开发基本完成，从而使保险产品全流程电子化销售成为可能。在客户服务方面，目前客户通过网站可以了解保险产品、公司信息、个人风险评估和制定保险计划、递交投保意向、保险单基本信息的变更、在线报案、选代理人等各项自助服务。网站还开通了团险广场，为客户提供企业年金查询方面的服务。

## 5.7.3　B to B 系统

太保网的产寿险 B to B 系统（包括车险、货运险、个房险、航意险、银行保险、邮政保险）等系统应用范围已经覆盖到全系统 69 家分支机构，作为电子商务与传统业务渠道融合的 B to B 系统，充分显示电子商务系统强大的业务现场处理能力、完善的电子化、自动化销售支持和单证管理功能，实现业务主要环节的网络化，有效防止销售过程中例如倒签单、单证控制和费率控制等业务运营等方面的问题，大大提高了业务处理效率。

2005 年，太保货运险 B to B 系统还创新地实现与中介机构的业务合作，即把货运险投保系统与客户的 ERP 业务系统进行数据对接，免去投保要素的输入，使投保过程接近全自动化。这项功能的实现使电子商务系统在技术创新方面又迈出了一大步，深化了公司与中介机构、大客户的合作关系。

### 5.7.4 销售支持与信息服务管理系统

太保营销员销售支持管理系统直接为太保20万营销大军服务，该系统提升了营销员的专业形象，同时更为广大太保客户提供了标准化保险产品服务，一定程度上避免了营销员在销售过程中的诚信问题。太保电子商务还根据技术手段的发展和市场需求，推出了“信息服务”系统，其中包括电子邮箱、视频会议和短信系统等，该系统支持产寿险业务，通过这些系统的应用，降低了企业的运营成本，提高了对市场响应的灵敏度。

（1）太保网络视频会议。太保视频会议系统现已于2005年起提供全面应用，无论是召开全系统的重大会议、业务培训还是各省分公司辖内的业务会议，太保人已经习惯于使用视频会议，仅2005年上半年视频会议系统就节约了会议及差旅费用约400万元，极大的降低了企业的经营成本，提高了太保的市场竞争力。

（2）太保网短信系统。2005年下半年以来，太保寿险的北京、上海分公司试点以短信激活方式拓展保险销售新渠道，销售“世纪行”B款之“钻石公务”、“出行无忧”等小额意外险产品，客户只需按照说明发送手机短信即可激活生效。短信系统还可以提供续缴通知、险种推介、生日祝贺等客户服务和市场推介活动，既方便了客户也降低了业务成本。

此外，太保电子商务在电话营销、手机营销和群发电子邮件营销也开展得有声有色，达到了控制成本，体现实效的原则。

### 5.7.5 网上保险服务

太保网在针对不同用户群时分别制定了具有个性化特色的服务，主要有：

1. 个人用户

个人用户系统为客户提供了非常快捷的业务咨询和方便的在线投保服务，具体内容包括：

（1）芝麻开门：通过“保险一点通”，“风险评估”，“险种档案”，“理陪面面观”以及“新品速递”等栏目向客户介绍有关保险的知识。

（2）网上投保：该业务为客户提高了方便快捷的在线投保，只要您选种了满意的险种，无须到保险公司，只要您轻轻点击鼠标就能完成投保工作。

（3）自助服务：为客户提供诸如“信息查询”，“保单变更”，“在线报案”，“咨询投诉”等极具人性化的服务。真正的做到了一条龙式网上保险服务。

2. 企业用户

企业用户系统是专门为企业用户群所设计的，提供的主要服务有：

（1）保险瞭望台：通过“险为人知”，“细说险种”，“企业风险评估”以及“经典案例”等栏目让企业用户了解各种保险知识，从而做出正确的投保决定。

（2）在线直通车：用户登陆后既可进行在线投保活动。

（3）自助服务：通过“团险保单查询”，“保单变更”，“在线报案”，“咨询投诉”等服务，让用户享受贴心的服务。

3. 网络大学

传统的企业培训面临着新的挑战，一方面，知识更新速度加快，企业需要及时为员工提供关于产品、技术、营销等等方面的知识和技能培训；另一方面，企业面临降低成本的挑战，面对面的传统培训方式不仅由于需要集中培训、差旅等使成本居高不下，而且受物理环境的影响使培训面不可能宽，无法满足太保及时对 25 万名员工进行培训的要求。在这种背景下，太保集团决定建立网络大学，充分利用先进的信息技术，结合太保多年来积累起来的丰富的案例资源以及成功的培训经验，为广大员工能够及时获得基础工作岗位知识方面的培训、掌握新知识和新技能、提高自身专业素质提供高效率的网络学习平台，从而确保太保能够有效执行培训计划，在短时间内快速提高员工素质。

2003 年 9 月 8 日，公司网络大学正式开通。目前，太保网络大学的学员数量迅速攀升，学员在网络大学学习的过程中，可以充分利用论坛、聊天室等网络交流工作，向专家请教工作中的疑惑，也可以与全国太保的同事共同讨论工作中的难题，从而分享太保全系统同仁的经验与智慧。太保网络大学负责人说：“未来，我们将实现每个太保员工都拥有一个学习帐号的目标，使网络大学能够覆盖到每一位太保员工，为太保员工提供个性化的学习方案，使太保真正实现全员学习。通过及时、高效的培训，全面提升员工的专业技能，进而提升公司的整体竞争力。”

图 5-18 为太保网网络大学主页。

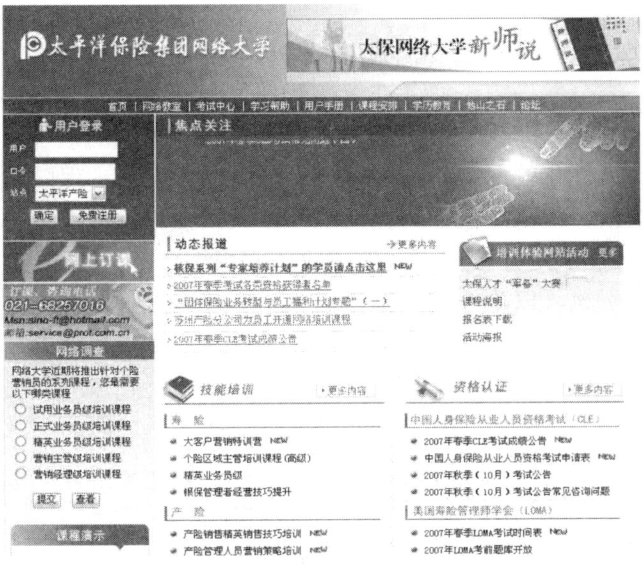


**图 5-18　太保网网络大学主页**

## 5.7.6　案例评析

早在太保网建站初期，公司就认识到了基于互联网的电子商务所带来的商机。多年来，太保既经历了保险业自身的快速发展，也感受到了来自互联网世界的风云变幻，潮起潮落。但是不管面临什么样的困难，太保始终坚持立足于电子商务的建设，并通过电子商务来提高公司业务创新能力和解决发展过程中存在问题的能力，提升太保服务经济社会发展的水平，提高企业的核心竞争力，形成具有自身特色的电子商务发展模式和风格。可以说，电子商务作为太保集团资源整合的平台、营销创新的工具、客户服务的渠道和信息沟通的窗口，为推动太保业务发展发挥了越来越重要的作用，并取得了卓越的成效。太保借助于电子商务的快速发展，公司的核心竞争力得以快速提高，成为了中国保险电子商务发展的急先锋，它的发展经验值得学习和借鉴。

（1）必须全面提升对保险电子商务发展的认识。太保认为保险电子商务的内涵应该不断得到扩大，保险电子商务发展涉及到保险公司各类资源整合，涉及到公司所有利用互联网（包括 Internet 与 Intranet）、无线技术、电话等信息技术手段进行电子化交易、电子化信息沟通、电子化管理的活动，贯穿公司经营管理的全过程。

（2）必须注重电子商务商业模式的创新。太保在电子商务发展过程中十分重视商业模式的创新，建立起了基于开发网络保险产品的电子商务销售渠道；实施了以网络营销、电话营销以及与其他营销渠道相结合的多渠道整合营销；实施以网站平台、电话平台/呼叫中心为基础的统一的产寿险客户服务和交叉销售。电子商务在公司的全面发展是完全融入现有的业务环节和流程，促进保险公司的市场策划、产品销售和客户服务面貌的根本改变。

（3）大力促进现行管理体制的变革。太保全系统高度重视电子商务的发展，把电子商务作为推进企业变革，优化业务流程的有力武器，全面提升公司的核心能力和综合实力，推动公司的快速发展。

（4）全方位拓展电子商务的发展领域。太保从战略、人才、投入、产品、管理等几个方面加大工作力度，充分发挥电子商务在市场策划、产品销售和客户方面的作用，使太保客户可以通过由太保网站、95500 客服电话、短信系统等构成的电子商务平台真正体验到便捷、安全、可靠、人性化的保险服务，打造太保网作为知名的保险电子商务品牌形象，促进保险业高效、诚信、规范经营，为把保险业做大做强作出应有的贡献。

2006 年，太保集团制定并下发了《电子商务应用综合考评办法》。该办法以建立健全电子商务考评体系为手段，以全面、科学评估电子商务价值目标，充分反映电子商务对传统业务的渗透性、参与性、服务性。该办法按照“重点关注电子商务在公司经营过程达成的电子商务业务销售目标、成本节省目标、效率提升目标和客户体验目标”的原则确定电子商务考核内容，包括系统应用、业务完成、业务渗透、客户服务及成本降低，并制定相应的指标具体对分支机构进行考核。这一办法的出台，可以说是太保电子商务发展史上的一个新的飞跃，也为太保这一在国内保险业中占有举足轻重地位的保险企业焕发新的生命力注入了强劲的动力。

# 第6章　旅游业电子商务发展

现代旅游业主要包括饭店业、旅行社业、旅游景区开发经营和旅游车船服务业等多个子行业，集合交通、游览、住宿、餐饮、购物、娱乐等六大功能要素，是新兴的朝阳产业。它是伴随着工业化、全球化和信息化的进程而不断发展壮大起来的，既是人类社会发展进步的产物，也是经济和社会发展进步的标志，在世界很多国家都有着举足轻重的地位。在我国，改革开放以来，由于经济与社会的快速发展，居民可支配收入和闲暇时间的增多以及求新、求知、求乐、求健欲望的增强，旅游业迅速发展成为一个重要的新兴产业。经过改革开放20多年来的发展，目前我国旅游产业已经具有相当的规模，在国民经济中的比重不断上升，在提供就业机会、增加外汇收入、促进地方经济发展等方面发挥越来越重要的作用。不过，我们也应看到，我国已成为受世界瞩目的旅游大国，但与一些旅游业强国相比，我国旅游业在规模化、产业化、个性化、标准化发展方面还存在着很大的差距。某种意义上可以说，我国旅游业还处在一个“粗放型”的发展阶段。

相对于其他行业而言，以服务为主要内涵的旅游业发展电子商务有其得天独厚的优势：物流的瓶颈对旅游电子商务影响甚微；地域分散的游客资源非常适合通过互联网进行集聚；丰富的旅游信息资源通过互联网可以得到全方位的展现；旅游服务的资金转移可以通过互联网轻松实现；等等。可以说，发展旅游电子商务，整合旅游资源，对提高我国旅游业的发展水平，增强我国旅游业的整体竞争力有着十分重要的作用。学习和研究旅游业电子商务的发展问题，不但对旅游业的发展意义重大，而且对我们更好地把握服务业电子商务的发展规律也十分有益。

## 6.1　旅游业发展概况

从世界范围来看，旅游业被认为是全球经济发展中增长最为迅速的产业之一。尽管“9·11”事件、SARS事件等曾一度给世界旅游业蒙上阴影，但随着经济全球化发展趋势的加快，人类经济与社会活动的地域范围不断扩大，世界旅游业的迅猛发展势不可挡。在我国，近年来，由于受入世、申奥和申博成功等诸多“利好”题材的刺激，以及稳定、安全以及日益改善的旅游环境，我国旅游业迎来了前所未有的发展机遇，呈现出一派生机勃勃的景象。2003年由于受SARS的影响出现了一段时间的停滞，但在SARS过后，我国旅游业迎来了更快、更好的发展时期。2008年奥运会的前后一段时期，可以说是我国旅游业发展被世界各国以及全国各地的游客最为看好的时期，是中国旅游业发展极为难得的黄金时机。

### 6.1.1　世界旅游业发展状况与趋势

世界旅游组织（World Tourism Organization）把全球划分为六大旅游区，分别是欧洲地区、美洲地区、非洲地区、东亚及太平洋地区①、南亚地区和中东地区，欧洲和美洲由于经济发达、交通便捷、文化底蕴丰厚和出入境便利等多方面的原因，长期以来一直处在世界旅游业发展的前列。然而世界风云多变幻，旅游业一直也在变化调整之中。进入21世纪以来，全球国际旅游业的格局发生了重大变化，亚太地区跃居世界第二，欧洲、亚太地区和美洲三足鼎立的局势真正确立。

据世界旅游组织2006年底公布的统计数字，2006年全世界旅游业继续保持着良好的发展态势，全年游客总数达8.42亿人，比2005年8.08亿人增长4.5%，但低于2004年5.5%的增长幅度。近三年来，全球旅游业的发展达到了一个前所未有的高度，旅游人数增长了1.5亿，特别是非洲一些新兴旅游市场的发展更是方兴未艾。2006年，非洲旅游业增长了8.1%，接待入境人数4000万人。像南非、肯尼亚、摩洛哥作为旅游目的地国发展势头强劲，年入境游客增长数量均在百万人以上。同期亚洲旅游市场继续保持旺盛的发展势头，接待入境游人数1.671亿人，比2005年的1.554亿人增长7.6%。相对而言，像欧洲这样传统的旅游市场却增长乏力，2006年仅为4%，这还是得益于2006年在德国举办的世界杯足球赛。拉丁美洲在这一年度入境游人数仅增长了2%，主要是中美洲的危地马拉、南美洲的智利、巴拉圭、哥伦比亚和秘鲁等国的增长均在两位数，否则会更低。加拿大和墨西哥入境游人数却大幅下降。在旅游消费方面，德国人最舍得花钱，2005年总计消费了727亿欧元；其次是美国人为692亿欧元；排在第三位的是英国人为596亿欧元。据该组织的预测，从现在起到2020年未来的十余年时间里，全球旅游业年增长率可望保持在4%的水平上，发展前景持续看好。纵观世界旅游业未来发展趋势，可以大致看出以下几个方面的特点：

（1）旅游业的可持续发展成为世界各国和地区旅游业开发首先需要考虑的头等大事。世界旅游业的发展越来越强调旅游业的开发与生态、资源和环境的协调，注重人和自然的和谐相处，过去那种掠夺式的旅游发展正被世界各国所摒弃。越来越多的旅游开发者意识到，旅游业比任何其他产业都更依赖自然、人文环境的质量，精心保护好生态环境是发展旅游业的生命线，实现旅游业可持续发展，达到经济效益、社会效益和环境效益的统一是旅游业自身健康、快速发展的基本保证。

（2）安全和健康的旅游环境是世界各国游客普遍关注的问题。从全球范围来看，游客的旅游需求与日俱增，但这是建立在安全和健康得到充分保障的前提之下，否则，没有游客愿意以生命和健康为代价来参与旅游活动的。所以，世界各国都把创造安全、健康的旅游环境作为振兴旅游业的重要举措。

（3）旅游产品的多元化、特色化和服务优质化是赢得旅游业大发展的重要法宝。世界旅游业的竞争正在没有硝烟的战场上迅速展开，那些产品单一、缺乏特色、软硬件服务不配套、服务水平低下的旅游目的地正逐步被市场所淘汰。可以说，世界各国游客对旅游产品和服务的要求会越来越高，世界旅游市场的竞争也会愈演愈烈。

（4）世界旅游业的促销投入会越来越大，手段会越来越新，电子商务的应用会越来越成熟。旅游产品的促销是开展旅游业务的重要环节，世界各国为吸引外地游客都会不断加大投入，在促销方式上花样不断翻新，旅游电子商务作为一种重要的促销活动受到世界各

① 东亚及太平洋地区包括中国、中国香港、中国澳门、中国台湾、泰国、马来西亚、新加坡、印度尼西亚、菲律宾、越南、老挝、柬埔寨、缅甸、文莱、日本、韩国、澳大利亚、新西兰、关岛等19个国家和地区。

国的广泛重视。

（5）旅游业的合作与结盟变得越来越重要。旅游活动涵盖行、游、住、吃、购、娱六大要素，无论在哪个环节上出问题，都会引起游客的不满，但要做到各个环节万无一失，对每一个旅游公司来说都是很困难的，因为旅游业务的组织与运作牵涉到众多的企业和机构，在开展国内旅游业务时要强调合作与结盟，在开展国际旅游业务时更要做到这一点。所以，世界各国的旅游企业在参与旅游业竞争的同时，又十分注重旅游企业之间的合作与结盟。否则，是无法成长为真正有实力、有竞争力的国际旅游企业的。

（6）一些传统的旅游方式正在接受挑战。这表现为要求旅行社更加专业化。游客将会根据自己的爱好和方式选择出行地点，并且在时间和费用投入上要求会更高。

### 6.1.2　我国旅游业发展状况

尽管在新中国成立之前，我国就有旅游业发展的踪影，但一直到十一届三中全会召开之前的 1978 年，我国旅游产业的发展步子都非常小，在世界旅游业大家庭中处于可有可无的地位。我国旅游业真正的发展是从改革开放以后开始的，改革开放近三十年来，中国在各方面都取得了举世公认的成就。古老文明的泱泱大国——中国正在发生着日新月异的巨变，综合国力的增强，和谐社会的构建，国际地位的提升，使千年古国大放异彩，历史的凝重焕发出现代的生机，给全世界以耳目一新的感觉。作为朝阳产业的中国旅游业更像百花园中一朵盛开的奇葩，张开笑脸喜迎五洲宾客，四海嘉宾，得到了前所未有的大发展，吸引着越来越多的外国人来中国旅游度假，观光购物。

在最近几年，我国旅游业在五个方面取得了显著的成绩：一是全国乡村旅游朝气蓬勃发展，有力地促进了社会主义新农村建设；二是黄金周假日旅游持续兴旺，实现了“安全、秩序、质量、效益”四统一的目标；三是旅游产品体系继续完善，度假旅游产品不断增多，专项旅游产品不断丰富，旅游产品档次不断提升；四是旅游市场环境逐步改善，旅游企业诚信体系建设和市场监管机制见到明显成效；五是启动了文明旅游的倡议行动，得到了广大旅游者积极支持和拥护，也受到了境内外舆论的广泛好评。

据预测未来 10 年间，我国旅游业将保持年均 10.4%的增长速度，其中个人旅游消费将以年均 9.8%的速度增长，企业/政府旅游的增长速度将达到 10.9%，到 2020 年，旅游业总收入达到 2.5 万亿元人民币以上，中国将成为世界第一大旅游目的地国和第四大客源输出国。

### 6.1.3　我国旅游业发展存在的主要问题

和发达国家相比，我国的旅游业差距还是很明显的。我国旅游业在经营观念、管理体制等方面还存在着一些明显的问题，具体表现在以下一些方面：

（1）旅游企业的经营管理水平普遍不高。这主要是由于地方政府宏观调控能力较弱，缺乏产业化、规模化的发展思路，从而导致严重的本位主义和地方保护主义，束缚了旅游业的发展。

（2）旅游业规模经济效益差。目前我国旅游企业“散、小、弱、差”的局面未能得到根本改善，虽然已经发展了不少大型的旅游集团公司，但真正叫得响的品牌不多，行业竞争力并没有得到明显改善。

（3）旅游商品开发能力较弱。长期以来，旅游购物一直是我国旅游发展中最为薄弱的环节之一，我国旅游购物收入占旅游总收入的比重长期徘徊在20%左右，与世界旅游发达国家购物收入已占旅游总收入的40～60%相比差距极大。

（4）我国生态旅游消费产品短缺。与人文景观产品开发相比，我国生态旅游极为落后，难以适应旅游消费发展的需求。

（6）配套体系相对滞后。这主要体现在我国交通、旅行社数量和质量、旅游饭店结构和布局等方面，与我国旅游业的快速发展存在较大差距。

从全国范围来看，旅游业被确定为国民经济新的增长点后，各地发展旅游业的积极性都空前高涨，加快培育旅游业发展的新措施、新办法不断出台，国家有关部门也加大了对旅游业发展的扶持力度，全社会涌现出了对旅游服务前所未有的、持续的有效需求。因此，从发展趋势看，旅游业成为中国国民经济的支柱产业应该不仅仅是一种可能，而且是必然的趋势。面对以上存在的相关问题，在旅游业发展过程中，一方面要通过启动消费，扩大内需来支撑国民经济增长；另一方面则要通过带动产业结构的调整，缩小各区域间发展不平衡的差距，促进旅游经济的发展。

### 6.1.4 我国旅游业发展面临的机遇与挑战

加入WTO，对我国旅游业发展而言，既有不可多得的历史机遇，又有着不可低估的各种挑战，需要我们认真思考，积极应对。

#### 1. 我国旅游业面临的发展机遇

中国加入WTO对整个旅游行业产生积极的促进作用，具体表现在以下一些方面：

（1）有利于改善旅游环境。加入WTO后，我国旅游业发展的大环境得到进一步的优化。目前已经明确扩大开放的三个领域，对旅游业发展都有直接的好处，即金融业的扩大开放，将方便旅游支付，弥补旅游服务缺项，提高整体服务竞争力；信息产业的扩大开放，将推动随之进入的电子商务和销售网络的大发展，从而促进旅游方式的现代化；进口汽车关税的降低，将使多年来一直困扰旅游产业发展的旅游用车问题得到解决。

（2）有利于提高旅游企业的经营管理水平。外国旅游企业进入国内市场将会产生明显的示范和规范效应，有利于建立更加符合国际规则的运营机制，从而增加我国旅游业在国际旅游市场上的参与及竞争能力。同时，压力与竞争将促进旅游企业的改革与发展，有利于整个行业素质的提高和发展。国内企业必须尽快建立现代企业制度及科学的运营机制、用人机制和质量保障机制，才能立于不败之地。

（3）有利于中国旅游企业更好地走向国际市场。我国的旅游业将进一步向国际市场拓展，入境旅游客源或国内游客出境旅游的机会都将大大增加；并可通过在国外设立旅行社的方式，加快我国旅游业的国际化进程。

（4）有利于吸收旅游投资。入世后我国的投资环境进一步改善，且随着我国旅游业的全方位、多领域的开放，会更加迅速、更大规模地吸引外国资金进入旅游行业。这对于西部旅游资源的开发，更具有实质性的意义。

（5）有利于发展商务旅游。按照WTO有关协议的规定，加入WTO后，我国应开放旅游市场，外国公司可以开办旅行社，外资旅游企业业务范围和地域限制也将逐步取消。随着市场的进一步开放，中国和世界的经济交往更多更密切，商务旅游市场前景广阔，旅游业的发展会更好。

2. 入世给中国旅游业带来的挑战

与旅游发达国家的旅游业相比，我国旅游企业竞争实力相对较弱，因而入世后面临许多现实而又严峻的挑战，具体表现在以下几个方面：

（1）市场竞争方面。目前我国旅游业竞争激烈，本已微利，在外资旅行社的冲击下，竞争将变得更加激烈和复杂，单纯的价格竞争将不再成为制胜法宝，服务的质量和效率将上升为更重要的因素。

（2）人才竞争方面。外国旅行社进入，我国旅游业的优秀人才会受外资旅行社用人机制灵活、薪酬待遇高的吸引，纷纷跳槽前往，使旅游业人才流失加剧。

（3）旅游信息处理方面。目前我国旅游企业的信息处理能力普遍较低，旅游电子商务的发展总体还处在初级水平，不利于旅游企业的发展壮大。

（4）规模效益方面。我国旅行社受原有经济体制的影响，至今还存在"小、散、乱"的现象，与国外旅行社比，经营规模小，规模效益差。入世必然会使相当多的弱势旅行社遭到淘汰。

（5）入境竞争方面。入世使有实力的外国旅行社可以通过设立控股或独资旅行社等形式，与国内航空公司及饭店、商场、餐厅联手经营，实现入境接待"一条龙"服务，这必然会加剧入境接待服务的竞争。

### 6.1.5　我国旅游业未来发展的主要对策

国家已经作出明确的部署，要把旅游业培育成为国民经济的重要产业，要把中国建设成为世界旅游强国，为我国旅游业的健康、快速发展指明了前进的道路。面对以"和平、发展、合作"为主要特征的世界潮流，我国旅游业的发展既有良好的国际环境，又有着构建社会主义和谐社会的进程中所不断提升的旅游需求，可以说，正面临着不可多得的历史机遇。现阶段促进我国旅游业发展的主要对策包括以下几个方面：

（1）促进入境旅游、出境旅游、国内旅游三大市场协调发展。按照"大力发展入境旅游、规范发展出境旅游、全面提升国内旅游"的方针，巩固和发展三大市场，形成共同繁荣、相互促进、协调发展的旅游市场格局。

（2）完善旅游产品体系和目的地体系。提升现有产品的文化含量、科技含量、趣味性、参与性和吸引力；积极开发具有市场潜力的新产品，引导新业态；大力发展度假休闲产品；推进发展红色旅游等专项产品，努力构建现代旅游产品体系。要推动旅游目的地体系建设，依托中国优秀旅游城市，完善旅游交通设施、卫生设施、安全措施和旅游信息系统；继续推进中国优秀旅游城市创建，推出中国最佳旅游城市；总结和推出一批县域旅游经济的发展模式，创建一批旅游强县；推出一批旅游小城镇，探索出一条适合我国国情的旅游小城镇发展新路子。

（3）加快完善协调配套的旅游要素体系。主动协调，配合发展，争取旅游产业体系在更高层次上的完善和提升，促进旅行社行业素质的提高，是我国旅游业今后面临的重要任务。首先，政府和企业应根据旅游市场需要，推进旅行社批零体系的建立，形成网络化经营格局；通过旅行社的健康发展，促进旅游链各环节的协调发展，形成合理的利益联系机制。其次，在完善和提升旅游星级饭店体系的基础上，大力推进经济型酒店的发展，引导家庭旅馆、乡村旅馆、汽车旅馆和汽车宿营地等建设，引导经济型酒店连锁经营，适应旅游大众化发展的新需求。第三，要大力推进旅游商品产业化发展，形成地方特色产品系列、民族特色产品系列、文化特色产品系列、实用特点产品系列和高技术含量产品系列，建立旅游纪念品体系。第四，要花大力气促进旅游娱乐休闲健康发展。旅游娱乐休闲在旅游经济中的潜力巨大，要引导旅游娱乐休闲的富文化性发展，打造文化精品，突出地方特色，弘扬民族文化，引导健康消费。第五，要促进旅游交通进一步发展。在国家有关部门和地方政府的领导下，推动完善国际航线布局和国内支线机场建设，以适应国际国内旅游市场发展需求；促进铁路客运服务质量和舒适度提高，以适应旅游消费档次提升；促进高速公路服务体系完善，适应自驾车旅游等新业态的快速发展；加快旅游景区的支线公路建设，提高重要景区点的可进入性。

（4）建立较为完善的旅游法规、制度和标准体系。要推动地方旅游法规建设，推动更多有条件的省、自治区、直辖市制定综合性的旅游法规；以地方旅游法规为基础，以部门规章为先导，推动更高层次的立法；针对旅游业发展中出现的新情况、新矛盾、新问题，积极做好综合性立法的可行性研究。

（5）加快建设旅游人才体系。旅游人才是旅游业发展中的重要保障，加大旅游高素质人才培养开发力度，重视中高级人才培养，建立健全旅游行业人才激励机制。建立多层次的旅游教育培训体系，大力发展职业教育，广泛开展岗位培训，全面提升旅游从业人员素质。整合各类社会教育资源，促进旅游学科优化，推进旅游院校建设，推进旅游人才的社会化培养和专业化管理。

## 6.2 旅游电子商务概述

旅游电子商务既作为电子商务发展的新领域，又作为旅游业发展的新趋势，近年来在国际、国内广受重视，发展进展很快，可以说，旅游业与电子商务的“联姻”将会给传统的旅游业焕发出蓬勃的生命力。

### 6.2.1 旅游业适合发展电子商务的特性

在研究旅游业电子商务时有必要对旅游业务的基本特性作一个基本的分析，以便能更好地认识到旅游业发展电子商务的必要性和可行性。从发展电子商务的角度来看，旅游业具有比较有利的特性。

（1）生产与消费的同一性。与其他有形商品明显不同的是，旅游服务是一种很典型的无形商品，它的交易和消费方式与有形商品存在着很大的区别。有形商品一般是从生产地运往消费者所在的市场，在那里销售并被消费，而且购买和消费也基本不在同一个时间。而旅游服务则是游客直接到旅游目的地进行消费，生产和消费过程同时进行。虽然旅游服务不属于在网上可以直接交付的数字化产品，但因为具有生产与消费的同一性，因此，轻松地绕开了电子商务发展中的物流瓶颈，这一点对发展电子商务颇为有利。

（2）信息交互的重要性。旅游消费包括吃、住、行、游、购、娱等诸多要素，这些活动都包含大量的信息。所以，旅游信息的传递与交互无论对游客，还是对旅游接待、交通运输等相关部门来说，都具有十分重要的意义。从游客的角度来看，他们对旅游信息的需求是十分广泛的，既包括旅游目的地的基本信息，如景点分布、历史文化、气候特点等，又包括食宿、交通、购物等相关的信息，这些信息都必须准确、及时，而且要具有比较强的交互性；对旅游服务机构来说，它们对游客的数量、到访时间、消费水平以及其他相关要求的信息同样希望能提前获得，以便早作准备，保证游客的需要。所以，旅游活动中丰富而又频繁的信息交互活动是十分适合通过互联网来实现的，互联网无论在信息传递的容量、效率，还是在信息表现的形式上都有不可比拟的优势，可以为旅游业务的运作带来极大的便利。

（3）促销过程的抽象性。促销已成为旅游项目推广宣传的重要方式，世界各国在旅游促销方面的投入比过去有了很大的提高，我国各地旅游管理部门也逐步开始重视旅游促销在开发旅游资源方面的积极作用。但旅游促销与一般有形产品的促销有很大的差别，有形产品的促销因为有实物为证，相对来说，难度要小得多，效果也更为明显。而旅游促销往往在异地进行，无法向促销对象提供完整的有形产品，在传统的条件下，只能通过图片、模型、声像资料、人工解说等方式向潜在游客提供局部的信息，因为促销只能局限在某一个时间和某一个地方进行，相对来说，受众数量很有限，促销的效果也不会太理想。而利用互联网进行旅游产品的促销，不但提供生动活泼、形式多样的旅游信息，而且因为不受时间、空间限制，使得促销范围大大拓展，促销效果也更有保障，更为重要的是，利用互联网进行旅游产品的促销使得促销费用大大下降。

（4）交易过程的复杂性。由于旅游活动的组织牵涉面很广，而且往往是跨地域运作，这就决定了旅游交易过程的复杂性。一方面，游客资源和旅游目的地都是极为分散的，必须通过有效的旅游服务中介（比如旅行社）把两者整合起来，促成交易；另一方面，旅游业务牵涉到众多的交易环节，比如交通、餐饮、景点、购物中心以及保险等，交易过程颇为复杂。在传统的情况下，旅游交易不但交易成本高、交易效率低，而且交易过程的透明度不高，往往引起游客的不满。利用电子商务的手段实现旅游交易的网络化、电子化，对旅游企业来说，既可以有效降低旅游业务的成本，提高经营效率，又可以更直接地了解游客的旅游需求，以更好地提高旅游服务质量；对游客来说，电子化交易既可以降低开支，提高交易的效率，又可以省去携带现金的麻烦，可以有更多的时间和精力轻松地享受旅游过程中的乐趣。

### 6.2.2　电子商务在旅游业中的应用

世界旅游组织在其出版物《E-Business for Tourism》中指出：“旅游电子商务就是通过先进的信息技术手段改进旅游机构内部和对外的连通性（connectivity），即改进旅游企业之间、旅游企业与上游供应商之间、旅游企业与旅游者之间的交流与交易，改进旅游企业内部业务流程，增进知识共享”。由此可见，旅游电子商务简单地说，是指以网络为载体，以旅游信息库、网络银行为基础，利用先进的电子手段运作旅游业及其分销系统的商务体系。它集合了旅游学、市场营销学、消费者心理学、计算机网络等多门学科和技术，展现和提升了“网络”和“旅游”的价值，具有营运成本低、用户范围广、无时空限制以及能同用户直接交流等特点，提供了更加个性化、人性化的服务。

从应用层次来看，旅游电子商务可分为两个层次：一是面向市场，以市场活动为中心，包括促成旅游交易实现的各种商业行为——网上发布旅游信息、网上公关促销、旅游市场调研和实现旅游交易的电子贸易活动——网上旅游企业洽谈、售前咨询、网上旅游交易、网上支付、售后服务等；二是利用网络重组和整合旅游企业/机构内部的经营管理活动，实现旅游企业内部电子商务，包括旅游企业建设内部网，利用计算机管理系统实现旅游企业内部管理信息化。发展到成熟阶段的旅游电子商务，是旅游企业/机构外部电子商务和内部电子商务的无缝对接，将极大地提高旅游业的运作效率。

目前，电子商务在旅游业务中的主要应用包括：

（1）信息查询服务：其中包括旅游服务机构相关信息（如饭店、旅行社以及民航航班等信息）、旅游景点信息、旅游线路信息以及旅游常识等；

（2）在线预订服务：主要提供酒店客房、民航班机机票、旅行社旅游线路等方面的实时、动态的在线预订业务；

（3）客户服务：旅游服务企业提供可实施互联网在线旅游产品预订的客户端应用程序，利用这种预订程序，旅游客户（指通过系统进行预订的个人以及机关团体）可以与代理人（指上述的酒店、民航、旅行社等相关旅游服务机构）进行实时的网上业务洽谈和交易，使客户获得优质、高效和个性化的服务；

（4）代理人服务：代理人通过网络与客户进行实时的网上业务洽谈、管理其旅游产品的预订记录、查阅它的账目等；

（5）网上促销：旅游景点、旅游服务企业可以通过互联网充分展示旅游产品和服务的全方位的信息，达到网上促销的目的；

（6）旅游线路设计：由旅游服务公司的专业人员通过互联网向游客提供个性化、专业化的旅游线路设计，游客可以根据自己的行程、财务预算、兴趣爱好等选择最适合自己需要的旅游线路；

（7）消费指南：购物是旅游活动必不可少的一个环节，政府旅游主管部门以及旅行社可以通过互联网向游客提供公正而又丰富的消费指南信息，让游客能充分了解旅游目的地的旅游商店、食肆酒楼及娱乐场所的名称、地址、联系方法、经营特色及参考报价等信息，使游客的购物活动更有保障；

（8）导游预订服务：旅行社可以通过互联网向游客提供导游预订服务，游客可以按照自己的需要选择合适的导游，这样既可以减少旅游活动的盲目性，又可以对导游服务质量进行必要的监控；

（9）旅游广告服务：众所周知，游客是一个有很强购买力的潜在客户群，因此发布旅游广告，开发游客市场是很多厂商的梦寐以求的目标，开展旅游电子商务的企业可利用旅游电子商务平台提供旅游广告服务，既为开展广告宣传的企业，也为自己赢得更多的商机；

（10）游客社区服务：不同的旅游景点和不同的旅游服务企业都有属于自己的旅游客户群，利用互联网为游客构建起交流、沟通的桥梁，不但可以为游客创造更多的旅游乐趣，而且可以争取到更多的潜在客户，所以，游客社区某种意义上可以看作是网上旅游市场的集散地。

电子商务在旅游行业中的应用没有固定的模式，只要对游客有利，对旅游服务企业创造价值，对旅游业发展有贡献，都应该去大胆尝试，好好去探索。

### 6.2.3　旅游业电子商务的主要优势

电子商务在旅游业中的应用具有十分明显的优势，主要表现在以下几个方面。

（1）简化旅游票据和支付手续。旅游电子商务不存在实物产品发展电子商务过程必须面临的费时费力的物流配送问题，一些与旅游相关的各种票据、单证都可以通过多种方式解决，比如电子机票已在国内外不少航空公司应用，无票旅行将是旅游电子商务发展的必然趋势。在资金转移方面，通过互联网实现电子结算，无论是从技术、安全性，还是普及程度，都已经是今非昔比，为游客和旅游服务企业带来极大的便利。

（2）增强旅游信息交互性。通过旅游网站，游客能迅速得到各种旅游信息和旅游服务，旅游电子商务像一张大网，把众多的旅游产品和服务的供应商、旅游中介、游客整合在一起，使参与各方能充分地交流各种信息，寻找理想的合作伙伴和客户。对旅游产品和服务提供商来说，旅游电子商务使得企业与游客的交流和沟通变得更加直接，相关业务部门之间的合作也变得更为容易；对游客来说，旅游电子商务提供了全面丰富的旅游信息，既可以有效减少旅游活动的盲目性，又可以通过互联网获得更多、更深层次的旅游收获。

（3）提高旅游服务质量。旅游电子商务可向游客提供无所不有的旅游信息服务，诸如旅游路线、景点、饭店、交通、气象、人文及旅游常识、注意事项、旅游观感、货币兑换等。这些旅游信息多以图、文、声、像并茂的形式展示，不仅可使游客从网上轻松地收集详尽的动态信息，而且还可提供虚拟旅游产品，给消费者以身临其境之感。比如，利用多媒体技术，可在网上建立虚拟客房，让游客在笑容可掬服务员的网上带领下，进入虚拟客房的三维空间，享受服务员为你沏茶、放音乐等服务；并且可随着服务员悦耳动听的介绍，游览客房内的装潢、设施，查看饭店的服务项目，了解客房电器按钮的使用等。这样的虚拟产品使酒店有形产品与无形服务达到最完美的结合。这不但使“足不出户、畅游天下”的梦想成为现实，而且也迎合了人们“看货订物”的消费心理。旅游网站上有覆盖中国乃至世界的最广泛的旅游景点的目的地指南，可以为消费者提供全面的旅游资讯、目的地预览、商旅实用信息的查询等；并可为游客的决策提供参考信息，起到了一个自然的导购作用；此外，旅游网站可突破时空的限制，为消费者提供全天候、跨地域的服务。

### 6.2.4　世界旅游业电子商务的发展

#### 1. 世界旅游业电子商务发展概况

从全球范围来看，旅游电子商务已经成了旅游业发展不可逆转的趋势。电子商务的便捷性、低成本、覆盖面广等优势是传统旅游方式不可比拟的。目前，在欧美等发达国家，正在大力发展低成本、高效益的旅游电子商务。旅游电子商务已经成为整个电子商务领域最大、最突出的部分。资料显示，全球旅游电子商务连续 5 年以 350%以上的速度增长，一度占到全球电子商务总额的 20%以上。美国美林公司的调查指出，2005 年全美在线旅游销售收入有 620 亿美元的规模，占旅游市场总收入的 30%，而 2004 年这个比例是 25%，2003 年为 21%，他们预测到 2009 年，在线旅行市场规模将达到 910 亿美元，占旅行总体市场的 33%。目前，美国几乎所有的旅行社都在使用 GDS（Global Distribution System 全球分销系统），在法国已有 85%的旅行社拥有 GDS，在整个欧洲有 40%左右的旅行社拥有

GDS。

### 2. 美国旅游业电子商务网站经营模式

美国的电子商务走在世界前列已是不争的事实，网上旅游也正开展得如火如荼，不仅旅游专业网站数量惊人，而且已经形成了类型、功能比较齐全、涵盖旅游业各个方面的网上旅游产业体系。旅游商品及服务的在线销售正在影响着越来越多的家庭、商务旅游者、旅游服务提供商等，同时在这个领域，网站建设的投资规模并不亚于其他领域。究其原因就在于，这个市场的潜力十分巨大。

在美国，无论是哪种类型的旅游网站，其信息内容一般都涉及到如下几个方面：景点、饭店、旅游线路等方面的信息；旅游常识、旅游注意事项、旅游新闻、货币兑换、旅游目的地天气、环境、人文等信息以及旅游观感等；与旅游相关的产品和服务信息，以及各种优惠、折扣；航空、饭店、汽车租赁服务的检索和预定等。

从服务功能看，不同的旅游网站的服务功能包括：旅游信息的汇集、传播与交流；旅游信息的检索和导航；旅游产品和服务的在线销售，包括票务、饭店、餐饮、汽车、旅游组团等；个性化定制服务，它已成为旅游网站，特别是在线预定服务网站必备的功能。像 Expedis、PreviewTravel、Travelocity 等网站都具有该功能。

目前，各网站在这方面的具体做法大同小异，通常是由访问者定义一个账户（用户名和密码），然后登录，网站会提供类似下面的一些功能选项：

（1）客户基本信息：如姓名、电话、电子邮件、住址、护照/签证信息等。

（2）信用卡信息：如卡号、有效期、卡的类别等。

（3）旅游需求：如用户最希望何时开始旅游；最想搭乘哪个航空公司的哪个航班，经常飞行的次数；最喜欢租用那种类型的汽车；最愿意住在什么饭店等。这些信息反映了旅游线路的选择标准，服务器在存储了这些信息之后，就会根据这些信息帮助客户寻找相关的服务信息，并且这些信息可以随时进行修改和删除。

（4）修改账户密码：密码遗忘时的提醒。

美国旅游网站的网上交易主要体现在预定服务方面，而目前提供最多、运作机制比较成熟的就是机票、饭店和汽车租赁等，这也是由美国旅游消费者的需求特点所决定的。特别值得一提的是，美国的航空公司与旅游中介服务商之间呈现联合趋势。这是由于，航空公司可以从旅游中介服务网站上获得相当数量的客户定单，同时也不必再自行建立一套旅游信息系统，而中介服务商可以提供实实在在的预定服务。

目前，美国的知名旅游网站之间的竞争已经跨过了资金实力、信息丰富程度、交互程度等竞争阶段，进入到品牌竞争的时期。在互联网上任何好的主意一旦体现在网站，就毫无保密可言，后来者完全可以复制你的创意。旅游网站在很多方面有相似之处，只是表现形式有不同而已。网站在这种情况下的竞争就自然而然地集中在品牌上，如客户服务的质量、营销环节处理的好坏、广告宣传和形象的树立等，也就是要树立服务的信誉度和美誉度，很多交易是产生在回头客身上的，品牌的力量起着举足轻重的作用。

### 3. 世界旅游电子商务新趋势

旅游电子商务的边界正在拓展。它所借助的信息媒介已不再局限于传统的互联网和个人电脑终端。在发达国家，移动通讯设备、城市多媒体终端和互动数字电视已加入了旅游分销的行列，成为旅游电子商务的新兴媒介，旅游电子商务的图景变得更加多元。旅游企业和旅游目的地也得以将旅游信息服务的触角伸入人们生活的每一个角落，并且追随旅游者的脚步，为他们提供随时随地的便利。从大的方面来看，有这样几个趋势不容忽视：

（1）移动电子商务（M-Commerce）的应用正在快速兴起。移动电子商务带来了旅游电子商务的又一轮商机。第三代手机（3G）能结合高速的移动接入和互联网协议（IP）服务，使用户能以更高的速度传输语音、数据甚至使移动的图像，游客可以通过手机和 PDA（个人数字助理）等随身终端来完成商务活动，功能包括金融交易、安全服务、购物、娱乐和信息等。移动设备对于频繁出行的商务旅客更为重要。这些旅游者已经习惯于购买非常熟悉的旅游产品，而不像那些偶尔旅游的人那样需要搜索大量的信息。短信息预订和确认是移动电子商务的擅长之处。它还能支持最后一分钟折扣、拍卖和航班抵离时间的变更等。目前，一些航空公司（如芬航）、目的地、旅游中间商（如 Expedia）、饭店等已开始利用 WAP 和手机短信息进行预订和通知服务。旅游者是流动的，移动电子商务和旅游业更有价值的结合点在于“基于位置的服务”。

（2）语音电子商务（V-Commerce）的应用正在成熟。语音电子商务是指人们可以利用声音识别和语音合成软件，通过任何固定或移动电话或其他设备来获取信息和进行交易。这种方式不但速度快，而且还能使电话用户享受因特网的低廉费用服务。对于旅游企业或旅游网站而言，语音电子商务将使电话中心实现自动化，降低成本，改善客户服务。此外，还有语音电子邮件（Voice E-mail）技术，使用户能像发送电子邮件那样发送语音信息，非常适用于行程中的旅游者。当游客来到一个语言不通的国家旅游，可以用本国的语言进行旅游活动的安排，既十分便捷，也极为亲切。

（3）城市多媒体终端开始广泛应用。在国际上，城市多媒体终端在旅游业中已有越来越多的应用。在火车站、飞机场、饭店大厅、大型购物中心、重要的景区景点和旅游咨询中心，多媒体触摸屏电脑系统可根据主要游客的需求，以多媒体的方式，通过图像与声音等简单而人性化的界面，生动地向旅游者提供范围广泛的旅游公共信息和商业信息，包括城市旅游景区介绍、旅游设施和服务查询、电子地图、交通查询、天气预报等。完善的多媒体电子商务终端可提供出售机票，车票，门票的功能，旅游者可通过信用卡、储值卡、IC 卡、借记卡等进行支付，得到打印输出的票据。

（4）互动数字电视（IDTV）将会逐步流行。新一代互动数字电视不但能提供 DVD 般清晰的电视图像和极佳的音响，而且能实现由单向传输到用户与数据平台双向互动的转变，提供电视购物、TV E-mail、电子商务、游戏、视频点播等互动服务，并为“三网融合”提供技术上的可能。国际上相关的应用正在快速兴起，为丰富游客的旅行生活将会起到十分有益的作用。

## 6.3　中国旅游业电子商务发展

在我国，发展旅游电子商务有着特别的意义。一方面，加快旅游电子商务的发展将彻底改变现在旅行社的运作模式和体制形态，使传统意义上的旅游经营方式发生革命性的变化，进一步提高旅游业的市场适应能力和竞争实力；另一方面，旅游电子商务的发展必将有利于我国旅游管理体制的改革，有利于打破行政上的条块分割，突破地方保护主义壁垒，理顺整个产业链，整合各地区的旅游资源，实现规模经济效益，促进我国旅游业的健康、持续、快速发展。因此，我国各级政府部门和相关旅游企业比较早地认识到发展旅游电子商务的重要性，经过多年的发展，也已取得了可喜的进展，但存在的问题和困难还很多，需要在新的发展阶段有更大的突破。

## 6.3.1 我国旅游业电子商务发展状况

我国旅游电子商务的发展最早可以追溯到1996年，在1996年初，我国就已经开发成功了相应的旅游电子商务软件，并在中国旅游胜地海南省开始应用。这在当时从世界范围来看，都是比较领先的。经过多年的积累与探索，我国旅游业电子商务可以说已经迈出了坚实的步伐。2005年中国在线旅游市场规模达到48亿元，虽只占到中国旅游市场7700多亿元的0.6%，但增长率却超过100%，2008年，中国在线旅游市场规模可达到300亿元。总体而言，我国旅游电子商务的发展可以概括为以下几个方面。

### 1. 金旅工程成为推动旅游电子商务发展的重要力量

“金旅工程”即“中国旅游业信息化系统工程”，按照国家信息化的总体部署，“金旅工程”目标是建成中国旅游业的“三网一库”，即全国旅游行政办公网、旅游行业管理业务网、公众商务网和旅游综合数据库，其中公众商务网包括旅游电子商务网和政府网。也就是说，旅游电子商务是“金旅工程”的重要组成部分。

“金旅工程”自2001年初召开的全国旅游工作会议上宣布正式启动以来，按照“统一规划、分开建设、分步实施”的原则，分成以下五个阶段实施：

（1）第一阶段：在2000年底前，完成内部办公网的设备更新与扩充；建立新的国家旅游局信息中心，解决信息中心基础建设；解决公共商务网北京广州两个起点的网络基础建设，开通公共商务网部分功能。

（2）第二阶段：在2001年6月底前，建立全国四个大区的管理业务网络镜像节点的网络基础建设，完成管理业务网系统中的软件开发工作并进入试运行阶段；完成公共商务网系统中的软件开发工作，开通公共商务网两个起点城市（北京、广州），对公共商务网进行运营宣传。

（3）第三阶段：2001年10月底前，完成全国48个副省级城市的管理业务网节点基础建设，全国业务管理网全面展开运作；总结公共商务网运作模式，建立旅游电子商务规范，建立公共商务网在各大互联网热点城市的镜像节点，在国内全面推广公共商务网。

（4）第四阶段：2002年3月底前，业务管理网进入地市一级的建设过程；公共商务网年访问人次超过千万，供应商数量超过8000家，并着手在主要旅游客源国建立镜像。

（5）第五阶段：2003年12月底前，业务管理网建设完成；公共商务网年访问人次达到5000万。

经过这五个阶段的建设，“金旅工程”取得了很大的成绩，全国旅游部门的国家、省（自治区、直辖市）、重点旅游城市、旅游企业四级计算机网络已经建立，“三网一库”初见成效。各级旅游行政管理部门和旅游企业以极大的热情支持并参与了“金旅工程”的建设，旅游业界的信息化应用能力逐步提高，形成了多方重视、上下关注的新局面。

2. 一批以网络旅游起家的旅游电子商务企业开始崛起

目前，我国有专业旅游网站300 多家，主要分为五大类：一是提供实用旅游信息查询和产品预订中介服务的综合性旅游电子商务网，如携程旅行网、中华假日旅游网等；二是主营航空、酒店或其他某类旅游产品预订的网站，如金色世纪、中华分时度假网；三是旅游企业开展网络宣传及网上旅游业务的网站，如青旅在线、春秋旅游网；四是各类旅游目的地资讯网和地方性旅游网站，如中华行知网、云南旅游信息网、海南旅游网、黄山旅游信息网；五是旅游管理部门、行业协会、研究机构等建设的以面向业内为主的网站，如中国旅游网、中国旅游饭店协会网站等。

在综合性旅游电子商务企业中，总部位于上海的携程和总部位于北京的艺龙具有比较强的代表性。成立于 1999 年初的携程旅行网在经历了快速发展的四年之后，于 2003 年 12 月 9 日在美国纳斯达克证券市场挂牌交易，首日交易的发行价为 18 美元，最后以 33.94 美元收盘，首日涨幅达 88.6%，开创了纳斯达克证券市场自 2000 年 11 月以来首日涨幅最高的记录。在最近几年，携程已成为中国旅游电子商务发展的佼佼者。

成立于 1999 年 5 月的艺龙公司经过多年的发展，业务定位已经从发展初期的“生活资讯内容”变成了“以旅行服务为主的消费服务”。2006 年其旅游收入比 2005 年增长 43%，达到了 2.56 亿元人民币，取得了不凡的市场业绩。图 6-1 为艺龙旅行网主页。

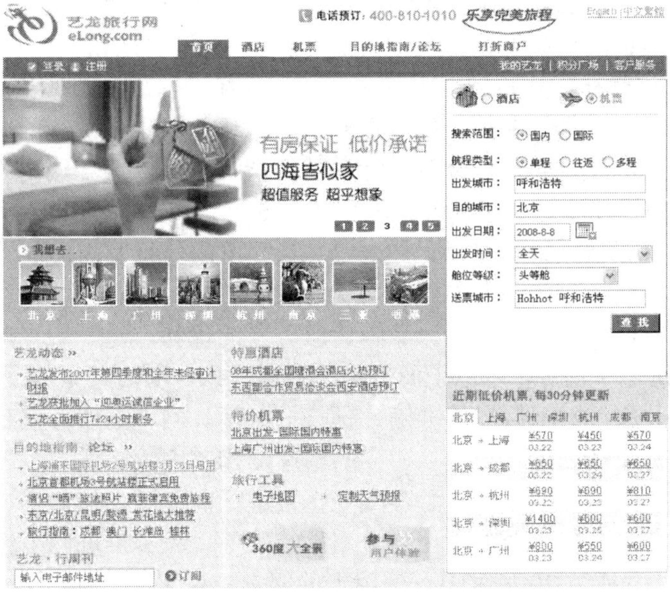


图 6-1　艺龙旅行网主页

除了携程和艺龙以外，以网络旅游起家的旅游电子商务公司目前还有不少，它们已经或正在寻找适合自己发展的生存与盈利模式，在为自身赢得发展机遇的同时，也在为我国旅游业的发展作出积极的贡献。

3. 越来越多的传统旅游企业开始从电子商务获益

我国现有各类国际、国内旅行社 11000 多家，作为传统的旅游服务企业，数量众多的旅行社在发展旅游电子商务时拥有一般网络旅游公司所不具备的品牌、业务渠道、客户资源、服务能力等优势，如果把这些资源优势与互联网有机地结合起来，必然会产生非常显著的效果。所以，近年来，国内越来越多的传统旅游企业开始走上电子商务发展之路。除了中国国际旅行社、中国旅行社、中青旅等“国字头”的旅行社在这方面走在前列外，一些有规模、有实力的非“国字头”的旅行社同样做得有声有色，成效显著。上海春秋旅行社便是其中的佼佼者。

上海春秋国际旅行社有限公司（简称春秋国旅）成立于 1981 年，在中山公园 2 平方米的铁皮棚子起家，历经 23 年发展，目前拥有两千余名员工导游，营收逾 30 亿元，业务涉及旅游、航空、酒店预订、机票、会议、展览、商务、因私出入境、体育赛事等行业，是国际会议协会（ICCA）在中国旅行社中最早的会员，是世界顶级赛事 F1 赛车中国站的境内外门票代理，被授予上海市旅行社中唯一著名商标企业。自 1994 年至今，年年获国家旅游局排名的国内旅游全国第一，是国内连锁经营、最多全资公司、最具规模的旅游批发商和包机批发商。在上海有 50 个连锁店，在江浙地区有四百余个、全国有近两千个网络成员，在北京、广州、西安、沈阳和三亚等 30 余个国内大中城市设有全资公司，每个全资公司大都有 2 至 10 个连锁店，在美国、泰国、香港等有 7 个境外全资公司。使用春秋国旅自行研制开发的电脑系统销售春秋旅游产品，做到“散客天天发，一个人也能游天下”便利的散客即时预订服务。这些非凡的业绩一方面除了得益于在经营理念上能够始终与国际接轨而注重市场、注重创新、注重质量外，另一方面与旅游电子商务的成功应用密不可分。早在 1994 年，上海春秋旅行社就开始应用电脑实时预订系统，解决全国分社的散客运作，达到了降低营运成本和提高工作效率的目的，在旅游信息化方面走在同行的前列。在电脑实时预订系统取得成功后，春秋旅行社分析了行业的经营特点，考察了国内外旅游电子商务的发展情况，意识到旅行社涉足电子商务领域已势在必行。在 2001 年 1 月，春秋旅行社组织了新的人力物力，将春秋旅游网（参见图 6-2）从简单的信息发布功能改造成为能够进行旅游电子商务活动的网站。面对众多旅游网站的竞争和挑战，春秋旅行社的管理层认为：春秋旅游网应该紧紧依靠自身在产品、品牌、服务上的优势，走一条“以信息带动访问人流，以访问人流促进电子商务，以电子商务扩大业务收入，以扩大业务收入促进整合发展”的道路。为此，春秋旅游网把信息的准确、预订的方便、网下的服务质量和预定的成功率作为考核的主要指标，规划建立与之相适应的网站结构和网页形式，以随时更新价格、开班日期、游程安排、供应标准等上网游客所能直接进行商务预订的数据，并推出了商务订房订票以及自助旅游等产品，力求“化整为零”的服务。为了推进网上销售，还与招商银行和环迅公司合作，开通了 20 多家银行信用卡的网上支付平台，为客户提供安全便捷的网上支付服务。可以说，春秋旅行社在比较短的时间内走出了一条有价值的旅游电子商务道路，为国内同行树立了典范。

从全国范围来看，类似上海春秋旅行社的成功案例还有很多。据有关部门的公布，2006 年度中国十大优秀专业旅游网站分别是：

（1）旅游名店城：是一个面向广大消费者的大型旅游服务网站，同时也为旅游企业的新锐营销与形象塑造平台；

图 6-2　“春秋航空旅游网”主页

（2）同程网（参见图 6-3）：中国唯一一个 B to B/B to C 双平台旅游电子商务网，2006 年 CCTV《赢在中国》五强项目之一；

图 6-3　同程网主页

（3）中国通用旅游网：它是新兴第四类旅游网站创建领跑者，一切以满足游客出行需求为核心的综合性旅游服务网站，是高度集合了民主式、一站式、自助式特性的旅游大卖场；

（4）九游网：是国内专业旅游网站的后起之秀，倡导“互动、分享、友情、节约”，是自助旅游者的精神家园；

（5）旅游 ABC 网站：为旅游者和旅游产品经营者提供了供需双方直接交易场所，不仅为旅游者提供关于线路产品和线路目的地的全面有效信息，同时为他们建立了在线预订的通道；

（6）小鹏·西部旅游在线：是广西和中国西部地区第一个专业旅游网站，是集电子商务、在线信息查询、银行支付等功能的一个大型旅游网站。其市场定位是依托中国东盟自由贸易区桥头堡中心枢纽广西南宁，服务西部、服务世界各地旅游者；

（7）旅行家天堂网：国内综合旅游门户前五名，200 万旅行爱好者一起记录、探索、分享旅行和生活乐趣的在线社区；

（8）搜世界旅游网：是国内领先的旅游资讯导购平台，是国内领先的旅游批零交易市场；

（9）中华行知网：定位为网络版的中国国家地理杂志，提供全面、权威的旅游信息服务；

（10）乐途旅游网（参见图 6-4）：是一家全球领先的在线专业旅游媒体，在全球范围内注册用户超过 130 万，日均访问量 1700 万次，拥有旅游行业客户数万家，各类旅游产品数十万种，以及各种旅游文章十几万篇，已成为网络上分类最齐全、篇幅数量最多的旅游资料库，也是旅游相关问题咨询的最有效场所。

图 6-4 乐途旅游网主页

这充分说明，我国旅游业的各类参与主体开始登上电子商务发展的快车道，电子商务为旅游业的新一轮发展提供了强劲的动力。

### 6.3.2 中国旅游业电子商务发展中存在的问题

我国旅游业电子商务经过多年的发展已经取得了不小的进展，涌现出了一些成功的典型，但总体来说，存在的困难和问题还比较多。具体表现在以下几个方面：

（1）旅游电子商务发展和应用还处于较低层次。我国大部分企业都已经认识到了发展电子商务的重要性，并采取相应的措施予以推进。但到目前为止，我国旅游业电子商务的发展和应用还处于比较低的层次，大多数旅游企业还只是简单地把网络视为介绍企业、景点和旅游线路的工具，没有将企业的核心业务流程、客户关系管理、客户服务等延伸到互联网上，没有充分体现出互联网应有的价值。此外，在线预订和个性化定制方面问题也十分突出，网上旅游服务项目比较少，目前国内大多数旅游网站为散客提供的服务多为订票、订房等，而较少涉及到旅游路线设计、自助旅游安排等项目，不能很好地满足旅游者的需求，因此，很难得到游客的认同。

（2）分行业和地区差异明显，整体尚待提高。从地域来看，我国旅游电子商务网站的分布，全国性旅游网站基本集中在北京、上海和广东这几个地区，多数省份只有零星的电子商务网站。从行业来看，这些企业经营类别不同，经营规模不同，信息化基础建设和应用水平差异也很大。饭店业中高星级饭店（四、五星级饭店）普遍建立了饭店信息化管理系统，部分饭店参加了饭店中央预订系统（CRS，Central Reservation System）和全球分销系统，发展与国际同业的高速信息通道。多数国际连锁饭店成员采取既独立建立网站，又在连锁集团的大旗下建立网页的做法。但我国数量众多的饭店，特别是未评星级的饭店基本还没有走到这一步。旅行社业中，几大旅行社集团和一些大型国际旅行社采用了信息管理系统和业务管理系统，与国外同业有网络联接，且应用规模和深度发展较快；而大多中小旅行社仍处在信息化的起步阶段，发展较为迟缓。车船公司和旅游景区（点）的信息化综合应用水平比上述各分行业更低。

（3）旅游消费观念落后。虽然这几年“网络旅游”的概念频频见诸于媒体，但仍然存在着游客旅游消费观念落后的问题。很多旅游网站开通后访问者寥寥无几，没有取得预期的效益，究其原因，一方面与网站提供的信息不足，更新不及时有关，另一方面也反映出网络旅游的消费观念还有待进一步培育。可以说，旅游电子商务时代真正到来的首要条件是旅游消费观念的根本转变。但目前参与网络自助旅游的人多是那些时间较少、收入和知识水平都比较高的群体，他们对旅游服务有较高的要求。开展电子商务的旅游企业只有提供适合他们需要的全方位、多层次的服务，为游客的吃、住、行、游、购、娱等活动带来真正的方便与实惠，才能使旅游电子商务得到健康的发展。

（4）旅游服务与网络脱节现象严重。开展旅游电子商务的企业往往把网上业务和网下业务分开来单独进行处理，这种情况很容易造成两者的脱节。比如，游客在网站上已经预订了宾馆的客房，而宾馆的总台由于没有及时从网上获得相应信息，常常会遗漏网上客户的订单，从而引起游客的不满。另外一种情况是，网上提供的预订服务不是直接通过中心数据库处理的，不能实现票据、单证的实时查询，游客必须进行较长时间的等待才能得到回复，使游客参与这种网上业务的兴趣大减，影响了电子商务的实际效果。所以，加强旅游服务网上、网下的信息集成，实现数据共享是推进旅游电子商务发展的重要条件。

（5）旅游电子商务经营模式雷同问题明显。目前国内旅游企业开展的旅游电子商务业务主要集中在机票、酒店和旅行团的预订三大项，存在非常明显的经营模式雷同的问题，这样一方面加剧网上旅游业务的竞争，另一方面也让游客感到旅游电子商务没有特色，实际参与价值不大。这种情况说明旅游企业在实施电子商务业务的过程中，应该注意到根据客户的需求和自身经营业务的特点，开发出有特色、有价值的应用项目，尽量避免与竞争者的业务雷同。否则的话，只能被茫茫“网”海所淹没。

（6）旅游电子商务网站与客户的需求有较大的差距。目前，国内已经正式开通的各类旅游网站数以千计，但除了极少数几家在信息容量、业务功能、交互性与及时性等方面具有比较高的水平外，绝大多数的旅游网站还是聋子的耳朵——摆设而已，根本没有发挥实际的作用。大部分旅游网站在设计风格、网络报价、网络预订处理、网络客源分析、网络客户接待、客户资料保存整理、网上支付等方面还有大量的工作要做，必须将以往“大而全”的经营模式向专业细分方向转变，通过互联网把增值服务和商务平台有机集成，充分发挥互联网在信息服务方面的优势，使旅游电子商务真正进入“以旅游者需求为中心”的实用阶段。同时，网站还应针对来我国旅游的不同客源提供不同版本的网上资料，如英文版、日文版、法文版等，以积极接纳全球的访问者。

（7）与旅游电子商务相关的法律法规还不完善。旅游电子商务发展在我国正在渐成气候，但目前与旅游电子商务相关的法律、法规还不健全。举一个简单的例子，如果一家网络公司要独立开展与旅游相关的电子商务业务，那么从现行的规定来看是不合法的，因为旅游业务只能由经过旅游局批准的旅行社等机构经营，而网络公司因为不具备相应的条件，很难得到政府旅游主管部门的许可，这样必然会形成新的行业壁垒：非旅游企业不能做旅游电子商务业务，而旅游企业又做不好电子商务，这对旅游电子商务发展是不利的。另外，还需注意的是，旅游电子商务往往跨地域运作，交易双方的信用如何保证，网上交易纠纷怎样处理等等还有待相应的法律、法规进一步规范。

### 6.3.3 我国旅游业电子商务发展策略

从目前国内旅游业电子商务发展的环境和条件来看，一方面随着网络用户的不断增加，参与旅游业电子商务活动的人数会越来越多，另一方面，加入 WTO、2008 年的北京奥运会、2010 年的上海世博会、正在深入推进的西部大开发以及即将实行的带薪休假等都是旅游业电子商务发展的“利好消息”。所以，我国旅游业电子商务的发展前景是十分光明的，发展的趋势也是极为明朗的。当前，可以采取的具体发展策略可以参考以下几点：

（1）政府必须为旅游业电子商务的发展创造良好的环境。旅游业要加快实现产业化，推进旅游产业的现代化和国际化，首先必须实现旅游业的信息化，而旅游电子商务是旅游信息化的基本组成部分。各级政府部门应高度重视旅游电子商务的发展，明确政府有关管理部门的职责，加强协调，共同研究制定我国发展旅游电子商务的战略、目标、规划和实施措施，保持有关政策、法规、标准的一致性和连续性。在“金旅工程”取得阶段性成效的基础上，要进一步总结经验和教训，结合我国旅游业电子商务的现实和未来发展趋势，积极研究制定与旅游电子商务有关的政策、法律、法规以及相应的标准规范，尽力营造有利于旅游业电子商务发展的环境，促进旅游业电子商务的健康、有序发展。

（2）鼓励旅游企业之间的联合与兼并。旅游业是一个富国富民的综合性产业，必须按照“大旅游、大产业、大发展”的战略，以资源为依托，以集团化、产业化为切入点，培育我国旅游业新的经济增长点。据世界旅游组织测算，旅游业每增加直接收入 1 元，会给国民经济相关行业带来 4.3 元的增值效益。因此，旅游业的发展，会直接或间接地带动众多产业的发展，而且还可以就此衍生出一些新的产业，开拓新的需求领域，形成一些新的产业热点。目前，我国旅游企业与国外一些大的旅游企业相比，规模普遍偏小，竞争力都很弱，在我国加入 WTO 以后的市场环境下很难有竞争优势。近几年，我国旅游企业之间虽然进行了一些联合，但仍然没有形成一定的规模，在旅游企业规模普遍较小的情况下，电子商务在降低成本、提高效率、提升竞争力等方面的优势难以尽显。所以鼓励旅游企业之间的联合与兼并，一方面有利于旅游企业的迅速发展壮大，另一方面也有利于旅游电子商务的更好开展。

（3）旅游企业应切实提高电子商务发展与应用的能力和水平。由于缺乏旅游电子商务的发展经验，加上认识不到位等原因，我国旅游业电子商务发展的整体水平还比较低，与人民群众的服务需求以及旅游业自身发展的需要还存在不小的差距。我国的旅游企业一方面要积极地将产品和服务更多、更好地推向互联网，提高发展和应用电子商务的积极性和主动性；另一方面应大胆地探索和总结旅游业电子商务发展的有效途径，特别是在增加网络服务项目，完善电子商务功能方面要多下功夫，如为顾客提供旅游咨询服务、网上信息搜寻服务、建立三维网络虚拟景点等，使旅游电子商务的形式更为生动活泼，内容更为丰富多彩，功能更加实用好用。在增强网络旅游的服务功能时，应注意将服务项目进一步深化和细化，依据用户个性定制旅游路线，推荐旅游景点等；或者根据用户的时间安排，特别是根据商务旅游时间较紧等特点，向用户推荐最佳旅游路线，提高旅游客户的满意度和忠诚度。此外，还应充分使用现代网络技术、数据库技术等进行客户关系管理，开发客户资源，逐步实现“一对一”的个性化和专业化的服务，提高游客的满意度和忠诚度。专业旅游网站发展电子商务需要有强大的专业产业资源做后盾，同时品牌、资本投入和支付方式的彻底解决也需要一个渐进的解决过程。在网络站点设计风格、网络报价、网络预订处理、网络客源分析、网络客人接待、客人资料保存整理等方面，尚有大量工作要做。因此，国内旅游网站需要将以往“大而全”模式转向专业细分的行业商务门户，将增值内容和商务平台紧密集成，充分发挥互联网在信息服务方面的优势，使旅游电子商务真正进入“以用户需求为中心”的实用阶段。同时，网络工作者还应该拓宽视野，针对客源国情况提供不同版本的网上资料，如英文版、日文版、法文版等，积极接纳全球的访问者。

（4）把加快发展旅游电子商务作为推进西部大开发的战略举措。我国西部地区是中国旅游资源最丰富的地区，其自然景观和人文景观占了全国的“半壁江山”。长江三峡、秦始皇兵马俑、西双版纳、“丝绸之路”黄金旅游线、拉萨布达拉宫、九寨沟、黄龙洞、桂林漓江、大足石刻等世界级风景名胜享誉全球，都是国内外游客十分向往的旅游目的地。旅游产业如果能依托西部地区独具特色的旅游资源优势，完全有条件成为西部地区的优势产业，从而在实施西部大开发战略中承担起重要的历史使命。各级政府部门如果把加快发展旅游电子商务作为推进西部大开发的战略举措，在政策、资金、人员等方面予以必要的倾斜，一定会产生难以估量的成效。目前，已有不少西部地区的旅行社、旅游公司及宾馆饭店等开始旅游电子商务的实践，但总的来说，效果还不太理想，需要政府主管部门和旅游企业共同探索，勇于创新，让电子商务在西部旅游资源开发和旅游企业的发展中发挥出更加重要的作用，为西部大开发战略的成功作出更大的贡献。

（5）推动广大中小企业的电子商务参与。我国的旅游企业 90%以上为中小旅游企业，这些中小旅游企业对电子商务的应用程度普遍较低，究其主要原因，一是资金壁垒，即实施电子商务的投资相对于企业资金能力、盈利潜力来说显得过高；二是观念制约，即许多企业对电子商务理解片面化，且不具备与实施信息化相适应的人员素质、标准化业务流程等；三是信息危机，即不少中小旅游企业曾经建设过网站或网页但收效甚微，影响了他们继续参与电子商务的信心和动力。作为旅游产品提供者的企业是旅游业中最重要的信息源。如果广大中小旅游企业游离在电子商务的边缘，整个“旅游电子商务生态系统”将缺乏丰富、动态的旅游产品信息的底层支持，这将大大限制网站信息质量、上网旅游者效用及整个旅游电子商务体系的成长。推动广大中小旅游企业的电子商务参与，应充分发挥政府主导的作用，实施企业上网工程，并增进专业电子商务服务商与旅游企业的协作。

（6）开辟投融资渠道，充分利用资本市场。资本市场如同广阔的舞台，为所有长袖善舞的企业提供了一个展现魅力的场所。对于旅游企业集团和大中型旅游企业来说，旅游电子商务的发展和成功须合理借助资本市场，立足金融创新前沿，以期获得融资上的便利。传统旅游企业通过旅游电子商务实现经营业态升级，其中造成的巨额资金缺口可以通过资本市场的上市以及配股等筹资手段予以解决。资本市场所提供的资产重组功能，为旅游电子商务企业进行金融创新提供了技术平台，为资产重组、项目投资和日常运作提供金融支持。

（7）加强旅游电子商务的专门研究，加快旅游电子商务专业人才的培养。目前国内在旅游电子商务发展方面出现了明显的“实践走在理论前头”的现象，不少旅游企业“摸着石头过河”，在多年的艰难探索中开始渐入佳境，但也有不少旅游企业因为缺乏必要的理论指导和经验借鉴，犯了一些不该犯的错误，也有的企业因为没有找准正确的市场定位，造成盲目投资，结果不但贻误了发展的有利时机，而且造成了不应有的损失。所以，政府旅游主管部门和旅游企业必须加强旅游电子商务的理论研究，尽可能总结和提炼一些适合旅游电子商务发展的一般性规律，鼓励旅游企业之间的合作和结盟，尽量少走弯路，避免不必要的浪费。在旅游电子商务人才培养方面，目前基本还是空白，尽管国内已经有不少学校开设了电子商务专业，但在与旅游业务的结合方面还存在不小的差距，旅游企业有必要加强与高等院校的合作和交流，为培养更多、更适用的旅游电子商务专业人才作出更多的探索。

总而言之，无论是从世界旅游业的发展趋势，还是从中国旅游业的发展实际来看，可以肯定，旅游业电子商务是代表未来旅游业发展的前进方向的。我们一定要充满信心，锐意进取，争取在这一充满挑战和机遇的领域有更大的作为。

（8）激发游客应用电子商务的热情和兴趣。目前网络旅游服务多定位于中高端消费者，参加自助旅游的人多是时间较少、收入比较多或知识水平比较高的人。旅游网站只有提供与旅游产业有关的全方位、多层次的服务，提供个性化的自主型旅游散客消费模式，给旅游者的吃、住、行、游、购、娱等带来种种实惠和方便，再通过多种媒介宣传，突出其个性化的特性，多角度激发游客参与网络旅游、自助旅游的热情和兴趣，揭开其神秘面纱，才能使旅游电子商务获得更快的发展。

可以预期，随着互联网的进一步普及、社会富裕程度的提高和闲暇时间的增多，参与旅游电子商务的游客会越来越多，发展效果自然也会越来越好。

# 6.4　典型案例 1　金旅工程公共商务网

## 6.4.1　金旅工程概况

“金旅工程”是“中国旅游业信息化系统工程”的别称，是我国旅游业参与国际市场竞争的重要手段，是国家信息化工作在旅游部门的具体体现，是国家信息网络系统的一个组成部分。金旅工程的规划期限为 5 年，于 2001 年 1 月 11 日召开的全国旅游工作会议上正式启动建设。它的建设目标为：建立覆盖全国旅游部门的国家—省—市—旅游企业四级计算机网络系统，达到提高管理水平、管理效率、改进业务流程、重组行业资源的目的；同时，要建立起一个高水准的“目的地营销系统（DMS，Destination Marketing System）”，为世界各地企业从事旅游电子商务提供服务。金旅工程建设内容可概括为“三网一库”，即内部办公网、管理业务网、公共商务网和公共数据库，具体内容如下：

1. 内部办公网

内部办公网是将国家旅游局与国务院办公网相连，为国家旅游局提供一个与国务院办公网和各部门进行安全保密的内部文件交换的网络。

2. 管理业务网

管理业务网是要建立起基于互联网的各级旅游部门间的内部信息交换网络。它的目标是要建立一个旅游系统内部信息上传下达的渠道和功能完善的业务管理平台，实现各项业务处理的自动化，提高工作效率，使旅游业的行业管理上一个新台阶。在管理业务网中运营的系统还包括：

（1）全国旅游统计系统；
（2）全国旅行社年检管理系统；
（3）全国假日旅游预报系统；
（4）中国旅游网（国家旅游局直属政府旅游网站）的建设运营。

3. 公共商务网

公共商务网是一个可供各旅游企业进行供求信息交换、电子商务运作的旅游电子商厦，旅游企业可在公共商务网上从事网上同业交易，为全球互联网用户提供旅游产品在线订购等电子商务活动。公共商务网由北京金旅雅途信息科技有限公司承建和运营，公共商务网被命名为“金旅雅途”网。

4. 公共数据库——三网共同引用的国家级数据库

数据库系统作为系统平台的一个重要组成部分，是上层应用系统的基础，也是业务处理系统的核心，基本上所有的业务数据的加工最后都依赖数据库系统支持。所以，旅游公共数据库的构建在金旅工程建设中具有不可低估的作用。

图 6-5 为金旅工程的系统结构图。

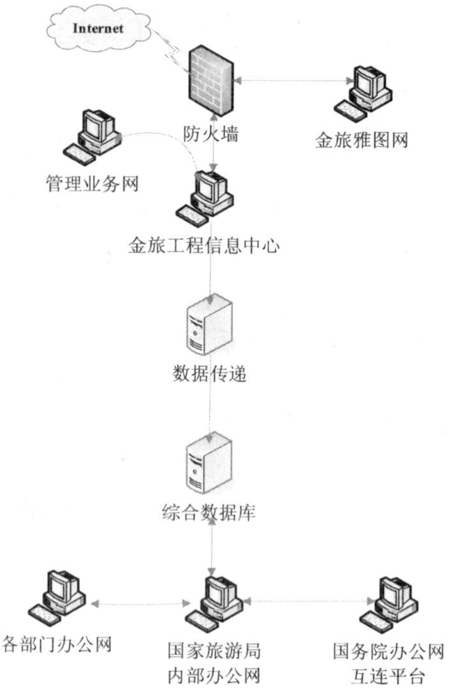


图 6-5 金旅工程系统结构图

北京金旅雅途信息科技有限公司是国家旅游局在电子商务领域唯一的合作伙伴，负责“金旅工程”公共商务部分的建设和运营。公司致力于促进中国旅游商务信息化，并为其提供技术、信息、宣传、电子商务等综合服务，目前已经整合为中国旅游网，（参见图 6-6），同时，正全力建设中国目的地营销系统（DMS），促进中国旅游营销的网络化。

图 6-6 中国旅游网首页

## 6.4.2 发展背景

北京金旅雅途信息科技有限公司是由国家旅游局信息中心控股，专门致力于我国旅游电子商务发展的企业。国家旅游局信息中心履行旅游业信息化的规划、管理、组织和事业发展的职能，其中一项重要的职能就是促进旅游业的电子商务发展，包括管理和运营公共信息处理中心、政府网站、商务网站、网络服务公司，以及对旅游科技开发和投资、旅游资料出版等进行管理。带有政府背景的金旅雅途的最大优势，在于它能借助自身的有利条件对旅游信息资源实现集中与整合。

在过去，我国旅游目的地、涉外旅游企业都做着不同程度的对外宣传推广工作，但由于信息源和宣传渠道众多，形成了信息流的多元分化和无序分流现象，降低了信息资源的利用率和价值。一些上网的旅游企业发布的旅游信息长时间不更新，造成误导，在游客中造成了不良的影响。金旅雅途提出中国旅游目的地信息化解决方案，将协助我国各省市旅游业的对内、对外营销，使原来分散于各网站的旅游目的地信息资源集中到统一宏大的网络平台，实现中国旅游业信息的实时畅达和全方位连通。

由国家旅游局信息中心和北京金旅雅途信息科技有限公司共同建设并运营的中国目的地营销系统（DMS）主要内容包括：目的地网络形象设计、目的地旅游网建设、目的地信息系统、旅游电子地图系统、旅游企业黄页系统、旅游行程规划系统、旅游营销通系统、电子邮件营销系统、三维实景等系统。它由上至下分为四层结构，即宣传层、服务层、信息层和系统层。其中宣传层包括电子广告牌系统、宣传册和光盘、跨媒体促销（报纸、杂志、电视等）；服务层包括网站、旅游问讯中心、公交多媒体终端、旅游声讯服务；信息层包括目的地数据库、旅游电子商务数据库、旅游电子地图，以及基于系统层的应用软件系统。通过该四层结构相应功能有效地配合与支持，从而达到为旅游目的地机构及旅游企业高效率的宣传促销。除此之外，一个目的地营销系统还可以支持其他的目的地管理功能，诸如：项目活动管理、调研、设计和分析、业绩监督和评估、企业新闻、公关、新闻发布、年度报告等、为游客做旅游区、景点的翻译、旅游供应商/会员的联络/联系人管理、管理财务、办公室功能（电子邮件、展示）。

由金旅雅途负责构建的“中国旅游电子商厦”，主要包括两个组成部分：一是服务旅游企业同业交流合作的网上旅展；二是服务于广大海内外旅游者的旅游超市。它以“促进海内外旅游企业之间、旅游企业和旅游者之间的交流、交易”为自己的使命，目标是建成中国旅游业电子商务航空母舰，为旅游企业提供 7×24 的电子商务交易平台，致力于提供最全面、准确、及时的旅游信息，推动中国旅游企业的信息化应用水平。

金旅雅途集“网络内容供应商”、“促销服务供应商”和“应用服务供应商”为一体，坚持“国际化、市场化、社会化”的发展战略，服务于中国旅游业，服务于旅游目的地管理组织、广大旅游企业和旅游消费者，努力为我国旅游业的持续、快速、健康的发展作出应有的贡献。

### 6.4.3　目的地营销系统

目的地营销系统是世界旅游组织于 1997 年在旅游电子商务方面推出的一个主题，并于 2002 年 4 月在昆明举行的“亚太旅游信息技术会议”上进行了重点推荐。这一概念提出后，得到了世界各国的普遍响应，目前已经在美国、澳大利亚、西班牙等十几个国家获得了应用。简单地说，DMS 就是利用互联网的形式进行旅游宣传促销。DMS 目前已演变为一种新的旅游营销模式，是网络经济时代旅游营销业务运作的重要方式。

1. 项目背景

DMS系统是一个采用开放式的体系结构，以互联网为基础平台，以网站为主要门户和表现形式，结合数据库技术、多媒体技术和网络营销技术，集旅游信息服务、网上旅游营销、互联网电子商务、旅游行业管理于一体，并紧密支持跨媒体宣传营销方式的完善、高效、低投入的综合应用系统。在国际上被认为是目的地营销机构的信息技术基础设施，可依靠数据库支持多种功能，通过顾客数据库和关系型营销的运用，以及发展与商业伙伴的合作关系，有效地与旅游局和当地企业融合，并且与旅游局和当地旅游发展相一致，被认为具有巨大发展的潜力，并已在各旅游目的地机构中得到积极的推广和使用。（世界旅游组织）认为目的地营销系统与传统营销模式相比具有更大发展潜力，以相对较低的价格向世界各地的大量顾客介绍信息和产品；提供比通过传统印刷媒体更有深度、质量更高的信息；让顾客预订起来更方便、更快捷、更容易；省去制作和发行印刷品的大量费用；可针对客源地运用电子邮件做推广等等。

一个一体化的目的地营销系统不仅支持目的地营销机构的网站，还可广泛地支持各种传统的推广、营销和销售应用，与传统旅游营销模式达到很好的融合，支持诸如下列传统的营销方式：

（1）设计和生产印刷品(并可降低制作成本及缩短周期)；

（2）支持所有的信息中心服务(信息和预订)；

（3）通过传统渠道(邮件、电话销售等)的数据库营销；

（4）给第三方出版商(包括广播在内的媒体)提供数据。

除此之外，一个目的地营销系统还可以支持其他的目的地管理功能，诸如：项目/活动管理、调研、设计和分析，业绩监督和评估，企业新闻发布，年度报告公布等，并为游客提供旅游区和景点的翻译、旅游供应商/会员的联络/联系人管理、财务管理及日常办公等功能。

目的地营销系统为目的地营销机构带来了新的商机，它们无须投入巨大的资金去制作和散发印刷品以及开办分支机构，只要借助目的地营销系统就可吸引旅游者到自己的目的地旅游，并可向世界的消费者推销其旅游目的地。

图6-7为目的地营销系统的用户结构图。

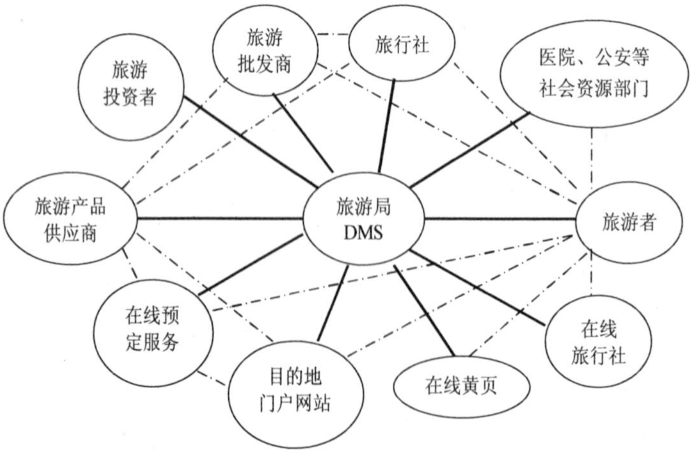


**图6-7 目的地营销系统用户系结构图**

2. 方案概述

在互联网快速发展、世界旅游提出营销新热潮、旅游业格局的新变化和旅游企业自身发展需要的大背景下，金旅雅途利用多方面的优势，和各旅游局、企业、媒体合作发展中国的在线（离线作支持）目的地营销系统。金旅雅途旅游城市（目的地）营销系统是针对城市旅游信息化和旅游宣传营销的完整解决方案，它利用现代信息技术（互联网），架构目的地信息系统，并以网站为主要门户和表现形式，配合相应的支持性服务体系（跨媒体渠道及宣传），集旅游信息服务、互联网电子商务、旅游行业管理于一体。

金旅雅途旅游目的地营销系统的目标包括：

（1）促进目的地旅游信息化发展，通过建设目的地城市旅游信息数据库，帮助旅游局实现对当地旅游企业的营销管理，促进目的地旅游信息化的规范化和标准化，实现旅游行业管理和服务的一体化以及旅游交易的电子化；

（2）推进旅游企业信息化，提升目的地旅游宣传促销的效果，加强目的地城市旅游形象的宣传和推广，促进目的地旅游企业宣传和产品促销；

（3）提高目的地知名度，带动旅游者访问，增加游客在目的地的旅游消费，增加旅游目的地的旅游业务收入。

图 6-8 为这一方案的结构示意图。

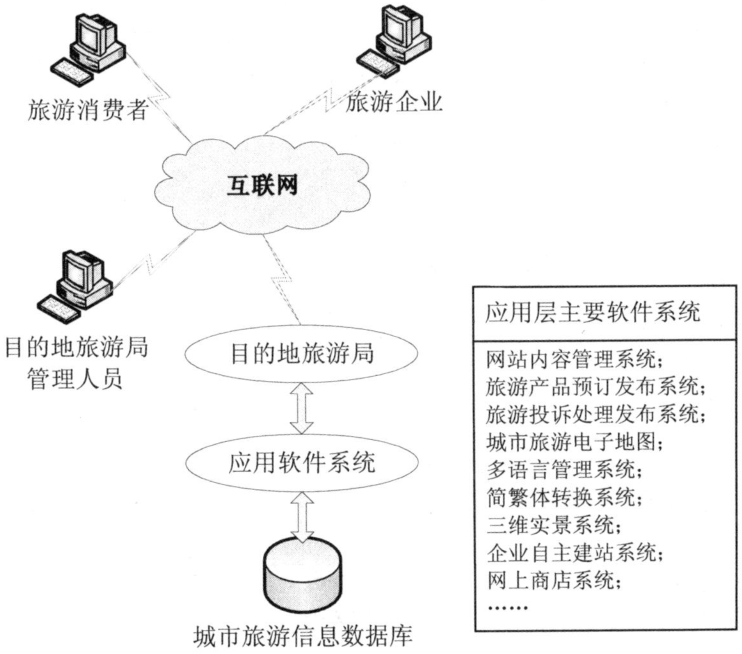


图 6-8　DMS 结构示意图

金旅雅途目的地营销系统是建立在全国性的网络营销平台基础上的，能够实现信息一次输入、多点更新；支持各要素信息和电子地图信息的有机整合；支持全国性的旅游公共信息、旅游目的地信息、旅游企业信息、旅游产品信息等；在全国性的联盟网站上进行广泛性的促销；系统具有持续更新等特点。

金旅雅途旅游（目的地）营销系统由上至下有四层结构（宣传层、服务层、信息层和系统层），其中宣传层包括电子广告牌系统、宣传册和光盘、跨媒体促销（报纸、杂志、电视，等），服务层包括网站、旅游问讯中心、公共多媒体终端、旅游声讯服务，信息层包括目的地数据库、旅游电子商务数据库、旅游电子地图，以及基于系统层的应用软件系统。通过该四层结构相应功能有效无缝的配合与支持，从而达到为旅游目的地机构及旅游企业高效率的宣传促销。运营时，系统层是所有系统的基础，构建目的地信息系统平台；通过信息层，建立完整的目的地和旅游电子商务数据库、旅游电子地图等，通过服务层，建立完整的对公众服务功能，通过宣传层，向外界推广及宣传。

图6-9为这一系统的业务运作流程图。

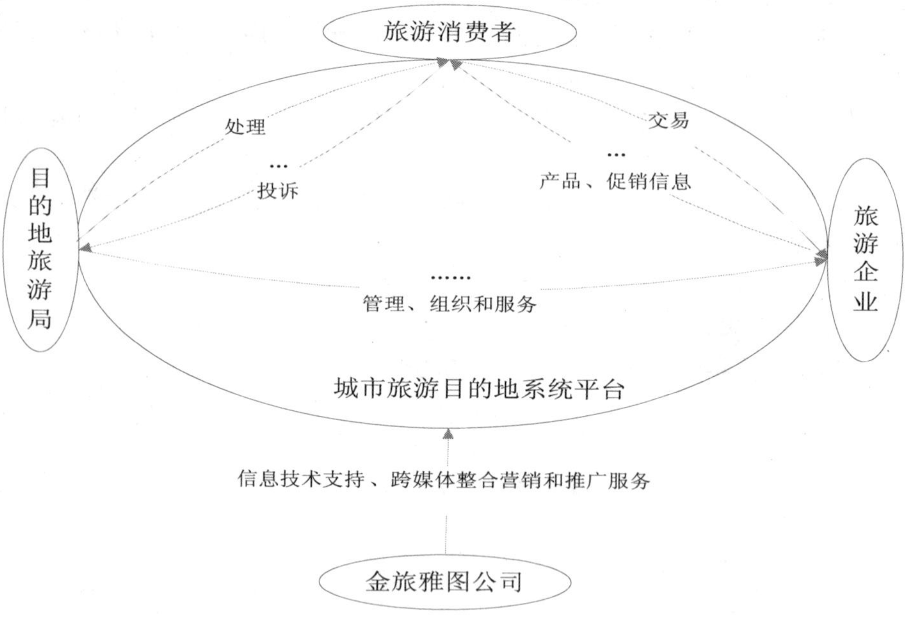


**图6-9　DMS业务运作流程图**

3. 系统组成

该系统根据旅游局营销和行业管理的需要进行设计，是DMS的运行平台，其基本组成部分如下：

（1）核心服务系统：包括旅游综合信息数据库、旅游信息服务系统、旅游网站内容管理系统、旅游网络分销系统、旅游业务管理系统等；

（2）旅游局客户端：包括目的地信息审核、目的地信息管理(包括新闻信息管理、促销主题、促销信息、文件资料、节庆活动、招商引资、目的地综合信息等的管理)、目的地企业管理、旅游投诉管理、业务管理系统集成、旅游目的地管理、旅游网站管理、统计报告系统等；

（3）旅游企业客户端：包括企业信息管理、企业信息发布、产品订单管理、旅游投诉处理、统计报告、同业交流系统等。参见图6-10。

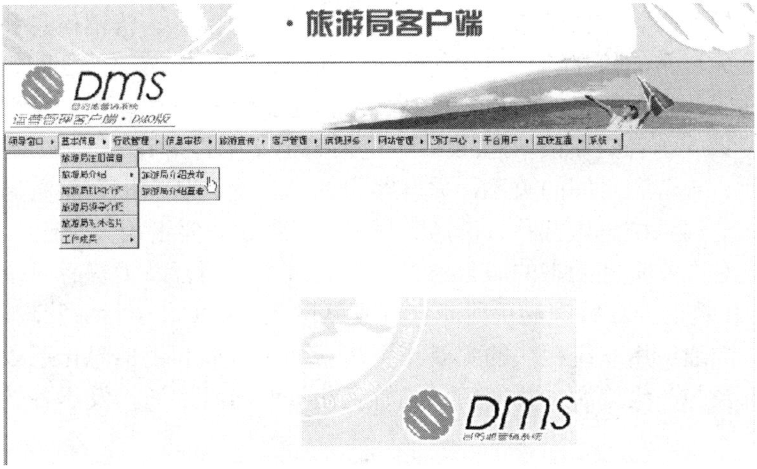


图 6-10　旅游局客户端

4. DMS 网站

DMS 网站作为广大旅游者网上获取目的地信息的重要渠道，在信息整合以及形式表现上必须有其独特之处，确保浏览者的“第一眼信息和表现形式的满意度”。金旅雅途提供的目的地营销系统的网站是基于 DMS 系统之上的，是目的地促销机构（旅游局）宣传目的地形象的重要阵地，也是和消费者进行接触的主要方式。金旅雅途 DMS 网站的主要内容和特征包括：

（1）直观形象的旅游目的地形象设计；
（2）提供全面、准确、及时的旅游目的地综合信息；
（3）使用宽带多媒体技术作为表现手段，包括旅游视频、Flash 动画、三维环视等；
（4）矢量旅游示意图；
（5）提供功能强大的信息查询工具；
（6）提供个性化的旅游行程设计工具；
（7）动感电子杂志，提供当月最新的各类旅游优惠促销信息；
（8）黄金周大型旅游专题；
（9）提供实时、高效的同业交流专区；
（10）提供实时的媒体联系渠道；
（11）旅游局政务信息；
（12）多语言版本。

5. DMS 主要功能模块及作用——旅游局部分

金旅雅途目的地营销系统中，针对旅游局的功能模块包括旅游局管理应用系统模块和交流沟通应用系统模块两部分。

旅游局管理应用系统模块的主要作用包括：

（1）帮助旅游局实现传统模式无法完全做到的资源整合工作，根据各部门、人员在组织中的职责分工情况进行权限细分，共同参与目的地营销的管理工作；

（2）帮助领导即时、方便地查询了解各类信息（管理信息、营销信息和效果等）；

（3）满足机关日常的信息流转自动化需求，实现上下级旅游部门之间、旅游行政管理部门与企业和各媒体之间的在线沟通，包括公文传呈、政策下达、意见反馈等；

（4）即时搜集旅游者的反馈信息(投诉、电话、电子邮件等)，提高政府服务质量，改善旅游局与企业、旅游者之间的关系，提升客户的满意度，从而提升旅游局形象；

（5）实现旅游局系统与旅行社、酒店、风景区等“6大要素相关企业”系统的信息交换和业务连结，对企业实施动态的服务与管理，适时了解同行及消费者对企业的信誉评价状况，有效地将传统的行业管理的手段延伸到互联网上，并拓展了行业管理与服务的领域。

旅游局交流沟通应用系统模块的主要作用是帮助旅游局利用信息化手段，低成本、高效率地进行内部及与各级旅游主管部门、旅游企业等的即时沟通，发送各类信息资讯，大大降低通讯成本。

6. DMS的主要功能模块及作用——旅游企业部分

金旅雅途目的地营销系统中针对旅游企业的功能模块包括企业营销应用系统模块和企业交流应用系统模块两部分。

企业营销应用系统模块的主要作用包括：

（1）使企业借此成为当地目的地营销系统的组成部分，并进而成为中国国家旅游目的地营销平台的基本组成元素；

（2）帮助企业组织整合社会资源，建立营销资源数据库，支持数据库营销；

（3）实现（管理和营销）信息的管理，包括收集、编辑、发布、检索；

（4）广告管理，电子杂志管理（生成和发行）；

（5）在线电子商务管理（预订、支付）；

（6）全面、准确、高效、多元化、低成本、跨国界的旅游企业形象和产品宣传手段。

企业交流应用系统模块的作用包括：

（1）为海内外同业之间以及企业与消费者之间提供高效、低成本的沟通手段；

（2）提供生意谈判、产品商情发布的新渠道。

7. DMS的主要功能模块及作用——媒体与消费者部分

金旅雅途目的地营销系统中针对媒体与消费者的功能模块包括消费者管理应用系统模块、旅游消费者服务模块、媒体管理应用系统模块和旅游消费者交流应用系统模块四部分。

消费者管理应用系统模块的作用包括：

（1）帮助消费者记录和管理自己旅行资料， 如导游册、旅行日记、照片等；

（2）管理游伴，查询各类资料等。

旅游消费者服务模块的作用包括：

（1）组织旅游者网上讨论，帮助旅游者了解旅游信息；

（2）为旅游者规划旅游行程，作出旅游预算；

（3）记录、储存旅游者所需的相关数据。

媒体管理应用系统模块的作用是帮助媒体记者高效地获取和管理新闻信息，方便、有序地管理自己的各类客户。

旅游消费者交流应用系统模块的作用是帮助消费者利用信息化手段，低成本、高效地进行与朋友、客户的即时沟通，传递资讯，为平台汇集人气。

8. DMS 的实施成效

DMS 的实施，其成效是显著的，表现在以下几个方面：

（1）加速行业格局发生变化；

（2）使目的地营销的角色分工更为明确；

（3）使目的地营销更为全面、准确、及时，更直观立体，更低成本、高效广泛；

（4）使旅游局的行业管理范围得到延伸，使目的地营销资源得到共享、便于统一管理和使用；

（5）使企业营销资源得到共享，便于统一管理和使用，沟通更快捷、低成本；

（6）多语言版本展示，不同人群的入口展示，各地的 DMS 直接与世界对话；

（7）方便易用的信息管理系统实现与无线终端的互联。

### 6.4.4 旅游电子商厦服务

很多旅游企业已意识到上网是大势所趋，但囿于资金、技术等问题，较多仍持观望态度，少部分自建网站或借用电子旅行社开拓网络销售渠道，但应用上仍存在困难。旅游电子商厦通过“批发电子商务”的方式，使旅游企业只要付出很少的费用就可获得有效的电子商务能力，加快旅游行业的信息化进程。“批发旅游电子商务”是一种新的电子商务方式，以酒店为例，如单独购买酒店预订系统，视功能不同费用为 10～30 万元，但电子商厦的电子商务服务是成批出租，酒店租用诸如网站生成、信息发布及其它系统，每月只不过数百元。另外，金旅雅途投资创建“中国旅游电子商厦”这个品牌，对扩大入驻企业的影响和知名度都有重要的作用。金旅雅途为进驻旅游电子商厦的企业提供两方面的服务：

1. 网站建设支持

这项业务的主要功能包括：

（1）旅游企业上网：企业基本资料发布，企业论坛/留言板等；

（2）企业集团邮件系统：企业内部自由邮件收发系统，信箱地址用户名@企业名网址；

（3）Yahtour.com 黄页登记；

（4）一网多能，可直接进入金旅工程公用数据库，与金旅工程保持紧密一致，奠定旅游业网络管理基础；

（5）非盈利性的网站建设支持，最大限度地节约企业网络建设成本；

（6）行业专家根据企业实际情况，提供网络电子商务解决专案建议；

（7）完善的网站维护，以及专业商业防范精英保障网络的安全命脉；

（8）系统全面的技术培训，带领企业迈入电子智能化管理阶段。

2. 业务推进支持

这项业务的主要功能包括：

（1）旅游黄页：中国旅游业权威黄页，包括近30个信息分类的各国旅游局的信息；

（2）目的地指南：提供主要城市、景点、景区及吃、住、行、游、购、娱等信息；

（3）金旅热点：及时、准确的旅游信息报道，快捷、权威的旅游政策，业界动态和节假日旅游预警系统；

（4）网上支付：与各大商业银行密切合作，提供多渠道多币种网络销售方式和电子商务在线实时支付。

这项服务的主要特点包括：

（1）国内最大的旅游产品集散地，有效吸引客户资源；

（2）自助式产品发布过程，提供最具竞争力的旅游产品；

（3）强大的信息维护、订单处理功能，保障客户资源集中的利用；

（4）直接与客户交流，减少中间环节，降低业务成本；

（5）顺畅的业内交流平台，网络拼团，现代业务通信息发布功能，提高企业间信息传递效率，降低通信成本；

（6）中、英、法、日等多语种网络体系，全面满足世界商务拓展需求；

（7）定期服务指南，保障业内信息即时沟通；

（8）7×24全天候客户服务体系。

### 6.4.5 案例评析

电子商务是我国旅游业参与国际市场竞争的重要手段，加快旅游业电子商务发展是我国各级旅游行政管理部门和旅游企业共同面临的紧迫任务。金旅雅途在国家旅游局的领导和支持下，为促进我国旅游电子商务应用环境的改善以及推动旅游产品的网上宣传促销方面作出了重要的探索，为全国旅游电子商务的健康、有序、快速发展打下了坚实的基础。

金旅雅途负责建设的目的地营销系统是信息时代旅游宣传的促销的重要方式，是符合科技进步和社会发展的前进方向的，也是能够为游客、旅游企业、旅游行政管理部门实质性的价值的。它以相对较低的价格面向世界各地的大量顾客介绍信息和产品，提供比传统印刷媒体更有内容、质量更高的信息，让顾客能更快、更容易地预订旅游服务，节省制作和发行旅游印刷品的大量费用，可针对客源地运用电子邮件做推广等等，这些优势对促进旅游业的发展是极其有益的，是有极大的推广价值的。

定位为中国国家级旅游电子商务网的金旅雅途，从成立伊始，一直致力于成为旅游行业的应用服务供应商（ASP服务），并协同各省、自治区、直辖市及重点旅游城市旅游行政主管部门建立完善的战略联盟制度，积极为国内外旅游企业提供全方位、深层次的电子商务解决方案，为全国的旅行社、饭店以及旅游相关企业提供交易机会和宣传窗口，为相关企业提供酒店、机票、游船、旅游线路的大宗交易，网上直销等多项交易服务。取得的成绩是值得肯定的，但面临的任务和困难也是显而易见的。作为带有政府背景的旅游电子商务的运营商，如何更好地参与公平的市场竞争，怎样找到更为可行、更有保障的盈利模式，可以说还面临着很大的考验。我们期待着金旅雅途在旅游电子商务发展的金光大道上走得更远、更快、更好，早日建成管理规范、信息丰富、服务全面、交易安全、知名度高的电子商务平台，真正成为中国旅游业中最大、最强的电子商务运营商。

# 6.5　典型案例 2　携程旅行网旅游电子商务

## 6.5.1　公司概况

总部位于上海的携程旅行网（简称“携程”）是一家吸纳海外风险投资组建的旅行服务公司，创立于 1999 年初，主要的投资者有美国 Carlyle Group（凯雷集团）、日本 SoftBank（软银）、美国 IDG（国际数据集团）、上海实业、美国 Orchid（兰花基金）及香港 Morningside（晨兴集团）等。目前在北京、广州、深圳、杭州、成都、青岛、厦门、沈阳、武汉、南京有十个分公司，并在三十三个城市有分支机构，现有员工四千余人，是中国领先的综合性旅行服务公司。

携程旅行网向超过 1000 余万注册会员提供包括酒店预订、机票预订、度假预订、商旅管理、特惠商户以及旅游资讯在内的全方位旅行服务。目前，携程旅行网拥有国内外 5000 余家会员酒店可供预订，是中国领先的酒店预订服务中心，每月酒店预订量达到 50 余万间夜。在机票预订方面，携程旅行网是中国领先的机票预订服务平台，覆盖国内外所有航线，并在 45 个大中城市提供免费送机票服务，每月出票量 40 余万张。携程旅行网的度假超市提供近千条度假线路，覆盖海内外众多目的地，并且提供从北京、上海、广州、深圳、杭州、成都六地出发，是中国领先的度假旅行服务网络，每月为万余人次提供度假服务。携程旅行网的 VIP 会员还可在全国主要商旅城市的近 3000 家特惠商户享受低至 6 折的消费优惠。携程旅行网除了在自身网站上提供丰富的旅游资讯外，还委托出版了旅游丛书《携程走中国》，并委托发行旅游月刊杂志《携程自由行》。

携程旅行网的发展目标是：利用高效的互联网技术和先进电子资讯手段，为商务散客与休闲客人提供快捷灵活、优质优惠、体贴周到又充满个性化的旅行服务，从而建成国内最优秀、最成功的旅行服务公司。“携程”是“携手同程”的简称，公司的经营理念是：以客户为中心，以团队间紧密无缝的合作机制，以一丝不苟的敬业精神、真实诚信的合作理念，来创造一套“多赢”的伙伴式的合作体系，从而共同创造最大的价值。它的经营理念具体体现在携程的英文名称“CTRIP”上：

（1）C——Customer：客户，即以客户为中心，客户的需求指导企业的一切运作；

（2）T——Teamwork：团队，即团队间的无缝合作，在客户、企业及合作单位间建立紧密的合作机制；

（3）R——Respect：敬业，即一丝不苟的敬业精神，对待客户、服务、做事都要一丝不苟，精益求精；

（4）I——Integrity：诚信，即真实诚信的合作理念，决不为短期利益损害客户和合作单位的利益；

（5）P——Partner：伙伴，即建立与伙伴“多赢”的服务体系，通过公司员工的共同努力，将客户和合作单位变成长期的合作伙伴，共同建立一个高效的服务体系。

携程的服务理念同样可以用它的英文名称得到体现：

（1）Convenient（便捷）：不让客户做重复的事；

（2）Thorough（周全）：为客户做一切可能做到的事；

（3）Reliable（可靠）：消除顾客在旅行过程中的后顾之忧；

（4）Intimate（亲切）：视客户为亲人，为客户提供“宾至如归”的服务；

（5）Professional（专业）：为客户提供专业的旅行服务；

（6）Sincere（真诚）：全心全意地为客户着想。

携程的合作者极为广泛，目前主要有：

（1）国内外众多的星级酒店及著名酒店管理集团；

（2）海内外知名旅行社；

（3）国内外知名航空公司（包括作为三大航空集团的国航、东航和南航以及上海航空、山东航空、深圳航空和海南航空等）；

（4）国内著名电信集团（中国移动、中国联通等）；

（5）国内外各知名银行及保险公司（中国银行、交通银行、农业银行、香港恒生银行、福建兴业银行和招商银行等）；

（6）无线网络开发商（灵通网、网擎公司等）。

携程旅行网已成为我国旅游电子商务的成功典范，对推动我国旅游电子商务的发展起到了重要的推动作用。

图 6-11 携程旅行网主页。

**图 6-11 携程旅行网主页**

## 6.5.2 发展背景

携程旅行网最初的设想是要借鉴美国的旅游电子商务的发展经验，建成一个有关旅游产品的网上百货超市，供游客通过网络手段获得旅游服务和支持。后来，公司管理层经过深入调查和市场细分，发现酒店预订业在我国有着巨大的市场前景。因为与机票预订、旅游配套服务等其他项目相比，只有酒店预订拥有不需要配送、没有库存之忧、便于客人支付等优势，非常适合通过互联网进行业务处理。于是，在携程旅行网正式开通后不久，酒店在线预订业务作为携程的第一个旅行服务项目在网上推出。

为了迅速发展酒店预订业务，携程展开了一系列重要的动作。2000 年 3 月接受以软银集团为首的第二轮投资，2000 年 11 月收购国内最早、最大的传统订房中心——现代运通，因此而成为中国最大的宾馆分销商。在当时，酒店预订主要通过传统的电话方式进行，基本上没有跨出当地城市，而互联网具备了全国订房的功能，和传统行业相结合的商业模式，网上预订在那时的互联网界以及旅游业界引起了很大的反响。

在酒店网上预订业务旗开得胜的形势下，携程把机票预订作为一项新的业务予以重点开发。2002 年 4 月，携程收购了北京最大的散客票务公司——北京海岸航空服务公司；2002 年 5 月建立起了全国机票中央预订系统，全国范围内的机票预订服务中心正式启用，在全国十大商旅城市推出送票上门服务，由此而成为国内主要的机票预订服务提供商。

选择落地经营，是携程保持至今的业务模式。在业务快速发展的过程中，携程通过上马客户关系管理系统、订单处理系统、质量分析系统、呼叫中心系统等信息系统来完善自身的技术平台。可以说，网上和网上双管齐下使得携程在短时间内取得了理想的经济效益，成为国内旅游业电子商务发展的一匹“黑马”。在携程看来，互联网和传统行业的结合，就是要通过网络和电话有机集成起来，使互联网和传统渠道形成无缝通路，为客户创造更大的价值。

2003 年上半年，携程陆续在全国 20 多个城市开通了送票服务，目前，已基本覆盖了国内比较大的商务城市。在“订房”和“订票”业务做深、做实的基础上，携程还把开发旅游项目作为一项新的业务，在未来的发展中，酒店预订、机票预订以及旅游项目三块主业将成为携程成长和发展的基本支柱。

### 6.5.3　商旅服务

携程是一家利用先进的信息技术为商旅客人及旅游爱好者提供优质旅行服务的公司，它通过与业务伙伴和旅游产品供应商的策略联盟，已建成了快捷有效、体贴周到的服务体系。公司结合网上服务平台和网下的各种软、硬件设施，全方位地满足客户的旅行需求。不断创新和前瞻性的思考保证了携程快速的发展成长，推陈出新的产品、服务和设施使公司在日新月异的互联网时代能够满足日益多样化的市场需要，使公司成为中国旅游服务行业的佼佼者。

目前，携程提供的商务服务主要包括：

1. 酒店预订

酒店预订是携程的四大业务之首，也是携程运作和发展的基础。目前携程的合作酒店已超过 5000 家，遍布全球 34 个国家和地区的 350 多个城市。公司的专业人员对每一家酒店都进行认真的考察，以确保品质，会员酒店的优惠价格最低可达门市价的 2 折。同时携程在国内的 55 个城市中的 1000 多家酒店每天有大量的保留房可为携程会员提供即时的预订服务。

2. 机票预订

机票预订是携程的四大业务中迅速发展起来的业务。目前携程已和国内外各大航空公司合作，覆盖国内外绝大多数航线。会员可在携程网站上查询丰富实时的机票资讯，包括国际机票信息。携程拥有行业内规模领先的统一的机票预订系统，可以做到订票点和送票点的不同。有别于其它订票机构，携程的国际机票可以实现“异地出发，本地订票、取票”，极大地方便了会员。同时携程还在全国 45 个主要商旅城市与资源供应商一起提供市内免费送（机）票上门的服务，开创了机票预订服务的先河。携程还开通了各大航空公司（国航、东航、南航、上航、海航）电子客票产品，客人可在航空公司支持电子客票的城市用信用卡支付方式购买电子客票，无需等待送票，直接至机场办理登机，出行更便捷。

3. 休闲度假

度假预订是携程的四大业务中新的亮点。携程凭借自身的实力以及与各地旅行社的紧密合作关系，为会员提供了可以从全国各地出发的各种国内外度假产品，并可按会员的需求设计行程，安排宾馆，组织会议等商务活动。每季定期推出的海内外特色自助旅游团更是以“经典线路、精彩行程、精简费用”的特点受到了会员的欢迎。目前，携程的“度假产品超市”里拥有多达近千条度假线路，涉及海内外200余个最热门的度假目的地，是中国大陆最丰富最权威的休闲度假产品大全。充足的3星级到5星级众多房型资源与灵活的航班、火车、轮船、专线巴士与自驾车等交通工具的搭配可以充分满足会员自由的选择。

4. 旅游资讯服务

旅游资讯包括目的地指南、社区、《携程走中国》系列出版物、以及英文版和中文繁体版网页等内容。

（1）目的地指南。目前携程网站的目的地指南涵盖全球近400个景区、6000多个景点的交通、餐饮、住宿、购物、娱乐、出游佳季、推荐线路、注意事项等实用信息，提供出行情报、火车查询、热点推荐、域外采风、自驾线路等资讯信息，是旅游者出行前必备的“电子导游”。参见图6-12。

**图6-12 携程“目的地指南”首页**

（2）携程社区。携程社区（参见图6-13）是个虚拟的空间，为网友提供了一个虚拟的交流场所。结伴同游是由游客自行组织的同一地区的朋友一起去同一目的地出游的活动，通过携程社区，大家可以自行组织，省去了旅行社的服务费用，并且可以认识更多的朋友，锻炼自己出游能力。还有携程社区的“七嘴八舌”，是结合自己的亲身经历对一些宾馆、餐馆、酒店、景点的点评，对后来的游客有很好的参考价值。

（3）多语言版本信息支持。携程旅行网英文版、中文繁体版极大地方便了港、澳、台地区及海外的游客，为他们的商务旅行提供了一站式的服务咨询与预订，为客户带来了极大的方便。

图 6-13　携程“社区”首页

5. VIP 服务

特惠商户是携程给予 VIP 会员的增值服务。目前携程的特惠商户遍布全国数十个知名旅游城市，总数达数千家之多，商户类型覆盖各地特色餐饮、酒吧、娱乐、健身、购物、生活等方方面面。携程的 VIP 会员可在这些特惠商户处享受到最低至 6 折的消费优惠。图 6-14 为携程 VIP 专区首页。

图 6-14　携程“VIP 专区”首页

### 6.5.4 特色与优势

携程利用互联网等先进技术作为开展旅行服务的手段，它的服务特色和竞争优势十显而易见的。

1. 服务特色

携程旅行网对商旅客户和休闲旅行者提供了不同的服务，这些服务颇具特色。对于商旅客户来说，它的特色体现在以下三方面：

（1）按企业的需求定制：携程可以按照企业特殊的出差政策、结算方式、服务要求来量身定制，携程推出的企业商务旅行管理系统（Travel Management System）已成为企业用户差旅管理一站式预订服务平台；

（2）有效的出差费用管理：企业可以通过商务旅行管理系统（TMS），实时获得整个公司全面详细的出差费用报告，并可进行相应的财务分析，从而有效地控制成本，加强管理；

（3）随时随地享受服务：通过互联网或800免费电话或其公布的全国热线电话，企业员工在旅途中或在家里都可每周7天，每天24小时享受携程便捷且优质的服务。

对于休闲旅游者来说，它的服务特色体现在以下三方面：

（1）完全个性化服务：利用携程不同服务价位的产品数据库，客户可根据自己的旅行需求，定制出一个称心如意的行程安排；

（2）信息实用全面化：客户可以找到真正实用的旅游信息，做到出行前胸有成竹，出行中随时有帮助。

（3）旅行、交友、娱乐并重：客户可在网上和其他网民交流心得，还可寻找旅伴或导游，个性旅行却不孤独，令游客对之喜爱有加。

2. 竞争优势

携程的竞争优势体现在两个方面：

（1）价格。作为国内大型宾馆分销商，携程以遥遥领先的订房量与数千家宾馆达成了长期的合作关系，同时也为会员提供极富竞争力的价格及丰富的里程奖励计划，而且，随着运营规模和实力的日益壮大，携程将会给会员带来更多的实惠。

（2）服务。携程拥有强大的专业服务队伍与遍及各地的服务伙伴，结合先进的技术和设施，可以为客户提供高质量的规范化服务，满足各类客户的各种商旅需求，客户只需登录网站或拨打热线电话即可享受24小时的优质服务。

携程建立之初的服务主要集中在国内旅行市场，下一步的目标是成为一个以中国为目的地的旅行服务公司，全方位满足中国居民的国内、国外旅行需求。公司还在开发与国外的合作伙伴关系，将逐步发展成为一个国际性的旅游服务公司。

### 6.5.5 服务保障

经过几年的实践和探索，携程对于未来中国服务业的远大前景有了非常清晰的认识。携程认为，随着人民生活水平的提高，中国人的消费结构越来越接近发达国家，下一步真正消费市场的增长将不在制造业而是在服务业，旅游服务则是一个有巨大增长潜力的新兴市场。因此，携程重新把自己定位为“用互联网等高科技武装起来的服务性公司”，携程的核心竞争力是“用技术去大规模制造的优质服务”。在携程看来，服务是根本，高科技只是一个手段，不能把两者本末倒置。认清了中国旅游服务业的广阔前景，携程立志要在日益增长的旅游中介服务行业打造一个世界级的品牌。为了实现这一远大的目标，携程在服务的标准化、个性化和人性化等方面正在大踏步迈进。

（1）标准化服务。标准化服务就是要建立起一套先进规范的服务体系、服务流程和考评系统。在这一方面，携程进行了不少有益的探索。携程有句口号“像制造企业一样来对待服务质量”，主要的目的是强调服务质量的标准化。我们知道，在制造业，次品率往往低于千分之一或者万分之一才是合格；而服务性行业，目前能够达到90%以上的客户满意度就非常不错了。所以，携程的目标是要像制造业追求合格率一样提高服务的满意率。携程提倡“零缺陷”服务，虽然整个与客户接触的服务流程环节非常多，但仍然要求全过程的次品率要在 1%以下。要做到这一点显然是有很大的难度的，因为服务的品质受到很多不确定因素的影响，需要对每个过程、每一道工序、每一个服务人员进行严格的控制和测量，携程还是迎难而上，竭尽所能往这个方向去努力。

在携程，公司把每一个服务的环节都标准化、流程化，然后用计算机进行量化指标的考核。制定了严格的全方位服务规范以后，公司还建立了一套即时的、客观的和精确的测量和考评体系，来保证优质服务的规范和标准能够贯彻执行。公司对标准化服务的管理是严格和具体的：对一线服务人员有 34 项定性、定量项目要在每周管理例会上评估；每个接进来的电话都有分类的标准处理流程供参考；订单回复速度都有专人监控；订单完成时间由专人统计并改进；所有员工的电话录音都归档并抽查等等。细化、量化的服务规范，带来的是服务质量的持续改善。在携程，50%以上的服务规范都可以量化到分值，每个分值都有相应的权重，服务部门每个月、每个季度都有定性/定量的考评值，与服务部门员工的绩效挂钩。服务质量的提高，使得携程的客户的满意度得到大大提高，那些不满意的客户也产生了比较高的忠诚度。

（2）个性化服务。个性化服务在旅游业务中具有十分重要的作用，它与标准化服务是紧密相关的，也是建立在标准化服务的基础之上的。因为客户的要求是千差万别的，而携程的服务队伍也有几百人之多，在这种情况下，不可能要求服务人员一人掌握几十种工作程序，而且服务人员也不知道某一个客户有什么爱好。所以，携程要求服务人员在每一次服务过程中把客户的要求记录下来，然后根据客户的不同要求进行流程的标准化、个性化设计，然后再把服务流程根据不同的客户进行个性化处理，做到模拟个性化服务。这样，老客户一旦报出卡号，系统就能够清楚地提示服务人员，他们的个性化要求有哪些，以便更好地提供个性化的服务。

在携程的客户服务中心，虽然每次接电话的服务人员都不一定是同一个人，但是只要客户打进来电话，服务人员即能调取出客户的个人信息，使客户感觉接线员就像同一个人，非常熟悉自己的情况，服务的个性化也就得到了很好的体现。

（3）人性化服务。互联网在为客户提供优质服务方面所起的作用是其他服务方式无法比拟的，但由于其缺乏面对面的交流，存在一定的缺陷，特别是对那些不具备上网条件和上网能力的游客来说，互联网旅游服务是可望而不可及的。为此，携程投入巨资，建起了国内旅游业最大的电话呼叫中心，为客户提供全天候的人性化服务。

携程的呼叫中心采用先进的朗讯交换机和自行开发的应用软件，拥有500个坐席，具有自动语音系统和独创的自动传真系统，并开发了先进的实时监控管理系统，包括先进的客户关系管理系统（CRM）、预订服务质量监控体系、独特的房态管理系统（e-Booking）和网络实时预订系统等，具有强大的功能和卓越的服务能力。

互联网和电话呼叫中心犹如携程腾飞的“双翼”，在为客户创造完美服务的同时，也为公司的发展注入了强劲的活力。

### 6.5.6 案例评析

携程无疑是我国旅游电子商务的领先开拓者，也是互联网的真正受益者。在短短几年的时间内，携程迅速成长为一个年收入超过十亿元，盈利超过亿元人民币的大型旅游服务企业，这一方面说明，旅游电子商务的广阔前景，另一方面也说明旅游电子商务的发展不是互联网在旅游业的简单应用，而是应该把互联网作为一项重要的工具，充分发挥其为客户提供卓越服务的作用。携程以高科技的运作手段、精细化的管理模式和先进的服务理念为旅游服务企业的超常规发展拓展了新路子，为我国数量众多的旅游服务企业的发展作出了成功的探索，它的经验是值得学习借鉴的。

随着互联网的高速发展，旅游业的经营模式正在发生深刻变化，旅游电子商务将成为一种日益重要的业务实现方式。携程利用互联网和电话呼叫中心系统等先进技术平台及各类软硬件，给客户提供全天候24小时的网上、网下预订服务，并结合业务的性质、客户的需求以及强大的技术及软件开发力量，建成了我国旅游业最为完善的服务体系。携程的服务意识、服务能力、服务体系和服务质量都是在国内领先的，作为一个旅游服务企业，这又是极其重要的。应该说，携程借助现代信息技术的手段，已经具备了成长为国内领先、国际先进的旅游服务企业的条件，我们期待携程能携手中国的旅游业和千千万万的中国游客迈上全新的征程。

## 6.6 典型案例3 中青旅电子商务发展案例

### 6.6.1 公司概况

中国青年旅行社总社（简称“中青旅”）成立于我国改革开放初期的1980年，是共青团中央直属国有企业。1997年经共青团中央批复，由中国青年旅行社总社作为主发起人，采用社会募集方式设立股份有限公司。1997年11月在上海证券交易所上网发行6000万股普通股，发行后注册资本16000万人民币，成为我国第一家在A股市场上市的旅行社。1999年7月，公司更名为“中青旅控股股份有限公司”。中青旅的主营业务范围为旅游、高科技、风险投资领域的投资、旅游服务、高新技术产品开发和技术服务。其发展战略是以资本运营为核心，以高科技为动力，构建以旅游为支柱的控股型现代企业。公司坚定不移地推进前后台分离、专业化分工、标准化作业，大力推进符合未来发展趋势的旅游主业运行模式的彻底变革，创新经营模式，掌控相关资源，确立在未来竞争中的优势，提升核心竞争力，实现可持续发展。

中青旅电子商务有限公司系由中青旅控股股份有限公司、约克投资有限公司和国开泰实业发展有限公司在京注册成立的高科技旅游电子商务服务公司。公司注册资金 1 亿元人民币，业务范围涉及旅游产品供应、网络咨询服务、企业商旅解决方案等各个方面。公司建设运营的“青旅在线”以中青旅控股股份有限公司为依托，承载其丰富的产业资源和雄厚的资金支持，利用现代网络技术对传统资源进行重新整合，开拓商务旅行、休闲度假、主题旅游等个性化服务领域，成为我国传统旅行社发展电子商务业务的成功典范。中青旅控股股份有限公司与美国 Cendant 旅游分销服务公司（Cendant Travel Distribution System Inc.简称 Cendant TDS）子公司于 2004 年 8 月正式签署了成立合资公司的协议。合资公司是由中青旅的电子商务公司和 Cendan 在中国收购的四海通捷订房中心组成。合资公司将充分利用双方公司的优势和特长，尤其是中青旅在中国的品牌影响力和 Cendant 的全球旅游资源，为中国日益增长的商务和休闲客人提供全方位的产品和有竞争力的价格。

目前，“青旅在线”已经升级改版，并更名为“中青旅遨游”，新的网站域名为 www.aoyou.com，“中青旅遨游”集“中青旅控股股份有限公司”官方网站与电子商务平台于一体，承继了原“青旅在线”和“遨游旅行网”的功能和特色，依托中青旅的综合资源优势和先进的 IT 技术，为用户提供更为丰富、全面、便捷和个性化的旅游度假产品、酒店机票预订服务，以及更好的用户体验和丰富的旅游资讯。

图 6-15 为遨游网主页。

图 6-15　中青旅网站主页

## 6.6.2　发展背景

就中青旅的整个发展战略而言，建设和运营“青旅在线”是其中一个重要的组成部分。从 1997 年上市之初的“以旅游为主业，高科技为次主业”，到 2000 年引入国际风险投资，以总投资1亿元成立青旅在线，再到2001年明确提出“以资本运营为核心，以高科技为动力，构建以旅游为支柱的控股型现代企业”，中青旅一直在探索一条适合自己的发展道路，贯穿其中的一条就是要找到传统经济与新经济的结合点。

从2000年起，公司经营模式由“被动坐等客户旅游”模式向“主动寻找客户旅游”模式转变。为了更好地利用互联网开展网络营销和服务客户，2000年6月1日，青旅在线正式开通运行。同年8月，十几家连锁店在北京城区开业，中青旅走上了“电子商务＋连锁店”的销售模式，使网上、网下形成协同运作，为客户提供全方位的服务。

青旅在线以“尊重传统，倾力创新，服务至上，合作致胜”为发展理念，把“顺应社会变革和消费者需求的变化趋势，成为兼容并蓄、富有创新精神的国际顶级专业旅游服务供应商”作为自己的发展目标，充分整合品牌（中青旅二十余年缔造杰出品牌优势）、资本（首家A股上市旅行社）、客户（服务分销支持网络遍布全国、延伸全球，战略合作伙伴数量逾万）以及产品（专业产品研发人员，有机组合国内外旅游资源，创造精致完善的旅游服务产品，积极填补市场空白，有效保障客户利益）等各方面的优势，立志成为中国旅行社发展旅游电子商务的“领头羊”。青旅在线的主要特征表现在以下三个方面：

（1）零距离的网络旅游服务供应商：青旅在线是商务、休闲、主题旅游的直接服务者，拥有独一无二的服务保障体系，免除了客户中间环节费用支出和后顾之忧。

（2）一站式商旅解决方案供应商：青旅在线的业务涵盖酒店、线路、机票、商务、会议等全面旅游服务，客户多元服务需求，都可一站解决。

（3）网络时代旅行、商务新概念：旅行者依旧耳闻、目睹、足行天下，商务人士依旧来来往往、熙熙攘攘，但通过青旅在线获得旅行服务，旅行的内涵改变了许多，为客户带来的价值也增加了很多。

### 6.6.3 网上业务

遨游旅行网由中青旅胜腾国际旅游有限公司于2005年5月31日强势推出，是国内第一家以“休闲度假旅游”为主要业务发展方向的在线旅游服务公司，是目前国内知名在线旅游服务品牌之一。依托投资双方“中青旅控股股份有限公司”（CYTS）及“美国有方国际旅游服务集团”（Travelport）优势旅游资源，遨游旅行网面向休闲度假旅游市场提供休闲度假产品、国际国内酒店和机票的预订业务，以及各种相关旅游附加产品，致力于为广大中国休闲旅游消费者提供全方位、“一站式”、优质高效的旅游服务，满足每一位消费者“完美旅行体验”的消费诉求。其提供的在线服务包括：酒店预订、机票预定、休闲度假、目的地资讯、遨游社区和我的遨游等栏目。

（1）酒店预订。遨游旅行网已与国内及港澳地区近220个城市的3000多家星级酒店建立了良好的合作关系，同时提供20,000多家位于北美、欧洲、亚洲及澳大利亚、新西兰的国际酒店客房资源，让客人能够快速、方便预订所需酒店，更有酒店已实现网上即时确认，在价位、房型上也有更多可选性。

图6-16为遨游旅行网酒店预订页面。

图 6-16　国内酒店预订

（2）机票与旅游度假预订。遨游旅行网与国内 10 大航空公司、40 余家国际航空公司密切合作，可支持全国 55 个城市的异地出票和机票配送服务，在北京设立了 5 个票务代理处，并提供送票上门服务。进行系统优化后的遨游预订平台将机票折扣、机位等相关信息实现了实时查询，跃居国内航空服务领先行列，凭借资质及资深业内经验，还开发了异地委托出票、电子分销渠道专业服务。

中青旅依托自身的技术平台优势和酒店/机票资源，以及中青旅多年积累下来品牌/网络和资源优势，遨游旅行网还提供丰富多样的境内外包价及用户可选的休闲度假产品与服务，力求成为能够满足国内国际散客旅游者各种旅行需求的旅游供应商。

图 6-17 为中青旅旅游度假页面。

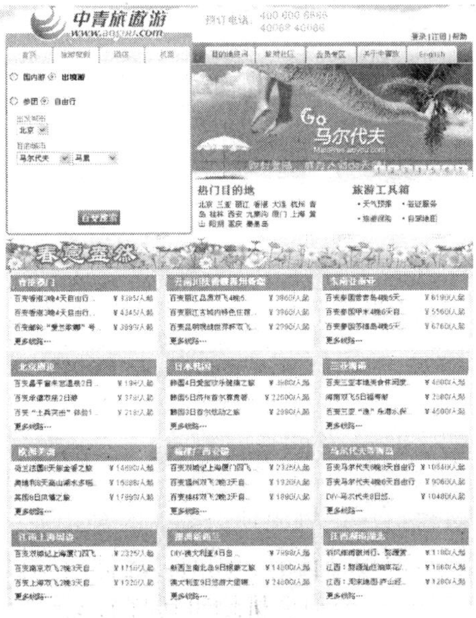


图 6-17　旅游度假页面

（3）目的地资讯。遨游旅行网还提供了图文并茂的详细的目的地资讯，为旅游者提供出行前的包括景点、住宿、行车等多方面的详细参考。图 6-18 为目的地资讯首页。

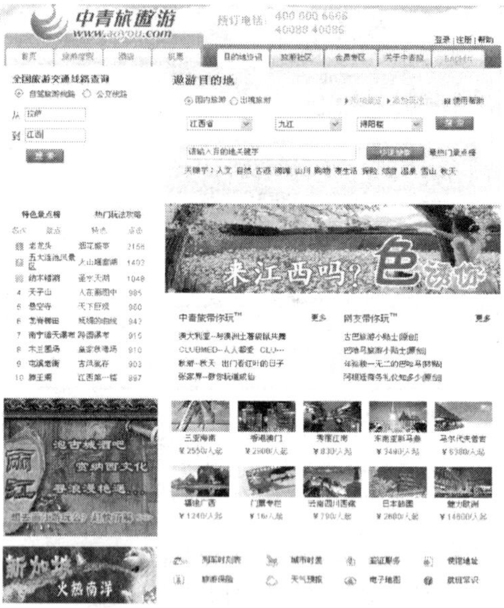


图 6-18　目的地资讯首页

为了向旅游者提供交流平台，遨游网还提供了包括遨游记、精彩自由行、旅行摄影等旅游者新的交流栏目，同时还提供自驾悠游和寻伴出游等新兴旅游信息发布交流平台，为旅游者提供了更广阔的选择空间。图 6-19 为中青旅旅游社区首页。

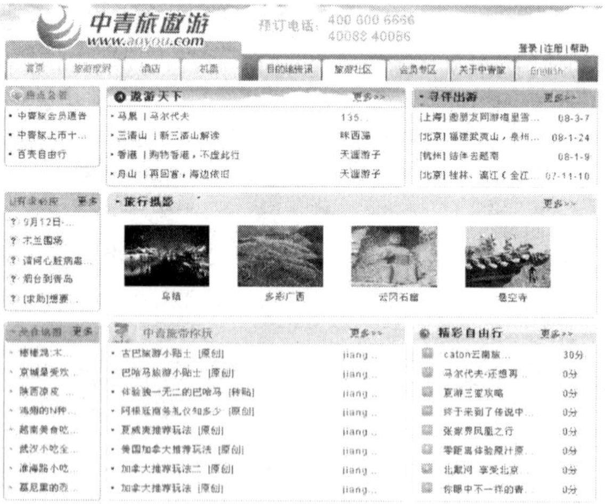


图 6-19　旅游社区首页

遨游旅行网利用先进的网络科技，推出功能强大、使用便捷的专业网络预订平台，让越来越多的客户享受到完美的网上预订体验。同时，还拥有颇具规模的呼叫中心（24 小时服务预订电话 400-600-6666，固定电话和手机均可拨打），经过专业培训和严格考核而筛选出的高素质客户服务代表为客户提供全天候的休闲度假产品、酒店、机票预订服务。

### 6.6.4　ERP 实施

青旅在线开通运营后，为中青旅的业务发展产生了重要的推动作用，但是公司的管理层很快意识到，前台虽然有了电子商务网络，但如果后台没有相应的匹配作支持的话，就称不上真正的电子商务，电子商务的优势也很难真正体现出来。于是，中青旅后台 ERP 系统的建设提上了议事日程。经过深思熟虑和综合考察评标，中青旅最终选择了在企业信息化领域具有丰富经验的 ERP（企业资源规划）软件供应商——山东浪潮通用软件有限公司作为其长期的战略合作伙伴。2001 年 4 月，公司 ERP 一期项目正式启动，中青旅成为国内第一家全面引入 ERP 的旅行社。

中青旅和浪潮通软根据业务的发展需要，对系统做了一个整体的规划。ERP 项目共分三期规划：

- 第一期项目主要实现旅游业务处理和财务处理功能，包括连锁销售系统、国内团操作系统、出境团操作系统、单团核算系统、财务系统等，从而实现旅游业务从开团、销售、单团核算到财务的集成处理。另外，还要实现 ERP 系统与青旅在线网站系统、酒店和机票预订中心系统的对接；
- 第二期项目主要实现入境游子系统、导游和车队管理以及 CRM 系统，以期把客户资源整合起来，更为主动的为客户提供专业的服务；
- 第三期主要实现办公自动化、人力资源管理以及各分子公司的财务和业务管理系统。

ERP 系统的实施为中青旅电子商务的发展提供了强有力的保障与支持，所体现出来的优势主要表现在以下几个方面：

- 全面支持公司战略发展需求。ERP 系统为中青旅向集团化迈进提供了强有力的支持，对公司实施并购、战略联盟等策略提供了技术保障；
- 促进业务流程规范化。中青旅“连锁销售＋网上预订＋后台支持＋财务监控”的业务模式在实施 ERP 后成了一个规范化的业务流程，实现了信息资源的一致性、共享性，提高了业务人员的工作效率和业务操作水平，提高了对客户需求的反应能力；
- 促进企业管理的变革与创新。实施 ERP 之后，公司在管理、监督、决策等活动方面的能力和水平得到了很大的提高，实现了各部门人员责权利的匹配；使财务对业务的全面监督成为可能，纠正了可能的黑箱操作；业务流程控制点明确，简化了决策环节；及时、快速、准确、全面的信息流为企业决策提供了有力支持，领导决策数字化，规避了企业经营风险。

### 6.6.5　优化与改进

青旅在线是我国最早涉足电子商务发展的旅行社之一，它的发展过程可以用“摸着石头过河”来概括其中的艰辛，但公司高层自始至终对电子商务的发展予以高度重视和很大力度的支持，使得电子商务发展不断得到优化与改进，逐步取得令人鼓舞的成绩。

在青旅在线刚开通时，因为用的是当时还没有进入中国内地的美国宏道公司的系统，出现了一系列的问题：

- 开发周期仓促，仅仅 2 个月的开发时间留下了许多设计缺陷；

- 不知道如何将资讯和产品在网上更有效地展示；
- 不知道如何将宏大的产品功能深度挖掘；
- 对市场和用户的需求缺乏足够的了解；
- 系统不稳定，经常宕机；
- 速度慢，访问者难以忍受；
- 产品表现和预订流程不合理等等。

在痛苦地运行了一段时间后，公司对目标客户的需求有了更多的了解，对市场的反应有了更准确的把握，并对宏道公司的产品的诸多功能有了更深刻的理解，于是在宏道公司正式进入中国市场后不久，青旅在线进行了网站的升级与改版。

经过改进与优化后的青旅在线，直到现在的遨游网，电子商务的解决方案变得更加完善与合理，表现在：

- 网站的资讯服务更加全面，而且各类资讯由系统智能地与线路等旅游产品紧密结合；
- 网上销售、资讯、网下销售以及内部销售管理紧密结合，同时，个性化的服务更加突出，B to B、B to C 能有效地结合；
- 网站通过与青旅控股 ERP 系统的对接，完成青旅控股与青旅在线信息一体化建设，从而最大限度地发挥青旅控股强大的传统资源和青旅在线先进的网络技术相结合的优势。

在业务流程重组方面，中青旅也有不少大的动作，比如成立了“中青旅中国公民旅游总部”，将原来的公民部、中青旅连锁、导游部合并，并将之与中青旅电子商务有限公司统一运作，构建一体化经营、专业化分工、标准化作业的中青旅中国公民旅游运作机构，而且实现了公民旅游业务的信息流和资金流的协调一致。

可以说，电子商务的发展本身是一个不断优化与改进的过程，只有紧紧围绕客户的需求，大胆探索，勇于实践才能产生理想的效果。

### 6.6.6 案例评析

中青旅发展电子商务是以中国三大旅行社之一的“中国青年旅行社”这一实体作为其坚强后盾的，中青旅的品牌、人才、客户、网络、业务资质、合作伙伴等各方面的资源条件，为其拓展网上业务带来了无可比拟的优势。所以，当国际、国内网络泡沫开始破灭，一个又一个网络公司难以为继，纷纷倒下的时候，中青旅却迸发出越来越强的生命力，成为国内旅行社行业电子商务发展的“领头羊”。

在电子商务的发展初期，中青旅也曾经对究竟做“电子”，还是做“商务”进行过一番争论，最后得出的结论是，对中青旅这样一个“老牌”的旅行社，必须利用电子手段更好地开展商务活动，因为只有这样才能充分利用中青旅在网下的优势，这种优势既是其他的旅游电子商务网站所不具备的，也是非常有必要通过互联网深层次、多角度地发挥它们的商业价值的。在中青旅看来，新经济并不是虚无缥缈的，电子商务也不应该是无源之水、无本之木，它应该落在实处，应该是以商务为本，应该挣钱才能够维持下去。从中青旅的发展经验可以看出，新经济与旧经济、传统和现代并不是简单隔离、非此即彼的，二者是相互依赖、相互补充、相互促进的，新经济是传统经济的“翅膀”，传统经济是新经济的

“躯体”，两者紧密结合，一定能飞得更高、更快、更远。

中青旅的发展表明，对中国数以万计的旅行社来说，要在未来激烈的市场竞争中占有一席之地，必须借助于互联网这个有效的工具，为自己开辟更广阔的发展空间，使传统的业务焕发生机与活力，为客户也为自身创造更大的价值。

传统与现代的结合，前台与后台的整合，网上与网下的集成，业务与财务的协同，这些都是中青旅在实际发展中总结出来的宝贵经验，它们不仅代表着旅游电子商务的前进方向，而且也是电子商务成功的重要法宝。

# 第 7 章　民航业电子商务发展

民用航空业（简称“民航业”）是人类社会经济、科技进步的产物，是现代文明的重要标志。经过上百年的发展，民用航空业已成为当今世界主要的旅客运输方式之一，特别是在远距离客运市场，民航业占有无可争议的特殊地位。在我国，民航业经过数十年的发展，特别是改革开放 20 多年来的迅猛发展，已经取得了令世人瞩目的成就，为我国国民经济的快速发展和社会的全面进步作出了重大的贡献。在世界民航业有待复苏的今天，中国的民航业虽然同样也面临着不少的问题和困难，但总体来说，发展前景光明，增长势头看好。

按照中国加入 WTO 的承诺，我国将逐步开放航空运输市场，国内航空市场的国际化、国际民航业竞争的国内化已经势不可挡。对于还处于幼年期的我国民航业来说，面对国际民航业的强大竞争，无论从规模、实力，还是从管理水平、服务意识等各个方面都将面临严峻的挑战，但中国民航业没有退路，只能与狼共舞，争取在较短的时间内迅速增强实力，积极参与国际国内的市场竞争。可喜的是，随着我国民航经营管理体制的进一步理顺，政企分开的逐步到位，民航业的整体实力在不断提高，在国际民航业中的影响力也在快速上升。

毫无疑问，民航业是对信息化要求比较高、信息化基础比较好、信息技术应用程度比较深的一个行业。在席卷全球的电子商务发展浪潮中，民航业既有急迫的发展需求，又有良好的发展基础，所以，民航业的电子商务发展广受社会各界关注。在我国，民航电子商务作为民航信息化的重要组成部分，受到了政府和各大航空公司的高度重视，目前已取得了一定的进展，并正在向深层次推进，为我国民航业的健康、快速发展，正发挥越来越重要的作用。

## 7.1　民航业发展概况

从世界范围来看，“9・11 事件”给快速发展的国际民航业带来了致命的打击，包括美国联合航空公司在内的多家大型航空公司陷于破产境地。直到今天，世界航空业尚未走出恐怖阴影，增长势头并不明显。我国民航业是从建国以后发展起来的，从无到有，从弱到强，走过了不平凡的发展历程，取得了巨大的成就。近年来，我国民航业不可避免地受到国际民航大背景的影响，特别是 2003 年的 SARS 事件给我国民航业带来了很大的打击，但总体来说，困难是暂时的、局部的，经过几年的调整这一影响现已基本消除，发展的前景是十分美好的。

### 7.1.1　中国民航业发展历程与现状

1949 年 11 月 2 日，中国民用航空局成立，揭开了我国民航事业发展的新篇章。从这一天开始，新中国民航迎着共和国的朝阳起飞，从无到有，由小到大，由弱到强，经历了不平凡的发展历程。

中国民航发展至今主要历经四个阶段：

1. 第一阶段（1949 年—1978 年）

1949 年 11 月 2 日，中共中央政治局会议决定，在人民革命军事委员会下设民用航空局，受空军指导。1950 年，新中国民航初创时，仅有 30 多架小型飞机，年旅客运输量仅 1 万人，运输总周转量仅 157 万吨公里。1960 年 11 月 17 日，经国务院编制委员会讨论原则通过，决定中国民用航空局改称“交通部民用航空总局”，为部属一级管理全国民用航空事业的综合性总局，负责经营管理运输航空和专业航空，直接领导地区民用航空管理局的工作。1962 年 4 月 15 日，中央决定将民用航空总局由交通部属改为国务院直属局，其业务工作、党政工作、干部人事工作等均直归空军负责管理。这一时期，民航由于领导体制几经改变，航空运输发展受政治、经济影响较大，1978 年，航空旅客运输量仅为 231 万人，运输总周转量 3 亿吨公里。

2. 第二阶段（1978 年—1987 年）

1978 年 10 月 9 日，邓小平同志指示民航要用经济观点管理。1980 年 3 月 5 日，中国政府决定民航脱离军队建制，把中国民航局从隶属于空军改为国务院直属机构，实行企业化管理。这期间中国民航局是政企合一，既是主管民航事务的政府部门，又是以“中国民航（CAAC）”名义直接经营航空运输、通用航空业务的全国性企业。1980 年全民航只有 140 架运输飞机，且多数是 20 世纪 50 年代或 40 年代生产制造的苏式伊尔 14、里二型飞机，载客量仅 20～40 人，载客量 100 人以上的中大型飞机只有 17 架；机场只有 79 个。1980 年，我国民航全年旅客运输量仅 343 万人；全年运输总周转量 4.29 亿吨公里，居新加坡、印度、菲律宾、印尼等国之后，列世界民航第 35 位。

3. 第三阶段（1987 年—2002 年）

1987 年，中国政府决定对民航业进行以航空公司与机场分设为特征的体制改革。主要内容是将原民航北京、上海、广州、西安、成都、沈阳 6 个地区管理局的航空运输和通用航空相关业务、资产和人员分离出来，组建了 6 个国家骨干航空公司，实行自主经营、自负盈亏、平等竞争。这 6 个国家骨干航空公司是：中国国际航空公司、中国东方航空公司、中国南方航空公司、中国西南航空公司、中国西北航空公司、中国北方航空公司。此外，以经营通用航空业务为主并兼营航空运输业务的中国通用航空公司也于 1989 年 7 月成立。1993 年 4 月 19 日，中国民用航空局改称中国民用航空总局，属国务院直属机构。12 月 20 日，中国民用航空总局的机构规格由副部级调整为正部级。

经过连续十多年的快速发展，到 2002 年，民航行业完成运输总周转量 165 亿吨公里、旅客运输量 8594 万人、货邮运输量 202 万吨，国际排位进一步上升，成为令人瞩目的民航大国。

4. 第四阶段（2002 年至今）

2002 年 3 月，中国政府决定对中国民航业再次进行重组。主要内容有：

（1）航空公司与服务保障企业的联合重组。民航总局直属航空公司及服务保障企业合并后于2002年10月11日正式挂牌成立，组成为六大集团公司，分别是：中国航空集团公司、东方航空集团公司、南方航空集团公司、中国民航信息集团公司、中国航空油料集团公司、中国航空器材进出口集团公司。成立后的集团公司与民航总局脱钩，交由中央管理。

（2）民航政府监管机构改革。民航总局下属7个地区管理局和26个省级安全监督管理办公室，对民航事务实施监管。

（3）机场实行属地管理。按照政企分开、属地管理的原则，对90个机场进行了属地化管理改革，民航总局直接管理的机场下放所在省（区、市）管理，相关资产、负债和人员一并划转；民航总局与地方政府联合管理的民用机场和军民合用机场，属民航总局管理的资产、负债及相关人员一并划转所在省（区、市）管理。

重组后，我国航空运输业形成了以中国航空、东方航空和南方航空三大集团公司为主体的行业结构，不但规范了竞争，而且通过联合重组，三大集团公司无论在规模和实力上都有较大增强，企业运力、航线、航班、市场网络、人力等资源得到了优化配置，国际竞争力得到了一定的提高。重组后的三大航空运输集团中，中国航空集团公司是以中国国际航空公司为主体，联合中国航空公司和中国西南航空公司组建的大型国有航空运输企业。中国东方航空集团公司是以东方航空集团公司为主体、兼并中国西北航空公司、联合云南航空公司组建的国有大型航空运输企业。中国东方航空集团公司总部位于中国经济最活跃、最发达的城市——上海，拥有贯通中国东西部，连接亚洲、欧洲、澳洲和美洲的庞大航线网络。中国南方航空集团公司是以南方航空集团公司为主体、联合中国北方航空公司和新疆航空公司组建的国有大型航空运输企业。排在三大巨头之后的是我国航空业的后起之秀——海南航空集团公司，海航集团兼并了新华航空公司和长安航空公司等，总体实力正在不断提升。可以说，“3+1”的航空集团构成了我国民航业的基本骨架，全面操控着中国民航市场。另外还有一些独立的地方航空公司，比如深圳航空公司、上海航空公司和山东航空公司等，但企业规模一般不大，影响相对较小。

随着民航管理体制的理顺和改革的深化，重组以后的几年是我国民航业发展极为迅猛的时期。在2006年，民航全行业完成运输总周转量306亿吨公里，旅客运输量1.6亿人，货邮运输量349万吨，分别比上年增长17.0%、15.5%和13.9%。当年共有定期航线1336条，其中国内航线1068条（至香港、澳门航线43条），国际航线268条。2006年我国民航旅客周转量高于世界平均增长水平9.8个百分点。航空运输总周转量、旅客周转量在国际民航组织缔约国中排名均继续保持第二位。

我国民航事业发展目前已经进入了战略机遇期，预计到2010年，我国航空运输总周转量将达到500亿吨公里，年均增长14%。未来数年我国民航的发展任务是“建设新一代民用航空运输系统，实现从民航大国向民航强国的历史性跨越的奋斗目标”。

按照《民航体制改革方案》，民航体制改革之后，民航总局作为国务院主管全国民航事务的直属机构，不再代行对六大集团公司和下发机场的国有资产所有者职能，主要承担民用航空的安全管理、市场管理、空中交通管理、宏观调控及对外关系等方面的职能。

### 7.1.2 中国民航信息化发展状况

我国民航信息化的发展是从“七五”开始起步的，经过近20多年的发展，基本形成了以“两网”为依托、以“九大业务系统”为支柱的发展格局。“两网”是指民航专用网和全国民航计算机广域网；“九大业务系统”是指订座系统、代理人系统、离港系统、货运系统、收入结算管理系统、空管信息管理系统、航空公司综合管理系统、机场综合信息系统和民航管理信息系统。

民航专用网包括空管通信网和商务通信网两大专用通信网络。空管通信网以自动转报、分组交换和卫星通信为主，连接全国各管理局、省(市、区)局和主要航站，覆盖所有国际航路和国内干线航路，承担空中交通管制、航空气象与情报、飞行计划与动态、综合管理等业务传输和国际数据交换服务；商务通信网覆盖国内近 300 个主要城市和 80 个国外城市及港澳地区，网络用户终端数量超过 28000 台，主要承担着客货运输业务数据传输。目前，两大专用网建设已初具规模，正在加快技术改造，扩大干线传输带宽，提高用户接入速度，逐步实现两网合一。全国民航计算机广域网建设一期工程从 1995 年开始，主要是实现民航总局内部联网；二期工程是建设地区管理局的局域网，其中总体投资 2 亿元的“民航信息管理与办公自动化系统”将实现民航总局与七大管理局的联网；三期工程将实现民航总局至各航站、机场间的互联。经过一段时期的发展，九大业务系统建设已取得了很大的进展。具体情况如下：

（1）订座系统年处理量已进入国际前 10 名；

（2）代理人分销系统与亚洲、美洲、欧洲等 8 大全球分销系统已实现连通；

（3）离港系统已在国内绝大多数机场建成使用；

（4）货运系统已为国内主要航空公司和数十个机场提供实时货运服务；

（5）收入结算管理系统已为国内外数百家航空企业提供服务；

（6）空管信息系统正在建设成面向管制安全生产、面向管理和决策支持、面向航空运输企业服务的综合信息系统，为全行业提供安全、统一、准确、及时的航班计划、飞行动态、航行情报和气象等信息；

（7）航空公司综合管理系统正在加快建设飞行管理系统、收益管理系统、建设常旅客、机务航材和企业管理等信息系统；

（8）机场综合信息系统则以信息服务和生产管理调度为中心，建立机场中心数据库，实现空管、航空公司、供油等信息互联互通，在此基础上加快机场离港系统的建设，加紧做好物资设备管理、能源管理等信息系统的建设；

（9）民航管理信息系统采用先进、开放的系统平台，实现总局与地区管理局之间信息资源共享，提高办公效率和管理、决策水平，它将以数据库为核心，以浏览器为界面，基于开放通信协议，采用互联网技术，加大系统开发和应用推广的力度，实现与相关系统的互联。

在此基础上，民航系统的电子商务发展顺利，各大航空公司都纷纷推出了电子客票服务，电子客票行业标准即将颁布实施；在电子政务方面，民航电子政务正在有序推进，总体规划编制完成，总局政务系统正抓紧组织开发；中航油 ERP（企业资源计划）管理系统建设基本完成，应用成效较为显著；民航数据通信网改造工程和空管生产运行管理信息系统技术方案已经确定，正在组织实施。

从以上的分析可以看出，民航信息化建设牵涉面十分广泛，实施难度也很大，但我国的民航信息化建设正在有序推进，取得了令人鼓舞的成绩。

### 7.1.3 我国民航业的未来发展机遇

在世界民航业发展一蹶不振的今天，我国民航业不可避免地受到负面影响。但相比较而言，我国民航业受到的影响要小得多，未来的发展机遇远远大于所面临的挑战。具体表现在以下几个方面：

（1）入世促进我国民航业健康、快速发展。入世后，飞机维修服务开放市场，国外飞机维修公司的进入，使得民航营运成本明显下降；国内航空公司开拓国际民航市场的机会大大增加；关税的降低，飞机、航材、航空油料等成本会显著降低；国内航空公司的管理与维护水平会有效提高。

（2）国民经济快速增长为民航业发展提供强劲动力。我国在本世纪前20年全面建设小康社会、西部大开发、振兴东北等战略决策，为我国民航业的发展带来了大量的机遇。按照国际民航业的发展经验，航空运输业一般以GDP增长2倍的速度，我国民航业未来几年必定会以高于10%的速度持续、快速增长。

（3）人民生活水平的提高和旅游业的快速发展推动民航业加速前行。随着经济的发展和社会的进步，人民群众有了更多的可支配收入和闲暇时间，对出行和旅游有了更多的需求和更高的要求，必然会催生民航运输更多的需求。

（4）民航管理体制的理顺和市场化进程的加快有利于我国民航业的健康发展。政企分开、民营资本和外资的进入对我国民航业的发展会带来直接的推动作用。

（5）航空业的资产重组会进一步提升我国民航业的国际竞争力。中航、东航、南航三大航空集团的形成，海航等新兴的民航企业的崛起，对我国民航业国际竞争力的提升大有裨益，我国民航业的现代化、国际化的进程会大大加快。

（6）运输结构的调整大有潜力。长期来，我国民航业一直被看作为“高价”运输的代名词，与人民群众的承受能力和社会发展水平有一定的差距，以致航空运输量占运输总量不到1%，远低于发达国家的水平。从未来的发展趋势看，这一比例一定会逐步提高，民航运输的成长空间极为广阔。

尽管我国民航业的成长发展还会遇到各种未知的不利因素，但总体发展势头良好，前景非常广阔。

## 7.2 民航业电子商务概述

以电子客票为主要表现形式的民航业电子商务在国外已经有十多年的发展历史，目前已为各大航空公司广泛应用。在我国民航业，电子商务的应用相对时间比较短，应用水平也要低一些，但发展的速度很快，效果也很明显。从未来的发展趋势看，电子商务的发展与应用必然会成为我国民航业提高市场适应能力和国际、国内竞争力的重要手段。

### 7.2.1 民航业电子商务的表现形式

简单地说，民航业电子商务是指以互联网为核心的现代信息技术在民航业务中的应用。目前，民航业电子商务的表现形式越来越丰富，主要有以下几种。

1. 电子客票

电子客票（e-ticket）是指传统纸质机票的电子化、数字化。电子客票是在航空票务网上销售的基础上实现真正的无纸机票，旅客通过航空公司的电子商务网站进行机票的查询、订购，其中包括航班、日期和班次以及座位的确认，并通过电子货币方式支付所需费用，然后通过航空公司订票系统进行确认，给旅客确认信息和校验信息；旅客在机场通过与航空公司电子客票系统相连的机票确认设备，给出自己在订票时得到的相关信息进行确认，得到确认后，旅客乘坐航班的各种相关信息全部通过电子客票系统传递给机场的离港系统，并由离港系统完成对旅客的座位确认、行李登记等所有工作，让旅客真正实现无票旅行。

真正的电子客票使旅客从订票到登机实现了全过程的数字化，简化了旅客乘机时的一系列繁杂手续，大大减轻了工作人员的劳动强度，也大大方便了航空公司对客运信息的管理和统计，以及对未来航线的远景规划，消除了传统机票的一系列弊病。

2. 航空票务网上销售

与电子客票不同的是，航空票务的网上销售是利用电子商务方式实现传统票务的网上销售。与传统的航空票务销售方式相比，网上销售打破了时空的限制，为航空公司和旅客都带来了直接的利益。对航空公司而言，网上销售减少了机票和人工成本，降低了支付给销售代理人的费用，而且还有效地加快了资金周转；对广大旅客来说，网上订票为他们带来了极大的便利，他们可以在适当的时间、适当的地点通过网络订购适当班次的机票，而且，在一定程度上可以比传统订购方式更低的价格订购到需要的机票。

航空票务的网上销售使航空公司摆脱了传统的依靠售票处、办事处、代理点销售机票的方式，提高了效率、节省了成本，而且也使得航空公司与旅客之间的双向沟通也变得更为便利。比如，航空公司过去都在等旅客上门购票，而现在可以借助网络充分了解客户需求，针对每个客户的具体情况，实现个性化的航空票务服务。

3. 客户关系管理

从本质上来说，民航运输的实质就是服务。因此，如何为广大旅客提供高水平、个性化的服务是体现航空公司竞争力的重要因素。利用网络技术实现客户关系管理，是提高航空公司客户服务水平的有效途径。

一般来说，长期乘坐飞机的乘客往往需要随时得到航线变更、票务销售、到港和离港时间等大量相关信息。在传统的条件下，因为航空公司缺乏有效的客户关系管理手段，很难搞清楚到底谁在经常乘坐本公司的航班，也很难为其及时提供准确有效的相关信息。而通过网络技术的应用，航空公司可以构建旅客的各种数据库，了解不同乘客的不同需求，为他们制订经济、合理的旅行计划、提供相应的优惠措施以及其他相关服务，不但可以为乘客带来满意的服务，而且也会大大促进公司经济效益和社会效益的提高。所以，在实施电子商务过程中实现有效的客户关系管理，已成为国际、国内各大航空公司的一项重要任务。

根据国外航空公司的经验，民航客户关系管理主要实现四个方面的目的：

（1）客户资料管理：对客户数据进行分类管理，实现个性化服务；

（2）客户跟踪管理：借以把公司的最新产品与服务及时通知客户；

（3）客户服务管理：提高客户投诉与其它售后服务的响应速度；
（4）市场销售信息管理：包括公司介绍、航班信息、票价信息等。

4. 航空器材网上采购

对航空公司来说，航材采购因为资金数额较大、供应商地域较为分散等原因，利用传统的人工采购方式，需要投入大量的人力、物力，而且周期长、效率低。而网上采购通过B to B方式的电子商务应用，可以使航材供应商和航空公司之间实现信息即时共享、交易更为透明公平、费用明显下降、效率显著提高，是民航业航材采购未来的发展方向。

在我国，不少航空公司航材备件库存所占用的巨额资金始终是资金管理的一个薄弱环节，也是影响航空企业经济效益的重要因素。航材的网上采购对降低航空公司的库存也将会起到不可低估的作用，并将为我国航空公司向航材零库存管理（随时需要、随时采购）过渡打下基础。

民航业电子商务的表现形式将会随着电子商务的深入发展、市场竞争的加剧和客户需求的不断变化而越来越多。对航空公司来说，应该把握机会，积极探索，为促进公司的发展和提升客户的利益赢得更多的机会。

### 7.2.2 电子客票的发展

电子客票是民航电子商务最基本、也是最重要的应用，它最早于1993年由以亚特兰大为基地的美国Valuejet航空公司首先开始使用，至今已走过十余个年头，由于顺应了时代的需要，为航空公司和客户创造了极高的价值，因而取得了迅猛的发展，成了国际航空业电子商务发展新的亮点。

1. 电子客票的发展阶段

电子客票从出现至今，大致可以分为三个发展阶段：

（1）网上订购阶段：旅客通过电话或互联网购买，并通过邮件、传真或电子邮件获得收据及订单号、航程票价等信息，当在机场办理登机手续时，旅客必须出示身份证明，以换取登机牌；

（2）智能管理阶段：这一阶段的电子客票利用了智能卡技术，将与旅行相关的各种服务集成到了一张智能卡上，不仅能为旅客累计里程点数、替代机票和登机牌，还可以凭卡预订出租汽车和酒店的客房等；

（3）综合应用阶段：这一阶段电子客票不再单纯是旅客登机的电子化的凭证，而是把旅客身份识别、旅行记录、旅游预订、金融服务、通讯服务等多种功能集成在一起，旅客的相关信息都安全地存储在航空公司的电子数据库中，不再需要手持任何票据，只需凭借有效证件或专用密码即可享受与航空有关的全过程的服务。

2. 电子客票创造的价值

对于旅客来说，使用电子客票可以获得以下几个方面的好处：

（1）订票方便快捷：电子客票定购、签转、更改与退票直接通过互联网或者呼叫中心就能实现；

（2）乘机简单省时：在美国，电子客票使旅客的候机时间由过去的 1 小时缩减成 10 分钟，时间节省十分明显；

（3）价格优惠：电子客票因为节省了机票的营销的成本，旅客可以更优惠的价格购买；

（4）身份确认容易：传统机票一旦丢失或未随身携带，将无法乘机，而购买电子客票的旅客只需提供身份证件或专用密码即可获得身份确认，为旅客带来很大的方便。

对于航空公司来说，电子客票创造的价值是显而易见的，体现在：

（1）营销成本显著降低：电子客票由于减少了中间环节和人工服务的成本，使得客票的营销成本大幅度下降，为航空公司创造了更大的盈利空间；

（2）结算效率大大提高：电子客票使传统的销售机票行为的票据流变为电子化数据流，不但提高了机票销售资金回笼的速度，有效地消除了票款被违规截留、挪用、流失的可能，而且大大提高了资金结算的效率，对航空公司经济效益的提升意义重大；

（3）便于对客户的管理：购买电子客票的各种旅客信息都保存在航空公司专门的数据库里，方便航空公司对客户进行有效的管理；

（4）提高客户服务的能力与水平：有了电子客票后，航空公司与旅客之间有了更加直接、方便的交流与沟通，航空公司可以为旅客提供更富针对性的服务，必然会有效提高客户的满意度和忠诚度。

可以肯定，电子客票的出现将会给长期以纸质机票作为凭证的民航业务的运作方式带来一场不小的革命，无论是航空业务的处理流程，还是旅客的消费习惯，以及传统的以纸面票据作为报销凭据的财务制度，都将发生根本性的变化。

### 7.2.3　国际民航业电子商务发展状况

从国际范围来看，民航业是较早介入电子商务发展与应用的行业之一。美国是民航业电子商务发展的先驱者。美国联合航空公司在 1994 年时，就开始比较全面地应用电子商务改变企业运作体制。主要举措包括：让企业员工借助完善的企业内联网，参与企业的经营管理；完善商务信息系统与全球分销系统的集成，组建明星联盟，使美联航成为真正的全球承运人；实施低成本经营策略，开展电子客票、网上售票、网上采购业务的推广应用。美国航空公司（American Airlines）则从 1996 年初就通过电子邮件方式向它的特定客户发送“特别票价”的信息，鼓励它的客户直接在网上订购。到 1998 年初时，该公司每周就要发送 170 万封电子邮件，取得了很明显的营销效果。到 1998 年 6 月，美国航空公司推出了其网站的一个新的版本，除了高效率的浏览功能和动态交互功能外，还为 A 等便利客户成员提供个性化服务。目前，该公司网站（参见图 7-1）不但具有功能完善的电子商务功能，而且在为客户提供电子化管理与服务方面也是世界上领先的。2004 年初，美国航空公司在原来成功实现客运电子商务的基础上，向所有的货运客户也推出了在线订票电子商务服务，这项服务使货运客户能够在任何时候、从全球任何地方即时获得该公司的货运服务，再次走在了世界的前列。

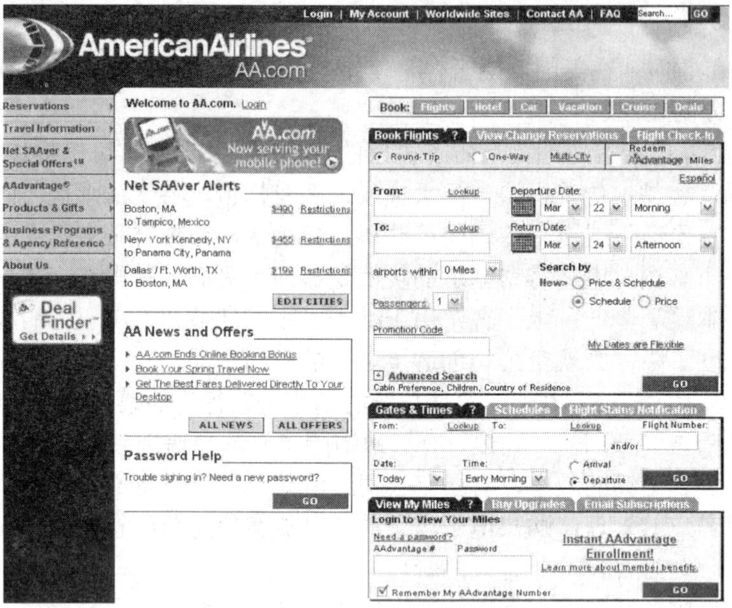


图 7-1 美国航空公司主页

英国航空公司（BA）通过与 IBM 的合作，投资 2000 万英镑以实施电子商务计划。计划的第一阶段是更新其网站，以便让更多的互联网访问者访问，同时也增添实时航班到港和离港信息；第二阶段是将人工服务工作量（capacity）减少 12%，人力裁减 10%，以降低公司的经营成本，提高利润水平；第三阶段是推出全面的电子商务业务。目前，英国航空公司的电子商务发展在世界上也处于比较领先的地位。

德国汉莎航空 ETIX 电子客票服务系统早已投入使用，通过该系统预订机位，旅客无需持有纸张机票，便可以在机场柜台办理登机手续，领取登机证。在中国，旅客亦可以通过汉莎航空的中国内地、香港和台湾网页的预订表格使用此项服务，旅客只要提供德国汉莎航空会员卡号码或信用卡号码便可以预订机票，而机票和信用卡资料会储存在航空公司的电脑系统内。旅客办理登机手续时，出示相同的信用卡或会员卡，便会获发登机证及收据。可以说，汉莎航空公司已经实现了比较全面的电子客票业务。

成立于 1923 年的芬兰航空公司，是世界上资格最老的航空公司之一，有 50 多条国际航线和 20 多条国内航线。与以高科技立国闻名于世的国家一样，芬兰航空十分重视高技术在航空业务中的应用，把发展民航业电子商务作为促进民航业发展的重要举措。目前，芬兰航空公司的电子商务交易额在其业务收入中已占有比较高的比重，各方面的应用都取得了明显的成效。

在亚洲，随着旅游业的复苏，民航业在近几年又出现了新的生机。日本、韩国、新加坡等国家和地区的航空公司纷纷加入到了电子商务的发展行列。中国香港特别行政区的国泰航空是国际著名的航空公司，也是亚太地区民航业电子商务发展的佼佼者。该公司早在 20 世纪 70 年代就将计算机技术应用于订座、财务结算、飞行计划、维修计划、飞行调度等航空公司的经营业务中。到了 90 年代中期以后，国泰航空开始全面实施电子商务发展战略，使企业的内部通信、员工培训、采购、财务管理、市场销售等各项业务实现电子化，取得了极大的成功。目前，国泰航空在电子客票、客户关系管理、电子化服务等电子商务应用方面在国际上处于领先水平。图 7-2 为国泰航空简体版主页。

图 7-2　国泰航空简体版主页

总之，全球航空公司都已充分认识到发展电子商务的重要性，尽管在发展水平上还有不小的差距，但这种趋势已经势不可挡，发展前景十分光明。

# 7.3　中国民航业电子商务发展

我国民航业电子商务发展起步相对较晚，目前还只是处在初级阶段。但随着民航体制的不断完善，电子商务技术的逐步完善，市场竞争的进一步加剧，客户需求的日渐上升，我国民航业电子商务发展开始驶入快车道，并正在向深层次推进。

## 7.3.1　中国民航业电子商务发展状况

加快民航信息化进程，促进民航业健康、快速发展一直受到我国政府和各大民航企业的重视。早在 1994 年，中国民航商务网管系统开始立项建设，它实际上是民航电子商务发展的雏形。这一系统包括了订座系统、离港系统、全球分销系统、收益管理系统、常旅客系统等，这些子系统目前已成了各大航空公司通过互联网销售机票的主要数据源，是当前民航业电子商务发展的基本组成部分。通过多年的发展，目前，中国民航商务计算机网络已从过去单一的旅客订座应用发展成为具有支持订座、自动出票、离港控制、货运、信息管理和辅助决策等多种功能的民航计算机网络系统，进一步的发展，它还将支持其他产品的分销系统，支持民航与其他行业在计算机系统之间的数据交换，为推动民航业电子商务深层次的发展提供支撑。

目前，国内有不少航空公司通过自建或通过与一些专业 IT 公司的合作，开展了各种形式的电子商务业务，其中电子客票是主要形式。2000年3月28日，南方航空公司成为国内首家推出电子客票（散客）的航空公司，可以直接向旅客提供电子客票；2001年3月18日，南航又实现了团队电子客票，通过代理人向旅客提供国内航班电子客票服务，进行网上在线电子支付；2003年3月18日，南航B 2 C电子客票系统正式开通，它进一步提升了南航在销售方面的优势。目前，南航电子客票系统已经逐步推广到南航的各个分公司和国内营业部以及国外办事处。图7-3为南方航空机票预订页面。

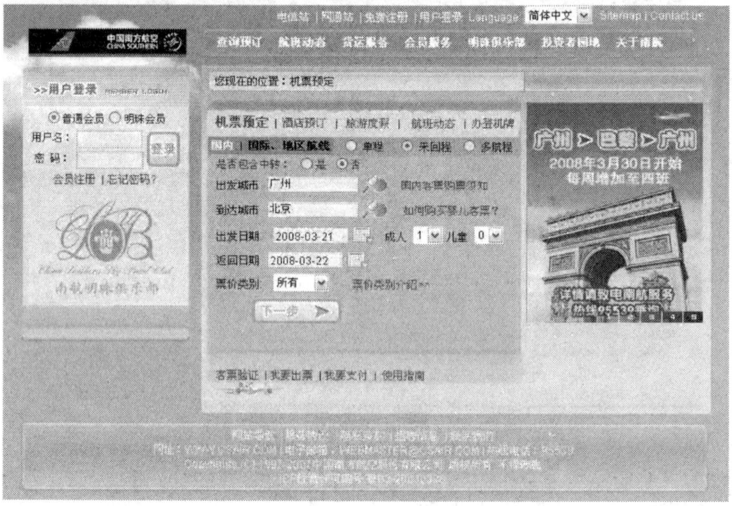


图7-3 南方航空机票预订页面

继南方航空公司之后，中国航空公司、东方航空公司也都推出了电子客票业务，其他航空公司也都基本有这方面的计划。可以说，电子客票将是国内航空业新一轮竞争的重要表现形式。

在电子商务其他方面发展得比较好的当数海南航空公司。重组以后的海航成了一个规模庞大、机构众多、业务分散的特大型企业，面对现实中的复杂问题，海航通过构建“海航E网”，并按照统一以集团利益最大化来调整，实现航材共享，航线共享，航班代码统一，将飞机的飞行、调度、航材、维修、供应、机组、航线等资源有效整合起来，实现了“大运行”。海航可以说是我国航空企业中内部电子商务应用的成功典范，为其他航空企业作出了有效的探索。

总的说来，我国民航业电子商务发展已经起步，但与国际先进水平相比还有不小的差距，还有很长的路要走。

## 7.3.2 中国民航业电子商务发展存在的问题

我国民航业电子商务虽然取得了令人可喜的成绩，但存在的问题还很多，主要表现在以下几个方面。

（1）民航电子商务的发展环境还有待进一步成熟。在我国由于众所周知的原因，电子商务的整体环境还不够成熟，民航电子商务的发展也不例外。具体可从以下几个方面去理解：第一，我国社会各界对民航业发展电子商务的认识还不够深入，不少人对民航业电子商务的理解还只是网上卖机票的阶段，对包括电子客票等新的应用了解不多；第二，部分航空公司认为目前开展电子商务业务投入高、风险大，时机尚不成熟；第三，旅客的消费习惯还没有与民航电子商务的发展要求合拍，不少旅客觉得网上购买机票不安全、个人隐私会泄露。这些问题的存在，很大程度上影响了民航电子商务的有序推进。

（2）信息系统建设滞后。与发达国家的航空公司相比，我国航空公司在客户管理、客户服务等方面的信息系统建设相对滞后，例如，国际上很多航空公司都有先进的订座系统、收益管理系统与常旅客系统，这三种信息系统在民航业的经营管理中起着重要作用：订座系统是监控子舱位执行的工具；收益管理系统是正确预测市场、优化子舱位结构、动态控制票价的手段；常旅客系统是保护航空公司高端客户群体忠诚度的有效手段，也是稳定航班收入的基础。在我国民航业，这三类信息系统到目前为止还没有得到很好的开发与应用，特别是由于订座系统落后，无法检测代理人的各种舞弊行为，使大量机票被代理人以非常低的子舱位价格销售出去，造成机票销售价格的失控与销售收入的流失。

就民航电子商务发展本身的要求而言，它必须以比较完备的业务系统作支持。比如电子客票涉及运输、市场、安检、财务、结算、常客等多个业务部门和职能部门，电子客票系统与航空公司的订座系统、运价系统、离港系统、财务系统、结算系统、常客系统和银行支付系统等多个计算机系统直接相关。所以，加快航空业信息系统的开发与建设已显得十分必要。

（3）电子支付体系和网络安全还有待进一步完善。一方面，民航业电子商务的实施离不开完备的电子支付体系，因为要实现机票网上销售，必须借助电子货币的应用，如果客户仍然是网上预订、网下付款的模式，则体现不出实施电子商务的真正优势。但电子支付体系的建立需要整个金融业电子商务发展的支持，而非民航界所能独立完成的，尽管有些航空公司已经通过与银行的合作建立起自己的支付体系，但离大面积推行还有很大的差距；另一方面，民航业电子商务的发展还需要有完善的网络安全保障，以电子机票为例，客户最终是要通过电子认证来证明自己购买了机票，这就对电子机票的安全体系提出了很高的要求，必须使数据传输安全、正确，能够防止非法的伪造、篡改，要求其具有客户的 ID 鉴别，用户的授权、数据完整性控制、机密体系、数据可用性控制等功能。而在这些方面，我国大部分航空公司还缺乏成熟的应用经验，要让客户真正接受还有待时日。

（4）有关民航业电子商务的法律法规显得比较滞后。民航业电子商务的发展引出了比较复杂的法律问题，目前与此相关的法律、法规几乎还是空白，处于比较滞后的状态。在民航电子商务的业务层面，有关电子化交易的管理、电子客票的标准化与规范化、旅客权益的保护以及网上交易纠纷的处理等，都没有比较完整的法律法规；在电子客票的财务处理方面，目前也没有针对性的法律法规，使得不少旅客因为担心不能报销而放弃使用电子客票。这些都是现实问题，必须通过相应的法律法规予以必要的规范，否则的话，会造成不必要的麻烦，对民航业电子商务发展十分不利。

### 7.3.3　中国民航业电子商务的发展策略

民航业电子商务的发展是一项复杂的社会系统工程，既需要有一个良好的社会、经济、金融与法规环境，也需要得到各级政府主管部门的政策支持，同时更需要各大航空公司脚踏实地的行动和积极大胆的探索。具体的发展策略可以参考以下几点。

（1）迅速转变观念，积极把握民航业电子商务发展的主动权。观念的转变是行动的前提和基础。对中国民航业来说，必须对发展电子商务有一个正确的认识，充分肯定其在提高中国民航业国际竞争力中应发挥的作用，并以实际行动推动电子商务在中国民航业中的实施与发展。

长期以来，中国民航业由于管理体制等原因所形成的问题十分复杂，目前，这方面的障碍正在不断地被化解，为民航业电子商务的发展创造了有利条件。因此，国家民航主管部门和各大航空公司都应把发展电子商务作为一项重要任务来抓，真正使其成为提升我国民航业国际竞争力的有力武器。

（2）为民航业电子商务发展营造良好环境。民航业电子商务发展牵涉到的因素很多，需要方方面面的支持与合作。作为政府主管部门，必须在相关政策、法规方面给予必要的支持，鼓励航空公司和乘客利用电子商务方式实现交易与服务，出台有关“电子客票”的管理办法，保护航空公司和广大乘客的利益，以加快民航业电子商务的发展进程。

在电子支付和网络安全方面，政府部门应积极引导航空企业与金融业的合作，并可采用一定的政策优惠措施，鼓励旅客通过电子支付方式实现交易，逐步提高机票网上销售的比重；网络安全问题同样颇为复杂，既需要航空公司积极防范，也需要政府有关部门在政策、法规等方面进行规范，做到防患于未然，消除广大乘客的后顾之忧。

（3）以“八大工程”为契机，促进民航信息化的深层次发展。按照国家民航总局的整体部署，全国民航系统要集中必要的人力、财力和物力，重点建设八大信息化工程，即全球分销系统（GDS）建设工程、电子商务和电子客票推广工程、机场离港系统建设工程、电子政务建设工程、信息网络基础设施建设工程、空管信息系统集成工程、推进航空运输企业信息化工程和中航油企业资源计划管理系统工程，这八大工程对我国民航信息化的发展水平有着重要的推动作用。各大航空公司必须以此为契机，在积极推进“八大工程”实施的过程中，使民航业电子商务发展产生新的飞跃。

（4）加强民航业电子商务发展研究，加快电子商务专业人才的培养。民航业电子商务发展在国际上也只是处于探索阶段，有许多实际问题需要研究解决。对中国的民航业来说，由于各方面条件的限制，发展电子商务还存在很多的困难，更需要对众多实际问题进行分析研究。因此，政府管理部门、各大航空公司和科研机构应进行多种形式的合作，共同探讨中国民航业电子商务发展的各种问题，寻求有效的解决方案，提高民航业电子商务的应用与发展水平。

制约中国民航业电子商务发展的另一个因素是人才缺乏。目前，懂得航空业务、熟悉计算机技术应用，并有丰富的经营管理知识的高层次、复合型人才在民航系统可谓少之又少。对航空公司来说，一方面应加强“校企合作”，通过与有关高等院校联合办学的方式，培养适合航空业电子商务发展的专业人才；另一方面，各大航空公司也应高度重视相关业务人员的在职培训，提高他们的创新能力和合作精神，以更好地发挥他们在航空业电子商务发展中的积极性、主动性和创造性。

我们有理由相信，与新中国同龄的中国民航业，在充满希望的新时代，必将会借助电子商务的翅膀而飞得更高、更远，为中国的国民经济发展和社会的全面进步作出更大的贡献。

# 7.4　典型案例 1　中国民航信天游电子商务发展

## 7.4.1　公司概况

信天游（www.travelsky.com，参见图 7-4）是中国民航自主建设的旅游电子商务网站，它是集航空订座、酒店订房、网上租车、网上旅游代办等旅游电子商务服务和丰富的旅游信息为一体的高度集成化的网上业务平台。它的建设主要依托中国民航信息网络股份有限公司运营的位居亚洲第一、全球第五大的航空旅游分销系统（GDS）与互联网的集成，目标是成为航空旅游服务业的门户网站，立足中国，面向世界，为航空公司、酒店、租车行、旅行社、航空机票代理人以及其他旅游服务企业提供全新的、高效廉价的服务产品宣传窗口和分销渠道；为广大旅行者提供由始发地到目的地的全程的、全方位的旅游电子商务服务。

作为信天游的建设运营商，中国民航信息网络股份有限公司是在香港 H 股主板市场上市的高科技企业，是国内航空业信息技术解决方案的主导供应商。公司致力于开发领先的产品及服务，以满足航空公司、机场、非航空旅游产品和服务供应商、分销代理人、机构客户、民航旅客及货运商等所有行业参与者，进行电子交易及管理与旅游相关信息的需求。公司的核心业务包括电子旅游分销（ETD）、机场旅客处理（APP）、数据网络、航空货运（ACS）及基于互联网的旅游平台。2002 年，电子旅游分销系统处理旅客量约 9440 万人次；机场旅客处理系统在国内外 63 个机场使用，全年处理旅客量超过 6000 万人次。经过近二十年的不断开发和完善，公司基本形成了相对完整、丰富的、功能强大的旅客信息服务产品线，这些产品已经初步满足了从航空公司、机场、旅游分销代理人到航空旅客等行业参与者的需求，极大地提高了这些行业参与者的生产效率，为民航旅客提供了与国际水准基本相当的购票和乘机服务，为我国航空业的信息化、现代化和国际化的发展起到了重要的推动作用。

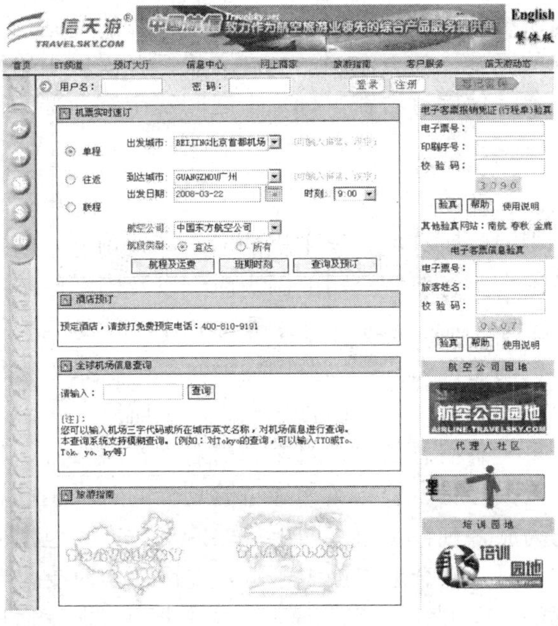


图 7-4　信天游主页

### 7.4.2 发展背景

作为我国民航业数据集散地的中国民航计算机信息中心，管理和运行着订座系统（ICS）、代理人分销系统（CRS）、离港系统（DCS）、货运系统（CGO）、酒店预订系统（HOTEL）等多个大型计算机主机系统，其中航空公司订座系统和代理人分销系统与国际上的8大全球分销系统连接着，国内旅客购买外国航空公司的机票以及国外旅客购买中国国内航空公司的机票都需要通过该系统实现。在中国民航订座系统中存放着我国各大航空公司的机票销售数据，它所连接的代理人分销系统通过民航商务数据网络连接着覆盖全国乃至全世界的5000多家代理人共20000多台终端。这两个系统年处理旅客量达6000万人次，国内每年97%的机票都是通过该系统销售的。如何利用互联网这一先进的工具，集成相关的信息系统，为广大航空旅行者提供方便、快捷、高效、富有个性化的服务，是中国民航发展电子商务首先必须考虑的问题。

为了实现信天游电子商务网站与上述大型信息系统直接连接，保证每一个订票请求通过网站与主机系统间的连接实时地体现在主机数据库中，同时，用户的订票请求也能通过民航商务数据网络实时地传递到用户所选择的配送商处，以便配送商确认后及时为客户配送机票，信天游网站选用了当时最新的IBM Websphere平台和Java技术，整个技术方案是以Websphere的Servlet与JSP技术为核心的。这一技术方案充分发挥了IBM公司Websphere Application Server强大的系统整合功能，实现了与Unisys、Oracle数据库管理系统等多种异构系统的无缝连接。在项目实施过程中，为保护原有系统的既有投资和长期以来的资源积累，电子商务系统与其他系统建立了完善的接口，同时，也形成了与其他网站连接的接口标准。整个网站以机票业务为核心，围绕网上购票提供了多方面的增值服务，例如：为网上用户提供异地订房、异地租车、旅游咨询等全面旅行服务，并提供广泛翔实的各类旅行相关信息，如：天气情况、热点新闻、精品线路、各类航空信息等等。

建成后的信天游网站是国内最全面、最准确的实时航空信息及网上机票预订系统，它既是唯一能够提供国内所有航空公司机票实时查询及预订的网站，也是国内唯一能够提供境外航班信息实时查询的网站。信天游网站为广大旅行者提供由始发地到目的地的全程、全方位旅游电子商务服务，使旅行者在鼠标点击之间安排好全部的行程。

### 7.4.3 机票服务

信天游网站依托于中国民航订座系统主机的网上订票功能，通过全国的配送体系，可以使旅客能够实时预订国内所有航空公司的国内航线以及国际航线的单程、往返程、联程机票。旅客可以方便地查询到国内所有航空公司的实时航班座位剩余状态信息、票价信息、国内航空公司所使用客机的舱位布局，以及国内所有航空机票销售代理点的联系方法。旅客只需在网页上选择起飞和到达城市、出行日期、承运航空公司，即可获得实时准确的航班座位剩余情况信息，每一条信息都包含航空公司名称、航班号、起止城市、起止时间、机型、是否经停，以及按头等舱、公务舱和经济舱划分的航班座位剩余量。当旅客提交订票请求后，系统会自动为旅客预订机票。网上订票的支付方式包括离线支付（即得到机票后再支付票款）和在线支付（用金融卡或电子账户在网上实时支付票款）。

在信天游网站订票的出票方式有两种：一是送票上门，在开通送票上门业务的城市，当旅客完成网上订票后，送票代理会在1小时内与旅客取得联系，进行确认，并为旅客提供送票的服务；二是机场取票，在开通机场取票业务的城市，旅客必须在航班起飞前 90 分钟到机场指定柜台取票，只要出示有效的身份证件和订票编号即可取得机票。

网上订票的支付方式包括现金支付或信用卡支付方式两种。现金支付是指在旅客得到机票后，再支付票款；信用卡支付是指会员在网上直接使用金融卡或电子帐户支付票款。

### 7.4.4 销售模式

信天游的销售模式包括四种：

（1）B to C 模式。B to C 是指信天游网站对游客个人的服务。每个游客都可以自由浏览感兴趣的信息，订购感兴趣的旅游服务产品。

（2）B to A 模式。B to A 是指网站对代理人（Agent）的服务。连接中国民航代理人分销系统的 6000 多家航空机票代理人通过信天游网站可为旅客预订机票和客房，他们可以使用直观的图形化界面或者自己熟悉的终端命令行界面进行业务操作，不但可以像散客一样预订头等舱、公务舱、经济舱三个舱位的机票，还可以预订一些专门为代理人开放的特殊舱位的机票。代理人可以从信天游网站获取政策法规和各类通知，还可以查询到每天在信天游网站预订机票和客房的详细统计信息。

（3）B to A to C 模式。B to A to C 即代理人的固定客户通过信天游网站预订机票和其他服务。信天游网站给这类客户赋予了特殊的权限，以方便他们得到最及时的服务，其中包括记账、接送等一些特殊服务。

（4）B to B 模式。B to B 模式即网站针对企业等集团客户的服务。集团客户在信天游网站上进行预订操作时，使用这一服务就可以将其对员工订票、订房的要求设置在公司员工登录后的网页上，同时信天游网站还可以通过员工代码等标识识别预先设定的操作权限，记录操作过程，提供不同级别用户需要了解的统计信息。通过这一功能，集团客户对员工的旅行消费管理都可以在信天游网站得以实现。

### 7.4.5 案例评析

信天游的电子商务发展与其独特的资源优势是分不开的。中国民航的 GDS 系统过去一直构建在自己封闭的商务数据专网之上，国内的航空公司、航空代理人都要使用专门的硬件、软件，以专线方式连到这个网上，使用这套系统销售航空客票，无论从效率、成本、方便性等各个方面都具有很明显的不足。随着互联网的发展，使得利用新的技术手段、在更开放的平台上开展机票的销售变得可能，也就是把传统的 GDS 业务开放到互联网上。这一业务的转型，不仅把航空公司、机票代理人的服务搬上了网，扩展了他们的分销手段，同时还能针对每个航空旅客提供直接的服务，而且它还将过去民航一些相互独立的业务系统有机地结合起来，衍生出一些新的产品和服务。从中可以看出，信天游网站实际上就是这些产品和服务在互联网上实现的载体，对旅客、航空公司、代理商等各方创造了极大的价值。

除了中国民航的 GDS 系统资源的有利条件外，信天游还具有以下几方面的优势：

（1）接入优势：信天游网站具有多种接入方式，不仅具有传统的基于 Internet 的接入方式，更有新兴的基于 WAP 技术的无线网络接入方式。采用 WAP 接入方式即手机订票服务，用户可以使用带有 WAP 功能的手机随时随地订购机票或查询航空旅游信息。

（2）成本优势：长期以来，国内外航空公司要负担沉重的分销成本，支付票价的 8～13%

作为代理人佣金，加上分销系统订座费及促销奖励费用等，要占去经营成本27%之多。而信天游网站的运作大大降低了这方面的开支，使航空公司和乘客同时获益。

（3）综合优势：与国内其他航空公司独立建设的网站相比，信天游网站以服务种类更加全面而见长。如果说航空公司自己的网站是专卖店，那么信天游网站就有点类似于网上旅游服务商城。

以上各个方面为信天游的快速发展打下了坚实的基础。我们相信，作为中国民航旅游电子商务的领先开拓者，信天游必定会通过自身的实践向世人表明电子商务蓬勃的生命力。

## 7.5 典型案例2 波音公司的电子商务战略

### 7.5.1 公司概况

世界最大的航空器制造商波音公司为全球145个国家的客户提供产品和服务，其历史映射出人类飞行第一个世纪的发展史。半个世纪以来，波音一直是全球最主要的民用飞机制造商，同时也是军用飞机、卫星、导弹防御、人类太空飞行和运载火箭发射领域的全球市场领先者。2005年，波音公司营业额为548亿美元。

波音由4大主要业务集团组成：波音金融公司、波音民用飞机集团、波音联接公司和波音综合国防系统集团。波音共用服务集团则对这些业务集团提供支持。该集团主要为波音各业务集团提供公共服务和高效的基础性保障支持服务，以支持其集中精力保持利润增长。此外，鬼怪工程部（Phantom Works）提供先进的技术研发，包括空中交通管理的先进理念。鬼怪工程部帮助各业务集团发现技术需求，进而提供创新的、成本适中的解决方案。

波音综合国防系统集团为全球的国防、政府和商业用户提供大规模系统的“端对端”的服务。这些大规模系统将复杂的通信网络和基于陆、海、空及太空的平台结合起来，提供非常广泛的国防和空间系统、产品及服务。它设计、制造、改装战斗机、轰炸机、运输机、旋翼机、空中加油机、导弹及武器系统并提供相关支持，而且处于无人驾驶系统军事技术领域的前沿。

波音共用服务集团为其他各业务集团在全球的运营提供基础性保障支持服务，以支持其专注于保持利润增长。其业务范围从电脑、网络运行、电子商务、设施服务、员工福利和项目，到安全、运输以及产品和服务的采购等。该集团还为波音雇员和客户提供安全、健康和环境等方面的指导，并通过波音旅游管理公司提供广泛的旅行和预订服务。此外，服务集团还负责管理波音所有的地产。

波音联接公司是移动信息服务提供商，通过为移动平台提供实时、高速的双向互联网接入功能，改变人们在旅行过程中联络、通信和娱乐的方式。波音联接公司服务于三个重要市场：民用飞机用户及其乘客市场，包括私人和政府高层官员专机在内的公务机市场，以及海运市场。乘客可以利用笔记本电脑或个人数字助理（PDA）享受安全的高速接入服务，连接互联网、个人和公司电子邮件账号以及公司局域网。波音联接服务不仅为乘客创造了价值，同时也为飞机用户带来价值，让他们可以利用波音联接的超级带宽提高运营效率，改善客户服务，增加安全性。波音联接拥有全球服务网络，为客户提供全天候的支持服务。在美国，波音联接目前向包括私人和政府飞机用户在内的公务机市场提供服务。国际上，汉莎航空公司在其跨大西洋航线上选择了波音联接的服务。

波音金融公司为全球融资解决方案提供商，其主要任务是支持其他波音业务集团。该公司与民用飞机集团和综合国防系统密切合作，负责安排、组织和/或提供资金，以促进波音民用飞机和军用飞机、卫星以及运载火箭的销售和交付。波音金融公司资产总额为 100 亿美元，融合了波音的融资实力、全球性业务、对波音客户和设备的充分了解以及经验丰富的金融专家队伍。

目前，波音在全球 70 个国家以及美国 48 个州共有雇员近 160000 名，主要业务基地集中在美国华盛顿州的普吉特湾、南加州、威奇塔和圣路易斯。

图 7-5 为波音主页。

图 7-5　波音公司主页

## 7.5.2　发展背景

波音公司在发展过程中一直面临着空中客车公司的强有力挑战。虽然在市场份额、技术实力等方面波音公司仍占有相当的优势，但面对空中客车咄咄逼人的攻势，波音公司唯有谨慎应战。另外，客户对波音公司也提出了更高的要求，例如交货时间缩短，根据客户的不同要求和特点进行的订制选择更加多样化和复杂化等。来自外部环境的竞争和来自客户端的需求变化这两个原因，都迫使波音公司在加大技术研究投入的同时，更加注重和强化自身的内部管理，以及全球一体化的协同作业的信息化建设。

全球经济一体化生产方式的发展使得波音公司的生产车间、供应商和合作伙伴遍布全球，比如波音公司就大量采用了由中国的合作伙伴制造的垂直尾翼。如何将这些庞大、分散的生产车间结合为一个有机的整体，如何更紧密地将自身的生产业务流程与供应商、合作伙伴的业务联系起来，以更大限度地压缩成本和提高生产能力、增强波音公司的核心竞争力，这些都是波音公司所需要面对的。

作为传统的制造业企业，波音公司一直重视发展自身的信息化建设。波音公司认为，信息技术的发展加快了商务的全球化步伐，面对激烈的市场竞争，只有充分地利用先进的信息技术，制定和实施切实可行、贴近自身需求的电子商务战略，才能在国际化的竞争环境下立于不败之地。早在 1996 年，波音就开始了网上营销，是最早使用电子商务的飞机制造商。

面对先进的信息技术带来的机遇与挑战，波音公司“迈向现代化”首席信息官(CIO)格里芬表示：“不管花多少代价，波音都要致力于发展电子商务。”

### 7.5.3 电子商务战略

根据业务发展的需要和特点，波音公司制定了明确的电子商务战略，即：充分利用各种新型通信方式来传递信息流，实现波音公司与客户、供应商、合作伙伴之间的即时信息共享。通过开发和构建面向客户和供应商的电子商务平台服务，将合作伙伴、供应商、客户与波音公司内部紧密联系起来，实现全球化的共享信息和资源整合，进而提高全公司的运作效率和管理水平。

根据这一电子商务发展战略，波音公司早在1995年就推出了基于客户机/服务器(C/S)的在线配送系统(Boeing On-Line Delivery)，使航空公司、飞机维护商能够直接在网上看到技术图、服务公告以及维修手册等。随后，波音又相继开通了全球航空业的第一个订购和跟踪部件贸易的站点——部件网(PART Page)和飞行技术在线服务网站（简称BOLD），使2000多个航空公司的人员能够访问这一网站。此外，波音公司还宣布将把BOLD转为基于Web的新系统，名为Web BOLD，这是一个里程碑式的重要计划。

但真正使得波音公司具备强大的电子商务功能，实现与客户、供应商和合作伙伴的网上实时交易和服务的战略目标的是波音公司推出的新的门户站点Myboeingfleet.com（参见图7-6）。该网站是目前世界上主要的在线维护、工程和航空运营数据资源的电子商务门户网站，可以为每一个在线用户提供个性化的、量身定制的内容。

图7-6 Myboeingfleet.com主页

### 7.5.4 在线策略

波音公司电子商务发展的在线策略包括以下几个方面：

（1）根据不同航线和用户定制个性化内容。波音公司Myboeingfleet.com门户站点最强大的功能就是能够根据不同航线和用户定制个性化内容。在构建网站之初，波音公司就设想到了各个不同的服务层面：希望购买波音飞机的客户；已经拥有了波音飞机、希望得到技术支持和售后服务的航空公司以及飞行员、机械师、维护工程师；波音公司的合作伙伴方的设计工程师等。所有这些企业与人员的信息需求是各不相同的，既要突出波音公司的特点，又要兼顾到各方面的信息共享的需要，这就需要针对不同的要求、提供不同的内容和服务，这就是波音公司必须解决的“个性化”内容服务。

例如，美国西北航空公司的某一位工程师，希望得到网站在发布指定型号（如波音747）飞机或部件的服务公告时的通知，当他在系统中注册并登记了这项服务之后，Myboeingfleet.com网站就会为这名工程师订制一份专门针对他的内容服务，在这名工程师指定的条件发生时，如最新的部件更新信息，系统就会形成专门的个性化网页以便他再次访问时首先了解到他最需要的信息，同时系统自动生成通知，送达到这名工程师的电脑里。

这一个性化的服务一经推出，受到了波音公司不同层面用户的欢迎，取得了很好的应用效果。

（2）自动学习和知识搜集功能。波音公司 Myboeingfleet 门户站点能够为所有的用户提供很好的知识搜集功能，可以将蕴藏在波音内部的大量隐性知识发掘出来，通过门户站点一一展现出来，供员工、客户和合作伙伴共同分享。

在知识搜集功能的基础上，通过系统的电子协作功能，可使波音和客户、合作伙伴都能够共享这些搜集到的隐性知识，并使他们都能跨越不同的 IT 平台上有效地协作与工作，形成横跨全球各地的各个虚拟的协作团体，共同通过网站浏览器或手持设备共享重要的项目、过程甚至事件信息。

（3）满足巨大访问量的要求。在系统性能方面，由于波音的员工和客户、合作伙伴的数量非常多，必须要考虑到上万用户同时访问门户网站时的优良的系统性能。通过网站的服务质量（Quality of Service）系统，可以保证波音最好的客户能够得到最快、最好的访问服务，并同时拓展了个性化功能。

（4）考虑系统的开放性和兼容性。由于波音公司原有的一些后台系统（如 SAP），要求新的电子商务平台能够很好地与之兼容和集成，在这方面，系统的开放架构完全可以与 Oracle 数据库、Sun Microsystems 服务器以及原有后台系统实现无缝集成。

### 7.5.5　案例评析

业内权威人士认为，波音对互联网的巨资投入，不只是为了抓住一个全新的商业机会。在竞争日益加剧的态势下，这也许是波音与欧洲空中客车公司较量制胜的一件法宝，是在发展的态势下波音实现自身战略调整的一项重要途径。波音相信，美国在互联网技术领域拥有很强的优势，可以为波音在与欧洲同行的竞争中带来好处。尤其是 1997 年全球客机生产的冠军波音与季军麦道合二为一，整个民机市场只剩下“美国制造”与“欧洲制造”两种产品，在这种情况下波音推出“E 飞机”显然可取得事半功倍的竞争效果。另一方面，互联网产业与传统产业的联姻，的确能给传统企业带来意想不到的收益。在多年的电子商务发展实践中，波音公司已经充分领略到电子商务给企业发展所创造的价值的作用。

有专家提出，21 世纪的飞机制造公司不再只是一个航空航天产品制造商，而将成为一个提供“全方位客户解决方案”的综合供应商。很显然，互联网的优势正在推动航空公司实施全新的战略。

波音这一世界航空业的巨擘，正在借助电子商务这一无形的“机翼”，让自己飞得更高、更好。

## 7.6　典型案例 3　海航 E 网

### 7.6.1　公司概况

海南航空股份有限公司（简称“海航”）于 1993 年 1 月由海南省航空公司经规范化股

份制改造而成，1993年5月2日正式开航运营。这家由海南省以1000万元启动资金，通过融资租赁和经营租赁方式引进4架波音737飞机起步的航空运输企业，经过10年的开拓创新和超常规发展，已成长为国内仅次于国航、东航、南航的第四大航空运输企业。海航是中国民航第一家A股和B股上市的航空公司，形成了以航空运输为主业，包括航空、机场、酒店、旅游等7大板块的产业链。

海南航空股份有限公司（以下简称海航），是海航集团下属航空运输产业集团的龙头企业，对所辖的中国新华航空有限责任公司、长安航空有限责任公司、山西航空有限责任公司实施行业管理。截至2007年9月，航空运输产业拥有飞机129架，适用于干线飞行、支线飞行、公务商务包机飞行、货运飞行和通用飞行。其中，波音机队拥有65架Boeing737—300/400/700/800型客机，3架Boeing767-300型客机，空客机队拥有11架Airbus-319型客机，多尼尔机队拥有29架Dornier328-300型喷气支线客机，公务机队拥有4架Hawker800XP型豪华公务机，2架湾流Ⅳ中远程公务机，1架湾流200公务机，另外还有7架运七型货机及4架B737-300QC机，2架737-300全货机，1架B747-400全货机。2006年，海航实现运输总周转量22.41亿吨公里，货邮运输量19.87万吨，旅客运输量1439.09万人次，成功跻身中国四大航空公司之列。

海航开航运营13年来保持了良好的安全纪录，累计安全飞行140余万飞行小时，运输旅客超过6000万人次，多次创下事故征候万时率为零的优秀安全业绩，2006年海航夺取中国民航航空安全奖“金鹏杯”；服务质量在业界和旅客中创造了良好口碑，海航鲲鹏标识被国家工商总局认定为中国驰名商标，成为中国民航企业中第一个也是唯一一个中国驰名商标。

海航凭借“内修中华传统文化精粹，外融西方先进科学技术”的中西合璧企业文化创造了一个新锐的航空公司，倡导“以旅客为尊，以市场为中心”服务理念，改变了长期以来航空服务仅限于提供机上服务的传统观念，提出了“航空产品”的理念，率先推出了“全系列产品，个性化服务”的全新服务理念，为旅客提供全方位无缝隙的超值服务。

图7-7为海航主页。

图7-7 海航主页

### 7.6.2 发展背景

进入 2001 年以后，行驶在快车道的海航再度提速，先后并购了新华、长安和山西三个航空公司，并入主了海口美兰机场。机构迅速扩大、地域分布广、业务量的急剧增长使得海航集团面临一系列新的挑战：

（1）管理模式问题：由于管理层次过多，交叉关系复杂，环节众多，管理关系变化无序，因而出现了效率低下的现象，各部门、各单位各自为政，导致“沟通障碍”和“信息割据”；

（2）业务模式问题：由于条块分割严重，以单位、部门为中心，谁都想拥有自己的系统，缺乏整体概念，导致业务模式混乱。在当时，仅单位和部门级的内部网站就有 26 个、邮件系统也有 8 套，不但起不到应有的作用，反而连平时办公中的相互交流都成了问题；

（3）IT 系统问题：由于多样化的要求导致多样化的系统，致使系统之间的信息交换及信息共享存在较大困难，造成多个信息孤岛。

面对这一系列复杂的问题，海航决策层充分认识到必须建立起新的适应公司业务快速发展的信息系统，从根本上改变集团 IT 系统构架，统一各单位和部门办公平台，形成“集团综合管理平台”＋“专业网”的集团 IT 建设模式，通过一个综合信息系统，将不同地点的不同人员，及不同提供商的技术和产品整合在一起。于是海航有关部门适时提出了建设“E 网”的想法。

海航集团下属海航航空信息系统有限公司根据多年办公系统的开发经验和海航集团信息化的实际需求，经过认真细致地调研、论证，最终决定采用微软、英特尔和 IBM 提供的解决方案，全面建设“海航 E 网”。

### 7.6.3 组织保障

为了使海航 E 网的建设从根本上改变集团信息系统分散、混乱、各自为政的局面，海航建立了最高层的决策体制，成立了信息化领导小组，由副董事长任组长，并把信息化规划、设备购买和网络建设等各方面的工作归纳为四个“统一”：

（1）统一规划：在海航 E 网的建设过程中，由信息化领导小组根据业务发展的需要进行统一规划，抵制各个部门的单独规划；

（2）统一建设：海航 E 网由公司统一建设，各个业务部门不得自行采购设备，更不能自行构建网络，防止系统不兼容、设备接口不一致等现象的发生；

（3）统一服务：由公司统一为海航 E 网建设提供专业服务，由公司组织专业人员为海航集团所有成员企业提供信息服务，服务任务由专人调度管理、统一调配、快速反应，并提供在线服务，重点系统采用专人保障方式，并通过信息平台管理，提供服务调度与服务记录实现知识共享；

（4）统一管理：公司信息化领导小组统一对海航 E 网建设进行协调与管理，做到全公司步调一致，行动统一。

对海航集团这样一个在全国各地有数十家分支公司，众多子公司又横跨多个行业，坚持“四个统一”的发展原则，做到必要的集中，对杜绝可能出现的各种各样的 IT“黑洞”，减少公司的损失，有很大的必要。

海航 E 网具体由海南海航航空信息系统有限公司负责集团信息化的建设工作，而其他单位，一律撤销相关机构。为了保证E网建设的执行力度，公司还建立起了具有三层结构的信息化运行机制：

（1）决策层：由海航集团副董事长任组长，组员包括三个董事会成员，分别来自航空、机场、酒店业务板块龙头企业的第一负责人，再加上海南航空信息系统有限公司董事长等人组成，构成了海航E网建设的“司令部”，所有相关的决策都在这里形成；

（2）执行层：海南海航航空信息系统有限公司按照决策层的支持履行执行的义务；

（3）应用层：集团各成员公司，按照决策层的要求和执行层的计划，提出具体的业务需求，列入集团的统一规划。

### 7.6.4 实施过程

“海航E网”项目从2002年6月立项，历时5个月就基本完成，在同年11月开始试运行，主要负责集团的信息发布、公文审批和业务系统上网查询等功能。这一系统采用了基于XML的微软.NET技术，实现Web服务，在这一系统中应用的是基于英特尔架构的至强处理器和微软多项产品和技术，如Windows 2000 Server、Exchange Server 2000、SQL Server 2000、SharePoint Portal Server 2001、Visual Studio等，构建起了一个安全、可靠及可扩展的信息体系架构，并整合各类系统，建立了统一的企业级综合管理门户。

在试运行期间，海航集团E网用户帐号超过了7000，平均日访问量达到了100万次以上。其中作为核心模块之一的“公文流转系统”全面取代了传统的公文审批模式，分布在全国各地的集团30多家成员企业全部实行无纸化办公和资源共享。过去以传统纸介质公文方式向身在异地的公司领导呈报文件，至少要花费一两天时间，而现在最短的一次公文审批周期仅为3分钟。

目前，该系统已经能够完全支持移动办公模式，海航高层的领导都可以在任何时间、任何地点通过无线进入系统完成所需的公文办理操作；另外，系统提供了强大的公文跟踪功能，解决了传统方式下诸多的监管瓶颈问题。在公文管理中融入了节点控制、流程组合的设计思想，通过公文系统的B/S体系结构设计，全面支持了海航集团化企业的扁平化办公管理，为发展国际性企业提供了可用的办公协作手段。系统构建了一个安全、可扩展的性能良好的集团基础信息体系结构和集团统一用户管理机制；实现统一账号登录和信息的分级、分类、分权限的集中管理；提供个性化服务和定制功能；建立了集团短信中心，实现无线接入，通过在线审批模式提升了企业效率，促进了移动办公。

2003年2月20日，海航集团基于英特尔架构、采用微软.NET技术架构的全新企业综合管理平台“海航E网”正式投入运行，这是海航集团信息化进程的一个重要的里程碑，标志着海航集团迈入了崭新的“E时代”。

海航E网不但是一个综合管理的平台，而且也是业务系统的入口。基于XML的微软.NET技术的应用，帮助海航实现了基于Web的服务，高效地集成了原先集团内部的相关业务系统。因为这一系统只要通过浏览器就可以实现海航E网的公文流转、电子邮件等应用，所以，在客户端只需要安装浏览器就可以实现正常的办公。由于对客户端的要求不高，使得海航在硬件投入方面节省了很大的开支。

海航E网的启用，为海航提供了一个先进、高效、统一的管理平台，极大地促进了海航集团各单位之间的信息互通和资源的集中管理。

### 7.6.5 飞行网系统

飞行网系统是海航E网中的重要应用业务系统，在正式开通应用后取得了极为理想的效果。海航有500条航线，航飞80多个城市，有五、六个运行基地，同一时刻飞机要在五、六个地方起飞，这样就带来了对飞行员的资源管理问题。另一方面，按照国家民航总局的规定，飞行员一年的飞行时间不能超过1000小时的极限，如何把散布在不同地方的飞行员高效调度起来，成为各航空公司亟待解决的问题。除此之外，飞行员的技术管理非常严谨，并且要做好飞行前的准备，过去中国民航传统的准备方法，要求飞行员提前一天到机场，这就又造成了时间浪费。

在海航E网的飞行网系统的开发过程中，开发人员经过深入调查研究后，通过网络技术将飞行准备的4个阶段中预先准备和直接准备过程进行合并，使飞行人员能够在任何地方(包括在家中)，通过数据网络在线地完成飞行前的准备工作。这一改变，不但使海航最大限度地减少飞行员资源的浪费，使飞行员的年飞行时间提高到990小时，比过去有了大幅度的提高，也显著超过了其他航空公司的水平，而且更为重要的是，飞行网系统的应用改变了中国民航50年来一以贯之的要求“飞行人员提前一天要到机场准备”的方式，既提高了效率、节约了时间，又提高了飞行员的生活质量。

有了飞行网系统后，原来散落在集团内各家航空公司的飞行资源，如航行、调度、航班、维修、机组、航线、航班代码等全部按照飞行网的标准，被集中在飞行网平台上，然后再按照整体效益最大化的原则实行飞行调度统一管理。由于各个航空公司的独立核算性质，所有相关费用最终会分解到各家账上，这样一来，不但使各航空公司的资源得到了充分的整合，而且使海航集团的整体效益得到了大幅度的提升。

### 7.6.6 营销系统

在海航E网中理所当然地包含了市场营销管理与电子商务的平台。海航的市场营销管理系统集成了市场销售工作中销售政策管理、分销管理、收益管理、航线网络管理、客户服务管理等多方面的业务，通过网络的应用改善了市场销售的手段和工具，加强了整个航空运输板块各市场部、外站营业部的信息沟通，做到信息的快速流动和高度共享，提高了市场快速反应的能力，增加了管理的透明度，打通信息孤岛，加强销售监督，杜绝了信息不对称造成的销售环节中的漏洞，大大提高了市场营销管理的效率与水平。

海航是国内较早开通网上订票业务的航空公司之一，目前已在全国数十个大中城市提供送票上门的服务。海航很早就与相关银行合作，推出了ATM自助售票业务系统，使旅客可以方便地在建设银行ATM机上自助购买机票，既实现了商业银行中间业务与航空电子商务的有机结合，又为旅客带来了极大的方便。这一项目后来被国家科技部列为“十五”国家重点科技攻关项目“海南省电子商务与现代物流示范工程”的课题任务，为航空电子商务的发展作出了新的探索。

### 7.6.7 案例评析

海航是我国民航业中的一匹“黑马”，它的超常规发展固然有天时、地利、人和等各方面的原因，但不可否认，“利用信息化整合企业各种资源，带动集团业务快速发展”中也具有不可低估的作用。海航E网的成功应用为海航创造了极大的价值，显著地提高了公司管理的效率和水平，降低了生产与经营的成本，进一步促进和保障了生产安全，为海航竞争力的提升、经济效益的提高立下了汗马功劳。如果把海航比作是一家巨型客机的话，那么可以毫不夸张地说，海航E网犹如飞机上的机翼，带动海航在广阔的蓝天中自由翱翔。

海航E网的发展为兄弟航空公司信息化的应用积累了丰富的经验，公司高层领导的高度重视和率先垂范，坚持“效益为先、低成本实施”的发展原则，做到“四个统一”，利用网络技术实现资源整合，这些经验值得更多的企业学习、借鉴和推广。

# 第 8 章　汽车产业电子商务发展

众所周知，汽车是人类社会进步的产物，是现代工业文明的标志，是改变世界的机器；汽车产业是经济与社会发展的强大动力，它不仅与国民经济持续快速发展关系密切，而且与经济结构的调整有着直接联系，更为重要的是，它关系到人民生活水平的提高和生活质量的改善。在我国全面建设小康社会的今天，没有汽车产业的兴旺发达，没有汽车消费市场的繁荣，是不可想象的。汽车作为一个历经百年的传统产业，至今还保持着极其旺盛的生命力，在创造社会财富，提供就业岗位，拉动机械、冶金、电子、橡胶、石化、交通、房地产等众多相关产业的发展，促进新技术、新材料、新工艺、新装备的开发与利用，加快人流和物流的实现等各个方面发挥着无与伦比的作用。在我国经济起飞和工业化深入推进阶段，加快汽车产业的健康快速发展，使其成为国民经济增长的持续动力，产业结构升级的有效载体，市场繁荣的基本标志，人民生活改善的重要体现，正逐步成为我国各级政府和社会各界的共识。

我国的汽车产业走过了不平凡的发展历程，取得了令人鼓舞的巨大成就，但与发达国家相比，我国汽车产业的整体实力还比较弱，总体发展水平还比较低，与国际汽车产业的先进水平还存在不小的差距。面对入世以后世界主要汽车厂商在资金、技术、管理和营销等各方面的高水平竞争，我国的汽车产业怎样得到进一步的发展与壮大，并能够在世界汽车产业发展的大舞台中占有一席之地，是一个值得深入探讨的课题。

从世界汽车产业的发展经验以及当前我国汽车产业发展的实际情况来看，加快电子商务的发展与应用，是提高汽车企业市场适应能力和竞争实力的重要途径。因此，讨论汽车产业电子商务的发展，研究传统产业与新经济的融合之道，具有十分重要的理论价值和现实意义。

## 8.1　汽车产业发展概况

汽车的产业链非常长，与各行各业的关联性也很强，在世界不少发达国家，汽车产业在国民经济发展中有着举足轻重的地位。在世界 500 强企业中，通用汽车、福特汽车、德国大众等汽车制造企业长期位居前列，这一方面说明汽车产业的规模经济效益十分显著，另一方面也可以从中看出汽车在世界经济发展中的突出作用。长期以来，汽车产业的发展一直受到世界各国的广泛关注。在我国，汽车产业的发展进入了一个全新的时期，无论是其本身的地位和作用，还是受社会关注的程度都不可同日而语。

### 8.1.1　世界汽车产业发展状况

自从 1886 年德国机械工程师卡尔・本茨发明了被称之为“自动车”的世界上第一辆实用内燃机汽车至今，汽车已走过了一百多年的发展历程。在这漫长的发展进程中，汽车业经历了三次大的变革：第一次是 1914 年美国福特汽车公司安装汽车装配流水线，使汽车业走上规模化生产之路；第二次是20世纪50年代二战以后的经济繁荣使汽车业进入了前所未有的黄金时期，汽车成为当时经济繁荣的重要标志；第三次是到20世纪60年代末，日本汽车工业出现奇迹，物美价廉的日本汽车在世界范围内刮起旋风，汽车的普及速度大大加快。

在20世纪90年代，世界汽车产业经历了近十年的持续增长，年平均增长速度约为7%，成为推动全球经济增长的重要动力。进入21世纪后，全球汽车产业的增长速度开始趋缓，主要原因是以美国为主的工业发达国家的汽车工业增长减速，作为汽车销售市场主体的发达国家的市场需求出现饱和，生产能力开始相对过剩。世界三大汽车公司通用汽车、福特汽车、戴姆勒·克莱斯勒面临市场需求疲软和库存过多的压力，都进行了不同程度的调整。通用汽车公司削减了2001年的生产任务；福特汽车公司和戴姆勒·克莱斯勒公司先后关闭了几家工厂的装配线。与此同时，汽车零部件厂商也受到了冲击，如全球最大的汽车零部件制造商德尔福汽车系统公司已经裁减了数千名工人。

从全球范围来看，汽车增长下降速度最明显的是北美和西欧市场。由于“9·11”阴影笼罩，2002年美国汽车销售跌入了近几年来的最低点，几年下来至今还没有恢复元气；西欧由于经济增长乏力，汽车市场供大于求，菲亚特等世界著名的汽车制造企业陷入了困境，法国雷诺、德国大众等厂商也在艰难度日。与西欧市场疲软不同的是，中、东欧汽车市场行情日渐看好，俄罗斯在近几年的汽车进口量有了大幅上升，波兰、捷克、匈牙利等国家的汽车市场也十分活跃。在亚洲，日本作为汽车生产大国，尽管国内的汽车市场销售低迷，但国外需求旺盛，出口增加带动了汽车产量的回升，日本汽车公司在美国的产量占美国汽车总产量的比例已达到五分之一，在欧洲市场已超过十分之一；韩国的汽车市场近年来增长很快，生产和消费、进口和出口数量都有较大幅度上升，现代汽车集团在销售量方面已成为世界排名第八位的汽车公司；中国汽车市场的迅速崛起，令世界汽车产业界刮目相看，全球最大的汽车生产厂商都十分看好中国汽车市场的潜力，纷纷增加投资，扩大销售。

由于亚洲汽车市场的全面扩容，加上中国汽车业的蓬勃兴起，亚洲正在形成与北美、欧洲鼎足而立、三分天下的汽车市场。

### 8.1.2 中国汽车产业发展状况

我国的汽车产业发端于新中国成立之初，至今已走过了五十余年的发展历程。五十多年来，经过数代汽车人的艰苦努力，终于取得了辉煌的成就，初步形成了相对完整的汽车工业体系，奠定了产业发展的基础，汽车产业已经成了我国国民经济中的重要产业。进入20世纪90年代中后期以来，中国的汽车产业发展进入了“快车道”，发展速度之快、市场规模之大、对国民经济拉动作用之显著，几乎没有其他产业可与其相提并论。

“十五”时期是我国汽车工业实现历史性跨越的重要时期。经过五年的快速发展，我国汽车产量世界排名从第八位上升到第四位，成为重要的汽车生产大国和汽车消费大国；我国汽车工业增加值占国内生产总值的比重由0.97%上升到1.56%，成为拉动国民经济增长的支柱产业；我国汽车产业保持着持续健康的发展势头。“十五”时期我国汽车产业的发展，一方面得益于外部良好的发展环境，另一方面得益于“八五”、“九五”产业发展形成的良好基础。

加入WTO以后，我国汽车行业大举对外开放。按照承诺，我国先后四次下调汽车进口关税，并从2005年1月1日起取消了实行多年的进口汽车配额许可证管理。“十五”期间在政府有关部门的有效管理和产业界的共同努力下，一直受到高度贸易壁垒保护的中国汽车产业营造了逐步有序开放的市场环境，加大了企业之间的竞争，为国内汽车产业的发展创造了有利条件。我国汽车产业发生了七个方面的深刻变化。

（1）汽车产销高速增长。国内汽车年产量从 2000 年的 207 万辆提高到十五末的近 600 万辆。其中轿车年产量从 2000 年的 60.7 万辆提高接近 300 万辆，5 年翻了两番多。

（2）汽车产品结构不断优化，轿车比重显著提高。2000 年我国生产的轿车仅占汽车总产量的不到三分之一，而“十五”末接近 50%。

（3）汽车产业集中度有所提高，十大汽车厂家产销比重已经占到 83%以上。

（4）汽车企业的规模不断扩大。“十五”末，十大汽车厂家中的前五名销量都将超过 50 万辆。

（5）新产品不断推出，“十五”期间国内推出的新车型达数百种，国产汽车已经基本能够满足市场需求。

（6）汽车产品出口保持高速增长，2007 年全国汽车产品出口总值 408.96 亿美元，同比增长 45.31%。

（7）国内汽车产业结构调整取得了重大进展。

与此同时，国内汽车市场也发生了巨大变化，一是由卖方市场转变为买方市场，二是私人购车成为市场消费主流，三是乘用车特别是轿车的价格大幅下降，逐步趋于合理，甚至有些车型低于国际价格，四是进口汽车由以前的数量补充转变为品种调剂，并且在“十五”末首次出现负增长。

虽然“十五”期间我国汽车产业得到了长足的发展，但是，与国外相比还有较大的差距，我国汽车产业过于分散，低规模、低水平的现象还未完全消失，并且出现了产能过剩的新矛盾。这些问题需要我们全面审视，正确对待。

为了促进我国汽车产业健康、快速、有序的发展，国家发改委提出了要成为“世界汽车产业第四极”的概念——除了美国、欧洲和日本之外，中国最有可能成为全球汽车市场的第四极。发改委的目标是：从市场规模来说，当全球汽车产量达到 6,000 万辆时，中国的市场份额应该达到 20%～25%。从市场格局来说，由于一些具创新性和竞争力的中国汽车企业的崛起，目前世界汽车产业“6+3”格局①可能将转变由中国汽车产业参与的新格局，且由于中国正从一个传统制造基地向一种新型制造基地转变，这将使已成为制造大国的中国对汽车产业的掌控能力得到加强。中国要想成为世界汽车产业的第四极，一个最重要的前提是提高汽车产业竞争力水平，换句话说，未来十五年的目标是要完成中国汽车产业竞争力从制造竞争力向贸易竞争力的转变。发改委要求，当中国汽车产量达到 2,000 万辆时，形成对国内和国外市场进行自主掌握调控的能力：在国内市场，要有 50%～70%自主产品有效供给；在国外市场上，自主品牌必须进入传统市场，这样才能形成国际竞争力，并改变低价形象。为此国家发改委提出了未来我国汽车产业发展的九大目标：

（1）提高产业竞争力水平；

（2）制定区域差异化管理政策，促使二元化市场健康发展；

（3）明确开源节流措施，基本缓解能源约束；

① “6”指通用、福特、戴姆勒·克莱斯勒、大众、丰田、雷诺·日产；“3”指标致雪铁龙、本田、宝马。

（4）建立创新体制，形成自主发展能力；

（5）技术标准法规与国际接轨；

（6）大幅减少交通事故；

（7）实现结构调整预期目标；

（8）完善税收政策体系和形成法制化管理体制；

（9）形成法制化管理体制。

面对新的发展目标，在“十一五”期间，中国的汽车产品要实现三个转变：

（1）汽车零部件出口要从以劳动和材料密集型的低端产品为主，向技术含量和附加值较高的机电一体化零部件为主转变。出口市场从以售后和维修市场为主向进入跨国公司全球配套体系转变，同时要提高自主知识产权零部件的出口比重；

（2）汽车整车出口要从中小动力卡车为主，向以大中小客车、皮卡、轿车、商用车并重转变，出口地区由发展中国家为主向发达国家、发展中国家并重转变，同时要提高汽车整车中自主知识产权和自主品牌的出口比重；

（3）汽车产品出口要从单一的产品出口逐步向产品出口与出境创办汽车企业、技术出口以及资本输出相结合的方向转变。

纵观我国汽车产业的发展，无论是从世界汽车产业发展的大背景去看，还是从我国经济发展的总体情况来看，可谓前景一片光明，但所面临的问题和困难同样不可低估。

### 8.1.3 加入WTO对我国汽车产业发展的主要影响

中国加入WTO，对尚缺乏国际竞争力的汽车工业来说，难免会产生较大的冲击。这种冲击尽管在2002年、2003年、2004年没有得到充分的体现，但到2005年已有较大的影响。通过对我国入世前后的汽车产业政策的对比（参见表8-1），可以对相关问题有更全面的认识。

**表8-1 我国汽车产业入世前后政策对照**

| | 入世前政策 | WTO相关条款 |
|---|---|---|
| 关税和进口配额 | 对进口汽车有数量限制并征收10%的消费税，15%的车辆购置费；整车进口平均关税为55%（其中轿车、轻型车整车进口关税为80%～100%），零配件进口平均关税35% | 2005年1月1日起，我国开始取消汽车的配额、许可证管理，进口汽车关税将降到30%，汽车零部件关税将下降到13%。直至2006年7月1日，我国的汽车关税将最终下降到25%，零部件平均关税降到10% |
| 国产化率 | 规定国产化率，并根据国产化率制定进口关税的优惠政策；鼓励出口政策；引进技术的审批必须考虑国产化要求，否则不予批准 | 不得规定国产化比率；进口与出口不得挂钩；不得限制进口部件进行装车；不得以外汇平衡的理由限制进口；不得规定出口数量。可拒绝执行强加了以上要求的合同 |
| 服务贸易 | 外资不得进入中国汽车服务领域，如进出口、融资、保险、租赁等；生产汽车和发动机产品的中外合资、合作企业的外方所占股份比例不得高于50%；规定法人形态不得独资，外商不得以独资方式在我国建立客运和货运运输公司 | 放开国内贸易（汽车及零配件的国内流通）、对外贸易经营权、销售代理业务、公路交通运输、银行业、保险业和租赁业。入世后外资都可以进入，而且可以独资进入 |

“入世”对我国汽车工业的冲击影响最大的要数汽车零部件产业。“入世”后，零部件

平均关税将由入世前的 35%逐步降至 10%，配套件将逐步采用国际通行的全球采购原则。因此，“入世”对汽车零部件的冲击要大于整车。而我国的汽车零部件工业总体水平滞后于整车的发展，基础较为薄弱。造成这种局面的原因，一方面是由于长期的投资不足，严重影响了零部件生产企业的造血机能；另一方面，由于在地方保护的影响下，零部件生产企业普遍存在成本高、效益低、结构不合理、开发能力弱的现象。

除零部件产业外，轿车工业受“入世”影响也比较严重。尽管近几年中国轿车的需求量在快速上升，但由于国产轿车与国际水平存在着比较大的差距，进口轿车在技术含量、品质、外观、规格等各方面都明显优于国产轿车，而且在价格上的竞争优势也将日渐显现。因此，加入 WTO 后，中国的轿车要经历价格和质量的双重竞争，困难与压力是显而易见的，其中排量越大、级别越高的国产轿车受到的冲击也越大。有关统计表明，2001 年中国轿车企业平均利润率高达 22%，而到了 2004 年却降到了 6%～7%，有些企业的利润率甚至还要低。目前全球汽车行业的平均水平大概是 3%～6%，我国不少效率低下的汽车企业很可能最终被市场淘汰。

从长远来看，入世对我国汽车产业的健康、有序、快速、高水平发展是极为有利的，但发展过程中的“阵痛”也是在所难免的，需要我们认真对待，务实行动。

### 8.1.4　我国汽车产业发展存在的主要问题

我国的汽车产业经过多年的快速发展取得了长足的进步，从当前一片繁荣的景象看，似乎中国汽车产业已经非常强盛了，但实际上，繁荣的背后隐藏着许多不容忽视的困难和问题，有的甚至是危机，不能不引起我们的注意。目前，存在的问题主要有以下几个方面。

（1）总体规模小、实力弱、规模经济效益不够显著。国家统计局的数据显示，2006 年全国汽车产量为 728 万辆，比上年增长 27.6%，已跃居世界第三位。这一数据对我国汽车的发展成就来说，确实值得自豪。但从世界范围来看，这一数目实际上不到美国通用汽车公司一家的年产量的，通用汽车 2006 年全球产量为 918 万辆。从单个汽车企业的规模来看，这种差距表现得尤为突出。目前国际上年产量 100 万辆以下的汽车公司已经很难生存，200 万辆规模的也只能勉强度日。而我国现有 100 多家整车生产企业中，产量超过 50 万辆规模的只是少数几家。据中国汽车工业协会统计显示，2006 年上汽、一汽、东风、长安和北汽等五大集团分别销售 122.40 万辆、116.57 万辆、93.23 万辆、70.87 万辆和 68.51 万辆，同比分别增长 33.40%、18.57%、27.89%、12.29%和 14.70%，2006 年上述五家企业共销售 471.58 万辆，占汽车销售总量的 65.34%，其中乘用车共销售 361.96 万辆，占乘用车销售总量的 69.93%；商用车共销售 109.62 万辆，占商用车销售总量的 53.74%。这样的规模和实力，在世界汽车竞争的大舞台上显得不堪一击，我国汽车产业的集中度需要进一步提升。

（2）技术开发力量极其薄弱，有影响力的自主汽车品牌匮乏。技术开发能力薄弱是我国汽车产业健康发展的极大障碍。我国汽车产业得以在比较短的时间内取得快速发展，其中一个重要的原因是我国汽车工业走的是“以市场换资金、以市场换技术”的合资之路，目前国内一些有影响、有规模、有实力的汽车制造商基本都是合资企业。合资企业在顺手“拿来”国外合资方现成的技术的同时，也决定了在技术开发上的“短腿”。以上海大众推出的三代桑塔纳轿车为例，普通桑塔纳、桑塔纳 2000 以及斥资 1 亿美元购买的帕萨特轿车，全部都是借助德国人的技术开发，上海大众在生产过程中要改动一个螺钉都必须征得德国总部的批准。在自主技术开发能力极其薄弱的情况下，我国汽车产业要在世界上占有一席之地是非常困难的。

另一个值得重视的问题是，目前国内市场销售的中高档汽车基本都是国外的品牌，奥迪、别克、桑塔纳、本田、尼桑等国际著名品牌几乎在中国市场一统天下，叫得出名字的中国品牌只有“红旗”、“中华”、“吉利”、“奇瑞”等少数几个，而且市场占有率还很低。从中也可以看出，我国汽车市场的繁荣，真正的受益者却是国外汽车制造商，这一点不能不让人深感忧虑。

（3）生产成本过高、生产专业化程度过低。国内市场汽车价格过高是一个人所共知的事实，在国内市场俏销的一些高档车型，实际上售价相当于国际市场的两倍。在我国总体收入与国际水平相差甚远的条件下，车价奇高也算是中国的“国情”。汽车价高一方面是因为目前关税的水平还很高，另一方面是因为我国汽车生产的规模小、制造技术落后、劳动生产率低，导致总体生产成本居高不下。生产成本高导致的高价格，很大程度上也影响了我国汽车产业的国际竞争力。

由于长期受计划经济体制的影响，我国汽车制造企业“大而全”、“小而全”的状况至今还在较大范围内存在。目前，国内大部分整车厂的零部件自制率仍在一半以上，这使得大部分零部件的生产无法达到经济规模，在标准化、通用化方面也得不到保证，不仅影响了汽车产量的上升，而且这种“自给自足”的做法影响了整个零部件产业的健康发展。从我国零部件产业的发展现状看，规模小、专业化程度低、配套单一、技术开发能力差等问题还十分明显，对汽车产业的长远发展极为不利。

（4）服务体系还很不健全。与汽车相关的各种配套服务是汽车产业健康发展的重要条件，比如汽车金融服务、汽车营销服务、汽车配件供应等都是汽车产业发展所不可缺少的。目前，我国汽车销售服务网络与国际汽车服务贸易体系相比还存在很大的差距，汽车销售、保养维修、配件供应等服务功能还很不完善，汽车租赁、二手车及报废车回收市场发展等配套服务严重滞后。另外，目前购车手续还很繁琐，附加于汽车消费与使用环节的各种税费负担十分繁重，各种地方出台的限制政策严重制约私人购车的需求，并造成各地汽车消费市场互相分割、排斥。这些对我国正在处于成长期的汽车产业发展极为不利。

实际上，我国汽车产业发展存在的问题还远不止这些，只不过近几年的快速发展，使得一些矛盾和问题一定程度上掩盖起来了。当然，这些都是在发展过程中产生的，同样必须依靠发展来解决。

### 8.1.5 中国汽车产业未来发展趋势

加入WTO给我国汽车产业发展带来了机遇与挑战，国民经济的快速增长，人民生活水平的提高给汽车产业发展提供了强劲动力。展望汽车产业未来的发展，可以大致看出以下几个方面的趋势。

（1）汽车消费将出现持续、稳定的增长。我国汽车消费将在今后相当长的历史时期出现持续、稳定的增长，这是由我国经济的快速发展、人民群众可支配收入的增加、人民生活质量的提高的发展趋势所决定的，也是符合我国全面建设小康社会的发展要求的。有人乐观地估计，在2010年前后，中国将成为世界上最大的汽车市场。

（2）市场竞争将不断加剧，汽车价格将会逐步走低。由于我国汽车市场特有的吸引力，国际汽车巨头都把开发中国市场作为自身发展的重要战略。所以，毫不夸张地说，在不久的将来，中国将会成为国际汽车市场的重要组成部分，各大汽车公司都会使出浑身解数，企图在中国市场一决雌雄。可以肯定，中国国内汽车市场的国际化程度会越来越高，竞争会越来越激烈。当然，现今扭曲的中国汽车价格也会逐步与国际接轨，随着汽车价格的下降，老百姓购车的热情会快速得到释放，中国的汽车消费将会迎来一个全新的时代。

（3）国内汽车制造商之间的重组浪潮将会此起彼伏。目前，我国汽车生产厂商不但数量过多、规模过小，而且地方保护、市场分割现象明显存在。根据国际汽车业的发展规律以及我国的国情，我国汽车业兼并重组将会在一段时间内继续展开，最终会形成由三或五家主要的汽车厂商基本控制中国汽车市场的格局。

（4）汽车在国民经济和社会发展的作用和地位将会得到进一步提升。从今后国民经济的发展和人民群众的需求来看，依靠汽车轮子“驱动”的现象会越来越明显。因为汽车产业的发展，不但对钢铁、有色金属、橡胶、塑料、玻璃、涂料、石油等原材料工业影响重大，而且对机械、电子、电器、化工、建材、轻工和纺织等制造业关系密切，同时还会对交通运输业、道路桥梁建设、服务业和金融业产生直接的影响。所以说，汽车产业的健康快速发展将会在未来相当长时期成为拉动中国经济增长的重要力量，我国各级政府都不会轻易对汽车产业的发展踩刹车、亮红灯。

（5）中国有望成为世界汽车制造中心。由于经济增长迅速、政治稳定、劳动力成本低廉等原因，中国正逐步成为世界制造业的大国。汽车作为制造业中最有代表性的行业，集资金密集型、技术密集型和劳动密集型于一体，是制造业中的“大哥大”。中国目前已初步形成相对齐全的汽车工业生产体系，巨大的市场潜力和显著的劳动力成本优势为中国成为世界汽车制造中心创造了良好的条件，世界汽车“Made in China”的比例会越来越高。

（6）与汽车相关的服务业会得到迅猛发展。目前，国内汽车服务业总体水平还很低，发展还相对滞后。随着汽车产业的快速发展，服务业的“短腿”现象将会得到全面改观，不但与汽车产业直接相关的服务业，如汽车售后服务、汽车租赁和汽车保险等产业会加快发展，迅速提高服务水平和质量。而且，与汽车产业有间接联系的服务业，如旅游、宾馆、娱乐也会搭上“便车”，迎来更多的发展机遇。

（7）汽车电子商务的发展与应用将会进入一个新阶段。根据国际著名的管理咨询公司罗兰·贝格的调查，虽然电子商务在中国零部件供应商中的应用相对滞后，但其地位将变得越来越重要。在今后 3～5 年内，通过整车制造厂和供应商联网，提高运作的速度和程序处理的透明度，中国汽车业电子商务必将在改善流程方面起重要的作用。从更长远的角度来看，零部件供应商将完全被整合进整车制造厂的运营网络中去，整个价值链将更加透明。电子商务将从仅仅作为新的营销工具逐步升级为新营销渠道、新内部管理效率驱动器，直至新的商业模式。

总而言之，中国汽车产业尽管存在着许多矛盾与困难，但发展潜力无限，发展前景诱人，是一个充满着机遇与挑战，既传统又富有活力的新的发展领域。

## 8.2　汽车业电子商务概述

电子商务在汽车业中的应用早已引起世界各大汽车制造商的重视，并已取得了很大的进展。目前，从全球范围来看，电子商务在汽车工业发展中的地位与日俱增，它将通过推动汽车制造业快速发展而逐渐改变全球汽车工业的面貌，并将成为未来汽车工业发展的主要科技手段以及企业间、企业与客户之间信息沟通的最重要渠道。

### 8.2.1 汽车电子商务的含义

简单地说，汽车电子商务是涵盖汽车产业链全过程的电子化技术的应用，也就是说从汽车原材料供应、汽车零部件加工、零部件配套和整车装配到汽车分销以及售后服务各个环节充分应用以互联网为核心的现代信息技术，以达到提高经营效率和经济效益，改善客户服务的目的。根据国际、国内的汽车企业的实践，目前汽车行业的电子商务的应用可分为六个层次：

（1）企业建立专门的网站，向客户提供企业的信息，以树立良好的企业形象；

（2）进行网上市场调研，并实行有效的客户关系管理；

（3）实现零部件的网上采购，达到零部件采购的电子化；

（4）企业建立起与分销渠道网络联系模式，实现网络化分销；

（5）实现供应链网上集成，实现汽车产、供、销业务的一体化运作；

（6）实现网上直接销售，向客户提供定制化的产品和服务。

汽车业电子商务的实施，使得汽车产业链的相关组成部分，包括原材料供应商、零部件制造商、整车制造商、分销商和最终客户通过网络形成了电子化的联系，使信息流、资金流和物流实现了有机的集成，从而使汽车产业的发展在成本、效率、质量和服务方面产生重大的飞跃。

### 8.2.2 汽车电子商务的表现形式

汽车产业电子商务经过多年的发展，目前的表现形式已经有很多种，主要有以下几方面。

（1）网上车展。向客户提供汽车展示是实现汽车销售的第一步，也是汽车营销活动中一个十分重要的环节。而在传统方式下，利用实物进行展示，一方面需要投入较多的人力、物力和场地；另一方面，展示的信息和辐射面都极为有限，而且需要客户到特定的展示地点才能看到展示效果。因此，实物展示已经很难适应汽车企业和汽车客户的需要。而网上车展在很大程度上克服了传统展示的不足，它是在网上模拟车展的形式，为汽车企业包括整车厂、零配件厂、汽车及其零配件经销商、代理商、汽车保险和汽配厂商等，提供一个展示自己的企业形象、产品特色的信息渠道。网上车展因为其信息量大、展示形式多样、展示费用低廉以及可实现交互等许多优点，已为越来越多的企业和客户所认同。

网上车展既有单个企业组建网站进行的，也有专业从事车展服务的网站实现的。由于它突破了时空的限制，既可以把一个企业众多的产品展示给客户，也可以把众多企业的产品集中在一起，形成一个网上车市，可以大大提高汽车展示的效果，为汽车交易带来极大的便利。

（2）汽车零部件网上采购。汽车生产牵涉到的零部件数量十分可观，零部件采购一直是许多汽车制造企业投入大量人力、物力的环节。在传统采购方式下，由于采购的对象数量有限，又受到地域限制，采购的效率和采购的成本都很难达到较为理想的水平。利用电子商务方式实现汽车零部件的网上采购，可以及时获得市场、用户对产品的需求信息，并进行分析汇总，以便作出科学的采购决策，在此基础上，还可与汽配厂商、汽车用品厂商、汽车维修设备厂商等供应商之间以电子化的手段交付订单、处理订货信息。所以说，实施零部件的电子商务采购，能够大大缩短采购周期，提高采购的准确性和效率，降低采购成本，扩大采购范围，减少无效库存，保证库存的合理性，对提高汽车业的经营效率和经济效益意义重大。

（3）汽车客户关系管理。汽车消费是一个长期的过程，对汽车制造企业来说，首先必须搞清楚谁是本公司产品的现实客户，以便为客户提供长期持续的、个性化的专业服务；其次，还必须搞明白谁是公司产品的潜在客户，以便有的放矢地进行推广和促销；再次，汽车制造商必须动态地跟踪客户对维修、保养以及产品改进等方面的意见和建议，以便与客户维持长期、稳定的合作关系。这一切都必须依靠科学、合理的客户关系管理来实现。

对汽车制造商和经销商来说，进行规范化的客户关系管理，可以集中和共享整个体系的客户资源，提高整个汽车产业链的服务质量，降低汽车经营的风险，为客户创造更多的价值。

（4）汽车专业信息服务。在网上介绍产品、提供技术支持、查询订单处理信息，不仅可以大大减轻客户服务人员的工作量，让他们有更多的时间与客户进行进一步的接触，开发更多的新用户，有效改善企业与客户的关系，而且因为网络独有的实时交互性使客户在任何时间、任何地点均可调阅企业最新的资料，使客户的满意度得到很大提高。所以，目前国内外大型的汽车制造商都非常重视网络在向客户提供全方位产品和服务信息中的作用。

一般来说，经常访问汽车网站的客户可分成三类：第一类是已经有买车打算，希望通过网站了解最新的产品信息，以帮助自己作出正确的购车决策；第二类是已经买车想进一步了解有关汽车各方面的知识；第三类则是那些还没有购车，而且短时间内也不准备购车的访问者，但他们对汽车知识有浓厚的兴趣。因此，利用网站向不同类型的客户提供专业化的知识服务都有重要意义。对第一类访问者，可向他们提供选车购车相关常识，购车程序及材料手续等相关知识，通过专业、系统的知识服务吸引他们的注意力，尽可能让他们选购本公司的产品；对第二类访问者，可向他们提供汽车保险、出险后索赔理赔、养车修车、安全驾驶、质量纠纷处理程序、租车、救援及二手车交易等知识和信息，通过细致入微的服务，增进他们使用本企业产品的感情，提高他们的满意度，并通过他们开发更多的潜在客户；对第三类客户，比如大学在校生，尽管目前尚不具备购车实力，但他们是未来汽车消费的主力军，向他们提供丰富的汽车文化、与汽车相关的趣闻轶事以及汽车行业的最新发展知识，培养他们对本公司产品和品牌的认知度，这对企业的发展具有重要的意义。

（5）网上订购服务。汽车企业可以利用网站建立起网络销售平台，鼓励客户直接在网上订购汽车配件、养护用品、工具和设备，依托整个连锁体系来开展对客户的直接销售和配送，并通过互联网延伸客户服务。通过网络销售，消费者可对车型、颜色、内饰等进行单独订货，可最大限度地满足个性化消费的需要。另外，目前大多数汽车制造企业主要是通过需求预测来组织生产和销售的，而需求预测与实际需求量之间往往存在较大差距，导致了汽车产品在一些销售店紧缺，却在另一些销售店滞销。实现网上订购服务后，企业可及时调整货源配置，也使顾客的收货时间得以大大缩短。尽管目前世界上几乎还没有真正完全按照订单组织生产的企业，但这是大势所趋，也是汽车企业提高竞争力的必由之路。可以预见，在不远的将来，必定会有越来越多的汽车生产企业朝这个方向努力，并会给汽车生产和销售的方式带来革命性的变化。

（6）汽车企业内部网络化管理。汽车企业的内部管理极为复杂，业务运作牵涉到总部、分销中心、仓储配送中心、连锁店、加盟店、养护中心、维修厂、快修中心等众多机构和部门，企业内部实行的管理信息系统包括汽配的进销存管理系统、汽修业务管理系统、办公自动化系统等。内部网络化管理可以起到强化内部管理、规范经营管理模式等作用，可促进组织体系各个组成部分实施规范化、科学化管理。在财务管理方面，电子商务可以使企业动态地掌握企业各个环节的销售、库存等情况，分析优化资金流，减少呆账、坏账的发生，缩短资金周转的时间，提高资金管理的效率和效益；在库存管理方面，电子化手段的应用，可以在汽车制造上下游厂商之间形成高效的供应链管理，以便逐步实现原材料无库存、产品无库存的JIT（Just In Time，及时供应制）准时化生产，不但可以有效降低生产经营成本，而且可以降低高库存带来的经营风险。所以，汽车企业内部的网络化管理是汽车电子商务的重要组成部分，对汽车企业更好地参与市场竞争有着不可低估的作用。

（7）汽车新产品协同设计。汽车行业的激烈竞争使得传统的、依靠降价维持生存的策略已经变得越来越困难，新产品的开发能力和速度直接影响企业的竞争地位。利用互联网丰富的信息渠道寻求技术支持，合作开发项目、解决技术难题，协同开发出适应市场需求、灵活多变的汽车新产品，已成为众多汽车制造企业提高新产品开发能力的重要思路。国际上已有不少汽车制造企业利用互联网，以公开招标的形式面向全世界选择合适的合作伙伴，并在网上进行远程合作开发。汽车新产品协同设计可使汽车设计师、汽车工程师、供货商、制造商代表和客户通过互联网形成紧密的联系，既可节约高额的通讯费用和交通费用，又可显著缩短汽车开发设计时间，对提高汽车新产品开发设计的水平、质量和效率，有着很重要的意义。

（8）物流运输的信息化管理。汽车产品作为体积大、重量可观的实物产品，决定了物流运输在汽车行业中占有极其重要的地位。传统的物流运输由于缺乏信息流的支持，不但效率低下，而且物流成本极为可观，严重影响了汽车企业的经济效益。实施物流运输的电子商务解决方案，在分销中心与供货商之间、分销中心与连锁店之间、分销中心与客户之间、连锁店与客户之间、各分销中心之间、各连锁店之间构筑起畅通的物流运输网络化通道，可以全方位统筹运输任务，显著提高运输效率，大幅度降低运输成本，而且还可大大降低库存。因此，物流系统的电子商务化对汽车行业的发展也有重要的影响。

（9）汽车零部件电子商务交易平台。目前，我国注册的生产和经营汽车零部件的中、小企业数以万计，在我国汽车产业的快速发展中起着不可或缺的作用。由于这些企业在规模、资金和管理方面的实力相对较弱，适应市场的能力也较为低下，而且受地域和自身条件的限制，一般只能为数量有限的客户服务。而电子商务则可以帮助这些企业全面提升开拓市场的能力，因为互联网为汽车零部件制造企业提供了开发新市场、赢得新客户的有效手段，这些企业可以直接参与到与大企业的竞争中去，拥有更为广阔的市场空间。可以说，网络使汽车零部件的生产和流通减少了许多中间环节，提高了流通的效率，降低了流通的成本，使汽车零部件产业的发展进入了一个全新的阶段。

### 8.2.3 国际汽车业电子商务的发展

国际汽车业电子商务的发展历史相对比较长，积累了一定的发展经验，也取得了比较明显的成效。世界上汽车业电子商务发展最值得一提的当数通用、福特和戴姆勒·克莱斯勒三大汽车巨头共同出资组建的零部件采购网络了。2000 年 2 月 25 日，三大汽车制造商共同宣布，它们将利用各自的电子商务资源联合组建一家全球最大的汽车零部件采购网络 Covisint（Cooperation，vision，intergation），同三大汽车公司原有的 5 万多家供应商进行联网。这在当时确实是一个突破性的创举，因为三大国际汽车公司彼此都是势均力敌的竞争对手，在全球汽车市场都能呼风唤雨，想不到因为发展电子商务而走到了一起，共同构筑起对世界汽车产业发展具有深远影响的采购电子商务平台。Covisint 的最重要的目标是简化三大汽车制造商零部件采购的流程，提高效率，降低成本，实现汽车零部件供应商和制造商之间的“双赢”。Covisint 预期的采购目标是完成每年 2400 亿美元的采购量，为三大汽车公司节省数以百亿计的采购成本。到目前为止，Covisint 的发展还没有达到预期的目标，但它在汽车零部件采购方面已经越来越发挥出重要的作用，世界上十余家著名的大型汽车制造商已经加入到这一采购联盟，已经注册并开展业务的零部件供应商则已有上万家。

图 8-1 为 Covisint 网站主页。

德国是世界著名的汽车制造业大国，集中了包括大众和宝马等数家世界级的汽车制造企业，在发展电子商务方面也不甘示弱。它们已经各自搭建起了属于自己的电子化采购平台，试图与 Covisint 一争高低，尽管目前在实力、影响力等方面还无法与 Covisint 相匹敌，但已经实实在在地开始发挥出应有的效益。

在汽车网上展示、网络营销、客户关系管理、企业内部网络化管理等方面的电子商务应用，世界上不同的汽车制造企业都有自己不同的做法。总的来说，只要在提高效率、降低成本、改善服务等方面有利的，一般都能取得比较理想的成效。

图 8-1　Covisint 网站主页

# 8.3 中国汽车业电子商务发展

近年来，伴随着我国汽车产业的超常规发展，汽车产业也开始在我国生根发芽，经过一段时期的发展，已取得了令人可喜的进展。当然，与世界汽车电子商务发展的先进水平相比，还存在着较为明显的差距，需要我们认真学习，迎头赶上。

## 8.3.1 中国汽车业电子商务发展状况

实施电子商务是我国汽车行业提高市场适应能力和竞争实力的必由之路，这一点正被越来越多的政府主管部门和汽车厂商所认识，无论是汽车制造商，还是汽车经销商，都在不同程度地开展电子商务的应用，一些深层次的应用也开始出现。概括起来，我国汽车业电子商务的发展主要有以下几个方面。

### 1. 汽车网站日渐涌现

作为电子商务的初步应用，目前国内大多数汽车生产厂商都已经建立起了独立的网站，并在宣传企业形象、向客户提供相关信息等许多方面发挥着越来越重要的作用。除汽车生产厂商单独设立本企业的网站外，近年来，国内还出现了许多专门为汽车交易提供相关配套服务的网站，如中国汽车网、慧聪汽车在线、中国汽车新网等，这类网站大都依托传统汽车产业，通过商务信息、市场推广、辅助交易、金融服务等相关门类，力图以功能完善的个性化服务，为国内外汽车经营企业和广大汽车爱好者提供网上、网下紧密结合的专业信息商务平台。尽管目前真正通过这类网站达成的交易数量还很少，但它们在促进汽车行业电子商务的发展中所起的作用是十分重要的。

### 2. 电子商务应用正处于积极探索阶段

与国际主要汽车制造商相比，我国汽车企业在信息化发展基础、电子商务发展经验等方面要逊色得多，在发展过程中遇到的困难和问题自然也比较多。所以，我国汽车电子商务的发展正处于积极探索阶段，具体表现为：

（1）我国汽车企业内部信息化的水平还处于较低层次，无论是ERP系统的实施，还是企业内联网的构建都落后于电子商务的发展要求；

（2）汽车生产企业与零部件供应商及经销商的业务联系多数还停留在电话、传真阶段，与电子商务要求的网络化的业务运作还相距甚远；

（3）汽车制造商与汽车最终客户之间还没有建立起以网络为纽带的紧密联系，成功开展客户关系管理的汽车企业可谓凤毛麟角。因此，从目前我国汽车行业电子商务的发展状况来看，还只是处在局部的、初级的阶段。

### 3. 汽车电子商务发展处于明显的不平衡状态

与世界上汽车业发展比较好的发达国家相比，我国目前从事汽车生产和经营的企业数量明显偏多，存在着较为严重的散、乱、小的问题。在发展电子商务的过程中，同样表现出发展和应用水平的参差不齐、高低不一。总的说来，规模和实力比较强的大型汽车制造商在电子商务发展方面已经取得了较为明显的成效，如一汽、上汽等国内领先的汽车制造商在汽车零部件的采购、网上营销等方面走在了国内汽车行业电子商务发展的前列。一些由国际著名汽车制造商投资的汽车制造商在电子商务发展方面基本做到了与国际同步，比如上海通用汽车委托世界著名的 IT 厂商惠普公司开发的“百车通”网站，无论是内容、形式还是功能方面，都可以说达到了国际先进的水平，在我国汽车电子商务发展领域占尽优势。但从全国范围来看，大部分汽车制造与经营企业在电子商务发展方面的水平还不高，实际效果也不够理想，存在较为明显的形式主义现象。

总体来说，我国汽车业电子商务发展已经起步，但发展还很不平衡，与国际汽车业电子商务的发展水平和我国汽车业发展的实际需要还存在着很大的差距，需要加快发展，迅速提高。

### 8.3.2　中国汽车业电子商务发展存在的主要问题

我国汽车业电子商务的发展已经有了一定的基础，但存在的问题还很多，集中体现在以下一些方面。

#### 1. 对汽车电子商务的认识还没完全到位

由于电子商务是一项新生事物，到目前为止，不少汽车企业对其还缺乏正确的认识，主要存在以下几种不正确的思想：

（1）汽车行业发展电子商务还为时过早，等到时机成熟时再考虑；

（2）电子商务就是建设网站，所以有的企业建起了一个没有实质性内容的网站就认为在开展电子商务了；

（3）电子商务就是网上售车，如果不能达到这一目的，就对电子商务的实际意义产生怀疑；

（4）认为开展电子商务是企业信息管理部门的事，只要重视对计算机系统、网络系统和应用软件等技术平台建设的投入就能解决问题了。

由于存在以上这些不正确的认识，导致了一部分企业汽车电子商务的发展进展缓慢。因此，树立对汽车电子商务的正确思想，特别是转变汽车企业主要领导的思想观念，使他们积极主动地推动汽车电子商务的发展既十分必要，也极为迫切。

#### 2. 汽车企业管理落后一定程度上影响汽车电子商务的发展

管理落后是制约中国企业发展壮大的根本性原因，对这一点大家都有深刻的认识。作为国民经济支柱产业的汽车工业同样存在着管理水平滞后的问题，与电子商务的发展要求存在较大的差距。目前，我国绝大多数汽车生产企业在采购、生产、销售、售后服务等许多方面还是相对独立的手工操作，对人和物的管理还较为粗放，信息流、资金流和物流还基本没有实行集约经营管理，致使企业资源的配置不能得到最优化。毫无疑问，这种管理模式难以适应电子商务条件下各环节高效、协调、统一、即时的要求。

对于大多数的汽车企业而言，缺乏高效、先进的企业管理信息系统的支持，也是影响其电子商务发展的重要原因，因为在生产、库存、财务管理、客户支持等相关环节没有相应的资源共享和信息支持，电子商务很难实现。几乎所有的世界著名汽车生产厂商都拥有高度发达的 ERP（企业资源计划）、CRM（客户关系管理）、SCM（供应链管理）等系统，这些信息系统的应用可有效地提高企业的生产管理水平、降低产品库存、提高销售能力和客户服务的水平，是电子商务的基本组成部分。而我国的汽车企业在这方面还存在比较大的差距，尽管有些企业已经实施了ERP等系统，但是，由于原来的管理基础较差以及管理人员的水平较低等原因，真正能发挥这些信息系统的作用，并使其与电子商务发展做到有机集成的汽车企业可以说还非常少。加强管理系统的开发与应用，切实提高企业的管理水平，是中国汽车企业发展电子商务的重要前提。

3. 汽车电子商务的标准问题还没有得到很好解决

由于汽车产品的品种多、规格复杂，不同的企业执行各自的标准，导致整个汽车行业的标准统一极为困难。特别是汽车零部件由于自身基础、国家归口管理等多方面的原因，长期以来缺乏适用于生产和销售的产品标准，导致整个行业出现了“散、乱、杂”的局面，以致产生了鱼龙混杂、假冒伪劣产品泛滥的结局。这种缺乏行业标准或行业标准混乱的现象会在很大程度上影响汽车业电子商务的健康发展。因此，加强标准的统一和规范，并通过法律、法规的形式加以贯彻实施是促进电子商务发展的重要条件。

4. 网络安全问题不容忽视

在我国，尽管离真正在网上实现汽车交易还有很长的路要走，但是汽车零部件、装饰件等产品的网上交易，以及汽车供应商和生产商的网上交易在现阶段不但可行，而且十分必要。而目前的网络安全问题还在一定程度上影响着网上交易的进行，无论是消费者个人隐私权的保护，还是在线支付的安全性问题，都有待进一步完善。

5. 消费者的观念还有待进一步转变

要开展B to C的汽车电子商务交易，不能不考虑消费者的观念问题。目前，中国消费者对电子商务的接受程度还比较低。据有关调查，经常光顾汽车网站的访问者中，真正愿意体验网上购车者不到5%，这一数字充分说明广大消费者对汽车网上销售的认同程度目前还比较低。由于汽车消费在消费者投资中占据着较高的比重，许多消费者仍相信眼见为实，谨慎投资。所以，在当前，希望能有较大规模的B to C汽车网上交易还不太现实。

### 8.3.3 中国汽车业电子商务发展的主要策略

对中国汽车行业而言，发展电子商务已经成为促进全行业健康、快速、持续发展的重要举措。具体的发展策略应包括以下几个方面。

（1）转变观念，提高认识，主动迎接电子商务挑战。对政府主管部门和汽车企业的领导层及管理人员而言，首要的任务是转变传统的观念，正确认识电子商务在提升行业和企业竞争力中的重要作用，并在思想上、行动上积极推动电子商务的实施，赢得中国汽车业电子商务发展的主动权。

转变观念的内容也是多方面的，既要克服“电子商务时机尚不成熟”、“等一等，看一看”的思想，又要防止一味追求“一步到位”的做法，要结合企业实际，有计划、有步骤地规划企业电子商务发展的行动计划，根据企业产品与服务的特点，考虑客户的实际需要，确立电子商务的发展战略。

（2）制定有利于电子商务发展的行业政策和标准。作为提升中国汽车业国际竞争力的重要措施，发展电子商务将会对国民经济的发展、社会汽车消费水平的提高产生积极的影响，我国政府已经为此作出了积极的努力。当务之急应该尽快制定有利于汽车行业电子商务发展的政策，逐步统一相关的行业标准，使电子商务得到有序的发展。

在行业政策上，我国各级政府需要从促进民族汽车工业发展的大局出发，考虑到“入世”以后的政策环境，以“政府引导、企业参与、市场主导”的原则，鼓励企业之间的联合和重组，共同整合行业资源，加快电子商务的发展进程，防止各自为政、地方保护等计划经济产物的再生。同时政府也应为汽车行业的人才引进、科研开发投入、税收优惠等多方面提供必要的支持。为改变汽车行业标准复杂、缺乏规范的现象，政府有关部门必须尽快着手规划、研究制定汽车行业信息化及电子商务涉及的各种技术规范、标准、测试和监测方法，保证信息和电子商务系统的安全、可靠运行，扫除阻碍汽车行业电子商务发展的各种障碍。

（3）切实加快企业内部信息化建设步伐。企业内部的信息化建设是企业开展电子商务的基础和前提，这是一项长期的、复杂的、综合性的系统工程。目前国内一些合资的汽车整车企业，如一汽大众、上海大众、上海通用、江西江铃、南京依维柯等，企业整体信息化都已具有较高的水平。这些企业普遍采用了现代信息技术与制造业相结合所形成的各种先进的信息技术，如 CAD（计算机辅助设计）、CAM（计算机辅助制造）、CAPP（计算机辅助工艺过程设计）、CIMS（计算机/现代集成制造系统）等，而且这些企业均拥有了自己的网站和较为完善的内部信息网络系统，有的企业还投入了大量的资金进一步扩充和完善其设备和功能。一般说来，汽车企业内部信息化建设包括硬件建设和软件建设两个方面：硬件建设包括网络的综合布线、企业内部网的构建、与因特网的联通；办公、科研、生产、营销等各种应用软件系统的集成或开发；企业内外部信息资源的挖掘与综合利用；ERP 系统的开发与建设等。软件建设包括企业内部相关的标准和规范的制定；安全保密问题的解决方案；信息系统的使用与操作以及数据的录入与更新的制度化；全体员工信息化意识的教育与信息化技能的培训；ERP 系统的实施与运作；与信息化相适应的管理机制、经营模式和业务流程的调整或变革等。

（4）积极推进汽车零部件电子商务步伐。由于汽车零部件在汽车行业发展中所处的特殊地位，积极推进零部件的电子商务发展进程具有十分重要的意义。目前，国际主要的汽车制造商基本都实现了“全球零部件采购”的目标，而电子商务是实现这一目标的根本方式。对汽车制造商而言，零部件的电子商务采购可使企业的采购、营销成本大大降低，库存也显著减少，而且销售渠道也能得到进一步的拓宽；对汽车维修企业来说，零部件业实现电子商务后，可通过互联网迅速找到质优价廉的汽配产品，最终实现零库存，最大限度地降低成本；对零部件生产企业而言，通过互联网的集约化供应可以降低其流通成本，及时得到最终用户的反馈，以便调整生产计划，减少库存积压，使企业拥有更多资金投入技改和产品的售后服务。与此同时，由于商品价格、品牌在网上展示，再加上多媒体技术的产品演示等，为交易带来了很高的透明度和公平性，对于规范经营、打击假冒伪劣而言，也有着十分重要的作用；而商业银行参与网上交易，将使交易更规范，可以减少三角债或者货款损失的可能，一定程度上增加了网上交易的安全性。

加快汽车零部件电子商务的发展，应充分利用本行业的资金、技术、管理、品牌和客户等资源，减少不必要的盲目投资，避免各自为政现象的出现。从资金、技术角度考虑，汽车零部件生产企业要尽量与兄弟企业联合发展电子商务，共同“造势”，形成规模效应；从管理角度考虑，不同企业可采取联合入股的形式组建股份制的企业，共同参与零部件电子商务的运营；充分发挥在市场已有较好知名度和美誉度的品牌的价值，使其在电子商务发展过程中进一步增值；对于客户资源，零部件生产企业应尽量避免你争我夺的“零和”竞争，而是需要考虑采取得力措施，共同把客户需求“这块蛋糕”做大，实现“双赢”的结果。

（5）逐步构筑汽车行业电子化供应链。通过分析国际、国内汽车制造业的发展趋势可以发现，越来越多的汽车整车企业开始把汽车零部件制造职能虚拟化，而专注于整车的设计研发和市场的开拓。电子商务的应用则为汽车整车企业构筑连接零部件供应商和整车经销商的电子化供应链创造了极为有利的条件，可以说，汽车企业之间的竞争将会逐步过渡到供应链与供应链之间的竞争。因此，构筑电子化供应链已成为众多汽车企业必须共同面对的任务。

电子化供应链的构建已有不少成功的例子，如福特公司，它的零部件供应商被分作三层，第一层为大型集成系统、座椅、车轮和制动器等，第二层是向第一层提供部件的公司，此外还有第三层供应商。目前福特已经通过电子商务系统同第一层供应商建立起了密切的联系，同第二层供应商的联系也正在加速进行，最终它将同所有三层供应商联网，互通信息。比如，当福特公司通知第一层供应商需要多少红色、蓝色或紫色座椅的时候，属于第二层的皮革供应商也能在网上随时看到福特对各种颜色座椅的需求变化，并开始准备存货，而不必等待座椅制造商告诉它需要什么皮革。汽车部件供需关系的改善，将大量节省交易费用，降低成本，减少库存。对中国汽车企业来说，既要借鉴国外电子化供应链建设的成功经验，又要注意上下游企业之间的相互合作，真正做到资源共享、风险共担，实现“共存共荣”。

（6）高度重视售后市场和客户资源的开发。随着汽车消费水平的不断提高，汽车售后市场（AfterMarket）正逐渐浮出水面，成为汽车行业发展中的一个新的亮点。实际上，整车销售只是启动了汽车消费链的第一个环节，围绕汽车售后的汽车维修、配件、汽车养护、汽车用品、汽车服务等需求的市场容量，在发达国家早已超过了整车销售的市场容量。而在我国，这一市场还没有引起足够的重视，但其蕴藏的市场潜力十分可观。电子商务是开发这一潜在市场的有效手段，通过网络向汽车客户提供各种备品、备件，并为他们提供各种形式的服务，既可取得极为可观的经济效益，又可大大提高客户的满意度。

实施客户关系管理对中国汽车企业来说还较为陌生，一方面是因为在过去汽车企业不具备相应的软硬件条件；另一方面，是因为中国的汽车企业没有对客户资源的价值引起足够的重视。在客户需求越来越趋于个性化，而且汽车市场竞争越来越趋向白热化的今天，客户关系管理水平已经上升成为影响到企业市场地位和竞争实力的重要因素。上海通用的实践证明，客户关系管理在提高企业经营管理水平，改善客户服务能力方面确实可以发挥不可替代的作用。所以说，没有成功的客户关系管理就没有完整的电子商务。这一点，应引起我国汽车企业的高度重视，并应对此作出积极的探索。

汽车产业是历史较为悠久，与经济发展和人民生活关系又极为密切的传统产业，在当今席卷全球的信息化浪潮中，汽车产业必将迎来新的发展机遇。可以肯定，安上电子商务“轮子”的现代汽车业必然会在信息时代马力开得更足，速度跑得更快，路程也将跑得更远。

## 8.4 典型案例1 福特汽车电子商务发展

### 8.4.1 公司概况

总部坐落在美国密执安州迪尔伯恩市的福特汽车公司（简称“福特”），由亨利•福特先生创立于 1903 年，是世界上规模位居前列的工业企业，也是在世界汽车工业排名第二的大公司。作为世界上最大的卡车制造商及第二大轿车和卡车联合制造商，福特汽车公司制造的汽车品牌有福特（Ford）、林肯（Lincoln）、水星（Mercury）、阿斯顿·马丁（AstonMartin）、美洲豹（Jaguar）、马自达（Mazda）、沃尔沃（Volvo）和陆虎（LandRover）。此外，它还拥有世界最大的汽车信贷企业——福特信贷（FordFinancial）、全球最大的汽车租赁公司——赫兹（Hertz）及汽车维修公司——Kwik-Fit。作为全球领先的“以消费者为导向”的特大型企业，在长达一百余年的发展生涯中，始终追求“超越消费者的期望，提供杰出的产品和服务以改善人们的生活（We anticipate consumer need and deliver outstanding products and services that improve people’s lives）”的发展目标，致力于成为“世界性的汽车产品和服务消费的领袖厂商”。福特在全球 30 多个国家的汽车制造装配企业中，拥有 35 万名员工，每年向 6 大洲、200 多个国家共销售各种轿车、卡车和商用车约 800 万辆。在 2007 年《财富》500 强排名中，福特以 1,601.26 亿美元的年营业收入，位居全球第 12 名。

目前，福特汽车在中国的独资和合/投资企业包括福特汽车（中国）有限公司，福特汽车工程研究（南京）有限公司，福特汽车金融（中国）有限公司，长安福特马自达汽车有限公司，长安福特马自达汽车有限公司南京公司，长安福特马自达发动机有限公司和江铃汽车(股份)有限公司，目前已全部投入正常运营。福特汽车已在中国市场推出福特蒙迪欧、福特福克斯、福特 S-MAX 和福特全顺等多种车型，其旗下沃尔沃汽车、马自达、捷豹、路虎、服务品牌 Ford Service 和福特汽车金融服务也已进入中国，为中国消费者提供多元化的产品和服务。

图 8-2 为福特汽车公司主页。

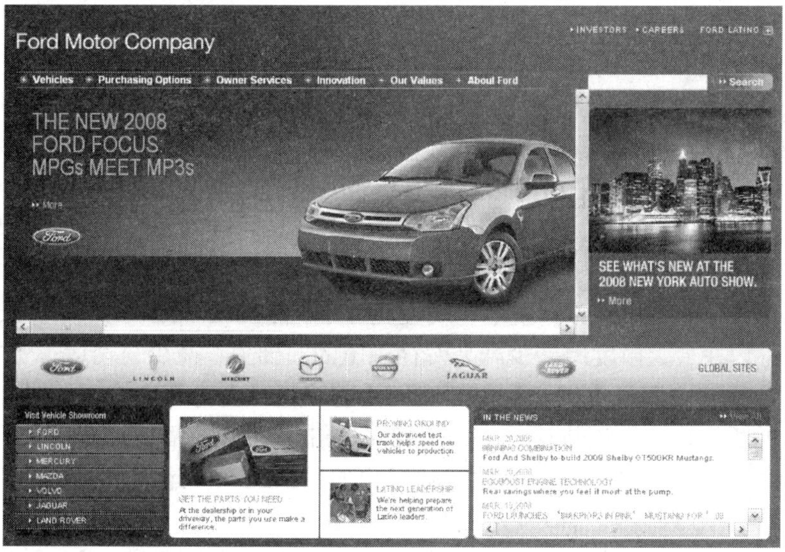


图 8-2　福特汽车公司主页

## 8.4.2　发展背景

当众多传统企业还在对电子商务进行观望的时候，福特汽车公司这家传统企业的巨擘已经在悄悄行动了。福特汽车公司是美国汽车业中在电子商务方面步子迈得最大的公司，在电子商务刚刚开始热起来的时候，福特汽车公司一下就投资 5,000 万美元购买了美国著名的互联网投资公司 Internet Capital Group Inc.的股票。1999 年 12 月，公司为职员发起免费赠送电脑和资助互联网服务的计划，并大肆宣传将在 2004 年的上百万辆新车上装备电子信箱、免提电话和互联网设备，为大规模发展电子商务作好准备。

在电子商务网站建设与应用方面，福特汽车公司确定了四个阶段的发展计划。

（1）第一阶段，将企业的各种信息通过网络提供给访问者，为访问者更好地了解福特汽车公司以及公司的产品和服务提供信息支持。

（2）第二阶段，在企业的网站上设立对话功能，顾客可以在网上比较价格和产品，并在线提出问题，由企业的专家及时给予回应。

（3）第三阶段，开始为订货而生产的过程，让顾客可以在福特的网站上根据自己的实际需求订货。

（4）第四阶段，在实现真正的依据订货生产的供应链后，福特汽车公司的零部件供应商和福特的各整车生产厂都可以在网上及时收到用户的特殊订货，并使绝大部分汽车在收到订货后的 10 天以内完成制造并发货。

针对每一阶段的发展计划，福特公司采取了相应的措施，使得互联网在生产经营过程中发挥出十分重要的作用，为公司深层次、多角度发展电子商务创造了理想的环境和条件。

### 8.4.3 实现措施

作为传统制造型企业的“航空母舰”，福特发展电子商务的目的很明确，就是要通过网络技术的应用，提高企业的生产能力和经营效率，降低经营成本，改变大企业固有的机构庞杂、环节众多、反应慢、效率低的通病，以进一步提升服务客户的能力，增强企业市场适应能力和竞争实力。为此，福特公司从以下几个方面入手促进电子商务的快速发展。

（1）开展网上零售业务。福特公司认为，汽车的网上零售虽不像书籍、唱片等商品容易在网上成交，但开通网上零售业务可以帮助客户更好地进行购买选择和决策，可以在一定程度上弥补传统销售方式的不足，而且网站在提供汽车产品的资讯方面可以起到十分重要的作用。为此，福特公司专门设立了 Buyer Connection 网站，并与微软 MSN 网络内的 CarPoint 专业汽车网站合作，使客户能够方便地在线提交订单、跟踪处理流程，并申请汽车消费贷款等相应金融服务，在最大限度地减少产品库存积压的基础上，减少公司运营资本的占用。

（2）提供在线客户服务支持。利用互联网为客户提供全方位、全天候的服务，是福特实施电子商务的重要内容。福特通过 Owner Connection 网站向福特汽车的客户提供在线支持服务，使公司的各业务部门能更好地了解客户使用公司产品过程中存在的问题，并借助自动化处理系统、有效地降低客户服务的成本。

（3）实现电子化供应链管理。在福特公司十分复杂的供应链中，分布着数万家供应商和数千家经销商，如何利用网络技术实现电子化的供应链管理，自然是福特公司发展电子商务的过程中十分关心的问题。为此，福特公司专门建立起了汽车交易网站，在公司的 3 万多家供应商与 4,000 多家经销商之间，实现信息共享及在线采购等业务处理，这一系统的应用每年可为公司减少高达上百亿美元的零配件、原材料采购及供应等方面的交易及折扣开销，并能够在加速与零配件供应商数据信息交流的同时，为公司创造多达数十亿美元的交易费收入。由此可见，有效的电子化供应链管理为福特公司带来极为可观的效益。

（4）提供个性化的设计与生产。福特公司积极与门户网站雅虎、汽车专业网站 CarPoint 及 iVillage、TeleTech、bolt.com 等社区网站合作，深入了解并准确把握互联网用户的需求及在线购物模式，实现更有针对性的市场营销，并根据客户需求提供一定程度上的个性化的设计与生产。

（5）推出数字化产品。为了更好地满足客户在网络时代汽车消费的需要，福特公司在新车型中配备了 Web 访问、卫星电话及电子邮件收发等数字化服务功能，使公司产品带有鲜明的时代特征，实现福特向 Internet 时代汽车制造商的转型。

（6）融资服务。为了方便客户能够通过互联网开展融资业务，福特公司将消费信贷业务向在线空间迁移，实现真正的在线融资服务，使公司在减少 15%～20%服务开销的同时，也争取到了更多的客户，进一步带动了公司主要业务的发展。

### 8.4.4　经销合作

在电子商务发展的初期，福特公司曾经考虑从经销商处买断客户资源直接通过网络进行面向客户的销售，但最终的结果是激怒了与福特进行长期合作的数千家经销商，险些丢掉遍布全球的经销渠道。当发现离开经销商就无法实现本地化服务时，福特公司改变了原先的经营策略，开始考虑与经销商合作。福特与其经销商大约花了一年的时间来了解互联网工具所能带来的效益，最终达成了连接客户、经销商以及福特自身的一个“多赢”的合作。这就是在 2000 年 8 月建成的 FordDirect.com 网站（参见图 8-3），这一网站的成功运营使得福特与经销商之间的利益得到了有机的统一。

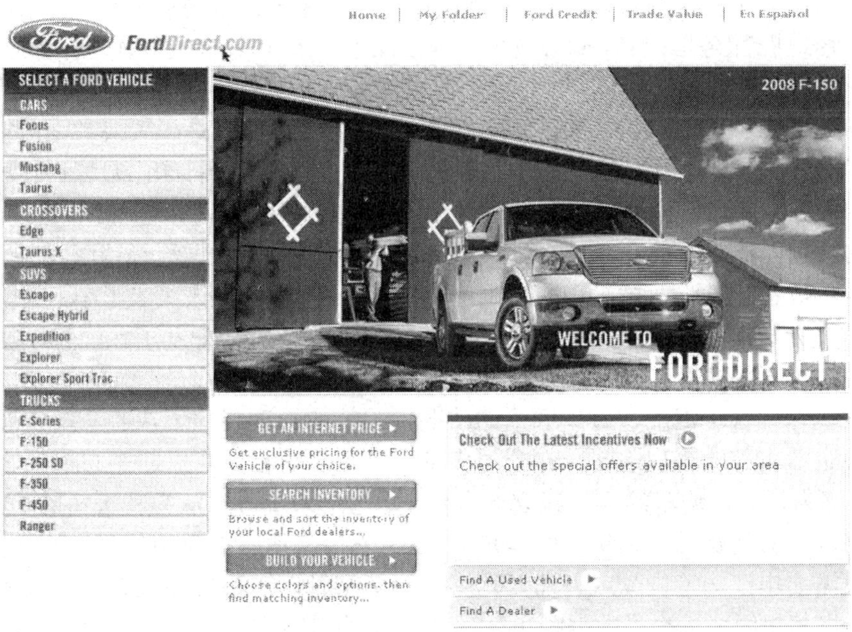


图 8-3　FordDirect.com 网站主页

FordDirect.com 网站的设计只有一个简单、具体的目标，那就是如何利用网络在不损害经销商利益的前提下更有效地把车销售出去。因为网站最大限度地保护了经销商的利益，所以得到了广大经销商的大力支持，他们同样意识到了网站在销售汽车过程中所起的作用，经销商联合会的一些成员甚至承担起了网站的策划和创意，以便更好地发挥网站的作用。FordDirect.com 网站开通后，在提供“本地化订制”服务方面发挥了很好的作用，比如，消费者登录该网站想查询购买一辆带真皮内饰、四轮驱动和侧充气气囊的福特探索者的话，FordDirect.com 网站就会列出距离该消费者最近，并且有这种车型的特许经销商的名单。如果该消费者用鼠标选中了某个经销商，那么网站就会向该经销商发出请求，该经销商就可以通过电子邮件就各种选件与消费者进行洽商，然后安排售车事宜。消费者可以在网站上完成购车的全过程，而在某些州，经销商甚至可以帮客户把所买的车开到家门口。

值得指出的是，FordDirect.com 网站还可以为客户正在寻找的某种特定车型生成有关车饰选件和颜色等极有价值的预订信息，然后经销商便可将这些信息发送给福特公司，福特公司就能够按照客户的要求来生产，从而更好地满足客户的个性化需求。当然这种方式离戴尔电脑公司的数字化订制生产还有一定的距离，但作为规模化生产程度极高的汽车制造业来说，这是一种革命性的进步，因为它很好地缓和了经销商与福特之间的紧张关系，同时也为客户创造了更多的价值。福特的目标是在全美 50 个州都开设本地化的 FordDirect.com 网站，并局部向国外推行，这一目标的实现无疑将会大大提高福特在汽车行业的竞争力。

### 8.4.5 资源整合

在实施电子商务前，作为一个历史悠久、规模特别庞大的传统企业，福特公司同样存在着外人无法想象的官僚主义。以公司的内部信息管理为例，福特公司维持着上百个分立的数据和通信系统，有很多系统实际上还庇护着数十个子系统。这些系统各自使用着不同的硬件（主机、客户机/服务器或者 PC 等）和不同的软件，而且其中很多软硬件都已使用了 10 年以上，有的离实际情况已经是大相径庭，但福特大约有 70%～80%的数据存储在这类系统中，各种数据库储存的信息格式各不相同，而且这些数据一般都是一天或者一周集中处理一次，很少有实时的信息。福特的职员有时甚至需要从一个数据库打印出数据后，再用手工重新输入另一个数据库。毫不夸张地说，企业数据库的利用率大约只有 10%。在客户管理方面，福特存在的问题同样非同小可。多年来，福特一直都是把汽车发送给经销商，由推销员销售出去，然后只剩下一张张油渍斑斑的资料卡片，记录一下是什么人买走了车，至于后续的客户关系管理则无从谈起，更不用提交叉销售和客户资源的后续开发了。因为数据管理的分散和低水平，难怪福特公司为什么从来都说不清自己的客户到底是些什么人了。

为了改变这种管理混乱、效率低下的状况，福特的管理层痛下决心，决定通过实施电子商务提高企业内部的管理水平。在公司内部，福特公司首先建立起了自己的客户知识系统，以便能够为每一位购车的客户建立一个档案。这个系统可以从福特公司的 250 个网站、经销商网络以及其他资源中采集每个客户的数据，然后将所有信息组织进一个中央数据库。当汽车买主需要申请一笔贷款或者需要购买一辆新车时，福特现在就有了获取相关信息的方法，而且将其组织成一个“数据集市”，然后公司的市场营销经理、设计人员、财务经理以及公司的 CEO 都可以从公司的任何办公地点访问这个系统，显著提高了企业的决策效率、管理水平和客户服务能力。

为了充分整合公司的内部资源，福特公司建立起了完备的内部网络系统。有了这个遍布公司各个角落的内部网，公司各级机构及其员工都能进行各种形式的交流，从而及时、有效地解决各种问题。目前，在福特公司，公司的内部网络系统已成为公司的“数字神经系统”，成了公司生产经营管理活动的核心载体。公司的网络主管部门千方百计地提高和改进网络状况，力争让所有员工都能得到优质的网上服务。内部网的信息管理人员每天都要及时更新网上信息，对过时的信息则迅速进行归纳整理，并分门别类予以存档。现在，福特公司每天有 80%的员工通过网络从事汽车设计、生产、质检和销售；人力资源部门也充分利用内部网络公布岗位信息及其工资福利待遇，鼓励员工内部合理流动，最大限度地实现人尽其力；各部门负责人通过网络对员工进行跟踪考核，而广大员工也可以在网上对他们的各级上司品头论足，甚至可以向人力资源部门发寄匿名信函，对他们的老板提出严厉批评。可以说，内联网的开通运行在帮助福特整合各种内部资源的同时，也改变了公司的文化，为公司的发展注入了新的活力。

### 8.4.6　采购优化

对汽车整车制造商而言，零部件采购的成本在汽车整车成本中占到很大的比重，福特公司长期以来对此极为重视。从 20 世纪 80 年代开始，福特和其他汽车厂商一起开始利用 EDI（电子数据交换）技术，通过租用价格昂贵的固定通信线路来与其主要的零部件供应商进行数据交换，但是对一些中小型的零部件供应商来说，福特仍然得通过传真、电话甚至电传打字机与他们联系。因为成本高昂等原因，参与的供应商数量有限，EDI 的实施效果并不太理想。基于互联网的电子商务出现后，福特公司着手组建了旨在推动在线零配件交易业务发展的 B to B 交易网站 autoxchange，网站将福特公司数万家零配件与原材料供应商连接在一起，在实现更好的信息交流的前提下，以更理想的价格实现更快、更方便的产品交易与配送。但几乎与此同时，世界头号汽车制造商——通用汽车公司也推出了一个类似在线交易 B to B 的网站 TradeXchange，由于两大汽车巨头在在线 B to B 交易市场上的这种各自为政的策略，引起了供应商们的强烈不满，因为他们不得不分别参与两家采用不同技术、各自独立的网上交易市场，为业务及交易处理带来了很大不便。有鉴于此，两大巨头决定放弃最初各自为战的策略，将两家网上交易市场合二为一，于是在 2000 年 2 月 25 日宣布，两家世界最大的汽车制造商共同组建的、新的在线 B to B 汽车零配件交易市场 Covisint 正式开通运行。在这一网上市场开通后不久，世界第三大汽车制造商戴姆勒•克莱斯勒也宣布加入这一在线 B to B 交易市场，使 Covisint 成为名副其实的世界汽车零配件核心平台。

这一新的汽车零部件网上交易市场可使供应商方便地向三大汽车巨头提供产品，或实现相互间的产品交易，将 1 万多家汽车零配件供应商紧密地联系在了一起，极大地提高了汽车零部件产品的交易效率，降低了交易成本，从根本上改变了汽车业供应链的面貌，并进而影响到该行业内的所有其他领域。

尽管 Covisint 的运作并没有像预先想象的那样顺利，但福特公司对此充满了信心，福特公司认为，Covisint 将能够优化每一家供应商的库存和资金需求，甚至可以精确地知道每一种零部件的情况。在过去，福特公司每个采购人员都会去采购他们所需要的材料，结果是库存堆成了山，公司采购的整个供应链是分散、割裂的，而通过这一网上采购平台，公司就可以始终监控采购的整个过程，企业采购形成了完整的“价值链”，在降低了公司的采购成本、提高了采购效率的同时，还使供应商得到了最大限度的参与，产生了极为显著的效益。

### 8.4.7 合作结盟

福特公司的电子商务发展充分考虑到了与众多 IT 公司的合作和结盟，始终坚持高起点、高标准和高速度。公司通过与微软公司合作，共同开发出了所有基于 Web 的系统架构；与著名的企业级领先的电子商务供应商 Trilogy 软件公司合作，开发出了实现福特、经销商及消费用户业务处理的各类 Web 应用系统；通过与雅虎、CarPoint、Bolt.com、DEN.net 及 iVillage.com 等门户及虚拟社区网站的合作，福特公司充分利用了这些网站创立的独特客户关系模式，向不同的客户提供了有针对性的内容服务；通过与著名的呼叫中心 TeleTech 公司合作，开发出了一种能够根据客户的生活习性与购物倾向等方面的详尽信息，向客户提供高度个性化的担保、借贷、产品维修及订制化服务的系统。

福特公司通过与国际级 IT 公司的合作，充分利用了世界领先的互联网技术和成熟的电子商务应用经验，充分吸收著名 IT 公司的企业文化，缩短了公司电子商务的发展进程，提高了电子商务的应用水平和实际效果，也受到了广大客户的广泛认同。

### 8.4.8 案例评析

面对汹涌而来的电子商务浪潮，福特公司未雨绸缪，积极行动，通过灵活应用电子商务战略，最大限度地发挥互联网在企业生产经营管理活动中的优势，优化供应链管理和业务流程，大大增强了公司在网络经济时代的竞争力，为传统企业的电子商务发展树立了榜样。

福特的电子商务战略在经历了长时期的试验和迷雾之后，正在走向定位鲜明的阶段，逐步把新的基于互联网技术与福特原有的各种系统进行深度的融合，探索出一条适合传统大型汽车制造企业的电子商务发展道路。与此同时，福特公司在汽车产品的开发设计过程中也在积极提高互联网的应用水平，比如一种增加了电子邮件处理、新闻、语音识别系统及卫星电话等新型数字化服务的新车型已经推出，以满足用户期望在驱车行进过程中浏览 Web、收发电子邮件的需求。

近来，福特公司又推出了全新的网络系统，国外的客户可以轻松地在网上找到离自己最近的福特汽车销售点，以寻求服务，如购买新车和二手车等。这套系统一改以前静态网站的老面孔，可以完成网上订车以及实现银行贷款计划、车辆详细信息以及取消预订等功能。用户可以登录到这些网站，输入相关信息后，就可以找到最近的汽车经销商。在这些网站上，用户可以轻松地搜索到自己想要的车以及相关的服务。也就是说，福特已经把国内成熟的电子商务应用扩展到了国外，全世界越来越多的福特用户将会在福特的电子商务发展中获益。

作为传统企业的杰出代表，我们有理由相信，福特的电子商务发展战略必将会使这家历经百年的企业焕发出勃勃生机。

# 8.5　典型案例 2　一汽采购资源网

## 8.5.1　公司概况

始建于 1953 年，总部位于吉林省长春市的中国一汽集团不仅是中国汽车工业的摇篮，也是我国目前最大的汽车企业集团。建厂 50 多年来，一汽集团肩负中国汽车工业发展的重任，励精图治、奋发图强，经历了建厂创业、产品换型和工厂改造、上轻型车和轿车三个大规模的发展阶段，产品生产由单一卡车向轻型车和轿车方面发展。1991 年一汽与德国大众合资建立年产 15 万辆轿车的生产基地；2002 年一汽又与天津汽车（集团）联合重组，并与日本丰田公司实现合作，产品结构形成以轿车为主的新格局。目前，一汽拥有全资子公司 30 家，控股子公司 15 家，其中包括“一汽轿车”、“一汽夏利”、“一汽四环”三家上市公司。一汽在国际市场已逐步建立起了全球营销和采购体系，在亚洲、非洲、欧洲和北美建立起了五大地区性公司以及包括组装厂在内的十多家办事机构，累计出口整车已达数万辆。一汽已拥有“红旗”、“威志”、“奔腾”和“解放”等四大自主品牌、与德国大众公司合资生产的“奥迪”、“捷达”两大品牌，形成了“轻、中、重、轿、客、微”多品种、宽系列的产品格局。作为中国民族企业的杰出代表，一汽人正在朝“管理数字化、经营国际化”方向迈进，为实现“让每一个中国家庭都拥有自己的汽车”的产业梦想，打造具有国际竞争力的新一汽而不遗余力。

中国第一汽车集团公司是一汽集团的核心企业，总部位于长春。该公司采购部是集团公司的采购管理职能部门，负责集团公司采购政策、采购标准的制定及监督，以及集团公司采购系统的系统管理，同时负责集团公司成本中心的零部件、原材料、设备和设备备件的采购工作。

图 8-4 为一汽“第一汽车网”主页。

图 8-4　一汽“第一汽车网”主页

### 8.5.2 发展背景

作为中国汽车行业中的巨头，面对中国“入世”以后的国内外的市场环境，一汽自然面临着前所未有的压力与挑战。作为一个大型传统型的制造型企业，零部件采购工作在汽车生产中起着极为重要的作用，采购的效率、采购的成本对企业的市场竞争力有着重要的影响。一汽的领导层很早就提出了一汽要建立销售网和采购资源网的计划。

当时，一汽采购部由于采购人员数量众多，负责采购的零部件品种繁多，管理工作极为繁杂，存在的问题较为明显，主要表现在：

（1）采购资源分散，不能形成集团公司整体优势；

（2）采购管理粗放，采购政策和标准不统一，采购行为不规范，造成物资资源“散、乱、差”的局面；

（3）没有统一的计算机辅助采购监控管理系统，无法实现高层次的集中采购；

（4）计算机网络硬件落后，满足不了物资采购系统集中管理发展的需求；

（5）部分采购人员的管理素质及使用计算机能力还不能适应现代采购工作的要求。

针对以上问题，一汽提出了正式建设“采购资源网”的方案，即要建立一个支撑一汽未来发展的有产品开发能力、质优价廉的采购网络，并实现全集团公司资源共享。在进行了大量的调查、分析后，公司决策层认为采购资源网应在基础较好的零部件采购系统中试点，然后在材料、设备采购系统中进行推广。

建设一汽采购网的设计思想是要通过网络技术的应用，结合公司的采购管理现状及未来发展，参照国内外先进汽车公司的采购管理模式，理顺现有采购系统管理流程及母子公司的关系，实现集团公司在保证物流、资金流、信息流畅通的前提下，有效地控制采购过程，使物资采购系统更有效率和效益。

一汽采购网的设计目的包括：

（1）一汽集团公司各单位可在资源网上采购到质量、服务和价格等各方面均属国内一流的协作产品、材料和设备；

（2）通过合并在一起的较大采购量使公司的供应商能最大程度地提高效率和实现规模经济效益；

（3）增加全集团公司零部件设计的共同化和通用化；

（4）使集团公司能够从供应商的选择、产品开发、物流管理整个采购供应链上进行统一优化，实现管理的低成本和高效率；

（5）确保向一汽的用户提供最大的价值。

经过充分的选择和比较以后，一汽最终选择了北京东方新宏科技发展有限公司作为合作伙伴，共同进行采购资源网的设计与开发。

### 8.5.3 需求分析

建设采购资源网对一汽来说是一项创新程度很高的工作，经过深入细致的调查研究，公司逐步统一了认识，认为采购资源网是“以产品为纽带，连接供、需厂商之间的业务关系网”。公司要借助这一网络，通过标准的选厂、定价和订货流程，建立与供、需厂商之间的业务关系，并逐步优化，最终在信息网内形成一个优秀的供应商群体。在保证集团公司零部件集中采购任务顺利完成的同时，这一网络还要达到以下目的：

（1）明确集中采购的范围；

（2）统一采购过程中的业务流程；

（3）实现集团公司采购信息共享；

（4）优化供应商群体；

（5）实现对各子公司采购的监控；

（6）有效降低零部件的采购价格。

在建立了一汽的采购政策、采购标准的框架后，为了建立支持采购政策、采购标准的信息管理系统，有关开发人员考察了国内外的 ERP 软件及电子商务网站的应用情况，初步确定了采购资源网的总体功能。

（1）集团公司资源网络管理。这项功能包括确定配套产品的范围，即哪些产品进入集团公司配套网；涵盖供应商信息、产品试制情况等内容的配套资源信息的建立与维护；对供应商的体系评审信息、产品质量、价格、交货等配套资源进行评价。

（2）集团公司配套产品价格管理。对目标价、进厂价、计划价、销售价、市场价及同行业价等配套产品价格以及配套产品相关原材料价格进行集中管理。

（3）集团公司配套产品招投标管理。包括配套产品的网上发标管理；配套产品的网上投标管理；配套产品的网上开标及中标管理；招投标历史信息管理等。

### 8.5.4　系统组成

一汽采购资源网由七个子系统构成，它们分别包括以下几方面。

#### 1．产品管理子系统

这一子系统主要完成对信息网内的最基础数据——协作产品的管理和维护工作。它的主要功能包括：协作产品的增、删、改，同时还包括对协作产品的需方信息、价格信息的维护，为后续的各流程、汇总查询、决策分析提供必需的基础信息。

#### 2．供应商子系统

这一子系统包括对供应商信息的添加、维护、认证，供应商产品信息的维护和认证等，它是对供应商进行监督、管理、调控的重要子系统。这一系统由供应商和采购部协同运作：由供应商负责基础数据的维护和整理；采购部负责对供应商信息的认证和监督，为后续的各个流程提供及时、可靠的信息，也是完成信息网净化供应商资源的保障。

#### 3．选厂子系统

这一子系统是通过发布招标公告的方式，以产品质量为重要参考指标，选择、净化信息网内的供应商资源，达到保证信息网内供应商产品质量最优的目标。选厂流程分为以下四个功能模块。

（1）招标公告管理。完成从生产准备计划书建立到制作并发布招标公告的操作。

（2）确定供应商管理。以项目管理流程为主线，对填写招标公告回执并且得到确认的供应商进行各个项目管理阶段的监督。

（3）供应商回执管理。此模块主要是供应商操作模块，各个供应商登录系统后根据实际情况和自己的权限查询一定范围内的招标公告，并且根据招标公告的内容填写回执信息。

（4）信息查询。此模块完成项目管理过程中各个阶段的汇总信息查询，为采购部、供应商提供及时、可靠的各个项目阶段信息。

#### 4. 定价子系统

这一子系统是通过标准的招投标方式来对协作产品采购信息网的协作产品进行采购，达到协作产品采购价格最低的目标。定价子系统包括三个功能模块。

（1）招标管理：完成标书制作、修改到发布及审核等操作。

（2）投标管理：此模块主要由供应商负责操作，供应商登录系统后根据实际情况和自己的权限查询一定范围内的标书，并且根据实际情况填写投标书，此外供应商在这里还可查询到标书的中标情况。

（3）评标管理：查询已经开标的标书的投标情况，确定中标信息，并生成相关的价格协议。

#### 5. 订货子系统

这一子系统是根据采购部、子公司各产品的需求信息、产品的供货比例信息及与供应商签订的价格协议，建立协作产品的年度订货合同（订货单），采购部、子公司据此进行产品采购。订货子系统分为三个功能模块。

（1）年度需求管理：录入、查询产品各个需方的年度需求情况。

（2）合同档案管理：对首次订货的供应商签订采购合同，可查询与每个供应商的采购合同信息。

（3）订货单管理：可查询、修改产品的供货比例情况，并根据年需求量生成订货单。在此可查询产品的订货情况，另外，还可终止由于某种原因不再继续执行的订货单。

#### 6. 综合查询子系统

这一子系统分别以产品、供应商和需方为主线，综合查询三方面的详细信息。

（1）产品信息查询。根据产品目录、应用平台查询出符合条件的产品，并依此可查询出此产品的各种信息及能生产此产品的供应商的各种信息。

（2）供应商信息查询。根据应用平台、关键设备名称等条件查询出供应商及所有信息，及此供应商生产的产品信息。

（3）需方信息查询。根据需方码、需方名称查询出符合条件的需方信息，及此需方需求的产品信息。

#### 7. 系统维护子系统

这一子系统主要为保证协作产品采购网正常运行，对系统的一些基础信息进行维护，以保证系统稳定、可靠地运行。

### 8.5.5　实施方案

一汽采购资源网的实施方案如图 8-5 所示。

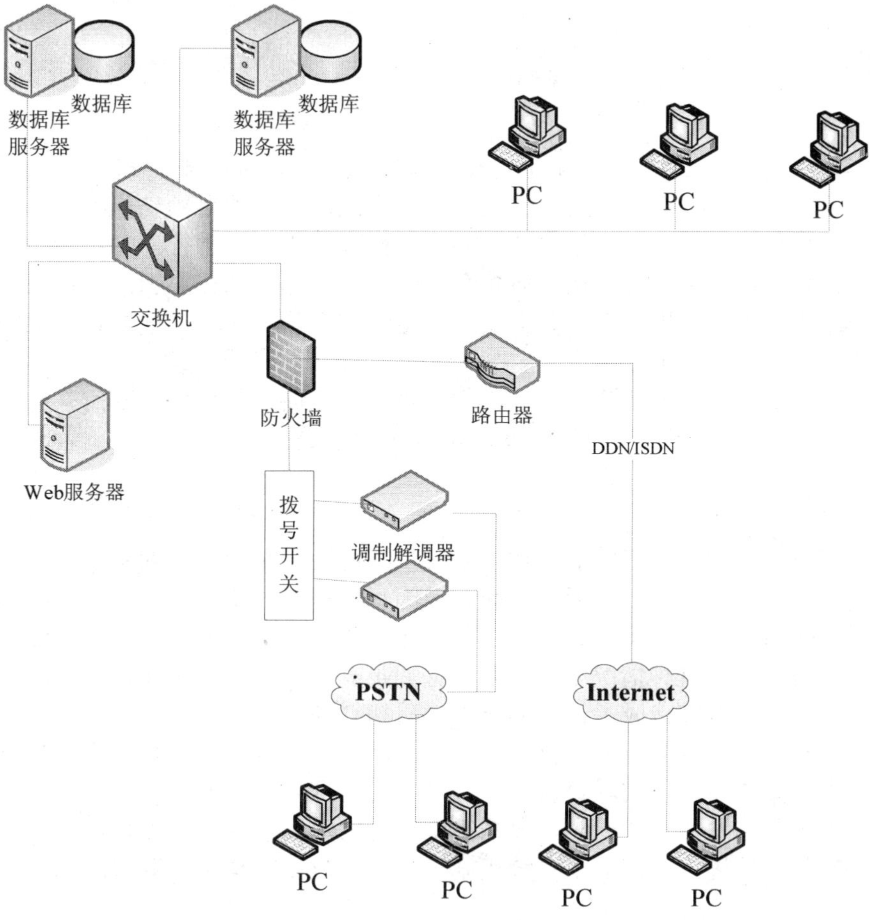


图 8-5　实施方案示意图

如图 8-5 所示，这一方案的优势主要体现在以下几个方面：

（1）利用三层体系结构（即客户端、Web 服务器、数据库服务器），采用纯 Web 方式进行操作，无需安装客户端程序，降低了系统维护和升级的成本；

（2）采用东方新宏公司开发的具有自主版权的产品 EasyWeb 作为系统的主要开发工具，加快了开发速度，降低系统维护、升级的难度；

（3）允许供应商通过拨号或 Internet 的方式远程访问系统，使供应商最大限度地参与系统的运行，在降低业务人员工作量的同时也进一步通过 Internet 扩大了公司的影响；

（4）系统针对实际业务进行设计，具有良好的业务数据接口，有利于管理工作的进行；

（5）对采购过程中的各个环节都能进行详细的管理、跟踪和记录，业务领导既可以通过系统来控制部门内的工作，又可以通过各种相关的信息记载来管理和考评业务人员的工作绩效。

### 8.5.6 实施过程

一汽采购资源网的实施过程可分为教育培训、数据整理、供应商优化和业务流程重组等几个环节。

1. 教育培训

一汽在采购资源网的建设过程中，认识到系统实施是一项艰巨复杂的工作，工作量大，涉及面广，实施周期长，加上很多员工对计算机知识懂得很少，对系统产生一定的畏惧感，针对这一实际问题，必须把教育培训放在首位。为此，公司项目领导小组制定了详细的培训计划，保证系统实施的顺利进行。一汽的培训计划分成三步进行：

（1）第一步是理解概念，让员工清楚系统的设计目的及总体思想；

（2）第二步是强化流程培训，要求员工吃透精神，熟悉流程，根据软件中的原理和做法，具体应用到实际工作中去；

（3）第三步是应用培训，公司结合流程思想，为培训人员编制了专门教材，先对业务人员进行实际操作培训，再结合操作中遇到的问题专门进行培训，以达到培训的最佳效果。

2. 数据整理

数据整理是系统实施过程中的“重中之重”，因为它是反映企业基础工作水平的重要指标，也是决定系统能否达到预期水平的关键因素。与其他企业一样，一汽的数据有准确和不准确、规范与不规范、实时与过时之分，所以，基础数据的准备基本上要占整个实施工作量的70%以上。在这种情况下，许多业务人员既要完成本职工作，又要协助实施人员收集基础数据，这给他们造成了很大的压力。更糟糕的是，有时候业务人员为了“应付”实施人员，在基础数据收集方面很草率，结果无法保证数据的真实与可靠。这时，项目领导小组发挥了重要作用，他们联合技术、管理部门进行了艰苦的数据整理工作，制定了详细的规则，确定了产品目录的概念，对系统中现有的数据进行突击整理，使基础数据的收集工作得以高效率地进行，保证了系统实施过程中的数据整理工作取得理想的效果。

3. 供应商优化

在采购资源网的推进过程中，一汽采购部把对供应商的优化与整合作为一项重要的内容。公司把供应商的采购能力作为评审、考核的重要标准之一，变原来的多家供货、分散供货为捆绑采购，净化了资源。专业部门还根据供应商的生产情况，对所有供应商进行初步筛选，并在此基础上进行综合能力的调查、评审，按照考核内容打分、排队，再由主管部长组织职能部门及专业部门进行逐个研究，分别确认为“合格供应商”、“捆绑供应商”、“临时供应商”和“潜在供应商”。将符合条件的供应商列为一汽集团采购资源网络成员，不符合条件的，提出具体措施，制订整改计划，对在规定的时间内达不到标准要求的，将不再发生新的业务往来。通过供应商的优化，一汽的供应商总数从原来的625家减少到目前的不到200家，在供应商“优胜劣汰”的过程中，一汽的采购效率得到了很大的提高，成本也得到了显著的降低。

4. 业务流程重组

业务流程重组无疑是采购资源网发展与应用过程中的一个重要环节，它的目的是要通过对企业业务流程进行重新设计和优化，去除冗余和无效的工作环节，确保企业有一个科学、规范的业务流程和管理基础，并在此基础上对企业组织机构进行相应的调整，实现高效、精简、扁平化管理。

一汽在系统实施的初期，由于对业务流程重组缺乏清醒的认识，只是要求系统的功能适应原有手工业务处理流程与工作方式，而不去对原有的管理模式、管理方法、业务流程和组织机构等方面进行改造和调整，结果功能难以得到全面发挥。为了保证业务流程重组能够实现，由采购部领导亲自督阵，结合采购政策、采购标准，并与业务人员进行反复讨论，最终确定了新的业务流程，确保业务流程重组的适用性和有效性。

### 8.5.7　应用成效

一汽采购资源网的成功开发与应用，为一汽带来的直接效益是十分明显的，一汽集团的集中采购成本降低了约 8%。另外，公司的业务成本降低了 70%；业务周期缩短了 50%。除了取得的实际效益外，还在以下几个方面取得了显著的成效：

（1）采购资源网的应用使公司的采购管理变得更加科学，减少了管理层次，使采购组织结构更加扁平化，有利于高层管理者对业务人员的工作质量、工作能力及工作效率进行更加有效的管理与监督，公司的人力资源的价值可以得到最大程度的开发；

（2）通过建立采购资源网，增大了工作过程的透明度，有利于跨部门工作的连续性、一致性，大大提高工作效率，提高了采购效率；

（3）通过建立采购资源网，使采购资源实现共享，集中采购成为可能；

（4）通过建立采购资源网，使采购、供应双方达到了“双赢”，合并在一起的较大采购量使公司的供应商最大程度地提高效率和实现规模经济效益。

### 8.5.8　案例评析

一汽是我国汽车行业的龙头老大，是民族企业的“顶梁柱”。中国加入 WTO 后，汽车行业是受冲击最大的行业之一，如何在短时间内提供企业的管理能力和水平，以较低的成本和较高的效率增强企业的竞争力，是一汽面临的一项紧迫任务。构建采购资源网，建立起集成化的网上采购平台，是一汽与国际汽车业接轨，提升企业竞争力的重要举措。

一汽采购资源网为一汽建立起了集中、动态的供应商数据库以及一汽与供应商的沟通平台，并将供应商和产品选择的流程通过网络实现，这一转变为一汽创造出了不可估量的价值，是符合传统采购业务的发展与改革的方向的。一汽的经验无疑具有比较普遍的推广意义，也是十分适合大型制造型企业学习借鉴的。

从一汽的成功实践来看，传统大型制造型企业发展电子商务，实现电子化采购，绝不仅仅是购买几台新的计算机、联上网、装上新的软件而已，而是一场企业管理理念、内部财务管理体制、资金运作方式、生产组织形式等诸多方面的重大变革。因此，企业电子商务的发展，必然要求上到企业领导班子、下到基层员工转变传统的观念，主动提高素质，勇于接受新的挑战、采用新的管理手段，才能充分发挥电子商务的作用，才能使企业的经营与管理迈上一个新的台阶。值得庆幸的是，在一汽，发展和应用电子化采购在公司上下形成了高度的共识，特别是公司的“一把手”对电子化采购的高度重视和极力推动，为电子化采购的深入推进起到了重要的作用。由此可见，在大型企业推行电子商务的发展，公司高层领导的支持是保证项目顺利实现的重要条件。

随着我国汽车市场竞争的不断加剧，一汽面临的挑战仍是十分严峻的。我们相信，一汽采购资源网的成功开发与应用，为一汽的改革与发展注入了新的活力，未来的一汽必然会开得更稳、跑得更快。

## 8.6 典型案例3 上海通用的客户关系管理

### 8.6.1 公司概况

上海通用汽车有限公司（简称“上海通用”）成立于1997年6月，是由上海汽车工业（集团）总公司和美国通用汽车公司各投资50%组建而成的我国最大的中美合资企业，总投资为15.2亿美元。目前，上海通用汽车拥有金桥、烟台和沈阳3大生产基地，金桥南厂、金桥北厂、烟台东岳汽车和沈阳北盛汽车4个整车生产厂，以及金桥动力总成和烟台东岳动力总成2个动力总成厂。上海通用汽车年总产能可达到60万辆，其规模与实力在国内汽车企业中位居前茅。

上海通用目前已拥有凯迪拉克、别克、雪佛兰以及萨博四大品牌，形成凯迪拉克CTS、凯迪拉克SRX、凯迪拉克XLR；别克荣御轿车、别克君越轿车、别克君威轿车、别克GL8商务公务旅行车系列、别克凯越系列；雪佛兰景程轿车、雪佛兰LOVA乐风轿车、雪佛兰乐骋轿车、雪佛兰赛欧紧凑型轿车；萨博9-3运动型轿车、萨博 9-3高档敞篷轿车、萨博9-5 运动型高档轿车十八大系列近六十个品种的产品矩阵。在坚持品牌本土化和产品本土化的战略下，通过整合国际、国内资源，通过消化吸收和整合资源的研发，上海通用汽车旗下各系列产品含有多项先进技术，在安全性、动力性、舒适性和环保方面表现优越，在各自的细分市场中处于领先地位。

依托全球领先技术和产品资源，上海通用汽车架构起世界一流的精益生产体系，建立了一套完整的采购、物流、制造、销售与售后服务体系和质量管理体系，并全面实施了汽车行业信息技术集成解决方案(SAP IS-Auto)，涵盖制造、采购、财务、质量、营销以及售后系统等整个业务链环节。上海通用汽车建立了中国第一条具有国际先进水平的柔性化生产线，涵盖了冲压、车身拼装、油漆、总装等整车制造环节以及发动机、变速箱等动力总成制造过程，实现不同平台车型的共线生产。并将“标准化、制造质量、不断改进、缩短制造周期、员工参与”这五大原则贯穿于生产制造的全过程。

坚持“以客户为中心、以市场为导向”的经营理念，上海通用汽车不断以高质量、全系列的产品和高效优质的服务，以丰富、差异化的产品线满足日益增长的市场需求，成为“多品牌、全系列”汽车公司。作为一家“立足本土，面向国际”的汽车企业，上海通用汽车正积极参与海内外市场国际化、高层次的竞争，本着“卓越经营，不断超越”的精神，朝着“国内领先，并具国际竞争力” 的长远目标坚实迈进。

图8-6为上海通用汽车主页。

图 8-6　上海通用汽车主页

## 8.6.2　发展背景

上海通用在中国市场取得快速发展的同时，一直把推进企业信息化建设作为一项重要的使命，把它作为提升企业核心竞争力的重要内容。早在 1998 年，上海通用就已经开始应用计算机实现有关客户信息的收集与管理，并积累了极为丰富的客户信息。

在实施 CRM 系统之前，上海通用已经有一套“800”呼叫中心系统了，但是在运行了 1 年多以后，也出现了不小的问题，比如客户拨打 800 电话后，得到的答复往往是要想咨询汽车，需要再打一个号码；如果买车的话，又需要打零售商的号码；如果是修车，还必须再打维修服务站的号码。客户不得不面对多个“接入点”，必然会感到十分不便。与此同时，企业对客户信息的管理也必然会出现分散、混乱的现象，客户信息既有存放在上海通用本部的，也有存放在各地零售商那里的，另外还有存放在维修服务站的。而且，在原来的系统中所记录的数据往往是残缺不全的，一般只有客户购买汽车时的数据，包括顾客的姓名、地址、电话、邮政编码、所购汽车型号、车辆发动机号码以及机架号码等，但是客户购车以后的车辆状况如何，汽车有没有进行过修理，是怎么修的，在哪个维修站修理的，都修了什么，更换了什么零部件，甚至具体到是哪位工人修的等一切数据就没有。在这种情况下，上海通用就无法对车辆有一个完整的了解，更无法向顾客提供有针对性的服务，这在一定程度上影响了客户满意度和忠诚度的提升。

对上海通用来说，如何把分散在全国各地的零售商、维修服务站以及公司的呼叫中心、网站等处的客户信息得到有机的整合，以实现彼此协作，共同处理和完成客户的各种请求、投诉、询问，以更好地服务于客户，是一项重要的战略任务。于是，构建客户关系管理系统，以实现对客户信息的集中管理的计划被提上了议事日程，成为公司提高客户信息管理的能力和提升客户服务水平的有效举措。

经过对多家客户关系管理系统提供商的产品功能，后续开发能力，提供商自身的管理水平等因素的综合分析，上海通用选择了全球最大 CRM 厂商 Siebel（希柏）的产品，具体的模块包括 Siebel 的呼叫中心产品，其中集成了销售、服务和营销模块等。

### 8.6.3 系统目标

上海通用客户关系管理系统的主要目标包括以下三个方面。

（1）潜在客户开发。上海通用把公司的潜在客户分成两类：一类是从未买过汽车的个人或组织，现在具备了购车的条件和欲望，他们在购车时可能会选购通用公司的汽车；另一类是那些买过汽车但没有购买过上海通用汽车的客户，他们在购买新车时可能会购买通用的汽车产品。利用客户关系管理系统发现更多的潜在客户，通过有针对性的服务和营销使他们成为现实客户是上海通用构建客户关系管理系统的首要目标。

在上海通用看来，只有首先发现潜在客户，才能制定有的放矢的营销方案，才能争取到越来越多的现实客户。比如上海通用通过分析客户的信息发现，汽车展览会是客户订购汽车的重要渠道，于是公司把加大汽车展览会的宣传和促销力度作为提高营销工作效果的重要内容。

（2）潜在客户管理。上海通用按潜在客户可能购车时间的不同，分成立刻购买、3个月内购买、6个月之内购买、1年之内购买这样几种类型，客户关系管理系统要能对不同类型的客户采取相应的管理策略。例如，对于一个立即购买的客户，系统就要将这个信息发送给销售人员，由销售人员进行及时的跟踪服务；对于3个月内购车的客户，系统会给销售人员提示，是不是可以将这个客户转化成立刻购买，提前客户的购买时间；对于6个月购买的客户提供比较详细的资料，以对这些客户进行一定的关注；对于1年之内购买的客户只提供普通的资料。

针对不同购买打算的客户提供不同程度的“关注度”，可以使公司的营销工作更富成效，提高营销工作的成功率和客户对营销服务的满意度。

（3）客户忠诚度管理。汽车是消费寿命相对比较长的商品，但通用公司的分析发现，已经买过通用汽车的客户其再次购买通用汽车的比例可以达到65%，而从竞争对手那里转化过来的客户只占35%。针对这一情况，上海通用充分认识到利用客户关系管理系统的战略意义。所以，上海通用把提高客户的忠诚度作为客户关系管理系统开发与应用的重要目标。

为了实现这一目标，系统要求销售人员在客户购买新车一个月之内，必须对客户进行拜访，与客户沟通，倾听客户的意见。而且，拜访与沟通的情况都会详细地纪录在客户关系管理系统之中。系统在客户购车以后的4～5年当中，会不断地提示销售人员以及服务人员，要求他们不断地与客户进行联系和沟通，为客户提供各种服务和关怀，以有效地保证客户的忠诚度，从而使得客户在下一次购车中继续选择上海通用的产品。

### 8.6.4 实施过程

上海通用的客户关系管理项目的实施方是IBM公司大中华区咨询与集成服务部。IBM公司凭借与客户关系管理软件供应商Siebel公司长期紧密的合作和丰富的实施经验，为上海通用项目的实施提供了充分的保障。

上海通用的客户关系管理项目是分成以下四个阶段进行的。

#### 1. 客户信息整合阶段

完整、准确的客户信息是客户关系管理系统有效运营的基本保障。上海通用原有的大量客户信息或由于分散管理，或由于没有及时更新，变得残缺不全，无法适应客户关系管理的需要。所以，在实施客户关系管理的过程中，整合客户信息，形成完整、准确的客户信息数据库，是一项十分重要，也是极为复杂的工作。

上海通用的客户关系管理数据库中包含有客户自身的信息、相关经销商的信息、目前拥有的汽车、接受各种服务的信息等，此外，和客户的每次接触都会在数据库中留下相应的记录。所以说，每个客户的信息都由一系列信息和接触细节组成主要内容：

（1）个人信息，即客户性别、出生年月、婚姻状态、家庭情况、职业、国籍、爱好和生活方式等；

（2）产品信息，即客户目前拥有的汽车的车型、何时何地生产、汽车身份号码、额外购买的产品、财务状况信息和服务信息；

（3）地位信息，即潜在客户、车主、私人客户、企业客户、兴趣等级和客户地位等；

（4）合作伙伴信息与车主俱乐部信息等。

通过整合，使上海通用建立起一个规模宏大、信息完整、设置科学的客户关系管理基础数据库，为向客户提供专业化、个性化的服务创造了理想的条件。

2. 业务流程整合阶段

这一阶段主要是针对公司服务客户的业务流程混乱、服务职能交叉和服务效率低下的情况进行展开的。上海通用优化和整合了原有的客户服务中心、大客户销售代表、零售商以及市场营销活动的业务流程，使这些部门既能协同工作，又能显著地提高工作的效率。

3. 客户接触渠道的拓展阶段

这一阶段的主要任务是开拓和强化客户与公司的交互接触功能，实现客户信息的多点采集机制。上海通用通过 800 免费咨询电话呼叫中心和全新的中文网站“百车通”用户注册以及在线导购栏目，为客户提供了新的个性化的接触渠道。其中呼叫中心又包括了客户支持中心、技术支持中心和业务操作平台三大部分，为客户提供全方位的服务支持。

4. 客户信息资源分析、挖掘阶段

这一阶段主要是对客户关系管理系统中所采集的各种客户信息进行分析，将客户分门别类，进行市场细分，并通过使用数据库与数据挖掘等工具分析客户对上海通用汽车产品以及服务的反应，分析客户满意度、忠诚度和利润贡献度，以便更为有效地赢得客户和保留客户。这一阶段是客户关系管理系统价值得到真正体现的阶段，也是难度相对较大的阶段，而且是一项长期性的工作。

上海通用在实施客户关系管理系统的过程中，最大的困难应该是如何鼓励公司的合作伙伴，包括销售代表、零售商和维修服务商应用这个系统了。因为，在这些合作伙伴看来，首先公司让他们收集客户信息资料，对公司是有益的，但是对他们而言，好处还看不到，而且还会在一定程度上损害他们对客户的控制能力；其次，公司和合作伙伴之间没有行政隶属关系，不能依靠行政手段来推行，只能依靠有效的经济手段来引导；再次，这些合作伙伴多年来已经形成了一套销售、维护汽车的习惯，现在要求采用客户关系管理系统来管理客户、管理销售，必然会感到不适应。面对这些阻力，上海通用在系统上线之前做了大量的推广宣传工作，并用了半年多的时间对各类合作伙伴进行专门的培训，还采用了多种激励的措施鼓励他们应用客户关系管理系统，以整体提高客户关系管理和客户服务的能力，提高客户的满意度和忠诚度。

### 8.6.5 百车通服务

百车通服务是上海通用客户关系管理系统的重要组成部分，它是客户进行在线注册和进行网上产品订购的业务平台，也是上海通用获取客户信息、提供客户服务的重要渠道。百车通服务站点是由惠普咨询负责建设的，它的主要目的是通过互联网为上海通用的最终客户、经销商、市场营销人员和专业管理人员提供全方位、多角度的服务支持。

1. 实施步骤

作为客户关系管理的有机组成部分，百车通服务是按照“整体设计、分布实施”的原则，充分考虑当前用户习惯和中国汽车营销的环境形式情况进行建设的，具体分成三个步骤：

（1）第一步，实现上海通用个性化网上售车下订单流程，实现与客户关系管理系统的集成，客户在网上浏览、搜索、配置适合个人需要的车辆，即可在网上下订单，由客户关系管理系统跟踪订单；

（2）第二步，实现与上海通用后台生产系统的集成，使客户的订单自动分配到相应上海通用的经销商；

（3）第三步，实现与上海通用授权服务商管理系统的建成，达到整个 B to C 网上服务业务流程的自动化。

2. 服务功能

作为具有国际先进水平的汽车电子商务网站，百车通站点具有较为完善的服务功能，主要包括以下方面。

（1）汽车形象展示。网站通过优美的图片和各种动态的画面，全方位展示上海通用生产的各种汽车的风采，树立独特的汽车形象。图 8-7 为君越汽车形象展示。

图 8-7 君越汽车形象展示

（2）汽车信息发布。网站通过丰富的图片资料和详尽的文字资料向客户提供全方位的汽车产品资讯，帮助客户更好地作出购买决策。图 8-8 为其中一款“林荫大道”汽车内部空间图。

**图 8-8 “林荫大道”内部空间图**

（3）经销商查询。别克全国范围内经销、服务网络的详尽信息，均可在网站上查询。图 8-9 为北京市别克授权特约销售中心相关信息。

**别克授权特约销售中心与特约维修中心网络查询。**

请选择您的所在地　北京市

◉ 别克授权特约销售中心　○ 别克特约维修中心　提交

查询结果显示

| 单位名称： | 地址： | 电话： | 传真： |
|---|---|---|---|
| 北京达世行汽车销售有限公司 | 北京市东城区东直门北小街2号楼(签证大楼西侧) | 010-84112233 | 010-84068400<br>010-84112233转125 |
| 北京市勤和汽车销售有限公司 | 北京市朝阳区建国路95号 | 010-65817268 | 010-65812765 |
| 北京勤和祥龙汽车销售服务有限公司 | 北京市朝阳区姚家园路甲一号 | 010-85577796 | 010-85577820 |
| 北京首创萨美汽车贸易有限公司 | 北京市丰台区西南三环万柳桥甲3号 | 010-63359888 | 010-63427012 |
| 北京首创实利贸易有限公司 | 北京市昌平区回龙观欧德宝汽车交易市场A区1 | 010-80776088 | 010-80776242 |
| 北京达世行世纪汽车销售有限公司 | 北京市海淀区阅庄路甲16号 | 010-83471612 | 010-88454506 |
| 北京联通晨普汽车销售服务有限公司 | 北京市安定门外北苑路36号 | 010-84922286<br>010-84922288 | 010-84922324 |
| 北京加达永通汽车销售有限公司 | 北京市丰台区西四环中路83号 | 010-83213366 | 010-88211175 |
| 北京乾博汽车贸易有限公司 | 北京市顺义区后沙峪镇罗峪街39号甲6号 | 010-80485622<br>010-80485536 | 010-80485538 |
| 北京路通成功汽车销售服务有限公司 | 北京市崇文区珠市口东大街5号一层 | 010-67071228 | 010-67075275 |
| 北京联通鼎盛汽车销售服务有限公司 | 北京市朝阳区来广营西路甲8号 | 010-84916673<br>010-80776668 | 010-84913768<br>010-80776041 |
| 北京上汽安吉汽车销售服务有限公司 | 北京市海淀区西北旺百旺绿谷汽车园 | 010-62402013 | 010-62402010 |
| 北京运通博雅汽车销售有限公司 | 北京经济技术开发区东环北路乙1号 | 010-67838855<br>010-67861084 | 010-67805077 |
| 北京美通新港汽车销售服务有限公司 | 北京市海淀区学清路11号马家沟驾驶路机动车检测场内东侧平房 | 010-62059378 | 010-62059278 |
| 北京骏宝捷汽车维修有限公司 | 北京石景山区时代花园南路30号 | 010-68865528 | 010-68865538 |
| 北京骏宝捷汽车销售服务有限公司 | 北京市石景山区时代花园南路30号 | 010-68865528 | |

**图 8-9　北京市别克授权特约销售中心相关信息**

（4）在线服务支持。站点提供了极为丰富的文字和图片资料，为客户提供专业、周到的售前、售中和售后的全过程的服务。图 8-10 和图 8-11 分别为网站提供的是上海通用标准的销售服务和维修服务的流程图。

图 8-10 销售服务流程图

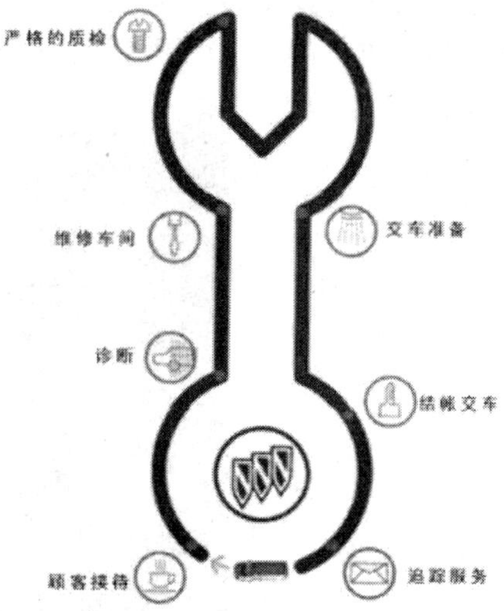


图 8-11 维修服务流程图

百车通服务自推出以来，以其丰富的功能和完善的服务受到了广大客户的青睐，成为我国汽车专业网站的佼佼者。

### 8.6.6 案例评析

上海通用是我国汽车工业的“新贵”，卓越的品质、富有号召力的品牌、完善的客户服务、“以市场为导向，以客户为中心”的经营理念使其在短短数年一举成为中国最有竞争力的汽车制造商之一。上海通用在自身快速发展的过程中，积极探索利用现代信息技术实施客户关系管理，取得了显著的成效，不仅为我国的汽车同行积累了丰富的经验，也为其他行业的企业实施和应用客户关系管理系统提供了鲜活的素材，值得相关企业学习、借鉴。

从上海通用客户关系管理发展和应用的案例，我们可以得到以下几个方面的启示。

（1）实施客户关系管理是提高客户满意度和忠诚度的“利器”，也是提高企业经营效率和经济效益，进而增强企业市场适应能力和竞争实力的重要举措。对那些处在竞争激烈、客户服务要求高的行业中的企业而言，认识到这一点尤为重要。

（2）客户关系管理不仅仅是一个时髦的概念，而是通过现代信息技术的综合应用，为客户提供方便、快捷、全方位、多功能的专业服务，以加强企业与客户的沟通和了解，提高客户服务的能力、效率和水平。

（3）实施客户关系管理是一项复杂的系统工程，选择合适的合作伙伴至关重要。上海通用在整个项目的实施过程中，选择了在客户关系管理领域有丰富经验和强大技术支持的 Siebel 公司、IBM 公司和惠普公司作为战略伙伴，一定程度上可以说少走了不少弯路，提高了项目实施的成功率。对广大的中国企业来说，并不是说非要找国际著名公司来实施，但应注意不能因为为了省钱而找一些不具备条件的企业来做，否则很难保证实施效果。

（4）客户关系管理系统是一个综合性的系统，要做到呼叫中心、企业网站以及其他渠道采集的信息的有机集成，防止新的信息“孤岛”的形成，切切实实提高客户关系管理的效果。

（5）学习和培训是保证客户关系管理系统有效运作的重要条件，因为客户关系管理系统的实施会对原有的业务运作方式带来冲击，会对相关人员的利益带来一定的影响，公司的高层一定要有决心和信心，支持和推动客户关系管理系统的实施，并通过系统的学习和培训，为客户关系管理系统的应用创造理想的发展环境。

上海通用客户关系管理系统的开发和应用，必定会带动国内更多的企业重视客户关系管理的作用，也必然会进一步加快我国企业实施客户关系管理的发展步伐。

# 第 9 章　医药行业电子商务发展

医药业是世界公认的“永不衰落的朝阳产业”，必将随着经济的繁荣、社会的发展、科技的进步和人民生活的改善而得到持续、快速的发展。作为一个资本和技术密集程度高，效益好，风险大，投资回报周期长，既具有传统特色又富有现代气息的特殊产业，医药业在世界许多国家的经济和社会发展中起着极为重要的作用。我国作为 13 亿人口的世界大国和传统中医药的发祥地，医药业有着广阔的发展前景和坚实的发展基础。随着国民经济的快速发展和人民生活水平的不断提高，我国医药业的地位正日渐上升，作用也愈来愈突出，现已成为我国四大重点技术创新产业之一。

但由于我国医药产业长期在计划经济体制下运营，形成了许多不利于医药产业健康、可持续发展的“沉疴顽疾”，与世界医药产业发展的先进水平相比，不但规模小、实力弱、竞争力低，而且在技术研发、市场开拓、客户服务等很多方面都存在着相当大的差距。面对入世挑战，我国医药产业面临的压力与困难是显而易见的。按照入世承诺，我国医药流通领域已于 2003 年 1 月 1 日开始对外资开放，目前包括药品分销服务，涉及药品的采购、仓储、配送、批发零售及售后服务等各个方面已完全对外资开放，国际、国内医药厂商同台竞技、各路诸侯逐鹿中国医药市场的局面正在快速形成。可以说，我国医药产业的发展正在经历严峻的考验。

值得注意的是，我国医药市场由于具有品种繁多、品牌复杂、信息量大、客户分散、专业性强等特点，供求双方严重的信息不对称导致了医药流通管理体制混乱，医药市场发展还很不成熟。而医药市场所具有的这些特点决定了发展电子商务是促进医药市场健康、有序发展的一剂“良药”，因为电子商务在改变传统医药市场信息不对称、信息交流渠道不畅等弊端，促进医药产业的规范、有序发展，能起到极为有效的作用。所以，医药行业也是世界公认的容易发展电子商务的行业，加快医药产业电子商务的发展与应用已成为国内外医药产业界的共同使命。

## 9.1　医药行业发展概况

医药行业由医药工业和医药商业两个部分组成，其中医药工业按所采用的原材料不同又可划分为化学制药业、中药业、生物制药业及医疗器械业四个分支。改革开放以来，我国医药行业取得了长足的进展，中国已成为当今世界上发展最快的医药市场之一，为国际众多医药企业所瞩目。中国的医药行业所取得的成绩是令人鼓舞的，当然存在的问题与困难也是必须正视的。

### 9.1.1　我国医药行业发展状况

我国医药行业从 1978 年改革开放以来，以年均 17.5%的速度增长，明显高于同期全国工业平均 12.6%的增长速度，居国内各行业之首，同时也高于世界发达国家中主要制药国近 30 年来的平均发展速度即年递增 13.8%的水平，成为当今世界上发展最快的医药市场之一。

我国是化学原料药的生产大国，生产的多种原料药因质优价廉在国际市场上颇具竞争力。据统计，我国约有 60 多种化学原料药在国际市场上已占有一定的市场份额，尤其是青霉素、皮质激素、扑热息痛和维生素 C 等产品的生产量，目前已位居世界前列，生产工艺也已达国际先进水平，跻身于国际医药市场的先进行列。

我国是世界上中药资源最丰富的国家之一，目前发现可供药用的植物、动物、矿物药已达 12,800 多种。近年来，我国中药工业取得了很大的发展，中药行业的总产值早已突破 400 亿元。为促进中医药产业的持续、快速、健康发展，我国医药工作者已对 200 多种中药与天然药进行了系统的化学研究，其中包括常用的中药，如人参、三七、大黄、黄连等，据不完全统计，发现具有药理活性的化学成分 761 种；已从中药与天然药物中开发的单体化合物达 32 种之多，如利血平、强心灵、去甲乌药碱、紫杉醇、青蒿素等。我国的中药与天然药物的复方新药在最近几年得到了迅猛发展，目前已有 1,000 多种中药新药通过注册，如人工麝香、双黄连粉针、绞股蓝总皂苷颗粒、六味地黄口服液、川芎注射液、地奥心血康等。目前，我国已有多种中药产品作为治疗药通过美国 FDA（美国食品和药物管理局）临床预审，如天津天士力的复方丹参滴丸、上海中药研究所的银杏灵及浙江康莱特药业的康莱特注射液等，为中医药产品走向国际市场迈出了坚实的一步。

生物制药业是指利用基因工程、细胞工程、酶工程、发酵工程等现代生物技术用于医药产品的开发与生产，以基因重组药物为典型代表。近几年，生物制药业已成为全球医药行业关注的焦点，世界各大制药企业纷纷投入巨资，加强研究开发，争取在这一新的领域有所作为。我国已有 1,000 多家企业和科研机构的 10,000 余名研究人员从事生物工程研究，已初步形成了具有一定规模的生物高技术产业，并在一些科技或经济发达的地区建立了国家级生物医药产业基地，如上海浦东生物医药开发基地等。在深圳、上海、长春、厦门、广州、合肥和杭州等地，一些生物技术骨干企业已经迅速崛起。在未来几年，我国生物制药业的平均增长速度将会达到 12%左右，成为我国国民经济发展的重要增长点。

随着科学技术在医疗行业的广泛应用，以B超、CT 装置、核磁共振装置、直线加速器、超声定位体外震波碎石机、神经电位诊断系统、正电子断层扫描机、伽玛照相机等为代表的医疗器械行业取得了极为快速的发展。在我国，医疗器械的年工业总产值也早已突破了 200 亿元。从当前国际医疗器械的发展趋势来看，一次性使用的医疗器械、导管类器械、机能恢复辅助器械、激光类器械等则代表着当前国际医疗器械的最新潮流。

2002 年 9 月 15 日起正式实施的《药品管理法实施条例》规定药品生产企业的 GMP[①]认

① GMP 是英文 Good Manufacturing Practice 的简称，指“药品生产质量管理规范”。GMP 是国际公认的从事药品生产必须遵守的规则，既是人类医药生产实践的科学总结，也是人类社会科学技术进步和管理科学发展的必然产物。实施 GMP 认证制度是国家对药品生产企业监督检查的一种手段，是药品监督管理工作的重要内容，也是保证药品质量的一种科学的、先进的管理方法。

证工作由原来的国家药品监督管理局一级认证改为国家局和省局两级认证，以加快 GMP 认证工作的步伐。通过国家分品种、分阶段对药厂实行强制 GMP 认证之后，我国制药业总体数量从 1998 年的 7,000 多家已经下降到 2007 年的 4,000 多家，企业生产质量在提升，规模在逐渐扩大。

据国际权威机构的预测，全球药品销售额将保持每年 7%的增长速度，到 2010 年将达到 6,800 亿～7,200 亿美元的市场规模。而中国医药市场的发展必将超过国际市场的增速，并将在国际医药市场占据越来越高的市场份额。

### 9.1.2 我国医药行业存在的主要问题

分析我国医药行业的发展现状，对照国际医药行业的发展，存在的问题是较为复杂的，以下三个方面尤需引起我们的注意。

（1）医药行业资源过于分散，竞争力弱。我国 5,000 多家制药企业中有独立核算的化学制药企业 2,500 多家，可谓是一个制药大国，但不是制药强国。在数量庞大的制药企业中，绝大多数为中小企业，这些企业的装备普遍较为落后，效益理想的不多。我国有 16,000 余家药品批发企业，与美国现有的 70 家批发企业相比，数量可谓占尽“优势”，但是整体经济效益不高。我国医药批发行业的平均毛利率是 12.69%，费用率 12.59%，纯利润率只有 0.63%；而美国的 70 家批发企业中，前 10 名的销售额已经占到全美国的 96%，平均毛利率是 4.5%，但费用率只有 2.9%，纯利润率达到 1.55%。相对于国际医药行业的发展，我国医药业存在的首要问题是资源过于分散，影响了整体实力的提高，在国际竞争中处于不利地位。

（2）研究开发能力弱，具有自主知识产权的医药产品太少。我国医药行业在研究开发方面的投入比重过小，一般只有销售收入的 0.5%～1.0%，多的也不会超过 3%，而世界十大制药公司在研究开发上的投入平均超过 15%。由于研究开发投入数量太小，导致我国医药企业的研究开发能力极为薄弱。我国近年来生产的近 900 种化学一类新药中，仅有 65 种具有自主知识产权，其他 800 多种均为仿制品，所占比例高达 97%。而且即使是仿制品，在技术水平、工艺、产品质量等方面也无法与国外先进水平相提并论。由于缺乏具有自主知识产权的医药产品，我国的医药行业无疑会受到不可避免的严重打击。

（3）医药企业流通体制落后，管理水平低下。我国医药行业的流通体制还基本沿袭多年来计划经济管理下的多级批发模式，机制僵化，效率低下，严重影响了医药流通的效率与效益。作为医药产品最终消费者的病人对目前“医”、“药”不分，层层加价的做法极为不满，现有的医药流通体制在很大程度上阻碍了医药产业的市场化进程，影响了行业的发展和国际竞争力的提高。在医药行业，整体管理水平也无法与国际先进的制药企业相比，在公司改制、人才引进、营销创新等许多方面存在着较大的局限性，不利于医药企业更好地走向市场。

### 9.1.3 中国医药行业面临的挑战

加入 WTO 对我国化学制药行业的影响主要有两点：一是我国对新药知识产权的保护将会显著加强，制药企业不能再无偿仿制国外在专利保护期内的药品；二是化学药品的进口关税降低，这势必会导致国外药品的进口增加，具体包括以下一些方面。

（1）对仿制药品将会产生致命打击。加入 WTO 之后，按照有关知识产权保护条款的规定，仿制药品生产将遭严格限制。我国医药企业将无法继续仿制国外企业的专利药品，否则将会被索取高达 4 亿～10 亿美元的赔偿费用，但如果要买断一个专利药品的生产许可证也可能要花费 500 万～600 万美元。所以，我国部分仿制药品将不得不停产，否则将遭到国外专利权人的起诉。可以肯定，我国医药行业必将发生大规模的重组，那些规模小、资金少、技术落后、产品质量不高、长期依靠仿制药品生存的企业必将被国内外的优势企业兼并、收购。否则，这些企业将无法继续生存。

（2）国内医药市场的竞争将更趋激烈。为了保护民族医药产业的发展，我国对医药产业长期采用的是高关税政策。入世前，我国进口药品的关税高达 28%，大大高于发达国家平均 5%的水平，也高于发展中国家平均 14%～16%的水平。入世后，我国进口药品关税将下降 10%～15%，进口药品价格也将相应下降，从而使国产药品失去价格优势，并且在药品质量、疗效等许多方面，进口药品更具竞争力，这将使我国的医药企业面临空前的压力。

当然，入世对扩大中国医药产品的国际市场，特别是扩大中药产品的出口带来直接的好处，对推动我国医药企业创制新药、促进医药企业的结构调整、引进外资、规范医药行业秩序、提高医药产品的国际竞争力都将起到积极的作用。

## 9.2　医药业电子商务概述

医药业由于其独具特色的行业特点，十分适应电子商务的发展与应用。所以，医药业电子商务的发展在近年来受到了国际、国内医药企业的广泛重视，并取得了一定的进展。目前，医药电子商务的应用正在向深层次推进，对医药行业的发展也正产生越来越重要的影响。

### 9.2.1　医药业电子商务的含义

关于医药电子商务的概念，国家药品监督管理局在 2000 年 6 月 26 日颁布的《药品电子商务试点监督管理办法》中对“药品电子商务”进行了定义：药品电子商务是指药品生产者、经营者或使用者，通过信息网络系统以电子数据信息交换的方式进行并完成各种商务活动和相关的服务活动。在此基础上对“医药电子商务”进行进一步延伸，可以认为，医药电子商务是指医疗机构、医药公司、银行、药品生产单位、医药信息服务提供商、保险公司以及医药服务的消费者，通过信息网络系统以电子化的方式实现各种形式的商务活动和相关的服务活动。

医药商品不仅具有体积小、重量轻、价值高、便于配送等天然优势，还具有标准统一、信息量大等重要特性，特别适合利用电子商务方式进行交易。医药电子商务的实施一方面可以大大降低医药商品的流通环节和流通费用，为医药厂商和医药消费者创造更多的价值；另一方面，医药电子商务对提高医药企业经营管理的能力，改善对客户的服务，改变传统医药流通体制形成的各种“顽症”都将产生重要而又深远的影响。

### 9.2.2 医药电子商务的价值

总体而言，医药行业发展电子商务所体现的价值包括以下几个方面。

（1）拓展医药产品销售渠道、降低药品销售价格。药品有许多适合于网上销售的特点：除体积小、重量轻、便于运送等物理特性外，药品还有明确的规范标准，便于网上浏览的介绍说明等。传统的医药经营模式需要通过批发商、供应商及医药公司等众多中间环节。但这些中间环节在解决了药品的基本流通问题外，还大大提高了药品的价格，而药品的网上销售则可以避开其中不必要的中间环节，使其价格得以大幅降低，推动社会医疗保险，使得医疗卫生逐步向公益性、福利性事业的方向发展。因此，药品网上销售的价格优势非常显著。

（2）整合企业内部价值链。传统的大型药品零售连锁企业设有很多管理层级，使得企业不仅要担负高额的人力资源成本，而且由于层级太多，容易导致信息失真和不及时，从而造成决策失误，耽误时机。通过电子商务网络平台，信息渠道大大缩短，市场信息的传递变得更为准确和及时，加深了高管人员与基层人员的交流，每个分店的销售业绩和库存情况一目了然，可以直接对配送中心和各个分店上传的各种单据进行分类汇总，人力资源成本大大降低。通过电子商务的有效运行，可有效改善医药企业的众多“传统问题”：提高医药企业各项工作的效率和质量，促进技术创新；减轻各类事务性工作的劳动强度，使从业人员得以腾出更多的精力和时间服务于客户；改善经营管理、堵塞漏洞，保证病人和医药企业的经济利益。

（3）大幅度减少医药营销队伍。在传统的医药经营中，营销人员在医药企业中占有相当的比率，且一支素质良好的营销队伍对医药企业来说至关重要，但同时它在企业的利润分配上也同样占据很大份额，一定程度上减少了新药研发费用，限制了企业的发展。以 B to B、B to C 为主要模式的医药电子商务将明显缩减营销中间环节，压缩营销队伍。从国外的情况看，B to B 模式是医药电子商务的主流，占整个医药电子商务交易额的85%，而 B to C 模式只占整个医药电子商务的 15%。此外，前者对营销人员的数量又要比后者少得多，这更可以使原来庞大的营销队伍得到最大的精简，以提高企业的竞争力，加快企业的发展。

（4）整合医药供应商资源。通过电子商务，很容易获得所有供应商的产品信息，在对供应商的信誉、产品质量、价格和服务全面衡量后，择优签订供货合同，操作公开透明，由第三方的介入可保证其公正性。药品零售连锁企业可通过招标采购而获得更大量的折扣，由于招标采购全部在网上进行交易，可以极大地提高工作效率、降低交易成本。

（5）优化物流配送。大多药品零售连锁企业都有自己的配送中心，企业在进行跨地域扩张或运力不够时，在电子商务的帮助下，完全可以把药品配送的工作交给当地的药品供应商或专业的第三方物流公司，这样，药店可实现零库存管理，减少资金积压，加快资金周转，从而极大地减少了运输工具和仓储设施的成本。

（6）充分挖掘服务资源优势。可以通过网络及时地获取医药有关的服务资源，如政策服务、产品知识问答、健康知识服务、医疗资源服务等，药品零售连锁企业通过与医院共享资源，可提高企业知名度，实现医药的利益共享。通过医药电子商务平台，医院很容易掌握药品的总体情况，有利于降低药品价格；物价管理部门也可通过网上平台了解情况并掌握药品的价格采购以及这种药是否已中标等相关信息，这样避免了各方对信息掌握的局限性、不全面性，也给百姓带来实惠。

### 9.2.3 电子商务在医药行业中的应用

电子商务在医药业中的应用已有多种，医药商品的 B to B 交易和 B to C 交易是最常见的医药电子商务形式，而远程诊疗、电子病历等则主要在医疗机构中应用。

1. 医药商品 B to B 交易

医药商品 B to B 交易是指医药生产企业、医药经销商、医疗机构、医药信息提供商、银行以及保险公司等通过网络结成相互的业务联系，通过网络完成医药产品的交易业务。这种交易模式在医药行业的电子商务应用中占有重要的地位，它达成的交易额一般可占到整个医药电子商务交易额的 80%以上。

在我国，由于长期受计划经济体制的影响，医药流通体制由于中间环节多，流通渠道复杂，暗箱操作盛行，造成了医药产品假冒伪劣现象普遍和药品价格与价值严重背离的后果，不仅老百姓深受其害，也使医药制造企业有苦难言，很大程度上阻碍了中国医药行业的有序发展。医药行业 B to B 电子商务的发展有效减少了流通领域的中间环节，大大降低了流通费用，也使医药产品的流通过程更加透明化、规范化，对国家、对医药企业和对病人都起到了积极的作用。因此，医药行业的 B to B 电子交易是促进我国医药体制改革的“催化剂”，代表着医药产业未来前进的方向。

2. 医药商品 B to C 交易

医药商品 B to C 交易是指网上医药产品经营企业与医药消费者之间的电子商务。尽管这种业务占医药行业电子商务的交易额比重较小，但随着医疗制度的改革和非处方药品市场化经营比例的上升，B to C 交易业务必将会得到进一步的发展。B to C 药品交易有其显著的经营优势，表现在：

（1）药品的体积小、重量轻，物流配送容易实现；

（2）药品有明确的规范标准，便于网上介绍说明；

（3）可以避开其中不必要的中间环节，使药品价格得以大幅度降低；

（4）可以保护病人的隐私，可以免除诸如在公众场合不得不公开自己病情的麻烦和尴尬；

（5）便于网上药店收集病人的各种相关数据，为医疗机构和医药企业提供有价值的研究资料等。

当然，由于医药产品事关人民群众的生命健康和安全，各国政府对医药产品市场都进行严格的管理，而且，医药产品的经营还与人身保险有着密切的联系。因此，医药产品的 B to C 交易并不是人们想象的那么容易进行。在我国，医药管理部门对此也持审慎的态度，目前还不允许大范围的医药产品网上经营。但从未来的发展趋势看，医药产品 B to C 交易必将成为医药产品经营的一种重要方式。

### 3. 远程诊疗

远程诊疗是指利用计算机网络技术、现代通信技术与多媒体技术以及先进的医疗技术，使医疗专家通过网络实现异地对病人进行会诊、诊断，给出最佳治疗方案的一种诊疗活动。它的目的是要提高诊断与医疗水平，降低医疗开支，满足广大人民群众日益提升的保健需求。这种方式可以在一定程度上解决边远、贫困地区高水平医技人员缺乏的困难，而且可以有效提高医疗资源的利用率。

目前，在国际上远程诊疗技术已经从最初的电视监护、电话远程诊断发展到利用高速网络进行数字、图像、语音的综合传输，并且实现了实时的语音和高清晰图像的交互，为现代医学诊断的发展提供了广阔的发展空间。

远程诊疗技术所要实现的目标主要包括：

（1）以检查诊断为目的的远程医疗诊断；

（2）以咨询会诊为目的的远程医疗会诊；

（3）以教学培训为目的的远程医疗教育；

（4）以家庭病床为目的的远程病床监护系统。

在我国，远程诊疗才刚刚起步，但由于我国地区发展的不平衡，中西部地区缺医少药等现象十分严重。因此，远程诊疗有着广泛的市场需求，发展前景十分喜人。

除了远程诊断外，医疗机构的电子商务应用还包括：

（1）虚拟医院，主要通过网络向病人、医生和医院提供广泛的医学信息，在医患之间搭建起交流和沟通的桥梁，为医生和病人带来更大的方便；

（2）远程手术，医疗专家应用网络技术在异地指挥手术操作、完成治疗，以节省时间和费用；

（3）远程监控，医生通过网络对病人进行远程的监控和管理，保证及时采取相应的治疗措施，这样既可以节约病人的医疗支出，又可以对一些慢性病人进行有效管理；

（4）信息查询服务，网络可以提供各种医疗信息查询服务，方便民众了解政府医疗方针政策、医疗制度、医院情况、专家情况、药物功能、保健和心理卫生等各个方面的信息，以便更好地使用各种医疗资源；

（5）医疗电子化服务，网络可使医疗卫生系统扩大运行范围，可以帮助病人在网上预约专家医生、实现远程治疗以及网上支付医疗费用等，这样可以有效提高医院的工作效率，节省病人的时间和费用，使医疗业务的运作得到很大的改观。

### 4. 电子病历

电子病历就是把医疗记录变成健康记录，包括病人的所有检验以及相应的资料等通过电子化的方式管理起来，以支持更大范围的信息。从范围来讲可以是局限于一个病房或者科室，同时还可以把所有信息汇总起来，变成一个区域卫生信息化和国家卫生的信息化。目前，欧美国家电子病历已应用到医疗机构之间的信息交换，医疗机构跟非医疗机构之间的信息交换以及医疗机构跟政府部门之间的信息交换等领域。

综上所述，电子商务在医药行业中的应用正变得越来越普及，发挥的作用也越来越大。

### 9.2.4　医药电子商务的实施过程

从医药企业的角度来看，医药电子商务的实施可分成以下几个阶段。

（1）企业信息化基础建设阶段。医药电子商务的发展与医药企业的信息化建设水平密切相关，所以做好企业信息化基础建设工作，建立起初步的信息化网络对保证电子商务的有序发展有着重要的作用。在这一阶段，重点是利用现代信息技术对企业管理进行优化与改造，建立起最基本的资源数据库，初步形成以数据库为中心的信息服务网络系统，并实现与其他系统的计算机信息网络联通，通过网络为企业生产经营管理的各个环节提供全方位的信息服务。

（2）企业管理电子化阶段。这一阶段是在医药企业资源数字化和建立了基本的信息服务系统的基础上，充分利用网络技术强化医药企业内部各个环节的管理，实现医药企业人、财、物、产、供、销等业务的电子化管理，提高企业管理的效率和水平，降低企业经营管理的成本，为医药企业全方位地开展电子商务打好基础。重点是对各医药企业的财务和业务进行信息化管理，利用电子信息技术对传统产业进行改造，强化对企业的全面管理和对生产过程的优化控制，建立最基本的资源数据库，初步形成以数据库为中心的信息服务网络系统；与其他系统的计算机信息网络联通，通过网络为企业提供产品、技术、政策等方面的信息服务。同时对医药企业的信息化建设人员进行各类不同档次的专业培训。包括对企业领导层、管理层、执行层等各个层次在内的相关人员进行最基本的微机应用培训、网络知识培训、企业信息化和电子商务知识的培训，使他们具备必需的相关知识、实践操作能力和现代化管理技能。

（3）全面开展电子商务阶段。在企业内部基本实现电子化管理的基础上，医药企业就可开展各种形式的电子商务活动，除了医药企业 B to B、B to C 的电子商务以外，还可开展医药产品的网上采购、医药企业客户关系管理、医药企业供应链管理、医药企业电子化服务等，逐步构筑起与上游供应商、下游经销商之间稳定的电子化联系，实现对客户的电子化管理和服务，使企业生产经营活动中所形成的物流、信息流和资金流能通过互联网实现有机的集成，进一步提高企业适应市场和服务客户的能力，增强企业的竞争力。当然医药企业电子商务同一般企业的电子商务应用系统一样，应分为两部分，一部分是完成医药企业内部的业务处理和向企业外部用户提供服务，比如用户可以通过互联网查看产品目录、产品资料等；另一部分则是在可靠的安全保障下的电子支付系统，使得用户可以通过互联网在网上购药并进行支付。

### 9.2.5　国外医药电子商务发展

进入 21 世纪以来，国际医药行业及其医药流通信息化均有了突飞猛进的发展。以美国和日本为例，其医药电子商务的发展，主要表现为如下几个方面的特征和趋势。

（1）国外医药流通行业信息化发展迅猛。20 世纪 90 年代以来，以计算机和互联网技术为代表的现代信息通信技术在国外医药流通企业得到了日益广泛深入的应用，促使发达国家的企业迅速由生产自动化向企业信息化转变，对提升企业的核心竞争力起到了巨大的推动作用。美国销售额前四名的医药批发商便占有全美医药批发商销售总额的 85%，这些公司主要仰仗先进的信息网络技术，建立了起 ECR（有效客户信息反馈）和 JIT 等系统。

先进的现代信息技术，辅以卫星通讯，美国医药流通实现了物流、信息流、资金流的动态高效管理。经营管理者借助计算机自动化分析系统，动态掌握客户、品种的经营动态，数据处理高效准确，大大提高了经营管理人员的管理幅度，降低运营成本。可以说，以现代信息通信技术为基础的ECR和JIT系统，是美国医药商业企业竞争力高低的一项重要指标。

（2）药品流通体制发挥着积极的作用。医药生产经营企业规模大、药品购销市场集中度高，是西方发达国家医药行业的显著特点。采用网络信息和电子商务技术优化传统的药品商务流程，已是国际医药卫生行业的大势所趋。美国、日本的制药企业和批发商，都致力于推动医疗服务机构药品采购活动的信息化。到20世纪90年代后期，美国、日本的医药企业广泛利用现代信息网络技术替代手工订单处理流程，通过传统的EDI、手持便携式订单处理系统和互联网系统生成的订单占订单总数的90%。医药电子商务已经成为世界发达国家药品流通行业的主流模式。

许多国际知名药品生产经营企业都建立了现代化的物流配送系统，其订单处理、拣货、补货和发货等主要作业项目都基本实现了自动化、标准化和智能化，大大减轻了劳动强度，提高了工作效率。如美国的强生公司设有三个自动化立体仓库，负责数百亿美元药品的订单处理、物流配送和数千名医药代表的供应保障，员工总数仅有160人，配送成本仅占药品销售收入的0.5%。据统计，目前全美的药品经销企业每天需要处理25万份订单，订单条目多达1,000万条，需要配送到12.5万个分销机构，隔天配送的响应率高达95%，准确率达到99%。每个订单条目的配送成本仅有大约0.3美元。

医药分业是医疗服务向专业化方向发展的必然结果，已经成为发达国家管理医药卫生行业的先进模式。在美国，其医药分业管理已经比较成熟。医院均设有住院药房，门诊药房是否设立要根据门诊患者需要决定，诊所均不允许设药房。

（3）医药中介服务日趋成熟。美国由于采取医药分业，加上医疗给付的保险制度完善，因此围绕整个医药保险形成了完整的医药产业链，各环节的利益必须适当分配，用药信息亦须有效管理。于是，近年来美国还出现了药品集中采购组织（GPO，Group Purchasing Operation）和药品购买福利组织（PBM，Pharmacy Benefit Manager）等营利性服务中介机构，为医疗机构和医疗保险公司提供药品采购的专业化中介服务。由于GPO能够为医疗机构节约10%～15%的采购成本，每年通过降低产品价格为医疗机构节约330亿美元的费用，美国的医疗机构越来越依赖于GPO的中介服务。药物利益管理机构（PBM）为介于保险机构、药物制造商、医院、药房间的管理协调机构，主要业务有：处方的管理、疾病管理、临床诊断管理、药物客服中心等，主要对于医疗费用作有效管理，节省支出，增加药物服务效益。

（4）第三方电子商务服务正在崛起。西方发达国家的药品电子商务也经历了一个摸索的过程。在初期，各企业的药品电子商务系统的建设都是各自为政，由此而导致的系统兼容性很差，不同的采购、销售系统无法整合，信息资源不能共享，致使行业内的不同系统无法形成一个完整、高效的供应链体系，极大地制约了医药行业B to B电子商务系统的发展和应用。针对这一问题，美国和日本的医药企业开始重视第三方电子商务系统的开发和应用。日本制药协会组织建立的日本药品电子网，就是由行业协会主导的、以数据传输为主要功能的第三方电子商务系统。前些年，美国一批在医药行业处于领导地位的医药企业共同投资约5亿美元，开发、建设的环球医药交易中心（GHX），这一中心以独立、开放、中立，提高整体医药供应链效率为宗旨，从医疗器材起步，推动医药产品全面网上交易。GHX 实行会员制管理，会员费根据会员企业的销售规模收取。目前，GHX 的会员数量迅速增加，会员企业的市场份额已达到市场总额的 70%。

世界先进国家的药品流通体制和医药流通信息化的特点和发展趋势，无疑对正在探索中的中国医药流通领域的改革，具有重要的参考价值。

## 9.3 中国医药业电子商务发展

在我国，医药电子商务的发展在比较早的时候就受到了我国政府部门的重视。这几年，国家为促进医药电子商务的发展还专门出台了《药品电子商务试点监督管理办法》等政策，为医药电子商务的有序发展起到了一定的推动作用。可以说，我国医药电子商务的发展已经起步，并已取得了一定的进展，但存在的问题和困难还不少，有待进一步深入推进。

### 9.3.1 我国医药业电子商务发展状况

我国医药业电子商务的发展状况可以从以下几个方面进行认识。

#### 1. 我国医药业电子商务发展的相关政策

由于医药行业的特殊性和发展电子商务的必要性，医药业电子商务的发展一直受到政府相关部门的高度重视。1999 年 3 月，“中国医药卫生电子商务网”列入信息产业部行业电子商务示范工程，揭开了政府推动医药电子商务的序幕。在 2000 年，国家为加大力度支持和推动医药电子商务发展，当时的国家经贸委将医药电子商务试点作为当年的工作重点之一，并选择了上海医药商务网络有限公司、金药商务网络有限责任公司、南京金陵制药（集团）有限公司、江中制药集团有限责任公司、石家庄制药集团有限公司、成都医药商务网络有限公司等六家企业作为试点，这些试点企业分布在医药生产、医药流通、医药信息技术应用等不同领域，具有一定的代表性。

为了规范药品电子商务的运作，国家药品监督管理局公布了《药品电子商务试点监督管理办法》，规定：严禁无生产、经营企业名称，无批准文号和质量检验报告的药品，以及国家药品监督管理局有特别限制的药品（毒性药品、麻醉药品、精神药品和放射性药品等）上网进行信息发布或交易。这一规定对打击网上药品非法交易，规范医药电子商务的发展起到了保障的作用。

对药品电子商务试点网站的要求，《办法》中作了如下规定：（1）是依法设立的企业法人，且有较强的经济实力，能为用户提供长期服务。试点起步阶段，药品电子商务网站须由证照齐全的医药经营企业搭建，医药批发企业也可与合法的因特网信息服务者（ICP）共建药品电子商务网站，并对所建网站负责；（2）关键岗位工作人员具有一定的药品专业知识，且有执业药师负责网上咨询；（3）不直接参与药品经营，不从药品差价中获得利益；（4）有能力对上网企业所提供资料的真实性进行审查，并对审查失职负责；（5）完整保存交易记录；

（6）符合国家药品监督管理局的其他相关规定。这一规定对今后药品电子商务网站的开设确定了参考标准。《办法》还对上网从事药品交易的经营企业监督管理、对上网从事药品交易的生产企业的监督管理、对上网采购药品的单位的监督管理都制定了具体的、可操作性的规范，对防止药品电子商务中容易出现的假冒伪劣和坑蒙拐骗行为提供了可靠的依据。

2000 年 10 月，国家药品监督管理局经过综合考察、反复论证，确定了首批八家药品电子商务试点单位，分别是：国药集团药业股份有限公司；上海复星药业有限公司；上海医药商务网络有限公司（依托上海市医药股份有限公司）；福建新大陆电脑股份有限公司（依托福建省医药公司）；深圳天驰医药信息技术有限公司（依托广东康利药业有限公司）；深圳三九信息技术有限公司（依托深圳三九医药贸易有限公司）；深圳市一致医药连锁有限公司；四川中药通电子商务有限责任公司（依托成都市医药总公司）。要求各试点单位要以“保障人民用药安全有效”为宗旨，以规范药品流通秩序为己任，依法经营，规范管理，积极探索，配合药品监督管理部门确保药品电子商务健康有序发展。

2004 年 7 月 8 日，国家食品药品监督管理局公布《互联网药品信息服务管理办法》，要求申请提供互联网药品信息服务者，除应当符合《互联网信息服务管理办法》规定的要求外，还应当具备下列条件：

（1）互联网药品信息服务的提供者应当为依法设立的企事业单位或者其他组织；

（2）具有与开展互联网药品信息服务活动相适应的专业人员、设施及相关制度；

（3）有两名以上熟悉药品、医疗器械管理法律、法规和药品、医疗器械专业知识，或者依法经资格认定的药学、医疗器械技术人员。

经过几年的快速发展，医药、卫生行业的信息化、药品购销的电子化，已是我国医药、卫生经济发展的大势所趋。近年来，有关医药电子商务发展的政策、法规正在逐步完善之中，为医药电子商务的进一步发展提供更为完备的保障。

### 2. 我国医药行业电子商务发展中的典型企业

经过近几年的发展，我国的医药行业中已有不少企业通过实践摸索，积累了一定的经验，为中国医药行业电子商务的发展作出了有益的探索。现举上海医药商务网、三九医药网和南京军区总医院电子病历为例。

（1）上海医药商务网。上海医药商务网开通于 1999 年 4 月，它的母体——上海医药商务网络有限公司成立于 1999 年 2 月，公司的股东有国家药品监督管理局信息中心、上海市医药股份有限公司等。上海医药商务网开通后即被上海市政府信息化办公室列为上海市 1999 年 20 大重点信息化应用系统之一。2000 年 2 月，国家经贸委将上海医药商务网作为全国医药电子商务的示范平台；2000 年 10 月国家药品监督管理局确定上海医药商务网为全国医药电子商务的试点单位。上海医药商务网络有限公司的主营业务是医药电子商务平台及信息技术服务，同时，还提供专业的医药信息增值服务及面向社区的医药保健咨询系统。它的目标是在探索和提供 B to B、B to C 等多样化的电子商务模式的基础上，设立覆盖全国的分站及子网系统，并形成一个与地面配送和专家咨询配合的网上购药的完整体系，为企业提供有效的海内外市场拓展服务。它提供的医药信息增值服务是八个有特色的医药专业数据库，即新药集成、品种档案、用药数据、目录总汇、物价总览、可供目录、决策参考和会员频道。这些来源于国家以及上海医药权威机构的专业信息，经过资深专家的精心分析整理，加工成了最新的、最有价值的信息，以最快的速度提供给用户，具有极高的可靠性、权威性和价值性。该网站的信息服务结合医药商业业务，使上海医药商务网取得了较好的运行效果。网站还提供了主要面向个人的医药保健咨询及网上购药服务，医药保健咨询是一个时常更新的信息板块，其中包含了许多日常卫生保健常识及常见疑难病症解答，并与各大医院及社保机构合作，为用户提供全天候的专家导医、咨询服务。网上购药采用 B to C 的形式，网站作为各保健品网络公司与病家、客户联结的纽带，客户可以通过该网站接受订购优质医药保健品，由较强配送能力的保健品公司实行联动配送，免费送药上门。

经过数年的运作，上海医药商务网已经取得了令人可喜的业绩。在全国 26 个省、市建立了 36 个药品分类网站。全国中心城市医药联盟成员之间已经开始利用上海医药商务网进行交易，并产生了可观的经济效益。上海医药电子商务网开通后，上海医药行业的组织结构、营销模式发生了明显的变化，为上海医药进军电子商务打开了通道，为中国医药行业通过电子商务提升竞争力提供了典范。目前，上海医药的母公司上海医药集团将整体上市，上海医药集团把下属 44 亿元的交易项目放在上海联合产权交易所挂牌转让，集团另外把约 15 亿元的待剥离资产划拨到新成立的华太投资名下，为集中了优质资产的上海医药集团整体上市铺平道路，这将为上海医药带来历史性的机遇。图 9-1 为上海医药商务网主页。

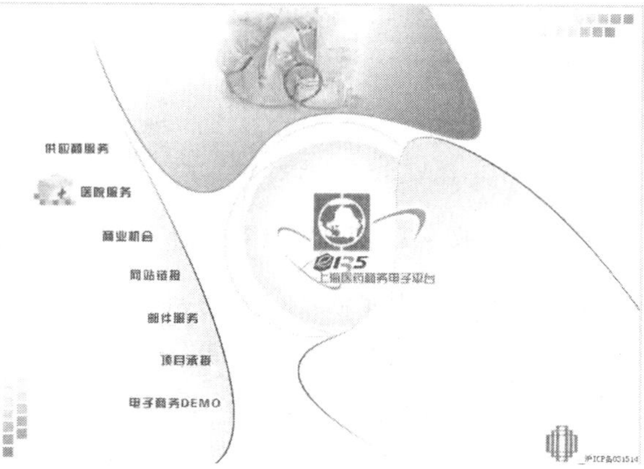


图 9-1　上海医药商务网主页

（2）三九健康网。2000 年 4 月 24 日，由国内著名医药企业三九集团出资建设的三九健康网（www.999.com.cn，参见图 9-2）建成开通。三九健康网不仅是三九集团正式进军网络的先锋，同时也是一个依照互联网经济规律独立运作的大型实体。三九健康网带来全新的网络健康理念，在强大的内容数据库支持下，试开通不到一个月，日访量已经达到 8 万，稳稳地坐上健康医药类网站的头把交椅。除了由传统医药行业转变而来的信息资源、配送渠道等优势外，三九网络与长城集团合作，将长城因特网电脑的健康类上网热键设定为三九健康网；与润迅公司合作，开通了全球首个双位数字域名的顶级邮箱 39.net；与东芝公司合作，建立 B to B 模式的网上专营店，东芝的全线医疗器械产品全在三九健康网上进行销售。三九网络在全国 28 个城市进行了医学人士上网情况调查，准确地把握了中国目前的医生上网的所有情况，以求能够为推动中国网络医疗服务尽一份力。三九健康网已在全国拥有数千家医院会员，可为本地或远程医疗提供即时服务；有近两万名医生在经过认证后成为三九健康网的专业会员，这一庞大的后备资源尚无人可与争锋。同时，三九集团强大的销售网络，覆盖全国的仓储运输系统，数千家良好的商业合作伙伴成为了三九网络在电子商务领域中的有力支撑。可以说，三九集团利用在传统健康产业的绝对优势，率先全面整合了中国健康医药类网站，将网上健康产业概念推上另一个台阶。经过几年的发展，三九健康网意识到聚集同类优势资源，去芜存菁，重新整合，创造新的结构和运营模式，才能造就整个行业迅速前进的凌厉态势。因此，三九健康网的目标已不仅仅定位于做国内健康网站的航空母舰，而是要建成华人社会超级健康资讯平台。为大众提供更丰富的健康资讯和完善的医药服务，令网络健康产业真正成为网络新经济时代的重要支柱。

**图 9-2　三九健康网主页**

（3）南京军区总医院肾脏病研究所电子病历。通常病人去医院就诊时，经常需要携带十几张化验单供医生查看。不过，去南京总医院肾脏病研究所你不需这么做，因为医生在电脑上点击几下鼠标，所有文字、图像资料立刻就能出现，这要归功于南京总医院肾脏病研究所的电子病历系统。通过电子病历，南京总医院肾脏病研究所每年的诊断数量从三四万人次提升到 12 万人次。以往南京军区总医院的诊断过程，医生为病人做出的诊断全部采用纸质手写的方式进行纪录，而且病人的 X 光片、B 超等影像资料也都是采用胶片的方式进行存放。这种情况下，医生在接诊病人时会有非常多的资料需要翻阅，而且这些资料并没有统一的书写格式，数据复用难度很大。另外，肾脏病研究所还担负着医学研究和人才培养两项重任。在这两项工作中，同样需要借助医院的大量病历数据进行分析，可是传统方式下的纸质、胶片病历在分类、查询、整理、分析等方面均存在很大问题。无论是医疗，还是科研或教学，都需要一种快速、方便的检索方法，以便能对已有的上万份病历和随访资料进行统计、分析。针对此种情况，南总医院肾脏病研究所电子病历系统的研究。2001 年，南总医院肾脏病研究所电子病历系统开始进行试点，2002 年 3 月正式投入使用。南总医院肾脏病研究所首先进行数据平台、整体系统框架的设计，基本解决了以前临床数据分散，数据收集不及时，上级医生看病历需要下级医生提前准备的问题。病人家属与主管医生交流病情时无需提前准备，医生通过办公室内的医生工作站即可看到病人的病历资料。在投入应用中，南总医院肾脏病研究所发现有多种检验、检查的数据需医生输入，工作量过大，于是在此基础上于 2002 年底开发了实验室报告系统，通过设备接口及手工填写将试验数据发送上网。2003 年初，南总医院肾脏病研究所电子病历系统又进行了一次全面的升级，加入了门诊及血透系统。

目前，南总医院肾脏病研究所应用的临床信息系统能够支持医院医护人员的临床活动，收集和处理病人的临床医疗信息，并提供临床咨询、辅助诊疗、辅助临床决策等服务，取得了非常好的效果。第一，实现了诊断的无纸化管理。病人在就诊期间，各种检验和病理报告实现了网上发送，部分检验设备实现了数据自动采集，为各个病区、门诊及血透提供了大量的有效共享数据，减少了重复输入的环节。第二，提高了工作效率。使用病历模板之后，医生通过鼠标操作就可以完成大部分的病历输入，提高了工作效率，对门诊而言，单位时间能够接诊更多的病人，通过临床系统与药房、收费等系统的连接，使处方和交费过程的效率大大提高。第三，建立了丰富、完善的医疗文档数据库。在病人就诊期间，能够自动记录病人的相关病史、病程、手术记录等医疗资料。建立数据库之后，能够将临床资料进行数据结构化处理，方便日后的检索和统计分析。第四，带来了经济效益。医院之间的竞争主要是对病人的服务，借助 IT 系统，肾脏病研究所能够大幅提高医疗服务的水平与速度。借助这套系统，南总医院肾脏病研究所取得了明显的应用价值和效益。在医院管理方面，将医院原有信息化各个孤立的应用环节有机地联系在一起，使原有孤立数据变为共享数据，通过规范病历书写，使病历信息更加完整，提高了病历书写的质量。在医疗方面，临床信息系统的应用为医护人员提供了一个医疗信息平台，以患者为主线的病历系统为医护人员提供了大量的患者诊疗信息，可以查看到病人的所有信息，提高了医疗服务水平。在效率和质量方面，医院各个环节的系统依托临床信息系统有机地结合在一起，加快了信息流转的速度，减少了患者在医院无效的等待时间，提高了医院整体的效率及服务质量。同时，临床学术研究也摆脱了繁琐的数据整理工作，能够轻松完成。

### 9.3.2　我国医药业电子商务发展存在的主要问题

我国医药业电子商务发展在政府和企业的共同努力下，已经取得了一定的进展，但还存在一些明显的问题，主要表现在以下几个方面。

（1）医药行业整体信息化水平还较低。由于我国医药行业的整体实力相对较弱，长期以来对企业信息化建设的投入一直没有引起足够的重视，目前全行业的企业信息化建设水平与电子商务的发展还存在较大的差距。尽管已有部分有实力的企业如山东新华制药厂等实施了 ERP 系统，但行业中绝大多数中小企业的信息化建设还处于较为落后的境地，有的甚至连企业内部计算机的应用还缺乏基础，更不用说与电子商务相关的客户关系管理、供应链管理等方面的应用了。目前在医药行业中已经建立起完善的企业内联网、独立的企业网站，并能较好地利用网络资源的企业还属于少数。没有一定的企业信息化基础，要实现理想的电子商务应用是比较困难的。

（2）缺乏相关的法律、法规。医药产品作为特殊的商品，在有形市场中如何规范药品的质量认证以及确定市场准入资格等问题一直存在不小的困难，主要是相关的法律、法规不够完善，如牵涉到药品质量、责任索赔等问题，会因为电子交易的无形化、虚拟化而使得交易行为复杂化，影响医药行业电子商务的发展。尽管国家已经出台了一些有针对性的政策措施，但还不能完全覆盖医药电子商务发展的相关领域。

（3）现行的医疗体制阻碍电子商务的发展。与其他行业明显不同的是，我国医药市场是非常强势的买方市场，作为医药产品最大买主的医疗机构在现行医药流通市场中处于主导地位。由于众所周知的原因，医疗机构的药品采购存在着相当大的随意性，要在短时间内消除医疗机构在药品采购中的既得利益，各种人为的困难是可想而知的。因此，医药流通领域的电子商务应用在很大程度上取决于医疗机构改革的决心，而医疗机构实施集中招标采购的深度和广度，将直接关系到整个医疗行业电子商务的进程。

（4）医药企业的管理水平还存在比较大的差距。由于中小企业在医药行业占据绝对的比例，这些企业的管理还比较粗放，大多数企业的信息处理基本上还停留在手工方式，医药企业员工的大量时间都消耗在事务性工作上，医药企业的生产管理、费用管理和成本控制都处于比较落后的水平，与电子商务的发展要求还有不小的差距。

此外，在电子商务发展中普遍存在的问题，如安全问题、支付问题、信誉问题、配送问题等同样会影响到医药业电子商务的发展。

### 9.3.3 中国医药业电子商务发展策略

促进医药行业电子商务的发展是增强我国医药行业市场适应能力和国际竞争力的重要举措，也是推动我国医疗体制改革、提高人民群众医疗保障水平的有效手段。政府与企业都应抓住机遇，积极采取有效对策，加快其发展进程。具体的发展策略主要有以下几点。

（1）政府应高度重视和积极支持医药业电子商务的发展。医药行业电子商务的发展作为一项新事物，必然会产生一些过去未曾出现的复杂问题，作为政府主管部门不应“因噎废食”，采取“一棍子打死”的做法，而应积极研究解决问题的办法，借鉴国外的成功经验，结合中国的实际，大胆探索，勇于实践，使中国医药行业的电子商务发展跟上世界步伐，为增强医药业的国际竞争力作出实际的贡献。

各级政府应在财政、税收、金融、投资等方面制定必要的扶持政策，鼓励医药行业电子商务应用，在坚持“企业主导”原则的前提下，应做好政府的宏观规划和指导工作，引导医药企业电子商务的实施。在法律、法规的制定方面，政府一方面要考虑中国医药行业的发展实际，另一方面要适应国际电子商务发展的形势，使中国医药行业的电子商务发展融入到世界潮流中去。

（2）加快企业信息化建设，为电子商务发展打下坚实基础。企业信息化是企业实施电子商务的基础，加快企业信息化建设步伐是促进企业电子商务发展的重要措施。各医药企业应从企业的财务和业务信息化管理入手，利用电子信息技术对传统产业进行改造，强化对企业的全面管理和对生产过程的优化控制，建立最基本的资源数据库，完善企业信息化的基础设施，初步形成以数据库为中心的信息服务网络系统。只有扎扎实实应用现代科技和信息技术改造传统的企业运作方式，才能降低企业运作成本、提高企业的运作效率、建立规范化的现代管理系统，也才能使电子商务产生实实在在的效益。

（3）重视医药电子商务培训教育，促进复合型人才培养。医药行业电子商务的发展是一项复杂的系统工程，在企业内部，需要每一个员工的支持和参与，尤其是企业领导层和管理层，没有他们的全力支持，企业电子商务的发展往往会流于形式。因此，加强电子商务知识的培训普及，使干部员工对电子商务的实施形成统一认识，对提高员工在电子商务发展中的积极性、主动性和创造性十分有益。对企业领导层、管理层和具体工作人员等各个层次在内的相关人员开展有针对性的培训，通过培训使他们具备必需的相关知识、实践操作能力和现代化管理技能，以便更好地发挥在企业电子商务发展中的作用。

电子商务人才短缺是众多医药企业面临的共同问题，由于医药电子商务人才既需要有扎实的医药方面的基础知识，又要掌握计算机网络技术的应用，而且还应懂得企业经营管理和市场营销的知识，这样的复合型人才目前还非常少。如果光依靠高等学校的培养，也是“远水解不了近渴”，所以解决这一问题主要还得依靠企业自身培养。对希望在电子商务发展中有所作为的企业，必须高度重视复合型人才的培养，一方面应加大人才引进、激励的力度，另一方面应加强与高等院校、科研机构的合作，通过联合培养的方式，如开办干部培训班、双学位班、专业人员进修班等，为企业培养高层次的复合型人才。

（4）整合行业资源，促进医药电子商务共同发展。医药行业电子商务的发展涉及到全社会的方方面面，不是一家、两家企业，也不是一年、两年就可以解决问题的，它需要众多企业齐心协力、相互合作，做到资源优势互补、风险共担、利益共享，才能加快全行业电子商务的发展进程。因此，医药企业应该联合起来，发挥资源整合的力量，充分发挥和调动各方面的积极性，使合作各方在电子商务发展中共同受益。对一些已经具有较高知名度、并具有良好运作业绩的专业电子商务公司，要通过多种形式吸引相关的医药企业参与，特别是吸引那些不具备相关条件的中小企业，可通过缴纳会员费等方式实现代理制的电子商务，从而使这些有电子商务背景的企业更好地服务于行业，带动全行业电子商务的快速发展。

（5）逐步规范医药电子商务的标准，进一步完善相关的法律、法规。对医药行业电子商务发展中的标准问题，要鼓励有条件的企业大量应用实践，就医药行业的信息资源开发、信息安全、网络经营和电子交易的资格审查、交易规范和技术标准等问题进行实践探索，由国家有关政府部门在企业实践探索的基础上，充分借鉴国际标准，不断制定、完善相关的标准与规范，促进医药行业电子商务有序发展。

进一步完善医药电子商务的法律、法规，保证我国医药电子商务发展有章可循是一项重要而又紧迫的任务。我国政府部门应成立专门的组织，加强医药电子商务发展问题的研究，并结合我国国情以及医药行业的具体情况和特点，尽快制定出适合我国医药电子商务发展的法律、法规。此外，还应尽快建立一套网上企业的资格认定程序和体系，保证医药产品网上交易的正常、有序进行，推进医药商品 B to B、B to C 电子商务的发展进程。

医药是充满着希望和前景的黄金产业，有着远大的发展前途。医药电子商务作为医药产业未来发展的方向与趋势，更有着壮丽、绚烂的前景，值得我们认真思考、积极探索，共同去把握更加灿烂辉煌的明天。

## 9.4　典型案例 1　中国金药电子商务网

### 9.4.1　公司概况

金药商务网络有限责任公司是我国第一家从事医药卫生行业电子商务网络服务的全国性网络公司，是由哈尔滨工业大学科技软件股份有限公司、中信国安信息产业股份有限公司、全国医药技术市场协会中西新药应用研究所等机构共同投资组建的高新技术企业。金药公司拥有先进的通讯、软件技术和一大批商流、物流、资金流及软件开发等方面的专业优秀人才，主要为医药企业用户提供电子商务、信息咨询、统计分析和科研成果交流等全方位服务，同时为客户提供系统集成、软件开发（ERP/CRM/OA）、广告策划和招标采购等业务。

“中国金药网”由金药商务网络有限责任公司担负建设和运营维护工作，是为医药卫生行业提供多项服务的网络平台，是集信息科学、计算机技术和通信技术于一体的多功能、专业化、社会化的跨世纪工程。金药公司与IBM合作开发了一系列应用系统，为客户提供电子商务、信息检索、统计分析和科研成果交流等全方位服务。该系统是在国家医药管理局科研项目“医药交易市场综合服务智能系统”基础上开发建立的，被列为全国电子信息应用倍增计划项目，其中“中国医药卫生电子商务网”被国家信息产业部批准为我国首家行业类电子商务示范工程。

金药公司及其建设、运营的“中国医药卫生电子商务网”、“全国医药统计网”、“国中药材网”及“全国医药技术市场网”是为医药卫生行业所有用户提供服务的门户站点、目标站点及平台站点；还有为普通用户提供服务的“百姓询医问药网”及《中国金药商情》刊物，形成一套完整的产品线。

金药公司的总体定位是：为医药卫生行业的科研、生产、流通、使用和管理等单位提供全面信息技术支持服务，涉及电子业务、电子商务、电子政务、电子科技，核心是电子商务积极促进行业发展，不断满足社会需求，建成医药行业信息产业基地。

图9-3为中国金药网主页。

图9-3　中国金药网主页

## 9.4.2　发展背景

从1995年开始，国家医药局（SPA）陆续开发和建设了医药行业的科研网、统计网、办公网、中药材网、医疗器械网和生物工程网等网络。虽然国家投了大量的建设资金发展这些基础设施，但仍无法适应经济与社会快速发展的需要，特别是原有的C/S（Client/Server客户端/服务器）结构的网络显然无法满足迅猛发展的业务需求。在当时，国家医药局电子邮件的往来对象仅限于有限的网员，因而大大限制了交流的效果。统计网的资料来源也不及时，医药分析统计报告呈现的形式也无法满足专业的需求，且分散的数据库与不同的统计平台不易于管理与维护。在这样的背景下，国家医药管理部门下决心建设中国金药电子商务网，以彻底改变医疗卫生系统网络应用滞后的现象。当时，国家医药局的下属企业与中信集团专门合资成立了金药商务网络有限公司，具体负责这一项目的实施。由于IBM公司具有丰富的电子商务开发经验，拥有国际领先的 IT 专业技术，并且已经有许多应用在 IBM Net.Commerce 平台上的管理商业/服务网络的成功范例，因此，金药公司最终选择 IBM 公司作为合作伙伴，共同开发金药网电子商务系统。

建设金药网的主要目的是：通过构建完整的技术体系、服务体系和运营体系，把总部网管中心、地区服务网站、专业网站和终端用户通过计算机网络紧密相连；准许外联网、内联网按照一定的通讯、安全协议与金药网连接，以扩大网络规模；运用市场机制，实现规模与地缘有机结合；充分利用国家公用信息基础设施和有效资源，立足行业，覆盖全国，联通世界，形成在国内外较有影响力的行业性电子商务网络。

金药网主要针对的用户包括医疗研发单位、医疗机构、信息服务供应商、消费者、行业管理机构、经销商、银行、生产单位、外资企业和保险公司等，它的主要功能是以因特网为使用平台，提供统一的操作界面和开放性的、易于维护的商务活动构架，以及动态的电子商品资料库和安全的电子交易。金药网的优势体现在将不同的数据库整合为一套系统，为使用者提供正确而及时的市场信息。

从未来的发展方向看，金药网将增加对医药外贸企业、国外同行、科研单位和医院的服务，增进与国外资讯和科研资讯的交流，并与医院的在线订单输入联结，最终将使这一网络与保险公司、参保个人、银行与国外客户相连，开展在线转账付款和在线保险业务，从而全面纳入医院的订货机制，为医药行业实现真正意义上的电子商务进行实质性的探索。

### 9.4.3　实施方案

金药网是基于 IBM 电子商务解决方案，利用 IBM 公司的 Net.Commerce 技术实现的。Net.Commerce 是 IBM 公司推出的功能强劲、扩展灵活、易于使用的电子商务服务器软件，为用户提供了基于 Web 的创作、管理和定制工具，具有动态装配的产品、订单和搜索页面，支持灵活的数据库模式，能够帮助用户高效率地将产品信息转换为动态可搜索的电子目录。在复合操作系统中的配置、运行能力是 Net.Commerce 的主要优势之一，它出色的跨平台兼容性可以确保用户方便快捷地将 Net.Commerce 与现有系统和平台相集成，最大限度地降低资源需求和成本。

金药网电子商务系统集成了丰富的行业信息，适用于供需终端用户、银行终端用户、配送中心终端用户和网络管理终端用户，是我国医疗卫生领域第一个大型电子商务应用系统。借助这一系统，供需终端用户可以通过分类浏览或条件查询的方式进行信息浏览，获取机构信息、产品信息和广告信息，借助网上发布的政策法规、专家论坛和新闻浏览实现电子商务辅助决策。

为最大限度地给供需双方提供商务谈判的便利，金药网具有包括动态商情、常购清单、合同洽谈和会员商函 4 项内容在内的完整的商务谈判功能，供需双方可以随时发布自己的供求信息，同时可以通过查询找到自己需要的商业信息，进而高效率地在网上直接进行合同谈判；网上洽谈的用户还可以同时对多种商品、多个谈判对象进行多个回合的洽谈，大大提高了谈判的效率。

这一解决方案的特点主要有：

（1）应用 Internet 技术，全文检索搜索引擎和 IBM 网络安全技术，提高信息交流功能；

（2）采用 IBM 公司的 Net.Commerce、Universal Database 和 OLAP 等技术，可协助国

家医药管理部门、医药厂商和各级用户掌握机构情况，发布商情公告，方便买方提出产品需求，获得销售统计信息；

（3）通过使用 IBM Net.Commerce、NetData 和 SSL 技术，可开展网上合同谈判，订单处理和银行信用确认等业务。

对客户来说，金药网的价值表现在以下几个方面：

（1）在整合现有网络资源的基础上，为所有的医药生产企业、分销商、零售商与政府有关部门提供统一的电子商务平台，实现医药电子商务的业务操作；

（2）为所有的医药生产企业、分销商、零售商与政府有关部门提供全国性的市场环境，以及不受地域限制的全天候服务；

（3）为政府管理与决策提供及时、全面的信息，促进医药系统的开放，防止假冒伪劣商品进入流通渠道，减少流通管理层次和费用，提高行政管理效率，降低管理成本。

### 9.4.4 系统实现

金药网电子商务系统的建设主要包括客户系统的构建、网上信息的交流以及产业资讯的查询三个方面。

#### 1. 客户系统的构建

客户系统的构建重点是要建立起包括网员、产品和销售在内的三个数据库，能提供政策法规数据库以及用户之间电子交流的通道。这一方案是通过 Internet 技术实现的，不仅可以减少硬件的投资，而且还具有一定的前瞻性，具体表现在以下几个方面：

（1）Internet 上的文件具有统一的规格，在客户端只要使用 Microsoft IE 等浏览器，就可达到界面统一的效果；

（2）客户端的界面不需因为程式的更改而更新，也就是说，只要服务器更新，就等于更新所有的界面；

（3）任何使用此系统的使用者（包括网站管理员，银行管理者及所有其他使用者）皆可以利用当地的 ISP 拨接网络或是本公司的网路专线接入 Internet，方便地使用金药网。

#### 2. 网上信息交流

这一系统采用 IBM 全球资讯网技术，应用全文检索搜寻引擎和 IBM 网络安全技术建立政策与法规和专家论坛与新闻的集中数据库，统一由中央发布信息。用户可在被授权后，通过分类检索快速获取信息，分享各地最新资讯。金药网系统还利用 mail server 为会员提供通讯服务，提高信息交流效率。

#### 3. 产业资讯查询

金药网以 IBM Net.Commerce 配合 Universal Database 产生商品动态网页，不但便于国家医药管理局根据公司的名称、地区、地址、产品项目、服务项目等任意条件进行查询，而且可以协助买卖双方寻找交易对象，为卖方提供公司信息发布服务及形象广告机会。厂家和经销商无需针对个别产品制作网页，完全经由数据库自动呈现产品目录。此目录包括了产品名称、产品批号、规格、图像和售价等详细资料。另外，金药网还可以针对不同会员类别提供特定产品资讯及调整售价，并可直接依产品名称、类别、预算直接搜寻产品信息。厂家可根据产品类别制定促销时间和对象，促销价格在指定促销时间内会自动取消原售价，时间过后即恢复原价，无需额外人力操作。此系统为买卖双方都提供查询与操作界面，买方可以网上公开招标，卖方可立刻掌握商情，进行有效行销策略。同时，生产厂家也可依市场需求调整生产策略和科研方向。

此外，由于采用了 IBM 多项先进的软件技术，金药网具有许多卓越的性能，例如：采用 IBM OLAP（数据库线上分析处理）技术为商家提供即时销售报表、销售排行、地区销售、定期销售统计分析和各类视觉化图表，并能根据使用者的层次和权限提供不同的统计信息。采用 Web 界面数据库和 SSL 加密技术为买卖双方在谈判过程中提供原始合同，以及在线合同谈判功能，并自动记录和传送谈判过程，为交易各方带来极大的方便。

### 9.4.5　实施效果

金药网电子商务系统综合了各类网络的数据资源，为广大医药厂商、批发商、零售商和医药产品使用者提供方便快捷的电子交易服务平台。这一系统的实施效果主要表现在以下几个方面：

（1）有助于全方位了解医药行业的生产情况、销售情况和机构情况，每一个网员都可以实时地把自己的供需数据和其他网员交换，通过电子认证，进而达成购销合同，实现电子结算；

（2）可以给广大医药厂商、批发商、零售商和医药产品使用者提供突破时空界限的全天候的网上医药交易市场；

（3）可以为国家行政管理部门进行宏观管理提供及时、真实的信息，对加强医药市场的监管极为有益；

（4）可以为广大医药厂商、批发商、零售商和医药产品使用者进行微观决策提供及时的、真实的、全面的宏观和微观的市场信息，可以做到“足不出户，便可知天下医药行情”；

（5）可以增强医药交易的透明度，限制假冒伪劣产品进入流通领域，减少流通环节、降低流通成本、提高工作实效，协助国家行政管理部门规范医药市场。

### 9.4.6　案例评析

金药网电子商务系统堪称我国医药电子商务发展中的“国家队”，不可多得的政府支持，全面丰富的信息资源，数量庞大的行业客户，数额可观的资金投入，均为金药网电子商务发展创造了极为有利的条件，再加上 IBM 公司国际领先的软、硬件技术的支持，更可谓无与伦比、无可匹敌。

金药网的总体定位是：为医药卫生行业的科研、生产、流通、使用、管理等单位提供从企业内部信息化到企业外部信息化的全面信息、技术和应用服务，以电子商务为核心，涉足电子业务、电子商务、电子政务和电子科技等各个方面，促进医药卫生行业的发展，满足社会需求，建设好医药行业信息产业的基地。金药网正致力于在传统商业的“关系协作网”上，构建坚实的“计算机物理网”，创建严密的“运营逻辑网”，并打破旧的利益平衡关系，努力形成新的“利益平衡网”，实现“四网”重叠，网网相扣，形成全新数字化的医药卫生行业运行模式，试图为中国医药电子商务的发展探索出一条特色明显、成效卓著、符合时代前进方向的有效道路。

# 9.5 典型案例2 海虹医药电子商务发展

## 9.5.1 公司概况

海虹企业（控股）股份有限公司（简称“海虹”）创立于1986年，1992年在中国深圳证券交易所挂牌上市，是一家以医药电子商务、数字娱乐和化纤制造为三大支柱产业，拥有数十家子公司和数千名员工的综合性企业集团。在化纤制造领域，海虹以“高科技、高起点”为立业之本，以“产、学、研一体化”为发展模式，建设了具有国际领先水平的高科技化纤生产基地，已成为中国化纤工业百强企业之一；在数字娱乐领域，海虹旗下的联众游戏、亚联游戏、笑傲江湖等几大游戏网站已成为中国网络游戏产业的主力军：在医药电子商务领域，海虹借助药品流通体制改革带来的市场机遇，全力研究开发并推广应用海虹医药电子商务解决方案，初步构筑起了覆盖全国的药品电子交易市场，为药品的生产、流通使用提供高效、竞争、有序的信息网络技术服务，成为中国药品流通体制改革不可或缺的组成部分。

作为我国医药电子商务的领先开拓者，海虹通过多年的探索和实践，取得了令人鼓舞的业绩，已成为国内医药集中招标采购电子商务的指定代理机构。随着我国医疗体制和药品流通体制改革的进一步深入，海虹必将迎来更大的发展机遇。图9-4为海虹医药电子商务网主页。

图9-4 海虹医药电子商务网主页

## 9.5.2 发展背景

海虹上市之前是一家由海南省开发建设总公司等单位筹建的一家老牌企业——海南化学纤维厂，1992年经过股份制改组后，以“琼化纤”的名义在深交所上市。1996年中海恒实业发展有限公司入主“琼化纤”，成为其第一大股东，1997年3月中海恒投资1,800万元，携手国家邮电部数据通讯局邮电数据网络集成开发中心设立“中公网信息技术与服务公司”，由此开始进军互联网及电信增值业务。可以说，海虹是国内最早涉足互联网业务的上市公司之一。

医药流通体制的改革一直是我国经济与社会体制改革中的一项重要内容。国家有关部门为了提高医院药品采购透明度，纠正药品销售中的不正之风，保证药品质量，降低药品采购价格，减轻群众不合理负担，要求各地推行“药品公开招标”采购。但由于药品集中采购牵涉面广，药品的品种规格繁多，参与竞标的药品经销商和厂家数量众多，再加上招标步骤复杂，程序严格，按照传统的招投标程序进行操作，不仅耗时费力，效率低下，成本难以控制，而且还很难避免人为因素的影响。与此同时，我们注意到，药品是一种非常特殊的商品，具备严格统一完善的技术标准以及规范的名称和质量体系，而且流通量大，单位价值高，因此非常适合采用电子商务方式进行购销。因此，加快医药电子商务的发展是推进我国医药流通体制改革的重要内容。在 2000 年，当时的国务院副总理李岚清在全国城镇职工基本医疗保险制度和医疗卫生体制改革工作会议上，强调了医药行业要充分运用先进的信息技术手段，促进医药体制的改革，降低成本，提高效率。实际上，这一讲话既表明政府推进医药流通体制改革的决心，又肯定了医药行业发展电子商务这一大的方向。为了保证医药电子商务的有序发展，原国家计委在《关于药品招标收费有关问题的通知》中明确规定：“医疗机构委托招标代理机构进行招标的，招标代理机构除向投标人收取招标文件费外，可暂向中标人收取招标代理服务费”，还明确规定了招标代理服务费的收取标准。可以说，国家的政策导向为海虹发展医药电子商务提供了强大的保障。

海虹从 1999 年开始介入医药电子商务领域，并于 2000 年 7 月正式成立“海虹医药电子商务事业部”，于同年 9 月 27 日拿到了全国第一家经营医药电子商务的资质证书。由于我国药品采购的 85%交易额来自于专业医疗机构，因此海虹的切入点就定位于医疗机构“集中招标/竞价采购代理”，并选择在国内电子商务软件开发领域颇有建树的“易通经纬”公司作为唯一的软件合作方，由该公司负责海虹医药电子商务网的设计咨询和技术实施，2000 年 10 月，系统正式投入使用。

海虹医药电子商务系统是海虹医药电子商务部邀集国内著名医药和网络专家，在深入研究我国现行药品流通体制特点和结合未来电子商务发展趋势的基础上，配合国内医疗机构的信息化进程，采用先进的信息技术开发出的全新医药电子商务解决方案。这一系统提供了较为完善的采购方案，包括招标、竞价、询价和议价等多个环节，并集“市场准入核查、成交、交易执行、监督审查”为一体，初步实现了药品采购交易行为的无纸化和网络化，涵盖了医药电子商务的全部过程，从而使得医疗机构、药品生产经营企业、政府主管部门和中介机构真正通过统一的交易平台实现药品采购行为的公开、公平、公正。

用现代信息网络技术改造传统产业，按照 B to B 交易的基本原理，构建覆盖全国的药品电子交易市场，使电子商务成为医药卫生行业随处可用的公共设施，为传统药品流通行业注入新经济的活力，是海虹追求的目标。应该说，海虹用自己的行动在向世人证明，发展医药电子商务是利国利民、大有可为的。

### 9.5.3 系统实现

商务系统是海虹和易通经纬公司在深入调研用户需求的基础上，采用先进的因特网开放式体系结构开发而成的网上招标采购系统，这一系统还特别针对我国招投标法律和医院药品采购的特点进行了优化，其全过程的招标、投标、评标和决标体系，极大地降低了传统手工招标流程中的繁杂的人力工作，尤其是智能评标系统可以帮助采购方在最短的时间内对众多的投标信息进行快速有效的筛选，迅速提高评标效率和结果的客观准确性。另外，这一系统还采用了自助式服务体系，使整个采购流程电子化，并提供强大的汇总分析能力，提高采购流程的透明度，大大方便了管理层的控制与监督。

1. 运作模式

海虹的医药电子商务系统是为参与集中招标采购交易的双方提供电子化交易平台，并在此基础上为交易双方及药品监督管理部门提供信息服务、交易结算服务及配送服务。业务运作模式参见图9-5。

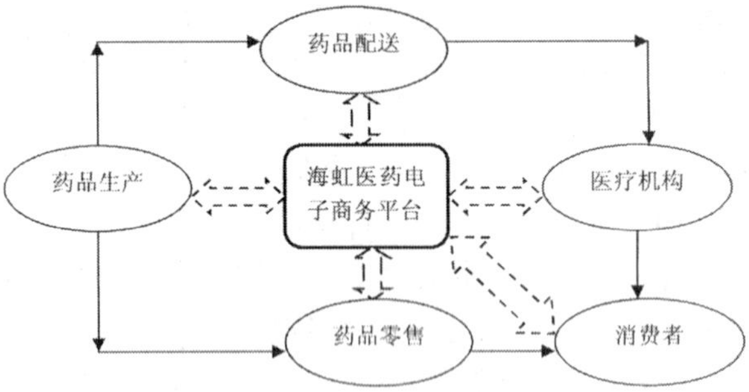


注：实线箭头为物流方向；虚线箭头为信息流双向流动

**图9-5 运作模式示意图**

如图9-5所示，在海虹的医药电子商务交易体系中，医药电子商务平台——海虹医药电子商务网是整个医药流通价值链中的核心环节，履行着市场中心和信息中心的双重职能。在新的运作模式下，药品交易过程中出现的信息流和物流的实现方式与过去有了根本的不同。

在传统的医药流通模式中存在大量的信息不对称现象，因而各种信息流的流动也往往是无序的。实现医药电子商务后，各种市场信息将变得十分透明和公开，信息流也会变得非常清晰和有序，从而保证了医药流通过程中的公开、公正、公平和诚实信用的原则。在电子商务模式下，药品流通中的参与各方（包括药品生产商、零售商、配送商、医疗机构、消费者），都将通过海虹医药电子商务网进行双向的信息交流。如医疗机构将通过海虹医药电子商务网发出采购需求信息，而药品生产企业则同样会通过海虹医药电子商务网发出药品供应信息（包括产品的质量、品种规格等），在它们通过电子商务平台进行多次信息交流、最后达成采购合同后，海虹就可以按预先的约定收取一定的服务费。其他药品采购方与药品零售商、药品生产企业与零售商等达成的交易，同样可以按照这种方式实现。

在信息流成功实现，交易合同达成后，在电子商务交易体系下，药品物流的实现主要通过两种方式来完成。

（1）医药生产商——医药零售商——消费者。通过这种渠道流动的药品主要是非处方药（OTC），消费者可以直接到零售店购买。连锁经营将成为医药零售商在新流通模式中的主流方向。

（2）医药生产商——医药配送商——医疗机构——消费者。处方药主要通过这种方式流动。由于专业的医药配送商尚未真正形成，因而目前暂时由医药生产商委托批发代理商来履行配送义务。海虹也有意在药品的物流配送领域有所作为，以期为医药电子商务的发展提供更完善的保障。

2. 商务流程

海虹医药电子商务的商务流程图可用图 9-6 来表示。

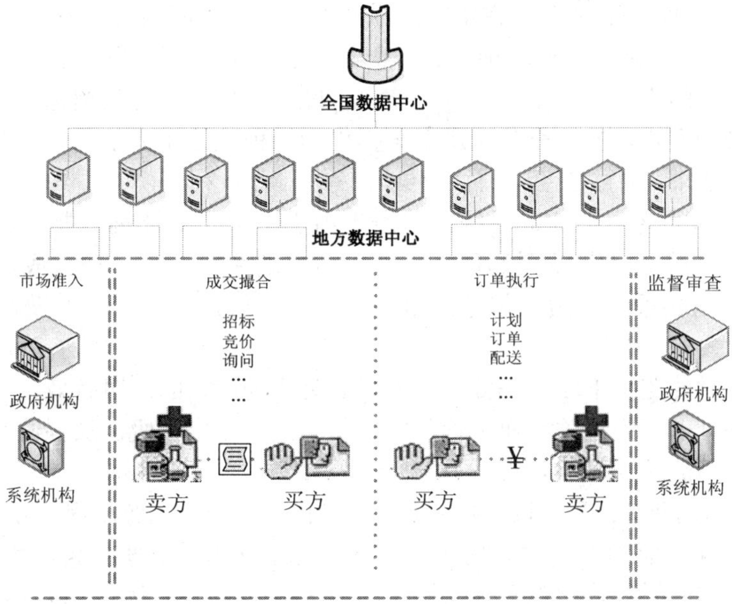


图 9-6　商务流程示意图

如图 9-6 所示，海虹医药电子商务系统通过分设的全国数据中心和地方数据中心进行运作，全国数据中心负责全国范围内数据信息的存储，实现信息资源的共享；地方数据中心具体负责本地交易业务的处理。在这一系统中，各地的政府机构和卫生系统的管理部门主要承担市场准入以及监督审查等职能，符合市场准入条件的买卖双方则通过网络实现交易洽谈、合同履行等具体业务。

海虹的目标是要将医药电子商务平台建设成为一个包括药品和医疗器械在内的综合的医药行业的网上交易中心，将医疗机构、药品生产经营企业、招标代理机构和行政主管部门有机地连接在一起，使各种市场信息变得十分透明和高效，信息流变得非常清晰和顺畅，并以信息流来带动物流和资金流的流动，从而保证医药流通过程中的公正和效率，同时又能为各方提供各种快速、便捷、个性化的优质服务。

### 9.5.4　业务特点

海虹医药电子商务系统以安全稳定、数据真实有效、数据量极大丰富的中央数据库系统为核心，在此基础上形成了中心数据管理系统、地方交易管理系统、成交撮合系统、交易结算系统和审查监控系统。能同时满足买方用户、卖方用户、政府用户、中介机构用户、地方交易中心和全国数据中心六大用户体系的多角度需求，初步实现了药品采购活动的无纸化、电子化和网络化。这一业务系统主要具有以下几个方面的特点。

（1）集中的信息资源管理利用。功能强大的中央数据库，集中了海虹医药遍布全国各地的交易中心进行医疗机构药品采购交易服务和药品生产经营企业会员服务加工的实时数据，并随时与国家权威机构公开披露的权威信息核对，以保证数据的真实有效。

（2）方便经济的无纸化操作。通过中心数据库的全面应用，海虹药品电子交易市场服务的医疗机构和药品生产经营企业在药品采购活动中，可以方便快捷地实现信息沟通，在全国范围内实现信息资源共享，尤其是在集中招标采购过程中，可以做到投标人的基本信息和证明文件一次提交，全国通用，极大地降低了企业的运作成本，显著提高了交易的效率。

（3）丰富多样的交易成交手段。包括集中、联合或自主进行的招标、竞价、询价和直接采购等多种采购方式，能够充分满足客户提出的各种个性化需求，实现统一、规范、简化、高效的总体要求。

（4）高效方便的客户端辅助系统。将原先由手工操作的计划、制单、审批、验收、退换、结算和统计等具体药品采购行为，通过用户端系统程序自动完成，把医疗机构、药品零售企业的药品采购人员从繁杂的事务性工作中解放出来，提高药品采购活动的工作效率。

（5）全面及时的监控手段。充分保证电子交易市场运行的及时有效，在维护购销双方的合法权益的基础上，为相关行业主管部门提供高效的监控手段，加强监管力度，达到净化市场、规范药品流通秩序的效果。

（6）规范标准的业务流程。按照相应要求设计的网上交易业务流程，可以确保医疗机构药品集中招标采购项目管理符合质量优先、价格合理、公开、公平、公正和诚实信用原则。

（7）灵活合理的系统功能设置。人性化的用户界面和功能设定，以及客户功能的灵活组合，充分考虑了我国医药卫生行业信息化水平低的实际情况，使所有客户零门槛实现网上交易。

（8）方便灵活的药品虚拟代理服务。使药品生产企业和进口药品一级代理商与医疗机构进行直接的业务联系，减少药品流通的中间环节，提高了工作效率、降低了交易成本。

（9）全面系统的药品集中采购管理咨询服务。依托公司专业技术人员，帮助医疗机构彻底转换药品采购管理模式。

（10）高效直接的信息获取方式。利用互联网手段推动药品信息采集、加工、传递、利用过程的专业化和社会化，有效地解决药品购销中的信息不对称问题，方便买卖双方进行业务处理。

（11）实用新颖的信息增值服务。为交易双方和政府部门提供大量的医药电子商务信息，帮助参与各方把握医药电子商务发展的最新动态和发展趋势。

（12）广泛普遍的适用性。所有县及县以上城镇医疗机构都可以借助这一网络平台参与药品集中采购，所有药品生产商也可以用少量资金而进入医药电子商务网实现药品的销售。

### 9.5.5 实现价值

作为一个先进的、实用的医药电子商务专业平台，海虹医药电子商务系统为药品买卖双方以及政府管理机构均创造了极为显著的价值，对改革传统的药品交易和监管方式起到了明显的作用。

1. 买方机构

对药品买方机构来说，应用海虹医药电子商务系统开展业务，可以按与国际接轨的方式进行采购，建立同市场经济体制客观要求相适应的采购管理制度，实现采购职能的专业化、社会化、信息化，使药品采购活动变得更快、更好、更节约、更透明，具体表现为：

（1）丰富的市场信息和最新的行业动态，可以使采购方真正实现“货比多家”，使药品采购活动成为“阳光工程”；

（2）高效、合理的多种采购方式，既可以让采购方选择集中或分散方式，也可以选择竞价或询价方式进行采购，轻松自如地完成药品采购任务；

（3）药品电子化采购使药品质量更加可靠，价格更加优惠，服务更加周到，可以让医疗机构更加充分地满足临床用药需要和不同患者的消费需求；

（4）药品电子化采购使药品采购的程序简化，效率提高，成本降低，实现“统一、规范、简化、高效”，把集中招标采购变成医疗机构可以自主进行的日常工作；

（5）“零门槛”实现药品采购活动的“人机对话”，对提高医疗机构药品采购管理的效率和水平不无益处。

2. 卖方机构

对卖方机构而言，实现药品的电子商务，利用现代信息网络技术开展营销，对产业结构调整，建立起符合 WTO 规则的药品流通体系，必然会起到重要的推动作用，具体表现在以下几方面：

（1）基于会员制的运作方式，明确了交易主体的法律责任，有利于维护企业的合法权益；

（2）统一的电子交易平台，在全国范围内实现信息资源共享，逐步取消纸质证明文件和实物样品，可有效地减轻企业的负担；

（3）多种交易方式和全行业的市场覆盖，为药品生产企业提供了全新的销售渠道和广阔的市场空间；

（4）公开、公平、公正的交易环境，规范有序的市场秩序，代理经销关系实现在线管理，可以帮助企业净化市场渠道，规范营销行为；

（5）“零门槛”上网销售药品，可大幅度降低企业开展电子商务的成本；

（6）周到细致、方便快捷的网上交易专业化服务，使交易效率提高，成本降低；

（7）及时、准确的市场信息反馈，药品生产方的业务情况可一目了然。

3. 政府机构

对各级政府机构来说，实现医药电子商务可以使决策依据更加科学、准确，监督管理更加及时、有效，对加快困难重重的医药流通体制改革的进程大有裨益，具体表现为：

（1）有助于建立起新颖的药品流通体系，全面推进医药行业信息化；

（2）有效地进行企业和药品的市场准入管理，遏制假劣药品和非法经营活动的蔓延；

（3）全面掌握药品价格信息，对药品价格进行有效调控；

（4）推动医疗机构药品采购职能的专业化、社会化、信息化，有效实施药品收支两条线管理；

（5）对药品流通过程进行在线监管，行政执法效率提高，成本降低；

（6）利用高效信息手段，全面、及时、准确地获取药品购销活动相关各项统计数据，进一步提高政府管理医药行业的效率和水平。

### 9.5.6 案例评析

海虹是一家有一定实力和规模的上市公司，公司审时度势地把握我国医药流通体制改革和电子商务的发展机遇，果断地把发展医药电子商务作为企业的主营业务，从这点上来看，公司的领导层是有远见的，是符合时代发展潮流的。当然，从现阶段来看，由于众所周知的原因，要在全国范围内迅速推广和普及医药电子商务的发展和应用，显然是不现实的，但可以预见，在不久的将来，医药电子商务的发展必将迎来更加光明的未来，因为它代表着科技、经济与社会发展的前进方向。海虹走在了我国医药电子商务发展的前列，它的经验和思路是值得更多的医疗机构、医药产品的生产销售商以及政府相关部门学习和借鉴的，以期更深层次地推进我国医药电子商务的发展，更好地适应入世以后我国医药市场的发展变化，满足人民群众日益提高的医疗保健的需要。

海虹医药电子商务系统能够使药品买卖双方通过网络建立起直接、方便、快捷的业务联系，有效减少了药品流通环节，显著提高了工作效率，降低了交易成本，缩短了采购周期，对药品交易各方和政府机构所带来的经济效益和社会效益都是十分明显的。与此同时，医药电子商务的实施还可以帮助医疗机构彻底转换传统的药品采购管理模式，把它们从繁琐的采购事务中解放出来，推动药品信息采集、加工、传递、利用过程的专业化和社会化，有效解决药品购销中的信息不对称问题，实现医药信息资源全社会的共享，为购销双方和政府监管部门提供丰富及时的医药信息流，对推动传统的药品流通模式向电子商务模式转型起到不可低估的作用。

2005年海虹医药凭借多年的电子商务经验，作为主要的项目参与者打造了浙江医药电子商务系统，使得所有县及县以上城镇医疗机构都可以借助这一网络平台参与药品集中采购。所有药品生产商也可以少量资金付出而进入医药电子商务网。浙江医药电子商务系统使药品生产企业和进口药品一级代理商和医疗机构间的业务联系变得简单、快捷，而且使药品交易正规化，让非法经营商无机可乘。因此，交易成本较低，从而减少了药品流通过程中的环节费用，最终使消费者得到实惠。

## 9.6 典型案例3 中药通电子商务发展

### 9.6.1 公司概况

四川省中药通电子商务有限责任公司（简称“中药通”）是由美国康柏公司（现已并入惠普公司）、香港新世界集团、美国中经合公司、台湾泽阳国际集团、成都倍特高新公司、四川英特耐特公司和成都中医药大学等7家股东共同投资300万美元组建的高新技术企业，是国家药品监督管理局在2000年批复的首批8家药品电子商务试点单位之一，也是国家中药现代化科技产业（四川）基地信息中心和康柏四川电子商务解决方案研究开发中心。中药通电子商务工程被列入四川省政府重点建设项目，得到了政府相关部门的大力支持。

中药通以实现中药现代化、将中药推向世界为己任，致力于运用电子手段整合我国（特别是四川省）的中医药资源，通过提供全面丰富的专业医药资讯服务和全方位的网上商业交易场所，以庞大的数据库资源和海外采购商网络为基础，在我国中医药的电子商务发展方面起到“领头羊”的作用。

中药通依托互联网信息传播的优势，采用先进技术手段为药品生产、批发、零售企业和医院提供全面的电子商务解决方案，为中药贸易提供商机，为科研单位提供技术咨询服务。中药通重点开发的中医药数据资源包括中医药综合新闻、中药贸易咨询、中药品类特讯、中医研究、当代名医、远程医疗咨询、中医文献报道、中医论坛、中医药电子商务，公司努力通过现代信息技术和传统的中医药资源的有机结合，为中医药产业的振兴发挥应有的作用。图 9-7 为中药通主页。

图 9-7　中药通主页

## 9.6.2　发展背景

“没有川药不成方”，众所周知，四川是全国最大的中药材基地，全省可入药的药材品种达4,500多种，有药品生产企业450多家，药品批发企业1,500多家，药品零售企业17,000多家，“天府之国”具有得天独厚的中医药资源优势。我国加入 WTO 后，中医药迎来了不可多得的历史机遇，四川省委、省政府审时度势地把中医药确定为四川跨世纪的支柱产业，而且，近年来四川中药业的产值以年均30%以上的速度递增，态势十分喜人。由国家科技部、卫生部、药品监督管理局、中医药管理局、中国科学院与四川省政府共建的中国第一家中药基地——中药现代化科技产业（四川）基地也已经正式启动，预示着四川中医药产业美好的未来。

加快中医药产业的发展，改变传统的流通方式，降低流通费用，提高流通效率是一个关键的环节。因为在我国中医药的流通与销售成本占到总成本的10%以上，与国际上3%左右的先进水平相比存在着很大的差距。而且，中医药流通领域的供求信息不对称，跨地域交易困难等问题比较突出，因此，发展中医药电子商务具有重要的现实意义和实际价值。

由于投资各方都普遍看好中医药电子商务的美好前途，因此项目的运作相对较为顺利。康柏公司投入了相应的电脑设备及电子商务解决方案，作为中心开展电子商务研发工作的基本设施，并投入部分资金作为日常业务的运作，四川方投入了总价值占投资总额51%的办公场地、设备、交通、通讯工具、人力资源，以及一定的运行费用。项目启动后，中药通受到了社会各界的关注，先后成为了西南地区唯一一家具有国家药品监督管理局授权的首批药品电子商务试点单位，中华人民共和国招标代理机构资格单位，信息产业部批准经营国际互联网业务单位以及中华人民共和国出口企业。

中药通自成立以来，在国内、国际电子商务方面作出了重要的探索。在国内药品电子商务方面，中药通从中国国情和现实出发，与现代物流企业紧密合作，在药品批发领域，积极实现药品电子商务与现代物流的互动，批发企业可以在网上实现销售，医院药房和药店可以在网上实现采购，从订单到药品到位，其间时间可从十多天缩短到3个小时以内；在国际电子商务方面，中药通为国内外客户提供了与全球电子商务网络相连的接口，以完善的电子商务解决方案建立起垂直的业务伙伴关系，让客户在全球任何地区、任何时间，均可得到尽善尽美的服务，以全新的方式开展传统中医药业务的运作。

中药通作为国内中医药领域领先的电子商务服务提供商，正在以自己的行动，为中医药焕发新的青春寻找一条行之有效的道路。

### 9.6.3 系统功能

中药通电子商务平台主要面向中医药生产企业、医疗机构、科研教学单位、科研成果应用单位、国内外中医药产品的经营者以及医药行业各级主管部门，开展多层次全方位的信息服务和为商家提供一个在网上的公平、公正的交易平台。目前开通的栏目包括信息中心、电子商务平台、健康之家，其主要功能包括以下几方面。

（1）医院集中采购——四川省药品集中招标采购平台。2004年4月被四川省卫生厅、四川省药品集中招标领导小组评为四川省首次药品集中招标采购的技术平台，从前期需求分析到资格预审、评分、投票、产生中标结果和签订药品购销合同，圆满完成了本次招标任务。2004年8月12日，四川省第一次全省药品招标采购交易监督管理平台正式启动，取得了理想的成效。

（2）药品零售——网上药店。2003年8月28日，四川省中药通公司与成都市实力较强的药品批发及零售连锁企业——同仁堂药业建立了合作关系，共同建立了网上B to C 销售新模式（参见图9-8）。

（3）药品批发——科伦药品批发平台。2003年11月，经过长达10个月的努力，四川省中药通电子商务有限公司与四川科伦医药贸易有限公司共建了中国西部第一个B to B的药品网上交易平台。

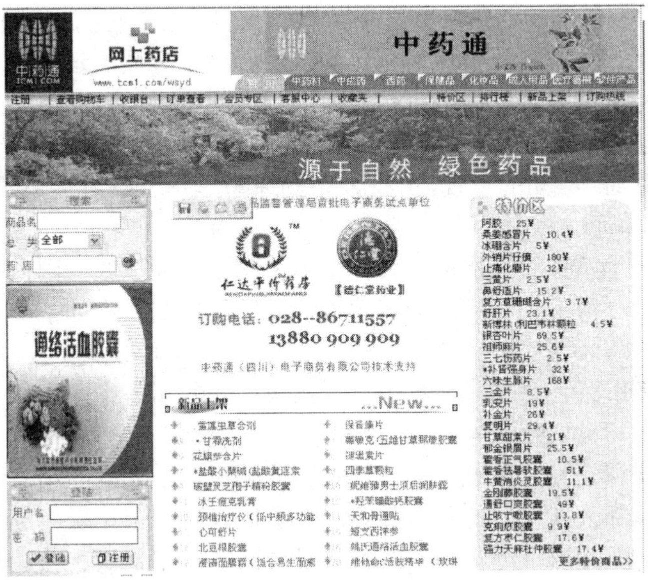


图 9-8　中药通网上药店首页

（4）药品进出口——中国医药保健商务平台。2002 年 9 月，四川省中药通电子商务有限公司与中国医药保健品进出口商会共办了一个综合性的医药保健品进出口贸易的专业网站——“中国医药保健品贸易网”（www.mhpie.com，参见图 9-9）。该网站致力于促进中国和世界医药保健品进出口贸易的发展，可以对进出口的企业和商品进行全面的展示和宣传。其主要业务为海关数据的查询、数据库服务、《医保信息》（月刊）、展会信息、进出口贸易服务、在线广交会、电子商务室等。

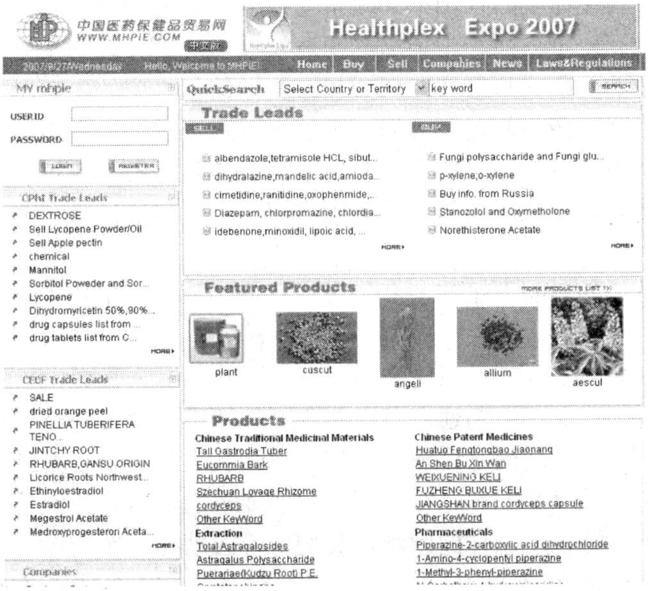


图 9-9　中国医药保健商务平台

（5）健康短信平台。中药通短信频道于2004年3月正式开通，此后不久，中药通短信频道完成改版升级，解决和弥补了短信平台的缺陷。另一方面通过与科伦医贸的合作，为科伦医贸的客户发特价信息，拓展了中药通短信频道的覆盖面。同时中药通加强了与天虎网的合作，积极参与天虎网的短信频道的各种活动，并一跃成为天虎网最有竞争力的栏目，此举也引起了中国联通、移动的重视，并促使中药通短信频道成为了中国联通WAP、USSD健康信息频道。

（6）百家药店、千家药房上网药品公开招标采购。长期以来，国内的医药零售企业由于规模小、经营分散、得不到供应商应有的重视，往往在交易中处于被动地位。随着药品零售业的快速发展，跨区域连锁经营等新模式的出现，2001年4月28日，以四川省医药保健品总公司、成都市医药总公司为首的百家药房委托四川省中药通电子商务有限公司作为招标代理单位网上招标。55天以后，四川百家药房上网药品公开招标采购划上了圆满的句号，真正实现了让利于民，在电子商务探索过程中写下了光辉的第一页。

为积极响应“西部大开发”的号召，解决长期以来医药市场操作混乱和不规范、供货渠道复杂、假冒伪劣药品滥市经营和回款不及时的问题，川、渝、滇、黔多家医药零售企业共组联合舰队，携手应对WTO挑战，发起组织“2002年千家药房联合采购”，委托四川省中药通电子商务有限公司，通过联合及先进的网络技术，打造阳光的医药市场，探索适应WTO的医药流通领域经营新模式。

### 9.6.4 案例评析

中医药是我国的“国粹”，随着全球范围内“回归自然”的国际潮流的兴起，以及我国入世后国际经贸合作的进一步扩大，我国的中医药产业迎来了不可多得的历史机遇。利用互联网手段，发展中医药电子商务，对中医药产业的发展无疑起到了“如虎添翼”的作用。中药通的出现，真可谓生逢其时，国家的政策支持、投资方的技术和资金的保证、日益成熟的国内外市场环境等各个方面为中药通的快速发展奠定了良好的基础。

中药通是国家中药现代化科技产业（四川）基地的信息中心，该基地由国家五部（科技部、卫生部、国家食品药品监督管理局、国家中医药管理局、中国科学院）一省（四川省）唯一共建的信息中心。作为我国中医药电子商务的先行者，通过几年的努力，四川省中药通电子商务有限公司已在医药电子商务领域积累了丰富的经验，为进一步发展打下了坚实的基础。

中药通作为全方位的药品电子商务开拓者，它成功地搭建了较为完整的医药电子商务发展体系，表现在以下几个方面：医院集中采购——四川省药品集中招标采购平台；药品零售——网上药店；药品批发——科伦药品批发平台；药品进出口——中国医药保健商务平台；健康短信平台。形成了中药通有自主知识产权的电子商务完整工作链。

毋庸置疑，中医药与互联网是传统和现代的典型代表，也是“旧经济”和“新经济”的最突出的表现，它们的“联姻”是符合时代发展要求的，也是最能体现“水泥”+“鼠标”的发展模式的。不管存在怎样的困难，我们都不应动摇中医药电子商务发展的信心。中药通既已上路，就应该义无反顾，勇往直前。让我们共同期待中药通能拥有灿烂辉煌的未来。

# 第 10 章 石油化工行业电子商务发展

石油化工（简称“石化”）是指以石油和天然气为原料，生产石油产品和石油化工产品的加工工业，是化学工业的核心组成部分。在我国，石化是国民经济的重点支柱型产业，在经济与社会发展中起着极为重要的作用。在 2007 年的中国企业 500 强评选中，中国石油化工集团公司与中国石油天然气集团公司分别以 106,466,742 万元和 89,380,643 万元的营业收入，位居前两名，这足以看出石化产业在我国的战略性地位。作为国民经济的重点基础产业，石化工业对各行各业的关联性十分密切，与人民群众的生活也紧密相关。因此，加快石化产业的健康、快速、持续发展对我国国民经济整体发展和社会的全面进步有着非同一般的作用。

与世界先进水平相比，我国的石化产业无论从规模、技术装备、竞争实力，还是从企业的管理能力、信息化的发展水平等各个方面，都存在着不小的差距。加入 WTO 对我国相对弱小的石化产业而言，面临的挑战和压力是不可低估的。提高我国石化产业应对国际竞争的能力，进一步承担起推动国民经济快速发展的重任，已成为我国石化产业必须面对的一项紧迫任务。

由于石化产业牵涉面广、产业链长、产品品种和规格较为复杂、生产和流通的地域分布广泛，因而是十分适合电子商务发展与应用的一个传统行业。目前，国际、国内石化产业的电子商务发展已取得了重要的进展。学习和研究石化行业电子商务的发展，不仅可以帮助我们更深刻地领会传统行业电子商务发展的“精髓”，而且对如何促进石化产业的未来发展也会产生新的认识。

## 10.1 石化行业发展概况

石化产业作为典型的传统行业，长期以来，在世界很多国家都具有重要的战略地位。在世界 500 强企业中，无论是数量还是规模，石化产业都占据明显的优势。在我国，石化产业的作用和地位也正随着国民经济与社会的快速发展而得到更进一步的显现。

### 10.1.1 国际石化行业发展概况

国际石化行业的发展与石油炼制工业、以煤为基本原料生产化工产品和三大合成材料的发展有关。20 世纪 20 年代汽车工业的飞速发展，带动了汽油消费的快速增长。在汽油需求迅速扩大的背景下，要扩大产量，必须开发和利用新的技术。于是，以生产汽油为目的热裂化工艺、催化裂化工艺等各种加工工艺相继开发成功，形成了现代石油炼制工艺。第二次世界大战后，由于大量廉价的原料供应，可靠的、有发展潜力的生产技术的出现，原料、技术、应用三个因素的综合实现了由煤化工向石油化工的转换，完成了石化工业发展史上的一次质的飞跃。20世纪70年代以后，原油价格再次上涨，新工艺开发趋缓，石油化工发展速度有所下降。进入20世纪90年代，世界石化产业的发展随着全球经济的复苏而有所提速，同时，世界石化产业的集中度也迅速上升。到20世纪90年代末，形成了以四大超巨型石油石化公司——埃克森美孚、BP阿莫科、英荷壳牌、道达尔菲纳埃尔夫为核心的世界石化工业的基本格局，这四大家族控制着全球三分之一的石油产品销售量和近五分之一的炼油能力，而且世界石化产业的先进技术基本也由这几家公司掌控。

随着经济全球化进程的加快和信息革命、新技术革命的深入，世界石化工业发展已渐趋成熟，基本形成了美、亚、欧三足鼎立之势，成为全球最大的传统基础产业。进入21世纪后，亚太地区在世界石化产业中的地位有所上升，由于石油产量增长缓慢、消费猛增，成为世界石油供需矛盾最尖锐的地区。目前，世界前6大石油消费国中有3个是亚洲国家，中国的石油消费已超过日本而仅次于美国居世界第二位，对进口石油的依赖度也已达32%；日本居世界石油消费第三位，并几乎是一个石油纯进口国；韩国也是居世界排名前列的石油消费大国，而且是完全依赖进口。从石油进口地区来看，东北亚地区的石油进口都是主要来自中东地区。中、日、韩三国在能源领域已具有了共同的弱点，这种石油消费与进口格局将给东北亚各国、乃至世界的政治经济关系带来重大影响。这三国石油缺口占亚太地区供需缺口的80%以上。预计今后10～15年，世界石油需求增长量的一半以上将来自亚太地区。

从未来的发展趋势看，世界对石化品的需求仍将出现较快增长，预计在2015年前，石化产品需求将以GDP增长率的150%～200%的速度增长。世界石化产业总体发展将加快呈现出大型化、专业化、基地化、炼化一体化的趋势，一些大型石化跨国公司凭借雄厚的实力、广泛的资源优势对全球石化市场的控制力不断的增强，这对包括我国在内的很多发展中国家产生直接而深远的影响。

### 10.1.2 我国石化行业发展状况

我国的石化产业是在新中国成立以后真正发展起来的，在50多年的发展历程中，中国的石化产业走过了不平凡的发展道路。在改革开放以后，我国石化产业发展进入快速成长期。目前，我国石化产业已经具备了相当规模和基础，形成了门类比较齐全、品种大体配套并基本可以满足国内需要的石化工业体系，具有先进水平的大型生产装置，其中一批大型有机原料和精细化工装置也达到和接近国际先进水平；有十余种主要化工产品产量居世界前列，并发展成为世界第一大合成纤维生产国和消费国，产量和需求量分别约占世界的四分之一和三分之一，还是世界第四大合成橡胶生产国和第二大消费国。炼油能力已占亚洲总能力的22.4%，占全球的5.5%；乙烯生产能力占亚洲总能力的17%，占全球的4.6%。

与世界巨型跨国石化公司控制全球石化产业格局相仿，目前我国石化工业也基本形成了由中国石油天然气集团公司、中国石油化工集团公司和中国海洋石油总公司三足鼎立，控制全国石化市场的局势：中国石油天然气集团公司（简称“中石油”）是国有独资公司、国家授权投资的机构，是实行上下游、内外贸、产销一体化、按照现代企业制度运作，跨地区、跨行业、跨国经营的综合性石油公司，业务涉及石油、天然气勘探开发、炼油化工、管道运输、油气炼化产品销售、石油工程技术服务、石油机械加工制造和石油贸易等各个领域；中国石油化工集团公司（简称“中石化”）是国家在原中国石油化工总公司基础上，于 1998 年 7 月成立的特大型石油石化企业集团，是国家设立的独资国有公司、国家授权投资的机构和国家控股公司，在 2000 年 2 月独家发起设立了石油勘探开发、炼油化工、产品销售上中下游一体化的中国石油化工股份有限公司，实行上中下游、内外贸、产销一体化经营；中国海洋石油总公司（简称“中海油”）是经国务院批准于 1982 年 2 月 15 日成立的国家石油公司、投资机构，全面负责我国对外合作开采海洋石油、天然气资源业务。中石油、中石化、中海油三架马车并驾齐驱，共同构筑起我国石化产业的“脊梁”。

近年来，我国石化产业主要产品稳步增长。随着我国石化产品需求的快速上升，在最近几年，我国主要石化产品进口量将持续大幅度攀升，基础石化原料的进口量将继续大幅度增长，对国际石化市场的依存度也将大大提高。尽管我国石化产业的发展在不断加速，产量在持续上升，投资力度也在不断加大，但总体来说，与国民经济与社会发展的要求，与国际石化业发展的先进水平相比，还存在着十分明显的差距。

### 10.1.3　我国石化行业发展面临的主要问题

我国石化产业经过数十年的发展，取得了重大的成就，但存在的问题和困难还很多，还有待于我国政府和企业各方面共同努力，积极探索，谋求我国石化产业在新的历史发展时期取得更大的发展。目前，我国石化产业发展面临的主要问题有以下几个方面。

（1）企业规模偏小，盈利能力低下。我国石油化工企业经过近几年的调整和重组，规模和实力有了很大的提升，中石油、中石化位居中国最大的工业企业前两位就是一个明显的例证。但与世界大型石化企业相比，在规模上还存在着很大的差距。比如，在 2007 年全球《财富》500 强企业中，位居全球第二的埃克森美孚营业收入为 3,472.54 亿美元；位居全球第三的皇家壳牌石油年营业收入为 3,188.45 亿美元；排名第四的英国石油年营业收入为 2,743.16 亿美元。而在《财富》杂志上公布的中石化排名在第 17 位，其年营业收入为 1,316.36 亿美元；中石油则排名第 24 位，年营业收入为 1,105.2 亿美元。由此可见，我国石化企业整体实力与国际水平的差异还有着较大的距离。

在企业盈利能力方面，无论是人均盈利水平还是企业整体盈利能力方面都存在着相当大的差距。比如中石化集团员工总数超过 100 万人，其中 50 余万人进入上市的中国石化股份有限公司，但仍比世界最大的四家石化巨头员工总数还要多，而人均创利仅为英荷壳牌公司的 1/200。中石油的员工总数在世界石化企业中处于“领先”水平，但资本回报率约为 0.5%，仅相当于国际石油公司水平的 1/3。从中可以看出，我国石化企业的整体实力还很弱，与国际先进水平相比差距不是短时间内可以消除的。

（2）技术水平还较为落后，创新能力不足。我国石化工业的总体技术水平与国际先进水平相比存在较大差距，大部分炼厂和乙烯装置的能耗、物耗指标高于世界平均水平。我国从 20 世纪 70 年代开始先后重复引进了 17 套大中型乙烯装置、19 套聚丙烯装置、18 套聚乙烯装置、11 套环氧丙烷装置等，但这些引进的大型技术装备，至今国产化程度仍较低，技术改进较少，消化吸收能力有限。

在我国石化产业的技术开发方面，走的基本是跟踪、模仿的道路，具有自主知识产权的创新成果非常少，而且我国已授权的石油化工专利技术中，国外公司已占到一半以上，特别在有机化工类中已超过 80%，可以说国内石化领域的先进技术基本被国外石化企业所控制，这一点不能不令人忧虑。

（3）原油自给能力低，储备体系还有待完善。与国外主要的石化企业相比，我国石化企业的原油自给能力要低得多，如BP阿莫科公司的原油自给率达70%，雪佛龙公司则达80%，而我国石化企业的原油自给率还不足50%，大部分依靠国际市场进口，存在着极大的风险。在国际原油市场跌宕起伏、油价随国际政治、经济形势变幻莫测的今天，我国石化产业的发展根基无疑还较为脆弱。尽管我国原油自给能力不足，存在比较大的缺口，但即使如此，有效的石油储备体系还没有真正建立起来。目前，我国石油采购基本按计划分月度组织进口，这在国际油价处于高位时往往造成不必要的经济损失。

（4）人才结构不合理，管理体制落后。在我国，石化产业基本可以看做是劳动密集型产业，因为整个石化产业的就业人数数量较为庞大，尽管这几年石化系统有几次大的“减员增效”的改革举措，但至今还是冗员众多。与“人多”相反的是，我国石化系统专业人才的缺乏，无论是高素质的技术开发人才，还是具有商务、信息、法律等综合能力的复合型人才都严重不足，很大程度上影响了我国石化产业走向国际化、现代化的进程。

由于我国石化企业机构庞大、人员众多，而且曾长期在计划经济体制下运行，所以直到今天，我国石化企业的管理体制、管理能力和管理水平与国际石化企业同样有着不可忽视的差异，比如在国际市场开发、信息技术在企业管理中的应用等方面，还处于较为落后的境地。

认清我国石化产业发展中的问题与困难，对促进我国石化产业的健康、快速发展必然会起到重要的导向作用。

### 10.1.4 我国石化产业发展面临的新机遇

我国石化产业的发展虽然面临着许多复杂的问题和困难，但从未来的发展趋势看，面临的机遇也是让人欣慰的。既有国内国民经济快速发展和人民生活水平不断提高带来的对石化产品急速增长的机遇，也有我国加入WTO以后所得到的许多有利的发展机遇。

从我国宏观的经济发展状况来看，持续多年的GDP高速增长，使得我国的经济实力和人民群众的购买力不断上升，从而引发对能源、石化产品需求的快速增长。比如，近几年汽车产业发展的一路“狂奔”，不但引发汽油、柴油产品的需求量大大上升，而且对塑料制品、橡胶制品等石化产品的需求也“水涨船高”。在我国全面建设小康社会的发展进程中，我国石化产业必将迎来难得的发展时机。

加入WTO对我国石化产业的发展无疑会带来一定的负面影响，但其中带来的积极作用更是值得我们好好利用的。因为入世以后，一方面国内石化企业可通过引进外资和国外先进的技术装备，进一步加大对国内石油资源的勘探开发利用程度，保障石油探明储量的持续稳定增长，提高石油产量，提高国内石油自给能力；另一方面，入世还十分有利于我国石化企业更好地开发国际、国内两个市场，更有效地利用国际、国内两种资源，对促进我国石化产业的发展可以起到有力的推动作用。可以说，入世对我国石化企业提高技术水平、调整产业结构、优化人力资源、提升管理水平等各个方面都会发挥出越来越重要的优势。

# 10.2　石化行业电子商务发展概述

由于石化行业产业链长、品种繁多、规格复杂，而且石化产品的标准化程度高，交易量大，客户地域分散。因此，石化行业是十分适合发展电子商务的传统产业。从国际石化企业发展电子商务的经验来看，电子商务在降低经营成本、提高经营效率、理顺产业链和改善客户服务等方面可以发挥重要的作用。可以说，传统的石化产业与电子商务的“联姻”，将使石化产业迎来全新的发展时期。

## 10.2.1　石化电子商务的概念

简单地说，石化电子商务是指以互联网为核心的现代信息技术在石化业务经营中的应用，使石化产品原材料供应商、生产制造商、经销商和贸易伙伴之间形成基于互联网的商业联系，开展电子化的业务合作。石化企业开展电子商务的主要目的是要解决石化产业交易牵涉面广、产业链长、产品品种和规格复杂、生产和流通地域分布广泛等方面的问题，以提高石化企业的经营效率和经济效益，提升企业适应市场的能力和参与竞争的实力。

由于石化行业的特殊性，目前国际、国内石化电子商务的应用主要以 B to B 模式为主，也就是说，石化企业之间的电子商务在整个石化电子商务发展中占有主要的地位，其他模式的电子商务应用相对较少。

## 10.2.2　石化电子商务的主要表现形式

根据国外石化企业的应用实践，石化电子商务主要有独立企业经营模式、第三方经营模式和联合经营模式三种。

（1）独立经营模式。独立经营模式是指石化企业通过搭建独立的电子商务平台开展相关的业务，为企业、客户以及合作伙伴寻求电子商务所带来的价值。这是石化电子商务最早出现，也是迄今为止最常见的表现形式，目前国内外大型的石化企业大都有类似独立的电子商务平台。比如，德国拜尔公司通过自己的 BayerOne 网站与客户开展业务往来，除订货外，还可以完成发货跟踪、查询原料安全数据单（MSDS）、化学证明（COAS）、购买历史记录等交易过程。拜尔公司通过自身独立的电子商务平台，实现了包括电子化交易（eTransaction）、电子化市场（eMarketplace）、电子化采购（eProcurement）、电子化方案（eStrategy）在内的全方位的业务。

类似于 BayerOne 的电子商务平台在国内外有很多，如美国的杜邦公司、伊斯曼化学公司和中国的中石化股份等石化企业都有专门的平台，为企业开展电子商务提供专业的服务。

（2）第三方交易平台模式。第三方交易平台模式即由独立于石化产品供求双方之外的第三方，通过搭建专门的石化产品电子商务交易平台为供求双方提供电子商务交易服务。国际上按照提供服务类型的不同，又可分成四类：一是主要提供商品交易平台的“交易厅”型，如 ChemConnect 和 e-Chemicals 等；二是主要提供产品及服务信息清单的“目录”型，如 ChemNet、PlasticsNet 等；第三类是支持电子采购、拍卖和电子销售的“经纪人”型，如 Chemdex、SciQuest 等；第四类是提供信息、新闻和独立咨询业务的“社区”型，如 Chemical Online 等。

在我国，石化领域专业的第三方交易平台也已经有不少，比如总部设在杭州的“中国化工网”应用的就是典型的第三方交易平台模式。如图10-1所示，中国化工网集“交易厅”、“目录”、“经纪人”和“社区”等多种功能于一身，为化工行业的相关企业提供专业的第三方交易服务。

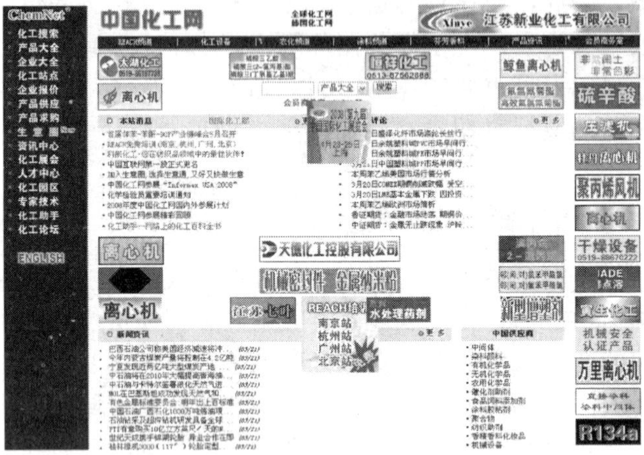


图10-1　中国化工网主页

我国石化行业的第三方交易平台在功能、专业性和服务能力方面与国际先进水平相比之下还有不小的差距，需要不断地摸索和改进。

（3）联合经营模式。所谓联合经营模式，就是石化行业的相关企业联合起来共同搭建电子商务平台，一起开展电子商务业务。这种方式一方面可以降低单个企业独立开展电子商务业务的成本，另一方面通过共同“造势”，以实现共同创造“石化电子大市场”的目的。

在国际上，目前有影响的石化电子大市场也有不少。比如由世界著名的BASF、Bayer、Dow、DuPont和Ticona/Celanese等五家大型石化公司发起的电子商务联合网站Omnexus（参见图10-2）是这种模式的典型代表。它的目标是为塑料模具制品商提供专业的产品及服务，年销售额可达数百亿美元。

图10-2　Omnexus电子商务平台主页

这种由多家石化企业共同构建的联合电子商务平台，目前在国内还很少，它的发展成熟还需要一定的时间。

### 10.2.3　国际石化电子商务的发展

从国际范围来看，石化行业电子商务的发展与应用已经有多年的历史，至今已经基本经历了三个发展阶段。

1. 信息发布阶段

这是在国际电子商务发展的初期，主要是在 20 世纪 90 年代中后期，很多石化企业开始建设属于自己的网站，利用互联网发布企业信息，展示企业形象和产品，为客户提供有关本企业和产品的信息服务。在这一阶段，网站主要以静态的、单向发布的信息为主，基本不具有网上交易等商务功能。

2. 网上交易阶段

到 1999 年前后，电子商务概念在全球范围内得到了广泛的传播，一大批互联网公司凭借自身拥有的网络技术参与电子商务交易。在石化领域也是如此，不少第三方石化交易网站开始出现，网站的功能也从前期的“信息发布”升级到“网上交易”，但在那个阶段，真正通过互联网实现交易的比例并不高，主要原因是那些大型石化企业对这种电子商务交易模式参与的积极性不是太高。

3. 电子化业务阶段

这一阶段是从 2000 年美国纳斯达克网络股股价狂跌以后开始的，在那个时候，石化企业开始认识到发展电子商务单纯依靠“.com”公司是靠不住的，而且仅在网上销售石化产品也是不行的，石化企业必须围绕客户的需求，通过互联网把石化产业上下游整合起来，形成稳定畅通的电子化业务联系，实现信息流、资金流和物流的高效运作。也就说，石化电子商务的发展必须超越单纯通过电子渠道购买和销售货物的电子贸易（e-Commerce）方式，而向电子化业务（e-Business）方向发展，并且必须触及到石化业务的方方面面。这一阶段的特点可概括成以下几点：

（1）传统的石化企业开始大举进军电子商务领域，成为电子商务发展的真正主体；

（2）石化电子商务的发展进入实质性的应用阶段，电子化销售、电子化采购、电子化服务、电子化供应链、客户关系管理等各种应用都开始出现，而且电子商务在石化企业发展中所起的作用也变得越来越重要；

（3）那些单纯依靠网络技术开展业务的石化电子商务网站开始陷入困境，不少第三方石化电子商务交易服务提供商不得不放弃经营。

从最近这几年的发展情况来看，国际石化电子商务的发展已经进入理性成长期，不再有大肆操作，也没有盲目的投资，电子商务的发展主角也基本是有石化业务根基的传统石化企业。从某种程度上可以说，石化电子商务已经逐步融入到传统的石化业务经营中去了，虽然电子商务的概念逐步淡化了，但电子商务所发挥的作用却变得越来越重要了。

由于国际石化产业主要由大型跨国公司控制，所以在发展电子商务的过程中，地区的界限也不明显。相对来说，欧美国家由于大型石化企业集中，发展基础好，自然在电子商务发展方面走在了世界前列，亚洲等地区石化电子商务的发展也正迎头赶上，发展正在逐步加速。

## 10.3 中国石化行业电子商务发展

我国石化行业整体发展水平与国际先进水平存在着明显的差距，在电子商务发展方面同样有所表现。相对来说，我国石化行业电子商务发展起步比较晚，基础也比较差，但发展速度比较快，发展效果也比较好。特别是在中石油、中石化、中海油三家石化巨头通过重组，规模和实力都得到显著增强后，电子商务已经成为三大石化公司业务发展的重要组成部分。目前，我国石化行业电子商务的发展正在有序展开，快速推进。

### 10.3.1 我国石化行业电子商务发展状况

我国石化行业电子商务的发展大致是从1999年前后开始的，在发展早期，主要以利用互联网提供信息服务为主，后来逐步发展到提供交易服务。目前，全国已经注册的电子商务网站有1,000多家，其中涉及石油和化工业务的专业网站有几十家，影响较大的有中国石化电子商务网、中国石油电子商务网、中国化工网、慧聪化工商务网、中国化工电子商务网、化工贸易网、上海中昊化工网上交易中心、万维化工网等。随着国内电子商务的快速发展，石化产业作为国内各工业产业中交易量较大的产业，必将成为电子商务发展的“龙头”。

（1）石化行业部分电子商务网站发展情况。我国第一家规模比较大的化工网上交易市场——上海中昊化工网上交易中心于1999年底正式投入运营，该中心充分结合网上、网下的资源优势，利用先进的电子交易技术与传统交易相结合的方式，采取“网上浏览、网上查询、网上洽谈、网上签约、网下交割结算并逐步向网上交割结算过渡”的交易方式，从而有效地开发和利用信息资源，帮助石化企业提高知名度，扩大产品销售额，降低经营成本，结交更多的贸易伙伴，提高企业的市场竞争力。目前，该中心在业内已有一定的影响力。图10-3为中昊化工网上交易中心主页。

依托中国化工信息中心的中国万维化工城，借助遍布全国的各类业务服务网点的优势，向国内外化工生产和商贸企业提供全方位、多层次的化工电子商务服务，在国内已有较大的影响。该网站从开通以来，经过多年的发展，已成为集信息发布、企业网站服务、国内外贸易撮合及企业内部网络系统开发四大服务体系于一体的专业性网站，其企业注册用户已超过3万家，平均每日供求信息发布量达到5,000条，供求信息总量近300万条，成为中国石化行业信息量最大的网上化工交易市场之一。图10-4为中国万维化工城主页。

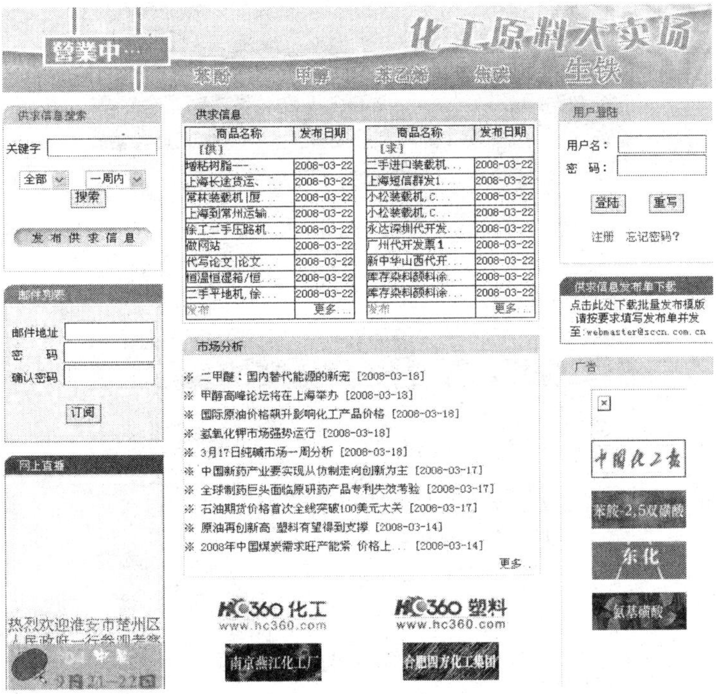


图 10-3　中昊化工网上交易中心主页

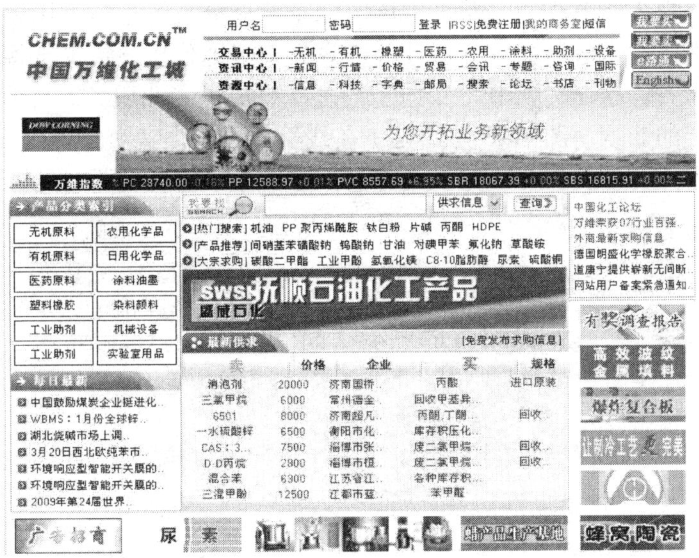


图 10-4　中国万维化工城主页

专门为塑料交易提供 B to B 服务的中国塑料交易网依托设在浙江余姚的中国塑料城的资源优势，致力于为塑料产、供、销企业提供专业的信息服务和网上交易的支持，实现网下看样订货和网上下单的有机统一，在我国塑料交易领域做得有声有色。图 10-5 为中国塑料交易网主页。

图 10-5　中国塑料交易网主页

总部设在上海市浦东新区陆家嘴软件园的化工在线是国内著名的面向石油化工行业的信息门户垂直网站，自 1999 年运行以来，始终坚持“为客户创造价值”的经营理念，将行业资讯和信息服务视为业务重点，帮助中国石化企业充分及时地掌握国内外企业动态、政策法规、市场行情、技术进展、海关统计等信息并正确地作出决策，把握商机，并利用电子商务交易平台为石化企业实现 B to B 电子商务交易提供专业服务。目前，该网站在我国石化领域也有一定的影响。图 10-6 为“化工在线”主页。

目前，国内石化行业各类专业电子商务网站还有不少，在此不再一一枚举。

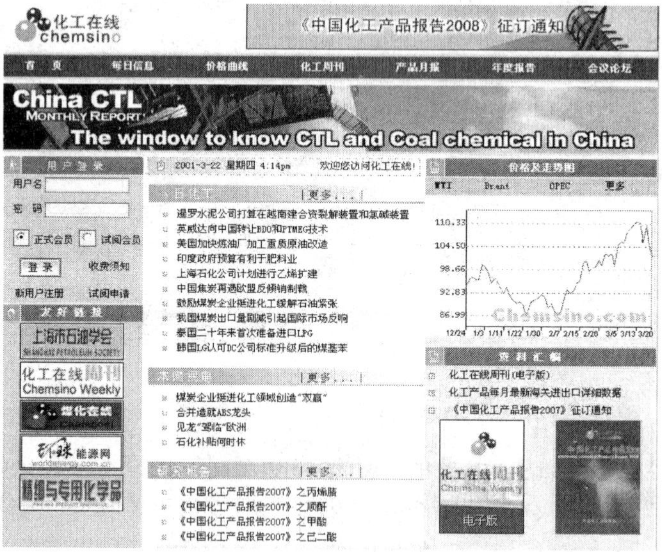


图 10-6　“化工在线”主页

### 10.3.2　我国石化行业电子商务发展存在的主要问题

当前，我国石化电子商务的发展还存在不少现实困难，主要表现在以下几个方面。

（1）对电子商务的认识还不够到位，电子商务的发展条件还有待成熟。不少石化企业的领导至今还片面地认为，发展电子商务时机还不成熟，或者认为发展电子商务就是建一个网站，对电子商务在提高企业经营效率和经济效益，提升企业竞争力等方面的作用认识不深。所以，很多企业对发展电子商务至今还持观望态度，并没有从企业生存与发展的大局去筹划电子商务的应用，这样就很难保证电子商务的实施效果。

在我国，石化生产基地、加工企业多分布在交通、通信、信息相对不发达的城市或地区，限于当地的条件，在发展电子商务的过程中，必然会面临不小的现实困难。而且从目前国内 B to B 电子商务发展的配套条件来看，包括信用认证、物流保障、网上支付在内的各项基础条件还不完善。所以说，相比较其他行业，石化行业电子商务的发展条件还有待成熟。

（2）电子商务的应用与开发能力还比较薄弱。从国内已经开通的石化行业电子商务平台看，无论是交易功能、业务覆盖范围、信息发布的数量和质量，还是服务的专业性、针对性等方面，与国外先进水平还存在着十分明显的差距，而且包括中石油、中石化、中海油三大公司在内的石化企业在发展电子商务时，基本是各自为政、独立运作，这在很大程度上影响了电子商务的发展成效。

由于石化产品规格和品种复杂，产业链长，牵涉面广，在实施电子商务过程中同样要比其他行业复杂，而目前国内电子商务的应用开发能力方面与石化电子商务的发展要求还存在不小的距离，这也是影响石化电子商务健康发展的重要原因。目前上网的企业大多主页内容单薄、更新率低、访问率低，90%以上仅有产品目录和联系地址，85%的网页半年不更新。中国石化电子商务网站的运行也表现出一些问题：网上提交的货单数量不多、金额较小；客户提供的购买意向书、双方洽谈合同、网上签订的正式合同书数量明显不够，许多客户根本没有在网上洽谈业务。

（3）企业管理能力和人力资源条件滞后于电子商务的发展。电子商务要求摆脱传统石化企业中央集权式的金字塔形组织，创建朝创造与发展的方向前进的组织，企业高层领导的决心和投入对企业开展电子商务能否取得成功具有非同一般的重要性。而石油石化产业的固有运行机制、运作模式和企业文化，以及长期形成的配销体系、基础设施和品牌认可，束缚和阻碍了石油石化企业的电子商务发展。直到今天，包括三大石化公司在内的我国绝大多数石化企业的内部信息化建设还远未完成，石化企业的内部管理基本还处在较为粗放的阶段，与石化电子商务的发展要求相距甚远。与此同时，国内石化企业专业的电子商务人才缺乏也是一个不容忽视的现实问题，而这些现实困难也是短期内很难克服的，需要我们冷静思考、积极面对。

除了以上几个方面外，国内电子商务发展的一些普遍问题，比如法律、法规不健全，网络安全存在隐患，相应的标准滞后等同样困扰着刚刚起步的石化电子商务的健康成长。

### 10.3.3　我国石化行业电子商务发展的主要策略

加快电子商务的发展进程已成为我国石化产业走向国际化、现代化，提高国际竞争力的必由之路。具体的发展策略可以参考以下几个方面。

（1）以骨干企业为龙头，带动全行业电子商务有序发展。我国石化行业已经形成的三大巨头企业“寡头垄断”的市场局面，在推动电子商务发展过程中是有一定的优势的。因为三大企业一方面在国内石化市场占据主导地位，另一方面起着重要的示范效应。“火车跑得快，全靠车头带”，如果三大企业在电子商务发展方面有新的突破，必然会在全行业产生大的影响。所以，我国石化电子商务发展的动力和活力很大程度上来自于三大企业。国家有关部门应该在政策、技术、资金等各个方面对三大企业开展电子商务的应用予以必要的支持，以推动全行业电子商务的健康、快速、有序发展。

（2）加快企业信息化建设步伐，夯实电子商务发展基础。石化电子商务的发展不是空中楼阁，不可能孤立进行，也不应追求表面文章，而应切切实实从加强企业信息化基础建设入手，为石化电子商务的深层次发展和应用打下坚实的基础。企业信息化建设是一项长期、复杂的系统工程，需要企业领导全体员工及时转变观念，以积极主动的态度投身到信息化建设，从基础数据的信息化做起，一步一个脚印地落实企业信息化工作的每一个环节，为更好地发展电子商务，进而提高企业的管理效率和水平，提升企业的竞争力服务。

（3）解决集团企业内部网络化集成问题。对石化行业的集团公司而言，发展电子商务必须重组下属企业，改革各企业业务流程，优化业务结构，要根据行业特点量体裁衣，借助企业资源计划（ERP）、计算机集成制造系统（CIMS）和计算机辅助设计（CAD），实现内部资源的优化整合，整合现存的销售和客户服务，在同行业、上下游企业间开展贸易和业务协同的信息实时交互与共享，减少中间环节，提高运营效率，降低成本，实现集团所有企业供应链、客户关系、市场开发等方面的有效管理，将生产管理系统、财务系统、物流系统及销售系统管理集成到一起，并在改造过程中赋予新观念、新规则和新价值，从而实现网网相关，一触即发。只有这样，才能提高企业对市场的快速反应能力、降低企业生产调整的时间、全面提升企业的竞争力。

（4）整合资源，协同发展，构筑开放、互联、高效的电子商务发展平台。通过互联网整合各种资源，以实现资源的优化配置和高效运作，是发展电子商务的重要目的之一。我国石化企业必须打破长期以来形成的各自为政、独立运作的思想和做法，以“开放、互联、高效”的原则共同推进石化电子商务的发展，特别要吸引我国数量众多的中小石化企业参与电子商务的运营，帮助它们提高适应市场和参与竞争的能力。石化电子商务平台必须避免低水平重复建设，要加强合作，共享资源，追求电子商务效益的最大化。

（5）重视专门人才培养，不断改进企业的管理模式和水平。人才缺乏是影响石化电子商务高水平发展的“瓶颈”，但要在短时间内解决这一突出矛盾也是不现实的，石化企业一方面要重视石化电子商务专业人才的培养，从资金投入、待遇提供、感情培养等多方面入手，吸引和留住优秀的人才，另一方面，也要认识到电子商务专业人才培养的长期性，要引导有潜力的专业人才“从实践中学习，从发展中提高”的重要性，要鼓励专业人才大胆地探索，勇敢地实践，要有“敢为天下先”的勇气和决心，要允许失败，但不应容忍无所作为。管理模式的优化、管理水平的提高同样是一个长期的过程，而且它是与电子商务的发展和应用相辅相成、相得益彰的，石化企业要认真研究适应电子商务发展的企业管理理念和方法，推动企业管理的升级，促进我国石化产业的高水平发展。

# 10.4　典型案例 1　能源一号：石油天然气电子商务网

## 10.4.1　公司概况

中国石油天然气集团公司（简称“中石油”，英文缩写为 CNPC）是根据国务院机构改革方案，于 1998 年 7 月在原中国石油天然气总公司的基础上组建的特大型石油石化企业集团，系国家授权投资的机构和国家控股公司，是实行上下游、内外贸、产销一体化，按照现代企业制度运作，跨地区、跨行业、跨国经营的综合性石油公司。作为中国境内最大的原油、天然气生产、供应商和最大的炼油化工产品生产、供应商，在中国石油、天然气生产、加工和市场中占据主导地位。中国石油天然气股份有限公司（简称“中石油股份”）是在中石油重组过程中于 1999 年 11 月 5 日按照中华人民共和国公司法成立的股份有限公司。作为纽约和香港两地上市的特大型企业，中石油广泛从事与石油、天然气有关的各项业务，包括原油和天然气勘探、开发和生产；原油和石油产品的炼制、运输、储存和营销（包括进出口业务）；化工产品的生产和销售；天然气的输送、营销和销售等。

能源一号网是由中国石油天然气股份有限公司、中国石油天然气集团公司、香港和记黄埔有限公司、高盛（亚洲）有限责任公司、中银国际投资有限公司、建行国际投资公司、中国工商银行（亚洲）有限公司等共同投资组建的石油、石化行业的电子商务公司，于 2001 年在北京成立。公司的主要业务是为石油石化工业的用户提供广泛的电子商务功能与服务，实现网上的实时交易，使用户通过电子商务手段革新传统的交易方式并获得显著的经济效益。

作为一家立足于国内外石油天然气企业、面向整个能源行业的、中立性的协同交易平台，能源一号网是顺应国际 B to B 电子商务发展的潮流，并针对能源企业优化产业供应链的需求而适时推出的。能源一号网针对全球石油石化工业的特点提供了包括电子采购方案、电子销售方案及电子市场方案在内的一整套优秀的电子商务解决方案，并向客户提供各种功能强大的增值服务。图 10-7 为能源一号网主页。

图 10-7　能源一号网主页

### 10.4.2 发展背景

众所周知，石油和天然气资源是国民经济与社会发展的核心能源。经历了重组上市等大范围的产业调整之后，中国的能源行业在取得快速发展的同时，也同样面临着入世以后日益激烈的国际、国内的市场竞争。面对新的发展形势，中国石油行业的核心企业——中石油的管理层深刻认识到只有加快企业信息化的发展步伐，推进电子商务的发展，把其作为整合国内外各种资源、促进企业持续重组、加强管理、降低生产经营成本、提高经营效率的重要手段，才能适应经济全球化、信息网络化的发展趋势，才能使中国石油能源这一最典型的传统行业焕发青春与活力。

2000年7月，股份公司董事会原则上同意公司开展电子商务；2000年8月，在香港宣布与和记黄埔等公司合作建立电子商务网站；2001年2月，股份公司下发文件，提出开展电子商务工作实施意见；2001年6月，中国石油电子采购上线试运行成功；2001年7月，电子商务网站正式开业试运行；2001年8月，中国石油电子商务办公室正式成立，中国石油电子销售上线试运行成功；2001年11月，中国石油召开电子商务大会；2002年4月，中国石油电子商务被列为国家级示范工程；2002年11月，能源一号网站突破网上交易100亿元；2002年底，电子采购完成106亿元，电子销售完成87亿元。

2005年10月21日，中油和黄信息技术有限公司第二届董事会第一次会议于在北京举行，会议通过了《中油和黄信息技术有限公司总体运行情况》、《“能源一号”电子商务技术平台更新改造建议》、《2004年经营状况报告及利润分配议案》及《2005年业务发展及财务预算议案》四项议案。2006年3月31日，能源一号网与CC-HUBOO建立合作伙伴关系，双方签订合作谅解备忘录，确定能源一号网通过CC-HUBWOO网站向其国际采购方会员推荐中国优秀供应商的合作方向。

作为公司发展战略的一个重要组成部分，中石油开展电子商务的总体思路就是发挥优势，借鉴国际大公司的通行做法，采用世界最先进的技术、管理和机制，统一规划、分布实施，从物资采购起步，逐步扩大到产品销售和技术服务，建成一个在国内和国际上有强大实力的电子商务网站，推动公司持续重组和加快经营机制的转变，促进公司效益的提高。总体目标是：创立及运营一个国际一流的、以中国石油天然气工业为主要对象的企业对企业电子交易平台，为石油及天然气市场上的参与者提供产品交易（包括买卖原油、天然气、炼油产品、石化产品，以及与石油天然气生产经营业务相关的物资、设备和服务的电子商贸、广告促销及其他电子商务活动）、行业信息、物流及其他增值服务，进一步促进中国石油业务员流程自动化，降低生产成本，提高公司整体效益。于是，围绕这一总体思路和目标，在各方的共同努力下，“能源一号”肩负“成为中国石油天然气行业电子商务No.1”的使命终于应运而生。

与石油行业的其他第三方交易平台相比，能源一号网的先天行业资源优势无可比拟：中石油每年约有500亿元的采购业务量和2,000亿元的销售业务量，为电子商务的发展提供了坚实的业务基础。目前，能源一号电子商务平台已正式开通运行，该平台由ARIBA应用软件、CISCO网络设备、ORACLE数据库、IBM集成服务器组成，具有电子采购、电子销售、电子市场等三大功能和高安全性、高可用性、高灵活性和可扩展性等四大特征，是国内大型电子商务平台的典型代表。

### 10.4.3 系统实施

中石油股份在 2000 年 7 月召开的董事会第六次会议上确定开发电子商务之后，紧接着在 2000 年 8 月在香港宣布与和记黄埔等公司建立电子商务网站，总投资为 1,500 万美元，计划每年运营成本约 4,000 万人民币。网站的盈利主要来自交易费、供应商和经销商会费以及广告收益，预计三到四年间实现收支平衡。按照计划，能源一号网的发展分三个阶段进行：第一阶段实现电子采购功能；第二阶段实现电子销售功能；第三阶段实现电子市场功能。第一、第二阶段主要为上市公司和母公司的关联交易以及一般性交易提供电子化服务，第三阶段的目标是发展成为地区性以至于全球性的石化网站和电子交易市场，旨在使能源一号成为互动式的 B to B 石油、石化行业交易中心，并通过汇集大量的买方和卖方，成为亚洲最大的 B to B 电子商务平台。

经过长达半年多的慎重考评，在 2001 年 4 月，能源一号网通过招投标方式选择了国际著名的安达信公司作为网站管理咨询方；选择 IBM 公司作为服务提供商；并选择了 IBM 的全球合作伙伴、B to B 软件的领导厂商 Ariba 公司作为项目的软件供应商，决定采用 Ariba 公司的 Ariba Buyer、Ariba Marketplace、Ariba Dynamic Trade 作为应用软件；采用 IBM RS6000 系列 UNIX 服务器作为应用系统服务器平台；采用 ORACLE 数据库作为应用系统的数据库平台；采用 CISCO 网络设备来搭建系统的网络平台。

之所以选择 IBM 公司作为能源一号的服务提供商，中石油主要考虑到三个方面的原因：第一，对于像中石油这样的中国特大型传统企业来说，其供应链管理的复杂程度是可想而知的，相对于采购软硬件产品来说，选择一家经验丰富的服务供应商显得更为重要，而 IBM 有着强大的项目实施和项目管理能力，因此获得了中石油的青睐；第二，IBM 在自身的发展过程中曾有通过实施电子采购达到开源节流、成功转型的经历；第三，IBM 全球丰富的案例资源，特别是 IBM 和 Ariba 在欧美的许多成功案例可以为中石油的电子商务建设提供极具价值的参考。

经过 3 个多月的紧张实施，2001 年 7 月 6 日，能源一号网如期开通，当天的交易额达到 1.3 亿人民币。能源一号网开通同期，中石油电子采购和电子销售系统也先后上线。系统除了电子采购、电子销售和电子市场三大功能以外，还提供了对供应商和客户的管理功能。

系统建成后，接下来最繁重的工作就是推广和应用了。中石油分别为公司的用户和物资供应商等组织了多次培训，培训人数累计达 3,300 多人，同时还在网上设计了推广和培训栏目，将培训的资料、推广的手册以及常见问题的解答等都放到了网上，所有这些工作为能源一号的高效运行奠定了坚实的基础。

### 10.4.4 业务系统

能源一号网的业务系统包括三大子系统——电子采购系统、电子销售系统和电子市场系统，买方和供应商都可通过这三个子系统进行交易。电子采购子系统旨在为我国石油、石化行业不同类型和规模的购买方提供先进的采购技术平台，并连接买卖双方，为它们提供高价值、低成本、高可靠性的电子化采购环境；电子销售子系统旨在帮助石油、石化行业的供应商扩大市场接触面，提高销售量，推广业务及产品，降低销售成本，并为它们提供安全、可靠的电子销售交易渠道；电子市场子系统旨在成为互动式的B to B石油石化行业交易中心，它利用世界一流的电子市场技术平台，汇集大量的买方和卖方在高价值、低成本的安全电子商务环境下进行交易。

1. 电子采购子系统

根据物资的不同分类和市场特性，能源一号网的电子采购系统分为目录式采购、谈价议价采购、网上招标采购和反向拍卖采购四种功能模块。

（1）目录式采购。目录式采购适合产品价格稳定、不会有剧烈市场价格波动的产品，一般多为初级原材料或标准化程度高、对售后服务的要求不高的产品。由于中国石油对这些产品几乎每个地区公司都有采购需求，量比较大，利用这种采购方式可以把各地分散的需求集中起来，以便以大批量采购的方式获得最低采购价，降低采购成本。在目录式采购的实施过程中，一旦价格确定，业务人员便与供应商签订协议，建立电子目录，把价格放到网上，地区公司就免去了寻找供应商和谈判的过程。当价格有变动时，网上的价格会更新，各地区公司根据自己的需求与供应商生成电子合同。

（2）谈价议价采购。谈价议价采购方式是采购方和供应商约定一个时间，通过网络实时讨价还价，一般适用于采购频率不高、产品价格会剧烈变动的情况。图10-8为谈价议价采购业务流程图。

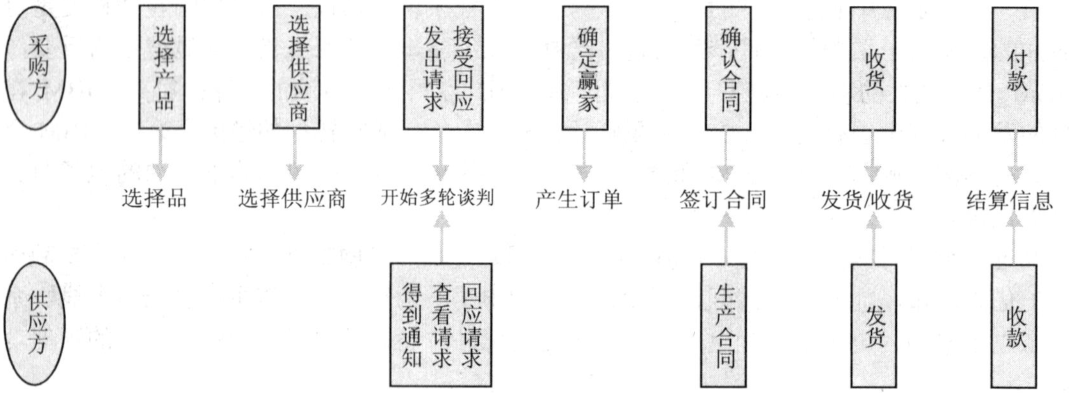


图10-8 谈价议价采购业务流程图

（3）网上招标采购。网上招标采购的多为大宗、需要大规模订制以及需要售后服务的产品。比如“西气东输”项目，在七个小时左右的在线实施的交易过程中，由于是全封闭的，三家主要的国际供应商——日本的三井、住友和一家德国厂商之间没有任何信息的交流，也不知道竞争对手的表现，结果就出现了一家供应商急于拿下订单而大幅度降价的情况，报价一下降了20%，这是传统商务谈判中根本不可能出现的非常有利于采购方的情况。最后，这个项目通过对订单进行分割，使综合成本下降了16.7%，直接节约了采购成本1.2亿元。仅此一项就等于把中国石油电子商务平台建设的前期投资全部收回了。

（4）反向拍卖。反向拍卖就是通过拍卖的方式，使价格越降越低。这种方式与网下的反向拍卖极为相似，在多家参与竞标的供应商之间通过网上报价的方式，逐步下调报价，最终确定报价最低者中标。

根据规定，要成为能源一号网站上的供应商，都要严格经过筛选确定、人员培训和供应商评价三个环节。业务人员从参与的供应商中筛选出价格低、服务好的供应商，与其签订协议，对这些供应商进行一定的培训后建立电子目录，一段时间后还要对供应商进行评价和奖惩，评为优等供应商、中等供应商或取消供应商资格，这样就避免了企业在采购过程中的暗箱操作。现在，中国石油下属的 50 多家地区企业都已经通过能源一号网实现电子化采购。

### 2. 电子销售子系统

电子销售子系统分为目录式销售、协商式销售、竞价式销售和拍卖式销售四种功能模块。

（1）目录式销售。目录式销售与目录式采购的原理基本相同，主要是适应那些产品价格比较稳定，标准化程度比较高的产品。中石油通过目录式销售的方式把全国各地区公司适合目录销售的产品放到网上进行统一销售。

（2）协商式销售。协商式销售是指买卖双方通过网络进行的在线式交易洽谈的方式，这种方式主要用在一些品种规格比较特殊或者交易数额比较大的业务。

（3）竞价式销售。竞价式销售方式主要是利用互联网的特性将零散的采购者的需求集合起来，形成类似集团采购的订单，争取最优惠的采购价格。一般来说，参加竞价的企业越多，竞购的数量越大，商品的价格也就越低，这样对销售方和采购方都能带来更大的收益。

（4）拍卖式销售。拍卖式销售方式是指通过网络进行网上拍卖，其中出价最高者即成为成交者。

通过能源一号网电子销售系统进行采购的客户可根据能源一号网上公布的产品质量、价格情况，提出采购申请，经过订单审批后进行订单确认、合同履行，最后进行财务结算，就可完成采购的全过程。目前，重大客户是电子销售的首选对象，占据了 60%的销售额，一般客户占 30%的销售额，小规模客户只有 10%的销售额。能源一号网的后台信息系统整合了客户信息系统、生产管理系统、仓库管理系统以及其他信息系统，使得中国石油的销售环节与生产、库存等业务系统实现了有机集成。

### 3. 电子市场子系统

能源一号网的电子市场子系统主要为买卖双方提供准确、齐全、及时的产品信息，并提供便捷、安全、可靠的网上交易。能源一号网电子市场采取会员制管理模式，提供固定的目录式交易和动态交易两大交易模式，动态交易包括拍卖、反向拍卖询价、撮合等交易机制。

图 10-9 为目录式交易的业务流程图。

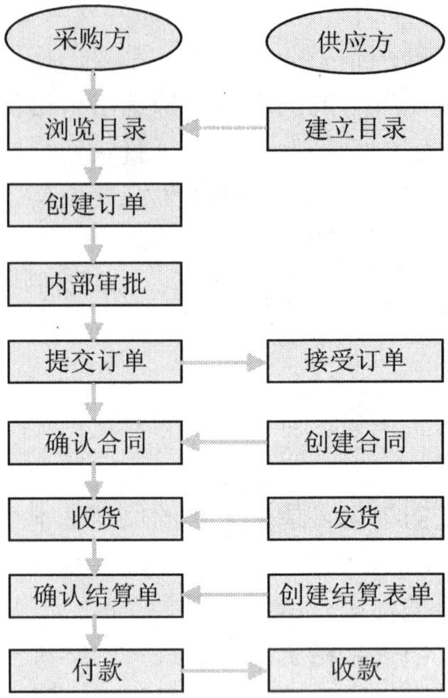


图 10-9 目录式交易业务流程图

图 10-10 为动态式交易业务流程图。

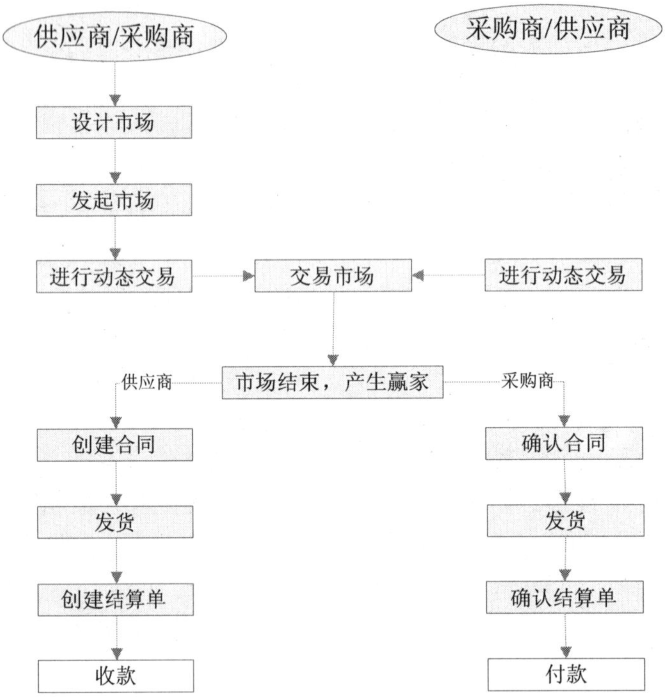


图 10-10 动态式交易业务流程图

在能源一号网站上，参与电子市场交易的注册会员只要使用浏览器，通过互联网就可以在网上进行全过程的交易。网站提供的面向买方的功能包括查阅产品目录、查找产品信息、询价、进行反向拍卖、参与谈判、下订单、生成合同和管理结算单等；面向卖方的功能包括建立和更新产品信息、进行拍卖、参与谈判、管理订单、确认合同等。对买卖双方来说，通过能源一号进行交易，可以降低交易的成本和风险，获得更多的市场信息；可以方便及时地获得丰富的市场供求信息和分销渠道；通过网络的互动性可以获得更好的服务，全方位降低运作成本。由此可见，能源一号网对交易双方和网站经营者都是能够产生实际价值的，是一种“多赢”的结局。

## 10.4.5　应用成效

能源一号网自正式开通以来，取得的成效是十分明显的。从 2002 年 1 月 21 日系统正式投入运行到 2002 年 11 月底，累计实现网上交易额 150 亿元，其中电子采购交易额 92 亿元，电子销售交易额 58 亿元，成为国内 B to B 电子商务交易当之无愧的“领头羊”。能源一号网所体现的成本下降的优势同样是十分明显的，以石油专用管材的电子采购为例，由于实现了统一的批量采购，部分国外供应商已提出在保证产品质量的前提下，可以在国内市场优惠价格的基础上再下浮 5%～9%，仅此一项，中国石油每年就可以节省直接采购成本近 2 亿元。

能源一号网的发展实践表明，电子采购不但极大地提高了谈价、议价的效率，还最大限度地避免了商业谈判中影响最终结果的人为因素，在给供应商施加无形压力的同时，使采购方完全占据了谈判的主动。同样的效果在电子销售和电子市场的业务运作也得到了充分的体现。可以说，能源一号网的成功运作，一定程度上推动了我国石油天然气行业的健康、快速发展。

在初战告捷之后，中石油在电子商务发展方面又制订出了新的计划：未来几年电子化采购将以每年 26%的速率递增；电子化销售将以每年 85%的速率递增，逐步达到中国石油销售总额的五分之一。

当然，能源一号网的成功运营对推动中国石油这一特大型企业改革与发展所起的作用也是不可低估的。公司的领导层敏锐地意识到，要提高中石油管理的效率和效益，就必须坚持体制创新、管理创新，坚持对不符合新体制要求的那些粗放的、分散的、低效的甚至无效的管理模式进行改革和持续整合，使之符合上市后新体制的要求。中石油开展电子商务，对供应链系统进行业务整合，不仅仅是为了节省成本，更重要的是要将其纳入新的体制，这是股份公司建立和完善新体制的一个非常重要的方面。这样，中石油发展电子商务的深层次的作用开始逐渐显现了。

## 10.4.6　案例评析

作为中国销售规模最大的特大型工业企业，中石油怎样找到一条行之有效的电子商务发展之路并不是一个简单的问题，也不是仅仅依靠资金的投入就能解决实际问题的。能源一号网的运作模式无疑是值得肯定的，取得的成绩也是有目共睹的。能源一号网的成功经验可以概括为以下几个方面。

（1）高水平规划，高起点发展。能源一号网在发展初期专门聘请国际一流的咨询公司为电子商务发展提供专业咨询，应用了国际上最先进的软硬件设备，在架构设计、系统安全性及关键技术的突破等方面均有突出表现，而且还应用了领先的管理手段来控制实施过程，这一切为其成为国内投资规模和交易总额均为最大的 B to B 网站打下了良好的基础。

（2）"水泥"与"鼠标"的紧密结合，"电子"与"商务"的高度融合。与其他 B to B 电子商务企业"先搭平台后找客户"的发展模式不同的是，中石油 B to B 电子商务来源于具体的业务需求，项目一开始就围绕实际的商务进行，因此，能源一号网的生命力是十分强盛的。

（3）立足当前，着眼未来。能源一号网较好地解决中石油自身的各项现实业务需求，也为相关行业和企业的发展创造了理想的电子商务平台，可以说，它代表着国内当今电子商务发展的领先水平，特别是它所具备的高安全性、高可用性、高灵活性和可扩展性，为其今后和银行、物流企业等合作伙伴实现整合，成为一个社会化平台奠定了技术基础，可以说，未来的发展前景一片光明。

从能源一号网的案例我们可以看出，传统企业发展电子商务绝不是炒作，也不是形式，而是确确实实的效益，实实在在的竞争力。

## 10.5 典型案例2 中石化电子商务系统

### 10.5.1 公司概况

中国石油化工集团公司（简称"中石化"）成立于 1998 年 7 月，是在原中国石化总公司的基础上组建成立的特大型石油石化企业集团。中国石油化工股份有限公司（简称"中石化股份"）于 2000 年 2 月 28 日由中国石油化工集团独家发起设立，拥有员工 95 万人。中国石化是中国最大的一体化能源化工公司之一，主要从事石油与天然气勘探开发、开采、管道运输、销售；石油炼制、石油化工、化纤、化肥及其他化工生产与产品销售、储运；石油、天然气、石油产品、石油化工及其他化工产品和其他商品、技术的进出口、代理进出口业务；技术、信息的研究、开发和应用。中国石化是中国最大的石油产品（包括汽油、柴油、航空煤油等）和主要石化产品（包括合成树脂、合成纤维单体及聚合物、合成纤维、合成橡胶、化肥和中间石化产品）的生产商和供应商，也是中国第二大原油生产商。

中石化拥有我国最完备、最成熟的成品油销售网络，遍及中国中部、东南沿海及南方地区 19 个省市 1,300 多个县，年经营量 6,000 多万吨，年销售额达 1,200 亿元；拥有年产销 800 万吨合成材料，600 万吨化肥，约 300 万吨有机无机化工原料，年销售额近 1,000 亿元的石化产品市场；拥有包括 1,400 多家供应商、涉及 56 大类 37 万种规格，年采购额近 500 亿元的"五油"石化物资需求。作为中国最大的工业企业之一，中石化在我国国民经济中起着"支柱性"的作用。图 10-11 为中国石油化工股份有限公司主页。

图 10-11　中国石油化工股份有限公司主页

## 10.5.2　发展背景

以电子商务为核心的网络经济蓬勃发展，推动世界经济迈进了崭新的时代。网络经济不仅为新经济发展注入了强大动力，而且以其强大的渗透力给传统产业的发展带来了巨大挑战。近年来，沃尔玛特、福特等世界著名的跨国公司纷纷投入巨资发展电子商务，不断提升其市场竞争力。网络经济与传统产业相结合的积极作用，已被越来越多的人们所认识、所接受，进而促进网络经济与传统产业相互融合、相互促进。这对传统产业的发展也是难得的机遇。正是在这样的背景下，中国石化以开放的思维，全球化的视野，把握网络经济的发展潮流，按照以信息化带动工业化的方针，抓住机遇，积极运用电子信息技术提升石化产业的竞争力，迎接经济全球化和加入 WTO 后的挑战。中国石化是一家上中下游综合一体化的大型石油石化公司，业务范围涉及石油勘探开发、炼油、化工和石化产品、成品油销售。1999 年底和 2000 年初，中国石化开始酝酿运用电子信息技术提升传统产业。中国石化重组改制上市前，在埃森哲咨询公司等机构的帮助下，中国石化系统制订了一系列实现这一重要设想的计划。目前，中国石化的企业资源计划系统（ERP）正在有步骤地加紧实施。建立并不断完善中国石化电子商务网，就是其中一个重要的组成部分。

中石化作为我国能源供给的核心企业，为我国国民经济的持续、快速、稳定的发展提供强劲的动力支持。在我国加入 WTO 的大背景下，中石化秉承“竞争、开放”的经营理念，确立了“拓展市场、扩大资源、增加回报”的经营战略，把“公司利润最大化和股东回报最大化”作为企业的经营宗旨，建立起了“外部市场化，内部紧密化”的经营机制，并把“规范、严谨、诚信”作为公司的经营准则，以不断提升国际竞争力为目标，立志在短时间内建设成为主业突出、资产优良、技术创新、管理科学、财务严谨、具有国际竞争力的世界级一体化能源化工公司。

作为规模庞大、业务复杂、机构众多的特大型传统企业，中石化一直在探索如何利用现代信息技术改革公司的经营体制，提高公司的经营效率，降低企业生产经营的成本，进而发挥信息技术在提升国际竞争力中的作用。为了更好地把握电子商务发展给中石化带来的机遇，公司高层在国内较早地提出了建设“数字石化”的发展目标，并把建立“公开、公正、快捷、高效”的物资采购和产品销售电子商务系统作为公司利用先进信息网络技术提升和改善传统产业的重大战略举措。经过数年坚持不懈的努力和探索，中石化电子商务发展取得了可喜的进展。

### 10.5.3 信息化建设部署

近年来，中石化紧紧围绕战略发展目标和核心业务，坚持“五统一（统一规划、统一标准、统一投资、统一建设、统一管理）”的原则，将信息化建设与提高管理水平、加强内部控制紧密结合，与提升技术水平、提高经济效益紧密结合，与把握开拓市场、增强抗风险能力紧密结合，积极推进以ERP为主线的信息化建设，加大系统集成力度，积极开拓创新，开发与推广具有自主知识产权的软件，为企业改革、生产经营管理水平和竞争能力的提高起到了重要的支撑作用。

（1）ERP系统的建设与应用。自2002年开始，中国石化在分（子）公司进行ERP系统试点并逐步推广，至2006年底，共有62家分（子）公司ERP系统上线。2006年，中国石化确定了ERP项目由分散建设走向集中的建设模式，启动了8家分（子）公司ERP系统总部集成试点并获得成功；利用ERP数据在财务报表合并、物资采购及仓储管理、油品销售业务监管、炼油企业生产经营动态分析、审计业务在线执行等方面取得了良好的效果；另外，进一步强化了ERP运行标准和管理制度制定，健全ERP支持体系，加强了风险防范。ERP系统的应用对优化业务流程、提高运营效率、加强内部控制、降低库存占用资金等发挥了重要作用。

（2）供应链系统的建设与应用。中石化非常重视供应链系统的建设和应用，经过几年的发展，初步建成了从原油采购、原油加工、化工生产到产品销售和配送的整个供应链优化系统，为生产经营管理提供了辅助决策支持，有效降低了原油采购和成品油配送成本，优化了生产方案，提高了经济效益。总部供应链优化模型开发应用为准确编制年度生产计划提供了依据；原油现货采购优化模型在采购品种优化、降低原油成本中发挥了积极作用；企业级计划优化模型在炼油企业的推广应用，优化了生产方案和产品结构，降低了管理费用；从各炼油厂到油库的油品流向的一次物流优化模型系统为总部每年优化安排成品油资源，制订最佳流向与运输计划等提供了重要支撑；从油库到加油站的油品配送二次物流优化模型系统，本着流向合理、运距最短、费用最低的原则，优化调度，提高了车辆营运效率，降低了运输成本。

（3）物资采购电子商务系统建设与应用。中石化物资采购电子商务网站自2000年8月正式开通以来，网上成交金额不断攀升。2006年，物资采购电子商务应用系统及业务数据成功地迁移到新的平台上，提升了功能，实现了对供应商主数据的集中维护，进一步加强了采购管理力度，系统稳定性、响应速度和成交金额达到历史最好水平。电子商务系统的运行，加快了信息传递速度，提高了信息共享程度，有效地降低了成本，大幅度提高了经济效益和工作效率。

（4）生产营运调度指挥系统的建设与应用。在最近几年，中石化在生产营运调度指挥系统建设与应用方面取得了比较大的进展。一是实现了对所属炼油企业生产情况的动态跟踪和部分炼厂主要生产装置、原油和成品油资源的有效监控；二是在甬沪宁原油管输配送管理信息系统投入使用成功的基础上，2006 年仪征一长岭原油管线信息系统与管线工程同步投用，从而实现了对甬沪宁地区、沿江地区、华北管网原油管输的全过程监控和库存的动态跟踪，优化了进口原油管输调度，为确保原油安全输送提供了信息技术支撑；三是正在开展成品油物流运行系统建设。

（5）生产层面信息系统的建设与应用。油田企业将信息技术融入到油田的勘探开发、生产运行、经营管理的各个环节，应用信息技术进行地震资料和测井资料的处理与解释、油藏精细描述等，实现了大规模的精细数值模拟分析，增强了解决各种类型复杂油气藏开发问题的能力，取得了明显成效，为保证油气田稳产和探明储量持续增长发挥了重要作用，信息技术已成为油气勘探开发的核心技术之一，成为提升油田整体发展水平的重要支撑。

炼化企业积极推进生产执行系统层面的信息化建设，优化资源配置，优化生产方案，推广物料平衡系统、炼油生产动态调度系统、实验室信息管理系统以及先进控制等，取得了良好的效果。具有自主知识产权的石化生产执行系统（MES）的应用提高了生产的精细化管理水平，为 ERP 系统提供了有效的数据支撑。

销售企业重点开展加油 IC 卡工程深化应用，实现了“一卡在手，各地加油”的目标，为客户提供了更优质的服务。同时，开展了加油 IC 卡工程与 ERP 系统、成品油二次物流优化系统的集成工作，实现加油站业务数据的一次采集，多系统共享，实现了 ERP 与二次物流系统的整合，提高了工作效率。

### 10.5.4　电子商务系统组成

中石化的电子商务系统主要包含石化物资采购和石化产品销售两个子系统，并于 2001 年 8 月正式开通运行。

1. 物资采购电子商务系统

中石化物资采购电子商务系统的建设立足中国的国情，充分考虑到了石化业务的特色，并结合石化物资采购的特点，对树立中国石化开放、公正、规范、快捷、高效的物资采购形象有着重要的意义。建成后的物资采购电子商务系统既是中石化物资采购交易网，也是物资采购信息网，同时还是中石化内部物资采购管理网。通过的这一采购系统，中石化生产建设所需化工原辅料、钢材、煤炭、设备配件等大宗、重要、通用的物资全部实现网上采购，这是中国石化利用网络信息技术改造和提升传统产业取得的重大成果，标志着中国石化彻底告别传统的物资采购模式，成功迈进了电子化采购新时代。

六年来，中国石化物资采购电子商务实现了快速发展。网上采购成交金额从 2001 年的 76 亿元到 2006 年的 1,130 亿元，提高了 15 倍；网上采购的物资品种从最初的钢材、煤炭、机电设备等 8 个大类约 5,000 个品种扩大到全部 56 个大类 12 万余个品种，增加了 24 倍；网上交易用户从 2,400 个发展到 27,042 个，其中注册供应商从 300 家发展到 20,098 家；经过 4 次重大改版升级，网上采购功能更加完善、业务运行更加规范、操作更加简便、系统运行更加快捷、稳定。

通过六年来网上采购工作的不懈努力和持续推进，中国石化网上采购取得了显著成效。具体表现在以下几个方面。

（1）实现了对中国石化传统物资采购的重大变革。借助电子商务网站，中国石化生产建设所需的80%以上的物资实现了网上采购，所有合格供应商在电子商务网上进行商务报价和技术交流，中国石化迈进了电子化采购时代。

（2）显著地规范了物资采购业务。各级采购人员在统一的电子商务平台上，按照统一的流程、规范的采购方式、在统一的供应商网络范围内开展采购业务，采购业务得到了显著规范。

（3）实现采购过程的公开和采购信息的全程追溯。需求计划、采购询价、供应商报价、确定供应商、确定价格等采购关键环节全部记录在系统中，各级领导、纪检、监察以及其他经过授权的采购管理人员可以随时查阅、分析和追踪检查，网上采购已经成为一种阳光工程。

（4）显著降低了采购成本。在统一的平台上进行规范的采购业务操作，中国石化统一对外的优势得到充分发挥，显著地降低了采购成本。网站系统自动将采购价格与概算、指导价、招标标的、多家报价平均价进行对比计算节约采购资金金额，六年累计节约采购资金100亿元，网上采购节约资金率为3.5%。

（5）实现了信息的快速传递与共享。总部与企业之间、企业与企业之间、总部与供应商之间、企业与供应商之间可以按照权限范围查阅相关采购业务操作进展情况、合同执行情况和供应商业绩考评等信息，极大地改变了采购信息相互封闭的状况，实现了采购信息的广泛共享。

（6）降低了采购费用，提高了工作效率。利用互联网传递采购需求、发询价、收报价，节省了出差、开会、发传真、打电话的费用和时间，鼠标点击之间完成业务操作，采购信息瞬间传递到企业和国内外供应商，采购时间成倍缩短、采购费用有效降低、工作效率极大提高。

### 2. 产品销售电子商务系统

中石化产品销售电子商务系统主要用于石油化工产品规格、性能、用途等信息的网上发布，逐步实现石油化工产品的网上销售。首批上网销售的石化产品主要包括合成树脂、合成橡胶、合成纤维等约600多种牌号。首批上网的客户400多家，涉及销售金额约300亿元，并将逐步增加到年销售额达到1,000亿元人民币。

按照计划部署，中石化的产品销售电子商务系统将发展成一个全国范围的、多种业务的、快速便捷的一体化网络，并通过天上的中石化卫星专网以及地面的电信中继台网实现“天地合一”，达到互为补充、相互依托，构筑起一条连通全国、宽阔便捷的现代化信息高速公路，为中石化的业务发展赢得新的竞争优势。

现在，中石化销售公司的广域网遍布全国20多个省市区，总部、省市级公司、地区公司、县级公司四个层次，环环相扣，形成一体。销售公司总部上联集团公司，下达27个省市级销售分公司，横向贯联生产企业，并通过电信交换机（PBX）实现与总部及市话台网的语音连接。其网络连通的核心为多功能服务交换机 Passport6480。省市级分公司采用多功能服务交换机 Passport4450 作为核心设备与总部连通；采用拨号上网的方式与下属单位联网。省地之间、地县之间分别采用 CISCO3640、CISCO2610 路由器实现相互连接。地县级公司只在上报数据时拨号连通网络，逐级上报汇总。这个广域网将发展成一个覆盖全国范围的、多种业务的、快速便捷的一体化网络，在天有中国石化卫星专网，落地有电信中继台网，天地合一，互为补充，相互依托。中国石化销售系统广域网构筑了一条连通全国、宽阔便捷的现代化信息高速公路。

## 10.5.5　系统功能

作为国内领先、国际先进的大型石化电子商务系统，中石化电子商务系统具有较为完善的功能。

### 1. 物资采购电子商务系统的功能

物资采购电子商务系统的主要功能包括：

（1）发布物资需求；

（2）发布采购物资指导价格；

（3）供应商基本情况介绍；

（4）供应商资格确认；

（5）网上订单提交；

（6）审批询价方案；

（7）发布询价书；

（8）招标公告；

（9）供应商报价；

（10）供应商选择；

（11）合同录入；

（12）网上各类信息；

（13）各类报表的录入汇总；

（14）采购数量、金额、价格走势、库存状况及节约采购资金分析等。

对中石化来说，通过物资采购电子商务系统发布需求信息，进行网上询价比较，选择合适的供应商，可以有效地规范采购流程，实现“阳光交易”。物资采购电子商务系统不但满足了中石化子公司、分公司及网上注册的同行企业的相应需求，还实现了采购交易信息、供应商信息、产品及库存信息的快速处理和传递，同时还可以对采购价格、采购绩效的进行分析和对供应商进行考评，既拉近了生产与市场、企业与用户的距离，又有利于企业及时把握市场动态，抓住商机，对降低库存和资金占用，节约采购成本，提高采购效率和效益所起的作用是十分明显的。

### 2. 产品销售电子商务系统的功能

中石化产品销售电子商务系统主要用于石化产品信息的网上发布，介绍股份公司石化产品的规格、性能和用途等，待条件成熟时可实现石化产品的网上交易。目前已经开通的具体的功能包括：

（1）让国内外客户清晰地了解中国石化股份公司在石化产品生产、销售、产品服务方面的最新情况；

（2）完成网上客户订单的搜集、确认、处理和分发转发功能；

（3）实现网上洽谈及合同文本的确定等。

中石化产品销售电子商务系统的开通，对公司产品的销售和竞争力的提高所起的作用是十分明显的，它可以使企业通过产品信息的网上发布宣传企业形象、介绍产品性能，有效地协助中石化吸纳更多的客户，增强了市场开发的能力，提高了市场占有率，改善了客户服务的质量，降低了产品销售成本，提高了产品的竞争力。

### 10.5.6 系统实现

中石化电子商务系统是在康柏公司（现已并入惠普公司）、Oracle 公司主导下与国内外著名 IT 公司密切合作共同开发完成的。它以企业内部网（Intranet）为基础构架，对外与因特网连接，充分体现了中石化的业务特色和良好的实用性能，不仅可以实现电子商务功能，而且具有内部信息管理的部分功能。

中石化电子商务系统的软硬件均采用国际先进的技术和产品，建立了并行双机，且互为备份的系统，运行可靠。系统的设计使用了简易的操作方式，采用防火墙、会员制、授权机制等三重防护措施，从而充分保证了系统安全、操作简便。

中石化电子商务两大系统应用的都是 IBM 公司的 WebSphere Commerce Suite 电子商务系统（市场版），这一系统包括了会员管理及注册子系统、产品目录子系统、谈判子系统以及价格及合同子系统等 4 个核心子系统，为中石化电子商务业务的成功实施提供了有力的保证。IBM 公司 WebSphere Commerce Suite 技术平台是一种全面的电子化市场平台，为中石化建立电子市场提供了先进的、可扩展的基础结构和工具。与其他的解决方案相比，此技术平台是一个能处理完整价值链的、全面的、端到端的解决方案，满足了消费者、厂商以及市场创建者的各种需求，为中石化赢得更好的市场奠定了坚实的基础。

### 10.5.7 案例评析

中石化是传统大型企业的典型代表，在走向国际化、现代化的征程中存在着一般大型企业都具有的通病：机构众多、业务繁杂、经营分散、人员众多、效率不高、对市场反应慢、适应能力差等。中石化的领导层清醒地认识到，要使中石化这样的特大型企业焕发青春和活力，必须大力应用现代信息技术，加快发展电子商务。

当然，对中石化这样一个企业而言，发展电子商务并不是一朝一夕可以完成的，中石化首先从对公司业务发展最为重要的物资采购和产品销售入手，逐步积累经验，由浅入深，推动电子商务在企业的多角度、深层次、大范围的发展与应用。按照公司的部署，在近两三年，公司将对财务管理信息系统、销售管理信息系统、物资采购供应电子商务系统、石化产品销售电子商务系统、高性能计算机应用系统、油田信息集成系统、国际石油市场信息系统、股市信息分析系统、技术经济指标统计系统、科研开发管理信息系统和人力资源管理信息系统等 11 个子系统进行升级和改造。可以预见，在不远的将来，中石化电子商务的发展与应用将进入一个全新的发展阶段，为我国石化电子商务的发展树立新的典范。

# 10.6　典型案例 3　胜利油田物资管理电子商务应用

## 10.6.1　公司概况

胜利油田是指胜利石油管理局、胜利油田有限公司的统称，是我国东部重要的石油工业基地。胜利油田地处渤海之滨的黄河三角洲地带，工作区域主要分布在山东省的东营、滨州、德州、济南、潍坊、淄博、聊城、烟台 8 个市的 28 个县区境内，主体部位在东营市境内的黄河尾闾两侧。胜利油田隶属于中国石化集团，是我国第二大石油生产基地，是一个以油气生产为主，集勘探、开发、施工作业、后勤辅助生产和多种经营、社会化服务为一体，专业门类齐全的国有特大型企业，同时又是正在建设中的山东石油化工基地和农牧渔业基地。

作为一个资源丰富、资金密集、技术密集、人才密集的国有企业，胜利油田在实施中国石油工业“稳定东部，发展西部，进军海洋，拓展国外”的发展战略中起着不可低估的作用。经过 40 年的开发建设，胜利油田陆续发现了 74 个油田，原油最高年产量达 3355.19 万吨，到 2006 年累计生产原油 8.8 亿吨，生产天然气 398.16 亿立方米。

## 10.6.2　发展背景

胜利油田物资供应处是胜利油田的一个职能处室，同时又是一个独立的二级单位，担负着全油田生产建设的物资采购、供应及管理任务。每年负责采购的生产物资有几十万项之多。为了加强对物资供应业务的管理，物资供应处早在 1988 年就投入了大量的人力、物力，组织开发了计算机物资管理系统，实现了物资的信息化管理。近年来，随着电子商务的迅猛发展，为了适应胜利油田物资供应管理体制的变化，2001 年该处组织人员开发建设了物资采购电子商务网站，充分利用互联网这一现代化的手段，大力推行网上采购和网上配送，从而达到提升物资管理水平的目的。胜利油田电子商务网站是中石化系统首家企业物资采购电子商务网站，在国内石化电子商务领域具有领先地位。

## 10.6.3　系统设计

胜利油田物资采购电子商务网站针对企业物资管理业务的需求，充分考虑到了系统的可靠性、可用性和安全性以及系统未来的发展，因此在进行系统硬件设计时，采用了当时IT界比较先进的三层结构的方式。作为网站核心的服务器，在进行充分论证后，选择了公司已有的ALPHA SERVER 4000作为数据服务器；利用2台高档微机服务器组成服务器群机，实现Web服务；配置负载均衡器，实现Web服务器的负载均衡。网站的操作系统在数据服务器上使用digital unix V4.00，Web群机使用的是LINUX。系统的防火墙设置则选择了CHECK POINT。这种设计一方面增加了系统的安全性，同时还可以满足以后业务发展的要求。图10-12为系统结构示意图。

图 10-12　系统结构示意图

因为胜利油田的局域网已经遍布全油田各二级单位，所以胜利油田物资采购网站的运行充分利用了油田较为完善的网络系统环境。通过这一电子商务系统，油田内部领料单位只要使用胜利油田综合数字网连入系统即可实现；对于外部供货厂家、合作单位则提供了DDN专线的方式连入。可以说，胜利油田物资采购电子商务网站的建设，不仅满足供应处及油田内部领料单位的需要，而且还较好地满足了油田外部单位的需要。

### 10.6.4 系统功能

胜利油田物资采购电子商务网站采用JSP作为开发工具，以Oracle作为数据库管理平台，依托油田的SLnet局域网，以物资管理信息系统为支撑，外连供应商，内连二级供应站，从而达到和实现了现代物流的有机结合。胜利油田物资采购电子商务网站的应用基础是现行的物资供应管理体制，因此，胜利油田物资采购电子商务网站是基于B to B模式的电子商务网站。根据胜利油田现行的物资供应管理体制和应用模式，物资采购电子商务网站从业务需求和功能实现上划分为控制管理、网上计划管理、网上采购、网上配送、供应商管理、信息发布及综合查询等七个子系统，各子系统的功能如下。

#### 1. 系统控制

该子系统是完成电子商务网站对使用人员的代码、口令、业务权限以及物资范围的权限进行设置管理，使用对象主要是网站的管理人员及各单位的领导。主要功能包括：

（1）角色权限控制；

（2）增加用户；

（3）用户权限；

（4）用户登录注册。

#### 2. 计划管理

计划管理子系统是胜利油田电子网站的一个重要组成部分，实现二级供应站网上需求计划的申报、汇总、动态平衡以及核销，以及物资采购计划的生成、审批、分割、上报、核销和物资需求计划的分析。该子系统共划分成五个功能模块。

（1）计划录入维护。提供二级单位网上录入计划的功能，分为月度计划和紧急计划录入需求计划物资明细表，计划员则根据计划变更单，对需求计划在物资类别和物资需用数量上的变更维护处理。

（2）需求计划审批上报。提供二级单位网上申报计划的功能，分科室分大类生成需求计划单，由二级审批人审批后，以表格形式上报需求计划。

（3）需求计划响应。科室计划员选择所管的需求计划单响应处理，如无物码只有物资名称的物资，科室人员应及时编制物码并修改需求计划明细的物码字段，才能完成响应。

（4）采购计划审批。物资管理部门根据规定的审批级别，对业务部门生成的物资采购计划进行网上审核批准，计算机自动提供采购计划审批表，物资采购计划经管理部门审核，审批通过后自动进入采购计划分割。

（5）需求计划分析。按时间段、申报单位范围完成物资需求计划申报率、需求计划准确率、紧急计划比率的分析，通过这些分析可以掌握各领料单位对物资的需求规律。

### 3. 供应商管理

该子系统完成了对入网供应商的管理，实现了对欲加入油田物资市场的供应商实施网上申请、网上审核；发布资源市场管理办法、管理规定及考核办法；对已加入物资网络资源市场的供应商的质量、价格、售后服务和合同执行情况四个方面进行动态考评；对入网供应商实现入网物资范围控制；对入网供应商实现入网产品报价的动态管理；供应商意见反馈。

### 4. 网上采购管理

该子系统实现了网上查询、网上报价的管理、网上发布招标公告结合供应商动态考评，优选供应商，实现网上经济合同会签及分析。该子系统共分为五个模块。

（1）招标管理。本模块分为三个部分。一是招标公告。招标公告是对符合招议标条件的采购计划，部分或全部进行招议标。在网上对全部的入网供应商发布，招议标在网下进行。二是招标录入。招标录入是进行招标信息的录入，可以对于物资明细进行输入，也可以针对自采计划选择物码进行录入。三是招标查询。招标查询是对于招标的信息进行综合的查询，例如招议标价格分析表和大类资金的分析表。招议标完成后进入合同子模块。

（2）询价管理。本模块是对符合网上询价的采购计划，部分或全部生成询价单。询价单分为定向和公开两种方式。定向询价是指对于特定的一个或几个供应商进行询价，其他的供应商不能看到该询价单；公开询价是指对于所有的入网供应商进行询价，对于没有入网的供应商不能看到该询价单。

（3）报价管理。报价管理分为网上报价和报价揭示两个部分：网上报价是对应询价所进行的报价，一个询价单可以有多个报价单，每个报价单可以对应询价单的部分物资进行报价，供应商必须有所报价格物资的权限；报价揭示是对应每个询价单所进行的，而且只有有物码权限的供应商方可报价，由具有报价揭示权限的人进行报价揭示。

（4）优选供应商。对于供应商，结合网上报价、供应商等级、供应商排名以及其他的供应商详细信息进行优选。

（5）网上会签。本模块分为综合分析和会签审批两个部分：综合分析是对应不同的审批部门有不同的分析内容，如合同科、招议标办侧重供货厂家的资质、等级、排名等信息，管理科、管理办则侧重于价格的综合分析，包括价格的横向比较和纵向比较等；会签审批是在正式通过前每个审批部门有权修改所做的审批意见，若某个部门不同意必须输入原因，然后在进行网上会签。

### 5. 配送管理

这一子系统是对网上配送的全过程进行动态监控，加强配送各个环节的衔接，确保货物准确及时地配送到客户手中，其具体功能如下。

（1）配送提交。科室制配送发料单，将配送的单据号、配送日期、配送地申请人代码、姓名及科室存入配送信息库，配送料单明细存入配送明细库。

（2）配送响应。根据配送发料单录入配送信息，包括配送时间、车辆、配送地、配送人等信息。

（3）配送核销。配送完成后，配送中心核销配送单，该配送发料单配送状态改为“已配送”。

（4）信息查询。提供按时间、配送地、科室等条件查询配送当前已配送、待配送或配送明细等信息。

（5）配送公告。在每次进入配送页面时，根据用户角色的不同自动弹出科室待配送信息，或配送中心配送安排。

（6）配送统计。对配送情况提供按科室、大类及二级单位等条件汇总统计配送情况。

胜利油田电子商务网站的功能设计是以物资采购为主线进行的，领料单位首先通过网站上报物资需求计划，然后科室进行网上采购，从而实现进行网上配送。针对不同的用户，网站设计了不同的登陆界面，以满足不同用户的使用。可以说，系统功能的开发坚持“实用、适用、好用”的原则，为物资采购管理和各类用户创造出了实实在在的价值。

### 10.6.5 案例评析

胜利油田是一个物资采购吞吐量极其庞大的大型传统企业，在过去主要依靠人工的方式进行物资采购管理，不但费时费力，而且还非常容易出差错，无论是公司的各类用户，还是具体负责物资采购的业务人员，无不怨声载道，可又无可奈何。物资采购电子商务网站投入运行后，传统的物资采购方式产生了根本性的变化。

（1）对供应商、未入网供应商，通过访问物资采购电子商务网站即可了解胜利油田物资资源市场管理办法及规定，达到和实现网上申请、网上审核、网下验资办证的应用效果和目的。

（2）对已入网的供应商，可将允许入网物资范围内的物资价格实现网上动态报价、对物资采购询价单进行网上采购报价。同时，还可将其新产品情况及意见进行网上发布。

（3）对二级供应站，网站达到和实现了二级供应站物资需求计划的网上申请、网上审批提报，可以将所需物资的数量、技术要求、是否需要配送等在网站上生成需求计划，供应站领导在网上进行审批后，直接将需求计划通过网站提报给供应处有关科室，同时二级供应站还可以通过网站进行统计报表的查询、上报、下传。

（4）对物资供应处，达到和实现了物资采购计划的网上审批、分割、会签，网上询比价优选供应商，网上组织配送，物资统计报表的网上查询和下传上报以及招标信息、文件、会议通知的网上发布，二级单位意见的征求。

从中可以看出，对胜利油田这样规模庞大、机构众多、业务复杂的特大型企业，利用电子商务的方式实现物资采购管理的电子化十分必要，非常值得相关的企业学习、借鉴，并付诸有效实施。

# 第 11 章　交通运输业电子商务发展

交通运输业是我国国民经济发展的大“动脉”，是规模庞大、增长迅速的物流产业的基本组成部分，在经济与社会发展中起着极为重要的作用。新中国成立以来，特别是改革开放以来的 20 多年中，我国交通运输业无论在规模、质量，还是技术装备水平等各个方面都发生了翻天覆地的变化，取得了辉煌的成就，为适应国民经济和社会发展的需要奠定了坚实的基础。目前，我国已经建成了由公路运输、水路运输、铁路运输、航空运输和管道运输五个部分组成的综合运输体系，运输线路、场站建设方面以及运输装备及管理等方面都有了很大的发展，交通运输产业正在快步向信息化、现代化、国际化的方向迈进。

中国加入 WTO 后，国际贸易的进一步增加和外资的加快引进，给交通运输业带来不可多得的发展机遇，但与此同时，随着国内运输市场的逐步开放，大量国外企业和资金将迅速介入，给我国发展还不太成熟的交通运输业也带来了巨大的冲击和挑战。因此，我国交通运输业要适应国际竞争，就必须对原有体制和方法进行重大改革，不断加大科技投入，促进交通运输产业与高技术，特别是现代信息技术的融合。

加快电子商务的发展和应用，是推进我国交通运输信息化发展，提高交通运输业市场适应能力和竞争实力的现实需要，也代表着交通运输产业未来的发展方向和趋势。作为一个相对比较特殊的行业，交通运输行业电子商务的发展有自己明显的特色，在国际上已有了比较多的应用。我国交通运输业电子商务发展虽然起步较晚，但也在不断的发展和完善之中，相信今后的发展会越来越快，地位也会变得越来越重要。

## 11.1　我国交通运输业发展概况

在改革开放之前，由于受到计划经济体制和综合国力的影响，我国交通运输业一直处于较为落后的状态，成为制约国民经济与社会发展的“瓶颈”。改革开放以后，特别是 20 世纪 90 年代以来，我国的交通运输事业得到了快速发展，交通“瓶颈”状况得到了很大的改观，并取得了令世人瞩目的成就。但交通运输产业的快速发展仍然与国民经济和社会发展的要求存在不小的差距，入世以后面临的挑战也十分严峻，需要我们认真对待。

### 11.1.1　我国交通运输业发展状况

交通运输是国民经济的重要组成部分，交通运输业是国家主要的基础产业之一。纵观近现代世界经济：汽轮对于英国、铁路对于美国、汽车对于日本，都起到了推动经济迅猛发展的作用。在中国，“交通先行”是国家经济建设和发展的基本战略。经过半个多世纪的建设与发展，我国已基本形成了铁路、公路、水运、航空和管道五种运输方式共同组成的综合运输网。目前，经过连续大规模的交通基础设施建设投资，港口、铁路、公路和航空等交通设施有了很大的发展，交通运输的紧张局面得到根本缓解。同时，海运、铁路、公路、水运的多式联运系统也在不断发展。

（1）我国交通运输业所取得的成绩。“十五”期间，国民经济快速增长，人民生活水平不断提高，既为公路、水路交通带来了巨大需求，也为其快速发展创造了有利条件，成为了中国交通事业发展最快、成就最突出的 5 年。“十五”期间，全社会共完成交通建设投资 22,355 亿元，是“九五”完成投资的 2.17 倍，一个五年计划完成的投资比建国以来完成的投资总和还要高出 52%。全国共新增公路里程 25 万公里，其中高速公路 2.47 万公里，超过了 2000 年以前高速公路建设的总和。全国沿海港口（含长江南京以下港口）共新增千吨级以上生产性泊位 583 个，其中深水泊位 344 个，新增吞吐能力 10.4 亿吨，五年新增吞吐能力占总能力的 40%。共改善内河航道里程 4,175 公里，其中三级及以上航道 1,118 公里，四级航道 663 公里。

2005 年，公路运输完成的客运量、旅客周转量、货运量、货物周转量分别比 2000 年增长 26%、39.6%、29.2%和 14.8%，占各种运输方式总运量的比重分别达到 91.9%、53.2%、72.1%和 10.8%。水路运输完成的客运量、旅客周转量、货运量、货物周转量占各种运输方式总运量的比重分别达到 1.1%、0.4%、11.8%、61.9%，其中货运量和货运周转量分别比 2000 年增长 79.5%、109.3%。内河货运量和货物周转量年均递增 7.7%和 9.9%，呈历史最高水平。沿海港口货物吞吐量由 2000 年的 14.3 亿吨增长到 33.8 亿吨（含长江下游南京以下各港），是 2000 年的 2.1 倍，其中集装箱吞吐量由 2000 年的 2,130 万 TEU 增长到 7,193 万 TEU，居全球首位。2005 年，全国民用汽车拥有量达到 3,160 万辆，比 2000 年增加 96%。海运运力由 2000 年年初的 1,952 艘、3,844 万载重吨，发展到 2005 年初的 2,315 艘、5,414 万载重吨，运力规模上升到世界第 4 位，完成远洋运量约占世界海运量的 7%，船队大型化和专业化水平显著提高。内河船舶运力由 2000 年的 2,037 万吨增加到 2004 年的 3,035 万吨，增幅达 50%，船舶平均吨位由 104 吨提高到 216 吨。

“十五”期间，交通的全面发展有力地支持了国家经济发展和社会进步的需要。公路、水路交通较好地顺应了国民经济快速发展的形势，对于完善综合运输体系、利用国内国外两个市场和两种资源、有力拉动国民经济增长、应对突发事件发挥了重要作用，有效保障了国家重大经济发展战略的顺利实施。

（2）“十一五”公路、水路交通面临的形势与需求预测。21 世纪头二十年是我国发展的重要战略机遇期，“十一五”时期尤为关键。我国经济社会发展进入新阶段，社会财富迅速增加，经济结构、社会结构加速调整，工业化进程明显加快，城市化速度上升，消费结构不断升级，科技变革迅猛，生产要素流动和产业转移加快。国内国际两个市场、两种资源相互补充，我国与世界经济的相互联系和影响日益加深。

“十一五”时期的国民经济和社会发展在不同层面呈现出不同特点，对公路水路、交通产生了多样化的需求。国民经济持续快速增长使公路、水路交通需求更加旺盛，人民生活水平普遍提高促进了交通消费结构进一步升级，经济结构调整对运输服务提出新的更高要求，经济全球化需要公路、水路交通给予有效支撑，区域经济协调发展和城镇化进程的加快迫使公路、水路交通必须努力适应，国防安全需要公路、水路交通提供有效保障，资源约束加剧要求交通必须走可持续发展之路，建设和谐社会对安全工作提出了更高要求。表 11-1 为交通部所作出的“十一五”公路、水路交通需求预测。

表 11-1　“十一五”公路、水路交通需求预测

| 指　标 | 单位 | 2005 年 | 2010 年 | 年均增长率（%） |
|---|---|---|---|---|
| **一、公路** | | | | |
| 客运量 | 亿人 | 170 | 240 | 7.1 |
| 旅客周转量 | 亿人公里 | 9,292 | 15,000 | 10.1 |
| 货运量 | 亿吨 | 134 | 160 | 3.6 |
| 货物周转量 | 亿吨公里 | 8,693 | 12,000 | 6.7 |
| **二、水运** | | | | |
| 客运量 | 亿人 | 2 | 2.5 | 4.6 |
| 主要港口旅客吞吐量 | 万人次 | 7,754 | 12,200 | 9.5 |
| 货运量 | 亿吨 | 22 | 29 | 5.7 |
| 货物周转量 | 亿吨公里 | 49,672 | 66,000 | 5.9 |
| 沿海港口货物吞吐量 | 亿吨 | 33.8 | 45~50 | 5.9~8.1 |
| 其中：外贸货物 | 亿吨 | 13.2 | 23 | 11.7 |
| 集装箱 | 万 TEU | 7,193 | 13,000 | 12.6 |

（3）“十一五”交通发展的总体目标。根据国家部署，我国“十一五”交通发展的总体目标是：到 2010 年，公路、水路基础设施能力明显增加、网络结构基本合理、运行质量有较大改观；基本形成符合社会主义市场经济要求的交通运输市场体系，服务能力和质量大幅提升；交通发展对资源的利用效率显著提高；交通科技创新能力明显增强，职工队伍素质明显提高。形成能力匹配、组织协调、运行有序、管理规范、服务优质、安全环保的公路、水路运输系统，与其他运输方式及城市交通发展布局协调、衔接顺畅，服务国防、经济安全的能力进一步增强；公路、水路运输紧张的状况得到总体缓解。表 11-2 为我国“十一五”公路、水路建设目标。

表 11-2　“十一五”公路、水路建设目标

| 指标 | 单位 | 2005 年 | 2010 年 | “十一五”期间增加 |
|---|---|---|---|---|
| **一、公路** | | | | |
| 公路网总里程 | 万公里 | 193 | 230 | 37 |
| 高速公路里程 | 万公里 | 4.1 | 6.5 | 2.4 |
| 二级以上公路里程 | 万公里 | 32.6 | 45 | 12.4 |
| 县乡公路 | 万公里 | 147.6 | 180 | 32.4 |
| 乡镇公路通达率 | % | 99.8 | 100* | 0.2 |
| 建制村公路通达率 | % | 94.3 | 100* | 5.7 |
| 乡镇油路通达率 | % | 75.4 | 95 | 19.6 |
| 建制村油路通达率 | % | 54.2 | 80 | 25.8 |
| **二、沿海港口** | | | | |
| 深水泊位 | 个 | 1,113 | 1,752 | 639 |
| 总通过能力 | 亿吨 | 25 | 46 | 21 |
| **三、内河水运** | | | | |
| 三级及以上航道 | 公里 | | | 2,000 |
| 四级航道 | 公里 | | | 1,800 |
| 港口泊位 | 个 | | | 340 |
| 吞吐能力 | 万吨 | | | 6,400 |

注：*是针对所有具备通达公路条件的乡村而言。

从以上的统计数据可以看出，我国交通运输事业发展整体状况良好。但从另一方面我们也应看到，我国的运输组织仍然相对落后，运输企业经营困难的现象比较普遍。宏观上，由于存在条块分割、部门分割，使全社会物流不能成为一个整体；微观上，许多企业特别是大型企业仍在搞大而全、小而全，产供销一体化，缺乏现代物流的理念，物流实现过程浪费惊人。这些都影响着交通运输业的综合社会效益和企业的经济效益。

总之，我国的交通运输业正处在重要的发展转型时期，困难与机遇并存，发展前景良好。

### 11.1.2 我国交通运输业面临的挑战

入世对我国尚处于幼年期的交通运输业来说，可谓意义深远、影响重大，既有难得的历史机遇，又有极为严峻的挑战。

#### 1. 中国加入WTO对交通运输业发展的承诺

我国加入WTO对交通运输业发展的承诺，包括以下几个方面：

（1）除了图书、报纸、杂志、药品、杀虫剂和农用薄膜商品的分销将在入世后三年内放开，化肥、成品油和原油在五年之内放开之外，一年之内合资企业将可分销一切进口产品及国内生产的产品；

（2）外国投资的企业可以分销其在中国生产的产品，并针对其分销的产品，提供包括售后服务在内的相关配套服务；

（3）对公路运输，将分别在入世后一年和三年后允许外资占合资企业多数股份和全资拥有子公司；

（4）对于铁路运输，将分别在入世后三年和六年后允许外资占合资企业多数股份和全资拥有子公司；

（5）对于仓储业，分别在入世一年和三年后允许外资占合资企业多数股份和全资拥有子公司；

（6）对于货运代理，分别在入世一年和四年后允许外资占合资企业多数股份和全资拥有子公司，合资企业经营一年以后可以建立分支机构；

（7）外资货运代理公司在其第一家合资公司经营满五年后可以建立第二家合资公司，入世两年后，此项要求将被减至两年；

（8）海上运输允许开展国际海上货运和客运业务（如航班、散货和不定航线货船），外资占少数的合资企业还可以以中国国旗作为国籍旗进行经营注册；

（9）邮递服务分别在入世一年和四年后允许外资占合资企业多数股份和全资拥有子公司，可以涉及国内一种或多种运输方式的邮递服务，但邮政部门专营的服务除外。

我国入世已经过去几年，当时的各项承诺都已开始逐步兑现，我国交通运输业的市场开放的范围和竞争激烈的程度都比过去有了很大的提高，而且，这种趋势还会进一步加剧。

#### 2. 入世对我国交通运输业发展的影响

加入WTO对我国交通运输业既提供机遇又带来挑战，但总体来说，机遇大于挑战。交通运输市场的进一步开放，外资的引入在带来资金、先进的管理经验、技术的同时，也使国内运输市场进入更高层次的竞争和发展，促进国内交通运输行业管理体制、市场秩序的健康发展。入世以后，外商看好中国的道路运输市场，对道路货运和汽车维修加大资金投入，一系列举措都有利于加快技术改造和设备更新的步伐。同时，我国的进出口环境随之得到大大改善，对外交流也会更加频繁，在增加交通运输业务量的同时，也对引进先进设备、技术和管理方法都带来很大好处。比如从入世到现在，我们可以看到，许多从事交通安全及管制专有设备制造业的大公司进一步占领我国的交通安全行业的设备，既给中国经济实力本来就弱的交通安全设备制造企业带来很大的冲击，同时也通过合资等途径将先进的相关技术带到中国，给中国的相关交通安全设备制造企业注入了活力。所以说，加入 WTO 提高了我国交通运输企业的整体素质和竞争能力，加快了运输产业的结构调整和服务升级，对我国交通运输业的健康快速发展大有裨益。

交通运输的行业特性决定了运输企业的利润率普遍较低，只有达到一定的规模才能获得经济效益，因此世界各国发展运输业的普遍经验就是走规模化道路。因此，入世之初，加快我国交通运输业的整合重组，增强我国交通运输企业的竞争实力，将成为一项十分重要的工作。

### 11.1.3　我国交通运输业未来发展趋势

经济全球化进一步发展，为我国综合交通运输体系带来了新的活力，展望我国交通运输业的未来发展，必须积极贯彻“以发展为主题”的方针，继续加大交通基础设施的建设，可以看出以下几个方面的发展趋势。

（1）客运业务将向高速度、高质量服务方向发展。随着科学技术的进步，人民生活水平的提高和消费观念的改变，客运需求结构将发生变化，快速、安全、舒适、便捷、服务周到将成为未来客运服务的基本要求。

（2）货运业务将向综合物流方向发展。传统的货运业务已经跟不上交通行业结构调整的步伐，将实现向现代物流业转变，完成以物流信息网络平台为支撑的现代仓储业务、现代配送业务、现代货物运输业务等新兴主导业务，从而促进未来货运服务质量、效率、服务的全面提高。

（3）交通管理与运输组织技术将发生变革。随着电子技术、信息技术、通信技术和系统工程等高新技术在交通领域的广泛应用，一种信息化、智能化、社会化的新型运输系统将形成，我国交通运输业的现代化水平将进入到一个新的发展层次。

（4）综合交通运输体系在规模扩张的同时，将继续保持城市交通与城际交通、农村交通的协调发展。城市化的快速发展使城市交通和城际间交通增长迅猛，这要求在加快城市与城际快速通道的同时，城市交通与城际交通要进行综合协调、系统规划，以尽量减少对国土资源的利用和减少环境负担。随着农村现代化的快速推进，对促进城市交通和农村交通的协调发展提出了更加紧迫的要求，并将在今后比较长的时期内成为交通发展的重点和焦点。

（5）综合交通运输体系的发展将趋向于与资源、环境和能源的可持续发展相协调。面对国际竞争加剧的压力以及我国人口、资源和环境所带来的挑战，加快经济增长方式的转变、走新型工业化道路成为必然的选择，经济增长方式将向集约型经济转变。目前我国交通运输的快速增长是以资源破坏和环境污染为代价的，“十一五”时期我国经济增长模式的转变，要求综合交通运输体系在保持一定发展速度的同时，要保持交通运输与经济社会、资源、环境和能源的可持续发展。

可以肯定，交通运输业将会始终走在经济与社会发展的前列，经济越发展，社会进步越快，对交通运输业的需求就会越强烈，要求也会越高。所以，在某种程度上可以说，交通运输业是全社会的“领军”产业，在经济与社会发展中起着“推进器”的作用。

## 11.2 交通运输业电子商务发展概述

交通运输业本质上是一种服务，在服务的实现过程中，必然需要全方位的信息传递和交互，这一点是互联网最擅长的。因此，交通运输业电子商务的发展存在着很大的现实意义和潜在价值，为国际、国内众多交通运输企业所看好。目前，交通运输业电子商务的发展正处在不断成熟之中。

### 11.2.1 交通运输业电子商务的概念

简单地说，交通运输业电子商务就是指以互联网为核心的现代信息技术在交通运输业经营管理中的应用，达到提高交通运输企业经济效益和经营效率，增强企业的市场适应能力和客户的满意度，进而提升企业竞争力的一系列过程。由于交通运输业包含的范围比较广，因此，交通运输业电子商务的表现形式也各不相同，不同的企业、同一企业在不同的发展阶段都有其适合自己发展的电子商务，在此作一简单讨论。

### 11.2.2 电子商务在交通运输行业中的应用

众所周知，交通运输企业的业务主要包括客货运输、仓储、配送，以及综合物流等多个方面，交通运输业电子商务的发展与应用必然是围绕交通运输的主要业务进行的。目前，国内外电子商务在交通运输业中的主要应用包括以下一些方面。

（1）业务查询。由于交通运输企业服务的客户地理位置比较分散，客户服务的时间也要求是全天候的，因此，应用互联网可以随时随地为客户提供业务信息服务。在客运业务方面，旅客可在网上对车船时刻表、正点率、客票余额、票价、旅行常识等进行查询，还可得到乘车向导服务，即旅客输入发站和到站后，系统可为旅客提供多条优化路线，并统计出各路线的乘车时间、费用、换乘次数、等待时间及舒适程度等，以辅助旅客决策；在货运业务方面，货主可查询车船舱位空余情况、货物运输费用、运到期限、包装要求、事故赔偿规定及危险、特殊货物的运输条件等；在综合物流业务方面，系统可为客户提供多种物流运输方案，客户可以根据自身的情况选择最经济合理的方案。

（2）信息交互。交通运输企业和客户都可通过互联网发布信息，实现双向、动态的信息交互。企业可向客户发布车船停开或增开信息、票价和运价调整及优惠、新的运输政策法规及旅客、货主所关心的其他问题等；客户也可通过网络发布供求信息、 服务要求等。由于互联网具有实时、动态、交互、大信息容量等特性，可在交通信息交互方面大显身手，为交通运输企业和客户创造出可观的价值。

（3）网上交易。理论上讲，交通运输业涉及的各项业务基本上都可以通过网络实现交易。客运方面，可实现网上售票，既可采用信用卡等网上支付方式，也可采用银行或邮局汇款，还可采用“票到付款”方式。送票方式不但可以是送票上门，也可以是旅客自行取票，从今后的发展趋势看，将会逐步采用电子客票，即旅客凭售票网站提供的密码直接上车登船，不再需要纸面的票证；货运方面，用户可直接在网上订车订舱，并订立货物托运合同、货款支付方式以及货物确认等；物流方面，客户可在网上直接选定物流运送方案，签单付款。网上交易对交通运输企业和服务对象来说，都将产生难以估量的价值。

（4）实时跟踪。通过交通运输电子商务网站，客户可以了解所关心的车船实时运行情况以及所托运行包或货物的运输情况，实施网上实时监控。行包或货物到达后，运输电子商务网站可通过电子邮件告知客户，客户也可自己上网登记查询。可以肯定，互联网对提高交通运输服务的能力和水平会产生越来越大的作用。

（5）网上理赔。对于运输过程中发生的人员伤亡、财产损失、行包事故、货物事故、逾期运到等情况，客户都希望在第一时间得到处理和索赔。有了电子商务后，客户可以通过网络直接向有关部门提出赔偿要求，运输企业相关人员在调查原因的基础上，可迅速根据相关法规及客户参加保险、保价等情况，通过网络给出赔偿意见，也可直接进行网上赔付。

（6）附加服务。运输企业电子商务网站可以充分利用运输部门的各种资源、信誉和广泛的社会联系为旅客和货主提供各种附加服务，如为旅客发布电子地图、介绍各地的自然条件、旅游景点、宾馆饭店等，并可与各地的旅游部门合作开展旅游电子商务服务；可为货主提供各种市场供求信息，帮助他们联系货物包装、仓储、街区送达、装载加固、运输保险和押运等业务，通过网络实现一条龙服务，最大限度地满足客户对交通运输服务全方位的需要。

从上可以看出，电子商务在交通行业中的应用范围十分广泛，以上所列六个方面只是其中比较普遍的应用。随着电子商务自身发展的不断完善以及交通运输企业需求的日渐成熟，电子商务在交通运输行业中的应用将会不断深入，应用的成效也会越来越显著。

### 11.2.3　交通运输业电子商务的发展目标

由于交通运输业务的实现过程具有环节多、信息量大和地理分散等特点，而且信息动态实时性和交互性的要求较为突出，因此，通过互联网技术的应用实现多种形式的电子商务具有十分重要的意义。对交通运输企业而言，发展电子商务的主要目标包括以下几个方面。

（1）提高为客户服务的能力和水平，满足日益增长的市场需求。交通运输是我国重要的基础产业，对国民经济的发展有着强有力的促进作用。但是目前交通运输仍然是我国国民经济发展中的薄弱环节，存在的问题还十分复杂，比如运输中转衔接的不协调、运输信息不及时，不能满足客户对交通服务的安全、快捷、方便、舒适的要求；又如在货物运输方面，目前大部分交通运输企业只提供单纯的运输服务，较少地涉足物流领域中的仓储、包装、装卸、配送等环节，不能满足不断发展变化的现代物流业务的要求。因此，加快交通运输电子商务建设，对提高运输服务质量、满足日益增长的市场需求具有重要意义。对交通运输企业来说，必须把提高为客户服务的能力和水平，满足日益增长的市场需求，作为实施交通运输电子商务的首要目标。

（2）节省资源消耗，促进可持续发展。交通运输发展需要占用和消耗大量的能源、土地及水文资源，产生大量的交通噪音和空气污染，对自然环境会造成很大的压力。我国人均自然资源的占有量很低，其中对于土地和一些主要能源的人均占有量更远远不及世界的平均水平，这是我国的基本国情。在这样的条件下，既要满足不断增长的经济和社会对交通运输的要求，同时又要保证满足可持续发展的要求，就必须应用先进的科学技术，推动交通现代化，改善现有不合理的交通运输对资源的消耗，提高综合运输体系的整体效率，争取用最小的资源消耗获得最大的运输能力，实现交通运输的可持续发展。

（3）提高交通运输效益，促进交通现代化发展。实现交通运输现代化是以最小的运输资源消耗来获得最大的运输能力、运输效率和运输效益的重要途径。统计数据表明，发达国家交通技术先进，运输成本在社会成本中所占的比例远远低于发展中国家。我国人口众多，土地、水文、能源等资源十分紧张，仅靠投入来扩展低水平的基础设施已经变得很不实际。因此，实现交通运输现代化，是达到最小的运输资源消耗来获得最大的运输能力目标的必由之路。发展电子商务是促进交通现代化的重要表现形式，通过计算机和互联网等现代信息技术在交通运输业各个环节和层面的应用，对提高交通运输业的业务能力、经营效率和经济效率都会起到积极的作用。所以，交通运输业必须把提高交通运输效益、促进交通现代化发展作为电子商务实施的重要目标。

### 11.2.4 电子商务对交通运输业发展的影响

电子商务的发展对传统的交通运输业的运作所带来的影响主要表现在以下几方面。

（1）交通运输业运作的电子化趋势将越来越明显。从实现方式上看，交通运输业是与交通运输设备和设施紧密相关的一种服务，支持交通运输业运作的信息流、资金流都可通过互联网实现。因此，对交通运输企业和客户双方来说，通过电子化的方式实现交通运输信息的交互、交易的磋商、资金的流转都是十分有利的，既可以提高业务运作的效率，又可有效降低各项费用和成本，显然是符合交通运输业改革与发展的前进方向的。

（2）交通运输业的竞争方式将会出现新的变化。在传统的条件下，交通运输业之间的竞争往往体现在企业规模的大小、固定资产的多少等方面。在电子商务发展的背景下，交通运输企业之间的竞争更多地体现在如何利用现代信息技术整合交通运输资源，实现有效的客户关系管理等方面，强调的是业务运作的效率、业务实现的成本以及为客户提供的服务能力和水平等。所以，过去那种盲目依靠扩大规模增强竞争力的做法将不再奏效，而逐渐演变成谁能利用电子商务的方式对客户作出更快的反应，提供更优的服务，也就是说，谁能对交通运输资源和客户进行有效的控制，谁就能在竞争中取胜。

（3）物流与信息流将逐步走向高度融合。在传统的条件下，物流与信息流是相互独立的，物流信息化的程度相当低，严重影响了物流现代化的发展进程。电子商务对推动物流与信息流的融合，加快物流信息化的发展步伐是十分有益的。根据国外的发展经验，物流运输装备信息化的应用程度将会越来越高，物流运输路线的设计、物流运输车辆和船只的调度、仓储管理等各方面将会充分利用计算机网络技术进行管理，使信息流成为贯穿物流业务运作的“血液”，与物流高度融合、协调发展，共同构筑现代物流业的“血肉”之躯。

### 11.2.5 发达国家交通运输业电子商务发展情况

利用现代信息技术，促进传统交通运输业的信息化步伐，推动交通运输业电子商务发展进程，在发达国家早就受到高度重视。目前，国外以职能运输系统为标志的现代化交通体系的建设正方兴未艾地展开，传统交通运输业通过信息化、网络化的改造，采用先进运输组织形式和电子化的管理技术，正快步地向信息化、现代化的物流业过渡，电子商务在改善交通运输服务质量、提高交通运输企业的经营效率和经济效益、提升交通运输组织和管理等方面的作用正在日渐凸现。国际包裹运输业两大巨头联合包裹和联邦快递在电子商务中的发展与应用为我国交通运输企业作出了榜样。

1. 联合包裹电子商务应用

美国联合包裹公司（UPS）是一家有近百年历史的传统大型企业，在利用电子商务为客户提供服务方面取得了很大的成功。该公司早在互联网出现之前就已经建起了自己的信息网络，用来跟踪客户包裹的去向，以便通过 800 免费电话回答客户的问讯。在过去每接受一次客户的问讯，通信与人工服务成本之和高达数美元，并且往往因回答不够及时而引起客户的不满。到 20 世纪 90 年代中后期，UPS 充分利用电子商务的形式向客户提供主动、高效的服务。该公司建设了专门的服务网站，向客户和供应商提供瞬间电子接入服务，以便及时查阅有关包裹运输和传递过程的各种信息。自 1997 年以来，UPS 共投资了 110 亿美元，用于采购主机、PC、手持电脑、无线调制解调器，建立蜂窝无线网络，雇佣 4,000 多名电脑程序员和技术人员进行集中开发。这一浩大的投资活动不仅使得联合包裹实现了对包裹运送每一步的紧密跟踪，而且使之在电子商务大潮中占据了有利地位。目前 UPS 网站（参见图 11-1）拥有数万个页面的信息，每天有 14,500 万条送往全球 200 多个国家和地区的包裹信息，包括平均每天 1,500 万次的在线包裹追踪请求，每次访问的成本约为 0.10 美元，比过去有显著的下降，并且因为信息提供及时，客户能自助操作，所以客户的满意度也大有提高。

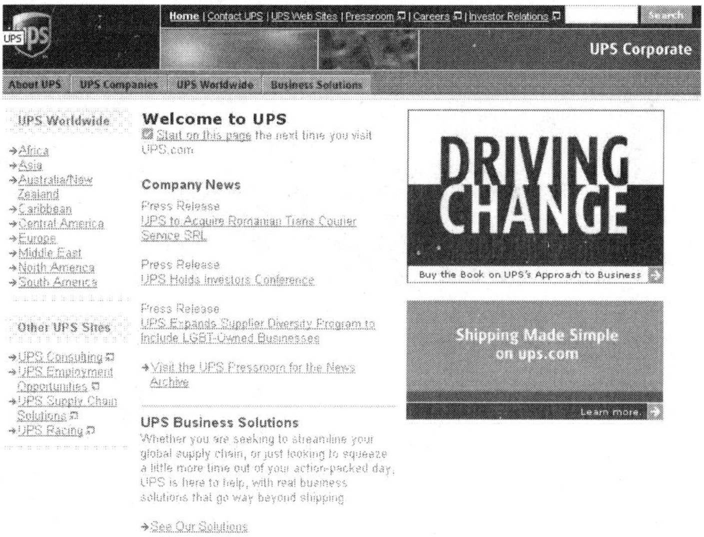


图 11-1　UPS 网站主页

UPS 的电子跟踪系统，每天跟踪 130 万件包裹的运送情况。公司的卡车司机（同时也是送货人）人手一部如手持电脑大小称作 DLAD 的信息获得器，内置无线装置，能同时接收和发送送货信息。客户一旦签单寄送包裹，信息便通过电子跟踪系统传送出去。客户可以随时登录联合包裹的因特网网站，查询包裹运抵情况。有时当上网查询到包裹已经送达收件人手中时，卡车司机可能还没有回到车座上呢。电子跟踪系统有时还随时发送信息给卡车司机，告诉他将经过的路段路况，或者告诉他某位收件人迫切需要提前收取包裹。联合包裹还使用全球定位卫星，随时通知司机更新行车路线。这一改变使UPS由一家“拥有电子技术的货物运输公司”转变成为一家“拥有货车的电子化公司”，成为新旧经济的最佳结合体。

2. 联邦快递电子商务应用

联邦快递（FedEx）是世界快递运输业的另一只“领头羊”。从1971年创立至今，公司从零起步，在联合包裹服务公司（UPS）和美国运通公司等同行巨头的前后夹击下迅速成长壮大起来，发展为年收入320亿美元、遍布220个国家和地区、在小件包裹速递、普通递送、非整车运输、集成化调运管理系统等领域占据大量市场份额的行业领袖，并跃入世界500强，引导着物流运输行业的潮流。FedEx开创了快递产业中的“基地源泉”，史无前例地将智能化系统引入该行业中。每年，FedEx都要拿出13亿美元来加强开发和应用高新技术，从而达到提高国际间的物流运输效率，减少物流成本的目标。联邦快递从成立之初起，就运用高度信息化的全自动操作来保证高效率、多功能的服务。与UPS相类似，FedEx每位快递员都配有无线扫描枪，用来扫描每份快件的条形码，每件货物至少需要扫描6次，而每一次扫描的信息都会传递至美国总部的中枢系统中，客户可以随时通过访问FedEx网站（参见图11-2）来查询快件的运行状态。

图11-2　FedEx中国主页

不管企业规模如何，FedEx的电子托运和电子供应链工具都能协助企业改善工作效率，提升客户满意度。针对整个托运，FedEx为企业提供更为简便、快捷的操作程序，实现快速作业。不管客户是在家工作或在大型跨国企业服务，FedEx皆可针对客户的个别需求，提供最合适的电子托运工具。FedEx Ship Manager at fedex.com可让客户直接通过Internet进行在线托运及货件追踪，而不需安装其他软件。客户只要访问屡获大奖、深受肯定的 FedEx 网站，即可一步步地完成托运工作。此解决方案亦可让客户发出电子邮件通知，事先通知三位其他相关人士及时跟踪该货件的托运信息。货件抵达时，本系统亦会自动发出电子邮件通知，让客户及其他三位人士得知该信息。

对于托运活动更频繁和有多个寄件人的公司来说，FedEx 设计了 FedEx Ship Manager（简称 FSM）软件来满足客户更加复杂的托运需求。FSM 软件是一个独立的、可由用户自己安装的、基于 Windows 的软件包，它允许客户快速托运、追踪和报告自己的日常托运活动。它拥有先进的功能和简单易用的界面，并为客户的电脑提供了全面的托运解决方案。另外，它在需要有公共数据库共享和集中管理功能的托运环境中非常高效。各项整合式的电子供应链工具，可让企业整条供应链物流，从货源到订单处理、运送、追踪、开具发票，再到退货管理都畅通无阻，具体包括：

（1）FedEx EC-Inventory isibility（库存管理）可让企业通过 Internet，存取及维护存货及仓库资料。此系统亦可提供托运及追踪功能，让企业更能掌握产品在整个供应链中的位置。

（2）FedEx EC-Manufacturing Visibility（进货管理）为企业在管理进货供应链上，提供创新的解决方案。它可让企业经由 Internet，追踪零组件、原料的进货装运动向。此外，本系统亦提供资料管理、预测订货时间及比较预测订购量与实际订购量等功能。

（3）FedEx EC-Warehouse Management（仓储管理）是一个以 Java 开发的系统。该系统提供完整的报告及存货、仓库管理功能。

（4）FedEx EC-Warehouse Management 拥有电子数据交换(EDI) 功能，可在不同系统间灵活交换各种资料。

（5）FedEx EC-Return Management（退货管理）是以 Internet 为基础的售后处理系统，从退货、维修到换货，让企业以高水准的专业服务建立客户的信心及满意度。

可以说，电子商务已经成为了 FedEx 开展包裹运输业务的重要方式，实实在在地为客户、为企业创造出了应有的价值。

从国际范围来看，电子商务已成为交通运输业发展重要的组成部分，而且，两者的结合正在不断深入，发展的速度也越来越快。

## 11.3 我国交通运输业电子商务发展

由于经济与社会等多方面的原因，我国交通运输业电子商务的发展目前还只是处于初级阶段，与国际先进水平存在着很大的差距。但我国越来越多的交通运输企业已经意识到，加快电子商务的发展，对提高企业的生存与发展能力；满足不断上升的市场需求，更好地参与市场竞争都有重要的现实意义。所以，从未来的发展趋势看，电子商务将成为我国众多交通运输企业赢得新的发展的一项重要举措。

### 11.3.1 我国交通运输业电子商务发展状况

近年来，我国交通运输业在政府的大力支持和市场的有力牵引下，在电子商务发展方面已经取得了一定的成绩，为今后的持续、快速的发展积累了经验、奠定了基础，具体表现在以下几个方面。

（1）政府推动，发展基础逐步完善。我国政府管理部门已经认识到了电子商务对交通运输业发展的促进作用，并大力投资电子商务基础设施建设。从 20 世纪 70 年代中期开始，交通部有关单位着手把计算机应用于科学计算、工程设计和自动控制等方面，以后又逐步发展到交通运输管理领域。1989 年 10 月，交通部成立了中国交通信息中心，并于 1994 年 5 月正式开始建设交通部机关信息系统工程，1998 年 8 月竣工，工程总投资达 3,700 万元。

1997 年下半年国家开始启动以中国交通运输信息网络（China Transportation Information network，简写为 CTI net）为主体的“金交”工程建设。在这项工程建设中，交通部投资人民币 8,000 万元，建成了覆盖全国交通系统的信息网络。目前，我国交通运输信息网络的建设已初具规模，交通运输业发展电子商务的基础条件已经日趋完善。

（2）基于互联网的交通运输服务日益成熟。经过多年的发展，国内各种应用互联网的交通运输服务变得越来越常见。目前，各类交通运输中介服务商和一些以交通运输信息服务为主业的网络公司纷纷通过互联网发布货运信息，为货主与交通运输牵线搭桥。这类专门提供货运信息服务的网站的开通，对于减少车辆的空驶率，提高交通运输效率，必将起到一定的作用，并将为我国交通运输电子商务的进一步发展打下坚实的基础。

（3）交通运输信息化和电子商务的发展正在同步推进。目前，我国交通运输系统的信息化建设正在大力推进，从而带动了交通运输业电子商务的深层次发展，取得了很大的成效。近年来，大型港口和外贸运输企业普遍采用 EDI 技术，进行电子提单、商业文件和数据的传递，提高了工作水平和运输效率。在公路交通方面，我国以高速公路信息化建设为龙头，以已有信息资源为基础，正逐步形成交通运输电子商务和信息服务的运作体系，交通部门正积极开发交通事故紧急救援系统和安全运营保障技术，开发路况信息系统和车辆调度系统，逐步完善网络环境下的电子收费系统、管理信息系统和高速公路监控系统，为公路交通运输电子商务的发展提供信息化支撑；在水路交通运输方面，则主要利用以互联网为核心的现代信息技术实现资源的有效整合，加快业务管理及决策、物流配送体系等系统的建设，促进水路交通运输信息化的发展和电子商务的应用。在铁路、航空、管道运输方面，信息化建设的投入在不断加大，应用的效果也在不断提升。

可以说，我国交通运输业电子商务的发展正在有序推进，逐步成熟，为我国交通运输业的未来发展作出了积极的探索。

### 11.3.2 我国交通运输业电子商务发展存在的问题

在看到成绩的同时，我们又不能不面对交通运输业电子商务发展过程中的问题和困难，这些问题和困难主要表现在以下几个方面。

（1）形象工程、形式主义的现象还比较明显。目前，我国各级政府交通管理部门虽然大部分已经上网，但上网资源类型单一、数量有限、内容单调，远没有达到政府服务交通运输业电子商务的发展要求；少数大型交通企业上网的资源类型也很有限，所发布的信息也很少达到电子商务的要求，面向客户的电子化服务、网上交易等功能还很不完善。这种重形式、轻内容的形象工程，重电子、轻商务的形式主义现象对交通运输业电子商务发展带来了比较大的负面影响。

（2）管理体制滞后影响电子商务的发展。长期以来，我国的交通运输业在计划经济体制下运行，由于受条块分割、政企不分等因素的影响，我国数量众多的交通运输企业只能各自为政、自行其道，导致交通运输的低效率和低效益。直到今天，交通运输管理体制还远没有理顺，条块分割现象依然存在，“铁路警察，各管一段”的情况还很明显，不少交通运输企业依靠单打独斗以及低价竞争等方式占领市场，一定程度上影响了交通运输业规范、有序的发展。另外，目前现有的交通运输法规，如《铁路法》、《民用航空法》和《公路法》严重滞后并缺乏可操作性，也限制了交通运输的进一步发展。还有就是行业垄断现象也很严重，对交通运输业电子商务的发展也极为不利。

（3）交通运输业电子商务发展结构不平衡，总体水平还不高。目前，我国交通运输业电子商务发展结构不平衡，货运发展相对较快，客运和综合物流发展（明显落后）相对而言还比较落后，与国民经济的快速增长和人民生活水平不断提高对交通运输发展新要求存在明显的差距。当前，我国交通领域电子商务的发展和应用多是货运信息的发布、车货配载、货物托运等，在旅客运输和综合物流等方面的应用水平还不够高，目前客运公司大多已经开展了网上业务，一般的查询、订票功能可以很方便地实现。不过真正实现网上交易的客户还是有限的，为客户提供专业化、个性化、人性化的网上服务还不多。只有部分的客运公司开展了网上业务，而且大部分都处于建设的初期阶段，只具有一般的查询服务功能，真正实现网上交易的寥寥无几，为客户提供专业化、个性化、人性化网上服务的可谓凤毛麟角。所以，从总体上说，我国交通运输业电子商务的发展水平还不高，发展层次还比较低。

（4）交通运输业电子商务发展的配套服务还没跟上。实际上交通运输业电子商务的发展也是一个复杂的系统工程，光靠交通运输企业的积极参与还是不够的。一方面，国家相关的政策、法律、法规需要为交通运输业电子商务的发展指明方向，明确道路，提供保障；另一方面，社会公众对交通运输业电子商务需要有更多的了解，要有更大的参与热情。但目前这两方面都没跟上，与交通运输业发展相关的政策、法律、法规还很不完善，不少还是空白，比如我国认证中心、在线银行系统等都存在一些不够完善或不够发达的地方。另外电子票据的报销等问题法律基本还没有触及到；公众对交通运输业电子商务不了解，参与热情不高，这主要是因为现有的信用体系、网上支付安全等问题还不能不让普通老百姓担心。而且，交通运输企业在电子商务的宣传、推广方面做得也很不够，还必须花大力气予以加强。

（5）面对国际同行挑战的能力还有待加强。国际上发达国家交通运输业电子商务的发展相对我国而言已很是发达。两大国际快递巨头 UPS (联合包裹)和 FedEx(联邦快递)已看上了中国市场。面对国际巨头的步步紧逼的状况，国内快递企业不得不提前做好准备，虽然如此，不过压力还是非常之大，毕竟与国际上的巨头企业还是有一定的差距的，所以我国交通运输企业要努力提高自身的能力来迎接国际同行业的挑战。

当然，交通运输电子商务的发展还有与其他行业相同的一些共性问题，这些问题都需要我们认真对待、妥善解决。

### 11.3.3　国家交通信息化发展规划

为指导“十一五”期间交通行业信息化的发展，加强交通信息资源合理的开发、利用和整合，提高行业运行效率，改善服务质量，增强市场监管能力及应对重大突发事件的能力，从而适应转变政府职能、构建节约型社会和和谐交通，交通部出台了《公路水路交通信息化“十一五”发展规划》。“十一五”公路、水路交通信息化主要任务可归纳为：建设两级数据中心、三大综合信息平台和三大应用系统，完善两大门户网站、三个保障体系和一个通信信息基础网络。即以数据库建设为基础，以信息资源共享为目的，建设部、省厅（局、委）两级数据中心；以业务数据为核心，整合业务系统，构建部省两级公路、水路和综合类管理三大综合信息平台，从而形成交通电子政务平台的核心内容；以三大信息平台建设为基础，开发和推广交通运行综合分析、公路水路交通应急处理和公路水路公众出行信息服务三大应用系统；建设和完善各级交通主管部门的内外网两大门户网站，作为信息平台和应用系统的前端展示；构建和连通覆盖区域的交通通信信息基础网络，为交通信息的传输、交换与共享提供支撑；构筑交通信息化建设运营、安全保证及标准规范三个保障体系，确保交通信息化建设目标的顺利实现。特别针对交通物流信息化领域，规划明确了“十一五”期间的重点建设任务，主要包括以下几方面。

1. 公路运输枢纽信息服务平台建设

省地市交通主管部门应积极引导在公路运输枢纽城市建立和完善公路运输枢纽信息服务平台，满足交通主管部门优化运输管理、运输企业提高管理水平、社会公众了解运输信息的不同需求，实现行业主管部门、运输企业和社会公众之间信息的有机互动与共享。

2. 港口物流综合信息服务平台建设

在交通主管部门的引导下，推进港口物流综合信息服务平台建设，促进港口与公路、铁路、管道等其他多种运输方式之间以及与国际贸易、海关通关、口岸管理与服务部门之间的信息融合，逐步实现政府、物流服务企业、工商企业之间实时、可靠的信息交互，拓展港口物流信息服务功能，增强港口服务能力，促进港口运输加速融入现代物流体系。

另外针对运输的组织调度，规划还提出了专门的解决方案。

（1）在公路运输领域，交通部组织力量在全国重点运输通道与结点上，进行煤、油、矿石、粮食、化肥、鲜活农产品、集装箱等重点物资运输的数据采集、分析与挖掘，为应急保障运输提供决策参考。

（2）在水路运输领域，交通部及省港航管理部门将重点挖掘船舶进出港和流量流向数据，对进出港船舶交通流量、大小、种类、实载率、货流密度、周转量、运距等进行统计，并分析其与经济的关系，判断各指标的变化趋势，评价现有港口、航道与运输需求的适应程度，港口、航道的运营状况和船型的经济合理性，分析航运市场变化特征，为港口、航道的规划、建设、管理、养护决策提供依据，引导运力结构调整，促进水路运输业的快速发展。

同时，为加强对交通运输企业和社会公众的信息服务，规划明确提出了以下内容。

（1）交通部将组织力量开展以统一特服号为特征的全国交通信息服务系统建设项目前期研究，并加快落实。各省市应积极整合各类公路交通信息资源，针对公路出行信息全方位、综合性和个性化的需求，抓紧建立公路公众出行信息服务系统，将实时路况、道路施工、公路气象、交通控制、道路客运班线、班次、换乘、旅游等信息通过呼叫中心、互联网、图文电视、调频广播、手机短信、可变情报板、公共场所内的大屏幕等多种媒介和渠道提供给广大出行者。

（2）各省市水路交通管理部门应积极整合水路交通信息资源，着手建立水路交通出行信息服务系统，将实时航道情况、施工情况、水文气象、航道、船闸控制、水上客运班次、班线、换乘和旅游等信息，以便捷、经济的手段提供给水路运输企业和出行旅客。

### 11.3.4　我国交通运输业电子商务发展策略

电子商务已经成为交通运输业下一阶段发展的热点。具体的发展策略主要有以下几点。

（1）加快交通运输管理体制改革，为电子商务的发展铺平道路。交通运输管理体制滞后是制约交通运输业电子商务发展的重要原因，政府管理部门必须统筹规划、合理安排，有计划、有步骤地推进交通运输管理体制的改革与创新，为交通运输业电子商务发展创造良好的条件。加快政府交通信息资源网上服务的步伐，并不断扩大网上资源的类型和数量，提高信息的实用性，为政府管理、服务和采购的电子化提供基础和条件。政府有关部门应积极引导各类交通运输企业在电子商务发展方面加强合作，建立统一的接口标准，力图使各种交通运输的信息资源实现共享，从而形成涵盖五种运输方式的综合运输信息网络。只有实现了交通运输信息的资源共享，才能使信息资源的效益最大化，才能为交通运输企业和客户创造最大的价值。

（2）加强信息基础建设，促进交通运输信息化快速发展。高水平、高层次的电子商务应用是以扎实的企业信息化建设为基础的，交通运输企业必须做深、做好企业信息化的基础工作，切忌好大喜功，不切实际地追求“技术先进、高端”，应切切实实地根据企业发展的实际和客户的需要，脚踏实地地开展企业信息化多层次、多角度、全方位的应用。交通运输企业在利用信息化手段实现企业内部信息资源整合的基础上，可以逐步实现企业间信息采集、交流和共享，加快信息流与资金流和物流的融合，从信息平台向交易平台升级，积极稳妥地开展电子商务。

（3）加强学习和研究，探索适合我国国情的交通运输业电子商务发展模式。交通运输业电子商务发展是一个比较新的领域，有许多理论和实际问题需要研究解决。我国交通运输企业一方面应学习借鉴发达国家交通运输业发展电子商务的成功经验，但又切忌简单的照搬照抄；另一方面更要加强学习研究，要切合中国的国情，大胆探索我国交通运输业电子商务发展的合理模式，坚持“是否有利于客户的需要，是否有利于企业的发展，是否有利于促进交通运输业的长远发展”三个“有利于”的判断标准，逐步摸索出一条行之有效的电子商务发展道路。

（4）重视员工培训和人才培养，促进交通运输业电子商务可持续发展。长期以来，交通运输业常常被人看做是劳动密集型产业，对员工培训和人才培养的重视程度明显不足。在交通运输业电子商务发展的过程中，必须改变传统的观念，把对员工的培训和人才的培养放到一定的高度，通过长期的、有计划的员工培训和人才培养作为企业长远发展的重要战略。在员工培训方面，既要加强员工对电子商务的认识，提高他们参与电子商务发展的积极性和主动性，又要重视实际操作技能的培训，使他们尽可能地掌握利用电子商务手段开展交通运输业的本领。在人才培养方面，要做到“引进来”和“送出去”相结合，既要引进行业外的优秀人才，又要把有发展基础和潜力的专业人才送出去培养。只有这样，才能使交通运输业电子商务做到可持续发展，才能不断提高水平和层次，也才能真正体现出电子商务的效益和价值。

总之，交通运输业电子商务的发展是一个长期的过程，也是伴随着交通运输管理体制的改革与发展，交通运输业自身的成长、壮大而逐步走向成熟的过程。需要我们在思想上重视，在行动上积极主动，在发展策略上又要做到科学、合理，并具有长远的发展眼光，可以肯定，交通运输业电子商务发展在我国一定会有更加美好的明天。

# 11.4 典型案例1 中远集团电子商务发展

## 11.4.1 公司概况

中国远洋运输（集团）总公司的前身，是成立于1961年4月27日的中国远洋运输公司。1993年2月16日组建以中国远洋运输（集团）总公司为核心企业的中国远洋运输集团（简称中远集团）。经过40余年的发展，已成为我国最大的国际航运企业集团。中远集团以国际航运为主业，集船务代理、货运代理、船舶工业、空运代理、码头、贸易、金融、房地产和IT等多种业务为一体。在中国本土，中远集团分布在广州、上海、天津、青岛、大连、厦门和香港等地的全资船公司经营管理着集装箱、散装、特种运输和油轮等各类型远洋运输船队；在海外，以日本、韩国、新加坡、北美、欧洲、澳大利亚、南非和西亚8大区域为辐射点，以船舶航线为纽带，形成遍及世界各主要地区的跨国经营网络。中远集团现有国内外成员企业500余家，其中包括中国最大的船务代理企业——中国外轮代理总公司，中国最大的汽车运输总公司和中国专门从事海上燃料供应业务的企业——中国船舶燃料供应总公司等一大批享誉海内外的大型企业。目前，中远已经跻身于世界最大的船务公司之列，并已进入世界远洋航运企业前三甲。图11-3为中远集团英文版主页。

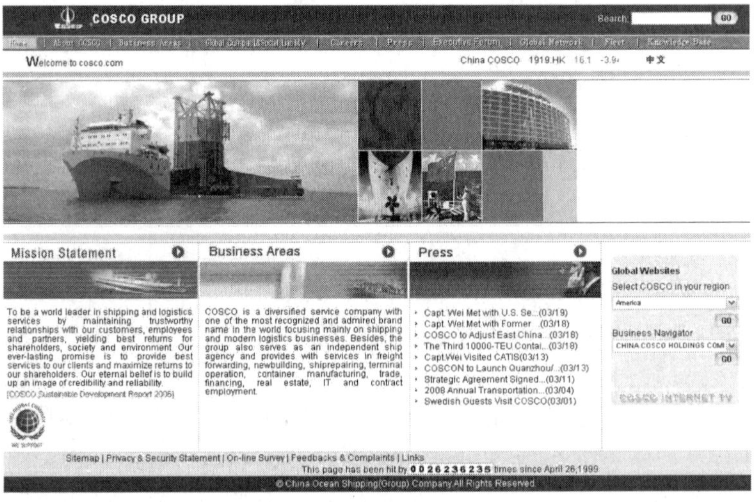


图11-3 中远集团英文版主页

### 11.4.2　发展背景

中远集团是以航运和物流为主业的多元化经营的跨国企业集团，在致力于为全球客户提供航运、物流等优质服务的同时，还能够为客户提供船代、货代、船舶工业、码头、贸易、金融、房地产和 IT 等多个行业的服务。

长期以来，中远集团十分重视信息技术在企业经营管理中的作用，并取得了令人瞩目的成就。

中远的信息化建设始于 1978 年，在中国的航运企业中是起步最早的。20 世纪 80 年代初中远投资 150 万美元引进了日本富士通的 FALCOM M140/F 计算机，在上海远洋公司开发了“船舶动态管理系统”和“财务会计管理系统”，并在外国专家的指导下取得了圆满的成功，中远也因此拉开了企业信息化建设的序幕。

1989 年，美国政府要求所有入关船只实施电子报关，否则不予入境。为了适应新的形势，中远与其他公司合作在短时间内成功开发了电子报关系统。在此基础上，中远又乘势而上成功开发了完整的电子报文系统，并在下属各个子公司推广应用。1996 年，中远集团又建立起了集团的 EDI 中心，专门致力于 EDI 网络的建设。中远 EDI 网络经过多年的发展，已基本覆盖了国内 50 多家大小中货和外代网点，实现了对海关和港口的 EDI 报文交换，并通过北京 EDI 中心实现了与国际著名的 GEISEDI 中心的互联，连通了中远集团海外各区域公司。目前，中远集团已经通过 EDI 实现了对舱单、船图、箱管等数据的 EDI 传送，在 EDI 电子商务方面走在了国内运输行业的前列。

1997 年，中远集团投入大量的资金和人力，建成了中远集团全球通信专网（参见图 11-4），并以该网络为基础，构建了中远集团 Intranet（内联网）网络平台。该平台的建成，促进了中远集团全球电子邮件中心的建设。到 1999 年 10 月，中远集团已经建成了以北京为中心，覆盖中国大陆、香港、新加坡、日本、美洲、欧洲、澳大利亚等国家和地区的电子邮件网络，中远集团海内外的大部分业务人员已经通过电子邮件进行日常业务往来。

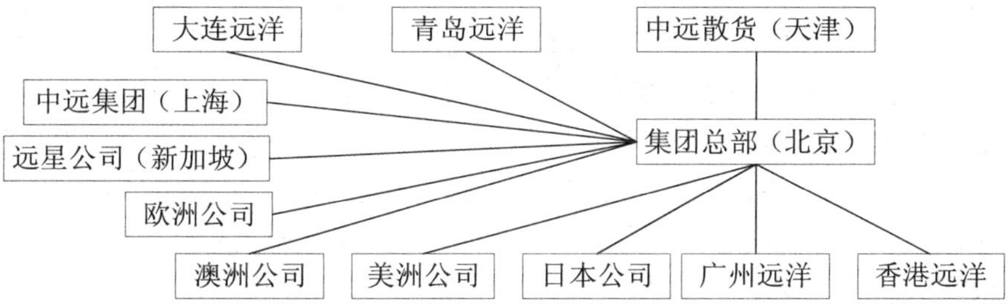


**图 11-4　中远集团全球通信专网结构示意图**

1997 年 1 月，中远（集团）总公司正式开通 www.cosco.com.cn 网站，这是国内企业最早正式开通的国际互联网网站之一。随后，中远集团下属的北美、欧洲、中远集运、中远散运和广远等公司的互联网网站也相继开通。

1998 年 9 月，中远集运在网站上率先推出网上船期公告和订舱业务。这一业务的开展，突破了传统服务中的速度慢、效率低、工作量大、差错率高的问题，将货运服务直接送到客户的办公桌上，使客户足不出户便可办理货物出口业务流程中的委托订舱、单证制作和信息查询等多种业务手续。在网上订舱业务的基础上，中远又向全球客户推出了中转查询和信息公告、货物跟踪等多项业务，从而使全球互联网用户均可直接在网上与公司开展商务活动。公司推出的整套网上营销系统，已初步具备虚拟网上运输（E-Transport）的雏形，具有较强的双向互动功能和较高的服务效率。其中电子订舱系统可使每一位网上用户在任何地区和时间内，通过互联网与公司开展委托订舱业务，任何一位客户只要具备上网条件，都可足不出户地直接访问中远的电子订舱系统。货物运输及中转查询系统则体现出方便、快捷、准确的操作特色。这项功能可使客户对货物实行动态跟踪，在网上随时查询单证流转、海关申报状况、进出口及中转货物的走向等相关信息。信息公告系统还可以在最短的时间内将中远有关船期调整、运价变化等情况在互联网上作出及时反应。

2001年下半年，中远集运开始了经营管理体制的变革，撤销了老部门，设立了美洲贸易区、欧洲贸易区、亚太贸易区等几大贸易区，把全球航运市场连为整体，一个贸易区就是一个独立核算单元，每个贸易区的考核指标和年薪挂钩。企业内部资源的有效整合，组织结构和业务流程的调整，加上在分配制度上打破了传统的大锅饭模式，实行企业年薪制等一系列改革措施，使企业的竞争力得到迅速提高。

从2004年下半年开始，中远集团展开了其历史上最大规模的重组：以中远集运100%的股权和中远太平洋有限公司52%的股权作为出资，发起设立了中国远洋控股股份有限公司，拥有包括集装箱运输、租赁、制造、码头运营、货代船代和物流等业务在内的完整的集装箱航运价值链，具备了全球一流的竞争力。

作为一个远洋运输企业，对集装箱的跟踪管理是中远集团的一项重要业务，但开发于20世纪80年代初的“船舶动态管理系统”虽然包括“航运调度管理”、“集装箱跟踪管理”、“计划与统计分析”三大应用软件，但当时的软件设计基本是原有业务流程的电子化翻版，与公司业务的快速发展存在着比较明显的矛盾。后来随着中远集团内部管理体制的改革，船舶调度管理权力下放，总公司不再对船舶航行负法律责任，也不再具体管理船舶的调度，只是根据国家的需要来掌握全公司所有船舶的运行情况。根据这一实际情况，中远决定对原有的“船舶动态管理系统”进行升级改造。经过改造后的“船舶动态管理系统”全部改用数字化、格式化、标准化语言，取代了原来船舶向岸上、岸上向公司的汇报都是采用描述性语言，充分体现了新管理软件要对原来的业务流程进行调整及推进管理现代化的思想。

中远新的运营管理系统包括数据通讯、数据维护、查询、报表、系统功能管理和全球智能系统数据接口6个子系统。其中比较重要的数据通讯子系统用于接收分公司传送的数据，自动记录电子工作日志，跟踪显示每日船舶的变化情况；报表子系统是根据各公司报上来的数据进行统计，生成运量生产日报、月报、年度累计报表、运力分析报表和动态日报报表等；查询系统用于查询总公司所有船舶的动态信息。新的运营管理系统的成功开发和应用为中远业务的快速发展提供了技术保障。

目前，“中远网”的建设已初具规模，中远集团近20个所属单位网站的建设已基本完成，各站点间也已实现链接，组成了“中远网”的基本框架，无论从形象还是内在的功能上，中远集团已经在国际互联网上占据了位置，为中远集团开展全方位的电子商务打下了坚实的基础。

### 11.4.3 技术平台

现代物流是建立在电子信息平台基础上的产业，信息平台的运作水平通常被看做是物流企业市场竞争力和口岸物流服务运作先进程度的重要标志。中远集团在电子信息平台建设方面一直走在国内航运企业的前列，在 20 多年的企业信息化发展的进程中，集团的技术平台也在不断地改进发展。从 1978 年到 1986 年，集团先后在广州、上海、青岛、天津、大连远洋公司和总公司初步建立了以进口的中小型计算机系统平台支持的管理信息系统，系统覆盖船运公司的调度、财务、箱管和统计等业务。而后，从 1987 年至 1993 年，中远系统的硬件平台一步步统一到 IBM 系列，并建立了调度、财务、箱管和统计等一批通用信息系统。随着中远集装箱运输业务的发展，中远在国内外口岸建立了一批以 AS/400 和 PC LAN 系统为平台的船舶代理信息系统，并实现了各口岸代理间的舱单 EDI 通讯。

到了 20 世纪 90 年代中期，Internet 和 Web 技术的出现为中远集团 EDI 平台提供了基于 Internet/Intranet 的 Browse/Server（浏览器/服务器）系统结构模式，集团因此建立起了新的“基于因特网的商务网”。2001 年，中远集装箱运输公司引进了一套名为 IRLS-2 的全球关键业务系统，把分布在全球 286 个分支机构的网络设备连接起来，管理着从集装箱订舱到货物交送的一系列业务生产流程。

中远集团现有网站是集团在 2001 年的第二次改版，现有网站在中远集团的对外交流、树立国际企业形象等方面都起到了重大的作用，成为中远集团对外的一面窗口。目前，中远集团在其企业内部网采用了 Exchange 作为消息系统平台，并使用微软 Visual InterDev 做系统开发，用 NT 4.0/ IIS 3.0 访问 AS/400 上的 DB2 数据。同时，集团决定建立全球专网，以增强集团全球各地的分支机构之间的信息通信能力。Exchange 的电子邮件功能、日历服务、个人工作管理和会议管理等“即插即用”的功能，使用户即时拥有了方便、易用的协作环境，实现了与客户和其他部门之间快速、方便的信息沟通。另外，Exchange 服务器安全、高效的网络管理能力和与 Windows NT Server 集成而具备的高安全性，使中远集团能够建立起全球信息通信的基础平台，实现全球信息的畅通无阻。

为适应中远复杂的组织结构以及跨国家、跨行业经营的需要，中远集团在中远集团总部和中远集运公司利用 MySAP.com 建立了财务信息系统，以实现全集团财务信息共享，并在此基础上实现整个集团资金、预算和财务报表的统一管理，由此来强化整个公司的风险控制能力。MySAP.com 系统功能范围包括财务会计（FI）、管理会计（CO）、物料管理（MM）、资金管理（TR）和投资管理（IM）五个模块。

随着中远集团业务的迅猛发展和航运客户、国际市场的需求变化，中远集团领导高瞻远瞩、与时俱进，决定对现有集团网站进行第三次改版，改版的主要目标就是“以业务为核心，体现中远集团的国际化形象”，使网站服务于企业、市场、员工，达到“内聚人心，外树形象”的效果。

### 11.4.4 应用成效

中远网以互联网和内部局域网为基础，提供网上船期公告、货物跟踪、信息查询、单证制作、委托订舱、网上支付等运输和综合物流服务内容，提高了内部交流、外部沟通的效率；解决了信息不灵通、资金周转困难等问题；为商业信用危机、三角债等难题提供了解决契机。电子商务的实施对中远集团的发展具有显著成效。

（1）通过发展电子商务，中远集团成功引入了供应链管理、企业资源计划和客户关系管理等先进经营理念，从而全面整合商业流程，提升企业经营、管理水平，更大的降低成本，更快的捕捉市场，建立长期、可持续赢利的、面向客户的商务模式。

（2）电子商务模式的成功实施，缩短了承运人与客户的距离，加快了对市场“感知和应变”的速度，增强了提供个性化服务的能力，从而能大大推进中远集团“营销一体化”的改革步伐。

（3）电子商务是中远集团实施全球物流战略的根本保证。只有成功地利用电子商务手段，企业才能有效调控和配置物流资源，策划科学高效的整体物流方案，才能为全球客户提供全面、优质、个性化的物流服务，强化并放大企业的核心竞争力，发掘新的利润源泉，实现中远从“全球航运承运人向全球物流经营人转变”的发展目标。

总的来说，中远集团在以运输业为主业的发展前提下稳步发展，合理的运用电子商务技术，物流业异军突起，陆上产业欣欣向荣，资本运作走向成熟，“数字化”企业昭示未来，企业文化聚集起核心竞争力，开始了从全球承运人向全球物流人转变的新征程。

### 11.4.5 发展战略

中远集团未来的目标是构建基于 Internet 的、智能的、服务方式柔性的、运输方式综合多样并与环境协调发展的网上运输和综合物流系统，向全球物流人发展。为此，集团管理层制订了以“六个平台”为基础的电子商务发展战略。

（1）动力平台——满足全球客户需求变化。随着电子商务的发展，客户的需求正由实体交易转向虚拟交易，客户最终关心的是以客户为本的“供应链”在网上与现实之间的完美结合。因此，中远发展电子商务的根本出发点和唯一动力就是围绕全球客户的需求变化，为企业创造最佳的效益。

（2）业务平台——全球一体化的市场营销体系。当前，包括中远在内的国际各大航运企业的内部资源配置模式正在由航线型资源配置模式向全球承运的资源配置模式转变，将遍布于全球各地的人员、设备、信息、知识和网络等资源进行全方位、立体化的协调和整合，形成全球一体化的营销体系。中远电子商务是其全球营销体系的网上体现，中远全球营销体系则是中远全球性电子商务的基础平台。

（3）管理平台——物流、信息流和业务流程重组。中远电子商务的管理平台是实现物流、信息流和业务流“三流”统一，以创造更科学、更合理、更节约的生产与消费的衔接。以互联网为基础，整合客户供应链各环节的物流提供者，构造面向客户的虚拟综合物流网络。

（4）服务平台——“一站服务”和“绿色服务”。所谓“一站服务”，就是指客户在中远全球营销网络中的每一个服务窗口都可全部办完原先需跑若干窗口才能完成的托运操作手续。而网上的“一站服务”就是将这种服务移植到网上。“绿色服务”就是派出优秀的业务人员进驻客户单位进行联合办公这一形式，网上的“绿色服务”就是将这个概念嵌入客户的内部网络中，从而直接深入地为客户提供服务平台。

（5）技术平台——Internet 和中远全球信息管理系统。完善的电子商务的前提和基础是完善的企业级计算机网络及金融、贸易和法律环境，中远集团正致力于从系统设计、数据标准、功能模块、网络技术上，将现有信息系统按照电子商务的更高要求进行完善和整合，致力于在国内外推广电子提单的应用，并在中国航运电子商务业内标准的建立上作出自己应有的贡献。

（6）文化平台——以客户满意为中心的中远特色企业文化。电子商务与其说是一种新技术，不如说代表着一种新文化。中远的电子商务是面向客户的，它将中远的业务流程全过程地呈现在客户面前，与客户之间通过沟通达到和谐和默契是中远电子商务最高的文化境界。集团每一位员工都通过 Internet 在客户面前代表着企业的整体形象，不同国家、不同肤色、不同语言、不同种族的客户都能够在 Internet 上亲身感受到中远人格化的“以客户满意为中心”的企业文化。通过互联网“让客户快乐”，“让客户主宰一切”，真正让客户在中远构建的文化平台上得到最大的满足是中远实施电子商务的重要战略目标。

### 11.4.6　案例评析

中远集团是中国最大的远洋运输集团，在国内外共拥有数百家成员企业，如今正按照“年创百亿效益，打造百年中远”的目标，朝着建立现代企业制度的方向迈进。对这样一个“巨无霸”型的企业，没有先进的信息技术作为其业务支撑的体系简直是无法想象的。因此，中远集团一直把企业信息化的发展和应用作为企业成长壮大的重要武器。

在国际竞争十分激烈的航运市场，作为一家颇具实力的跨国企业集团，中远集团不得不直面世界著名的跨国公司的竞争。因此，对中远来说，发展电子商务绝不是“花架子”，也不是为了“赶时髦”，而是切切实实地把它作为提高企业适应市场能力和提升国际竞争力的有效手段。从中远现有的发展状况来看，在电子商务发展方面还落后于世界优秀的航运企业。因而，为适应形势发展的需要，中远发展电子商务的战略目标定位在从全球客户的需求变化出发，以全球一体化的营销体系为业务平台，以物流、信息流和业务流程重组为管理平台，以客户满意为文化理念平台，构建基于 Internet 的智能的、服务方式柔性的、运输方式综合多样的并与环境协调发展的网上运输和综合物流系统。这一战略目标是极具前瞻性的，既为中远电子商务的发展指明了前景的方向，也说明中远电子商务发展任重而道远，只有通过锲而不舍的努力才能真正到达胜利的彼岸。

依托庞大的船队、遍布全球的物流网点，借助先进的电子信息技术和国际互联网的强大力量，中远集团正由传统的远洋运输企业逐渐发展为一个以国际航运为依托的现代综合性物流企业。

## 11.5 典型案例 2　中国铁路电子商务发展

### 11.5.1　铁路概况

我国地域辽阔，人口众多，资源分布不均，地区经济发展不平衡。因此，铁路长期以来在中国交通运输体系中一直起着骨干作用，而且由于铁路的技术经济特性，铁路事业的发展对中国当前实施可持续发展具有重要意义。中国第一条铁路是 1876 年英商在上海至吴淞间修建的，较之世界上第一条正式营业的铁路落后了 51 年。新中国成立后，中央人民政府成立了铁道部，统一管理全国铁路，组织了桥梁和线路恢复工程，并大力修建新铁路，以保证日益增长的运输需要。

“十五”是我国铁路业快速发展的时期。2005年，铁路全行业完成旅客发送量11.56亿人，“十五”期间年均递增1.92%；旅客周转量6,062亿人公里，年均递增5.99%；货物发送量26.93亿吨，年均递增8.56%；货物周转量20,726亿吨公里，年均递增8.52%。尤其是“十五”后两年，铁路主要运输指标增势加快，旅客发送量、旅客周转量、货物发送量、货物周转量年均增速分别达到9.01%、12.51%、9.58%和9.62%，为国民经济持续快速稳定发展提供了有力支持。2005年底全国铁路营业里程7.5万公里，比“九五”末增长9.9%。其中复线里程2.5万公里，电气化里程2万公里，分别比“九五”末增长19.4%和35.6%。目前我国已掌握了时速160公里等级的运输装备、线路、信号及运营管理成套技术，基本掌握了时速200公里等级线路的修建技术和既有线改造技术，引进了国外客运动车组和大功率机车等先进技术，研制并投入运用了25吨轴重大型运煤货车，成功开行了大秦线2万吨重载列车，推进了信息系统建设。青藏铁路高原多年冻土等建设施工技术已跻身国际先进行列。“十五”期间，铁路各项事业取得了长足进步，但与国民经济发展要求仍然存在较大差距。主要是运输能力严重不足，路网规模和结构与经济社会发展要求不相适应，“瓶颈”制约依然严重；技术装备水平仍有较大差距，难以适应现代社会的运输需要；投融资市场化程度仍然较低等。

按照国家的部署，“十一五”期间，中国铁路发展的主要目标是：建设新线1.7万公里，其中客运专线7,000公里；建设既有线复线8,000公里；既有线电气化改造1.5万公里。到2010年，全国铁路营业里程达到9万公里以上，复线、电气化率均达到45%以上，快速客运网总规模达到2万公里以上，煤炭通道总能力达到18亿吨，西部路网总规模达到3.5万公里，形成覆盖全国的集装箱运输系统。基本实现技术装备现代化，运输安全持续稳定，经济效益不断提升。铁路改革取得明显成效，投资主体多元化取得重大进展，初步建立起适应社会主义市场经济发展的铁路管理新体制。

“十一五”时期，我国铁路发展的六项重点任务是：

（1）加快建设发达铁路网，包括建设快速客运网络，强化煤炭运输通道，加强港口和口岸后方通道建设，继续扩展西部路网，优化和完善东部、中部的路网，建设集装箱运输系统，加强主要枢纽建设；

（2）大力推进技术装备现代化，包括加快机车车辆升级换代，提升线路基础设施技术水平，加快通信信号技术现代化，积极推进铁路信息化，加强资源节约和环境保护，加快铁路创新体系建设；

（3）确保铁路运输安全，包括加速铁路行车安全装备现代化，坚持安全第一、预防为主、综合治理的原则等；

（4）提高铁路服务质量，包括继续推进内涵扩大再生产，巩固和提高铁路在中、长途客运和大宗货运市场中的份额，提高短途客运和高附加值货运市场份额；

（5）积极稳妥地推进铁路改革，包括推进铁路投融资体制改革、铁路股份制改革和运输管理体制改革等；

（6）加强人才队伍建设，实施人才强路战略，以经营管理人才、专业技术人才、技能人才3支队伍建设为重点。

## 11.5.2　发展背景

铁路运输在某种程度上可以说是国民经济与社会发展名副其实的“火车头”，担负着带动全局发展的神圣使命。在经济与社会信息化的浪潮中，铁路运输自然也不例外，发展铁路信息化势在必行。

我国铁路信息化的发展历程可以分为两个时间段。

（1）20 世纪 70 年代初～90 年代初。在这一阶段，铁路信息化建设基本上是小规模建设单项、部门级建设，采用的也多是初级应用，例如数据处理系统；

（2）20 世纪 90 年代中期至今。在这一阶段，铁路信息化建设进入了大规模建设时期，建设了综合、企业级系统，应用也进一步深化，建设了包括运输管理信息系统、铁路客票预定和发售系统等业务管理信息系统。

近 20 年来，铁路信息化建设不断“提速”，取得的成就有目共睹，特别是在引进加拿大 CR 货车管理系统的基础上，经过消化吸收并经过独立开发建成的世界上最大的货车管理系统，已经实现了对中国铁路 60 余万辆货车实现追踪管理和全部货票管理，实现了全路主要编组站列车改编过程和信息处理的自动化。

目前，铁路客票预定与发售系统基本建成，建成了 25 个地区客票中心，实现全路 6,000 多个的窗口的计算机售票，并实现了异地票发售和部分地区的网络预订。此外，铁路调度管理系统、办公自动化系统等信息化应用项目也在中国铁路全面推广应用。当前，中国铁路正在全面规划和实施电子商务发展战略，使其成为推动我国铁路快速发展的新的动力。

## 11.5.3　发展优势

在我国，铁路运输一直是物流运输业的主渠道。在经过长达数十年的快速发展后，中国铁路已经拥有了以路网、机车、车辆、仓储和信息系统等为代表的巨大资源，这些资源不仅在运输业中是其他企业无法相比的，而且也为铁路系统开展电子商务创造了良好的条件，具体表现在以下一些方面：

（1）中国铁路拥有国内规模最大的运输设备资源和储藏能力强大的仓储资源，并具有极为完善的铁路运输组织，对开展 B to B 电子商务所需要的城际、城乡间中长途物流配送及运输极为有利。

（2）中国铁路拥有规模仅次于中国电信的铁路专网通信网络，并为中国联通 GSM 移动通信网在全国 20 多个大城市间提供了联网数字通道，而且许多站段拥有局域网，到分局一级的局域网更为完善。

（3）中国铁路已经建立起了运输行业中最为庞大的信息网络和种类最齐全的信息系统，已具备了良好的网络基础设施。目前，铁路内部办公系统、企业内部网及服务于企业业务的应用系统、关键业务系统、客票预订与发售系统和行包信息系统等均已经或正在建设，这些信息系统构成了铁路电子商务应用的基础。

（4）在人才方面，我国铁路拥有包括计算机、通信、网络、营销和管理在内的多方面人才，铁道部科学研究院、各铁路局科研所等科研机构及众多与铁路关系密切的高等院校，为铁路输送大量人才。

（5）持续增长的、巨大的市场需求是铁路电子商务应用的外部动因。电子商务发展带动了物流运输业的繁荣，为运输企业提供了巨大的发展空间。随着电子商务应用的不断深入，市场对铁路运输业的需求已变得越来越大，为中国铁路的发展提供了极为难得的发展机会。

### 11.5.4 实施步骤

由于受我国国情、路情的限制，我国铁路运输业电子商务功能不可能马上全部实现，应根据技术和业务实现的难易程度，按"先客运后货运"，"先信息交流后电子交易再实时监控"，"先主业后延伸服务"，"先在部分车站、分局或路局试点后在全路推广"的顺序分步实施，具体步骤如下。

（1）实现互联网的初步应用。先在部分基础较好的车站或分局、路局建立电子商务网络站点，实现信息发布、广告宣传、信息咨询、到达通知和留言板等功能。这样有利于进行铁路电子商务宣传及铁路运输企业形象宣传，并架起铁路与广大旅客和货主沟通的桥梁，有利于开拓运输市场、提高铁路的竞争力。

（2）局部实现网上交易。在继续扩大铁路电子商务网站的同时，部分网站与金融系统连通后可开展网上交易，即网上售票、网上托运、网上赔付等。这是铁路电子商务系统的核心，一定要确保安全可靠。由于货物运输及事故赔偿的复杂性，这一步应按照先网上售票后网上托运再网上赔付的顺序开展。

（3）全面推进电子商务应用。在全路推广电子商务业务，在实现网上信息交流、网上交易的基础上，联合 TMIS（铁路运输管理信息系统）等计算机系统实现网上实时监控，全面推进电子商务的发展与应用。另外，在开展主业电子商务的同时，可积极拓展延伸服务，向货主、旅客提供一些相关信息，帮助联系一些相关业务，以加强与旅客和货主的联系，树立良好的铁路企业形象。

### 11.5.5 发展目标

中国铁路发展电子商务不是追求资本市场中的"电子泡沫"，而要立足于为铁路运输主业服务，实现盘活信息、盘活载运及仓储设备，拓展延伸服务和增值服务，提高铁路在客运和物流产业中的地位并扩大市场份额的目的。中国铁路发展电子商务的总目标是：

（1）积极探索利用电子商务手段改善客运业务运作，为广大旅客尽量提供优质、高效的客户服务，降低客运服务成本，增强铁路在客运服务中的竞争力；

（2）在物流运输方面，重点发展 B to B 电子商务，从物流的承担者逐步转变为物流的组织者；与此同时，不断丰富营销手段，利用 B to C 电子商务方式，拓宽延伸服务和信息增值服务品种，培养新的经济效益增长点；

（3）利用电子商务技术整合现有信息系统，提高企业内部的协同工作效率和信息共享程度，降低企业成本；

（4）完成铁路电子商务应用系统的开发建设，调整运输产品结构和相关配套措施，最终建成全国最大的电子商务应用及第三方物流供应链体系，实现铁路运输业的全面振兴。

### 11.5.6 应用领域

中国铁路电子商务的重点应用领域是：

（1）以客票电子商务系统为基础，提供旅客出行的一体化服务，逐步实现客运过程的全程电子化；

（2）以行包运输为基础，开设运输代理，建立物流配送中心，实现小件运输高速化；

（3）以集装箱运输为核心，实现多式联运服务信息化；

（4）实现货物运输全程追踪自动化；

（5）集成整合铁路现有信息资源，实现铁路内部信息系统一体化；

（6）发挥网站在政府对铁路系统管理中的宣传作用；

（7）实现国际联运电子商务全球化。

铁路电子商务发展的突破点是：

（1）构造铁路电子商务的网络、应用平台及门户网站；

（2）以客票系统、集装箱、行包和中铁快运为基础，开发基于铁路客票系统的旅客出行一体化信息服务，发展 B to C 电子商务业务，提供快速供应链体系及运输代理，建立第三方物流体系，发展 B to B 的电子商务；

（3）初步建立铁路电子商务的基本框架和运营管理体系。

### 11.5.7　总体框架

铁路电子商务系统的总体框架由一个全路的门户站点、电子商务应用平台及铁路现有内部信息系统三部分组成。

（1）全路的门户站点的作用是树立全路统一的品牌，各专业系统可建立子门户站点，提供专业化的服务，在路局层次可建立子门户站点，提供本地化的服务。此外，电子商务系统是一个提供商业服务的系统，政府信息、新闻信息可由铁道部授权的政府子网站负责管理。

（2）铁路电子商务系统平台用以向各铁路内部信息系统提供服务，提供统一的标准接口。全路电子商务门户提供子门户的导航及专项服务集成的功能。所有用户可通过总门户进行访问，也可直接访问各子网站，获取铁路电子商务的服务。

（3）铁路电子商务系统平台包括系统的安全保障环境、硬件基础设施、基础支持平台、商务支持平台、商务服务平台、应用软件和表达平台等几个部分构成。这几个部分通过相关接口与银行、认证机构和铁路的合作伙伴进行协作。

为使铁路电子商务积极稳妥地进行，中国铁路已经开始从铁道部政府站点、铁路物资总公司中铁贸易网及中铁物流网、中铁快运有限公司、铁路集装箱中心入手进行试点工程的建设，开发相关的电子商务系统并进行实验。与之相配套的物流配送体系也开始逐步设计、建设和推广。

### 11.5.8　案例评析

中国铁路运输在全国运输市场中占有重要的地位，“铁路是国民经济的大动脉”形象地反映了这一特征。在我国，铁路是物流业的主力。为实现畅通、高效的物流，满足货主在安全、迅速、准确、及时、经济、便利等方面的运输要求，铁路必须迎合计算机网络化和经济全球化的趋势，积极发展电子商务，以适应社会的高效率、低成本和快节奏。

经过近 20 年的发展，铁路信息化建设已经取得了很大的成就，形成了一定的体系。但是，相对于发达国家和其他行业，我国铁路电子商务的发展还非常落后，还不能适应信息化时代的要求，不能满足旅客和货主的需求。因此，中国铁路的电子商务建设是铁路适应电子商务发展浪潮的重大举措，是今后铁路信息化建设的重要方向。在铁路信息化建设的规划当中，铁路电子商务工程已经被列为未来的重点工程之一。加快铁路电子商务的建设不仅是铁路自身发展的需要，而且对中国电子商务尤其是中国的现代化物流体系的建设也必将作出新的贡献。

## 11.6 典型案例3 广州宝供第三方物流

### 11.6.1 公司概况

总部设在广州的宝供物流企业集团有限公司（简称“宝供”）创建于1994年，1999年经国家工商行政管理总局批准，成为国内第一家以物流名称注册的企业集团。宝供的前身是广州的一家铁路货物转运站，创立初期规模很小，但由于经营灵活，服务质量好，因而不断受到客户的好评，而且还是当时广州唯一一家能够提供24小时货运仓储的服务企业，以至于 1994 年进入中国市场的宝洁公司也将物流业务交给这家当时很不起眼的铁路货物转运站来做，宝供也因此迈出了其综合物流服务的第一步。

当前，公司已形成了一个覆盖全国并开始向美国、澳大利亚、泰国和香港等地延伸的国际化物流运作网络和信息网络，与国内外近百家著名大型工商企业结成战略联盟（包括宝洁、飞利浦、联合利华、安利、通用电器、松下、三星、东芝、LG、壳牌、丰田汽车、雀巢和卡夫等世界500强企业以及国内一批大型制造企业如TCL、厦华和中石油等），为他们提供商品以及原辅材料、零部件的采购、储存、分销、加工、包装、配送、信息处理、信息服务和系统规划设计等供应链一体化的综合物流服务。2002年12月宝供集团被中国物流与采购联合会命名为“中国物流示范基地”，成为入选的唯一一家第三方物流企业。同时也是国家经贸委的重点联系企业、广东省流通龙头企业、中国物流百强企业、中国5A级物流企业。2004年，宝供集团以其雄厚的实力及现代物流经营理念，取得目前国内唯一广州←→上海行邮特快专列的独家经营权，该专列全程按特快客车运行图运行，可为社会各企事业单位提供行李、包裹、邮件及其他大宗货物的铁路快速运输服务、区域接取送达服务以及包括储存、包装、装卸、配送、物流加工和信息咨询一体化的综合物流服务。2007年9月，由国务院信息化工作办公室、国家发改委、信息产业部、商务部和国家信息化专家咨询委员会共同主办，中国电子信息产业发展研究院和中国计算机报社承办的“2007中国信息化推进大会”在北京隆重开幕，宝供物流获得由会议承办单位中国计算机报社颁发的“信息化影响中国2007年度贡献奖”，这是宝供物流继2005年度后再次应邀参会并获得本项荣誉。

宝供以其超前的物流服务理念、遍布全国的运作网络、一流的质量保证体系、全程的信息服务优势、先进的物流管理模式、丰富的物流实践经验以及强大的学习型、知识型物流人才队伍，一跃成为中国领先的第三方物流企业，并被物流界誉为中国物流企业的“希望之星”、“璀璨之星”。图11-5为宝供物流主页。

图 11-5　宝供物流主页

## 11.6.2　发展背景

从 1994 年底成立至今，宝供的客户从最初宝洁一家发展到现在的 50 多家，其中多数是实力不菲的跨国公司。宝供的成长引起了行业内外的广泛关注。实际上，在宝供快速成长的发展历程中，信息化起着重要的作用，它为宝供这一专业第三方物流企业提供了动力。物流与信息流的高度融合奏响了物流企业前进的乐章。早在 1996 年，国内绝大多数的企业还不知道 Internet 为何物的时候，宝供就开始用它来“武装”自己的物流系统，走出了迈向现代物流的关键一步。在短短几年的发展历程中，宝供留下了许多令人深思的足迹。

（1）1997 年，在国内率先提出并建成了基于 Internet/Intranet 的、全国联网的物流信息管理系统，使宝供总部、六大分公司、四十多个运作点实现内部办公网络化、外部业务运作信息化，并实现仓储、运输等关键物流信息的网上实时跟踪，这在当时是全国领先的创举。

（2）1998 年，宝供完成关键客户与宝供信息系统的对接工作，客户可以通过宝供信息系统实时管理和控制不同区域、不同仓库、不同类型、不同产品的库存，制定最佳营销策略。同时，宝供实现了“客户电子订单、一体化运作”的电子商务初步目标，极大地简化了商务流程，提高了业务运作效率。

（3）1999 年，宝供建立了业务成本核算系统，有效地预测和评估每一笔运作业务利润回报率，为市场营销策略和业务运作提供了可靠的量化依据。

（4）2000 年，宝供建立了基于 VPN 电子数据交换平台，采用 XML 技术进一步提升与客户的电子数据交换水平，实现数据无缝交换与连接，为客户量身定制个性化的物流信息服务，自动提供各类专业业务报表、运作咨询服务。

（5）2001 年，宝供实现供应链上物流、资金流、信息流“三流一体化”管理。

（6）2002 年底，宝供通过招标买入了 IBM 公司承包的国际上先进的仓库管理系统 WMS 并引入专门适合第三方物流企业使用的 WMS-Exceed3.3，先进技术的应用使宝供的物流信息系统更能符合现代化物流企业的需求。

（7）2002～2003 年，宝供建立起了基于 B to B 的电子商务，与客户结成供应链一体化合作伙伴。

（8）2004 年，宝供集团与中铁行包联手打造了铁路运输新产品行邮专列，它是按特快客车的运行图运作的，具有快速、安全、准确、可靠的特点。

从宝供的发展历程可以看出，物流信息系统的建设一直占据宝供发展过程的核心地位，在企业发展中起着重要作用。

### 11.6.3　信息化建设

广州宝供自成立以来，一直高度重视信息化建设，平均每年投资 500 万元用于物流信息化的软硬件建设、改造、开发与维护。目前，宝供已成功建立起了物流信息中心、总部局域网和基于 VPN 的全国运作与客户服务网络；成功设计和开发了运输管理系统、仓库管理系统、配送系统、资源分配与调度系统、供应商管理系统、客户管理系统、成本核算系统、人力资源管理系统、合同与档案管理系统以及支持管理决策的查询、统计、分析和报表生成系统等物流企业管理与业务运作管理配套系统软件。作为国内第一家专业的物流企业，宝供利用 XML（Extensible Markup Language）技术实现了基于 Web 的 XDI（XML Data Interchange）电子数据交换功能；建立起了 B to B 的电子商务模式和规范；培养和引进了几十名高素质专业型信息技术人才，管理人员实现了移动网上办公，所有员工实现网络化电脑办公。

宝供物流信息系统（参见图 11-6）运用了 Internet/Intranet 网络技术，构建基于 VPN 的网络数据传输平台，各分公司与总公司借助 DDN（数字数据网）专线、光缆或卫星网与卫星小站进行通讯连接。物流信息中心由主机子系统、局域网子系统、数据库平台及应用软件组成，并设立包括数据库服务器、邮件服务器、代理服务器、Web 服务器和文件服务器在内的多种专用服务器，采用最新防火墙技术保证网络信息的安全性。局域网子系统配置多层骨干交换机、Cisco 外部路由器。外部路由器负责控制与外部网络的连接，保证数据的安全传递，阻止不适合和不信任客户登录。采用世界先进的 Oracle8.0 产品作为数据库支持平台，并运用先进的 N-Tier 多层应用体系结构和 XML/JavaScript 浏览器技术分级访问系统数据库。

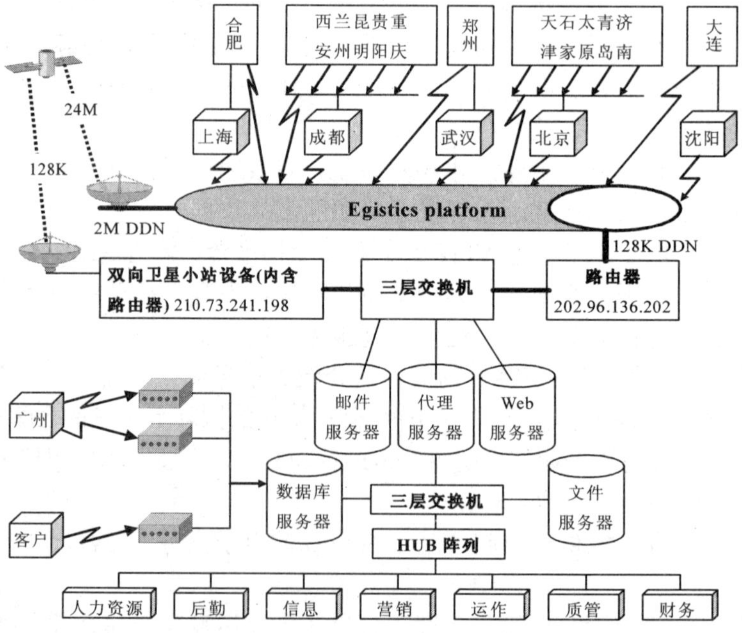


图 11-6　宝供物流信息系统结构图

宝供物流信息系统的建设同样经历了不断优化、逐步完善的过程，但每一步的发展与企业的业务需求紧密地联系起来，在企业的成长壮大过程中立下了汗马功劳。

### 11.6.4 信息系统

对宝供这样一家专业的第三方物流服务企业而言，关键的任务是要利用信息技术，借助网络的应用对整个供应链进行有效管理并提供全方位服务。所以信息系统的构建是现代物流发展的必由之路，而物流信息系统的构建也是电子商务发展的必然要求。建设物流信息系统要求物流企业及时跟踪货物的运输过程；了解库存的准确信息；合理调配和使用车辆、库房、人员等各种资源；为货主提供优良的客户服务；提供实时的信息查询以及物品承运的各种指标数据等。

宝供物流信息系统采用的是 Internet 网络构架的信息交流系统，把货物的运输系统分解为接单、发运、到站、再发运、再到站、签收等环节进行操作。在运输方式方面分为短途运输、公路运输、铁路运输、内河运输、海路运输和航空运输，使得系统能够涵盖所有的运输方式。针对物流企业仓库面积大、分布广的特点，把仓储部分分为仓库管理和货品仓储管理两大部分。系统的模块及功能如下：

（1）接单模块，应用基于 Internet 的 EDI 技术，货主只要将托运或托管的货物的电子文档通过电子邮件发给物流服务公司，即可完成双方的交接单工作；

（2）发送模块，具有完美的配车和凑货功能，辅助管理人员完成发送前繁琐的准备工作；

（3）运输过程控制模块，包括货物跟踪和甩货控制，可以实时反馈货物的在途运输情况，跟踪被甩货物的状况；

（4）运输系统管理模块，对承运人、承运工具的管理信息系统；

（5）仓位管理模块，根据优化原则，自动安排每种进仓货物的存放位置，自动提示出仓时应到哪个仓位提货，并可以提供实时仓位图；

（6）库存及出库管理模块，自动计算仓库中每种货品的库存量及存放位置，并按先进先出原则提货；

（7）客户服务模块，为客户提供所有质量评估信息和与自己货物相关的所有信息；

（8）储运质量评估模块、统计报表模块和查询模块等。

宝供的物流管理信息系统采用集中数据存储，各个分公司对于数据的保有权有时效限制，所有数据的维护都由公司的信息中心负责。宝供内部各分支机构以及宝供与客户之间通过 XDI 进行数据交换，各分支机构拥有自己的企业内部网络，通过一个接口与 XDI 相连。用 VPN 技术来保证数据的安全。

图 11-7 为宝供物流信息系统流程图。

这一信息系统所具有的特色具有以下几方面。

（1）开放性。基于 Intranet 技术，采用标准浏览器，客户端无需开发、培训，将系统维护的工作量降到最低。

（2）Web 上的 EDI。在 Internet 环境中实现安全的、标准的 EDI 交换。

（3）安全性。使用 SET 技术保证信息传递过程中的安全性。

（4）平台无关性。使用 Java 技术，实现系统的跨平台运作。

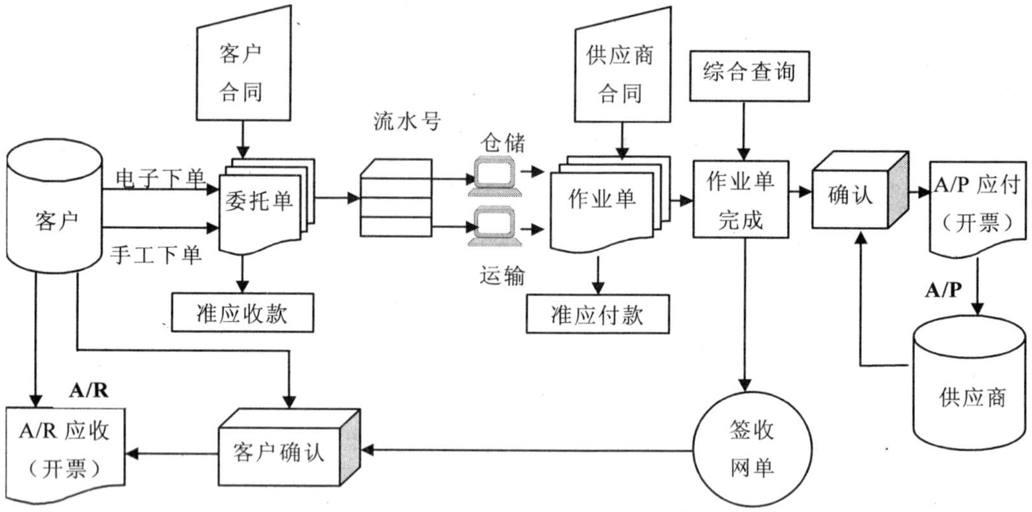


图 11-7 宝供物流信息系统流程图

企业信息化的高级阶段是通过为客户定制供应链管理系统优化供应链管理流程。要做到这点，首先要像企业管理咨询师一样调研和分析客户现有的业务管理模式，特别是订单管理流程，有针对性地提出基于信息化支持的优化流程。宝供为客户定制的订单管理系统已经支持客户销售流程，实现与客户分销管理的供应链集成，包括实现以下功能。

（1）订单状态全程跟踪，可全方位跟踪订单的状态。

（2）实时库存管理，可实时查询到当前宝供仓库的库存情况，确切地知道某仓库当前的实际库存、可发库存、在途库存、未运作库存和残损库存。

（3）辅助销售管理，系统可按日期、营业单位、产品类型、产品、经销商、销售类型、订单和要货情况等提供及时数据，并进行分类汇总或累计求和，为销售人员科学合理地制订、调整销售计划提供必要的参考数据。

（4）经销商管理，系统可实时提供任一经销商在某一时间范围内的要货汇总及要货明细情况，可提供某一销售区域内的经销商要货情况，使得客户总部可以更有效地掌握全国经销商的要货情况。

## 11.6.5 实施效益

应用了物流管理信息系统之后，宝供所取得的效益表现在以下五方面。

（1）对组织跨地区物流业务十分有利。物流信息管理系统可以把物流运输的运作情况在互联网上分为接单、发运、到站、签收几个部分，各个业务部分可以在不同的地方以不同的用户身份通过互联网进入系统，然后进行业务数据的输入和处理，业务运作突破了空间的限制，对组织跨地区的物流运输业务带来了极大的便利。

（2）资源利用更为充分。系统可以对仓库储存中的货品进行可视化的排库和盘点，还可对货品的各种统计查询以及智能化的货品实现先进先出功能，从而极大地方便了仓库管理者，并且为物流企业客户提供真正的物流服务奠定了基础。

（3）客户服务水平显著提高。对于客户来说，交运之后最需要了解的是物品的流通过程以及物品是否安全准确地到达指定的地点。通过物流管理系统，客户可以使用宝供提供的用户查询口令和密码，在线查询所有交运货物的状态，也就是说客户可以随时了解自己的物品是否发运、是否在途中、是否到站以及是否签收等情况。货品的达标率、破损率等都能够在线查询得到，令客户的满意度大大提高。

（4）流通效率和经营效益明显加快。通过物流管理系统，宝供集团运用其全面的规划设计功能、先进的信息网络系统、优越的仓储运输设施和个性化的服务方式，为宝洁、红牛、飞利浦和 TCL 等知名企业提供物流系统整合优化，提高了流通效率和经营效益。无论是宝供还是宝供的客户都能够及时了解到每一批交运物品的签收情况，可以尽早制订资金的运作计划，保证资金的快速流转。

（5）通信费用大幅度节省。物流业务具有跨地域广的特点，过去采用电话和传真的方式进行信息的交流，但是电话不能存底，而传真的文字不能用于数据处理，而且长途通信费用对于物流企业来说是非常巨大的。物流管理信息系统采用的是基于互联网构架的信息交流系统，利用互联网方式代替传统的长途电话或传真进行通信，不但使通信费用大大降低，而且信息处理的自动化程度也有了极大的提高。

### 11.6.6　发展战略

作为中国物流企业的领跑者，宝供深刻地感受到入世以后中国物流业发展面临的挑战，为此，宝供制定了科学的发展战略，具体包括以下几个方面。

（1）观念领先战略。宝供认为，要在中国乃至世界物流业中赢得领先地位，首先要有观念的领先。宝供将继续投入大量的资金创办一流的物流学校和一流的物流研究中心，通过广泛的物流研究与学术交流，深入挖掘物流理论的深刻内涵，研究现代物流运作模式，首先改革和更新物流理念，并指导物流实践，“用一流的观念，创造一流的物流服务”。

（2）科技支持战略。专业化、细致化、科学化的物流知识将成为未来物流体系改革、整合、规划和设计的重要依据，现代科学技术如各种条码技术、自动识别技术、自动分拣技术、卫星定位技术、自动化技术、信息技术、物流仿真技术、辅助决策技术等将成为物流运作的重要工具。因此，宝供必须高度重视先进技术在企业中的应用，以强大的科技支持促进企业的发展。

（3）供应链一体化发展战略。宝供集团十年来致力于现代企业供应链一体化的高水准服务，并已形成领先行业的水平和基础。近年来开始探索和实践在流通领域中的分销及连锁企业中的配送业务、港口物流业务和快运业务，并已取得成效。基于对未来市场变化的判断，宝供集团决定在未来的三至五年间，投入较大的资源，通过与铁路、航空和港口等社会机构的合作，致力于形成包括供应链物流、快运业务和流通配送为主体的三大物流体系和服务网络，以提升宝供集团的整体竞争力和企业价值。

（4）服务创新战略。宝供认为，企业的发展一方面要引导物流服务朝综合化、一体化方向发展，把物流诸多环节、服务类型进行系统整合，将不同货运公司、仓储公司以及社会资源进行物流资源整合，为客户提供长期的、专业的、综合的高效物流服务；另一方面，要适应21世纪个性化消费和个性化服务的需要，将改变传统企业的单一成本竞争策略转移到差异型、个性化的物流特色服务竞争。

（5）人才效益战略。公司将遵循“以人为本”的经营理念，充分发挥“人才效益”优势，广泛汇集和吸引一批包括教授、博士、硕士在内的高层次专业人才，提供科学化、现代化的优质高效的物流服务。未来公司的管理人员，要求百分之百具有本科或硕士以上学历。公司内部严格贯彻执行完善的培训和激励制度，不断增强企业的凝聚力，吸引和留住优秀人才。选拔、晋升和奖励工作成绩显著的员工，将公司利益与个人发展紧密结合，建设一支灵活精干、协作高效的学习型人才队伍。

（6）网络战略。为了更好地适应市场发展以及客户的需求，发挥宝供全国运作网络的作用，提高物流运作水平，宝供集团拟在全国20条主要干线构造一个安全、稳定、准时、可靠的快速通道；拟进一步与铁路部门及航空公司共同开辟新的运输线路，与其他同行探讨以武汉为中心的南北干线的交叉理货中心的建设。最后将形成一个快速的干线运输网络。在全国10个主要城市开展深度分销配送业务，构建一个B to B、B to C的运作网络，形成一个以干线运输（“大动脉”）、区域配送（“血管”）和城市配送（“毛细血管”）三级联动的运输配送体系。

（7）基地战略。为适应中国加入WTO所带来的机遇以及生产模式、营销模式的变化，宝供集团拟在全国15个经济发达城市投资建设大型现代化的基于支持全球供应链一体化的综合性物流服务平台，形成一个以现代化物流服务平台为节点的运作网络。该平台不仅是一个现代物流中心，还是商品增值服务中心、商品采购中心、运输中心、交叉理货中心、多种运输交换作业中心，同时也是商品交易中心、金融结算中心、信息处理服务中心，从而成为国内采购集团的采购中心、国内外著名品牌在不同区域的分销中心以及当地工商企业的物流中心。

（8）联盟发展战略。强调在“供应链”上的诸节点之间植入“优势互补、利益共享”的共生关系，实施企业联盟化战略。宝供将在其他第三方物流企业、客户服务群和相关行业企业之间广泛寻找战略合作伙伴，通过联盟的力量获得竞争优势。

作为经过市场锤炼成长起来的新型物流企业，已经逐渐走向成熟的宝供将凭借规模经营优势、专业化优势、知识人才优势和个性化服务优势，在日益激烈的物流业竞争中赢得更大、更强的市场优势。

### 11.6.7 案例评析

“第三方物流”作为一种先进的物流服务形态，以知识化、科技化、服务综合化与个性化为主要特征，坚持“以人为本”的经营理念，努力培养和造就内部物流专业人才，建立具有丰富物流经验的技术队伍，在中国有着极为广阔的发展前途。宝供作为国内第一家注册成立的第三方物流企业，在十来年的发展历程中，从一个规模很小的铁路货运中转站发展成为中国一流的第三方物流公司，毫无疑问，信息化是其制胜的最有力武器。这一点十分值得国内物流业的同行学习、借鉴。同时，宝供的经验也让我们更加深刻地领会到，物流业的竞争力来自信息流与物流的完美结合，信息化是驱动物流前进的“车轮”。

十多年的发展，宝供走过了不平凡的道路。今天的宝供已经发展成了专业的、联盟的、网络的、集成的、供应链一体化的、以信息为驱动的第三方物流公司，已经当之无愧地成了中国物流业的领军企业，甚至国际著名的摩根·斯坦利银行也把宝供评估为中国最具价值的第三方物流企业，这充分说明宝供的模式是成功的，它代表了物流运输企业前进的方向。

当然，在新形势下宝供面临的挑战也是十分严峻的。入世以来，国际著名的物流企业纷纷进入中国市场，争抢分食中国物流市场的“大蛋糕”。面对挑战，宝供将进一步加快信息化发展步伐，并提出了要向供应链方向转型，即在物流领域走专业化道路，将业务定位为供应链的管理者。为确保顺利转型，宝供决定从对资源的整合、加强信息技术的建设和管理、提高人员素质三个方面入手，进一步保持和增强自己的竞争力。

宝供的发展案例对我国数以万计的交通运输企业来说，无疑具有重要的启发作用和指导意义。

# 第 12 章　通信业电子商务发展

通信是现代社会的“命脉”，是人类社会信息传播的基本途径。通信业与社会发展的各个领域以及每一个人都息息相关，是一个领先于国民经济发展的先导产业。在我国，伴随着固定电话和移动电话用户数双双跃居世界第一、互联网用户数位居世界第二（即将超过美国而成为世界第一），我国通信事业快速发展所取得的巨大成就正越来越受世界瞩目，而且中国也已当之无愧地成了世界通信大国。随着世界经济全球化的迅猛发展以及我国国民经济持续快速的增长，我国通信事业正面临着前所未有的发展机遇，但加入 WTO 和互联网对传统通信业务的影响正在给我国快速成长的通信业带来了不可低估的挑战，换句话说，中国通信业正经历着更为复杂多变的技术与市场环境的多重考验。

通信业是为各行各业电子商务发展提供基础服务的重要产业，对全社会的电子商务发展水平和层次有着实质性的影响。与此同时，通信行业自身电子商务的发展与应用，不但对通信行业的健康、快速发展有着重要的促进作用，而且对社会各行业电子商务的发展有着很强的示范效应。可以说，学习和研究通信行业电子商务的发展与应用问题，既可以让我们对现代通信业如何在网络经济时代赢得新的发展有新的认识，还可以对通信业如何促进其他行业电子商务的发展产生更多的思路。

## 12.1　通信业发展概况

通信业包括通信运营业和通信制造业两个部分，在世界各国，特别是在发达国家都拥有相当可观的市场容量。在我国，通信业在国民经济发展中的地位非同一般，在通信运营业中集中了中国移动、中国电信、中国联通、中国网通等多家用户数具有世界级规模的大型运营商；在通信制造业中同样拥有华为、中兴等多家跻身世界通信制造业之林的重要企业。通信业在促进我国经济繁荣与和谐社会建设、提升人民生活水平的作用功不可没。

### 12.1.1　世界通信业发展状况与趋势

人类通信发展史上从第一个电话用户的出现到 1997 年底第 10 亿个用户的诞生整整经历了漫长的 120 年的悠悠岁月，而从第 10 亿个用户的出现到 2001 年年中第 20 亿个用户接入通信网，竟然不到 4 年的时间，世界通信业的发展速度不能不令人瞠目。在最近几年，这种迅猛发展的势头有所减缓，但增长的潜力还是十分可观。

2007 年 9 月 4 日，国际电信联盟（简称国际电联）在日内瓦发表报告称，截至 2006 年年底，全球移动和固定电话用户总数接近 40 亿，其中移动电话用户达 26.8 亿，固定电话用户达 12.7 亿。中国、巴西和印度等发展中国家的移动电话用户数量在 2006 年快速增加，截至 2006 年年底，发展中国家移动电话用户数量约占全球总数的 61%。

值得指出的是，在最近十年中，移动通信业务作为世界通信业的后起之秀迅速异军突起，创造出了世界通信业发展的新的奇迹。国际电信联盟曾在 1999 年作出预测，全球移动电话要到 2009 年才有可能超过固定电话用户数，实际上这在当初看来并不保守的估计在三年以后即被证实“失效”了。仅仅在 2002 年一年，全球移动用户数从 9.55 亿增加到 11.45 亿，正式超过固定电话用户数。在 1995 年中，世界上只有两个最富裕的国家——美国和日本的移动通信用户数超过了 1,000 万。而现在仅仅中国一个国家，移动通信用户总数就超过了 5 亿，这在当时是始料不及的。

可以预见，世界通信业在未来还有很强的增长潜力，而移动通信将是引领世界通信业快速增长的“主力军”。

### 12.1.2　我国通信业发展状况

新中国成立以来，特别是改革开放以来，我国的电信业实现了跨越式发展，取得了举世瞩目的成就，为推进信息化建设、促进经济社会科学发展作出了重要贡献。

改革开放之初，中国通信产业十分落后。1978 年，人口总数超过 9 亿的中国，只有电话交换机 406 万门，其中自动交换机 116 万门，尚不及 400 万人口的香港地区；电话普及率平均每百人不到半部，低于当时非洲国家的水平。发展严重滞后的通信业与刚刚实施改革开放的中国对经济发展的迫切要求形成了巨大反差，成为制约社会、经济发展的“瓶颈”因素。从 1985 年起，中国邮电通信的发展速度开始超过国民经济的发展速度。从第七个“五年计划”开始，中国电信业连续以高于同期 GDP 几倍的增幅发展，从过去制约经济发展的“短腿”迅速转变为拉动经济发展的“火车头”，并以自身翻三番的超常规发展，确保了中央确定的到上世纪末实现 GDP“翻两番”的目标。

2006 年全国电话用户总数突破 8 亿户，固定电话用户总数达到 36781.2 万户。其中，无线市话用户总数达到 9112.7 万户，公用电话用户总数达到 2982.3 万部，移动电话用户总数达到 46108.2 万户，移动分组数据用户总数达到 13809.4 万户，固定电话普及率和移动电话普及率分别达到 28.1 部/百人和 35.3 部/百人。

特别值得一提的是，我国移动通信产业的发展走过了一条超常规的道路。20 多年前，我国内地第一个大容量蜂窝式公用移动通信系统开通，从此开始了我国内地移动通信发展的历史。在这 20 多年中，我国移动通信产业持续高速发展，移动通信的网络规模、技术层次和服务水平都发生了飞跃，近 10 年是移动通信发展速度最快、改革力度最大、影响最为广泛的重要时期。到 2007 年 7 月，我国移动电话用户合计为 50856.4 万户，是全球移动电话用户最多的国家。同时，我国的两大电信运营商，中国移动和中国联通也在 20 年的发展过程中，分别成就了规模全球第一和第三的移动通信网络。

曾为制约社会、经济发展“瓶颈”的中国电信业，经过 20 多年的超常规发展，用户规模已跃居世界首位，对国民经济与社会发展的带动作用已经非同寻常。信息产业部在总结成功的经验时认为，通信业超常规发展的促进因素很多，其中很重要的一条是在发展的转折时期及时抓住历史机遇，主动调整发展战略，从而有力地促进产业健康快速地发展。上个世纪 80 年代，我国抓住程控交换技术和光缆技术成熟的机遇，跨越国外电话的传统发展阶段，果断上程控、上光缆，实现了我国固定电话的迅猛发展；此后，我国准确把握移动通信发展的趋势，大规模建设移动通信网络，推动了移动通信大发展并使其成为通信业的新长增点；世纪之交，互联网发展风起云涌，我国抓住机遇并理性务实地推进，实现了产业健康发展。

按照国家的部署，到2010年我国电信业将实现经济贡献、服务水平、协调发展、竞争能力四个方面的发展目标。发展重点包括几个方面：

（1）把握电信发展的三大增长(移动通信、增值电信、宽带)轨迹，实现电信业又好又快发展；

（2）贯彻国家战略，推进区域协调发展；

（3）继续推进电信普通服务，加快社会主义新农村建设；

（4）积极推进“三网融合”，促进资源有效利用；

（5）强化网络与信息安全管理，营造安全的信息通信环境。

围绕上述目标，政府部门正为实现行业又好又快发展积极创造有利环境，加强法制建设、加大宏观指导力度、完善市场监管体系、严格通信建设管理、深入开展“村村通电话”工程、提升自主创新能力、强化网络与信息安全监管等。上述务实目标和务实举措无疑将有利于今年电信业的稳健发展。

在通信设备制造方面，华为、中兴等通信设备制造商在立足国内市场的同时，正在加快走向国际化的进程；联想、TCL等手机制造商乘着我国移动通信业快速发展的东风，正在为我国国产手机赢得新的发展机遇。目前，越来越多的用户同时拥有固定、移动及互联网等多种通信手段，同时使用不同运营商提供的通信服务，一户多机、一机多卡正在成为一种趋势，预示着我国通信事业发展的欣欣向荣之势。

作为我国信息化发展的重要推动力量，我国各大通信行业正在按照“坚持以信息化带动工业化，以工业化促进信息化”的发展方向，为我国工业化发展搭建更宽、更大、更先进的网络技术平台，为优化产业结构提供全方位的信息化支撑，为服务经济建设和人民生活发挥越来越重要的作用。

事实上，尽管中国通信业已经取得了令世人刮目相看的成就，但与世界通信业的先进水平和WTO对中国通信业的发展要求相比，存在的差距还是十分明显的。中国通信业的未来充满着希望，但面临的挑战和困难同样需要认真对待。

## 12.2 通信业电子商务概述

长期以来，通信行业在信息技术应用方面一直处于比较领先的水平，通信业信息化的发展与应用也走在了各行业的前头。可以说，通信业在电子商务发展方面具有明显的先天优势。从国际通信业电子商务的发展状况以及我国通信业的发展趋势来看，这种优势已得到了一定程度的体现，并且正在向深层次推进。

### 12.2.1 通信业电子商务的概念与模式

简单地说，通信业电子商务就是指通信企业利用以互联网为核心的现代信息技术开展通信业务的运作。传统的通信业务相对比较简单，价值链仅包括通信设备制造商、通信业务运营商和最终用户三个环节，而电子商务应用的重要目的是要对传统价值链进行延伸和拉长，产生更多的增值环节和盈利空间。通信业电子商务的发展涉及到通信运营的三个层面。

（1）基础数据层。在通信企业运营着多种形式的内部支撑系统，如计费结算、网络管理数据、客户服务等分支系统，这些系统包含有大量的数据信息资源，这些资源不仅可以为通信企业日常运营提供支撑，还可以成为为行业外其他企业提供电子商务服务的手段。

（2）应用层。在应用层面，通信企业将不再居于主导地位，而是要与用户息息相关的行业，如信息服务、教育、医疗、工商税务、办公自动化、新闻媒体、娱乐、金融等进行全面和广泛的合作，为通信客户提供多层次的网上应用服务。

（3）业务层。在业务层面，随着宽带业务的快速普及，在与设备供应商和系统集成商的紧密合作下，通信企业以信息港湾、大型虚拟主机、主机托管和数据中心等方式，为应用层的企业提供业务支撑平台，并整合各应用服务提供商，将优质的服务推向市场。

从发展模式来看，主要有 B to B 模式和 B to C 模式两种。

（1）B to B 模式。利用互联网整合基础设施提供商、托管服务提供商、加密认证服务商、技术平台提供商、应用软件提供商、内容提供商、贸易社区、系统集成商和客户等各方面的资源，构筑起企业与企业之间的电子化的业务联系。

（2）B to C 模式。利用互联网整合通信服务提供商、内容服务提供商、金融服务提供商，终端设备提供商等多方面的资源，面向最终用户提供全方位、多角度网上通信业务服务。

通信业电子商务的主要价值体现在互联网在整合通信业务资源、扩大通信业务的种类和覆盖面、提高通信业务的经营效率和经济效益、改善通信企业的服务能力和水平等方面发挥出十分有效的作用。

### 12.2.2　通信业电子商务的主要表现形式

通信业电子商务的应用形式有很多种，比较常见的有：

（1）网上营业厅。这是通信运营商利用互联网开展面向通信用户的 B to C 电子商务的主要形式，它可以为通信用户提供一站式、个性化服务，为客户带来极大的方便，对运营商降低业务成本、增强企业的营销能力、扩大业务的宣传面、提升企业的竞争力都有着重要的作用。目前，国内开设网上营业厅的通信运营商越来越多。图 12-1 为中国电信浙江网上客服中心网上营业厅主页。

（2）构建电子商务综合应用平台。通信运营商通过联合银行、CA 认证中心等机构建立起网上支付和安全认证体系，并在此基础上各 SP（Service Provider，服务提供商 ）提供各类应用服务，包括虚拟社区、网上购物、网上金融服务、远程教育、远程医疗、在线支付、数字证书和移动游戏等服务，这种模式最成功的莫过于日本的 DoCoMo 公司推出的“I-Mode”模式，目前国内外都有不少成功的应用。

（3）网上信息服务。通信企业是社会信息资源的重要拥有者，比如电话名址资源是电信企业独家拥有的，可以通过互联网的方式制作成“电子黄页”向社会有偿提供。早些年，美国在线（AOL）和时代华纳的联合主要考虑的就是双方资源的优势互补，共同探索网络经济时代的合作模式。尽管双方合作没有预期的那样成功，但这种思想本身很有意义，相信今后这种合作模式还会不断出现。

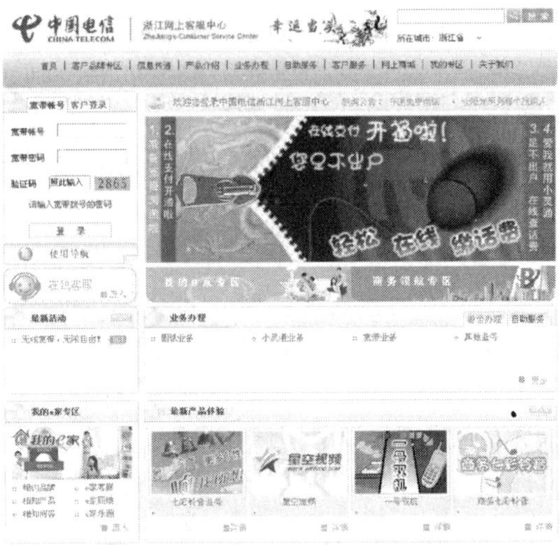

图 12-1　中国电信浙江网上客服中心网上营业厅主页

（4）提供基于互联网的电子商务服务。通信运营商是推动社会电子商务发展的重要力量，因为通信运营商不但是互联网接入服务的主要提供商，而且还拥有各种企业开展电子商务所需要的软硬件条件，如电信级的主机机房、互联网数据中心（IDC）、企业邮箱、电子商务集成方案、呼叫中心等，这些资源优势都可以通过互联网得到充分的开发与利用，为各行各业的企业开展电子商务业务提供全方位的服务。

通信业电子商务的应用并没有固定的模式，只要是围绕客户的需要和通信业务的实际，利用网络技术建立起电子化的业务联系，都应看做是通信业电子商务的具体应用。

### 12.2.3　国外通信业电子商务发展状况

国际上的通信业发展较早，与国内企业相比它们已经在企业的经营管理、市场运作和自身的发展上得出了很多经验，形成了自己的发展特色。国外通信运营商在开展电子商务业务方面已有多年，有不少成功的经验和失败的教训。在互联网泡沫最为高涨的2000年初，美国最大的长途电话及有线电视公司美国电报电话公司（AT&T）和英国最大的电话公司英国电信（BT）各出资一半组建了全球性的通信公司Concert，计划在全球17个国家的21个城市建设高速IP骨干网，以提供高速宽带的因特网接入、因特网骨干传输、IP虚拟专网业务等业务，希望在快速扩张的通信业电子商务领域有所一搏。但是好景不长，合作一年多后，因为业绩不佳，两家合作公司不得不关闭合资企业Concert，并为此支付了73亿美元的开支及裁员2,300名，在通信业电子商务发展历程中留下了不小的遗憾。

与Concert命运截然不同的是，日本最大的电信公司日本电报电话公司（NTT，Nippon Telegraph and Teleplone Corporation）投资组建的DoCoMo公司推出了适合日本国情，又具有丰富应用内容的“I-Mode”模式在世界通信业电子商务发展中一枝独秀，不但为NTT公司创造了一半以上的利润，而且赢得了4,000多万的忠实用户。目前，I-Mode已成为全球通信业开展电子商务的重要样板，成为众多通信企业效仿的目标。

在移动电子商务业务开发方面，全球各大移动通信运营商乐此不疲，应用相对较为成熟的业务有：

（1）MMS业务：即多媒体短信业务，可以让移动用户像使用短消息一样收发更加个性化的多媒体消息，如文本、图形、图像、音频、视频、动画和音乐等信息内容；

（2）移动付费业务：即利用移动通信方式实现网上支付，包括移动商品销售、移动电子现金、移动订票、移动博彩和移动缴费等；

（3）移动位置业务：即通过移动通信方式实现定位服务，包括安全救援服务、位置跟踪服务、交通和导航服务、移动广告服务和基于位置的信息查询服务等；

（4）移动游戏业务：即通过手机终端开展在线游戏业务，包括动作游戏、 冒险游戏、益智游戏、解迷游戏、策略游戏、角色扮演游戏和体育游戏等。

可以说，基于移动通信的电子商务业务已经成为当前全球通信业电子商务发展与应用的热点，市场前景十分诱人。

随着宽带应用的逐渐普及，相关的应用层出不穷。在欧美国家，宽带电子商务业务的发展异常迅速，网上金融、网络教育和网络游戏等业务为通信运营商创造了新的利润增长点；在亚洲的韩国，视频点播业务（VOD）已成为通信运营商的重要收入来源，而网络游戏更是以成倍的速度增长；在其他宽带互联网应用较为普及的地区，宽带正在成为通信业和其他各行业电子商务发展的“助推器”，蕴藏着潜力巨大的市场机遇。

总的来说，世界通信业电子商务的发展正处于不断完善之中，还有许多新的赢利模式需要挖掘，新的实现方式需要探索。但可以肯定，世界通信业电子商务发展的前景十分光明，发展的速度必然会越来越快。

## 12.3 我国通信业电子商务发展

作为我国经济与社会信息化发展的“先遣队”和“先行军”，通信业在我国日益高涨的信息化建设大潮中发挥着非同小可的作用。在电子商务发展领域，我国的通信企业也不甘落后，近几年各种形式的电子商务应用正在不断问世，为我国通信业的健康快速发展起着推波助澜的作用。

### 12.3.1 我国通信业电子商务发展状况

我国通信业电子商务发展相对起步较晚，而且是伴随着我国通信业的改革与重大调整而进行的，遇到的问题与困难也比较复杂，但经过几年的发展所取得的成绩也是值得肯定的。所取得的进展体现在以下几个方面。

（1）通信业务的网上经营陆续出现。国内不少地区通信运营商通过构建网上营业厅的方式，纷纷向客户推出了各种通信业务的网上经营项目，通信用户可以方便地从网上办理各种通信业务，享受到通信业电子商务带来的实际好处。

（2）电子商务综合应用平台开始走向成熟。随着我国互联网用户的快速上升，与互联网相关的业务需求迅速升温，各大运营商充分认识到其中的市场机会，并推出了相应的服务项目，如中国电信的“互联星空”、中国网通的“宽带中国”等应用项目正被越来越多的网络用户所接受。

（3）面向企业的电子商务服务越来越多。通信运营商利用互联网面向工商企业提供电子商务服务支持一直是通信企业拓展电子商务业务的重要内容，主要服务包括域名注册、虚拟主机、主机托管、互联网数据中心、CA认证和电子商务解决方案提供等，目前有不少运营商在这一市场占有一席之地。

（4）网上信息服务渐成气候。通信企业是最早参与各地信息门户网站建设的主力军之一，发展到今天，已有不少信息门户网站形成了较大的影响。如上海热线、四川天府热线、辽宁北方时空等都在当地具有很强的地缘优势和本地知名度，形成了相当规模的通信业务资源和网上用户群。

（5）移动电子商务发展迅速。随着我国移动通信用户数量超过固定通信用户，移动电子商务迎来了难得的发展机遇。目前，中国移动、中国联通都在积极开发移动电子商务的应用项目，并已取得了较为可观的市场业绩。甚至有人乐观地估计，中国电子商务的发展可能跳过有线阶段，直接进入无线阶段，迎来移动电子商务的新时代。

### 12.3.2 我国通信业电子商务发展存在的问题

我国通信业电子商务经过几年的发展取得了一定的成绩，但还存在不小的困难和问题。主要表现在以下几个方面。

（1）对通信业电子商务的认识还不够到位。我国通信运营业长期在计划经济体制下运行，至今还处于“寡头垄断”的状态，离市场经济的发展要求有着很大的差距，而且这种格局会长期延续下去。在垄断利润还大幅存在的今天，不少通信运营商对发展电子商务等新业务没有太大的动力。即使有的运营商在这方面有所投入，也往往流于形式，没有实质性的应用效果。如果通信企业的主要领导对电子商务的认识不足、决心不大，那么可以肯定的是，通信业电子商务是不太可能取得很大的进展的。

（2）现有的管理体制和管理能力还不适应电子商务的发展要求。我国通信运营管理体制虽然经历了多次大的调整，但至今还存在着不少不适应市场经济体制要求的困难，比如目前国内通信运营商基本是国家控股，在一定程度上束缚了通信运营业的市场化进程。另外，在通信运营企业的组织结构和管理能力等方面还存在着明显的不足，比如不少运营商都在强调“以客户为中心”，但对究竟如何更好地贯彻和落实这一重要的思想缺乏有效的措施，有些企业在开展电子商务业务时甚至搞不清到底应该由哪一个部门来具体负责，这样显然很难保证预期的效果。

（3）通信业电子商务实施难度大。通信业是全社会信息化应用程度最高的行业之一，但过去的业务系统基本都是按照通信企业的内部需要而开发的，很少考虑客户的需求和市场的变化，而且基本是在DOS系统下运行的，与现有的电子商务系统有着本质的差别。尽管有些通信运营企业建立起了丰富的客户资源数据库，并有很多个不同种类的业务系统在独立运行，但这些信息资源基本都是“孤岛式”的，不能实现信息资源的共享，给实施电子商务带来了不小的难度。电信业务的多样性、客户服务的多面性、业务种类的广泛性、业务资费的复杂性、客户规模的巨大性决定了通信企业开展电子商务不可能一蹴而就，它需要长期的实践和探索，才能找到理想的发展道路。

（4）相关人才的缺乏是一个不容忽视的问题。不可否认，通信业是一个整体人员素质比较高的行业，在全国各地的通信运营企业都可谓藏龙卧虎、人才济济。但从人才结构来看，实际上通信企业最集中的还是通信技术人才，懂得现代信息技术应用，并具有较高的管理能力和水平，能够适应电子商务系统开发和电子商务业务管理的人才还是十分稀缺的，而且也是短时间内很难解决的，这是影响通信业电子商务发展不可忽视的问题。

当然，通信业电子商务发展的其他问题还有不少，如市场环境、法律法规建设、安全与信用等问题也都是需要考虑的。

### 12.3.3　我国通信业电子商务发展策略

我国通信业电子商务的发展不仅关系到通信业自身的成长和发展，而且还在很大程度上影响全社会的电子商务发展进程。所以，从这一点来看，推进通信业电子商务发展既非常重要，也十分紧迫，需要引起我们足够的重视。具体的发展策略有以下几点可作参考。

（1）提高认识，加快发展，营造良好的电子商务应用环境。观念落后、认识不到位是影响通信业电子商务发展的重要原因，因此，无论是政府主管部门还是通信企业都应该从通信产业的成长和社会信息化发展的高度来认识通信业电子商务的发展问题，应抓住有利时机，积极主动地推动电子商务在通信企业的推广与应用，使电子商务成为促进我国通信产业竞争力提升、传统产业优化升级的重要力量。

政府有关部门还应在通信业电子商务发展的基础设施建设、发展政策、技术标准等方面加强协调与管理，为电子商务发展创造良好的应用环境。

（2）加强学习与创新，积极探索适合中国国情的通信业电子商务发展的道路。对我国通信行业的相关企业来说，发展电子商务还缺少相应的经验和思路，一方面应加强学习和研究，自觉借鉴发达国家和国内先进企业的成功做法，提高电子商务发展过程中的引进与消化吸收的能力；另一方面更应加强创新，因为这是一个充满着机遇与挑战的新领域，只有创新才能突破常规，才能发现与众不同的发展思路，才能赢得更多更新的机遇。

对通信运营商来说，加快企业改革与发展的步伐，坚决摒弃束缚企业发展的管理制度和管理方式，在发展电子商务的过程中提升企业的管理水平，在管理水平提升的同时促进电子商务的进一步发展，使两者相得益彰。

（3）注重合作和结盟，共同推进通信电子商务的发展。通信业电子商务的发展是一个复杂的系统工程，牵涉到众多的行业和部门，光靠通信企业的力量是远远不够的。所以通信企业应改变传统的相对较为封闭的行业经营思想，积极寻求多方面的合作与支持。只有这样，才能把电子商务业务做大、做强、做出水平。

通信企业既要与工商、税务等政府主管部门合作，又要与银行、证券和保险等金融机构合作，还要与各种形式的服务提供商进行全方位、多角度合作，在合作中共成长、同发展。

（4）重视专业人才培养，促进通信业电子商务高水平发展。通信企业应逐步完善人才结构，鼓励通信技术专业人才学习和研究电子商务的发展，不断拓宽自身的专业领域，提高参与电子商务系统开发和业务应用的适应能力。对公司的管理人员应组织经常性的学习与培训，逐步提高对电子商务的认识，不断提升应用电子商务的技能。同时，通信企业还应打破常规，吸引行业外优秀人才到通信行业建功立业，共同推动通信业电子商务向深层次发展。

总之，通信业电子商务是通信业自身发展的一个重要方向，也是我国通信业走向现代化、国际化的一项重要举措。只要我们提高认识、加强学习、锐意进取、注重创新就一定能够有所作为。

# 12.4 典型案例1 DoCoMo公司移动电子商务案例

## 12.4.1 公司简介

NTTDoCoMo 原先是日本电信垄断企业日本电报电话公司NTT 的无线业务部门，1992 年从母公司分离出来，主要经营移动电话业务。DoCoMo 是英文“Do Communications over the Mobile network”的缩写，原意是“通过移动网络进行通讯”。虽然当时的 NTT 是日本市场上最大的电信公司，但由于对市场的高度垄断，经营模式较为呆滞、死板，公司员工也普遍缺乏创业的激情。当 DoCoMo 公司正式成立时，没有多少 NTT 的员工愿意到新公司去工作。可就在这个时候，一位名叫 Kouji Ohboshi 的人（大星公二，DoCoMo 公司的前领导人）在 NTT 这样一个顽固的垄断企业的控制下，借着一项未经过证明的技术，怀着与传统决裂的决心，在人们普遍的质疑声中开始了全新的探索，他从其他公司招募了许多新的员工，并决定创立一种新的移动通信模式。1996 年，DoCoMo 的研发部长 Keiichi Enoki 创新地提出了“I-Mode（我的模式）”的概念。

1998 年 DoCoMo 公司首次公开发行股票。1999 年 2 月，DoCoMo 开始推出 I-Mode 业务。当世界各地的电信公司都在为移动通信市场缩水而苦恼的时候，I-Mode 在短时间内创造了奇迹，当年就取得了 1 亿美元的丰厚收入，成为日本通信业界的“新贵”。

1999 年 7 月，成立了 47 年的 NTT 公司由于受到 1998 年初日本履行 WTO 协议的影响，在激烈的市场竞争的冲击下被迫进行重组。作为重组后的 NTT 集团两个主要的子公司之一，DoCoMo 公司为 NTT 公司贡献一半以上的利润，成为整个集团中最耀眼的明星。

I-mode 自推出以来，引发了日本商界和个人生活方式的巨大变革。此项服务已经吸引了 4,600 万用户，目前通过它可浏览逾 95,000 家网站提供的丰富多彩的内容。

图 12-2 为 DoCoMo 公司主页。

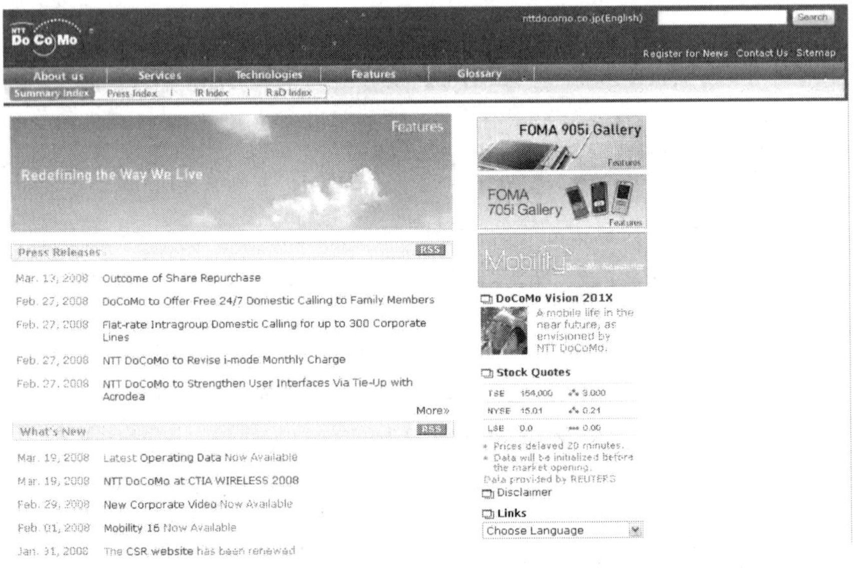


图 12-2 DoCoMo 公司主页（http://www.nttdocomo.com）

### 12.4.2　发展背景

日本 NTTDoCoMo 公司于 1999 年 2 月正式推出 I-Mode 业务，以其开放的技术平台和诱人的分成方式极大地刺激了日本移动互联市场的发展。I-Mode 取得的空前成功开启了移动互联赢利的新时代，使移动互联业务成为电信运营商一个非常重要的新业务和新收入的增长点，成为新世纪照亮电信市场的第一缕曙光。世界各大电信运营商已经被 ARPU（每一用户每月平均收益）值不断下降的噩梦困扰了很久，现在它们纷纷借鉴 I-Mode 的商业模式，应用的范围也从移动数据业务延伸到固定数据业务，但都处在探索阶段，像 DoCoMo 这样有影响的不多。

值得指出的是，日本的特殊“国情”为 DoCoMo 公司 I-Mode 业务的发展带来了不可多得的历史机遇。首先，日本人对小型电子装置有着特别的偏好，这一点从 20 世纪 90 年代末风靡日本的电子宠物就可以看出；其次，临危受命的 DocoMo 公司的研发部长 Keiichi Enoki 通过对自己正值青春期的子女观察发现，日本年轻一代对丰富多彩的互联网世界非常热衷，他从中得到了启发和灵感；再次，日本有着相当严格的企业管理制度，年轻的上班族想通过互联网在上班时间处理个人事务是很困难的。因此，在很多人眼里，个人电脑只是用作办公的工具，不可以用来处理私人事务，而移动电话才是常用的可以名正言顺地用来处理私人事务的工具。鉴于以上几点，DoCoMo 公司坚定了向移动商务进军的信心，终于迎来了“I-Mode”业务迅速发展的大好时机。

在 I-Mode 的成功故事在移动商务领域内像神话一样被广为传颂的时候，DoCoMo 人并没有沉醉，他们清醒地认识到 I-Mode 所面临的新一代移动电话的挑战。2001 年 10 月 DoCoMo 开始全面推行 FOMA（Freedom Of Mobile Multimedia Access，即自由移动的多媒体接入）的商业应用，这标志着世界上首个 3G 商用移动网络的诞生。DoCoMo 人再次革命性地揭开了高速移动通信时代的序幕。

在国际市场上，DoCoMo 公司携 I-Mode 业务在世界各地纷纷进行扩张。在美国，DoCoMo 持有美国无线巨鳄 AOL 16%的股份，准备与 AOL 共同开拓美国市场；在荷兰，DoCoMo 与 KPN Mobile 联合推出了双频 WAP 与 I-Mode 手机；在亚洲，DoCoMo 与香港和记黄埔、台湾和信电讯都展开了全面的合作，并在北京中关村建成了 DoCoMo 的第三家海外研究中心，投入巨资用于 4G（第四代移动通信）方面的研究。看来，DoCoMo 的神话还远没有结束，好戏还在后头。

### 12.4.3　产品开发

2001 年 10 月，NTTDoCoMo 正式推出基于 WCDMA 的世界上第一个 3G 移动业务品牌 FOMA。

FOMA 推出之后，起初的经营并不顺利。NTTDoCoMo 将原因主要归为两个方面：一是新业务的覆盖面比较有限；二是 FOMA 手机也存在一些问题，如待机时间短，而且重量和体积大等等。NTTDoCoMo 在认识到问题之后作出了快速的反应，一方面努力提高了网络覆盖；另一方面也对 3G 手机进行了改进。

2003 年 1 月，NTTDoCoMo 推出了多款新手机，这些手机在外形和功能方面都有了很大改善，促进了 FOMA 用户的快速增长，也使得 FOMA 品牌得到了用户的认可。

图 12-3 为 DoCoMo 推出的可提供双向高速视频传递的手机和与手提电脑相连接的数

据卡。

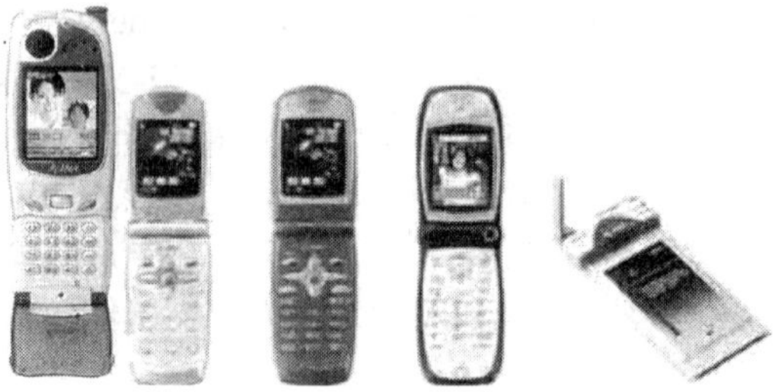

图 12-3 DoCoMo 公司的新型通信工具

目前，FOMA 为 I-Mode 带来了更大的数据业务量。2006 年，NTTDoCoMo 2G 业务的收入是 5,910 亿日元，而 3G 业务的收入是 8,650 多亿日元。NTTDoCoMo 认为以后 FOMA 将逐步取代 2G，一个原因是 3G 提供了很多丰富的服务，另外一个原因是 3G 的话费也比 2G 便宜。

### 12.4.4 业务功能

对于 I-Mode 的解释，一种更贴切的解释是“Information Mode（信息模式）”，也有人解释这里的“I”代表了“Interactive（相互作用的）”、“Internet（互联网）”、和“Independence（独立）”，真是含义丰富、妙趣横生。从技术角度来讲，I-Mode 是由 DoCoMo 自己定义的，它提供了一系列的协议和软硬件接口，同时它也有自己的网站开发语言“压缩的超文本标记语言（Compact Hypertext Markup Language ，CHTML），这是一种和 HTML 十分相像的语言——它删除了 HTML 中一些过多消耗资源的标记（例如列表和框架），所以它使得 I-Mode 的 Web 页面可以更快地下载到移动设备上。I-Mode 手机区别于普通手机的一个显著特点是它的中央有一个 I-Mode 按钮，按下这个按钮可以使手机直接连接到 I-Mode 服务。目前国际上有松下、诺基亚、爱立信和索尼等几家公司在生产 I-Mode 手机。

从电子商务的角度去理解，I-Mode 的核心就是要向大众提供各种便捷的服务，同时这种服务又是非常丰富的。通过 I-Mode 网络，手机用户可以永远在线地享受各种专业化、个性化的服务，主要功能包括：

（1）可以获得各种精彩纷呈、乐趣无穷的电子游戏；

（2）可以访问超过 70,000 家的网站，各种信息应有尽有；

（3）可以通过与 DoCoMo 合作的 100 多家银行进行转账、购买股票等；

（4）可以在手机屏幕上看到实时更新的股市行情；

（5）可以在指定的音乐网站下载音乐文件；

（6）可以通过公司提供的“iMapFan”的服务，获得地图导航、餐馆、咖啡、酒吧和泊车等动态服务信息；

（7）可以获得 DoCoMo 还与 DoCoMo AOL 合作提供的手机与个人电脑共用的电子邮件服务；

（8）可以通过手机订购球票、火车票、机票和音乐会门票等各种票证；

（9）可以获得与证券公司、信用卡公司、保险公司和银行等有关的信息服务；

（10）可以获得包括移动食谱、房屋租借服务等各种日常服务信息。

I-Mode 提供的各种服务包罗万象，但都与 I-Mode 用户的需求密切相关，真可谓“一机在手，万事无忧”。

### 12.4.5 服务方式

I-Mode 用户可以通过三种方式来获得相应的服务。

（1）菜单检索。利用这种方式，移动用户只要通过 I-Mmode 提供的菜单来检索信息，仅进行简单的操作即可访问各种网站，通过 I-Mode 的菜单列表，用户仅用一台移动电话就能获取自己所需的信息和办理各种手续。

（2）收发电子邮件。利用这种方式，I-Mode 用户可以自由收发电子邮件，不仅可以在 I-Mode 用户之间进行电子邮件的收发，也可以向互联网上有电子邮箱的用户发送邮件，还可以接收来自互联网上的邮件。

（3）查看网页。用户只要输入网址，就可浏览所有支持 I-Mode 的互联网网站。

以上三种方式简单易用，使用起来十分方便快捷，深受用户的欢迎。

### 12.4.6 技术标准

I-Mode 系统的标准，是 DoCoMo 主导的主流系统设备制造商、终端制造商、内容提供商共同制定的并被广泛接受的标准。这一标准涉及很多方面，有系统设备、终端设计，还有统一开放的 I-Mode 技术平台等。在当时主流的 WAP 技术还没有得以商业运用，也没有其他的技术可供选择的背景下，DoCoMo 大胆地使用了基于 HTML 的技术，研究新业务的收益点，探索无线商务，应用新的商业模式。I-Mode 的浏览器采用简化的 HTML 语言即 iHTML 作为网页编程语言，内容提供商可以使用 iHTML 直接创建适用于 I-Mode 的服务站点；另一方面，因为 iHTML 对于 HTML 来说，只是在很少的部分进行改动，所以对于已经存在的大量 HTML 格式的互联网网站，可轻易地转换为 I-Mode 格式。这样，加入到 I-Mode 应用的网站也就越来越多了。I-Mode 手机使用 iHTML 微型浏览器，只要输入网址或安装 I-Mode 搜索装置，然后按一下手机上专供“I-Mode”使用的按钮，即可实现上网，用户通过组合使用 4 个按钮（向前指针、向后指针、选择、倒退/停止），就可以完成一系列基本操作，使用十分简便。

由于 I-Mode 平台的技术标准是开放的，任何内容提供商都可提供与 I-Mode 兼容的网站，DoCoMo 公司把这样的网站分为两类：一类是属于正式合作伙伴的“官方”网站，列在 NTTDoCoMo 的 i-Menu 列表中，NTTDoCoMo 可以代收信息费；另一类是自愿支持的独立网站，通过 I-mode 手机输入网址即可访问，NTTDoCoMo 不代为收费。

### 12.4.7 商业模式

NTT 公司与日本通信设备制造业有着传统的“家族”关系，能够调度大批有实力的企业参与研发制造 I-Mode 手机与基站设备。NTTDoCoMo 向制造商直接定制、购买移动电话，再以低价甚至常常是进货价交给自己的零售商，零售商可以轻而易举地销售电话，因此推广的积极性非常高，而 DoCoMo 则从每月的通信费中收回电话的成本。

随着用户的不断增加，DoCoMo 公司的收入也在飞速地增长，同时促成了通信市场“生态”的良性循环。依靠DoCoMo独创的商业模式，I-Mode在日本取得了巨大的成功，使无线业务和因特网业务紧密地联系在了一起，形成了一个完整的I-Mode价值链。因为有科学合理的盈利模式，价值链中的每一个参与者都在努力地提高服务及产品的质量，使价值链的价值最大化。为使I-Mode可以提供更为广泛的应用，DoCoMo公司不断加大技术开发力度，使I-Mode可以使用更多的格式和标准，使其能够兼容GIF、Java、MIDI、Macromedia Flash以及HTTP等标准。DoCoMo公司希望把越来越多的厂商网罗其中，共同把这块诱人的蛋糕越做越大。

在与合作伙伴的利益分配上，DoCoMo公司也可谓匠心独运，形成了一套多方共赢的分配机制。DoCoMo规定：使用公司独有的计费系统的内容提供商，必须把网站信息费收入的9%分配给公司。表面上看这一比例很小，DoCoMo似乎给内容提供商当了一回管家，但实际上DoCoMo自有属于自己的“如意算盘”，因为它从分组通信费和基本收费中获得的收益大大高于内容提供商的所得。对信息服务提供商来说，信息有偿使用可以大大提高信息资源开发的积极性；而对DoCoMo来说，通过提供信息服务取得更多的接入服务收入是其真正的利益所在。I-Mode的代收费方式很好地解决了一直困扰着内容服务商网站的发展的收费问题，使得因为缺乏有效的收费方式而不得不让网络信息变成“免费的午餐”的时代变得一去不复返了。

### 12.4.8 应用举例

I-Mode提供的各种服务让人目不暇接、流连忘返，在此略举数例。

（1）娱乐、新闻。娱乐、新闻是I-Mode重要的服务项目，提供了包括人物下载、占星、运气、自动伴奏录音、流行歌曲、FM空中信息、铃声下载和俱乐部信息等各种服务内容。表12-1是娱乐、新闻部分服务项目。

**表12-1 娱乐、新闻部分服务项目**

| 服务图标 | 服务内容 | 服务图标 | 服务内容 |
|---|---|---|---|
|  | i3D Homerun King<br>一种3D棒球游戏 |  | Pokemon Hiroba<br>可下载各种卡通人物，显示到用户的手机屏幕上，并有美妙的铃声 |
|  | Disney Sports<br>各种迪斯尼卡通人物游戏 |  | Hallmark<br>传情卡通，可以发送给你想要个的任何人 |
|  | STAR WARS MOBILE<br>可下载壁纸和铃声，并访问 STAR WARS 数据库 |  | Wango Seven<br>一种动态的飞机游戏 |
|  | Gigno Art Paradise<br>虚拟艺术博物馆 |  | Sim City<br>一款游戏可以让玩家扮演市长的角色 |
|  | MTV Mobile<br>可以预订入场券、节目信息、音乐信息等 | | |

（2）信息服务。信息服务也是 I-Mode 的“重头戏”，主要提供滚动新闻、天气预报、体育新闻、股票浏览与交易、商业与科技新闻、城镇信息和赛马信息等。表 12-2 为信息服务部分栏目。

**表 12-2　信息服务部分栏目**

| 服务图标 | 服务内容 | 服务图标 | 服务内容 |
|---|---|---|---|
|  | CNN<br>接收来自世界的新闻（每分钟滚动更新） | 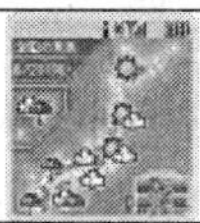 | Weathernews<br>提供自动的气象信息更新 |
|  | iMapFan<br>地区地图及信息，包括餐馆、旅馆等信息 |  | Bloomberg<br>每 20 分钟更新的市场信息和商业新闻 |

（3）资料库应用。资料库查询是手机用户经常使用的业务，I-Mode 提供了电话目录、地址查询、餐馆向导、字典查询、食谱查询以及城市信息等服务。表 12-3 为其中两项数据库应用服务。

**表 12-3　资料库应用举例**

| 服务图标 | 服务内容 | 服务图标 | 服务内容 |
|---|---|---|---|
|  | Zagat<br>可根据地点及知名度对旅馆进行查询 |  | Ekitan Navi<br>旅行时刻表及费用信息 |

（4）交易服务。通过手机实现交易是 I-Mode 的重要功能，I-Mode 提供了银行转账、安全购物、预定入场券、机票预订、座位查询、信用卡账户查询以及手机购书等服务。表 12-4 为交易服务部分栏目。

**表 12-4　交易服务部分栏目**

| 服务图标 | 服务内容 | 服务图标 | 服务内容 |
|---|---|---|---|
|  | Northwest Airlines<br>飞机时刻表、价格、行程和航空公司电话号码 |  | Amazon.co.jp<br>Amazon 在线在线商店，可以搜索书籍、CD、DVD 及最新出版物的预定 |
|  | Citibank<br>过账及余额查询 |  | Kabu.com Securities<br>提供股票数据和图表 |
|  | TOWER MOBILE<br>音乐搜索及最新发布 | | |

## 12.4.9　发展战略

DoCoMo 为促进自身的业务健康、快速的发展，制定出了“NTTDoCoMo 愿景 2010”的发展战略。这一战略的核心内容包括以下三个方面。

（1）实现移动通信的多样化。虽然语音服务仍然是移动通信的首要业务，但是，数据、图像和影像通信的需求正推动着通信媒体多样化的迅速发展。通过提供技术更先进的WCDMA非语音服务，NTTDoCoMo响应各种市场需求，同时还刺激了新的需求，并为新业务领域开创了道路。其中，基于WCDMA的高速下行链路分组接入(HSDPA)系统为开创更加创新的多媒体应用奠定了基础，在将来有着很好的发展前景，需要重点开发和应用。

（2）实现无处不在的通信。NTTDoCoMo着手将“任何事”加入到“任何人、随时、随地”移动通信的常规模式中，以满足无处不在的通信需求，这也是融合通信方式在公司业务中的具体表现。当前，从“人对人”到“人对机器”的发展正促使通信迈向一个新阶段，它包括与家庭网络相连的智能工具、道路和车辆之间的通信、移动终端与商店、饭店和公共交通等日常生活网络的实时连接。NTTDoCoMo用户的手机能与铁路剪票机“对话”，实现“无票”交通，与收款机和自动售货机交流来实现“无现金”交易，与网络连接获取“实时”旅游导航和城市信息，这种融合的优势已经在公司的收入中得到了体现。无处不在的通信方式将给人类社会的生产、生活、工作和学习带来不可低估的变革和影响。

（3）实现全球化经营。伴随着“无处不在”战略的推进，DoCoMo的全球战略进入了无国界移动通信阶段。不过DoCoMo公司也已经认识到，I-Mode服务尽管在日本获得了巨大的成功，但其在日本国内的商业模式具有很强的日本特色，将其移植到海外难免会水土不服。因此，在如何顺利实现海外扩张方面，DoCoMo正在作出进一步地探索。

在海外市场，DoCoMo的总体思路是与当地业界领先的公司和机构合作，使公司的产权技术可以特许使用，实现全球范围内的技术和经验共享。在中国，DoCoMo已与著名的应用软件开发商用友公司于2007年成立了合资公司，用友和NTTDoCoMo分别出资1,000万和500万美元，用友占合资公司的60%股份，主要任务是在中国开展移动互联网领域的B to C服务。

随着DoCoMo海外扩张的不断推进，遍及全球的DoCoMo旋风必将会产生越来越强大的威力。

### 12.4.10 案例评析

日本DoCoMo公司无疑是全球移动互联网应用的先驱，I-Mode业务的成功开发与应用为我们展示出了移动电子商务发展无限美好的前景。I-Mode给我们带来了许多发人深省的启发和思考，以下两点尤为重要。

（1）电子商务必须牢牢把握“商务为本”的基本理念。从本质上说，I-Mode是一种利用移动通信技术提供综合服务的业务实现过程，它所采用的技术并不复杂，但实实在在为客户创造了价值，客户也因此乐意为需要的服务而付费，这是最基本的商业准则。所以，电子商务只是以电子为手段更好地去实现商务的目的，如果违背商务的运作规律，最好的电子技术也只能是聋子的耳朵——摆设而已。

（2）互利合作是走向多方“共赢”的不二法门。DoCoMo充分认识到依靠自己的力量去开发庞大的移动互联网市场显然是力不从心的，必须整合社会资源，动员社会力量，围绕客户的需求深入开发应用项目才能最终实现自己的目标。所以，DoCoMo把自己定位在“搭台”这个角色，具体唱戏则有专业“演员”来唱，戏唱好了当然各方都能共同得益。这样的理念虽然十分简单，但要真正贯彻到位又绝非易事，而DoCoMo凭借科学合理的盈利模式使这种理念体现得淋漓尽致，这不能不承认是DoCoMo的胜人之处。

DoCoMo的I-Mode模式正成为世界各国移动运营商竞相效仿的对象，中国作为世界第一的移动通信大国，蕴藏的市场潜力几乎让世界各大运营商为之着迷。DoCoMo 的成功经验必定会加快我国移动互联网的开发和应用步伐，看来我国移动电子商务的争夺战已经“山雨欲来风满楼”了。

# 12.5　典型案例 2　AT&T 公司 BusinessDirect（商务直达）门户

## 12.5.1　公司简介

成立于 1885 年的美国电报电话公司(简称“AT&T”)是全球最大的电信公司之一，在过去的 20 年里一直是世界电信领域体制改革以及技术、业务进步的先驱。在世界电信逐步走向全球开放这一历史变革中，AT&T 始终保持了世界领先电信公司的地位，并通过一系列企业战略的实施使这种地位不断强化。1998 年 6 月，AT&T 以高达 480 亿美元的股票金额收购美国有线电视巨子 TCI 公司，在全球率先实现了提供 CATV 和通信融合业务。同年 12 月，以 50 亿美元现金收购 IBM 的全球网络业务部，之后又宣布开通语音数据网络集成服务，允许用户在一个集成的网络上传送语音和数据。随后不久，AT&T 在公司的年报上提出了要实施其全球性新型信息通信服务企业构想，要成为能够为用户“提供所有业务、超越所有距离的、一揽子电信服务”的企业，其口号是“From Long-distance to All distance（从长距离到所有距离）”。

AT&T 依托自属的 AT&T Labs 强大的研究和开发能力，运营着全美最大的、历史最为悠久的通信网络，向公共和私人部门提供数据服务、互联网服务及主机托管等服务，还为大型商业机构及政府部门提供外包和咨询服务，并成为提供本地、长途服务、互联网服务和以交易为基础的增值服务（如预付卡、800 话务服务、电话目录等服务）的市场领导者。凭借其高效运作的业务部和客户部，AT&T 成功地完成了从提供长途话务的公司转型为提供全球数据和语音通信服务的跨国集团公司。在 2007《财富》（*FORTUNE*）世界 500 强排名中，AT&T 以 345.29 亿美元的年营业收入名列全球第 116 位。

图 12-4 为 AT&T 公司主页。

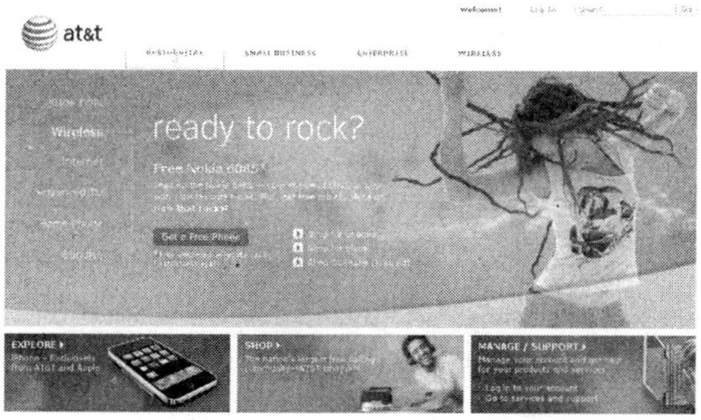


图 12-4　AT&T 公司主页

### 12.5.2 发展背景

AT&T 公司的 BusinessDirect（中文含义为“商务直达”）门户是为客户提供网上服务的业务平台，它通过直接账户管理、订单及支付、故障申报、网络管理等工具向客户提供全方位的服务。数年来，AT&T 在加利福尼亚、乔治亚、伊利诺斯、密歇根、新泽州、纽约、俄亥俄州和德克萨斯等各州的分公司为数十万的家庭用户提供服务。在 AT&T 公司的客户中，大约有 100 多万是通过电子支付的手段在线支付各种费用，对他们来说使用网上金融服务显得十分必要。

AT&T 是在 1997 年底正式推出 BusinessDirect 功能的，但其中许多工具很早就在单机和大型主机上实现了，比如免费呼叫转路由电子工具，1991 年就在 AT&T 的大型主机上成功实现了此项功能，1996 年开发出了此项工具的单机版功能，在 1999 年实现了基于互联网的应用；原先的命名为互动优势即“interactive advantage”，后在 2002 年秋季改名为“AT&T Business Direct”。图 12-5 为 AT&T BusinessDirect 业务首页。

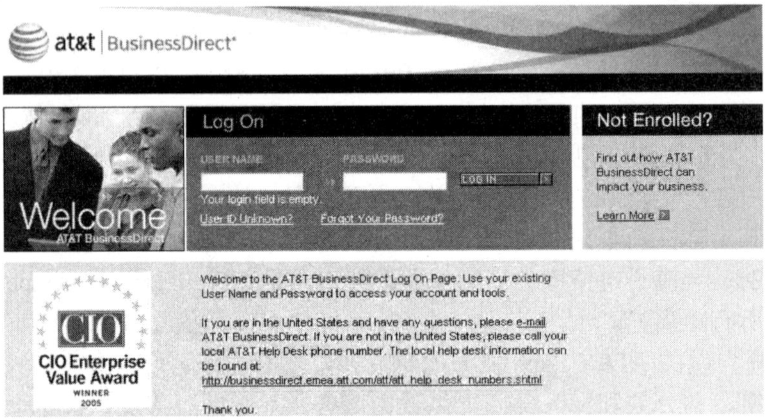


图 12-5 AT&T BusinessDirect 业务首页

### 12.5.3 人性化设计

AT&T 客户只要登录 BusinessDirect，就可以使用 AT&T 专门为客户设计的电子工具，即可轻松地完成所使用 AT&T 的网络的管理，而且大部分电子工具都是可以免费使用的。AT&T BusinessDirect 为客户提供了极为周到的客户服务，让客户在任何时间、任何地点都可以对自己使用的 AT&T 通信服务进行管理。

AT&T 还为每一位客户提供适合其个性化需要的行业权威信息。比如，一个客户在提供给 AT&T 资料中显示出对制造业感兴趣，在他登录 AT&T BusinessDirect 之后，就可以看到 AT&T 为其免费提供经整理过的各种制造业信息。而且客户还可以对登录后的主页页面显示信息及显示方式进行修改，非常方便地查看属于自己公司的信息。AT&T BusinessDirect 因为卓越的客户服务功能及人性化的网站设计获得了2003 年第十八届全美科迪奖（Codie Award[①]）中的最佳电子商务解决方案奖。

① 由美国软件信息产业协会（SIIA）举办，授予软件信息产业中的创新项目。

使用 AT&T 业务的每一位客户都可以在 BusinessDirect 拥有一个属于自己的个性化的主页，可以方便快捷地使用各种在线电子工具，享受 AT&T 精心设计的各种自助服务。登录 AT&T BusinessDirect 后，AT&T 的客户不仅可以进行订购、支付、跟踪订单等各项业务，而且可以使用 BusinessDirect 管理并控制已开通的网络服务，实时获得自己网络的状态信息，并根据具体情况及时地作出调整。对于公司或集团用户，可以指定一个网络管理员负责对本公司员工在 AT&T BusinessDirect 上的使用权限及可使用的电子工具的管理。网络管理员不仅可以直接指定每个员工的登录 ID 及密码，还可以方便地增加、移动或修改使用者，甚至指定同权限等级的其他网络管理员。而且，AT&T BusinessDirect 还提供电话热线接入，方便用户通过任何渠道享受到“自助式”服务。与使用电话呼叫中心相比，通过使用基于网络的服务工具的优势是显而易见的，客户可以不必在呼叫忙时“排队”等待回应，可以在任何地方、任何时间处理所使用的电信服务出现的问题。AT&T 的服务意识体现在每一个细节上，在客户初次登录到 BusinessDirect 时，网站会自动向客户介绍各种电子工具的使用方法，而且有很多种选择，使用向导包括文字介绍、图片介绍及视频介绍。另外，在需要填制表格如订单、故障申报单等时，客户会发现原来事情可以如此地简单，AT&T 服务器会依据客户之前提供的信息自动输入必要的信息，让客户免去了重复输入一大堆信息的麻烦。

### 12.5.4　业务功能

AT&T BusinessDirect 提供的电子工具还在不断增加和完善，很多新的、更加方便的电子工具被陆续开发出来，BusinessDirect 的功能将越来越完善，以下是 AT&T BusinessDirect 目前主要的业务功能。

1. 订单与状态（Ordering & Status）

这一业务功能主要是帮助客户完成语音与数据业务、公司电话卡订购与管理等几种通信业务的在线处理。对于语音和数据业务，客户可以通过一个基于 Web 的具有交互功能的页面完成订单，这一功能可有效地提高订单的准确性，缩短产品供应周期（通过在线点击即可进行订购），简化订购过程，降低重复数据的输入；对于使用 AT&T 公司电话卡的用户，可以增加、更新、解除、断开及恢复电话卡的使用，近乎实时地更换丢失或被窃电话卡，在不联络 AT&T 客户中心的情况下即可轻松完成公司电话卡各种管理。

2. 账户和支付（Account & Billing）

这一业务功能包括费用支付、账单及账户查询窗口、公司电话卡支付、IP 业务账户信息、电子支付（数据业务）、进入个人账户等。对于 UniPlan®①和商业网络业务，有两种电子支付方式可供选择：一是自动每月支付，只要设置每月支付金额的上限（参见图 12-6），即可实现自动支付；二是非自动一次性支付，支付由客户自己控制。电子支付可以免去写支票、盖章、邮寄等不必要的麻烦，节约客户的时间，为客户带来极大的方便。对于语音和数据服务，客户可以进行账户咨询，并通过网站提供的电子表格完成支付方式的调整；

① AT&T 的一种语音交换业务。

对于公司电话卡业务，客户可以使用AT&T Execu-Bill®[①]工具，获得关于电话卡使用情况的详细数据分析，并通过这个工具分析电话卡消费趋势，获得消费模式以及消费量。在不联系AT&T客户中心或账户组的情况下，客户可以方便快捷地获得相关的消费情况。在AT&T打印的Execu-Bill®数据未提供之前，客户可在线察看到相关的数据及分析。对于许多AT&T服务来说，客户可以察看到当前或预先的费用情况以及支付的历史记录。

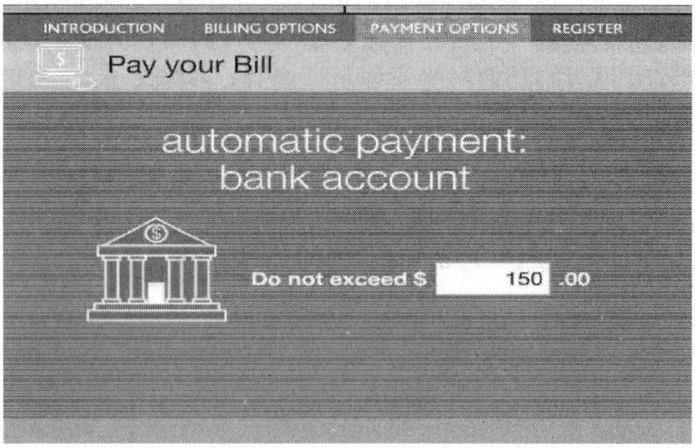


**图 12-6 自动支付上限设置页面**

3. 绩效报告（Performance Reporting）

这一业务功能包括管理互联网业务的使用报告、详细呼叫分析、免费呼叫测试分析（实时）、语音中继利用概要、外地呼叫模式概要、长途网络概要、帧中继（Frame Relay，简称FR）和ATM使用报告和T1-T3[②] 监视等，具体包括以下几方面。

（1）对于互联网业务，客户可以察看本地、长途及平均网络通信量（以周为周期察看），从而近乎实时地了解到自己的网络使用模式。

（2）对于特定的AT&T服务，当呼叫达到客户所设置的条件时，在呼叫断开后几分钟内即可获得广泛而详细的相关信息资料，包括始端和终端，帮助客户确认可能带来收益的“丢失呼叫者”，实时分析一项广告策划产生的效应，发现未完成呼叫的原因，增加侦测欺诈性呼叫的能力。

（3）对于所有涉及本地或外地的特定语音业务，客户可以测定出自己的专线网络在35天之内的利用率或是长途网络及专线骨干在当前或之前的利用率情况，让客户在必要的时候，通过重新构建属于自己的专线设备，以降低客户的网络使用费。

（4）对于AT&T高速数据包业务，AT&T为客户提供分析端口及使用状况的必要的数据和数据线路监测（如对配置、性能、故障监测等），实时的监视数据可以让客户近乎实时地获得报警信息，可以快速定位出现问题的区域，然后使用电子维护工具迅速解决问题。

---

① AT&T提供的客户账单咨询工具品牌。

② AT&T语音业务电子管理工具。

4. 网络管理（Network Management ）

这一功能包括 AT&T BusinessDirect 地图、语音性能监测与控制、DNS（域名系统）预备工具（MIS）、免费呼叫路由控制和外接网络特性管理等，具体包括以下几方面。

（1）对于如帧中继、ATM、个人网、专用语音等特定的 AT&T 业务，客户可以使用一张“美国地图”电子工具来进行分析察看，检测网络警告，创建并跟踪故障申报单，下订单并跟踪订单。

（2）对于 AT&T 专用语音中继线组业务，客户可以管理并在必要时对骨干线路进行测试，监测网络干线的运行性能状况，获得关于骨干和负荷实时的故障通报，关于本地和长途专用骨干组每五分钟更新的通信数据（需要每月进行一定的支付），对网络通信进行实时监测并作出快速反应，以提高客户的专用通信资源的利用率。

（3）对于由 AT&T 提供的主域名系统和次域名系统服务，客户可以察看、增加、删除或更新特定区域的域名系统记录，快速地管理客户的域名系统，而不用与 AT&T 客户中心进行联系。

（4）对于 AT&T 高性能的免费呼叫业务，允许客户实时地对免费呼叫路由方案设置五种快速路由转变，让客户根据员工数量和工作时长来调整通信流量设置，在呼叫量暴涨时有效降低呼叫损失率等。

5. 故障申报（Trouble Ticketing）

对于 AT&T 语音和数据业务，客户可以创建并跟踪故障申报单，修改申报单及增加注释，并可要求获得未处理故障所处的状态，进行线路测试并察看结果。对于数据服务，客户还可以通过测试功能加快问题区域的查找，自动将故障提交到适合的接入提供部门，在线察看线路状态等。对于语音服务，客户可以在线察看免税号码目录，在假日或者突发事件出现时及时更改免税电话路由。图 12-7 为故障申报页面。

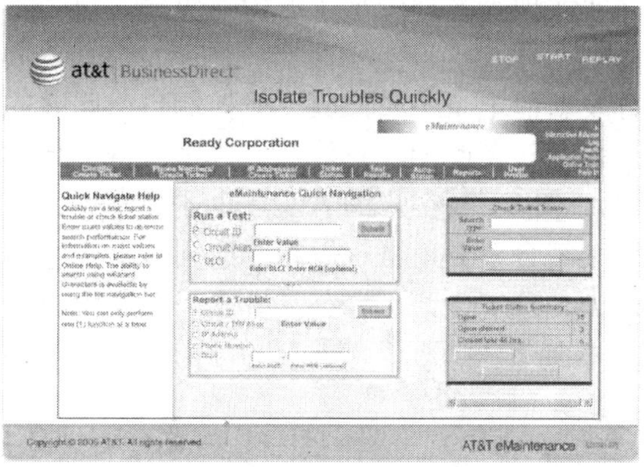


图 12-7　故障申报页面

## 12.5.5　未来发展

2003 年，AT&T 投入 5 亿美元用于全面提高客户服务，推出了可大幅度简化合同、缩短服务开通时间、提高计费准确度的强大电子服务功能，包括将客户的计算机联网到 AT&T

的网络支持系统上。另外，公司还宣布在一年之内，使用 AT&T BusinessDirect 基于网络工具的客户将能够在一小时之内自行开通基于网络的 IP 虚拟专用网服务。

为了使全球的商业客户能够实时订购、管理以及监控他们的网络服务，目前，AT&T 正使用交互式语音、网络以及其他技术，让很多客户能够得到详细的网络信息以及自行对服务加以控制，而且 AT&T 通过 BusinessDirect 提供电子连接能力(electronic bonding capabilities)，将大的企业用户的电脑管理、采购、存货、维护以及财务管理等系统直接连接到 AT&T 的供货、维修以及计费电脑系统上，确保更加迅捷、精确的服务与计费。AT&T 公司表示："通过直接连接到客户的自动化系统以及流程，AT&T 正实现一个大跨越，从传统的客户/提供商模式转化为具有战略意义的、相互信任的伙伴关系，从而帮助客户确保商业流程的连续性、网络管理的可靠性，并实现投资的更高收益以及提高生产能力。"

无论是为小的商业机构提供基本的在线订单和在线支付服务，还是为大的商业机构提供全面故障处理和网络管理工具，AT&T BusinessDirect 将网络的控制管理权交给了其业务的使用者——用户，实现了通信服务的个性化、专业化和自助化。AT&T BusinessDirect 适用于任何大小规模的公司，无论是大的合资公司还是小的私营公司，可以为所有行业的公司服务，包括银行、航空业、国际快递业、金融服务业、零售业、制造业、运输业、旅馆业以及保险业提供服务，为各行各业的通信用户提供高水准的电子连接能力，降低客户的通信成本，提高通信业务的管理效率，进而提升客户的竞争力。

### 12.5.6 案例评析

AT&T 作为世界三大电信运营商之一，其一举一动都会在世界电信市场引起广泛的影响，"BusinessDirect" 也不例外。AT&T BusinessDirect 代表着电信业务经营发展的一种趋势，即通过互联网提供"一站式"、个性化、专业化、人性化的服务，向客户提供"一揽子"解决方案，最大限度地为客户创造价值。在激烈的国际电信市场竞争环境下，AT&T 充分利用电子商务手段，切切实实地为客户带来了方便与快捷，也为自身的通信业务发展创造了更大的市场机会和盈利空间。

AT&T 还在不断地开发新的电子工具，其客户控制自己网络的能力也会随之得到不断的增强，从中获得的价值也会随之增加。我们从中可以获得十分重要的启示：只有真正为客户创造价值的电子商务，才能受到客户的欢迎，也才能发挥出真正的效益；只有把自身的业务与电子信息技术完美结合，真正坚持以客户的利益为中心，才能使电子商务发展得更快、更好、更富有生命力。

## 12.6 典型案例3 中国移动的"移动梦网"

### 12.6.1 公司概况

中国移动通信集团公司（简称"中国移动通信"）是 2000 年 4 月 20 日成立的国有重要骨干企业，注册资本为 518 亿元人民币，现资产规模超过 5,000 亿元。中国移动通信拥有全球第一的网络规模和客户规模，连续 7 年入选《财富》杂志世界 500 强，2007 年以 359.13 亿美元的营业收入，位居全球第 180 名。

中国移动通信主要经营移动话音、数据、IP 电话和多媒体业务，并具有计算机互联网国际联网单位经营权和国际出入口局业务经营权。除提供基本话音业务外，还提供传真、数据、IP 电话等多种增值业务，拥有“全球通”、“神州行”、“动感地带”等著名服务品牌，用户号码段包括“139”、“138”、“137”、“136”、“135”、“134（0 至 8 号段）”和“159”。中国移动通信在我国移动通信大发展的进程中始终发挥着主导作用，并在国际移动通信领域占有重要地位。

经过十多年的建设与发展，中国移动通信已建成一个覆盖范围广、通信质量高、业务品种丰富、服务水平一流的移动通信网络，网络规模和客户规模列全球第一。目前，网络已经 100%覆盖全国县（市），主要交通干线实现连续覆盖，城市内重点地区基本实现室内覆盖，与 200 多个国家和地区的近 300 个运营公司开通了 GSM 国际及台港澳地区漫游业务，与 100 多个国家和地区的上百家运营商开通了 GPRS 国际及港澳台地区漫游业务，国际及港澳台地区短信通达 100 多个国家和地区的 200 多家运营商。

图 12-8 为中国移动最新动态首页。

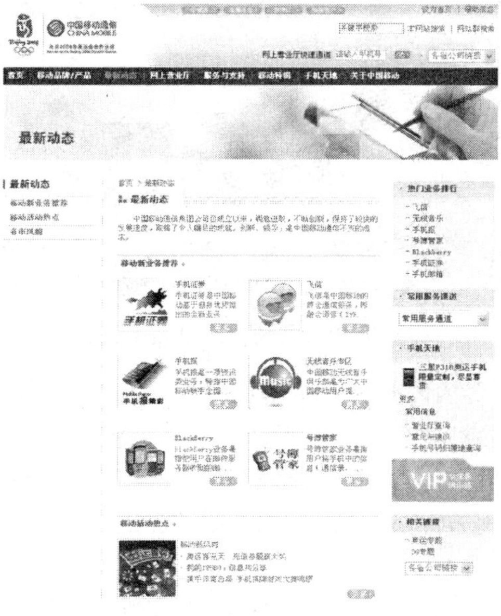


**图 12-8　中国移动通信最新动态首页**

## 12.6.2　发展背景

移动娱乐与信息服务是个人移动通信方式从话音向数据的延伸。随着短信在移动客户中的迅速普及，文字信息成为人们话音之外广为接受的沟通选择。而移动上网、彩信彩铃等多媒体通信方式新一轮的渗透，极大地丰富了提供移动娱乐与信息服务的载体和手段。日本 NTT DoCoMo 公司的 I-Mode 业务的成功充分表明移动运营商面向大众市场开发娱乐与信息服务需求存在着极大的市场空间和发展前景。

为了更好地为公众提供基于移动网络的娱乐和信息服务，中国移动通信于 2000 年 12

月正式推出了移动互联网业务品牌——“移动梦网 Monternet”，目的是通过为各内容提供商提供一个公平、公开、透明的网络运营环境，为移动客户提供更多更好的应用，以实现市场主体“多赢”的目标。

“移动梦网”汇聚了中国移动通信与加盟内容服务提供商（SP）联手推出的众多精品服务，它犹如一个网上虚拟的服务超市，超市里摆满了移动客户所需要的由各服务提供商提供的各具特色的服务项目。“移动梦网”网站是提供无线数据应用业务以及引导无线数据应用业务发展的商务网站，它分成总站和省站两级，总站（参见图 12-9）主要提供面向移动客户、运营商、服务提供商和终端提供商的内容；省站主要依托移动信息服务中心平台提供面向移动客户的服务。移动梦网总站和省站分别依托于中国移动集团公司和省公司，总站和省站构成“移动梦网”统一的整体。

**图 12-9　移动梦网总站主页**

“移动梦网”提供的服务内容包括：中国移动无线数据应用业务、统一信息服务、服务提供商（SP）合作业务、企业无线网络应用业务、移动商务以及移动互联网发展等无线科技相关内容。网站主要提供中国移动无线数据应用业务、统一信息服务和 SP 合作业务等，所有业务分为全网业务和地方业务。Web 网站除了提供 WAP 网站所提供的内容，还包括了移动商务、无线科技等相关内容。WAP 和 Web 网站是中国移动提供无线数据应用服务的信息门户的有机组成部分，客户可以通过 Web 或 WAP 方式自由定制所需的服务。“移动梦网”正在成为适合中国国情的移动通信增值业务发展的一种全新的模式，为客户、为合作伙伴、为自身创造更大的价值。

### 12.6.3　发展策略

中国移动通信在“移动梦网”中的定位是移动门户和移动网络提供商，为合作的 SP 提供公平、高质量的移动数据网络平台和网络资源（包括网络 ID 资源），网络平台和网络资源的所有权和使用权归中国移动；为合作的 SP 提供有偿的代计费代收费服务；建立“移动梦网”门户，聚集优质业务，并对业务进行有选择的营销推广；力争向各 SP 提供相应的网络支撑服务，包括主机托管和业务支撑平台等。

"移动梦网"作为中国移动推出的移动数据应用服务的全国统一品牌。经过几年的发展，它已经成为一个比较成熟的综合信息服务平台，为客户提供各种商业和信息服务。"移动梦网"下属三大子品牌，分别是 M-ZONE、M-OFFICE、M-GROUP，对应时尚年轻人、商务人士和集团客户三个关键目标市场，将移动数据业务和固定互联业务两条产品线紧密结合，大力发展移动数据业务，全面提升数据业务竞争能力。在此总体思路的基础上，中国移动通信根据不同的目标客户，制定了不同的资费套餐和积分制度，同时配以个性化的业务组合方案，实现想客户所想、给客户所需、让不同客户都满意的目的。目前，"移动梦网"业务种类已经有很多种，包括邮件、金融股票、新闻天气、游戏、图片铃声、幽默笑话、生活服务、英语天地、言语传情、聊天交友和星座运程等 11 类业务，受到不同层次客户的欢迎。

中国移动通信在逐步完善的技术、网络和业务支撑平台的支持下，正在形成比较成熟的数据业务框架体系，可以说"移动梦网"已经进入了大力拓展业务范围的阶段。

## 12.6.4　重点业务

目前，"移动梦网"的业务种类已十分丰富，在此介绍部分重点业务。

### 1. 无线 JAVA 业务

中国移动无线 JAVA 业务是一种新的移动数据业务的增值服务，开辟了移动互联网新的应用环境，能更好地为客户提供全新图形化、动态化的移动增值服务。客户使用支持 JAVA 功能的手机终端，通过 GPRS 方式接入中国移动无线 JAVA 服务平台，能方便地享受类似于 Internet 上的各种服务，如下载各种游戏、动漫画和小小说等，也可进行各种在线应用，如联网游戏、收发邮件、证券炒股、信息查询等。无线 JAVA 业务使得手机终端的功能类似于可移动上网的个人电脑，可以充分利用客户的固定互联网使用习惯，以及固定互联网应用资源，提供客户高性能，多方位的移动互联网使用体验。

### 2. 梦网 WAP

WAP（Wireless Application Protocol，无线应用协议）业务基于全球统一的开放式协议标准，由运营商提供网络平台、服务提供商提供内容资源，向移动终端客户提供互联网内容等增值服务，是简化了的无线 Internet 协议。WAP 将 Internet 和移动电话技术结合起来，使随时随地访问丰富的互联网资源成为现实。移动梦网的 WAP 服务包括我的梦网、梦网家园、梦网推荐、新闻天气、铃声图片、聊天交友、游戏娱乐、时尚生活、动漫乐园、证券财经、邮箱相册等。图 12-10 为梦网 WAP 业务首页。

### 3. 梦网彩信

彩信（MMS）即多媒体消息服务，它最大的特色就是支持多媒体功能，能够以 GPRS 网络为传输载体，以 WAP 协议为应用载体传递功能全面的内容和信息。彩信信息包括文字、图像、音频、视频等各种多媒体格式的信息。梦网彩信服务栏目包括新闻天气、游戏娱乐、时尚生活、卡通动漫、彩信铃声、彩信动画、彩信 DIY 等。

图 12-11 为“彩信”业务首页。

图 12-10　梦网 WAP 业务首页

图 12-11　“彩信”业务首页

4. 梦网短信

梦网短信即通过“移动梦网”发送或接收文本形式信息的业务，业务种类包括信息类（新闻、天气、考试、交通、防伪、行业信息、体育和生活等）、通信类（由网易、新浪、腾讯等 SP 提供的各类业务，如邮件、统一信息和聊天等）、娱乐类（图片、铃声、言语、游戏、易程、休闲娱乐等）和商务类（股票、彩票、外汇、期货、税务、交易类通知和秘书等）。图 12-12 为短信类业务首页。

图 12-12　短信类业务首页

5. 语音杂志

语音杂志业务是以话音内容服务为核心，向中国移动的手机用户提供一个集语音、短信为一体的信息服务获取平台，您通过拨打以 12590 为字冠的语音接入号码，可以为自己或他人获得语音信息、短信内容服务。语音杂志业务操作简单便捷，不用申请，无需注册，就像打电话一样，拨打以 12590 为字冠的语音接入号码，随时随地收听所需要的应用内容，并可根据提示音进行按键操作，参与到互动的服务中。用户无论在漫游地还是归属地，直接拨打该接入号码，不用加拨区号和其他字冠。图 12-13 为语音杂志业务首页。

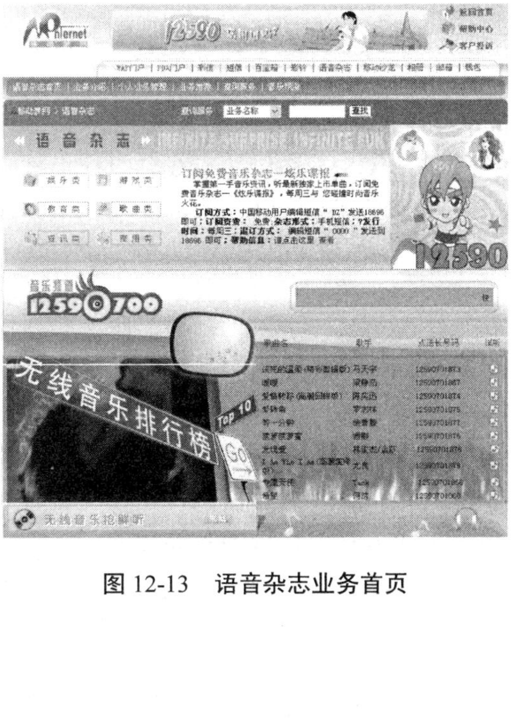


图 12-13　语音杂志业务首页

6. PDA 服务

移动梦网智能手机版是专门为 PDA（个人数据助理）、智能手机推出的专属门户网站，它具有丰富的内容与应用，是专门针对 PDA、智能手机的屏幕大小而精心设计的，支持多种手机操作系统及格式转换，令用户感受到与使用台式机上网一样的轻松、易用，想随时随地收发邮件，让 WORD、EXCEL 附件自由开启，网上资讯浏览、下载、娱乐、游戏、购物和订票等服务给移动梦网智能手机用户带来了极大的方便。PDA 服务包括新闻、体育、娱乐、财经、交通、游戏、社区、下载、教育、购物和生活等。图 12-14 为移动梦网“我的 PDA”首页。

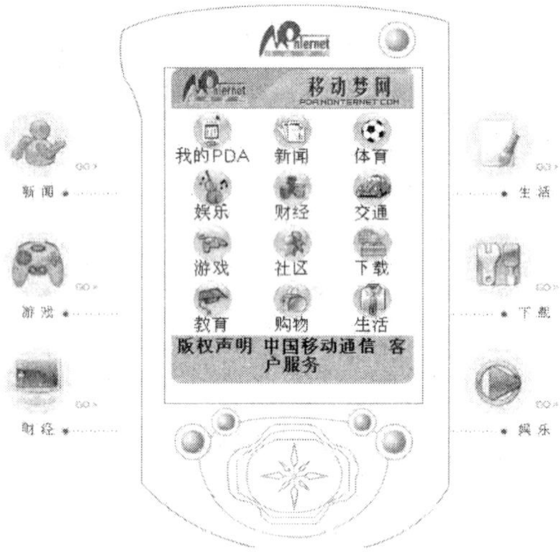


图 12-14　移动梦网我的 PDA 首页

7. 无线上网

“随 e 行”是中国移动通信面向商务人士、集团客户推出的无线上网服务，客户可通过笔记本电脑、PDA 等终端以GPRS/WLAN 接入互联网和企业网，获取信息、娱乐或移动办公业务。“随 e 行”业务的宗旨是为客户带来“网络随身、世界随心”的感受。GPRS（通用无线分组业务）是一种基于 GSM 系统的无线分组交换技术，提供端到端的、广域的无线 IP 连接。它的特点包括：实时在线、按量计费、快捷登录、高速传输、自如切换。GPRS 的应用服务主要有：

（1）移动商务，包括移动银行、移动理财、股票、彩票等移动交易；
（2）移动信息服务，包括信息点播、天气、旅游、服务、黄页、新闻和广告等；
（3）移动互联网业务，包括网页浏览、电子邮件等；
（4）虚拟专用网业务，包括移动办公室、移动医疗等；
（5）基于位置的业务，包括位置查询、饭店及类似的服务行业导航等；
（6）多媒体业务，包括可视电话、多媒体信息传送、网上游戏、音乐、视屏点播等；
（7）个人服务业务，包括为个人量身定做的各类业务。

图 12-15 为无线上网业务首页。

图 12-15 无线上网业务首页

8. 手机钱包

“手机钱包”是中国移动通信、中国银联、联动优势科技有限公司联合各大银行共同推出的一项全新的移动电子支付通道服务。通过把客户的手机号码与银行卡等支付账户进行绑定，使用手机短信、语音、WAP、K-Java、USSD 等操作方式，随时随地为拥有中国移动手机的客户提供移动支付通道服务。使用该通道服务可完成手机缴费、手机理财、移动电子商务付费等类别的个性化服务，具体包括：查缴手机话费、动感地带充值、个人账务查询、购买彩票、手机订报、购买数字点卡、电子邮箱付费、手机捐款、远程教育、手机投保、公共事业缴费等多项业务。

随着客户对移动电子商务要求的不断变化，“手机钱包”的功能也将不断扩展和加强。根据不同省份的客户需求，手机钱包在各地的应用服务将有所不同。

图 12-16 为手机钱包首页。

图 12-16 手机钱包首页

### 12.6.5 案例评析

当今世界，移动通信正以其超乎寻常的发展速度和能够实现随时、随地通信的特点，逐渐成为现代信息社会的主流通信方式，庞大的移动通信市场蕴含着无限的机会，移动电子商务无疑是移动通信业务发展的一个重要领域。作为世界第一大移动运营商，中国移动通信在探索移动电子商务发展方面，已经作出了很多努力，“移动梦网”计划就是移动电子商务在中国的重要尝试，已经取得了一定的成功。

与日本 DoCoMo 公司的 I-Mode 方式相比，我们可以发现，中国移动通信的“移动梦网”并非 I-Mode 的简单复制：I-Mode 模式是一个封闭的合作链条，运营商对产业链的控制非常强，从网关到手机的标准都是由运营商制定；而“移动梦网”是一个相对开放的体系，它同时给制造商、软件开发商等合作伙伴带来了巨大的机会，业务的合作发展推动了各方面技术的进步。值得注意的是，“移动梦网”还是世界上第一个在 GSM 网上运营成功的合作模式。

可以预见，随着 3G 时代的到来，已经上路的中国移动通信必将在移动电子商务领域创造更加辉煌的业绩。

## 12.7 典型案例 4 中国电信“互联星空”

### 12.7.1 公司概况

中国电信集团公司（简称“中国电信”）于 2002 年 5 月重组挂牌成立，是按国家电信体制改革方案组建的特大型国有通信企业，是中国最大的综合信息服务提供商，拥有全球最大的固话网络和中文信息网，覆盖全国城乡、通达世界各地，成员单位包括遍布全国的 31 个省级企业，在全国范围内经营电信业务，可以提供电话业务、互联网接入及应用、数据通信、视讯服务、国际及港澳台通信等多种类综合信息服务，能够满足国际、国内客户的各种通信及信息服务的需求。中国电信集团公司由中央管理，是经国务院授权投资的机构和国家控股公司的试点。注册资本 1,580 亿元人民币。主要经营国内、国际各类固定电信网络设施，包括本地无线环路；基于电信网络的语音、数据、图像及多媒体通信与信息服务；进行国际电信业务对外结算，开拓海外通讯市场；经营与通讯及信息业务相关的系统集成、技术开发、技术服务、信息咨询、广告、出版、设备生产销售和进出口、设计施工等业务；并根据市场发展需要，经营国家批准或允许的其他业务。

“互联星空”是由中国电信策划创建的服务平台，其定位于做一个“开放的互联网络及应用支撑平台服务提供商”，即一个为服务提供商、广大用户提供服务的业务平台。其出发点是要建立统一标准的“互联星空”业务支撑平台，为 ICP（Internet Content Provider，互联网内容提供商）提供“互联星空”用户的统一认证和应用服务的多种计费方式，并通过广泛的营业渠道收取“互联星空”应用服务费，与 ICP 进行一点结算。“互联星空”计划的目标是：要建立信息和应用服务的收费模式，对用户实现“一点接入，全网服务；一点认证，全网通行”；对 ICP 实现“一点结算，全网收益”，为 ICP 合作伙伴提供一个充分施展的空间，为中国电信互联网用户提供丰富多彩的信息服务。图 12-17 为中国电信“互联星空”总站主页。

图 12-17 中国电信“互联星空”总站主页

## 12.7.2 发展背景

我国互联网用户数已经超过美国，成为世界第一。近年来，随着宽带技术的不断成熟和宽带资费的逐步降低，中国的宽带互联网用户数正以惊人的速度增长。随着宽带的逐步普及，基于宽带的应用需求变得越来越迫切。影视、音乐、游戏、视频通信、网络教育、远程医疗和网上旅游等各种新的宽带应用正在催生一个极具潜力的市场。众多的 SP 和 ICP 对这一市场虎视眈眈，都希望在这一新兴的市场中把握机遇、分一杯羹。但对每一个 SP 或 ICP 来说，要靠自己的力量单独去开发宽带应用市场显然有点力不从心，而且也很难取得理想的效果。因为他们不得不面对以下各方面的挑战：

（1）开发宽带服务项目软硬件投入巨大，特别是通信和互联网应用的基础设施的投入对 SP 和 ICP 来说，显得有些勉为其难；

（2）收费模式还不甚成熟，收费渠道有限，覆盖面窄，跨区域收费还非常困难；

（3）宽带应用项目的推广和宣传投入巨大，非一般 SP 和 ICP 所能承受；

（4）单个应用项目的用户数量有限，很难形成规模效应，而且投资回收期可能会比较漫长，风险也不可低估。

而对国内竞争格局基本形成的电信运营商来说，宽带用户数量的快速增加，似乎并没有带来直接的经济利益。一方面宽带接入方式的多样化，使电信运营商原有稳固的市场地位受到动摇；另一方面，不断降低的宽带使用费使得电信运营商的利润日渐“单薄”。对中国电信来说，要想在宽带业务方面有所作为，不得不另辟蹊径，找到一条行之有效的发展道路。

在日本 DoCoMo 公司 I-Mode 模式的启发下，中国电信提出了建设“互联星空”的构想，希望通过“中国电信”强大的品牌资源优势和丰富的网络资源优势，为众多 SP、ICP 和广大宽带用户提供一个集成化的服务平台，构建一个功能全面、内容丰富、服务完善的业务体系，打造宽带互联网业务运作的新模式。

### 12.7.3 发展计划

中国电信“互联星空”的发展计划可以用“平台、聚合、服务、共享”八个字来概括，具体含义包括以下几个方面。

（1）平台。指中国电信努力构建有特色、有竞争力、有影响力，适合众多服务提供商的需要，能满足广大互联网用户需求的应用业务平台，使各方的利益得到充分的体现，真正实现“共赢”。

（2）聚合。“聚”是指互联星空要聚集国内外优秀的合作伙伴，包括微软、香港电讯盈科等，进一步提升服务的能力与水平；“合”是指把各合作伙伴提供的服务进行有机的整合，使其能更好地为用户所接受。

（3）服务。不仅是指中国电信为用户提供优异的服务，而且还要为服务提供商们提供卓越的服务，因为服务提供商必须通过中国电信“互联星空”的业务平台、中国电信的营销渠道、中国电信的支撑体系以及中国电信各种开放性的资源，为互联网用户提供丰富多彩的应用服务。可以说，中国电信与 SP、ICP 是利益共同体，只有为它们提供卓越的服务，才有“互联星空”的美好未来。

（4）共享。指通过中国电信“互联星空”平台，产业链各个成员都能从中获得价值，实现各自的利益，在“共存共荣”中发展壮大。

### 12.7.4 业务种类

中国电信“互联星空”已经推出了较为丰富的业务项目，具体的业务种类包括以下几个方面。

（1）宽带类业务指要求用户必须通过宽带方式才能使用的互联网内容及应用业务，如在线视频游戏、影视节目点播、IP 视频通信等业务。

（2）窄带类业务指要求用户只要具备窄带拨号接入条件即可实现的互联网内容及应用业务，如在线棋牌类游戏、信息查询、基于 Web 页面的网上教育和 IP 音频通信等，这是中国电信考虑到目前窄带用户还占绝大多数的现状而推出的。

（3）基础服务类业务包括电子邮箱、通知类业务（邮件、电话、短信通知等）和 IP 通信类业务等（IP 电话、IP 视频通信、即时通信类业务等）三个大类，这些业务由中国电信自主经营，作为“互联星空”的基本服务向用户收取基本服务费。

（4）增值服务类业务主要包括资讯服务类业务、在线娱乐类业务、在线教育类业务、电子商务类业务、在线理财类业务、医疗保健类业务和公众服务类业务等服务，这类业务一般通过聚合 ICP 的内容和应用并提供给用户来实现的。

### 12.7.5　运作机制

中国电信“互联星空”业务的运作机制是这样的：签约的 ICP 接入所签约的省级中心或虚拟省级中心（指尚未设立营业机构的省级中心）平台，“互联星空”业务支撑平台为签约 ICP 提供计费、代收费和一点结算服务；“互联星空”用户注册到用户所在省的省级中心或虚拟省级中心，“互联星空”业务支撑平台为用户提供单点认证服务、漫游服务、门户服务和支付服务；省级中心或虚拟省级中心通过支付接口和计费接口与签约 ICP 连接，实现计费、代收费及一点结算等功能。

全国中心和省级中心之间的业务联系，主要通过漫游认证接口和漫游支付接口，实现“互联星空”业务认证漫游和支付漫游。全国中心平台主要提供中国电信各省的应用业务省间结算、签约 ICP 与中国电信一点结算、应用层漫游业务认证转发、应用层支付转发、中心门户的特色业务导航等功能，而省级中心平台或虚拟省级中心平台主要提供服务门户、一点认证、业务管理、计费、ICP 代收费（支付）等功能。图 12-18 为“互联星空”运作机制示意图。

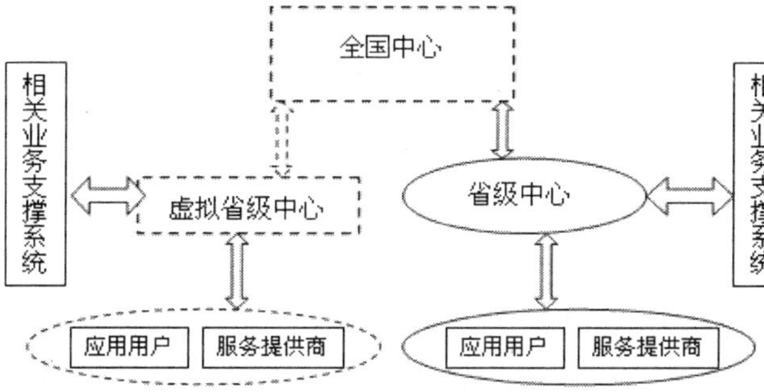


图 12-18　“互联星空”运作机制示意图

### 12.7.6　运行模式

“互联星空”建立了统一的业务支撑平台，具有用户认证、授权、计费、收费、内容分发等多项功能，对服务提供商实现了“一点接入，全网服务；一点结算，全网收益”，对用户实现了“一点认证，全网通行”，具体含义包括以下几个方面。

（1）一点接入，全网服务。应用服务提供商只要一点接入全国中心的业务支撑平台，就可实现向全网范围内的用户提供收费的内容和应用服务。服务提供商所需要的全国 IDC 资源和宽带资源也可以由中国电信集团公司统一调度，与服务提供商结算的平台也是唯一的，即全国中心平台计费点。“一点接入，全网服务”为服务提供商解决了与各地电信公司“分散作战”带来的一系列的问题。

（2）一点结算，全网收益。服务提供商能够方便地获取其全网性业务的收益，中国电信通过自己的营业机构向用户收取应用服务费后，向服务提供商提供一点结算的服务。这样服务提供商提供的服务接入全国中心平台，由中国电信与服务提供商实现统一结算。

（3）一点认证，全网通行。“互联星空”用户在“互联星空”服务门户进行登录认证后，即可获得“互联星空”所有合作伙伴提供的服务，无需再次输入用户名和密码，省却了用户很多的麻烦。

### 12.7.7 服务内容

互联星空的内容和应用涵盖了娱乐、教育和证券等多个领域，涉及了咨询服务、电子商务、公众服务和商业应用等多个层面，全方位满足了各类消费者的个性化需求。具体的服务项目包括以下几个方面。

#### 1. 基础通信与增值服务

互联星空提供的基础通信类业务主要包括电子邮箱、通知类业务，如邮件、电话和短信通知等；IP通信类业务，如IP Phone、IP视频通信、即时通信类业务等。

互联星空提供的增值服务类业务包括：

（1）资讯服务类业务，包括新闻、体育、旅游、生活资讯及财经资讯的浏览、查询和定制等服务；

（2）在线娱乐类业务，包括影视、音乐、在线互动游戏等内容和应用；

（3）在线教育类业务，包括远程教育和在线网络教育；

（4）电子商务类业务，利用网络从事商品或信息服务的查询、购物、缴费和购买彩票等；

（5）在线理财类业务，证券、期货、外汇交易等类型的信息咨询及在线交易服务；

（6）医疗保健类业务，健康保健咨询、资讯服务以及在线预约和挂号等；

（7）公众服务类业务，包括航班、火车时刻表、天气预报、工商企业、交通违章和紧急救助等信息查询。

#### 2. 游戏类业务

互联星空游戏充值业务依托于互联星空付费平台，实现为众多主流游戏的游戏账号充值的功能。用户只要拥有互联星空的注册账号或购买了互联星空的消费卡，即可在登录互联星空后直接为各种付费游戏账号进行充值，充值的费用将在用户的互联星空账号或卡号中扣除。目前可以通过“互联星空游戏充值”进行充值的游戏有：热血传奇、传奇世界、泡泡堂、疯狂坦克、破碎银河系、破天一剑、骑士online、命运、彩虹冒险、凯旋、科洛斯、中国游戏中心、联众世界、剑侠情缘online、美丽世界、疯狂原始人、石头就业所、天下无双、边锋游戏、传奇3、天之炼狱、仙境传说、征服、幻灵游侠、浩方对战平台、混乱冒险、红月、百战天虫、战场、休闲游戏、对战平台、游戏点播。随着互联星空的业务发展，互联星空将不断增加新的游戏品种，覆盖国内优秀的游戏。

在互联星空，用户不仅能欣赏到精彩的独家动漫，还可以下载好看的动画DVD，还有好玩的Flash游戏可让用户一试身手。

### 3. 电影类业务

互联星空影视娱乐区汇集鸿波影院、九州影院、中广网、五洲宽频、友通院线、21CN、央视传媒、凤凰宽频、搜狐影视等多家影院的精彩正版影片，丰富的影片、快速的更新速度满足用户不同的需求，高品质的画面和影音效果给用户完美的感受。

电影频道提供了大量的热门电影给用户观看，有动作、爱情、喜剧、科幻、恐怖、战争、情色、悬疑、武侠、剧情、日韩、欧美、港台、大陆和专题 15 大类 3 万多部影片。这些影片分属激情影视、星美宽屏、星光影院、动作天下、机动宽频、皇家宽频、动感影视、21CN 影院、九州院线、全球影库等 10 个服务。用户可以有选择的点击这些服务来欣赏影片。

电影频道提供了影视节目的搜索功能,用户可以直接输入影片名来寻找想观看的影片。此外，电影频道还提供了一部分影片免费提供给用户观看，用户只需直接点击就能开始欣赏。

### 4. 电视剧类业务

电视剧频道提供电视连续剧的点播和包月服务，不仅有新鲜、热门的节目，而且有很多经典的电视连续剧提供给用户观看。用户如果错过了电视台的播放时间，可以在电视剧频道得到满足。电视剧频道的内容分成国产、日韩、警匪、港台、偶像、喜剧和专题七个大类，星空 TVB、电视剧场、SOOTV 剧场、优度剧场、九州剧场和鸿波剧场等六个服务等待着用户的购买和使用。

电视剧频道也提供了影视搜索的功能，可以使用户最快捷的寻找到想要观看的电视节目。电视剧频道提供了一些影片给用户免费观看，既有单集的电视连续剧，又有完整的影片，满足各种用户的需要。

### 5. 综艺类业务

综艺频道提供的内容包括综艺新闻、影视资讯和娱乐类节目的欣赏等。分为综艺八卦、新鲜节目、港台秀场和史上看台四大类。综艺频道也提供了节目搜索功能，方便用户检索。

### 6. 灵通短信业务

中国电信公司推出的小灵通增值业务之一，面向广大小灵通用户服务。小灵通用户在这个栏目中可以使用小灵通手机号码作为支付手段来购买互联星空提供的服务，也可以使用互联星空的账号为自己的小灵通手机定制个性化的服务，比如使用互联星空的账号向小灵通用户发送短信。

### 7. 七彩铃音业务

该业务是互联星空网站专为小灵通用户开通的栏目，栏目中提供小灵通手机用户铃声下载和搜索。小灵通用户可以在此栏目中寻找、定制个性化的手机铃声。用户只需在铃音库中点击订购或者赠送，便能将中意的铃声下载到自己的小灵通手机或者发送到朋友的小灵通上，用户购买前可以点击“试听”来确认是否需要购买。七彩铃音还提供了方便的搜索功能来帮助用户快速找到需要的小灵通的铃声。

8. 音乐类业务

在线音乐栏目集中了飞行音乐（kuro）、九天音乐和天虎音乐等国内有实力的知名网络音乐提供商为广大互联网音乐爱好者提供了数万首大陆、欧美、港台和日韩地区的新老mp3 和 MTV 欣赏和下载，汇集了本地及海外的最新音乐新闻、艺人轶事和业界动态等信息，另有电子杂志、音乐论坛等特色内容。

9. 下载类业务

下载频道主要包括最新资讯、软件资讯、装机必备和下载排行等栏目，提供了丰富的网络资源及软件讯息，并可方便用户查询。

10. 社区类业务

社区是互联星空同中国同学录（5460.com）合作推出的社区类栏目，除了 5460 的标志性服务同学录之外，还提供了个人相册、社区论坛和贺卡中心子栏目。个人相册可以为用户提供网络相册的服务，用户可以上传图片与朋友们分享。社区论坛可以让用户们讨论感兴趣的问题，发表言论，加强交流。用户也可以在贺卡中心挑选或者制作贺卡发送给朋友们，表达各自的心情。

11. 资讯类业务

互联星空提供了休闲、实用、沟通等多类资讯服务，丰富的内容、个性化的服务和不断创新的业务让用户尽享网络魅力。

12. 星空动漫

互联星空提供动漫欣赏以及以下载为主的频道，拥有魔力动画、动漫帝国等服务。

### 12.7.8 案例评析

“互联星空”是以实现互联网用户、SP、ICP“共赢”为目的，充分利用互联网整合各种资源，提供一体化服务的一种业务运作模式。它的成功运作，将促使电信运营商开拓互联网业务进入一个新的发展的时期。

“互联星空”成功之处在于它很好地解决了互联网业务的收费问题，它通过提供一个包容性很强的业务平台，改变了长期以来互联网业务“因为收费困难而不得不免费”的“窘境”，为我国宽带互联网业务的有序发展探索出了一条行之有效的道路。

对中国电信来说，“互联星空”的推出，一方面通过联合各类服务提供商，带动了 IDC 以及专线出租等业务的增长；另一方面则由于服务提供商提供了丰富的内容服务，如教育、游戏、视频点播等，吸引了更多的互联网用户，用户上网的时间和流量都有了很大的提高，推动了宽带、窄带业务的快速发展，使互联网业务走上了良性循环的道路。这一点，对中国电信来说有很大的现实意义。而对广大互联网用户来说，有了“互联星空”以后，他们的网络生活变得更加丰富多彩、乐趣无穷。当然，为自己喜爱的服务付费也是情理之中的事，只要是值得的，又何乐而不为呢？

“互联星空”为中国电信这样的通信运营商带来了新的希望，但面临的挑战和面对的竞争压力仍然是不可低估的，因为包括中国移动通信、中国网通在内的各大运营商都有同样的计划，国外通信运营商也非常看好中国广阔的互联网用户市场。我们期待“互联星空”为中国电信赢得更加光彩夺目的灿烂星空。

# 第 13 章　电子商务综合案例

电子商务在各行各业的快速应用与发展已有目共睹，近年来各类典型案例也如雨后春笋般不断涌现，为我们学习和研究电子商务提供了取之不竭的生动素材。限于篇幅，本书只能对一些电子商务发展与应用的重点行业进行较为全面和深入的剖析，更多的行业和更丰富的案例需要读者自己去关注，去分析，去思索。在本书的最后一章，我们再选取其他若干个行业较有代表性的综合案例进行介绍，以期读者能对各行各业电子商务的发展有更加全面、深入和系统的把握。

## 13.1　中国邮政电子商务发展案例

### 13.1.1　邮政概况

国家邮政局于 1998 年邮电分营后正式成立，此前从属于原邮电部。独立运营后的中国邮政以“实物传递、资金流通、信息服务”三网合一为目标，建设现代邮政快速传递网络。近年来，中国邮政积极把握电子商务发展的机遇，主动迎接网络经济带来的挑战，为中国电子商务的发展起到了积极的推动作用。目前，中国邮政形成了规模居世界前列的邮政网络，并已建成了覆盖全国数百个中心城市，有图像、语音、数据传输功能的邮政综合计算机网，邮政金融网已经实现了全国各省市数百个大城市的主机联网，绝大部分县市均实现了通存通兑。可以说，集物流、信息流、资金流先天优势于一身的中国邮政在电子商务发展方面有着无可比拟的资源条件和发展基础。目前，中国邮政旗下有 4.5 万个邮政网点，1.5 万亿储蓄余额，8 千亿自主运作资金，10 万个邮政报刊亭终端。可以肯定，这些强大的资源优势如果很好地转化为产业能量，将对目前的市场格局产生深远的影响。

图 13-1 为中国邮政主页。

图 13-1　中国邮政主页

## 13.1.2　发展背景

早在 2000 年初，国家邮政局就根据邮政业务的特性和中国邮政已经具有的各种资源条件，审时度势地提出了“电子邮政”的发展规划，具体分成三步实施。

（1）规划试点阶段。这一步是建立初步的电子邮政示范系统并进行试点，力争打出中国邮政的“电子邮政（E-POST）”品牌。具体内容包括：实施电子邮政的网上邮局、网上邮市、网络信息服务等几项基本业务；实施初步安全认证；实现绿卡的网上支付；建设物品配送及信息调度试点系统。

这一阶段的主要任务是建立起电子商务的基础平台，包括建立非 SET 安全认证体系，初步实现对网上业务的必要认证；实现绿卡的网上支付；选择有代表性的集邮业务，进行网上交易的试点开发；建设实物递送系统和信息调度试点系统等。

（2）发展邮政电子商务。这一步要建立较完善的网上购物、网上支付系统，实现规范的邮政电子商务。具体内容包括：开展市场所需的各类电子邮政业务；建立完善的电子安全认证体系；实现电子现金、电子钱包、银行卡等各种电子支付手段；在全国范围实现联网物品递送及调度。

这是在第一阶段的基础上，通过继续挖掘传统邮政业务和寻找新业务的方式，增加网上业务的种类，提高网上业务的质量，完善认证和绿卡支付系统，实现包括电子现金、电子钱包、银行卡等多种电子支付手段，在全国范围内实现联网物品递送和调度系统。

（3）全面实现电子邮政。这一步要全面实现邮政服务、生产和管理的高效率、低成本、在线服务、电子化、网络化，实现电子邮政的全球化，这是电子邮政的中长期目标。

这是在完善和健全认证系统、支付系统和递送系统的基础上，全面实现由商品信息发布到交易、到支付、到物流配送的全过程的电子商务应用，加快系统中信息流、物流和资金流的流转速度，全面实现邮政业务的电子化，使邮政业务的运作方式得到根本性改变。

根据这几年的发展与建设，适应现代信息社会发展要求的电子邮政已经初见成效，并正在向深层次推进。

## 13.1.3　主要业务

按照电子邮政的发展规划，国家邮政局已先后推出以下一些主要业务。

（1）网上邮市。在互联网上开设虚拟的邮票交易市场，为用户提供在线的邮票信息查询、邮票导购、邮票拍卖和集邮爱好者论坛等。

（2）网上邮局。为用户提供一个安全的电子邮箱，利用邮政独有的网络优势，保证邮件传送和邮件信息的安全，并以电子化手段向公众提供现有的和不断开发的邮政业务，如安全电子邮件、混合邮件、电子邮戳、电子邮票、电子账单和电子广告等。

（3）网上商城。建立网上招商商城，与厂商签订租赁协议，为其开设网上商品专卖店，以邮政绿卡或其他银行卡为支付手段，以现有的实物传递网为依托，向用户提供网上购物、实物传递和网上支付等服务。

（4）信息服务。通过互联网为用户提供生活类、经济类、技术类、旅游类及文化体育类等多种信息的服务，以及专门的邮政业务信息如邮政业务查询、编码查询、邮政业务咨询、企事业单位名址信息、用户信息服务、邮政受理投诉和建议及广告业务等信息服务。

（5）电子汇兑。汇款人通过互联网安全地划拨资金，收款人可以是不同地域的绿卡用户、其他银行卡用户或普通用户。

（6）电子认证。建立一个邮政品牌CA认证中心，下设商家认证、支付网认证和持卡人认证中心，各省建立一个CA证书申请审核受理中心，下辖若干地市业务受理点。

### 13.1.4 实施内容

电子邮政的实施包括以下八个方面的内容。

（1）电子邮政网络站点建设。电子邮政网络站点是邮政客户进行网上访问和电子邮政交易的入口。电子邮政网络站点的构建涉及到电子邮政基本框架中提到的各个要素。所有访问用户都从全国中心邮政站点进入，全国中心站点作为全国各电子邮政站点的统一的对外门户站点，通过防火墙接入因特网。

（2）接入平台建设。电子邮政的客户包括公众、企业和政府。邮政客户的接入可以通过拨号和专线两种方式实现，具体接入方式包括：183邮政互联网信息接入；185邮政客户服务中心语音接入；163、169等ISP接入；另外还包括邮政营业网点终端接入等其他接入方式。电子邮政的接入方式应根据各地情况因地制宜，根据市场需求和技术实现的可行性，选择183互联网接入方式或客户服务中心185接入方式。中国邮政将逐步完善接入方式，为广大客户提供低成本、高速度的接入服务。

（3）基础网络建设。电子邮政的基础网络是支撑电子邮政信息流、物流和资金流的网络平台。在电子邮政开展过程中，将充分利用邮政实物投递网、邮政综合计算机网和邮政储汇网这三个基础网络的资源，为客户提供高质量的物流、信息流和资金流的传递服务。

（4）安全认证体系建设。在电子邮政交易活动中，必须保证多方面的安全，包括授权合法性、身份真实性、数据完整性、信息保密性、交易的不可抵赖性及身份验证等。安全认证体系负责电子邮政网上交易各方身份证书的发放和管理，确保交易各方的身份认证，防止泄密、篡改和抵赖。电子邮政安全认证体系将在国家邮政局统筹安排下建立一个中国邮政CA，并在CA之下建立层次结构。

（5）支付体系建设。由于开展电子邮政业务时必将涉及交易各方的支付行为，因此必须提供有效的支付方式。根据电子邮政的发展和各地的实际情况，采用网下交易、网下支付；网上交易、网下支付或网上交易、网上支付的多种形式。电子邮政支付体系包括：客户端电子钱包、商家电子柜员机和支付网关。支付网关是与金融机构的接口，实现身份验证、支付审核、协议转换、交易记录和清算。电子邮政支付体系应实现绿卡在线支付和其他银行卡的在线支付。

（6）业务平台和业务应用系统建设。业务平台是电子邮政业务的交易服务平台，主要进行数据库管理、受理处理客户订单、进行数据维护和统计分析等。业务应用系统是在业务平台基础上开发的具体电子邮政业务应用软件系统。电子邮政业务应用系统对实现邮政拓展新业务、为广大邮政客户服务、实现邮政特色服务具有重要意义。电子邮政的业务应发挥邮政的全程全网特点，建设全国性业务和区域性业务，在业务系统的开发中要实现和综合网应用软件的有机结合，充分利用已有资源。

（7）物品递送及信息调度系统建设。该系统是邮政电子商务有形物品交易中不可缺少的一个重要组成部分。它由两部分构成，一是物品的分拣、运输和递送系统，完成物品的分拣和递送；二是连接购货、供货、信息服务各方和物品递送系统的信息系统，完成联网信息处理和递送调度。

（8）相关法律、法规和标准、规范建设。电子邮政相关法律、法规、标准、规范涉及电子邮政中的税收、知识产权、安全和隐私、资费与标准、业务规范和技术标准等问题，是实现电子邮政的软环境，具有非常重要的意义，需要抓紧跟踪、研究和制定。

图 13-2 为国家邮政局提供的中国邮政电子商务服务系统图。

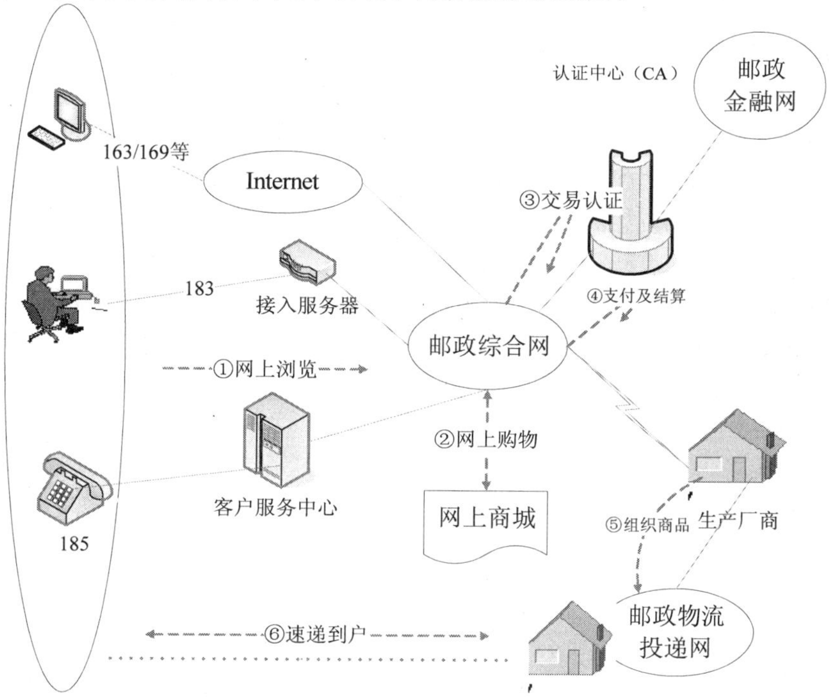


图 13-2　中国邮政电子商务服务系统图

## 13.1.5　发展部署

中国邮政电子商务的发展可用近期目标、中期目标和远期目标来描述。

（1）近期目标。通过建立初步的电子邮政的接入平台、业务平台、电子支付和安全认证体系等，实现初步的邮政电子商务系统，促进邮政新业务的拓展。主要建设任务有建设电子邮政网站，与因特网互联，建设网点支付体系、安全认证体系，185 服务中心、183 及业务软件开发和相关配套体系。在试点工程完成后，可以向用户提供网上邮市、网上邮局、信息服务、网上商城和其他网上业务。

（2）中期目标。在“三网合一”的基础上，实现网上支付和安全认证，建立开发包括全国中心和全国 31 个省中心在内的、较规范的、具有邮政服务特色的邮政电子商务系统，探索新的电子邮政业务种类。

（3）远期目标。逐步实现邮政服务、生产管理的高效率、低成本、在线服务、全球互通的电子邮政系统，形成完备的电子商务环境，并以此为基础，拓展邮政行业以外的业务；与厂家和商家合作，不断拓展邮政行业新的经济增长点。

### 13.1.6 案例评析

中国邮政在全社会电子商务发展中所具有的优势是显而易见的，遍布城乡的由数十万人组成的物流配送网络，在全国拥有这样的网络的唯独邮政一家；邮政绿卡是十分理想的可以用来网上支付的金融工具；已经建成的覆盖全国主要大中城市的邮政综合计算机网络是实现网上信息流动的理想载体。可以说，物流、资金流和信息流在邮政内部都能很好的解决，这是在国内绝无仅有的。

近几年，中国邮政积极投身于全社会电子商务的发展，在网上销售的商品配送方面已占居较高的市场份额，其他的业务也有一定的发展。但由于邮政是一个全国性的网络，又承担着“普遍服务”的义务，在新业务开发以及市场开拓方面具有明显的不足，比如中国电子邮政业务开办已久，但真正有影响的盈利项目还很少，邮政的综合优势还远没有得到充分的发挥。好在中国邮政已经意识到了自己的不足，正在加快改革与发展的步伐，争取在电子商务发展领域赢得更多、更大的发展机会。2003 年 1 月 18 日，中国邮政专门成立了致力于第三方物流服务的中邮物流有限责任公司，这一新公司注册资本 2 亿元人民币，下设 31 个省级子公司，是一家集仓储、封装、配送、加工、理货、运输和信息服务于一体的现代化综合性物流企业。此举可以看出，中国邮政正在积极向新型的邮政物流服务企业转型，希望能在快速增长的物流市场中占有一席之地。

在电子商务迅速发展的今天，中国邮政有着不可多得的历史发展机遇，但是由于受到体制的局限以及各方面条件的限制，邮政不得不面对各种现实困难和挑战。当邮政这头“雄狮”真正醒来的时候，世界不会不惊叹它的力量。

## 13.2 安徽烟草电子商务发展案例

### 13.2.1 公司概况

安徽是我国最早从事烤烟生产的省份之一，也是全国卷烟生产的重点省份。1980 年 10 月，安徽在全国率先实行烟草管理体制改革，成立了安徽烟草工业公司，实行产、供、销，人、财、物，内、外贸的统一管理。1983 年安徽烟草公司更名为安徽省烟草公司，同年 10 月划归中国烟草总公司管辖。1984 年 1 月，安徽省烟草专卖局（公司）（以下简称“安徽烟草”）成立。2003 年 4 月，安徽烟草按照国家烟草专卖局推进行业管理体制改革的要求，率先实现工商分设，成立了全行业首家省级中烟公司；2005 年 3 月，安徽中烟工业公司所属蚌埠卷烟厂、合肥卷烟厂、滁州卷烟厂分别取消法人资格，组建黄山卷烟总厂，完成第一步联合重组；2006 年 5 月，根据国家烟草专卖局批复，安徽中烟工业公司所属芜湖卷烟厂、阜阳卷烟厂与黄山卷烟总厂取消法人资格，并入安徽中烟工业公司，完成第二步联合重组。目前，安徽中烟工业公司已经全部完成了资产划转、工商税务变更、许可证办理等相关手续；按照国家局的要求搭建了组织架构，界定了职能和工作流程；财务系统完成了整合，实行“一账式”的财务运行体系；整合了营销核心业务系统，健全和完善责权利相统一的营销事业部管理体系。各项生产经营活动平稳开展，干部职工精神焕发，呈现一派欣欣向荣的景象。

安徽中烟工业公司与所属企业联合重组以后，将努力发挥重组企业的规模优势，不断优化资源配置，实现资产、品牌、采购和销售四统一。例如根据市场需求和品牌规划，统一组织生产，充分挖掘设备潜能，形成低成本优势；打破技术壁垒，促进技术交流与融合，形成核心技术优势等等，促进企业整体竞争力的提升。

### 13.2.2 发展背景

安徽烟草信息化建设起步比较早，先后建成了网点销售系统、网点访销系统、商品账务管理系统和财务系统等业务系统。但限于当时的技术条件以及其他多方面原因，这些业务系统在应用过程中出现了不少问题。例如商业企业和工业企业之间缺乏信息共享，调拨过程基本上还是通过传统的手工和经验来完成，而且已经建立成的系统大部分都是一些内部 MIS 系统。由于各系统之间相对独立，缺乏数据交流，各个环节的信息和数据就无法进行综合分析。因此，原有的信息系统根本无法为企业领导者提供进行决策的依据，也无法为计划的制订提供及时正确的信息。前几年，安徽烟草由于生产和销售部门的信息脱节，导致了企业对市场反应迟钝，削弱了企业的市场竞争力。为了解决以上存在的问题，安徽烟草决定建设电子商务系统。

由于安徽烟草实施电子商务在全国烟草行业是第一家，且其规划起点比较高，所以引起了国内外很多大型软件厂商的重视，前后有二十多家软件公司参与了竞标。安徽烟草为了保证项目的顺利实施，首先进行了省局中心机房和全省广域网方案的公开招标，紧接着就进行了电子商务软件项目的招标。招标完成后，安徽烟草决定打破常规，采取各项工作同时开展、齐头并进的方式。在原有的经济信息中心之外，公司又成立了独立的电子商务部，专门负责电子商务项目的建设工作。经过实施双方的深入沟通和充分交流，基本明确了安徽烟草公司电子商务系统的基本功能以及其总体目标，为下一步的实施打下了坚实的基础。

### 13.2.3 系统目标

安徽烟草电子商务系统是建立在 Internet 基础之上的，其主要目标有以下几个方面。

（1）构建一体化的业务运作平台。通过电子商务系统，将原有的销售管理系统、采购管理系统、物流管理系统、财务管理系统、库存管理系统、客户关系管理系统和决策支持系统等各子系统实现有机的整合，并将企业的上游供应商、下游经销商一起整合到企业的经营系统中。

（2）建立分销管理系统。整合烟草生产、销售和配送的各个环节，将原来集中管理的资金流、物流和信息流进行单独管理，以达到加强省公司的控制力度，降低生产、销售成本。

（3）建立客户服务中心系统。增加客户的接触渠道，加强公司与客户的联系，提升客户的满意度和忠诚度，并通过客户服务中心采集客户反馈的信息，再对这些数据进行分析，以便更好地掌握客户的现实和潜在需求。

（4）建设辅助决策支持系统。借助于辅助决策支持系统为公司的市场开发、产品设计和广告宣传提供可靠的分析数据，以便更准确地预测市场，提高市场的控制能力，提高企业适应市场和参与竞争的能力。

（5）建立财务系统。建设基于互联网的全省网上结算系统，充分利用集团公司的优势，使资金的周转效率和利用程度达到最大化。

（6）建设烟厂ERP系统。以系统化的管理思想，建成现代企业的运行模式，同时使安徽烟草能与上游的供应商实现物流、信息流和资金流的集成。

（7）建设电子化的人力资源管理系统。通过网络技术的应用，实现公司人事档案管理、员工培训和人员调配等职能的电子化。

这一系统的最终目标是要建成以电子商务平台为纽带的物流、资金流和信息流三流畅通又相互连贯的企业信息系统，并且可以发展成为跨地域、跨行业的电子商务公共交易平台。

### 13.2.4 设计原则

安徽烟草电子商务系统的设计原则主要包括以下几个方面。

（1）安全性。保证网上资金流转和信用卡密码等重要信息的安全，防止非法的侵入和恶意的破坏。

（2）先进性。采用世界上较为先进、性能较为稳定的产品与技术，在技术和设计等层面保持同行业内领先的地步。

（3）开放性。采用国际通用的标准协议以及开放式的互联系统模型，有利于系统的升级、改造以及与其他系统的兼容性。

（4）统一性。系统内部采用统一的数据库，防止系统发生冲突，方便领导进行经营决策以及财务结算、销售查询和库存管理等工作。

### 13.2.5 系统方案

安徽烟草电子商务系统从整体上说涵盖了从企业上游的原辅料供应商到其本身，再到下游的零售商，直至终端消费者的一系列业务过程和资源信息的管理，在这一系统中，互联网起到了极为重要的作用，它承载着信息的双向流转，资金的网上流动以及物流信息的网上传递等职能。图13-3为这一系统“三流（信息流、资金流和物流）”运作的关系图。

安徽烟草电子商务系统业务流程图可用图13-4表示。如图13-4所示，在这一系统中，物流的流向是从左到右单向流动的；资金流与物流的流向相反，基本是从右到左单向流动的；而信息流则通过互联网的作用，在各组成环节实现双向流动。

在电子商务系统的运作过程中，首先要考虑的是企业内外部物流、资金流和信息流流转的畅通。因此，电子商务系统在设计过程中，充分考虑以基于因特网的供应链管理、企业资源管理以及客户关系管理等先进的管理思想和理念为基础，通过建立企业的互联网数据中心，形成行业多方交易平台，以实现对相关资源和过程进行集中、有序和高效的管理。

整个系统的设计采取的是从整体着手再分步实施的策略，系统的设计对供应商、生产制造商、经销商和物流服务提供商进行了进一步的优化，以减少中间的冗余环节，降低库存，减少运行成本，提高运行效率。

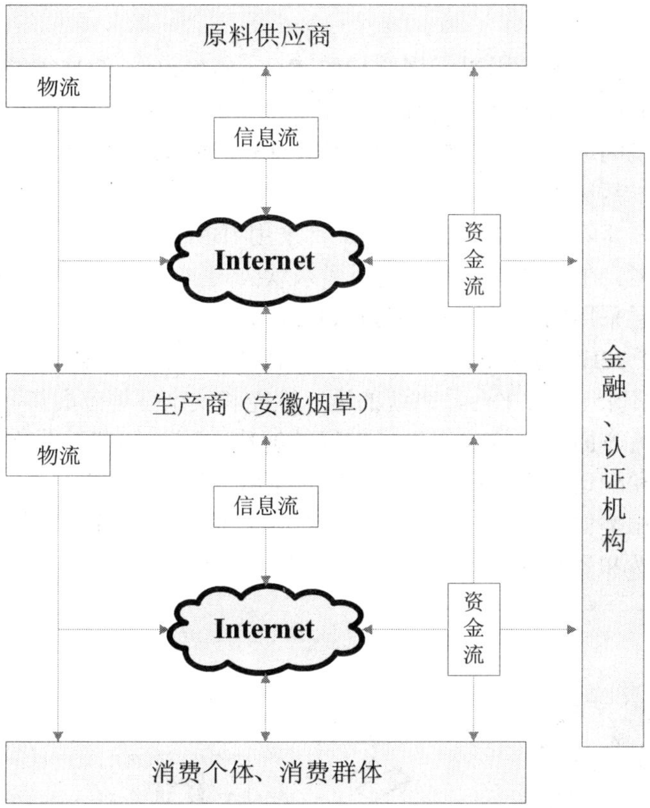


图 13-3　“三流”（信息流、资金流和物流）运作关系图

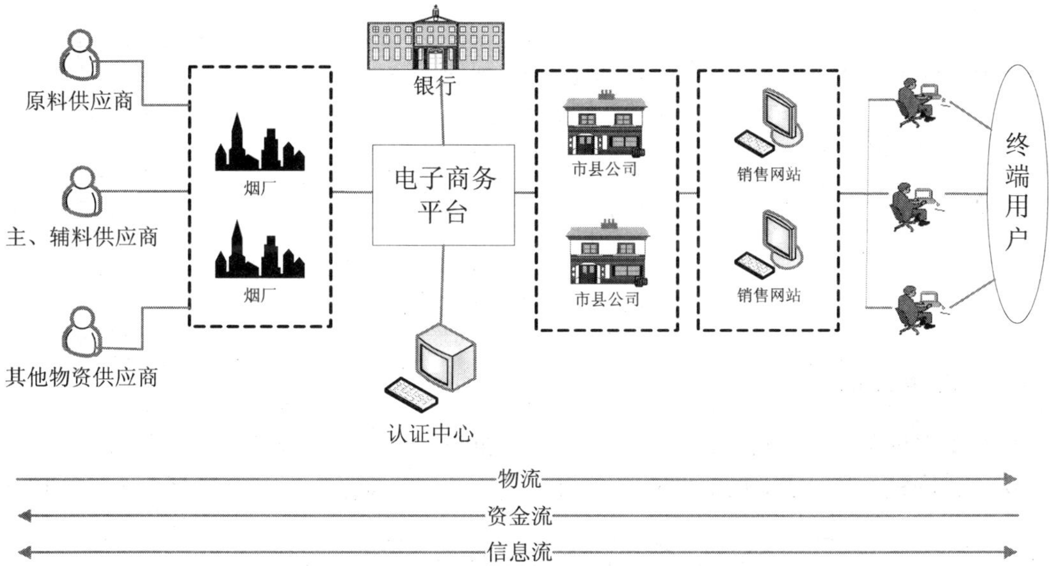


图 13-4　安徽烟草电子商务系统业务流程图

### 13.2.6 系统结构

安徽烟草电子商务系统采用以三层结构的 Browser/Server 的技术路线，B/S 技术的应用使得企业只要用通用浏览器就能实现原来需要复杂的专用软件才能实现的强大功能，可以大大节约系统开发的成本。系统拓扑结构如图 13-5 所示。

这一系统采用了基于 J2EE 体系结构的 Java 语言进行开发，使系统具有了良好的跨平台性。客户端采用 IE 高版本的浏览器，中间平台采用 IBM Websphere Application Server 3.5，数据库采用 Oracle 8i。在客户端的框架采用了东软公司的 Uni-EAP 开发框架平台，在应用服务器的事务处理层采用的是 Enterprise Java Bean 技术。

由于采用了基于 J2EE 的应用程序，系统不再依赖任何特定的操作系统、中间件和硬件，只需开发一次就可部署到各种平台，系统的运行性能和安全性等方面得到了可靠的保证。

在物流和资金流方面，系统也得到了较好的解决。因为烟草行业本身就具有较为庞大而完善的销售网络和配送体系，通过电子商务的应用，不但可以满足自身的物流配送需求，而且还可以向与之相类似的其他零售行业进行扩展；通过与农行和工行的业务集成，现已真正实现了网上调拨和资金的网上结算。

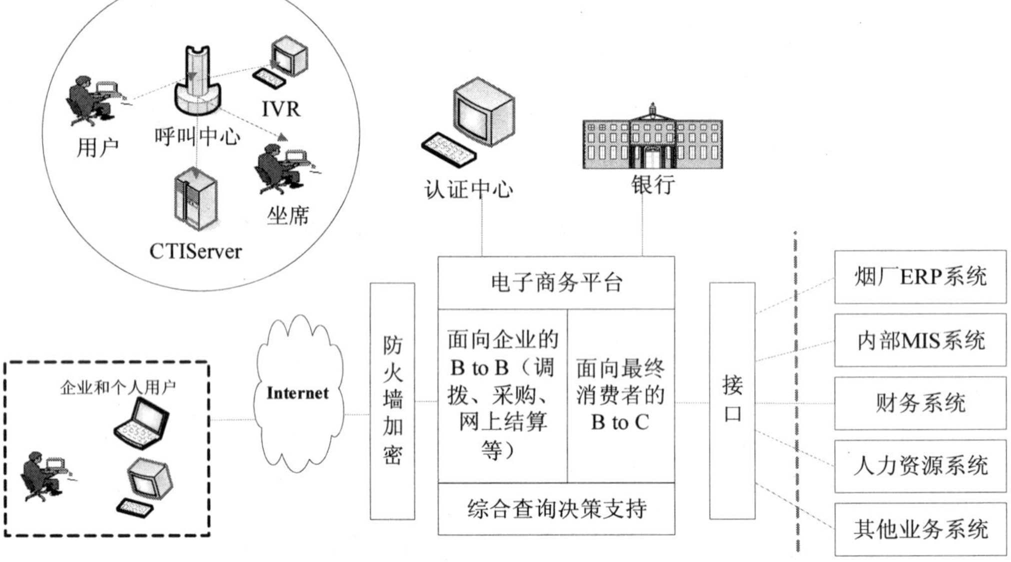


图 13-5 系统拓扑结构图

### 13.2.7 系统实施

安徽烟草的商务流程可表示为采购、制造、批发和零售四个环节（参见图 13-6）。与此相对应的供应链组成环节，包括供应商、烟厂、烟草公司、配送中心和零售户（参见图 13-7）。

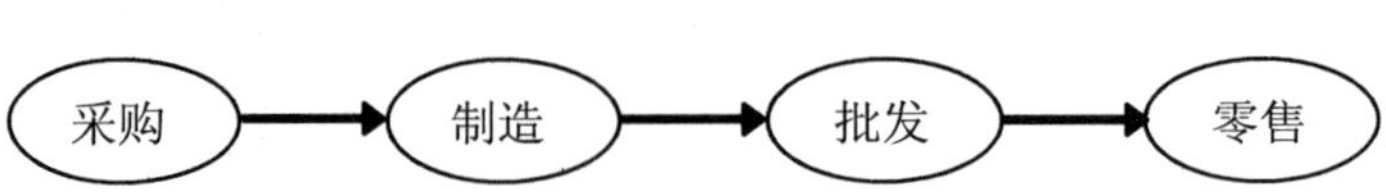


图 13-6 安徽烟草商务流程图

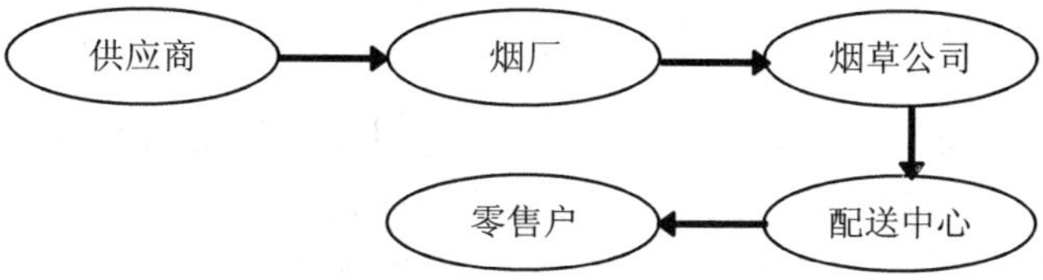


图 13-7 安徽烟草供应链组成示意图

由于安徽烟草电子商务系统牵涉面广，业务系统复杂，因此在建立这样一个复杂系统的时候，公司并没有要求做到一步到位，二是采用分步实施的方式进行的。这一项目的总体实施过程包括以下几个环节。

（1）电子商务平台建设。建设电子商务平台主要是为了对各业务过程进行数字化处理和交互式传递，使行业内各级用户可通过该平台实现网上交易、电子结算、内部调拨和计划管理等功能，并进一步对行业内的调拨管理、库存管理、销售管理以及客户资源管理信息通过电子商务系统的接口进行收集和汇总，为决策管理者提供统一的数据信息平台和方便可靠的基础辅助支持系统。

（2）整合物流配送体系。在建成电子商务平台的基础上，建成基于 CRM 的物流配送系统和零售管理系统，并将商业企业的营销网络的调拨业务需求和工业企业的生产供应进行集成。初步建立安徽烟草行业的数据仓库和集市，即将所有与业务和行业管理相关的业务数据进行抽取、转换和装载，并应用先进的数据分析工具完成各类综合报表和查询，同时基于产品品牌、区域、网点、零售户、时间段和收益等进行深度分析和挖掘。

（3）逐步实现供应链管理和 B to C 电子商务。这一步主要侧重于对卷烟生产企业的上游供应商进行供应链管理，完成基于供应链的网上原辅物料的采购功能，之后将逐步实现烟草面向最终消费者的 B to C 电子商务业务，在完善省内专业网站的基础上逐步向全国推广，并最终成为综合性、多功能的公共电子商务交易网站。

按照公司的部署，最终建成后的安徽烟草电子商务系统可用图 13-8 表示，在这一阶段，安徽烟草整个业务系统中的信息流、资金流和物流将通过电子商务系统实现高度的集成与融合，使公司的各项业务运作进入到一个全新的阶段。

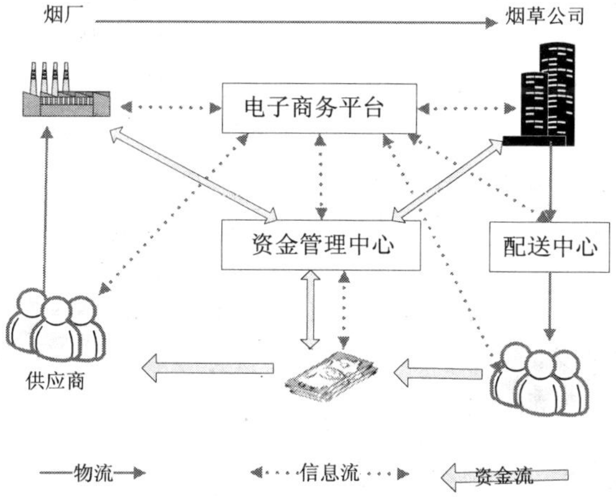


图 13-8 安徽烟草电子商务系统发展计划示意图

### 13.2.8 案例评析

安徽烟草电子商务系统的成功开发和应用，不但具有重要的经济意义，也有着十分重要的社会意义。作为国内烟草行业第一个比较全面和完善的电子商务系统，目前已取得了较为满意的应用效果。这一系统的成功开发，关键的因素主要有以下几点：

（1）公司高层领导对电子商务系统的高度重视和全面支持；

（2）系统开发人员对业务需求的深入调查和分析；

（3）科学、规范的项目管理；

（4）东软与安徽烟草良好的合作与沟通；

（5）东软公司丰富的开发经验；

（6）领先的技术应用等。

安徽烟草电子商务系统的开发和应用对我国烟草行业电子商务的发展积累了极为有益的经验，必将有助于提高我国烟草行业的国际竞争力，同时也将对其他行业的电子商务发展起到一定的借鉴作用。

## 13.3 中农网农业电子商务案例

### 13.3.1 公司概况

深圳市中农网电子商务有限公司成立于2000年9月，由创建于1993年并一直致力于农业信息化建设的深圳市农产品信息中心增资扩股而成，目标是将中农网建设成为大型农产品网上交易市场。中农网电子商务有限公司由深圳市农产品股份有限公司（上市公司）、深宝实业股份有限公司（上市公司）、农业部信息中心、深圳泰克艾奇智能公司联合投资，注册资金3,000万元，主要从事农产品电子商务平台、信息门户及各类信息化项目的建设。深圳市农产品股份公司是中国农产品流通行业唯一的上市公司、中国最大的农产品流通经营企业。各个股东优势互补，传统企业与网络经济融合，商务经验与资源积累整合，这些是中农网开展电子商务的基础。中农网是中国首家实现网上银行支付及提供身份认证的农业网站，也是依托传统产业建立起来的国内最大的农业B to B网站。

面对我国农产品市场体系不完善，交易手段落后，组织化、产业化程度低等现状，中农网依托丰富的行业优势、整合股东资源，利用先进的网络技术，建成了以有形市场为依托、无形市场与有形市场相结合、信息服务与电子商务相配套的大型涉农电子商务平台，并根据行业客户的信息化需求提供完整的解决方案，推进了中国农业信息化的发展，构筑了农产品流通新战略。信息是基础、技术是手段、电子商务是终极目标，公司围绕中农网电子商务平台开展了信息服务、软件开发和电子商务等业务，形成了紧密的业务链条，成为了我国农业电子商务发展的“急先锋”。

图13-9为中农网主页。

图 13-9　中农网主页

## 13.3.2　发展背景

我国作为一个农业人口大国，长期以来“三农”（农业、农村和农民）问题一直是困扰国民经济发展和社会全面进步的重大问题，党和政府历来都十分重视。尽管自改革开放以来，我国农村改革与发展取得了重大突破，但面对入世的挑战和经济社会信息化发展大潮，我国的“三农”问题表现得尤为突出。因此，加快农业电子商务的发展有着十分重要的现实意义。

中农网正是在这样的背景下成立的，它依托丰富的行业优势、整合股东资源，利用先进的网络技术，建成了以有形市场为依托、无形市场与有形市场相结合、信息服务与电子商务相配套的大型涉农电子商务平台，并根据行业客户的信息化需求提供完整的解决方案，推进了中国农业信息化的发展，构筑了农产品流通新战略。

中农网赖以生存和发展的资源优势主要包括以下几方面。

（1）深圳市农产品股份有限公司强大的实体经营体系。中农网最大的股东深圳市农产品股份有限公司，是国家农业产业化经营重点龙头企业，“中国最具发展潜力的上市公司 50 强”，深圳市“菜篮子”重点工程。公司集农产品生产、加工、包装、储运、批发、拍卖、直销、连锁零售经营、进出口贸易、物流配送等多功能的产业体系和流通模式，总资产近 30 亿，净资产 15 亿。公司以农产品批发市场为中心，向生产、零售领域两头延伸，构建了全国性的农产品市场体系，旗下有深圳布吉农产品批发市场、深圳福田农产品批发市场、上海农产品中心批发市场和江西南昌农产品中心批发市场等大型批发市场，还控股专门经营果菜、饮料、生猪和海鲜等的专业公司。公司还致力于探索肉菜市场超市化的连锁经营模式，拥有遍布华南地区的 150 多家民润超市，走出一条社区化、差异化、便利化、规模化和多业态的道路。

（2）国家农业部信息中心在业界信息化的窗口和龙头地位。作为股东之一的农业部信息中心，已建立了包括面向公众的因特网、面向行业的信息交换网、面向机关的办公业务网和为整个行业服务的信息资源数据库在内的“三网一库”，形成了信息采集处理、信息自助发布和信息分析预警预测等强大的信息处理功能，集聚了国家宏观农业经济信息和专家权威理论资料，成为整个农业行业进行信息发布、实施信息引导、规范信息标准的窗口和龙头。

（3）农产品公司下属法人企业信息化初具规模。以农产品公司总体战略目标为指导，按照“应用主导、面向市场、统一规划、资源共享、技术创新、竞争开放”的发展思想，农产品公司各下属法人单位的信息化建设如火如荼地进行着，基本完成了基础平台，包括网络基础设施、数据中心和软件平台的建设，各单位也根据不同的业务需求建设了多功能的企业网站，启用了财务管理系统、OA系统、MIS系统、EC平台、供应链管理系统和人事管理系统等系统中的一个或多个系统，将技术创新、管理创新与制度创新有机结合起来，基本实现了信息和资源共享，这有利于业务的统筹、整合和再造。

### 13.3.3 平台架构

中农网平台针对农业企业以及行业电子商务的特点，提供了丰富的、功能强大的B to B电子商务平台，包括信息门户、交易平台和信息交换门户。

AP88网站是中农网为客户提供网络信息服务和商务服务的基础，也是省市县农业网、农业企业网和批发市场网联通的桥梁。经过长期的运营，建立了广泛的客户基础，实现了增值的商务服务，赢得了信赖和美誉。

各类农产品流通信息跨越时间和空间的限制，通过网络迅速传达到每一个客户，从而对客户的生产、加工和商务往来提供指导和便利。并且，根据客户不断发展的需求，信息服务的内容一直在不断更新和加强。

图13-10为中农网平台架构图。

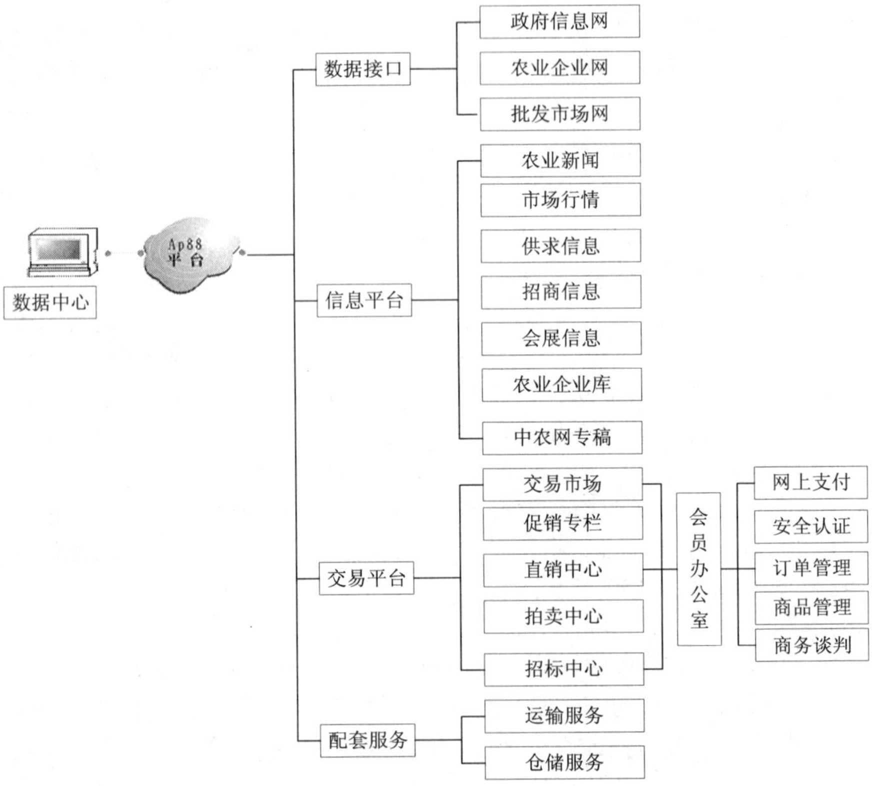


**图13-10 中农网平台架构图**

强大的电子商务包括了 B to B 交易、招标和拍卖多种交易方式，提供了从合同形成、订单传送、CA 认证、银行支付和储运等一系列的商务服务，形成了符合行业实际的模式。会员办公室的定制化服务，包括了资料、产品、权限的维护，与客户的直接交流，商务的个性化处理，从而为客户提供了具有特色的商务空间。

### 13.3.4　业务功能

作为国内具有较高水平的农业电子商务平台，中农网具有比较完善的功能。主要有以下几个方面。

（1）批发市场。中农网集中了全国主要批发市场的动态信息，可以让用户随时把握全国各地的市场行情。图 13-11 为中农网批发市场首页。

**图 13-11　中农网批发市场首页**

（2）价格之窗。价格是农产品经营当中最为敏感的因素，中农网作为深圳市唯一一家对农产品进行调查、发布的专业机构，为广大客户提供全面的价格服务。图 13-12 为中农网价格之窗首页。

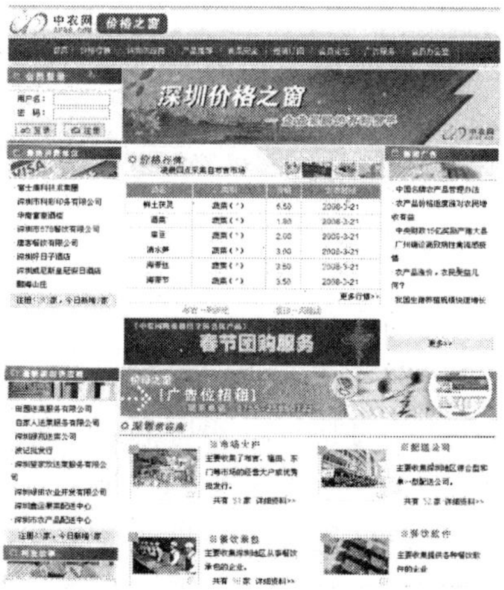


**图 13-12　中农网价格之窗首页**

（3）农业资讯。信息丰富是中农网的一大特点，中农网的信息门户每天发布数十万字的农产品市场动态、分析预测、全国各地的价格行情和及时供求信息，为数千家会员企业和行业相关单位提供准确快捷的信息。图 13-13 为中农网农业资讯首页。

图 13-13　中农网农业资讯首页

（4）会员办公室。中农网本着为广大客户服务的原则，将所有中农网的用户分成三类：交易会员、信息会员和过客三类。只有交易会员才能在中农网进行农产品交易，他们在加入中农网时，都必须按照严格规范的流程与中农网签订协议，并需要交纳一定的保证金，以使双方都能受到法律约束。信息会员可以访问供求信息、市场行情等重要信息，但不能参与交易。过客只能访问一般公开的信息，没有其他的权限。

### 13.3.5　速度、支付与安全

对中农网这样一个大型的农业电子商务交易系统而言，速度、支付与安全是必须重点考虑的问题，中农网对此当然不会等闲视之。在速度方面，中农网与运输、配送和仓储等第三方服务相协调，与国内大型的公路、海运、铁路、航空和仓储等单位紧密合作，所有交易会员可直接在网上与自己需要的合作伙伴洽谈、定仓，确保物流的正常运转。

在电子商务最终的支付环节上，中农网提供了与农业银行、工商银行等商业银行的稳定接口，交易会员可以在网上直接向客户支付货款，十分省时、省力。

在网站的安全方面，中农网采取了一系列严格的措施：所有进入中农网交易平台的企业都按照严格规范的流程与中农网签订协议，对中农网和企业的双向约束提供法律保障；参与交易者均为注册交易会员，需缴纳一定数额的保证金，并辅以严格的信用管理和质量检验服务；交易者及网站本身均由权威的 CA 认证中心提供身份认证，对所有的交易数据采用先进的加密技术，保证数据在传输过程中的安全可靠，也保障了交易者的利益。中农网还同时采用了防火墙技术和防黑客技术，对平台进行 24 小时不间断监控，保障了平台的安全稳定运行。

### 13.3.6 案例评析

中农网是我国农业电子商务发展的“先行者”，它的成功开发与应用，有着重要的经济意义和社会价值，为加快我国农业产业化、农村现代化、农民小康化作出了重要的探索。

与一般的电子商务服务企业相比，中农网的资源优势是十分明显的，但仅仅有资源优势还是不够的。中农网的成功之处很大程度上表现在现代信息技术与传统农产品交易的有机交易，把过去分散的、无序的、不规范的农产品交易通过互联网进行有机的整合，从而提高农产品交易的效率和透明度，最大限度地为交易各方创造价值。

作为农业电子商务的开拓者，中农网为中国农业电子商务的发展探索出了一条有效的道路。它的成功经验，对我国具有广阔前景的农业电子商务的发展具有重要的借鉴作用和指导意义。

## 13.4 沃尔玛的物流运行体系及其电子化演进案例①

作为全球最为庞大的零售体系，沃尔玛如何维持其“天天平价”的竞争优势，怎样保持其整个经营体系的活力和效率，这一点确实令人好奇。实际上，支撑沃尔玛业务活动高效运营的基础是伴随着沃尔玛成长壮大而逐步完善的物流运行体系。可以说，科学、先进、快速、高效的物流运行体系是沃尔玛生命力和竞争力的主要来源。而物流运行与现代信息通信技术的不断融合，物流运行面向电子化的演进，则是沃尔玛物流运行体系发展基本的特点。探究沃尔玛物流运行体系的发展及其电子化演进的一般性规律，对促进我国的零售业和电子化物流的发展有着重要的借鉴意义。

### 13.4.1 沃尔玛物流发展概况

沃尔玛自 1962 年建立起第一家连锁商店以来，随着销售业务的不断增长以及连锁店铺数量的快速上升，物流配送滞后的瓶颈开始逐步显现。由于美国是一个幅员辽阔的国家，如何提高配送效率、降低配送成本，是每一家零售商首先要考虑的问题。沃尔玛采用的是建设“集中配送中心”的思路，于 1970 年在公司总部所在地建立起第一间配送中心，集中处理公司所销商品的 40%的物流配送任务，这种模式一直沿用至今。沃尔玛的物流配送中心是整个物流配送体系的核心所在，它们与规模较小的、功能更为单一的配送点连成一体，共同构成了沃尔玛高效、严密、富有竞争力的“第二方物流”体系。到 2005 年 4 月为止，沃尔玛已在全球范围内建立起多达 110 个的现代化物流配送中心。这些遍布世界各地、面积庞大，功能全面的配送中心是沃尔玛营销商品的集散地，先进的信息通信技术的应用是保证其高效运作的基础和前提。

---

① 注：本案例全文发表于《南京邮电大学学报（社会科学版）》2007 年第 1 期，作者：姚国章，并由中国人民大学书报复印资料《物流管理》2008 年第 1 期全文转载。

物流配送中心在沃尔玛的物流运行中发挥着重要的作用，它是连接供应商和客户的桥梁和纽带。供货商直接将货物送到配送中心，由配送中心直接发送到各家连锁店。在物流配送运行的过程中，沃尔玛始终注重确保连锁店所得到的商品与发货单上品种和规格完全一致。精确的物流过程使每家连锁店接受配送中心的送货时只需卸货，而不用再检查商品，这样就可以有效地降低配送成本，提高配送效率。

为了确保供应商与各连锁店的供求同步，沃尔玛与供应商的计算机系统实现联网，共享商品需求、库存和生产制造等各方面的信息。供应方可以了解其商品的销售情况，并能对未来的生产进行预测和安排，从而保证了市场需求信息的全面和准确，也减少了不必要的博弈成本；对各连锁店而言，信息的共享使得商品的供应更加稳定、可靠和高效。

早在20世纪70年代，沃尔玛就创新性地提出了所谓“接驳式转运”（Cross Docking，CD）的概念，利用分布众多的物流配送中心，整合固定地理范围的零售商店订单实现整合式配货。这种接驳式转运必须在精准物流信息管理下才能得以进行，所以沃尔玛很早就投资在物流管理、购物及存货管理系统的整合上，利用POS（Point of Sale，销售点终端）系统结合仓储管理，妥善管理存货并收集顾客习性信息，再利用其广大的配销中心迅速对需求作出响应。这种无缝的、点对点的物流运行模式使得沃尔玛的供应链链接十分顺畅，产品从工厂到商店货架的整个物流过程平滑、快捷、高效。

从沃尔玛的发展历程可以看出，沃尔玛的成功实际上得益于长期积累所建立起来的高效的物流管理体系，而物流管理体系的高效运营离不开现代信息通信技术所发挥的独特作用。从某种意义上说，沃尔玛成长与发展的历程是一个物流电子化深入推进的过程。

### 13.4.2 沃尔玛的物流运行体系

物流配送中心在沃尔玛物流管理体系中所起的作用非同一般，也是沃尔玛核心竞争力的重要体现。正如沃尔玛任总裁大卫·格拉斯所言：“配送设施是沃尔玛成功的关键之一，如果说我们有什么比别人干得好的话，那就是配送中心。”

#### 1. 沃尔玛物流配送中心的设置

沃尔玛的物流配送中心一般设立在100多家连锁店的中央位置，也就是配送中心设立在销售主市场，基本上是以320公里为一个商圈建立一个配送中心，这样就可以让一个配送中心满足100多个附近周边城市销售网点的需求，而且运输半径相对较短，也比较均匀。通常情况下，从任何一个中心出发，汽车可在一天内到达它所服务的任一家商店。物流配送中心的平均面积超过11万平方米，相当于24个足球场那么大，里面装着人们所能想象到的各种各样的商品，从牙膏到电视机，从卫生巾到玩具，从针头线脑到家具百货，应有尽有，商品种类平均达10万种。

#### 2. 沃尔玛物流配送中心的主要类型

沃尔玛的物流配送中心共有六种类型。

（1）“干货”配送中心。即普通的商品配送中心，主要用于生鲜食品以外的日用商品进货、分装、储存和配送，供应商送货后，由配送中心对商品进行分类、贴标和分发，然后分送到各百货商店，这种形式的配送中心数量最多。

（2）食品配送中心。包括不易变质的饮料等食品以及易变质的生鲜食品等，需要有专门的冷藏仓储和运输设施，直接送货到各家连锁店。

（3）山姆会员店配送中心。这种物流配送中心批零结合，其中有 1/3 的会员是小零售商。这种类型的配送中心数量相对较少，沃尔玛考虑用自行建立的山姆会员店配送中心来取代。

（4）服装配送中心。这种配送中心不直接送货到店，而是分送到其他配送中心。

（5）进口商品配送中心。这种配送中心为整个公司服务，主要作用是大量进口以降低进价，再根据要货情况送往其他配送中心。

（6）退货配送中心。这类配送中心接收店铺因各种原因退回的商品，其中一部分退给供应商，一部分送往折扣商店，一部分就地处理，其收益主要来自出售包装箱的收入和供应商支付的手续费。

这六种不同类型的物流配送中心各自有自己的业务定位，相互补充，互为整体，共同完成沃尔玛多层次的物流配送需求。

### 3. 沃尔玛物流配送中心的运行

配送中心表面上看只是一个大型的仓库，但它的功能比一般的仓库要全面得多。图 13-14 为沃尔玛物流配送中心实景图。配送中心的一端是装货的月台，另外一端是卸货的月台，两项作业分开进行，全部过程均由计算机进行自动控制。供应商将商品送到配送中心后，在传送过程中经过一系列的激光扫描，读取货箱上的条形码信息，经过核对采购计划、进行商品检验等程序，分别送到货架的不同位置存放。当每一样商品储存后，计算机就会自动记录商品的数量和具体的位置。一旦商店提出补货计划，就可从计算机上查询所要货物的存放位置，并打印出印有商店代号的标签，贴到商品上，以便校核和管理。整包装的商品直接由货架送往传送带，经传感器对标签进行识别后自动分送到不同商店的汽车装卸口。一般情况下，商店当天要货，配送中心当天就可以将货物送出。商品在长达几公里的传送带上进进出出，通过激光辨别上面的条形码，把它们送到该送的地方，传送带一天输出的货物可达 20 万箱。

图 13-14　沃尔玛物流配送中心实景图

沃尔玛的供应商根据各分店的订单将货品送至沃尔玛的配送中心，配送中心则负责完成对商品的筛选、包装和分检工作。物流配送中心采用“接驳式转运”作业，大部分商品进货时直接经过传送带转运到装货的车辆上，不需经过入库储存与分拣作业，即可完成进库与出库的全过程。进入配送中心储存的商品一般停留时间不超过48小时，特别是生鲜、果蔬食品，基本都是通过接驳式转运，做到随到随走，作业效率极高，作业成本也得到了很好的控制。沃尔玛的每个配送中心有600～800名员工，进行24小时不间断的作业。配送中心具有高度现代化的机械设施，进入配送中心的商品85%都采用机械处理，这就大大减少了人工处理商品的费用。同时，由于购进商品数量庞大，使自动化机械设备得以充分利用，规模优势必然得到最大限度的体现。

与竞争对手几天配送一次不同的是，沃尔玛配送中心保证为每家分店每天送货一次，尽可能避免缺货或断档现象的发生，同时也可减少配送周期过长而导致的每一次送货过多所带来的库存积压等情况的出现。沃尔玛的配送成本仅占商品销售额的3%以下，与竞争对手4.5%～5%的成本比例相比优势十分明显。沃尔玛90%以上的商品均实现了集中配送，只有少数可以从工厂直接送到商店的商品例外；而它的竞争对手往往只能做到50%的商品实现集中配送，相应的货物配送响应时间至少120个小时。相比之下，差距显得十分明显。

4. 沃尔玛的物流运输实施方案

众所周知，运输过程是整个物流过程的核心环节，运输成本也是物流成本的主要组成部分。如何提高运输过程的效率、降低运输成本，沃尔玛也经历过比较长时间的摸索。为了节省整体运输成本，沃尔玛在设置新卖场时，尽量以其现有的配送中心为出发点，把卖场设置在配送中心的辐射范围内，以缩短送货时间，降低送货成本。这是沃尔玛一贯的做法，实践证明该做法是行之有效的。

在沃尔玛的运输实施方案中，曾经遇到两个比较实际的问题，第一个问题是选择铁路运输还是公路运输的问题。在美国境内，铁路与公路同样十分发达，选择什么样的运输方式最为合理是需要通过实践来证明的。沃尔玛经营的商品都必须由供应商送到配送中心，再由配送中心送到各商场。事实证明陆路运输是最为有效的手段，于是沃尔玛在美国国内基本都采用了公路运输的方式。沃尔玛用一种尽可能大的卡车运送货物，基本采用长达16米的加长货柜，比集装箱运输卡车还要更长或者更高。之所以选择这样庞大的运输工具，一是因为大型载重卡车能最有效、最充分地利用空间，一定程度上可以获取规模经济效益；二是大型载重卡车节省燃油，废气排放和对环境的污染相对较小；三是能有效地利用配送中心和商场的空间；四是可以减少司机数量，降低劳动力成本；五是出众的外观可以带来比较好的广告效果。第二个问题是选择第二方物流还是第三方物流。由于运输过程的实现是一个复杂的管理，牵涉到运输设备的投入、运输活动的组织和运输从业人员的管理等许多问题，究竟选择第二方物流有利还是第三方物流有利并不能简单地得到答案。随着公司的发展壮大以及运输业务需求量的快速上升，沃尔玛最终还是选择了第二方物流解决方案，也就是说，依靠自己的力量来完成物流任务。目前，沃尔玛拥有全美最大的私人运输车队，共有近3万个大型集装箱挂车，5,500辆大型货运卡车，每年的运输总量达到77.5亿箱，总行程达6.5亿公里。公司的运输卡车全都安装了卫星定位系统（GPS），在任何时候，每辆车在运输途中具体在什么位置、装载什么货物、目的地是什么地方，调度中心都可以一目了然地进行监控。接收货物的商店也可以知道这些车辆具体在什么地方，离商店还有多远，还有多少时间才能运输到商店等。如果物流配送中心的管理人员得知道车队由于天气、修路等某种原因耽误了到达时间，就可安排装卸工人不用再等待，而先去完成其他的工作。

从沃尔玛所拥有的运输装备以及所完成的运输业务量来看，它不仅仅是世界最大的零售连锁企业，而且也是一个规模和实力非同一般的高科技运输企业。

### 13.4.3　沃尔玛物流电子化演进

毋庸置疑，高效、独特的物流运行体系是沃尔玛核心竞争力的重要体现，而保持这种持续竞争力的真正法宝就在于沃尔玛坚持不懈地把领先的信息通信技术创新地应用到物流运行中去，不断地实现降低物流运行成本、提高物流运行效率的目标。换句话说，持续推进的物流电子化过程是沃尔玛保持竞争力和生命力的源动力。沃尔玛在物流电子化的进程中，一直充当着开路先锋的角色，在业界始终保持领先的优势。沃尔玛物流电子化的演进过程最有代表性的举措主要包括以下五个方面。

1. 率先应用电子数据交换技术与供应商共享物流信息

电子数据交换技术（Electronic Data Interchange，EDI）是指不同的组织之间为了共享信息、提高业务活动的效率，在实现信息标准化的基础上通过专门的计算机网络进行数据的传输和交换的一种技术。在商业活动中，电子数据交换技术是大企业之间传输商业单证、共享业务活动信息的一种重要手段。早在 20 世纪 80 年代初，沃尔玛就开始率先在零售业界应用电子数据交换技术与供应商共享物流信息，与供应商建立起了自动订货系统，并通过 EDI 网络系统，向供应商提供商业文件、发出采购指令、获取收据和装运清单等，同时也让供应商及时准确地把握其产品的销售情况。电子数据交换技术的应用使得订单处理实现了无纸化，提高了自动补货系统的准确度，而且，商店所需要的商品信息可直接传送到总部，减少了信息扭曲现象的发生，这有助于上层领导作出正确的决策。

沃尔玛通过电子数据交换系统与供应商进行业务协同的作业流程如图 13-15 所示。

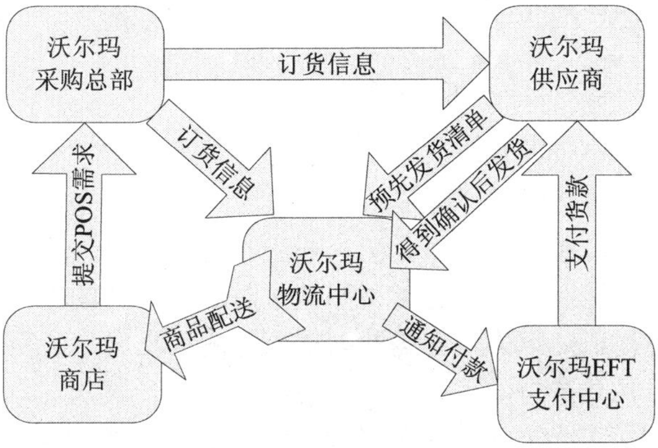


图 13-15　沃尔玛 EDI 系统作业流程图

（1）各商店把各自POS系统生成的需求信息通过EDI系统汇总到公司总部；

（2）公司总部通过EDI系统把需求信息发送给相关供应商以及收货的物流配送中心；

（3）供应商凭此了解沃尔玛的销售状况、把握商品需求动向，及时调整生产计划和材料采购计划，然后利用EDI系统在发货前向沃尔玛总部和各物流中心传送ASN（预先发货清单），得到物流中心的确认后即开始发货；

（4）物流中心在接收货物时，用扫描仪读取商品上的条码信息，与进货清单核对，判断到货和发货清单是否一致，验收后即通知支付中心通过电子支付系统（EFT）向供应商付款。

采用了电子数据交换系统后，沃尔玛对所有采购商品制定了统一产品代码（即UPC代码），商品的运送与销售都要扫描这一代码，这样就可以让供应商更清楚地了解商品的供应及销售情况，合理地预测未来的行情，制订更加富有针对性的生产计划，从而不断提高效率、降低成本。电子数据交换技术的应用，为沃尔玛的经营管理和物流运行带来了极为明显的成效，也为供应商与沃尔玛的合作开辟了新的天地，特别是宝洁（P&G）公司和沃尔玛在电子数据交换方面的合作，成为当时供应商与经销商成功合作的典范。到1990年时，沃尔玛的5,000家供应商中就有1,800家与沃尔玛建立了电子数据交换系统，形成了新型、高效的合作关系。

进入20世纪90年代中后期后，互联网成为商业数据传输的重要途径。沃尔玛又抓住机会，委托IBM公司开发基于互联网的电子数据交换系统，以使沃尔玛数千家的国内外供应商能够更快速、经济、安全、可靠地交换诸如采购订单、发票和预先发货通知等重要数据。这一系统利用互联网传输传统的电子数据交换信息，使供应商从过去所使用的传统电话网络和增值网络（VAN）转型，以显著降低EDI系统的运行成本。沃尔玛选定了EDIINT-书机AS2标准来管理这一基于互联网的EDI系统。AS2是基于互联网标准的协议，可在HTTP协议上确保安全、可靠地的交换海量信息。AS2可以充分保证信息的传递，并运用加密技术确保数字签名的安全，同时它还可以充分利用互联网的速度和成本优势，为沃尔玛和供应商创造更大的价值。此外，这一技术可自动地在供应商和分销商之间传递信息，大大提高了业务合作伙伴之间信息的时效性。

沃尔玛的电子数据交换系统经过二十多年的发展与完善，现已成为沃尔玛与供应商共同开展商业活动和物流运作的基础性设施，发挥的作用十分重要。

2. 利用人造卫星监控物流活动的运行

沃尔玛是世界上第一个发射物流通信卫星的企业，专门用于全球店铺的信息传送与运输车辆的定位及联络。早在20世纪80年代初期，对一个商业企业来说，要建立一个独立的商业卫星系统简直是不可想象的，而且沃尔玛当时的实力也不是很强，所以山姆·沃尔顿开始时并不赞成，后来是在公司几位董事和技术总监等高管的竭力主张下才得以形成统一意见的。不夸张地说，正是因为当初这些高层人员的远见卓识和审时度势，才成就了沃尔玛今天的规模、实力和竞争力。

从1985年开始，沃尔玛先后投资4亿美元，委托休斯公司成功发射一颗商用卫星，到1987年，沃尔玛的卫星网络建设完成，拥有了美国最大的私有卫星系统。这一系统的建成，使得沃尔玛总部、分销中心和各商店之间都可以实现双向的声音和数据的传输，全球所有的沃尔玛连锁店都能够通过自己的终端与总部进行实时的联系。它们有相同的补货系统、相同的 EDI 条形码系统、相同的库存管理系统、相同的会员管理系统和相同的收银系统，实现了极高效率的信息传输和管理。位于全球各地的所有门店通过这一卫星网络可在 1 小时之内对每种商品的库存、上架、销售量全部盘点一遍，速度之快让人为之赞叹。

有了这一系统后，沃尔玛每销售一件商品都会即时通过与收款机相连的电脑记录下来，公司总部每天都能清楚地知道实际销售情况。更为重要的是，卫星通讯网络系统使沃尔玛的配送系统变得几近完美无缺。配送中心、供应商及每一分店的每一销售点都能形成高效的在线作业——在短短数小时内便可完成"填妥订单－各分店订单汇总－送出订单"的整个流程，大大提高了物流运作过程的高效性和准确性。正是在这套完善的卫星网络系统的支持下，加上出色的管理，沃尔玛的竞争优势得到了更大程度的提升。物流通信卫星使得沃尔玛获得了跳跃性的发展，很快就超过了当时美国零售业的龙头——凯玛特和西尔斯，行业领先优势得到确立。

### 3. 建设高水平的数据中心管理物流业务

在 20 世纪 90 年代初，随着公司业务的快速增长，沃尔玛迫切地需要有专门的数据中心来存储和处理数据。于是，沃尔玛下定决心投入巨资，建立起了规模极为庞大、业务处理能力十分强大的数据中心。沃尔玛数据中心拥有 4,000 千兆容量的数据库、5,500 多个工作站以及不计其数的服务器和 PC 机，数据处理能力仅仅次于五角大楼（美国国防部），但已经领先于美国联邦航天局。有了这一系统，沃尔玛在全球的所有店铺、配送中心每天发生的一切与经营有关的购销调存等详细信息，都通过主干网和通信卫星传送到数据中心。在沃尔玛的任何一个分店，在顾客购物付款的同时，与 POS 机相连的计算机已经通过卫星把顾客的购物信息传到了与分店不远的配送中心和位于美国阿肯色州的沃尔玛总部，直至 6,000 多家供应商，从而实现了快速反应的供应链管理。供应商通过这套系统可以直接进入沃尔玛的电脑配销系统和数据中心，从 POS 得到其供应的商品流通动态状况，如不同销售点及不同商品的销售统计数据、沃尔玛各仓库的存货和调配状况、销售预测和电子邮件及付款通知等等，以此作为安排生产、供货和送货的依据。供应商可通过这个系统查阅沃尔玛产销计划，实现产销的互动和同步。

沃尔玛的数据中心在改善物流的管理和运行，降低库存成本，提高经营效率等方面所创造的价值是巨大的。有了这套系统，沃尔玛总部的经理们再也不用费尽心思地去研读来自每个商店或地区上个月或者上个星期的那些过时的报告了，他们可以轻而易举地天天跟踪任何一件商品的销售情况，哪怕是一种矿泉水或者是一种高值消费品，都可在不同地区的不同商店进行比较，甚至可以把同样的商品在不同的商店里以不同的方式摆放，然后很快命令所有的商店都采用效果最好的那种。诸如此类的变化，给沃尔玛带来了实实在在的竞争力。

沃尔玛的数据中心给沃尔玛供应商们带来的实际价值同样不可低估。供应商们可以了解其商品的销售情况，并对未来生产进行预测，来决定生产策略，减少不必要的博弈成本。而且更为重要的是，它们可以迅速得到所需的货品层面的数据，观察销售趋势，获得存货水平和详细的订购信息。也就是说，通过这一系统，它们可以与最终消费者进行"亲密"接触，可以最大限度了解客户的需求，快速、高效地满足客户的需要。

4. 利用 CPFR 模式构筑敏捷供应链

CPFR（Collaboration Panning，Forecasting and Replenishment，协同规划、预测、补货）的概念起源于“CFAR”。美国《商业周刊》（*BusinessWeek*）于 1996 年 10 月发表了一篇题为“《从仓库清理蜘蛛网》（*Clearing the Cobwebs from the Stockroom*）的文章，介绍了沃尔玛公司与它的供应商 Warner-Lambert（沃纳兰伯特）公司之间通过协同预测和补货的方法，在减少库存的同时确保高效供货，取得了很大的成就，因此正式提出了“CFAR”（Collaborative Forecasting and Replenishment，协同预测和补货）的概念。由于这种新颖独特的协同商务模式成效显著，因而引起了理论界和学术界的广泛兴趣。随后，由众多国际大公司联合组成的著名产业合作机构——美国“VICS”（Voluntary Inter-industry Commerce Standards，自愿性跨行业商务标准）委员会对其进行了专门的研究和开发，认为“CFAR”的提法还不够全面，需要在“CFAR”的基础上增加“规划”（Planning）的内容，因为协同活动离不开“规划”。于是，VICS 正式把“CFAR”的概念“升级”为“CPFR”，并一直沿用下来。

到目前为止，CPFR 的定义还没有一个比较统一的表述。比较有代表性的表述有：在两个或多个贸易伙伴之间创造共享的流程，以统一的方法实现多样化的技能和知识的传递，以期能为客户满意提供一个优化的框架，它的任务是通过协同流程和信息共享来显著促进贸易伙伴之间的战略伙伴关系；CPFR 是指在两个贸易伙伴之间形成规范的流程，对共同的计划和预测达成协议，通过补给监控业务的运营，识别并能够对任何例外情况作出反应；在所有供应链参与者中形成的一个动议，这一动议计划通过共同管理规划流程和共享信息以改善参与各方相互之间的关系；CPFR 是一种把多重贸易伙伴的智能融入到客户需求的规划和实现过程的商务活动，它把销售和营销的最佳实践（比如品类管理）与供应链管理和执行流程连接起来，在降低库存、运输和物流成本的同时提高有效性。综合不同观点，可以认为，CPFR 是指以追求供应链最终客户的满意为出发点，供应链成员之间通过共同管理业务流程和协同运作，实现信息、智能和经验的共享，致力于构筑和提升供应链合作各方之间的战略合作伙伴关系，达到共存共荣、互惠互利，最大限度地提高供应链整体的效率、效益和竞争力。

沃尔玛是 CPFR 模式的创立者，也是 CPFR 的成功实践者。在供应链运作的过程中，沃尔玛应用 CPFR 的一系列技术模型，对供应链不同客户、不同节点的执行效率进行信息交互式管理和监控，对商品资源、物流资源进行集中的管理和控制，通过共同管理业务过程和共享信息来改善零售商和供应商的伙伴关系，提高采购订单的计划性、市场预测的准确度和供应链运作的效率，从而控制存货周转率，并最终控制物流成本。CPFR 模式的诱人之处在于它把需求计划和供应计划连接到了一个流程中，使沃尔玛与供应商共同构成一个敏捷的供应链体系。CPFR 是一个有九个步骤的流程，从共同的商业计划开始，到市场推广、销售预测、订单预测，再到最后对市场活动的评估总结，构成了一个可以持续提高的循环。在整个 CPFR 流程的执行过程中，由于必须使用现场的销售数据，从而就可以更好地设计市场推广计划，并修订补货的时间表，大大提高了补货的准确性和对市场反应的敏捷性。

作为构建敏捷供应链的一种技术和思想，从某种意义可以说，实施 CPFR 的主要目标是为了使供应商和零售商之间更好地通过信息通信技术进行合作和协调，并能共同制定销售预测、识别例外情况和解决问题，至于销售预测的过程以及制定销售预测的方法并没有因为引入 CPFR 模式而改变。CPFR 模式的引入，使沃尔玛的库存管理能力和水平上了一个新的台阶，特别是在与供应商协同进行市场规划、需求预测和协同补货方面有了根本性的提高。

5. 大力推行 RFID 技术，引领物流电子化新潮流

早在 20 世纪 80 年代初期，沃尔玛就预见性地把握到了条形码（Barcode）技术将会在物流与供应链管理领域有广阔的应用，于是率先在全球范围内大力推动条形码技术的应用。时隔 20 多年，条形码技术已在人类经济活动中起到了无可替代的作用，沃尔玛作为的“领头羊”自然功不可没，而且，它也因此而获得更强的竞争优势。进入 21 世纪后，沃尔玛再次敏锐地把握到了另一项将在物流领域发挥重要作用的新技术——RFID（Radio Frequency Identification，无线射频识别）技术，又一次在全球范围内带头大张旗鼓地推行这一新技术。可以预见，一场以 RFID 技术为主要推动力的电子化物流的革命在沃尔玛的促动下正在悄悄来临。

2003 年 6 月，沃尔玛在美国芝加哥市召开的零售业系统展览会（Retail Systems Conference & Systems）上宣布一项要求供应商采用 RFID 技术的重要决定，要求其最大的 100 个供应商从 2005 年 1 月开始在供应的货物包装箱（盘）上使用 RFID 标签，并逐渐扩大到单件商品。如果供应商们在 2008 年还达不到这一要求，就可能失去为沃尔玛供货的资格。沃尔玛认为，RFID 是一项发展迅猛、应用广泛、前景广阔的新技术，因其具有可以用来追踪和管理几乎所有的物理对象的特性，在物流电子化领域有着广泛的用途，迟早将成为目前广泛使用的条形码的终结者，必须要率先应用才能继续保持领先的优势。

为了与当今世界应用十分广泛的互联网（Internet）对应起来，RFID 常被称之为“物联网”，既说明它的功能与互联网具有一定的相似性，也可以看出它的发展前景可以与互联网相媲美。从原理上来看，RFID 是通过自动捕捉数据帮助机器或计算机来识别目标的自动化识别技术的一种，它利用无线射频电波来识别、监控和管理在一定物理位置距离内的单个目标。RFID 系统包含 RFID 标签和阅读器等组件，RFID 标签内含一组芯片和一根小型的天线，储存有目标识别的信息。电子标签可加贴在集装箱、货柜、容器以及单件货物之上，当标签随着货物或容器的移动与阅读器保持在一定的距离之内时，就能通过无线电波与阅读器进行通信，阅读器把获得的无线电波通过数据转换器转换成可以被计算机读取的数据，从而实现数据的采集与处理。RFID 工作流程参见图 13-16。

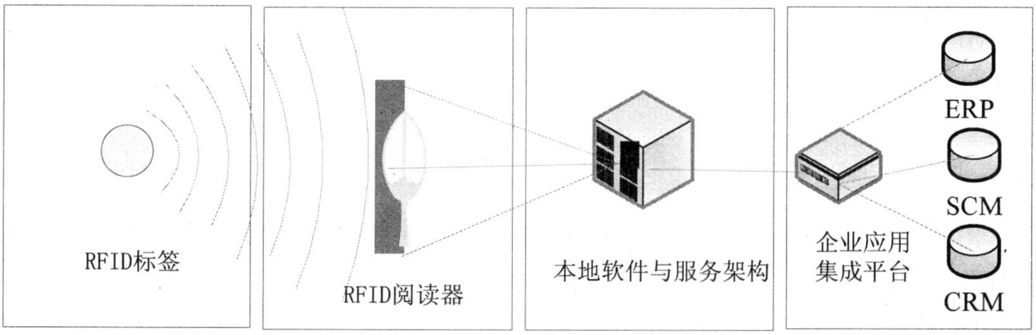


图 13-16　RFID 工作流程

如图 13-16 所示，在系统开始工作时，阅读器通过天线发送出一定频率的射频信号，当标签进入感应范围即可产生感应电流从而获得能量，便开始向阅读器发送和接收相关的信息，阅读器采集信息并解码，随后将信息传送至本地软件与服务架构系统，并进入相应的企业应用集成平台进行处理，实现相关数据在 ERP（企业资源计划）、SCM（供应链管理）以及 CRM（客户关系管理）等系统的应用。与应用历史相对悠久的条形码技术相比，RFID 技术具有三个显著的特征：一是 RFID 标签通过芯片储存的数据可更新，可不限制次数地新增、修改、删除标签内储存的数据，而条形码印刷之后就无法更改；二是方便数据辨读，条形码阅读器必须在近距离而且没有物体阻挡下，使扫描光源照射在条形码上才能辨读，而 RFID 标签只要在无线电波的范围内，即可传递数据；三是储存数据的容量大，一维条形码的容量是 50 字节，二维条形码最大的容量可达数千（K）字节，而 RFID 标签最大容量达数兆（M）字节，与条码不在同一个数量级。

尽管条形码技术在沃尔玛的物流管理以及商业运行中的应用已经十分成熟，但由于这些条形码往往只能记录到商品的简单信息，而无法记录有效日期以及单件商品属性等信息，抑或即使记录了单件商品的信息也无法管理，这样就难免出现诸如过期食品因为未被发现而照常销售等现象。RFID 技术的应用可以彻底改变这一现象，这是沃尔玛之所以对 RFID 技术情有独钟的重要原因。此外，沃尔玛对 RFID 技术在节省劳动力成本、提高物流业务处理效率、提升商业数据的采集和处理能力等方面都有着很高的期望，所以从 2003 年开始就毅然决然地推进 RFID 技术的发展与应用。

自从 2005 年初沃尔玛正式推行 RFID 计划以来，得到了诸如惠普、宝洁、微软等大公司的热烈响应和支持，尽管也有少量的一些供应商因为准备不够充分等原因显得有些动作缓慢，但总体来看成效十分明显。目前，除了首批供应商已基本达到要求外，沃尔玛正在向全体供应商全面铺开。尽管 RFID 的真正价值还没有完全显现出来，但在提升沃尔玛的竞争力方面变得越来越明显，具体表现为：

（1）提高了物流配送过程的自动化程度，提升了物流处理过程的效率；

（2）减少了员工雇佣的数量，降低了劳动力成本，物流领域的成本优势得到进一步巩固；

（3）提高了供应链管理全过程的透明度，显著提高了供应链管理的效率和水平；

（4）加大了对物流资产与商品的监控和管理，有效防止盗窃现象和因遗忘等原因造成的商品损耗；

（5）进一步加快了顾客购物的统计与结算过程，减少排队付款的时间，改善了顾客的购物体验，获得了更高的顾客满意度和忠诚度。

毫无疑问，RFID 技术的领先应用使沃尔玛在世界零售业界的“霸主”地位得到进一步巩固，RFID 在沃尔玛所创造的价值必将会得到越来越显著的体现。

### 13.4.4 案例评析

沃尔玛是世界零售业的翘楚，是世界零售业信息化和现代化发展的急先锋。在沃尔玛取得神话般快速发展的背后，起着基本支撑作用的是其精心打造的现代化物流运行体系。沃尔玛充分利用现代信息通信技术建立起来的电子化物流管理体系，不仅为沃尔玛赢得了成本上的优势，更为重要的是，沃尔玛通过这一系统加深了对顾客需求信息以及供应商供应状况的了解，进一步密切了与供应商以及顾客之间的关系，提高了应对市场的反应速度和满足客户需求的响应能力，从而为其赢得了持续而又不断增强的竞争优势，令它的竞争对手望尘莫及。

沃尔玛的发展经验告诉我们，现代零售业的发展根基在于现代化的物流运行体系，而夯实物流运行基础的关键必须依靠现代信息通信技术，必须大力发展电子化物流。相比较而言，我国的零售业还非常弱小，有强大物流运行能力的零售企业还属于凤毛麟角，有良好的电子化物流发展基础的零售企业几乎还没有。沃尔玛的发展历程和运行经验为我国广大的零售企业提供了不可多得的宝贵财富，值得我国的企业界、学术界学习、研究和借鉴。

## 13.5 南京化工园电子商务发展案例①

### 13.5.1 化工园概况

南京是全国五大石化基地之一，有扬子石化、金陵石化等国家级大型企业，有各类化工研究所 40 余家、工程技术人员 2 万多人。石化产业也是南京市的五大支柱产业之一，在地方经济中的比重和地位十分显著。为了进一步改善南京石化产业的发展环境，凸现石化产业的发展优势，南京市在中国石化总公司与德国巴斯夫公司于 1999 年 11 月签订了在南京合资建设以 60 万吨/年乙烯裂解装置为核心的“扬子－巴斯夫一体化工程”协议后，决定正式组建规划面积达 45 平方公里，注册资本达 1 亿元的南京化学工业园。这是继上海漕泾之后全国第二家重点石油化工基地，它将学习借鉴德国路德维希、美国休斯敦等国际知名化工园区的先进发展理念，确定“外向拓展、区域重组、产业整合、环境优化”四大发展战略，建成以高新技术为先导，以石油化工及其产品的深加工、精细化工项目为主要内容的化工开发区，逐步发展成为具有世界先进水平的国家级石油化工产业基地。在发展初期，南京化学工业园就明确提出，要把建立先进的石化电子商务和现代物流平台作为发展的重要内容，并通过与中科院软件所、江苏网通等机构合作，共同实施电子商务发展项目。

2004 年 11 月，科技部正式批复由南京化学工业园有限公司承担“十五”国家科技攻关项目《南京市（化工行业）电子商务与现代物流应用示范》，使南京化学工园区电子商务的发展进入到了一个新的阶段。南京化学工业园区以此为契机，在“十五”前期攻关成果及国内外成熟技术的基础上，通过对电子商务与现代物流技术的研究开发及示范，制定相关战略与标准，解决共性关键技术，以期为我国电子商务与现代物流的发展奠定技术与应用基础。实践表明，南京化学工业园区电子商务的发展不但对优化资源配置，调整经济结构，改善投资环境，提高经济运行质量与效益，走新型工业化道路，实现可持续发展具有重要而深远的意义，而且对我国数量众多的工业园区和开发区建设同样具有不可低估的借鉴作用。

图 13-17 为南京化工园区主页。

---

① 本案例受国家商务部、教育部“我国电子商务案例研究”项目“江苏地区电子商务案例研究”课题资助，课题成果发表于《南京航空航天大学学报（社会科学版）》2006 年第 3 期，原题为：《南京化学工业园电子商务发展解析》，作者：姚国章，杨坚争，邓攀。本书收录时有删节。

图 13-17 南京化工园区主页

## 13.5.2 发展思路

南京化学工业园电子商务项目是由南京化学工业园有限公司与中国石油和化学工业协会合作建设，既立足于南京化学工业园区，同时也是中国石油和化学工业协会的重点工程，并且是协会网、石化在线网站集群的重要组成部分。它的市场主线是石油、石化、化工生产企业、下游企业及部分上游企业。这一项目依托网站集群效应，以现有的协会会员、网站集群会员作为电子商务平台的延伸用户，并依照行业细分的原则深入拓展平台能够覆盖的产品种类，根据不同产品种类的不同特点，选择适合有形与无形市场统一运作的产品作为试点，比如具有成交量大、价格波动大、交易主体地域分散而数量较多、交易活跃等特点的石油石化原料，制定具有针对性的交易模式和运营模式，取得成功经验后逐渐拓展产品种类。

南京化学工业园的建设目标是要建成“以大宗化工产品进出口贸易与化工电子商务交易为核心”的现代化工物流基地，园区将由单一的土地开发及产业招商，逐步发展为以开放式现代贸易为基础的产品市场中心，从而带动园区的整体发展和整个区域化工产业的发展。园区在建设化工交易物理市场的同时，为提供电子交易和电子服务而搭建的电子商务平台的运营，将形成更广范围、更大规模、更有活力的“市”，进而形成更具服务竞争力的“场”，实现以“市”带“场”，以“场”促“市”。园区以园区及周边化工企业为依托，大力发展化工大市场，建立化工产品贸易区，以贸易区作为电子商务成功实施的基本保障，以物理交易市场与网络交易市场的有机结合，形成运营上的互动，实现有形与无形市场结合的创新。

运营石化电子商务公共平台，以此作为园区招商引资的配套设施，是贯彻“树立科学发展观，坚持以信息化带动工业化，促进化工园区可持续发展，走循环经济发展之路，走集约化发展之路”的战略思想的落实。通过为园区广大企业提供优质信息化服务，将使园区信息流、物流、资金流充分畅通，从而提高园区科技开发和技术创新能力，提高园区的产业集聚程度和对外资的吸引力。

在技术应用方面，南京化学工业园电子商务系统完全采用面向服务的体系构架技术，按照中国电子商务标准实现整个平台的开发，并最终形成拥有自主知识产权的电子商务交易和服务平台软件系统，该软件系统必将具有相当的实用价值和市场前景。

### 13.5.3　服务模式

南京化学工业园电子商务平台为用户提供符合客户需求、即时方便的各种服务，具体主要通过 ASP 应用服务及信息增值服务两种模式来实现。

1. ASP 应用服务模式

ASP（Application Service Provider）是指应用服务提供商通过互联网为客户（企业、个人和顾客）提供应用服务。南京化学工业园电子商务系统采用 ASP 服务模式，创新性体现在全方位的适应性，具体表现在三个方面。

（1）宽泛的服务对象，即对于化工行业的不同类型服务对象提供应用服务，对于大型化工企业、中小型化工企业和贸易型化工企业提供不同的、适合自身现实需要的服务内容。

（2）实用的服务内容，即服务内容提供立足国情、行业实际和企业发展现实，既提供支持企业内部信息化建设的企业应用服务，也提供支持行业动态供应链管理的协同商务与服务，更提供适合化工行业特征的行业咨询、市场信息和特殊专业情报信息。

（3）精准的服务质量，即有效关注服务质量的保证，可以根据用户需要，在 ASP 服务模式支持下，完成对企业服务质量的精准保证。

2. 信息增值服务模式

在服务提供方面，扩展延伸企业应用服务的内容，在提供 OA/SCM/CRM/ERP 等企业常规的应用之外，还提供专业化的信息增值服务。信息增值服务通过将各种权威行业机构获得的宏观信息和数据、企业现有的信息资源（主要包括内部 ERP 系统积累的交易数据），以及其他商业运营渠道形成的网上交易信息、南京化学工业园区电子商务平台自身的信息和交易数据进行有机集成，经过总结、加工和提炼，形成对化工行业有价值的信息增值服务内容。通过运营这些信息增值服务，使化工企业上、下游合作伙伴的信息共享程度提高，增强企业对市场的快速反应，提升化工产业链整体运作的能力。

### 13.5.4　发展目标

南京化学工业园电子商务建设的发展目标可以分成总体目标、建设目标和项目定位三个方面来理解。

1. 总体目标

南京化学工业园电子商务项目的总体目标是：通过本项目的实施，推动南京化学工业园区的建设与发展，带动园区招商及为园区企业提供增值服务，并形成大型第三方电子商务交易及服务平台。具体可分解为以下几个方面：

（1）立足南京化学工业园区，与国内、国际市场接轨，利用信息化的手段集信息流、商流、物流、资金流于一体，形成具有交易价格机制、结算、物流配送、企业信息化服务、增值信息服务、法律与政策咨询和其他服务功能的现代化大型化工交易虚拟市场；

（2）实现资源共享，并进一步拉动产业链，带动全行业发展；

（3）积极有效地促进企业电子商务的发展与应用，为增强企业核心竞争力服务，促进中国石化行业电子商务第三方服务的快速发展；

（4）培育新的经济增长点，促进区域经济发展；

（5）以创新模式打造新型产业园区，为国内各类工业园区的发展总结出行之有效、可资借鉴的宝贵经验。

2. 建设目标

南京化学工业园电子商务项目的建设目标是：利用中国电子商务的相关标准，建设第三方电子商务交易与服务平台，打造中国乃至亚洲的化工行业电子商务交易和服务中心及其支撑体系，使项目技术水平达到国际先进、国内领先，成为国家级电子商务示范工程。这一建设目标具体包括三个方面：一是开发完成一套国际先进、国内领先的具有自主知识产权的电子商务交易与服务平台；二是通过对化工产品工艺流程的分析和分类梳理，立足化工企业实际，研究化工产品供应链关系，进而建立价值链，在此基础上，通过电子商务平台对化工信息进行整合，通过时间序列分析和数据挖掘等技术为企业提供信息集成和产品预警服务，提供支持化工行业提升市场响应能力所需的信息服务相关技术研究、软件开发及软件应用；三是以电子商务交易平台为基础，建立支持化工企业提升动态产业链管理的应用服务提供支撑体系、服务机制、服务模式和服务应用。

### 13.5.5 项目定位

这一电子商务项目的建设将遵循“总体规划、逐步扩展、以市带场”的原则，在项目的规划先期，主要立足于南京及周边地区的化工企业，并着眼于全国的化工企业；在建设过程中，通过南京及周边地区的化工企业的交易，使本项目的交易模式和交易方式更成熟，进而向全国化工市场推进。

根据项目的建设原则和运营模式，园区将由单一的土地开发及产业招商，逐步发展为以开放式现代贸易为基础的产品市场中心，从而带动园区的整体发展和整个区域化工产业的发展。交易市场中的“场”是为“市”服务的平台，而“市”带来足够的商机，可以带动“场”的有效发展。物理市场方面，园区现有的综合基础建设条件和较低的运营成本为“场”的运营提供了充分保证，并且在“场”的运营模式上有很大创新，园区内及周边的企业生态环境是“市”的活力来源。

为提供电子交易和电子服务而搭建的电子商务平台这一无形市场需要以有形市场为基础，实现基础的运营。有效的无形市场运营又可以形成更具服务竞争力的“场”，并形成更广范围、更大规模、更有活力的“市”，反过来更加促进物理市场的发展。“市”和“场”的相互作用，协同发展，共同推进石化电子商务的健康、快速发展。

### 13.5.6 业务功能

南京化学工业园电子商务项目的业务功能主要包括服务功能和交易功能两大方面。

1. 服务功能

这一项目的服务功能包括应用服务、综合专业情报服务、信息服务等，既包括企业的整体解决方案，也包括企业的局部应用或相关增值服务。具体的服务内容包括五个方面。

（1）商机联动服务。以园区综合电子商务与物流平台为依托，向外扩展，结盟更多化工行业的电子商务平台，形成合作伙伴，构建“商务平台联盟”，以商务平台联盟为基础，对化工行业整体行业走势和需求信息实现收集、发布，构建形成多点辐射状态下基于互联网的分布式行业数据中心，高效、安全地实现企业发布、订阅、寻求已有和潜在的市场商机。

（2）决策支持服务。为化工行业企业提供前瞻性战略决策支持，通过提供行业走势分析、报价分析、供求关系变化、总体访问流量分析、访问地域分析、热点产品访问分析，结合必要的分析工具，为客户提供基于现实的、及时的数据分析与知识挖掘内容，帮助企业进行战略决策，不仅从战略上引导企业良性发展，也为企业高效运作提供战术支持。

（3）应用服务。主要针对多数信息化建设不太成熟的中小企业提供全方位的企业应用与应用环境管理服务，不仅提供企业需要的应用服务，而且还提供企业应用正常、高效、稳定运行所需的应用环境（包括硬件、人力资源等）。

（4）企业核心商业流程服务。协助企业定义、管理、优化、标准化管理企业商业流程，并为不具备科学规范管理的部分中小企业提供基于成功运行企业多年积累、最终以知识形态沉淀到平台的标准化运营商业流程，辅助企业实现核心商业流程托管服务。

（5）物流服务。在项目初期，将物流服务供应商作为会员之一加入到项目的服务体系中去，当市场逐步成熟、物流服务呈现定量需求的时候，将提供第三方物流公司的软件接口，保证本项目系统与第三方物流系统进行无缝连接。

2. 交易功能

交易功能是南京化学工业园区电子商务项目的核心功能，按照交易的类型可分为直接交易功能和委托交易功能两种类型。直接交易是供求双方之间的交易，委托交易是供方、需方委托本平台进行的交易。所有的交易将以信息为基础，通过电子商务系统的信用保证体系和银行支付体系来保证，解决传统交易过程中信用和支付问题。

这一项目基于 Internet 的网络系统建设，开发满足客户需求、基于数据库的交易系统和信息发布系统，并且通过数据挖掘和分析技术，为客户提供高级的、基于化工供应链和价值链的信息，为客户进行市场分析和参与市场竞争服务。

### 13.5.7　实施步骤

按照南京化学工业园区的发展规划，这一电子商务工程项目分成两期工程来实施：一期工程主要建设科技部试点运营的电子商务与现代物流平台，这是南京化学工业园信息化整体运营规划中的基础的电子商务运营平台；二期工程是在一期平台成功运营的基础上，面向更广泛的服务对象，提供更深层次的服务，追求更大规模和盈利目标，进一步形成具有行业影响力的、全面的、综合的、高水平的第三方电子商务运营平台。一期工程和二期工程有各自明确的目标和需要解决的问题。

1. 一期工程已取得的进展

一期工程面向的服务对象主要是化工行业原材料提供商、生产厂商、销售商、物流服务提供商等，包括 100 多家已经入园的企业，招商部门跟踪联络的潜在客户以及其他与化工园关系密切的企业，另外还有南京、江苏周边较为活跃的化工企业等。一期工程主要解决的问题包括：

（1）硬件方面建成满足项目运营所需要的网络系统，包括网络、硬件、安全和LED等；

（2）实现平台用户的会员管理、权限管理和统一认证，每个会员用户实现独立的账户管理；

（3）实现信息审核流程，包括对数据信息的审核，以此推动网上洽谈，撮合产品供销及物流供需的交易的实现；

（4）在电子商务服务方面提供了客户管理、网上洽谈、招标管理、采购管理、询报价管理、协议采购、反向竞价和订单管理等综合服务手段；

（5）搭建面向化工企业及第三方物流企业的物流综合管理平台，具有仓储、配送、车辆管理等各环节的综合管理功能，以及提供物流供求及服务信息的信息服务平台；

（6）获取较多的平台数据，实现综合信息发布，主要包括产品、企业、供求信息、项目、物流供需信息和新闻等实现在线发布；

（7）实现科学的目录分类体系，采用树状结构建立一套分类明晰的产品目录，让所有会员能够快速便捷准确地查找到相关的产品信息以及对应的企业信息；并在此基础上可以进一步实现数据挖掘等数据深加工业务；

（8）实现通过多个平台接口以标准数据转换格式与企业信息管理系统实现连接，满足与企业信息化系统的集成，如供应管理、采购管理、物流管理系统等，为最终实现具有石化行业特点的企业信息化体系做好准备。

2. 二期工程规划

南京化学工业园电子商务发展的二期工程的主要目标是建成立足南京化工园区、面向中国石化行业提供服务的大型第三方电子商务平台，运营规模达到过万的用户数，过千万的年收入；实现资源共享，并进一步拉动产业链，带动石化产业的发展；培育园区新的经济增长点，促进区域经济发展；促进企业信息化，解决企业采购、销售难等问题，增强企业核心竞争力；以“市场先行，先建市再建场，有形与无形相结合”的创新模式打造新型产业园区和实现电子商务创新运营模式。

二期工程主要解决的问题是在一期项目的基础上进一步进行技术攻关和服务延伸，以更深层次的服务手段提高网站用户的忠诚度和对本平台的依赖性。需要实现新的创新和突破的任务主要包括两个方面。

（1）以ASP服务模式优化平台运营和优化企业信息化建设。包括：基于平台运营实现多种模块化的ASP服务，如全球信息发布ASP、网络广告ASP、网上洽谈ASP和网上拍卖ASP等；提供满足企业个性需求的独立信息系统服务，按企业特定业务流程实现ASP服务的应用，达到对企业信息化整体系统的优化，如财务管理ASP、分销管理ASP、采购管理ASP、供应管理ASP、核心商业流程ASP等。

（2）以信息增值服务模式为企业提供整个经营决策中所需的各种增值信息。包括：对系统运营中产生的相关数据建立数据仓库，进行数据挖掘，提供各种分析报表，以供企业进行决策支持；通过各种渠道全面系统地采集化工行业专业信息，基于供应链和价值链研究所需的信息进行加工、整理，以商业智能技术生成智能数据报表、图表等，为会员提供其整个运营管理中所需的增值信息，如价值链分析；实现单一产品价格预测分析，关联产品价格预测分析以及产品价格预测定量指数分析等；对企业自身信息系统中所产生的数据，通过平台实现数据报送，数据集中、数据整合和数据分析，达到企业自身的商业智能应用，如财务集中分析、分销管理分析等。

（3）以专业社区运营模式为社区会员企业提供个性化的有垂直深度的 VIP 级的专业服务。包括：供求信息自动匹配服务；高级会员虚拟商务社交服务；行情信息点播服务；个性增值信息定制服务；信用管理服务等。

### 13.5.8　案例评析

南京化学工业园电子商务项目以南京化学工业园区的资源条件为基础，建设中国石化行业领先的第三方电子商务交易与服务平台，是国家推进信息化建设，大力发展电子商务发展政策的具体落实，对进一步促进石化行业、区域经济及园区自身的发展有着重要的战略意义。当然，石化电子商务的发展是一个复杂的系统工程，决不是一蹴而就、一劳永逸的事，需要进行坚持不懈和卓有成效的探索。从目前的情况来看，南京化学工业园电子商务的发展还存在着一些问题和困难，表现在以下几个方面：第一，这一项目虽立足南京化学工业园区，并依托中国石油和化学工业协会，有一定的市场基础，但在具体的实施过程中，由于企业情况不同、需求不一，加上行业内已有诸多竞争性的电子商务平台，市场开拓面临着不小的压力。如何在复杂多变的市场环境下谋生存、求发展，是一个需要认真思考的命题；第二，这一项目的收入主要来自会员费和 ASP 服务收费，同时还有其他收入，但在项目实际运营中，这些赢利模式尚需接受市场的检验，能否取得预期的回报，还存在着不少不确定因素，需要建设方根据客户的需求不断研究和开发新的赢利点，以尽快产生应有的经济效益；第三，不同化工产品的生产特点和市场特征差异很大，在项目运营过程中，还需在已建平台基础上，针对化工产品在产业组织市场上的主要特征、买卖双方的不同利益，更深入地设计差异化的运营模式，以尽可能兼顾参与各方的需求；第四，电子商务平台正式运营后，必将会汇集来自社会各方的数据、信息，项目管理方一方面要为客户的信息安全尽到应尽的责任，另一方面，也应充分利用这一天然优势，对有价值的信息进行科学的处理和深加工，以期为客户提供更有价值的增值服务；第五，电子商务建设需要持续的投入，在以后的发展中，项目建设和运营方还应不断增加对交易与服务平台的投入，完善各系统功能，提高服务效率和质量，进一步提高适应客户需求、满足客户需求、创造客户需求的能力。

作为一个受国内外关注的大型电子商务发展项目，南京化学工业园电子商务发展虽已取得了一定的进展，但也存在不少现实问题和困难，这是我国电子商务发展进程中所必须经历的过程，相信已经启航的这一化工行业电子商务的大船能够开得更好、更快。

## 13.6　戴尔电子商务发展案例

### 13.6.1　公司概况

总部设在美国德克萨斯州奥斯汀（Austin）的戴尔公司是全球领先的 IT 产品及服务提

供商，其业务包括帮助客户建立自己的信息技术及互联网基础架构。致力于倾听客户需求，提供客户所信赖和注重的创新技术与服务，受益于独特的直接经营模式，戴尔取得了巨大的成功，成为全球计算机领域的翘楚。在 2007《财富》世界 500 强排名中，戴尔以 570.95 亿美元的营业收入，位居全球第 102 位。戴尔公司目前在全球共有约 75,100 名雇员，在以下七个地点生产计算机系统：德克萨斯州奥斯汀、田纳西州那么维尔（Nashville）、北卡罗来纳州温斯顿-萨勒姆（Winston-Salem）、巴西 Eldorado do Sul（美洲）、爱尔兰利默里克郡（欧洲、中东和非洲）、马来西亚槟城（亚太区及日本）以及中国厦门（中国和日本）。

戴尔公司于 1984 年由迈克尔·戴尔创立，他是目前计算机行业内任期最长的首席执行官。他的理念非常简单，即按照客户要求制造计算机，并向客户直接发货，使戴尔公司能够最有效和明确地了解客户需求，继而迅速做出回应。这个直接的商业模式消除了中间商，这样就减少了不必要的成本和时间，让戴尔公司更好地理解客户的需要。这种直接模式允许戴尔公司能以富有竞争性的价位，为每一位消费者定制并提供具有丰富配置的强大系统。通过平均四天一次的库存更新，戴尔公司能够把最新相关技术带给消费者，而且远远快于那些运转缓慢、采取分销模式的公司。

二十多年以来，戴尔公司革命性地改变了整个行业，使全球的客户包括商业、组织机构和个人消费者都能接触到计算机产品。由于被业界接受的戴尔直接模式，信息技术变得更加强大，易于使用，价格更能接受，从而为广大客户提供了充分利用先进的信息工具的机会，以改善他们的工作和生活。

戴尔公司在进入新的标准化产品的领域再次展示其效益，这些领域包括网络服务器、工作站、移动产品、打印机和其他电子部件。今天，在全球销售的 5 台基于标准技术的计算机产品中就有 1 台来自戴尔。

经过长期艰苦的努力，戴尔公司保持了增长性、利润率、资本流动性的平衡，在为客户创造价值的同时也为股东带来了高额的回报，因而被《财富》杂志中被评为最受敬仰的企业之一。

戴尔公司于 1998 年 8 月将直线订购模式引入中国，并在福建厦门成立中国客户中心（CCC），开始戴尔产品的制造。现已在北京、上海、广州、成都、南京、杭州和深圳设有办事处，在华现有员工超过 5,500 人。2002 年 7 月，戴尔中国设计中心（CDC）落户上海，支持公司以客户为中心的全球领先技术，加强了戴尔台式机产品的设计和开发工作。2006 年 1 月戴尔在厦门建立的在中国的第二家工厂开始投产，并于 2006 年 5 月正式开业。新工厂的落成使戴尔在中国的生产能力扩大一倍，生产的产品将服务于包括中国和日本在内的北亚地区的客户。

戴尔中国企业服务指挥中心（ECC）是戴尔在亚太地区的第一家企业服务指挥中心，也是全球四家企业服务指挥中心之一。自 2004 年 9 月在厦门成立以来，该中心已经成为戴尔在中国，包括港澳地区的企业服务的“中枢神经”。它面向服务器及存储产品的企业客户提供高水准的、7×24×365 全天候的服务支持。戴尔企业服务指挥中心可以实现客服电话、技术人员以及各部门运作情况的实时追踪，并实时监测整个服务的过程，处理关键性的故障，甚至主动发现故障隐患，从而能够在第一时间掌控和解决客户遇到的问题，及时、有效地响应客户的服务需求，协助客户有效缩短系统宕机时间，实现最大限度的客户满意度和投资回报。

目前，中国客户可按其配置和软件要求，通过在全国 258 个城市中设立的 720 条免费电话直接联系到每一位戴尔的销售代表，订购个人电脑、笔记本电脑或服务器产品，也可直接通过互联网在戴尔的 www.dell.com.cn 网站购买。戴尔提供的现场服务和技术支持可直接覆盖中国 2,123 个城市。

图 13-18 为戴尔公司主页。

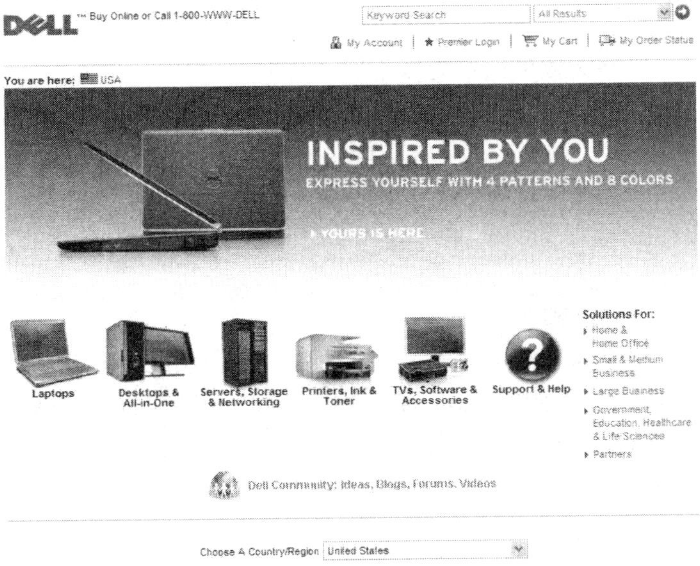


图 13-18　戴尔公司主页

## 13.6.2　发展背景

1983 年，进入得克萨斯大学医学院的戴尔常常买些商店卖不出去的个人电脑，在自己宿舍里做些改进后再卖出去。就这样，第一年暑假他就卖出了价值达 18,000 美元的个人电脑。此后他没有再返回校园，他买来便宜的零件组装电脑，然后把自己的名字贴在电脑上，以低于商店品牌机 15%的价格直接卖给顾客。经由这种首创的直销模式，戴尔与各企业、学校建立了良好的人性化沟通渠道，迅速在美国各地打响名号，企业的扩张相当快速。当时他的创业理念也相当简单：希望由直接销售的形态，能在销售过程中完全掌握客户的硬件需求，进而提供最有效率的组合以满足消费需求。1987 年起戴尔即迈开跨国企业的步伐，到 1995 年，除了美国外，在欧洲、亚太地区设点，开始了全球化经营的生涯。

互联网的出现给戴尔带来了巨大的商机，为戴尔的发展起到了如虎添翼的作用。迈克尔·戴尔提到，戴尔的在线商店虽然是在 1996 年开张的，实际上公司与网络使用者的接触从 1989 年就开始了，当时公司在网络上放了许多 FTP 文档提供给网络使用者自由连接及下载。随着电子商务的兴起，网络的特质完全吻合戴尔原本的直销模式。戴尔在互联网营销实践中的创新应用和大胆发挥，令其直销更富特色、更具竞争力。有了电子商务以后，戴尔的顾客通过网上定购，订单直接下到工厂，数天内可向顾客交货，戴尔公司这种按需要进行生产的模式，使公司的库存近乎为零，公司的经营成本显著下降，经营规模和经济效益得到了全面的提升。

目前，戴尔公司正越来越多地将互联网技术应用到他们的整个商业活动中去，从零件的设计到终端客户的支持，使得与戴尔进行商务活动更为容易，更加密切了顾客和供应商的关系，并共同降低成本，戴尔在赢得和拉住各类顾客上比其他任何公司都要出色。

### 13.6.3 经营策略

戴尔公司的经营策略大致可概括为以下三个方面。

#### 1. 独特的经营理念

戴尔公司在创始之初就坚持其“黄金三原则”：

（1）摒弃库存；

（2）坚持直销；

（3）让产品与服务贴近顾客。

这三项原则极大地降低了公司的成本，产生了一种新的经营方式，一种不同于传统企业的生产模式——直接掌握销售信息，确定销售标准，与客户直接联络，满足客户的个性化设计，接受订单之后投产的生产模式。

#### 2. 客户自助服务

戴尔公司通过电子商务方式让客户自己在网上获得信息并进行交易，主要包括：

（1）客户自助查询产品信息；

（2）客户自助查询订货数据、支付或调整账单；

（3）客户根据自身情况，自由选择获取信息的通讯工具（电话、传真、邮寄或电子邮件）；

（4）网上自助进行故障诊断和获取技术支持。

为做到这一点，戴尔公司建立起了一个全面的知识数据库，里面包含戴尔公司提供的硬件和软件中可能出现的各种问题和解决方法，同时还有处理回信、交易和备份零件运输等的处理程序和系统。

#### 3. 根据订货组织生产

戴尔公司的目标是实现“零库存”：通过精确迅速的获得客户需求信息，并且不断缩短生产线和客户家门口的时空距离的方式，使得平均库存的天数不断下降。在计算机行业中技术的快速变革意味着每一台库存的计算机从它被生产出来开始就可能过时了，因此只在得到订单的情况下才生产计算机，就可以避免在库存中保留过时计算机的风险。戴尔解释说：“在我们的行业里，如果你能让人们认识到库存是多么快的运动着，你就创造了真正的价值。为什么？因为如果我有 11 天的库存，而我的对手有 80 天的库存，这时英特尔公司推出了新的处理器，那么我就能够领先 69 天打入市场。”从中可以看出，降低库存对降低成本、赢得速度优势有着非同寻常的价值。

4. 个性化服务

戴尔公司允许客户自定义设计其喜欢的产品，客户可以自由选择和配置计算机的各种功能、型号和参数，戴尔公司根据客户的要求进行生产，满足客户的个性化需求。戴尔公司能够根据客户特定的需求为他们量身定做，真正做到了“以客户为中心”。在为客户提供更好的服务的同时，公司也获得了更多的利润。

## 13.6.4　网站运营

戴尔于 1994 年就推出了公司的网站，并于 1996 年在网站中加入了电子商务功能，推动商业向互联网方向发展。经过十多年的运营，戴尔网站现已成为世界上最大规模、也最为成功的电子商务站点之一。戴尔公司应用电子商务方式进一步推广其直线订购模式，不断地增强和扩大其竞争优势，取得了非同凡响的经营效果。目前，戴尔公司已在 86 个国家开通站点，提供 28 种语言或方言、29 种不同的货币报价。

戴尔网站主要以电脑产品销售为主，同时经营打印机、网络交换机等计算机相关产品，并为周边资源提供服务和技术支持。目前网站提供了产品在线展示、在线订做搭配组装、在线报价、在线购物与请求协助等功能。

对消费者而言，这个网站不仅提供购买产品的渠道，附加价值更在于计算机相关信息的提供与服务咨询。顾客可以通过网站评估不同的系统配置，立即获得报价和技术支持，并可从网络上下单订购产品。在网站的“网上购物”网页（参见图 13-19）上，根据四大类别（家庭与家庭办公类，小型企业类，大型企业类，政府、教育与医疗机构）提供形态互异的采购信息。

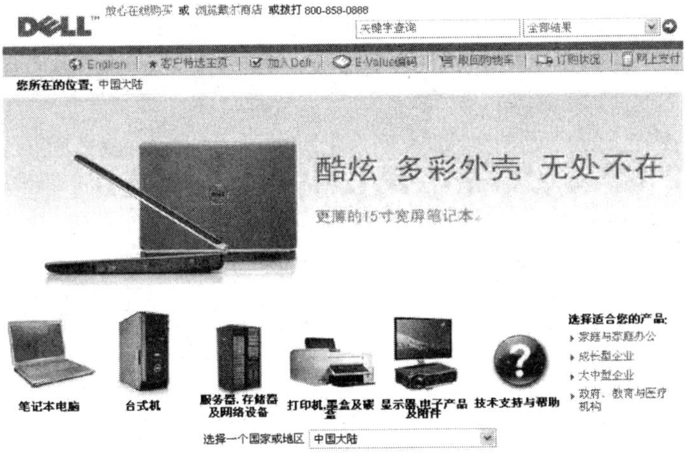


图 13-19　戴尔中国网上订购页面

在服务企业客户方面，该网站就针对经营规模差异事先规划不同的硬件需求，以员工 400 人规模为分水岭，分别提供 400 人以上大中型企业及 400 人以下小型企业不同的采购清单，以迎合业界因规模大小所产生的硬件需求差异问题。戴尔网站除了方便销售外，最重要在于服务与技术支持的多样化。网站不仅提供产品信息与售后服务，还提供了大量的“售前服务”，特别是为各类客户提供有针对性的产品组合选择。

目前戴尔公司在电子商务的经营上，服务的主要族群正由个人消费者逐渐转为企业、政府单位等。根据统计，该网站有三分之二的业绩是来自于规模400人以上的大中型企业、政府单位和学校。这也正反映戴尔的电子商务发展重点已逐渐有由B to C朝向B to B的转变的趋势。当发现到企业人士对于电子商务的接受度比一般消费者来得更快后，戴尔迅速建构起更富弹性化的作业模式，即金页服务。戴尔公司在网站上为关系型客户专门设计和建立他们各自的网页，称之为“金页”（Premier Page）。所有金页都有密码保护，其中的产品和服务信息是根据客户情况而定制的。享受金页服务的客户可以在网上提交系统配置和价格要求，并且以特别的折扣价格购买产品。他们也能够随时查阅详细的交易报告，更精确地跟踪订单处理进程和库存情况。开始阶段，金页服务只具有诸如查询电话号码和电子邮件等基本功能。随着时间的推移，这些客户们逐渐意识到，金页服务是一种有效的管理控制工具，例如公司的销售部门可以通过它确保采购方面的支出和收益。此外，金页服务还大大减少了客户端的工作量，因为查询订单处理、产品配置和其他信息更为方便。对于戴尔公司而言，该项服务的潜在优势是它能够为销售代表提供强大的支持，由此带来明显的运行效益。由于大量的资料已经上网，所以销售代表们能够从订单查询配置要求等日常事务中脱身，将更多的时间用于产品促销工作。

图13-20为戴尔提供给客户进行自助管理的页面。

**图13-20 戴尔客户自助管理页面**

### 13.6.5 运作流程

戴尔主要是通过国际互联网和企业内部网进行销售的，基本的运作流程大致可分为以下八个环节。

（1）订单处理。在这一步，戴尔要接收消费者的订单，消费者可以拨打800免费电话叫通戴尔的网上商店进行网上订货，也可以通过浏览戴尔的网上商店进行初步检查，首先检查项目是否填写齐全，然后检查订单的付款条件，并按付款条件将订单分类。采用信用卡支付方式的订单将被优先满足，其他付款方式则要更长的时间得到付款确认，只有确认支付完款项的订单才会立即自动发出零部件的订货并转入生产数据库中，订单也才会立即转到生产部门进行下一步作业。用户订货后，可以对产品的生产过程、发货日期甚至运输公司的发货状况等进行跟踪，根据用户发出订单的数量，用户需要填写单一订单或多重订单状况查询表格，表格中各有两项数据需要填写，一项是戴尔的订单号，二是校验数据，提交后，戴尔将通过因特网将查询结果传送给用户。

（2）预生产。从接收订单到正式开始生产之前，有一段等待零部件到货的时间，这段时间叫做预生产。预生产的时间因消费者所订的系统不同而不同，主要取决于供应商的仓库中是否有现成的零部件。一般来说，戴尔要确定一个订货的前置时间，即需要等待零部件并且将订货送到消费者手中的时间，该前置时间在戴尔向消费者确认订货有效时会告诉消费者。订货确认一般通过两种方式，即电话或电子邮件。

（3）配件准备。当订单转到生产部门时，所需的零部件清单也就自动产生，相关人员将零部件备齐传送到装配线上。

（4）配置。组装人员将装配线上传来的零部件组装成计算机，然后进入测试过程。

（5）测试。检测部门对组装好的计算机用特制的测试软件进行测试，通过测试的机器被送到包装间。

（6）装箱。测试完后的计算机被放到包装箱中，同时要将鼠标、键盘、电源线、说明书及其他文档一同装入相应的卡车运送给顾客。

（7）配送准备。一般在生产过程结束的次日完成送货准备，但大订单及需要特殊装运作业的订单可能花的时间要长些。

（8）发运。将顾客所订货物发出，并按订单上的日期送到指定的地点。戴尔设计了几种不同的送货方式，由顾客订货时选择。一般情况下，订货将在 2～5 个工作日送到订单上的指定地点，即送货上门，同时提供免费安装和测试服务。

上述八个环节构成了戴尔公司的无缝衔接的供应链。而这一切取决于戴尔的雄厚技术基础——装配线由计算机控制，产品识别码使工厂可以跟踪每一个部件和产品。在 Dell 内部，信息流通过自己开发的信息系统，和企业的运营过程及资金流同步，极为通畅，确保每一个环节高效、快捷。

### 13.6.6　对供应商的整合

通过 Internet 和 Intranet 等电子连接，戴尔与其上游零部件供应商组成“虚拟”企业，可以以电子速度对客户订单作出反应：当订单传至戴尔公司控制中心后，由控制中心将订单分解为子任务，并通过 Internet 和企业间信息网分派给各独立配件制造商。各制造商按戴尔电子订单进行配件生产组装，并按戴尔控制中心的时间表供货，戴尔公司只需在成品车间完成组装和系统测试，剩下的就是客户服务中心的事情。戴尔已经通过其有安全措施的网站向其用户和供应商提供了许多戴尔公司的内部数据库。例如，有些供应商可直接看到戴尔的工厂运营状况，并与戴尔公司一起从事产品设计，通过这种信息和资源共享的方式，戴尔公司有效节省了研发的时间和成本。

戴尔的供应链管理系统采用 i2 软件系统，该系统保证在正确的时间把正确的产品和服务送到正确的地方。使戴尔能在收到客户个性化需求的订单后，立即向不同的供应商提供供应信息，按照采购计划，使供应商能够及时送货，迅速转入生产，再交给物流公司分发送货。戴尔对物流服务商的管理很严格，要求物流服务商必须确保与终端客户间点对点的对接，准时而通畅。戴尔通过“虚拟整合”的方式，以客户订单为核心打造了一条由零件提供商、生产厂商和客户组成的快速、高效的供应链，形成比较优势。

为了确保高标准和高效率地为客户提供产品，戴尔对供应商的合作要求几乎可用“严苛”来形容。戴尔通过制定明确的品质标准和瑕疵品容忍度，要求合作供应商的生产标准、作业流程能够适应戴尔的业务体系。戴尔要求供应商接受自己“与众不同的做事方法。”换句话说，供应商只有按照戴尔强势的要求来提供产品，同时，根据需求改进自己的产品结构满足客户订单的要求。戴尔对供应商的成本核算及商业利益的把握都是精细化的，都是在流程化、标准化的基础上，排除了人为因素的影响。戴尔采购工作最主要的任务就是寻找合适的供应商，并保证产品的产量、品质及价格方面在满足订单时有利于戴尔公司，其采购部门的主要工作就是管理和整合零配件供应商。

戴尔以虚拟整合的方式来凝聚供应商资源，并通过网络、电子数据交换使得上游的零件供应商能够及时准确地知道公司所需零件的数量、时间，建立起了包括信息收集、原材料采购、生产、客户支持及客户关系管理，以及市场营销等环节电子化的业务联系，以更有效地参与市场竞争。

### 13.6.7 案例评析

与其说，戴尔是一家电脑制造公司，不如说戴尔是一家十足的电脑零部件和软件的集成商，因为戴尔自身并不生产电脑零部件，基本是在既定的零件上加以组装，然后贴上戴尔的牌子卖给客户，这样的运作模式并不复杂，但很难有其他的企业可以简单地复制而取得成功。总结戴尔的成功经验，突出的主要有这样几点：

（1）利用直销模式简化供应链。戴尔公司自始至终一直在强化它的直接销售模式，从制造销售与提供附加价值的服务，都是直接面向顾客，减少了供应链的层级，提高了供应链管理的效率，打破了传统的官僚运作模式，使得公司的运作效率和成本优势显著地超越了竞争者，赢得了全面的竞争优势。

（2）利用现代信息通信技术对客户的需求作出快速反应。在“快鱼吃慢鱼”取代“大鱼吃小鱼”的竞争规则下，速度优势已成为市场取胜的根本法宝。戴尔公司利用以互联网为核心的现代信息通信技术，通过加强与供应商的紧密合作与高效协同，在各个环节降低时间的占用，全方位地培育时间优势，以满足客户对速度的要求。

（3）按照客户的要求组织产品的设计和制造。在电脑产品高度同质化的时代，电脑制造商如何求生存、谋发展，是一个严峻而又复杂、但又不得不面对的问题。戴尔始终坚持以顾客的需求为中心，围绕客户的需求提供既符合个性化要求，又满足多样化选择的产品，受到了全球范围内不同类型客户的支持和欢迎，取得了极大的成功，最终成为了行业的“领头羊”。

（4）最大限度地整合各种资源是提升自身实力的有效途径。作为世界最大的电脑产品制造商，戴尔其实并不生产电脑零部件，戴尔凭借的是其非凡的整合力量，能够对各类零部件供应商实现最大限度的整合，确保各供应商能够按照客户的需求和戴尔的要求进行科学有效的行动，这是戴尔赢得市场青睐的重要原因。从某种意义上可以说，戴尔的竞争力来自其整合供应链的能力，是其对供应链的强大控制力，成就了对市场的独特影响力。

当然，当今世界电脑产品的竞争近乎进入到了白热化的状态，戴尔所面对的问题和困难错综复杂，但有着电子商务作为重要驱动力的戴尔已经具备了战胜困难和挑战的能力和勇气，相信它在未来的征途上会创造出一个又一个奇迹。

# 参 考 文 献*


［1］ 朱彤，周耀东，许力攀．我国彩票市场结构与政府监管体制改革研究［M］．北京：中国商业出版社，2005．

［2］ 傅苏．商业零售业评说［N］．人民日报，2001-9-19．

［3］ 卢彦．传统零售业将面临一场数字变革［N］．中国经营报，2001-2-12．

［4］ 桁林．跨国零售业沃尔玛超高速发展的启示［J］．商业企业管理，2001，（5）．

［5］ 国家经贸委贸易市场局．对美国沃尔玛公司的考察报告［J］．中国统计，2001，（10）．

［6］ 耿俊辰，王士印，申彩芬．我国零售业发展电子商务的新思路［J］．商业研究，2003，（1）．

［7］ 胡耀辉．中国零售业运用电子商务面临的问题及对策［J］．江苏商论，2003，（1）．

［8］ 肖玲诺．电子商务环境下我国零售业应对入世挑战的对策［J］．商业研究，2002，（7）．

［9］ 葛昌卫．网上超市撬动传统零售——联华 OK 网 B2C 电子商务模式透析［N］．计算机世界报，2003，（26）．

［10］ 黄赛玉（译）．7－11——传统企业电子商务攻略［J］．世界经理人文摘，2002，（2）．

［11］ 姚国章．电子商务对 21 世纪国际贸易发展的影响与对策［J］．江苏商论，2001，（2）．

［12］ 周一斌．外贸电子商务：前景看好［N］．中国经济时报，2000-6-14．

［13］ 唐娟．浅析电子商务与国际贸易的新发展［D］．南京：南京理工大学，2003．

［14］ 樊茂勇，王海东．电子商务对国际贸易的影响［J］．国际贸易问题，2001，（11）．

［15］ 冯礼勤，夏洪胜．电子商务在广东外贸行业应用对策研究［J］．广东经济，2001，（12）．

［16］ 孙丽云，燕春蓉．国际电子商务与传统国际贸易实务之比较［J］．国际贸易问题，2001，（12）．

［17］ 商务部．《公共商务信息服务体系建设“十一五”发展规划》，2007-1-5．

［18］ 徐昕，赵震翔．西方网络银行的发展战略及启示［J］．外国经济与管理，2000．

［19］ 李青川，徐毛毛．国外网上银行发展经验及借鉴［J］．中国金融，2000，（12）．

［20］ 王冬梅，郭子玉．网上银行发展动力及其前景展望［J］．金融理论与实践，2001，（6）．

［21］ 于维勤．对制约我国网上银行发展的瓶颈问题的思考［EB/OL］．2002［2002-6-14］．http://www.ccw.com.cn/applic/forum/htm2003/20030110_15teu.htm．

［22］ 中国人民银行．网上银行业务管理暂行办法，2001-7-9．

［23］ 欧森，杨冰之．证券电子商务网站测评报告（摘要）［N］．信息产业报，2000-6-12．

［24］ 汤建超，冯佳．证券电子商务发展问题探析［J］．企业经济，2002，（7）．

［25］ 周志钢．新形势下如何构建证券公司的核心竞争［N］．网络世界报，2001-12-24．

［26］ 范国英．网上证券的现状与趋势［N］．网络世界报，2001-9-3．

［27］ 马昭明．最有发展前景电子商务［N］．证券时报，2002-6-14．

［28］ 国泰君安证券．他山之石可以攻玉——韩国证券市场及网上交易考察综述［N］．证券时报，2003-2-11．


---

* 只列出主要部分，按章节顺序排列。

[29] 黄宪．四年回首看浮沉——1999～2002年证券业发展实证分析［N］．中国证券报，2003-7-24．

[30] 曹青扬．微观的机会——平安电子商务的启示［J］．IT经理世界，2002，（17）．

[31] 中国保险业发展“十一五”规划纲要［EB/OL］．2002［2002-10-18］．
http://www.circ.gov.cn/Portal0/InfoModule_7541/37332.htm．

[32] 中国保险业发展“十一五”规划信息化重点专项规划［EB/OL］，［2006-12-22］．
http://www.circ.gov.cn/tabid/434/InfoID/40700/Default.aspx．

[33] 胡冰融，易旭东．保险电子商务——保险业的新趋势［EB/OL］．2003［2003-4-14］．
http://www.ccw.com.cn/applic/forum/htm2003/20030414_15fkk.asp．

[34] 郭忠林，肖德云．我国保险电子商务网站发展雏探［J］．上海保险，2002，（7）．

[35] 金超，曹丽华．我国保险业发展电子商务的环境分析与策略［J］．金融教学与研究，2002，（4）．

[36] 刘钟．传统与新兴的融合——平安保险电子商务之路［N］．网络世界报，2002-4-22．

[37] 孙钢．世界旅游业和中国旅游业发展大势［EB/OL］．2003［2003-8-28］．
http://www.ctnews.com．

[38] 张坚钟．加入世贸组织对我国旅行社业的影响与对策［J］．旅游调研，2002，（2）．

[39] 冯颖如．我国旅游电子商务发展的现状与对策［J］．旅游管理，2002，（5）．

[40] 陈禹，冯仁德，邵传毅．发展旅游电子商务的对策思考［J］．商贸经济，2002，（8）．

[41] 谢雨萍．旅游电子商务冲击下旅行社的发展策略［J］．社会科学家，2002，（1）．

[42] 孙泠．金光灿烂的旅途：中国旅游业信息化扫描［J］．软件世界，2003，（4）．

[43] 北京市旅游局政策法规处．世界旅行社发展趋势及北京旅行社业的差距［J］．旅游调研，2002，（3）．

[44] 王虎胜．中国旅游电子商务发展新模式初探［N］．证券导报，2006-2-27．

[45] 金旅工程［EB/OL］．2003［2003-9-26］
http://www.ccw.com.cn/applic/htm2003/20030926_13wlu.htm．

[46] 刘尊孝．振兴我国航空公司的必由之路——全面实施电子商务发展战略［J］．中国民用航空，2001．

[47] 方春福．论航空公司的网上销售［J］．民航管理，2001，（4）．

[48] 吴伟林．电子商务及其在航空运输领域的应用［J］．民航管理，2001，（4）．

[49] 姚文穗．中国民航电子商务的现状及发展［J］．民航管理，2001，（4）．

[50] 王玮冰．电子机票起航［J］．IT经理世界，2002，（5）．

[51] 范向琪．E网浇铸铁三角［N］．每周电脑报．2003-4-29．

[52] 朱琼．低成本整合［J］．IT经理世界，2003，（8）．

[53] 刘艳．海航扩张背后［N］．互联网周刊，2003-3-17．

[54] 程振彪．21世纪初世界汽车工业发展趋势［J］．世界汽车，2003，（8）．

[55] 逯宇铎，周会斌．电子商务将在汽车营销中得到应用［J］．汽车工业研究，2002，（6）．

[56] 鲁耀斌，张金隆，罗静．符合汽车行业特点的电子商务模式及对策［J］．商贸经济，2002，（4）．

[57] 曹建海．全球化背景下的中国汽车产业发展趋势［J］．经济要参，2003，（33）．

[58] 陈清泰．就发展中国汽车产业提出4点建议［EB/OL］．2003［2003-7-17］．
http://news.xinhuanet.com/newscenter/2003-07/16/content_977135.htm．

［59］ 周芳．电子商务——我国汽车工业发展的“助燃剂”［J］．世界汽车，2003，（11）．

［60］ 凌永成，李雪飞．电子商务汽车零部件企业新机遇［J］．汽车工业研究，2003，（3）．

［61］ 宋传平．电子商务——对汽车制造业的影响［J］．汽车工业研究，2002，（11）．

［62］ 安迪．福特汽车，把革命进行到底［J］．软件世界，2002，（7）．

［63］ 成本控制始于采购——一汽集团物流信息化实践［N］．计算机世界报，2002-11-28．

［64］ 王勇．吉林长春一汽信息化应用案例［EB/OL］．2003［2003-7-30］．
http://solution.chinabyte.com/463/1717963.shtml．

［65］ 田同生．CRM在通用——上海通用汽车CRM实施案例详解［J］．IT经理世界，2001，（15）．

［66］ 田同生．汽车CRM的新突破［J］．互联网周刊，2003．

［67］ 边锋．让顾客信息流动起来——上海通用汽车实施CRM纪实［J］．中国计算机用户，2003，（14）．

［68］ 王玮冰．上海通用按单制造［EB/OL］．2003［2003-10-10］．
http://news.ccw.com.cn/zl/htm2003/20031009_15whx.htm）．

［69］ 刘源．上海通用的CRM之惑［J］． 互联网周刊，2003．

［70］ 王再东．医药电子商务“三步走”［N］．计算机世界报，2001-7-24．

［71］ 曹玉玲．浅谈医药电子商务［J］．中国医院药学杂志，2002，（7）．

［72］ 沈明，王军明，吴海群．我国医药电子商务发展的现状、问题及对策［J］．中国药房，2002（7）．

［73］ 李永平，郭爽，王磊．药品电子商务发展的现状与存在的问题［J］．中国药业，2002，（10）．

［74］ 李志民．电子商务在医药行业中的应用探讨［J］．商业时代．2006，（22）．

［75］ 俞雨生．南京军区总医院肾脏病研究所电子病例系统研究［N］．中国计算机报．2005-8-15．

［76］ 覃伟中，胡玉梅．2002年世界和中国石化工业综述［J］．国际石油经济，2003，（5）．

［77］ 冯彦辉．石化电子商务的现状与发展建议［J］．石油化工技术经济，2002，（5）．

［78］ 石俊，孟永彪．中国化工电子商务的现状与展望［J］．新疆大学学报（自然科学版），2002，（6）．

［79］ 唐潇霖．“能源一号”大井喷［J］．互联网周刊，2003．

［80］ 张梦颖．中石油：e化带来多少价值［N］．经济观察报，2002-12-9．

［81］ 申小乙．电子商务下的供应链管理：记中国石油B2B建设［EB/OL］．2002［2002-12-16］．
http://old.ciotimes.com/example/2004625/20046252225005455.html．

［82］ 中国石油化工股份有限公司信息化建设揽胜［EB/OL］．2002［2002-4-4 ］．
http://topoint.com.cn/html/anli/cjy/2004/01/113487_2.html．

［83］ 胜利石油管理局物资供应处信息中心．开展电子商务提升物资管理水平［EB/OL］．2003［2003-1-22］．http://topoint.com.cn/html/anli/cjy/2004/01/113487_2.html ．

［84］ 高复先．交通运输信息化与信息资源规划［J］．交通与计算机，2000，（6）．

［85］ 我国交通领域电子商务的发展现状及对策［EB/OL］．2001［2001-8-16 ］．
http://jlsygj.gov.cn/htmpag/wu16.htm．

［86］ 张群英．e引擎拉动中远巨轮［N］．中国计算机报，2001-5-10．

［87］ 衷爱东．信息化技术促进中远可持续发展［EB/OL］．2003［2003-1-8 ］．
http://www.chinabbc.com.cn/anli/view.asp?classid=113&newsid=2003125175349322．

[88] 交通部.《公路水路交通信息化“十一五”发展规划》[EB/OL]. http://www.moc.gov.cn/2006/06tongjisj/06jiaotonggh/shiyiwuguihuajd/guihuajd/200705/P020070509304877064219.doc.
[89] 宋乐永，焦世东. 中远驶离信息“孤岛”[N]. 中国计算机报，2002-1-14.
[90] 唐友三. 宝供：信息化迈出三步曲 [N]. 计算机世界报，2002，(45).
[91] 宝供：一个成功的典范 [N]. 计算机世界报，2001，(11).
[92] 陈晓平. 碧水源：为有源头活水来 [J]. 中国市场，2003，(9).
[93] 黄春华. 宝供物流技术的革命 [N]. 计算机世界报，2003，(20).
[94] 国际电信联盟（ITU）. 全球电信业呈现新格局 [R]. 日内瓦：2003.
[95] 储节旺，郭春侠，鲍克忠. 我国移动电子商务发展研究 [J]. 情报杂志，2002，(7).
[96] 童铭. 2001 年中国电子商务发展预测和分析 [J]. 中国经济信息，2001，(10).
[97] 刘玉其，常小兵. “互联星空”是宽带产业发展的革命 [N]. 通信信息报，2003-9-12.
[98] 阴志华. 互联星空：海纳百川，聚合共赢. 通信世界 [J]. 2003，(31).
[99] 向文杰. 商务干线为你的成功助力 [N]，中国网友报，2002-11-4.
[100] 陈涛. 谁来引领移动数据增值业务的成功 [EB/OL]. 2003 [2003-11-14]. http://www.ctiforum.com/forum/2003/11/forum03_1122.htm.
[101] 包东智. 移动互联网信息业务及市场发展 [J]. 当代通信，2003.
[102] 龚宪. I-Mode 服务：移动互联网的生动教材 [N]. 通信信息报，2001-12-29.
[103] 吴海菁. 日本 i-mode 的成功启示录 [EB/OL]. 2001 [2001-7-24 ]. http://www0.ccidnet.com/news/industry/2001/07/24/85_51355.html.
[104] 吴清一. 中国邮政开拓电子商务物流市场时不我待 [N]. 中国邮政报，2001-10-18.
[105] 龚艳萍，袁仕福. 中国邮政发展电子商务策略 [J]. 邮电商情，2002，(14).
[106] 罗赛军. 电子邮政崛起 [EB/OL]. 2001 [2001-8-5]. http://www.ccw.com.cn/applic/forum/htm2003/20030115_144i4.htm.
[107] 高丽华. 安徽烟草:电子商务也“专卖”[N]. 计算机世界报，2002，(28).
[108] 哈进. SCM+ERP：安徽省烟草公司奔向电子商务 [N]. 中国计算机报. 2003-3-11.
[109] 胡松评. 沃尔玛物流模式成功奥秘初探 [EB/OL]. 2005 [2005-3-31]. http://industry.ccidnet.com/art/20/20050331/230675_1.html.
[110] 胡慧平. 沃尔玛给医药物流的启示 [N]. 医药经济报，2005-6-23.
[111] 牛东来. 新型供应链管理模型 CPFR 的案例比较与分析 [J]. 物流技术与应用，2005，(4).

## 相关网站

[1] 美国沃尔玛公司网站（www.wal-mart.com）
[2] 日本 7－11 公司网上商店网站（www.7dream.com）
[3] 北京西单电子商务公司 igo5 网站（www.igo5.com）
[4] 联华 OK 网网站（www.lhok.com）
[5] 招商银行网站（www.cmbchina.com）
[6] 中国建设银行网站（www.ccb.cn）
[7] 中国农业银行深圳市分行网站（www.abcsz.com.cn）

[8] 中国银行业监督管理委员会网站（www.cbrc.gov.cn）
[9] 招商银行一网通网站（www.cmbchina.com）
[10] 中国金融认证中心网站（www.cfca.com.cn）
[11] 华泰证券网（www.htsc.com.cn）
[12] 平安证券网（www.pa18.com）
[13] 招商证券网（www.newone.com.cn）
[14] 世华财讯网站（www.shihua.com.cn）
[15] 泰康人寿保险网（www.taikang.com）
[16] 易保网站（www.ebao.com）
[17] 平安保险网（www.pa18.com）
[18] 太保网（https://www.cpic.com.cn）
[19] 春秋航空旅游网（www.china-sss.com）
[20] 中国旅游网（www.china.travel）
[21] 携程旅行网网站（www.ctrip.com）
[22] 青旅在线网站（www.cytsonline.com）
[23] 遨游旅行网（www.aoyou.com）
[24] 中国民航信天游网站（www.trvelsky.com）
[25] 东方航空公司网站（www.ce-air.com）
[26] 海南航空公司网站（www.hnair.com）
[27] 中国民航总局（www.caac.gov.cn）
[28] 中国民航信息网（www.caac.cn.net）
[29] 民航资源中国网（www.carnoc.com）
[30] 波音公司网站（www.boeing.com）
[31] 波音中国网站（www.boeingchina.com）
[32] 福特汽车网站（www.ford.com）
[33] 第一汽车网（www.faw.com.cn）
[34] 上海通用汽车公司网站（www.shanghaigm.com）
[35] 上海医药商务网（www.e135.com）
[36] 石药集团网站（www.e-cspc.com）
[37] 中国金药网（www.gm.net.cn）
[38] 海虹医药网（www.emedchina.net）
[39] 四川中药通网站（www.tcm1.com）
[40] 能源一号石油天然气电子商务网（www.energyahead.com）
[41] 中国石油化工集团公司网站（www.sinopecgroup.com）
[42] 中国石油化工股份有限公司（www.sinopec.com.cn）
[43] 胜利油田企业网（www.slof.com）
[44] 联合包裹公司网站（www.ups.com）
[45] 联邦快递公司网站（www.fedex.com）
[46] 中远网（www.cosco.com）

[47] 广州宝供网站（www.pgl-world.com）
[48] 日本 NTT 公司 DoCoMo 网站（www.nttdocomo.com）
[49] 美国 AT&T 公司网站（www.att.com）
[50] 中国电信网站（www.chinatelecom.com.cn）
[51] 中国电信互联星空总站（www.chinavnet.com）
[52] 中国移动集团公司网站（www.chinamobIle.com）
[53] 中国移动“移动梦网”（www.monternet.com）
[54] 中国邮政电子商务网（www.183.com.cn）
[55] 中农网（www.ap88.com）